DEMOKRATIA

DER WEG ZUR DEMOKRATIE
BEI DEN GRIECHEN

Herausgegeben von

KONRAD H. KINZL

Mit einer Einleitung von

KURT A. RAAFLAUB

WISSENSCHAFTLICHE BUCHGESELLSCHAFT

DARMSTADT

Die Deutsche Bibliothek – CIP-Einheitsaufnahme

Demokratia: der Weg zur Demokratie bei den
Griechen / hrsg. von Konrad H. Kinzl. Mit einer
Einl. von Kurt A. Raaflaub. – Darmstadt:
Wiss. Buchges., 1995
  (Wege der Forschung; Bd. 657)
  ISBN 3-534-09216-3
NE: Kinzl, Konrad H. [Hrsg.]; GT

Bestellnummer 09216-3

© 1995 by Wissenschaftliche Buchgesellschaft, Darmstadt
Gedruckt auf säurefreiem und alterungsbeständigem Werkdruckpapier
Satz: Fotosatz Janß GmbH, Pfungstadt
Druck und Einband: Wissenschaftliche Buchgesellschaft, Darmstadt
Printed in Germany
Schrift: Linotype Garamond, 9,5/11

ISSN 0509-9609
ISBN 3-534-09216-3

INHALT

VORWORT*

habent sua fata libelli – auf diesen Band trifft das alte geflügelte Wort gewiß zu. Das Konzept geht auf Zeiten zurück, da noch nicht jedes Jahr neue Bücher zu unserem Thema erschienen und ich selbst an einschlägigen Problemen arbeitete. 1982, während ich eines Gastlehrjahres an der Freien Universität Berlin verbrachte, wurde der Titel zuerst angezeigt. Verzögerungen, oft über Jahre hinaus, ergaben sich einmal von dieser, dann von jener Seite, bis das Vorhaben schließlich doch auf den Weg gebracht war, der nun zum Abschluß führt. Letzteres zählt allein, und so danke ich nun gerne allen über die Jahre bei der Wissenschaftlichen Buchgesellschaft geduldig mit dem Band Befaßten. Besonderer Dank aber gilt Herrn Kurt Raaflaub, ohne dessen Verpflichtung die Sammlung nicht erschienen wäre.

Peterborough, Ontario, Canada   K. H. Kinzl
Herbst 1994

---

* Der Band handelt von der, fast ausschließlich attischen, Demokratie. Die Zahl der Stichwörter, die sich ergeben, ist sehr eng begrenzt, dagegen die Häufigkeit ihres Vorkommens fast unbegrenzt. So wurde auf die Erstellung eines Registers verzichtet.

EINLEITUNG UND BILANZ:
KLEISTHENES, EPHIALTES UND DIE BEGRÜNDUNG
DER DEMOKRATIE
(1992)

Von Kurt A. Raaflaub

Nach dem Tode des Tyrannen Peisistratos übernahmen seine Söhne unter Leitung des Ältesten, Hippias, die Herrschaft.[1] Im Jahre 514 ermordeten Harmodios und Aristogeiton bei einem mißglückten Attentat auf Hippias dessen jüngeren Bruder Hipparchos. Daraufhin verhärtete sich die Tyrannis. Einige Adelsfamilien, die sich vorher mit den Tyrannen arrangiert hatten, gingen ins Exil. Beim Versuch, von außen her einen Aufstand anzuzetteln, holten sie sich eine blutige Schlappe. Die in Delphi sitzenden Alkmeoniden versuchten, über den Einfluß des Orakels auf Sparta zum Ziel zu kommen. In der Tat ließ sich dieses unter der Führung des Königs Kleomenes zur bewaffneten Intervention veranlassen, die beim zweiten Versuch 510 auch zum Erfolg führte.[2]

Die Tyrannenfamilie räumte Athen, die Exilaristokraten kehrten zurück, und bald brachen in Athen die altvertrauten Faktionskämpfe um Macht und Ämter wieder aus. In diesen unterlag der

---

[1] Abkürzungen (z. T. modifiziert) nach L'Année philologique; ferner CAH = Cambridge Ancient History; ML = R. Meiggs/D. Lewis, A·Selection of Greek Historical Inscriptions, Oxford 1969. Die folgenden Arbeiten werden mit Namen und Kurztitel zitiert: in der Bibliographie des vorliegenden Bandes angeführte Titel (gekennzeichnet mit [+]), im vorl. Band abgedruckte Artikel ([*]) und in der zusätzlichen Bibliographie am Ende dieser Einleitung verzeichnete Werke ([O]). N = s. bibl. Nachtrag in Anm. 150.

[2] Quellen und Diskussion bei H. Berve, Die Tyrannis bei den Griechen, München 1967, I, S. 63–73 mit II, S. 554–562; D. M. Lewis, The Tyranny of the Peisistratidae, in: CAH IV ([2]1988), S. 287–302. Zur ,Bestechung' des Orakels durch die Alkmeoniden jetzt Stahl, Aristokraten[O], S. 120–136.

Alkmeonide Kleisthenes seinem Rivalen Isagoras. Er vermochte
aber dadurch seine Niederlage in einen Sieg zu verwandeln, daß er,
wie Herodot sagt, „das Volk in seine Gefolgschaft nahm" (5,66,2).
Dabei muß er diesem Volk gewisse Versprechungen gemacht haben.
Es ist anzunehmen, daß diese die Essenz der späteren Reform vor-
wegnahmen. Isagoras gab sich freilich mit diesem Ausgang nicht zu-
frieden. Er rief erneut Kleomenes zu Hilfe, vertrieb mit dessen Unterstützung Kleisthenes und viele andere Adlige aus Athen und
machte sich daran, die Herrschaft der mit ihm verbündeten Adelsfamilien fest zu verankern. Dagegen nun wehrten sich in einer offenbar spontanen Erhebung Rat und Volk von Athen. Nach einer kur-
zen Belagerung zogen Kleomenes und seine Spartaner samt Isagoras ab, einige von dessen Anhängern wurden hingerichtet, und mit
den übrigen Verbannten kehrte auch Kleisthenes zurück. In der
Folge verwirklichte er seine Reformen.[3]

So etwa läßt sich das zusammenfassen, was einigermaßen zuverlässig über die Vorgeschichte der kleisthenischen Reformen auszumachen ist. In jedem Geschichtsbuch werden diese als ein Meilen-
stein auf dem Wege zur athenischen Demokratie beschrieben. Was
wir aus den Quellen darüber erfahren, ist freilich erstaunlich dürf-
tig. Herodot sagt:

Nachdem Kleisthenes das früher von ihm abgelehnte Volk der Athener
gänzlich auf seine Seite gebracht hatte, veränderte er die Namen der Phylen
und vermehrte ihre Zahl. Er ernannte an Stelle von vier Phylarchen deren
zehn und verteilte auch die Demen auf diese zehn Phylen. So stand er, als er
das Volk für sich gewonnen hatte, an Stärke weit über seinen Gegnern
(5,69,2; vgl. 66,2).

Andernorts sagt Herodot von Kleisthenes, er habe den Athenern
die Phylen und die Demokratie eingerichtet (6,131,1). Nach der aristotelischen ›Athenaion Politeia‹ verteilte er alle Bürger auf die zehn
Phylen gemäß Trittyen und Demen; er setzte Demarchen ein,
machte das *demotikon* zu einem festen Teil des Namens aller Bür-

---

[3] Quellen und Diskussion bei Rhodes, Comm.[+], S. 240ff. mit früherer
Literatur. Dazu wie zum Folgenden demnächst J. Ober, The Athenian
Revolution of 508/7 B. C. E.: Violence, Authority, and the Origins of De-
mocracy, in: L. Kurke/C. Dougherty (Hrsg.), Cultural Poetics in Archaic
Greece: Cult, Performance, Politics, Cambridge 1993, S. 215–232.

ger, verwandelte den früheren Rat der Vierhundert in einen Rat der Fünfhundert, in den jede Phyle 50 Mitglieder delegierte, und führte den Ostrakismos ein (21–22,1). Das ist alles, was sicher bezeugt ist.[4] Diese wenigen Angaben, die sich vor allem auf das technische Gerüst einer Neueinteilung der Bürgerschaft beziehen, stehen in auffallendem Gegensatz zur Bedeutung, die dieser Reform offenbar bereits im 5. Jh. zuerkannt wurde. Denn Herodot steht nicht allein mit seiner Beurteilung, Kleisthenes habe die Demokratie begründet.[5] Warum aber, müssen wir fragen, konnte eine Neueinteilung der Bürgerschaft als Begründung der Demokratie gelten?

I

Im Jahre 1994/1995 werden es 2500 Jahre her sein, seit Kleisthenes 507/506 v. Chr. seine Reform durchführte. Der vorliegende Band erscheint also gerade rechtzeitig zum Jubiläum.[6] Er erscheint auch in einer Zeit, in der man sich sowohl in Kreisen der Wissenschaft als auch in einer breiteren politisch und kulturell engagierten Öffentlichkeit intensiv mit dem Phänomen der Demokratie auseinandersetzt. Veranlaßt sind solche Diskussionen zum einen durch die weltbewegende Erfahrung des Zusammenbruchs bis vor kurzem scheinbar fest verankerter totalitärer Systeme und des unvermittelten Durchbruchs der Demokratie in großen Teilen der Welt. Zum andern befindet sich der traditionelle westliche Bildungskanon mit seiner starken Konzentration auf die ins griechisch-römi-

---

[4] Vgl. Rhodes, ibid., S. 240–242, auch über das außerhalb von Herodot und Aristoteles Bezeugte.

[5] Ruschenbusch, *Patrios politeia**, Teil IV.

[6] An ‚Jubiläumsveranstaltungen' sind zu erwähnen: Ausstellungen (z. B. "The Birth of Athenian Democracy" in der American School of Classical Studies in Athen; "Artifacts of Athenian Democracy" im National Archives Building in Washington) und wissenschaftliche Tagungen (z. B. "The Greek Revolution: Ancient Democracy and Citizenship", Cambridge, Mai 1992; "The Archaeology of Democracy", Athen, Dezember 1992; "Democracy Ancient and Modern", Washington, April 1993; "The History and Archaeology of Athenian Democracy", Oxford, Juli 1993).

sche Altertum zurückreichenden Traditionen zumindest in Teilen
dieser westlichen Welt einmal mehr in einer deutlichen Krise.[7]
Dementsprechend besinnt man sich mit größerem Ernst auf die
Gründe, die die Beibehaltung wenigstens großer Teile des alten Kanons rechtfertigen, und auf den Beitrag, den die Altertumswissenschaft innerhalb eines erst noch zu etablierenden neuen Kanons zu
leisten vermag.[8] In beiden Zusammenhängen liegt es nahe, mit
Nachdruck auf die athenische Demokratie zu verweisen. Denn
diese stellt das einzige gut dokumentierte und nicht lediglich episo-
denhafte oder in Raum und Wirkung begrenzte, sondern in politischer wie kultureller Hinsicht wirkungsmächtige Beispiel einer vor-
modernen Demokratie dar.[9]

[7] In den USA wird diese Krise durch zwei Bücher symbolisiert, die lebhafte Diskussionen ausgelöst haben: A. Bloom, The Closing of the American
Mind: How Higher Education has Failed Democracy and Impoverished the
Soul of Today's Students, New York 1987; M. Bernal, Black Athena, bisher
2 Bde., New Brunswick (New Jersey) 1987, 1991.

[8] Vgl. etwa Ph. Culham/L. Edmunds (Hrsg.), Classics: A Discipline and
Profession in Crisis, Lanham (Maryland) 1989. Zur entsprechenden Dis-
kussion in Deutschland vgl. nach U. Hölscher, Die Chance des Unbeha-
gens. Zur Situation der klassischen Studien, Göttingen 1965, und einigen
Beiträgen in: R. Nickel (Hrsg.), Didaktik des altsprachlichen Unterrichts,
Darmstadt 1974, jüngst z. B. E. A. Schmidt, Nachdenken über das Fach
Klassische Philologie im Jahr 1988, in: R. Kannicht (Hrsg.), 1838–1988:
150 Jahre Philologisches Seminar der Universität Tübingen, Tübingen 1990,
S. 55–68; M. Fuhrmann, Klassische Philologie seit 1945. Erstarrung, Gel-
tungsverlust, neue Perspektiven, in: W. Prinz/P. Weingart (Hrsg.), Die sog.
Geisteswissenschaften: Innenansichten, Frankfurt a. M. 1990, S. 313–328;
H. Flashar, Bemerkungen zur Situation der Klassischen Philologie aus der
Sicht der Gräzistik, ibid., S. 329–334 (mit weiterer Lit.), sowie allgemeiner
W. Frühwald et al., Geisteswissenschaft heute: eine Denkschrift, Frankfurt
a. M. 1991. N

[9] Allerdings war dies wegen des überwiegend negativen Urteils späterer
Jahrhunderte (dazu die u. Anm. 40 genannte Arbeit von J. Roberts) seit
dem Ende der athenischen Demokratie im späten 4. Jh. eine vorwiegend indirekte (vgl. den Anfang von Gschnitzer, Fremdartigkeit*), dafür aber außerordentlich breite und intensive Wirkung: man denke nur an Philosophie, politisches Denken, Rhetorik u. a. m.

Diese Feststellung wirft jedoch sogleich eine Fülle von Fragen auf, darunter besonders die nach dem ‚demokratischen Charakter‘ der sogenannten athenischen Demokratie und die nach der Vergleichbarkeit antiker und moderner Demokratie. Jene entwickelte sich in den kleinen, überschaubaren und relativ unkomplizierten Verhältnissen der griechischen Poliswelt; es war eine direkte Demokratie, die von der vielfachen und unmittelbaren Beteiligung eines unwahrscheinlich hohen Prozentsatzes der Bürger lebte und mehr eine umfassende Gesellschafts- und Lebensordnung als in präzisem Sinne eine ‚Verfassung‘ war.[10] Inwiefern ist diese Form von Demokratie überhaupt mit der repräsentativen Demokratie moderner Territorialstaaten vergleichbar, und kann ihr Studium für das Verständnis der Probleme dieser modernen Demokratie nutzbar gemacht werden?[11] Und kann es sich denn wirklich um eine Demokratie handeln, wenn nicht nur Sklaven und Ausländer, sondern auch die Frauen und damit rund die Hälfte der Bürgerschaft von allen politischen Rechten ausgeschlossen waren? Selbst wenn man diese Frage bejaht, ist sogleich weiterzufragen: Wie sind diese Phänomene zu verstehen, und wie wirkten sie sich auf die Demokratie und auf das Selbstverständnis und Verhalten der Bürger aus? Denn zum einen war nicht nur den Bürgern die Sklaverei selbstverständlich, sondern vielmehr das Funktionieren dieser Demokratie selbst in beträchtlichem Maße auf die Arbeitsleistung der Sklaven und Fremden (Metöken) angewiesen.[12] Zum andern waren die Frauen

[10] Vgl. etwa Aristot. Pol. 1295 a 40 f. Zum Vergleich mit einer modernen direkten Demokratie vgl. Stolz, Versammlungsdemokratie+; Hansen, Landsgemeinde*.

[11] Vgl. etwa Finley, Democracy+; Bleicken, Demokratie+, Kap. 12; Gschnitzer, Fremdartigkeit*; Meier/Veyne, Demokratie+; M. H. Hansen, Was Athens a Democracy? Popular Rule, Liberty and Equality in Ancient and Modern Political Thought, Historisk-filosofiske Meddelelser 59, Kopenhagen 1989; Ober, Mass and Elite+, S. 3–10. Vgl. auch Chr. Meier, Historie, Antike und politische Bildung, in: D. Schmidt-Sinns (Hrsg.), Historischer Unterricht im Lernfeld Politik, Schriftenreihe der Bundeszentrale für politische Bildung 96, Bonn 1973, S. 40–76; L. Schuckert, Politische Bildung durch Griechische Geschichte?, ibid., S. 77–85.

[12] Vgl. nur Ps. Xen. Ath. Pol.1,10–12. E. M. Wood, Peasant-Citizen &

6 Kurt A. Raaflaub

nicht nur, wie bis in die jüngste Vergangenheit selbstverständlich, vom aktiven Bürgerrecht ausgeschlossen, sondern sie wurden, in markantem Gegensatz zu früheren Epochen, auf einen deutlich inferioren Status und eine ausgeprägt nichtöffentliche Funktion beschränkt.[13]

Dies sind wichtige und grundsätzliche Fragen. Ihnen muß sich jeder stellen, dem das Altertum im allgemeinen und die athenische Demokratie im speziellen am Herzen liegen. Das bevorstehende Jubiläum fordert zur Besinnung gerade auf solche Fragen heraus. Es ist zu hoffen, daß die Forschung sich dieser Herausforderung nicht entziehen wird.[14]

Jubiläen pflegen der Forschung überhaupt neuen Auftrieb zu verleihen. Dies trifft auch im vorliegenden Fall zu. Freilich hat die Intensität der Forschung über die athenische Demokratie nach langer Stagnation schon seit einigen Jahren fast sprunghaft zugenommen.

Slave: The Foundations of Athenian Democracy, London/New York 1988; ferner allgemein M. I. Finley, Was Greek Civilisation Based on Slave Labour?, in: id., Economy and Society in Ancient Greece, New York 1982, S. 97–115; id., Ancient Slavery & Modern Ideology, New York 1980; H. Klees, Herren und Sklaven. Die Sklaverei im oikonomischen und politischen Schrifttum der Griechen in klassischer Zeit, Wiesbaden 1975; Y. Garlan, Les esclaves en Grèce ancienne, Paris 1982.

[13] Vgl. bes. E. C. Keuls, The Reign of the Phallus: Sexual Politics in Ancient Athens, New York 1985; ferner allgemein E. Cantarella, L'ambiguo malanno, Rom 1981 (= Pandora's Daughters. The Role and Status of Women in Greek and Roman Antiquity, Baltimore 1987); N. Loraux, Les Enfants d'Athéna. Idées athéniennes sur la citoyenneté et la division des sexes, Paris 1981; dies., Les expériences de Tirésias. Le féminin et l'homme grec, Paris 1989; W. Schuller, Frauen in der griechischen Geschichte, Konstanz 1985; R. Just, Women in Athenian Law and Life, London 1989; R. Sealey, Women and Law in Classical Greece, Chapel Hill 1990; G. Duby/M. Perrot (Hrsg.), Storia delle donne in occidente I: L'Antichità (hrsg. v. P. Schmitt Pantel), Rom/Bari 1990 (darin auch dies., La „storia delle donne" nella storia antica oggi, S. 537–548).

[14] S. z. B. J. P. Euben et al. (Hrsg.), Athenian Political Thought and the Renewal of American Democracy, Ithaca (New York) 1994; demnächst J. Ober/C. Hedrick (Hrsg.), Demokratia/Democracy. Essays by Classical Historians and Political Theorists on Ancient Greek Democracy and Its Contemporary Significance. N

Bis zur Mitte der 80er Jahre hatte man sich auf einige wenige Titel zu stützen, unter denen die einzige systematische Gesamtdarstellung erst noch der Feder eines Außenseiters entstammte.[15] Seither hat sich die Zahl der einschlägigen Bücher – ganz zu schweigen von den Aufsätzen – vervielfacht. Die Gründe wären eine eigene Untersuchung wert. Sie hängen gewiß zum guten Teil mit der erwähnten Krise des Bildungskanons zusammen. Ihr entspricht ein akutes Bedürfnis der Fachwissenschaft, sich aus ihrem Schneckenhaus zu befreien und die ja durchaus attraktiven Gegenstände ihrer Disziplin aufzuarbeiten und Studenten wie der fachfremden Öffentlichkeit verständlich darzubieten.[16]

Der vorliegende Sammelband freilich hat eine andere Zielsetzung. Er soll nicht so sehr, wie es anderen Bänden der Reihe „Wege der Forschung" eigen ist, die wichtigsten Etappen repräsentieren, über die sich die moderne Forschung ihrem Gegenstand genähert und ihren aktuellen Stand erreicht hat. Vielmehr soll der Weg illustriert werden, auf dem die Griechen selber zu ihrer Demokratie gefunden haben. Es handelt sich um meist neuere Beiträge, die unter verschiedenen Perspektiven und Fragestellungen vor allem die Entwicklung und Eigenart sowie die Herausbildung der spezifischen Terminologie und die zeitgenössische Beurteilung der athenischen Demokratie analysieren. Der Schwerpunkt liegt deshalb in der Entwicklungsphase dieser Demokratie seit dem späten 6. Jh. und ihrer großen Zeit seit der Mitte des 5. Jh. Dagegen wird – unter vielem andern – die Frage kaum berührt, wie sich diese Demokratie während und nach dem Peloponnesischen Krieg verändert hat und wie sich ihr Charakter im 4. Jh. von dem im 5. Jh. unterscheidet.[17]

[15] In der Bibliographie des vorliegenden Bandes die Titel von Cloché, Hignett, Jones, Forrest und de Romilly; Gesamtdarstellung: Tarkiainen.

[16] Siehe Anm. 150.

[17] Dazu nach C. Mossé, La fin de la démocratie athénienne, Paris 1962, und zahlreichen Beiträgen in E. C. Welskopf (Hrsg.), Hellenische Poleis: Krise – Wandlung – Wirkung, 4 Bde. Berlin 1974, etwa P. J. Rhodes, Athenian Democracy after 403 B. C., CJ 75 (1980), S. 305–323; Ober, Mass and Elite[+], S. 95–103; Hansen, Democracy[+], Kap. 13, und künftig die Beiträge in: W. Eder (Hrsg.), Die athenische Demokratie im 4. Jh. v. Chr.: Krise oder Vollendung?, Stuttgart 1995. N

Ich konzentriere mich deshalb auch in dieser Einleitung auf eine Problematik, die in vielen Beiträgen dieses Bandes behandelt wird. Es geht mir darum, die Anfangsphase oder Vorstufe der athenischen Demokratie, d. h. die von Kleisthenes begründete politische Ordnung und ihre Weiterentwicklung in der ersten Hälfte des 5. Jh., in den Zusammenhang der neuesten Forschung einzuordnen. Daß dabei, zumal im beschränkten Rahmen einer solchen Einleitung, keinesfalls an Vollständigkeit gedacht werden kann, versteht sich von selbst.[18]

Zunächst: Man soll gewiß die Feste feiern, wie sie fallen, und Kleisthenes ist allemal ein Jubiläum wert. Aber ist es berechtigt, dabei die Demokratie ins Zentrum zu stellen? Hat Kleisthenes wirklich eine Demokratie gegründet? Welche Hilfe leisten uns bei der Beantwortung dieser Frage die antiken und vor allem zeitnahen Quellen?

II

Herodot erwähnt Kleisthenes' neue Phylenordnung einmal in Verbindung mit der Einführung der Demokratie (6,131,1), ein andermal in Verbindung mit dem Machtkampf zwischen Kleisthenes und Isagoras als Resultat von Maßnahmen, durch die Kleisthenes das Volk auf seine Seite zog und in Athen die politische Vormacht errang (5,66 und 69,2: siehe oben). Wo er schließlich die Auswirkungen dieser Vorgänge auf die Außenpolitik zusammenfaßt, begründet er den Machtzuwachs Athens mit dem neu gewonnenen bürgerlichen Rederecht *(isegoria)* – im Verständnis der Zeit Herodots gewiß beinahe einem Äquivalent zu ‚Demokratie' –, erklärt dieses Recht und die veränderte Einstellung der Athener aber direkt mit dem Tyrannensturz, ohne Kleisthenes und seine Reformen

[18] Ich beschränke mich bewußt auf die Forschung etwa der letzten 30 Jahre; Verweise auf frühere Literatur sind dort leicht zu finden. Reiche Bibliographien bei Bleicken, Demokratie[+], S. 397–421; Ober, Mass and Elite[+], S. 364–381; Hansen, Democracy[+], S. 325–347; CAH V², 1992, S. 531–535. Vgl. außerdem Bleicken, Demokratie, S. 317–396, mit Hinweisen auf Quellen und Forschung. N

nochmals zu erwähnen (5,78). Auf die zentrale Frage, inwiefern denn Kleisthenes die Demokratie begründet habe – oder genauer: inwiefern denn die neue Phylenordnung und die Demokratie kausal verbunden gewesen seien –, gibt der Historiker keine Antwort. Als er sein Werk im letzten Drittel des 5. Jh. verfaßte,[19] war es allgemein akzeptiert, daß Tyrannensturz, Wirken des Kleisthenes und Begründung der Demokratie in einem unmittelbaren zeitlichen und ursächlichen Zusammenhang standen und Kleisthenes deshalb als ‚Vater der Demokratie‘ zu gelten hatte.[20] Auch die ›Athenaion Politeia‹, in der diese Rolle dem Solon zugeschrieben wird, gibt uns keine klare Auskunft darüber, inwiefern Kleisthenes durch die Demen- und Phylenreform dem Volk die Kontrolle über den Staat *(politeia)* verschaffte (20,1), inwiefern infolge der dadurch bewirkten Mischung mehr Bürger Anteil an der *politeia* erhielten (21,2) und inwiefern insgesamt unter Kleisthenes die *politeia* viel demokratischer wurde, als sie es unter Solon gewesen war (22,1, vgl. 41,2).[21] Wir müssen somit die Antwort auf unsere Frage selber finden, und daraus erklärt sich die alte und nach wie vor sehr lebhafte Forschungsdebatte zum Thema.[22]

Über Solon, den ersten großen Reformer und Gesetzgeber Athens,[23] der bereits im späten 5. Jh. ebenfalls als Demokratiegrün-

[19] Die Diskussion über die Abfassungszeit der ‚Historien‘ scheint noch keineswegs entschieden. Vgl. etwa C. W. Fornara, JHS 91 (1971), S. 25–34, und Hermes 109 (1981), S. 149–156 (420–415), sowie D. Sansone, ICS 10 (1985), S. 1–9 (422–416) gegenüber der seit F. Jacoby, RE Suppl. II (1913), S. 229ff. geltenden und von J. Cobet, Hermes 105 (1977), S. 2–27, und J. A. S. Evans, CP 82 (1987), S. 26–28, verteidigten communis opinio (vor 425).

[20] Vgl. Ruschenbuch, *Patrios politeia*;* Ostwald, Nomos^O, bes. S. 151ff.; auch R. Thomas, Oral Tradition and Written Record in Classical Athens, Cambridge 1989, bes. S. 139–147.

[21] Vgl. insgesamt 20–22,1; dazu Rhodes, Comm.⁺ und Chambers, Staat^O, der freilich 22,1 auf die nachkleisthenische Gesetzgebung bezieht (S. 235).

[22] Vgl. u. Anm. 52.

[23] Von Drakon wissen wir mit Sicherheit nur, daß er das Blutrecht schriftlich fixierte. Was in Arist. Ath. Pol. 4 u. ö. als ‚drakontische Verfas-

der gepriesen wurde,[24] wissen wir verhältnismäßig viel. Manche seiner Gesetze und Fragmente seiner Gedichte sind erhalten, in denen er sich engagiert über seine Absichten, Leistungen und die Probleme äußert, mit denen er sich konfrontiert sah. Diese Dokumente dienten den athenischen Lokalhistorikern des 4. Jh. als Grundlage ihrer Rekonstruktion. Kleisthenes war kein Dichter, Reden wurden zu seiner Zeit noch nicht publiziert, und auch seine Gesetze waren offenbar nicht in gleichem Maße leicht und öffentlich zugänglich wie die Solons.[25] Wir sind deshalb für sein Wirken auf das angewiesen, was einerseits von den späteren Historikern aufgrund ihrer Einschätzung der Institutionen als kleisthenisch erschlossen wurde, andererseits mündlich überliefert und von späteren Autoren auch aufgegriffen wurde.

In beiden Hinsichten sind der Erhaltung und Zuverlässigkeit von Informationen über Kleisthenes enge Grenzen gesetzt. Rückschlüsse aus späteren Institutionen sind in jedem Fall problematisch. Für die Erhaltung mündlicher Überlieferung wären an sich die Voraussetzungen günstig, denn die Vorgänge von 507 lagen innerhalb des den ersten Historikern noch zugänglichen Erinnerungszeitraumes von drei Generationen oder rund einem Jahrhundert. Aber zum einen gehören innenpolitische Auseinandersetzungen und damit auch die Einzelheiten der Verfassungsgeschichte, wenn sie nicht mit besonders sensationellen und folgenreichen Ereignissen verbunden sind, von vornherein nicht zum bevorzugten Erinnerungsgut. Deshalb steht, wie E. Ruschenbusch zu Recht betont, „der Machtkampf zwischen Isagoras und Kleisthenes, also die *Handlung* im Vordergrund des Interesses der mündlichen Überlieferung, nicht die Phylenreform, die *Verfassung*".[26] Zum andern

sung' beschrieben wird, ist eine Konstruktion des 4. Jh. Vgl. die Kommentare von Rhodes und Chambers ad loc., ferner Ruschenbusch, *Patr. pol.**.

[24] So gegen Ruschenbuch, *Patr. pol.**, bes. Rhodes, Comm.+ ad Ath. Pol. 9,1; M. H. Hansen, Solonian Democracy in Fourth-Century Athens, C&M 40 (1989), S. 71–99 = Aspects+, S. 71–99.

[25] Vgl. Rhodes, Comm.+, S. 241, 248 und ad 29,3 mit früherer Lit.

[26] Vgl. E. Ruschenbusch, Die Quellen zur älteren griechischen Geschichte, in: H. J. Wolff (Hrsg.), Symposion 1971, Köln 1975, S. 67–77, bes.

orientierten sich die antiken Historiker nicht an unsern Informationsbedürfnissen, sondern an ihren eigenen Darstellungs- und Interpretationsabsichten. Herodot war primär an Kleisthenes interessiert, weil dieser den Athenern nach einer Periode der Schwäche und Demütigung durch die Tyrannis diejenige neue und gute Ordnung gegeben hatte, die ihnen den Aufstieg zu Macht und Größe ermöglichte. In seinem historischen Interpretationsschema kam der Parallelisierung Spartas und Athens große Bedeutung zu: Die athenische Isonomie stand funktionsmäßig neben der spartanischen Eunomie, Kleisthenes als Gründer neben Lykurg.[27] Außerdem brachten die durch Tyrannensturz und kleisthenische Reformen bewirkten Veränderungen Athen in Konflikt mit Sparta und bald auch mit den Persern (5,73–78, 90–98). Für all dies war Kleisthenes wichtig, aber es genügte, ihn als Autor der Phylenreform und Gründer der Demokratie zu charakterisieren; Einzelheiten oder Begründungen waren unnötig.

Insgesamt gilt: Was die Historiker und anderen Autoren uns mitteilen, ist mit Sicherheit nicht alles, was sie wußten oder was ihnen durch mündliche Überlieferung noch zugänglich war. Ganz abgesehen davon, daß wir nur einen kleinen Bruchteil des einstigen Litera-

S. 68–70 (erweitert in Historia 41 [1992], S. 385–394, bes. S. 385–387 mit dem Zitat); Raaflaub, Athenische Geschichte und mündliche Überlieferung, in: J. von Ungern-Sternberg/H. Reinau (Hrsg.), Vergangenheit in mündlicher Überlieferung, Stuttgart 1988, S. 197–225, hier S. 211–214, 219–222 (Ruschenbuschs Aufsatz war mir damals nicht bekannt). Vgl. auch C. W. Fornara, The Nature of History in Ancient Greece and Rome, Berkeley 1983, S. 63, 96 f. Zur ‚Entdeckung‘ der Verfassungsgeschichte in der Mitte des 4. Jh. vgl. Ruschenbusch, *Patr. pol.**; id., Atthis und Politeia, Hermes 109 (1981), S. 316–326. Aufgrund von Herodots Erzählung (bes. 5,66–69) drängen sich freilich die Kulte der Phylenheroen als primärer Erinnerungszusammenhang auf. Zu Herodots Verarbeitung mündlicher Überlieferung: O. Murray, Herodotus und Oral History, in: H. Sancisi-Weerdenburg/A. Kuhrt (Hrsg.), Achaemenid History II, Leiden 1987, S. 93–115; Stahl, Aristokraten[O], Teil 1; J. Cobet, Herodot und mündliche Überlieferung, in: von Ungern-Sternberg/Reinau, Vergangenheit, S. 226–233; J. A. S. Evans, Herodotus, Explorer of the Past, Princeton 1991, S. 89–146.

[27] Raaflaub, Athen. Geschichte, S. 213 mit Anm. 73.

turbestandes besitzen, läßt sich somit aus ihrem Schweigen auch
nicht erschließen, daß das Nichtberichtete in ihrer Zeit nicht aktuell
war.[28] Mit argumenta ex silentio ist also Vorsicht geboten, und man
sollte sich davor hüten, den Wert mündlicher Überlieferung generell für gering zu achten.[29] Unsere Kriterien zur Bestimmung des
‚Wertes‘ solcher Überlieferung können keine universelle Gültigkeit
beanspruchen. Die althistorische Forschung hat erst in jüngster
Zeit begonnen, in Auseinandersetzung mit der wichtigen anthropo-
logischen Literatur zu diesem Thema[30] ernsthaft nach den Charakteristika, der sozialen Funktion und damit auch dem Informations-
potential und ‚Wert‘ mündlicher Überlieferung in antiken Gesellschaften zu fragen.[31] Schließlich dürfte es auch darüber hinaus für

[28] Die Reformen des Ephialtes bieten dafür ein gutes Beispiel. Sie werden von keinem der erhaltenen Autoren des 5. und frühen 4. Jh. erwähnt
und erstmals etwa um 350 ausdrücklich gewürdigt. E. Ruschenbusch,
Ephialtes, Historia 15 (1966), S. 369–376, hat daraus gefolgert, daß man
vor 356 die Bedeutung des Ephialtes für die Verfassungsgeschichte Athens
nicht erkannt hatte. Das ist wohl unter dem Aspekt der ‚Verfassungsgeschichte‘ stricto sensu richtig. Dennoch war man sich längst vorher der Bedeutung der Gesetze des Ephialtes für die Demokratie bewußt. Dies geht
daraus hervor, daß die Dreißig die auf dem Areopag inschriftlich publizierten Gesetze des Ephialtes entfernen und damit widerrufen ließen (Ath.
Pol. 35,2: *katheilon*, vgl. Rhodes, Comm.[+], S. 440: "The laws were an-
nulled by the physical removal from the Areopagus of the stelae on which
they were inscribed"). Diese Gesetze waren also nicht nur zugänglich, sondern wurden von den Oligarchen als eines der Symbole all dessen empfunden, was sie an der Demokratie der letzten Jahrzehnte auszusetzen hatten.
Dazu und zur Auseinandersetzung mit Ruschenbusch vgl. Rhodes, Comm.[+],
S. 315, 440; Chambers, Staat[O], S. 356; G. L. Cawkwell, *Nomophylakia* and
the Areopagus, JHS 108 (1988), S. 1–12, bes. S. 7f., wogegen wiederum Ruschenbusch, Gnomon 62 (1990), S. 323 Anm. 14. N
[29] So ebenfalls Ruschenbusch, Symposion 1971 (Anm. 26), S. 71; Historia 41 (1992), S. 389f.
[30] Vgl. jüngst W. J. Ong, Orality and Literacy, London 1982; D. Henige,
Oral Historiography, London 1982; J. Vansina, Oral Tradition as History,
Madison (Wisconsin) 1985.
[31] Dazu bes. die (freilich nicht unangefochtenen) Arbeiten von E. A.
Havelock: Preface to Plato, Cambridge (Mass.) 1963; The Greek Concept

unser Verständnis der athenischen Demokratie nicht unwichtig
sein, daß diese sich noch im Rahmen einer überwiegend mündlichen Kultur entwickelt hat. Das Nachdenken über diese Frage hat
ebenfalls erst begonnen.[32]
Dem Charakter der Demokratie als einer umfassenden und auf
alle Erfahrungsbereiche einwirkenden ‚Lebensordnung' ist es zuzuschreiben, daß die Auseinandersetzung mit ihr nicht nur im spezifisch politischen oder zeitgeschichtlichen, sondern im gesamten
Schrifttum der Zeit stattfand: in Tragödien, Komödien und den
‚Historien' Herodots nicht weniger als in philosophischen Trakta-
ten und Reden. Deshalb ist, insgesamt gesehen, die zeitgenössische
Dokumentation bereits im letzten Drittel des 5. Jh. überraschend
reichhaltig.[33] Von solcher nicht eigentlich politischer Literatur her

of Justice, ibid. 1978; The Literate Revolution in Greece and its Cultural
Consequences, Princeton 1982; The Muse Learns to Write: Reflections on
Orality and Literacy from Antiquity to the Present, New Haven 1986. Ferner einige Beiträge in von Ungern-Sternberg/Reinau, Vergangenheit
(Anm. 26); W. V. Harris, Ancient Literacy, Cambridge (Mass.) 1989; Thomas, Oral Trad. (Anm. 20); J. Assmann, Das kulturelle Gedächtnis.
Schrift, Erinnerung und politische Identität in frühen Hochkulturen, Mün-
chen 1992; id./T. Hölscher (Hrsg.), Kultur und Gedächtnis, Frankfurt
a. M. 1988.
    [32] Dazu manches in den erwähnten Werken von Harris und Thomas; fer-
ner F. D. Harvey, Literacy in the Athenian Democracy, REG 79 (1966),
S. 585–635; A. Burns, Athenian Literacy in the Fifth Century B. C., JHI 42
(1981), S. 371–387; Kluwe, Meinungsbildung*. Schuller, Demokratie*; id.,
Wirkungen[O], bes. S. 89, betont zu Recht, daß mit der Herausbildung von
Seereich und Demokratie die Zahl inschriftlicher Dokumente sprunghaft
zunimmt. Wichtig ferner die Frage nach Entstehung und Funktion öffent-
licher Archive in Athen (dazu A. L. Boegehold, The Establishment of a
Central Archive at Athens, AJA 76 [1972], S. 23–30, einiges bei Thomas,
Oral Trad., S. 60–83, und künftig eine systematische Untersuchung von
J. Sickinger).
    [33] Man muß das verstreute Material nur sammeln: ein Anfang bei Farrar,
Democratic Thinking[+]; Raaflaub, Freiheit[+], S. 283 ff.; id., Contemporary
Perceptions of Democracy in Fifth-Century Athens, C&M 40 (1989),
S. 33–70 (= Aspects[+], S. 33–70); einiges auch bei Lotze, Entwicklungsli-
nien*. Vgl. zur Zeitaktualität Herodots nach H. Strasburger, Herodot und

fallen wertvolle Schlaglichter auch auf frühere Phasen der Demokratie.[34] Die kleisthenische Zeit mögen freilich auch sie nicht zu
erhellen.

Jede Zeit beschreibt bekanntlich die Geschichte aller vorangegan-
genen Epochen aufgrund ihrer eigenen Erfahrungen und mit dem
ihr vertrauten Vokabular. Dies hat schon bei Herodot[35] und erst
recht bei den athenischen Lokalhistorikern (Atthidographen) des

das perikleische Athen, Historia 4 (1955), S. 1–25 = id., Studien zur Alten
Geschichte II, Hildesheim 1982, S. 592–626 = W. Marg (Hrsg.), Herodot,
Darmstadt [3]1982, S. 574–608, und F. Bornitz, Herodot-Studien, Berlin
1968, bes. C. W. Fornara, Herodotus. An Interpretative Essay, Oxford
1971; W. Nicolai, Versuch über Herodots Geschichtsphilosophie, Heidelberg 1986; Raaflaub, Herodotus, Political Thought, and the Meaning of
History, in: D. Boedeker/J. Peradotto (Hrsg.), Herodotus and the Invention
of History, Arethusa 20 (1987), S. 221–248. Zu Thukydides, nach früheren,
bei H. Herter (Hrsg.), Thukydides, Darmstadt 1968, gut zugänglichen
Arbeiten, H. Edelmann, Demokratie bei Herodot und Thukydides, Klio
57 (1975), S. 313–327; M. Pope, Thucydides and Democracy, Historia 37
(1988), S. 276–296; M. Palmer, Love of Glory and the Common Good:
Aspects of the Political Thought of Thucydides, Lanham (Maryland) 1992.
Ferner zu anderen Autoren E. Flores, Il sistema non riformabile, Neapel
1982 (Ps. Xen.); M. Landfester, Aristophanes und die politische Krise
Athens, in: G. Alföldy et al. (Hrsg.), Krisen in der Antike – Bewußtsein
und Bewältigung, Düsseldorf 1975, S. 27–45; I. Stark, Das Verhältnis des
Aristophanes zur Demokratie der athenischen Polis, Klio 57 (1975), S. 329–
364; entsprechende Untersuchungen zu Euripides und den frühen Rednern
wären dringend nötig. Vgl. auch allgemein K. Raaflaub, Politisches Denken
im Jahrhundert Athens, in: I. Fetscher/H. Münkler (Hrsg.), Pipers Handbuch der politischen Ideen I, München 1988, S. 273–368.

[34] So bes. auf die Zeit um die Reformen des Ephialtes: vgl. Chr. Meier,
Aischylos' Eumeniden und das Aufkommen des Politischen, in: id., Entste-
hung[+], S. 144–246; id., Die politische Kunst der griechischen Tragödie,
München 1988, S. 99–178; id., Umbruch[O], S. 359–361, 366–374; D. Lotze,
Zum Begriff der Demokratie in Aischylos' ›Hiketiden‹, in: E. G. Schmidt
(Hrsg.), Aischylos und Pindar, Berlin 1981, S. 207–216; Raaflaub, Pol. Den-
ken (Anm. 33), S. 286–296.

[35] Man denke nur an die offensichtlich von der Demokratiekritik seiner
Zeit beeinflußten Urteile in 1,59,4–6 oder 5,97 oder an die an historisch
‚unmöglicher' Stelle eingefügte ‚Verfassungsdebatte' (3,80–82).

4. Jh. zu Mißverständnissen, Fehlern und Verfälschungen geführt, die mangels unabhängiger Überlieferungen nur teilweise erkennbar oder nachweisbar sind.[36] Unser an der modernen Geschichtsschreibung und ihrem aus dem 19. Jh. stammenden Objektivitätsanspruch geschultes kritisches Instrumentarium ist freilich auf die antiken Historiker nur beschränkt anwendbar. In der Forschung zeigen sich neuerdings vermehrte Anstrengungen, die Andersartigkeit antiker Geschichtsschreibung ernst zu nehmen, nach zeit- und genreadäquaten Kriterien des Verständnisses zu suchen und die je wirksamen werkimmanenten Zusammenhänge wie auch die darstellerischen und interpretativen Absichten des betreffenden Autors herauszuarbeiten.[37] Außerdem sind in jüngster Zeit große Fortschritte darin gemacht worden, gerade die für die Demokratie wichtigen Quellen zu erschließen und systematisch auszuwerten. Zu den wichtigsten Texten und Quellengruppen liegen gute historische Kommentare[38] und/oder neue Ausgaben vor.[39] Die Beziehung eini-

[36] Dazu nach F. Jacoby, Atthis. The Local Chronicles of Ancient Athens, Oxford 1949, Nachdr. New York 1973, und Ruschenbusch, *Patr. pol.** jetzt Rhodes, Comm.⁺, S. 5–30 und pass. mit früherer Lit.

[37] Vgl. generell Fornara, History (Anm. 26). Für die genannten Bemühungen bietet wiederum Herodot ein bes. gutes Beispiel: vgl. die Überblicke bei D. Lateiner, The Historical Method of Herodotus, Toronto 1989; J. Gould, Herodotus, New York 1989; ferner u. a. J. Cobet, Herodots Exkurse und die Frage der Einheit seines Werkes, Wiesbaden 1971; F. Hartog, Le miroir d'Hérodote, Paris 1980; A. Corcella, Erodoto e l'analogia, Palermo 1984; A. Beltrametti, Erodoto: Una storia governata dal discorso, Florenz 1986; C. Darbo-Peschanski, Le discours du particulier, Paris 1987, sowie die Beiträge in Boedeker/Perdadotto (Anm. 33) und künftig C. Dewald, The Voice of the Histor: Narrator and Narrative in Herodotus' *History*.

[38] So zu Herodot von D. Asheri u. a. (Mailand 1977–1993), dazu von A. B. Lloyd zu Buch II (3 Bde., Leiden ²1994); zu Thukydides der von A. Andrewes und K. J. Dover fertiggestellte große Komm. von A. W. Gomme (Oxford, 5 Bde. 1945–1981) und jetzt von S. Hornblower (I, Oxford 1991); zur Ath. Pol. von Rhodes und Chambers; zu Biographien Plutarchs von M. Manfredini/L. Piccirilli (Solon: Mailand 1877), id./ C. Carena (Kimon: ibid. 1990), F. J. Frost (Themistokles: Princeton 1980), Ph. A. Stadter (Perikles: Chapel Hill 1989).

[39] So IG I³ (hrsg. von D. Lewis, 2 Bde. Berlin 1981, 1994); Tragicorum

ger Autoren zur Demokratie ihrer Zeit ist eingehend untersucht
worden, und man bemüht sich um eine sorgfältige und systematische Analyse der zeitgenössischen wie auch späteren Auseinandersetzung mit der athenischen Demokratie.[40]

All dies hilft uns zwar, die Demokratie der zweiten Hälfte des
5. Jh. besser zu verstehen, aber die Erkenntnisse, die wir daraus für
die Reformen des Kleisthenes gewinnen, sind minimal: Nur in einem Problembereich sind wir heute über diese viel besser infor-
miert als noch vor kurzem: der Lokalisierung der Demen und ihrer
Verteilung auf Trittyen und Phylen. Die antiken Autoren skizzieren
lediglich das Organisationsprinzip. Zumal die Inschriften enthüllen
jedoch eine ständig wachsende Fülle von Einzelheiten. Diese erlauben uns nicht nur, das ganze System in zunehmender Vollständigkeit zu rekonstruieren,[41] sondern daraus mit aller Vorsicht auch
wertvolle Schlüsse auf Zweck und Funktion dieses Systems und damit auch auf die politische Programmatik der ganzen Reform zu
ziehen.

Graecorum Fragmenta (hrsg. von B. Snell/R. Kannicht/S. Radt, Göttingen
1971 ff.); Poetae Comici Graeci (hrsg. von R. Kassel/C. Austin, Berlin
1983 ff.).

[40] Vgl. Anm. 33; dazu A. H. M. Jones, The Athenian Democracy and its
Critics, in: id., Democracy[+], S. 41–72; J. A. O. Larsen, The Judgment of
Antiquity on Democracy, CP 49 (1954), S. 1–14; Ostwald, Sovereignty[O];
J. P. Dolezal, Aristoteles und die Demokratie, Frankfurt a. M. 1974; Tou-
loumakos, Begründung[+], sowie J. T. Roberts, Athens on Trial: The Anti-
Athenian Tradition in Western Thought, Princeton 1993; J. Ober, Athenian
Critics of Popular Rule. N

[41] Vgl. nach E. Kirsten, Der gegenwärtige Stand der attischen Demenforschung (1958), in: id., Landschaft und Geschichte in der antiken Welt. Ausgewählte Kleine Schriften, Bonn 1984, S. 131–147, etwa Eliot, Coastal Demes[+]; W. E. Thompson, The Deme in Kleisthenes' Reforms, SO 46 (1971),
S. 72–79; Traill, Organization[+]; Siewert, Trittyen[+]; G. R. Stanton, The Tribal Reform of Kleisthenes the Alkmeonid, Chiron 14 (1984), S. 1–14; M. K.
Langdon, The Territorial Basis of the Attic Demes, SO 60 (1985), S. 5–15;
Whitehead, Demes[+]; Traill, Demos[+]; K. H. Kinzl. On the Consequences
of Following AP 21.4 (On the Trittyes of Attica), AHB 1 (1987), S. 25–33;
id., On the Consequences of Following AP 21,3 (on the Phylai of Attika),
Chiron 19 (1989), S. 347–365; Chambers, Staat[+], S. 226–231.

Dennoch bleibt die Quellengrundlage trotz der hohen Bedeutung der Vorgänge äußerst dünn. Diese Problematik ist dem Althistoriker nur allzu vertraut. Auszugehen ist in jedem Fall von diesen Quellen. Sie sind und bleiben Grundlage und Prüfstein aller modernen Interpretationen.[42] Freilich dürfen wir nicht zu Gefangenen dieser Quellen werden, uns zumal unsere Fragen und die Richtung unseres Suchens nicht von ihnen diktieren lassen.[43] In der geschilderten Situation liegt es zudem nahe, den Fragenkomplex von außen, von der damals mutmaßlich in Athen herrschenden Problematik her anzugehen und diese wie die zu ihrer Bewältigung getroffenen Maßnahmen mittels einer Grundthese oder eines ‚heuristischen Modells' zu erschließen. Solche Modelle bieten sich besonders in der Anthropologie, der vergleichenden Geschichtsbetrachtung oder der soziologisch-politologischen Theorie an. Wie viel dadurch zu gewinnen ist, hat etwa Chr. Meier mit dem Erklärungsmodell der „bürgerlichen Gegenwärtigkeit" für die kleisthenischen Reformen und mit dem der „politischen Identität" für die Demokratie des 5. Jh. gezeigt. J. Ober hat mit dem Prinzip der "politics of consensus" einen weiteren möglicherweise fruchtbaren Aspekt in die Diskussion über Kleisthenes eingeführt.[44] Gewiß besteht dabei die Gefahr, daß solche Interpretationsansätze oder Thesen verabsolutiert, als Schlüssel zum Verständnis des Ganzen genommen und damit letztlich den Quellen aufoktroyiert werden. Aber dies mindert ihren grundsätzlichen Wert als heuristische Instrumente keineswegs. Sie sollten ernst genommen und offen diskutiert werden; die Fachwissenschaft ignoriert sie zu ihrem eigenen Schaden.[45]

[42] So zu Recht jüngst Fornara/Samons, Athens[O], S. xvii.

[43] So ebenfalls zu Recht Meier, Kleisthenes[O], S. 95.

[44] Meier, Kleisthenes[O], S. 91 f. und öfter; id., Die politische Identität der Griechen, in: O. Marquard/K. Stierle (Hrsg.), Identität, München 1979, S. 371–406; Die politische Identität der Athener und das Arbeiten der perikleischen Demokratie, in id., Entstehung[+], S. 247–272; id., Besonderheit[*]; id., Bürgeridentität und Demokratie, in: id./Veyne, Demokratie[+], S. 45–95; Ober, Mass and Elite[+], S. 69–71.

[45] Die pauschale Ablehnung sozialwissenschaftlicher Ansätze durch Fornara/Samons, Athens[O], S. xvii, ist deshalb überaus bedauerlich; dasselbe gilt für die ähnlich globale Zurückweisung anthropologischer Ansätze

III

Doch zurück zu Kleisthenes und der Frage, ob und inwiefern er
die Demokratie begründet habe. Nach athenischer Auffassung war
demokratia eine Verfassungsform, in der das Volk *(demos)* die
Macht *(kratos)* in der Polis innehatte. Dies wurde nicht etwa vage in
dem Sinne verstanden, daß das in der Ekklesia versammelte Volk
durch seine Willenskundgebung die Entscheidung in den wichtigsten oder allen wichtigen Angelegenheiten der Gemeinde hatte,
sondern in dem viel umfassenderen Sinne, daß das Volk die volle
Gesetzgebungs-, Regierungs-, Kontroll- und Gerichtsgewalt ausübte. Das heißt: Direkt (in der Versammlung) oder indirekt (durch
Rat und Dikasterien, die ebenfalls als Repräsentanten der Gesamtbürgerschaft galten[46]), beschloß das Volk Gesetze und Dekrete; es
bestimmte die Gesamtrichtung der Politik und fällte bis ins letzte
Detail die einzelnen politischen Entscheidungen, wählte die Beamten, prüfte die Tauglichkeit der gewählten und erlosten Amtsträger,
überprüfte laufend deren Amtsführung und nahm ihre Rechenschaft entgegen usw.[47] Dieser Tatbestand der umfassenden Macht-
und Regierungsausübung durch das Volk wurde im letzten Drittel
des 5. Jh. markant formuliert: „Ich habe das Volk zum Monarchen
eingesetzt!" und „Das Volk herrscht hier *(anassei)* in jährlichem
Turnus", sagt Theseus in Euripides' ›Hiketiden‹ (352, 406 f.). Andernorts begegnet die Formel „Die Macht ist hier ‚vervolklicht'!"
(dedemeutai kratos: Kykl. 119).

durch F. Gschnitzer, Zur homerischen Staats- und Gesellschaftsordnung,
in: J. Latacz (Hrsg.), Zweihundert Jahre Homerforschung, Stuttgart 1991,
S. 182–204, hier S. 184–194. Differenzierter ist die Kritik von Bleicken,
Demokratie[+], S. 328–332.

    [46] Dazu die Diskussion zwischen M. H. Hansen, *Demos, Ecclesia* and
Dicasterion in Classical Athens, in: id., Ecclesia[+] I, S. 139–160 mit II,
S. 213–218, und Ostwald, Sovereignty[O], S. 34 Anm. 131; J. Ober, The Na-
ture of Athenian Democracy, CP 84 (1989), S. 322–334, hier S. 327 ff.

    [47] Dazu jetzt die Gesamtdarstellungen von Bleicken, Demokratie[+]; Han-
sen, Assembly[+]; id., Democracy[+]; vgl. auch Stockton, Democracy[+]; Starr,
Birth[+], sowie die in Anm. 117 angeführten Titel zum Arbeiten der Demokratie.

Man kann sich auf den Standpunkt stellen, den auch die athenischen Kritiker der Demokratie einnahmen, daß sich in solchen Formulierungen die perikleische oder gar nachperikleische „radikale" Demokratie spiegle. Davor müßte es entsprechend eine gemäßigtere Demokratie gegeben haben, die diesen Namen nicht weniger verdiente, und diese wäre allenfalls im wesentlichen auf Kleisthenes zurückzuführen.[48] Wie immer man darüber denkt, es stellt sich jedenfalls die Frage, ob das Volk durch die Reformen des Kleisthenes subjektiv und objektiv – d. h. nach damaligem und modernem Verständnis – in ausreichendem Maße an die Macht gebracht worden sei, um die Verwendung des Demokratiebegriffs zu rechtfertigen, oder ob dies erst später, etwa durch die Reformen des Ephialtes oder gar die noch späteren der perikleischen Zeit, geschehen sei. Angesichts der mißlichen Quellenlage bieten die Institutionen und die Terminologie unsere einzigen einigermaßen festen Anhaltspunkte.

Ich beginne mit den Institutionen. Die Hauptquellen wurden eingangs zitiert: Danach hat Kleisthenes die Demen organisiert und zur Grundlage des Bürgerrechts gemacht. Diese Demen wurden auf Trittyen und mit diesen auf zehn neue Phylen verteilt. Diese wiederum delegierten je fünfzig Mitglieder in den neuen „Rat der Fünfhundert". So viel steht fest. Der Katalog dessen, was wir nicht wissen, ist viel länger. Wurden der später übliche Bestellungsmodus und die Begrenzung der Amtszeiten der Bouleuten bereits von Kleisthenes eingeführt und geht die zentrale Rolle der Prytanen auf ihn zurück? Schuf er einen neuen Rat oder paßte er, wie heute die Mehrheit der Forscher glaubt, einen bestehenden Rat den Bedürfnissen des neuen Systems an?[49] Wie umfassend war diese Verände-

[48] Dies jedenfalls scheint hinter dem 411 gestellten Antrag des Kleitophon zu stehen, man solle nach den „Gesetzen der Väter" (patrioi nomoi) forschen, die Kleisthenes erließ, als er die Demokratie begründete: Ath. Pol. 29,3; dazu Rhodes, Comm.[+], S. 376f.; Ostwald, Sovereignty[O], S. 369–372, sowie jüngst mit Lit. Raaflaub, Politisches Denken und Krise der Polis: Athen im Verfassungskonflikt des späten 5. Jh. v. Chr., HZ 255 (1992), S. 1–60, hier S. 37–39.

[49] So etwa Rhodes, Boule[+], S. 208f. mit früherer Lit.; id., Comm.[+], S. 153f.; de Laix, Probouleusis[+], S. 13–17; Ostwald, Sovereignty[O], S. 16f. Anm. 49; Whitehead, Demes[+], S. 33 mit Anm. 122, gegenüber der Skepsis

rung, welche Kompetenzen erhielt der neue Rat zusätzlich zur Vor-
beratung der Agenda der Volksversammlung *(probouleusis)*, und in
welchem Verhältnis stand er zum Areopag und zur Volksversammlung? Inwiefern wurde diese aufgewertet und wurden ihre Befugnisse erweitert und geregelt? Inwiefern wurden diejenigen der wohl
schon seit Solon bestehenden Volksgerichte verändert?[50] Genossen
alle Bürger, auch die nicht für das Hoplitenheer qualifizierten Theten, nicht nur das Recht, an der Volksversammlung teilzunehmen,
sondern auch das Stimm- und Rederecht?[51] Auf diese und viele an-

von Hignett, Constitution[+], S. 92–96; J. Day/M. Chambers, Aristotle's
History of Athenian Democracy, Amsterdam 1967, S. 200 f.; Spahn, Mittelschicht[O], S. 152 mit Anm. 142; Chambers, Staat[O], S. 178 f.

[50] Zur Heliaia zwischen Solon und Ephialtes (dazu u. Anm. 104) vgl.
Hignett, Constitution[+], S. 97 f., 146, 216 f.; Ostwald, Sovereignty[O], S. 9–
12, 28 ff.; M. H. Hansen, The Athenian Heliaia from Solon to Aristotle, in:
id., Ecclesia[+] II, S. 219–261, hier S. 237–247.

[51] In Pind. Pyth. 2,87 (von ca. 470 [Anm. 133]; vgl. Ol. 9,95; Aisch.
Eum. 683) ist die Bürgerschaft als *stratos* bezeichnet. Dieser Wortgebrauch
widerspiegelt gewiß die Erinnerung daran, daß ursprünglich das ‚Volk' im
Sinne der ‚politisch Berechtigten' selbstverständlich mit den Waffentragen-
den, also den Hopliten, identisch war: vgl. Meier, Bemerkungen* Anm. 33;
id., Begriff Demokratie[+], S. 42. Lotze, Begriff (Anm. 34), S. 209, betont
freilich, daß der „sonstige Wortgebrauch Pindars schon zu weit" ist, als daß
man diese Stelle „im Sinne eines Ausschlusses der unterhalb des entsprechenden Zensus stehenden Polis-Angehörigen von den politischen Rechten … interpretieren dürfte". Wie aber war es zu Kleisthenes' Zeit? Ostwald, Sovereignty[O], S. 23, und Whitehead, Demes[+], S. 23 Anm. 78, halten
es für möglich, daß seine Ordnung noch von diesem Faktor beeinflußt war;
vgl. auch Fornara/Samons, Athens[O], S. 64. Zu bedenken ist jedenfalls folgendes: Mit wenigen Ausnahmen (etwa der Qualifikation für die hohen
Ämter und dem Bürgerrecht [Anm. 57]) war die politische Beteiligung
wohl nicht an gesetzliche Regelungen, sondern an Status und Sozialprestige
gebunden. Wie in der homerischen Versammlung eben nur die *basileis* sprechen und die anderen ihre Meinung nur kollektiv äußern, so mag es auch zu
Kleisthenes' Zeit noch selbstverständlich gewesen sein, daß zwar die Theten
in der Versammlung mit dabeistehen durften, aber nur die für das Hoplitenheer Qualifizierten abstimmten und wählten. (Ruschenbuschs Kalkulation
[Verfassungsgeschichte*], daß von 25 000 Bürgern in solonischer Zeit nur

dere Fragen lassen sich keine einfachen, geschweige denn sicheren Antworten finden; wir können lediglich plausible Vermutungen anstellen. Dementsprechend ist das Spektrum moderner Meinungen sowohl in der Beurteilung der Einzelheiten wie auch in der des Ganzen breit, die Fülle widersprüchlicher Interpretationen oft verwirrend.[52] Dennoch besteht vor allem in zwei Hinsichten weitgehende Einigkeit. Erstens bildeten die Demen die strukturelle und ideelle Basis der ganzen Reform. Wie P. Spahn betont, „wäre das plötzliche und überraschende Engagement des Demos für die große Politik, wie es sich 508 zeigte, nicht recht verständlich, wenn nicht die ‚Phy-

5%, also 1250, den drei oberen Zensusklassen angehörten und somit als Hopliten dienen konnten, widerspricht eklatant der Tatsache, daß Athen 490 bei Marathon aus einer nur wenig größeren Bürgerzahl 9000 und 479 bei Plataiai 8000 [Her. 9,28] Hopliten aufzubieten vermochte; vgl. J. Beloch, Die Bevölkerung der griechisch-römischen Welt, Leipzig 1886, ND Rom 1968, S. 60.) Dasselbe gilt wohl für das Rederecht; vgl. Rhodes, Comm.[+], S. 140f., und Anm. 60. Zur Frage der Einführung von Abstimmung und Stimmenzählung: J. A. O. Larsen, The Origin of the Counting of Votes, CP 44 (1949), S. 164–181 (dt. in Gschnitzer, Staatskunde[+], S. 184–218); A. L. Boegehold, Toward a Study of Athenian Voting Procedure, Hesperia 32 (1963), S. 366–374, bes. S. 368ff.; Staveley, Voting[+], S. 13–27. N

[52] Vgl. die o. Anm. 41 zur Demenforschung angeführte Lit., ferner D. M. Lewis, Cleisthenes and Attica, Historia 12 (1963), S. 22–40; D. Kienast, Die innenpolitische Entwicklung Athens im 6. Jh. und die Reformen von 508, HZ 200 (1965), S. 265–283; V. Ehrenberg, From Solon to Socrates, London [2]1973, S. 89–103; Ostwald, Nomos[O], bes. Teil 3; id., Sovereignty[O], S. 15–28; id., Reform[O]; Will, Monde grec[O], S. 63–76; P. J. Bicknell, Kleisthenes as Politician: an Exploration, in: id., Studies in Athenian Politics and Genealogy, Wiesbaden 1972, S. 1–53; Martin, Kleisthenes[*]; Roussel, Tribu[O], S. 269–289; R. Sealey, A History of the Greek City States 700-338 B. C., Berkeley 1976, Kap. 6; Kinzl, Athen[*]; Spahn, Mittelschicht[O], S. 161–173; A. Andrewes, Kleisthenes' Reform Bill, CQ n. s. 27 (1977) S. 241–248; Meier, Kleisthenes[O]; Murray, Griechenland[O], S. 253–259; K.-W. Welwei, Die griechische Polis, Stuttgart 1983, S. 168–178; Bleicken, Demokratie[+], S. 28–33, 321–324; Jones, Organization[+], S. 58–72; Ober, Mass and Elite[+], S. 68–75; id., Revolution (Anm. 3); Hansen, Democracy[+], S. 33–35, 46–49; Fornara/Samons, Athens[O], S. 37–58. N

lenreform' für den Demos zunächst einmal ‚Demenreform' bedeutet hätte". Es ist deshalb auch zu vermuten, daß Kleisthenes gerade damit auf verbreitete und deutlich artikulierte Bedürfnisse der athenischen Bürgerschaft reagierte.[53] Die beliebig anmutende Zahl der Demen (139) spricht gegen frühere Versuche, Kleisthenes' Absichten allzu abstrakt zu rationalisieren und in ein „dezimales Korsett" zu zwängen.[54] Diese Zahl, die enormen Größenunterschiede und die entsprechend unregelmäßige Verteilung der Demen auf Trittyen und Phylen weisen vielmehr darauf hin, daß Kleisthenes sein System auf den in der Landschaft Attikas (wie wohl auch im Stadtgebiet Athens) organisch gewachsenen Siedlungseinheiten aufgebaut hat. Im Zentrum standen dabei die Personen, nicht das Territorium; die Demen waren, wie ja auch die gesamte Polis, primär Personenverbände, nicht Flächeneinheiten.[55] Durch die Reform wurden sie zu Bürgerverbänden. Ihnen wurde die Registrierung der Bürger und die Führung der Bürgerlisten übertragen. Damit wurde die Kontrolle über den Bürgerstatus und die volle Zugehörigkeit des Einzelnen zur Gemeinde den Phratrien entzogen.[56] Die Adelsfami-

[53] Zu letzterem u. zu Anm. 73 Spahn, Mittelschicht[+], S. 164; ähnlich Kinzl, Athen[*], Anm. 24. Zum Folgenden die in Anm. 41 angeführte Lit., ferner R. J. Hopper, The Basis of Athenian Democracy, Inaugural Lecture, Sheffield 1957; Ostwald, Nomos[O], S. 151–153; Osborne, Demos[+], S. 64–92, und Whitehead, Demes[+], S. 3–38.

[54] Whitehead, Demes[+], S. 16–21, ebd. S. 18 f. gegen die auf einer engen Interpretation von Her. 5,69,2 beruhende und etwa von Busolt-Swoboda, Staatskunde[+], S. 873 f.; Lévêque/Vidal-Naquet, Clisthène[+], S. 9, 13, vertretene Annahme von 100 Demen, 10 pro Phyle.

[55] Zu dem allem Whitehead, Demes[+], S. 22–30. Polis als Personenverband: u. a. Ehrenberg, Staat[+], S. 107–125, bes. S. 107–113; E. Meyer, Einführung in die antike Staatskunde, Darmstadt 1976, S. 68–80; F. Gschnitzer, Stammes- und Ortsgemeinden im alten Griechenland, WS 68 (1955), S. 120–144, hier S. 121–123 = id., Staatskunde[+], S. 271–297, hier S. 272–274.

[56] Zu den Phratrien vgl. H. T. Wade-Gery, Essays in Greek History, Oxford 1958, S. 116–134; A. Andrewes, Phratries in Homer, Hermes 89 (1961), S. 129–140; id., Philochoros on Phratries, JHS 81 (1961), S. 1–15; id. CAH III.3[2] (1982), S. 366–368; N. G. L. Hammond, Studies in Greek History, Oxford 1973, S. 142–144; Roussel, Tribu[O], Teil 2; Welwei, Polis (Anm. 52), S. 56–58. N

lien, die die Phratrien dominierten, verloren dadurch einen Teil ihres Einflusses. Die Demoten waren in dieser Hinsicht fortan von *allen* ihren Demengenossen abhängig. Solche gegenseitige Abhängigkeit schuf Gleichheit und Solidarität. Da die Demen gleichzeitig wichtige Funktionen im Rahmen der Gesamtgemeinde übernahmen, wurde dieses Bürgerrecht als gemeinsamer Besitz aufgewertet; die Abgrenzung gegen außen, gegen Nichtbürger, verschärfte sich. Manches spricht deshalb dafür, daß im Zusammenhang oder als Konsequenz dieser Reformen das Bürgerrecht (erstmals?) präzise definiert,[57] die vorher offenbar relativ leichte Integration von Zuzüglern[58] erschwert und für die fest ansässigen Nichtbürger (Metöken) ein eigener Rechtsstatus eingeführt wurde.[59]

[57] Zur Entstehung des athenischen Bürgerrechts vgl. W. Peremans, Sur l'acquisition du droit de cité à Athènes au VIe s. av. J. C., in: Antike und Universalgeschichte. Festschr. H. E. Stier, Münster 1972, S. 122–130; J. K. Davies, Athenian Citizenship: The Descent Group and the Alternatives, CJ 73 (1977/78), S. 105–121; H. Reinau, Die Entstehung des Bürgerbegriffs bei den Griechen, Diss. Basel 1981; R. Sealey, How Citizenship and the City Began in Athens, AJAH 8 (1983), S. 97–129; Raaflaub, Freiheit , S. 62 Anm. 141; B. Manville, The Origins of Citizenship in Ancient Athens, Princeton 1990; D. Whitehead, Norms of Citizenship in Ancient Greece, in: A. Molho et al. (Hrsg.), Athens and Rome, Florence and Venice: City-States in Classical Antiquity and Medieval Italy, Stuttgart 1991, S. 135–154. N

[58] Vgl. Plut. Sol. 24,4 und die Diskussion um den Ath. Pol. 13,5 erwähnten „Diapsephismos": K.-W. Welwei, Der „Diapsephismos" nach dem Sturz der Peisistratiden, Gymnasium 74 (1967), S. 423–437 (mit früherer Lit.); P. J. Bicknell, Whom Did Kleisthenes Enfranchise, PP 24 (1969), S. 34–37; C. W. Fornara, The *Diapsephismos* of *Ath. Pol.* 13.5, CP 65 (1970), S. 243–246; Peremans (vorige Anm.), S. 126 ff.; Whitehead, Metics (folg. Anm.), S. 143 ff. In Ath. Pol. 21,2 und 4 sowie Arist. Pol. 1275 b 32–37 ist die Rede von Neueinbürgerungen durch Kleisthenes (vgl. Rhodes, Comm.⁺ ad loc.). Whitehead, Demes⁺, S. 31 Anm. 118, betont "the probability that enfranchisements were a merely tangential aim of Kleisthenes' reform"; anders Hansen, Democracy⁺, S. 34.

[59] Vgl. H. Bellen, Metoikoi, Kl. Pauly 3 (1969), S. 1276–1278 mit früherer Lit.; D. Whitehead, The Ideology of the Athenian Metic, Cambridge 1977, bes. S. 140 ff.

Gleichheit und Solidarität wurden noch verstärkt durch die jetzt in allen Demen institutionalisierten Elemente lokaler Selbstverwaltung, durch die jeder Demos auch als politische und kultische Gemeinschaft vermehrt ein eigenes Leben entfaltete. Hier lernte man, sich als Bürger zu fühlen, entsprechend zu handeln – und zu sprechen: Hier also, in kleinem und vertrautem Rahmen, entstand, wie oft gesagt wird, eine "grassroots democracy", hier konnten sich *isonomia* und *isegoria* verwirklichen,[60] um dann allmählich auch in den viel größeren Institutionen der Gesamtpolis Fuß zu fassen. Denn die Demen delegierten (zuerst wohl durch Wahl, später durch Vorwahl und Losung) eine ihrer Bürgerzahl entsprechende Quote von Mitgliedern in den neuen „Rat der Fünfhundert". Die Vertretungsdichte war außerordentlich groß: Bei etwa 30000 Bürgern kam auf je 60 ein Ratsherr. Während kleine Weiler einen einzigen stellten oder sich gar zwei in einen teilten, entsandte der Demos von Acharnai nicht weniger als 22 Bouleuten nach Athen.[61] Dadurch entstand eine ungewöhnlich intensive Rückkoppelung, ein steter Informationsfluß von der Peripherie ins politische Zentrum und zurück: Die Anliegen auch der Abwesenden waren dort ständig präsent.[62] Zunächst wird die Wahl gewiß vornehmlich auf die Adligen gefallen sein, von denen ja längst nicht alle zum Archontat gelangen und damit einen Sitz im altehrwürdigen Rat auf dem Areopag erobern konnten. Auch wenn vielleicht die später üblichen Iterationsbeschränkungen nicht von Anfang an galten, so kamen doch ohne Zweifel bald auch in zunehmendem Maße die Zeugiten (d. h. die Hoplitenbauern) zum Zuge. Mit der Zeit erreichte der Prozentsatz der Bürger, die mindestens ein Jahr lang im Rat gedient hatten, eine

---

[60] Zu *isonomia* vgl. u. Teil V. Zur Diskussion um *isegoria* vgl. G. T. Griffith, Isegoria in the Assembly at Athens, in: Ancient Society and Institutions. Studies V. Ehrenberg, Oxford 1966, S. 115–138; A. G. Woodhead, Isegoria and the Council of 500, Historia 16 (1967), S. 129–140; J. D. Lewis, Isegoria at Athens: When Did It Begin?, Historia 20 (1971), S. 129–140; Raaflaub, Des freien Bürgers Recht der freien Rede, in: W. Eck et al. (Hrsg.), Studien zur antiken Sozialgeschichte. Festschr. F. Vittinghoff, Köln/Wien 1980, S. 7–57; Ober, Mass and Elite[+], S. 72 f., 78 f.

[61] Whitehead, Demes[+], S. 23.

[62] Meier, Kleisthenes[O], S. 129 f.

ganz erstaunliche Höhe.[63] Politisch aktiv zu sein, Verantwortung zu tragen war nicht mehr allein Sache des Adels; politische Erfahrung und Kompetenz waren weit gestreut: Auch hier entstand politische Gleichheit.

Die Forschung ist sich zum zweiten darin weitgehend einig, daß das – nun durchaus künstliche und überaus raffinierte – System der Verteilung der Demen auf Trittyen und Phylen primär dem Zweck diente, in jeder Phyle einen repräsentativen Querschnitt durch die ganze Bevölkerung zu vereinigen. Daß die ‚Mischung‘ der Bürgerschaft ein hervorstechendes Merkmal und deshalb wohl auch ein Ziel der Reform darstellte, erkannte man bereits in der Antike.[64] Was sollte dadurch erreicht werden? Aus der geographischen Kombination von Demen, Trittyen und Phylen ist des öfteren gefolgert worden, Kleisthenes habe die traditionellen Einflußbereiche der adligen Familien und zumal seiner wichtigsten Konkurrenten zerschneiden und diese damit entscheidend schwächen, sich selber und der Alkmeonidenfamilie dagegen Vorteile sichern wollen. Diese ganz auf der Ebene des persönlichen Machtwettbewerbs angesiedelte ‚Verschwörungstheorie‘ ist heute weitgehend diskreditiert, weil sie die sozialen und politischen Realitäten nicht konkret genug in Rechnung stellt und einen Teilaspekt verabsolutiert, der, aufs Ganze gesehen, der Absicht der Reform widerspricht. Auch die These, die geographische Organisation Attikas habe primär militärischen Zwecken gedient, scheitert daran, daß sie einen – wahrscheinlich nicht unwichtigen – Nebenzweck ins Zentrum stellt und verabsolutiert.[65] Umgekehrt wäre es natürlich naiv, Kleisthenes

[63] Grob geschätzt, traf es etwa jeden dritten bis vierten Bürger; vgl. A. W. Gomme, The Working of the Athenian Democracy, in: id., More Essays in Greek History and Literature, Oxford 1962, ND New York 1987, S. 177–193, hier S. 185; J. A. O. Larsen, Representative Government in Greek and Roman History, Berkeley 1966, S. 10–13. Zur Iteration: Rhodes, Boule+, S. 3; Meier, Kleisthenes○, S. 130 Anm. 102.

[64] Arist. Ath. Pol. 21,2; Pol. 1319 b.

[65] So die in Anm. 69 angeführte Lit. Zu Kleisthenes als ‚Machtpolitiker‘ vgl. etwa Bicknell, Kleisthenes (Anm. 52); Lewis, Cleisthenes (Anm. 52), bes. S. 26–37; Lévêque/Vidal-Naquet, Clisthène+, S. 17f.; Sealey, History (Anm. 52), S. 153–155; Stanton, Reform (Anm. 52). Dagegen u. a. Meier,

als reinen Idealisten oder ‚Ideologen' der Volksbeteiligung zu betrachten.[66] Weiter kommt man mit der Frage, wo sich denn diese ‚Mischung
der Bürgerschaft' vor allem auswirkte. Abgesehen von Festen, Wahlen und einigen anderen gemeinsamen Anlässen,[67] deren gemein-
schaftsfördernde Wirkung man nicht unterschätzen sollte, waren
die Phylengenossen vor allem in zwei Bereichen zu gemeinsamer
Tätigkeit und Verantwortung vereinigt: einerseits in der Politik in
den jährlich wechselnden Fünfhundertschaften des Rates und zumal, wenn diese bereits existierten, in den Prytanien, die je aus den
fünfzig Vertretern einer Phyle gebildet wurden,[68] andererseits im
Militär in den Phylenregimentern des Hoplitenheeres.[69] In beiden
Bereichen waren Vertrautheit, Vertrauen und Solidarität für den
Erfolg unerläßlich. Es liegt nahe, in der Herstellung solcher Soli-
darität das Ziel von Kleisthenes' Organisationsschema zu sehen.
Denn im Vergleich zu anderen Polis-Territorien ist Attika überaus

Kleisthenes[O], S. 107–109; Whitehead, Demes[+], S. 23 Anm. 77; Fornara/Sa-
mons, Athens[O], S. 51 f.; Hansen, Democracy[+], S. 48.

[66] Vgl. Ober, Revolution (Anm. 3), S. 220, gegen (u. a.) Ehrenberg,
Solon (Anm. 52), S. 89–91, 102, Vgl. generell auch u. zu Anm. 124 f.

[67] Vgl. Busolt/Swoboda, Staatskunde[+] II, S. 973–979.

[68] Die Bedeutung des Rates ist allgemein anerkannt; sie wird bes. betont
u. a. von Will, Monde grec[O], S. 71 ff.; Larsen, Representative Government
(Anm. 63), S. 13 ff. Für den Rat allein hätte man allerdings nicht die Mischung innerhalb jeder Phyle benötigt; es hätte genügt, nach einem einfacheren Schema eine gleichmäßige Vertretung aller Demen und damit aller
Landesteile zu gewährleisten. Deshalb spricht etliches dafür, das System
der Prytanien, allenfalls in einer einfacheren Frühform, bereits Kleisthenes
zuzuweisen (so etwa Will, ibid.; Meier, Kleisthenes[O], S. 130 f.; Siewert,
Trittyen[+], Teil II, bes. S. 122 ff.); vgl. des weiteren u. Anm. 103.

[69] Vgl. bes. Bicknell, Studies (Anm. 52), S. 19–21; H. van Effenterre,
Clisthène et les mesures de mobilisation, REG 89 (1970), S. 1–17; Siewert,
Trittyen[+], bes. Teile III und IV. Namentlich Siewerts Thesen sind nicht un-
widersprochen geblieben. Zum gemeinsamen Drill des Hoplitenheeres:
W. K. Pritchett, The Greek State at War II, Berkeley 1974, S. 208–231; J. K.
Anderson, Hoplite Weapons and Offensive Arms, in: V. D. Hanson
(Hrsg.), Hoplites, London 1991, S. 15–37, hier S. 28–32.

groß, topographisch stark gegliedert und wirtschaftlich differenziert.[70] Regionale Interessenunterschiede und Spannungen waren
deshalb normal. Sie wurden jedoch verschärft durch die Rivalitäten
der Adelsfamilien und -faktionen, die in verschiedenen Regionen
verwurzelt waren und wirtschaftlich wie auch über die Kulte be-
trächtlichen Einfluß auf die Bevölkerung ausübten.[71] Solche regionalen und faktionalen Interessen sollten offenbar ausgeglichen, entsprechende Konflikte, die der ganzen Gemeinde schadeten, verhindert werden. Auch sollte es künftig schwieriger sein, bei politischen
Entscheidungen traditionelle Machtblöcke zur Geltung zu bringen.
Dafür nun war die Mischung der Bürger entscheidend. Indem in
jede Phyle Bürger aus verschiedenen Teilen Attikas eingeteilt wurden, lernten diese einander und ihre verschiedenen Situationen und
Bedürfnisse kennen. Es entstanden Vertrautheit und Solidarität.
Von den Phylenanlässen, Rat und Heer aus übertrugen diese sich
auch auf die anderen Organe der Gesamtpolis: die Versammlung
und die Heliaia (Volksgericht). Die Bürgerschaft Attikas wuchs so
zusammen: Es entstand trotz ihres großen Territoriums eine inte-
grierte Polis.[72]
Die Verwurzelung der Bürgerschaft in den eigenständigen und
politisch organisierten Demen, die gleichmäßige Repräsentation
der Bürger im Rat und damit die Verwurzelung der zentralen Politik in den Demen und die Herstellung von Vertrautheit und Solidarität durch die Zusammenarbeit der Bürger in regional gemischten
politischen und militärischen Einheiten: darin muß zum großen
Teil der Zweck der Phylenordnung gelegen haben. Dadurch wurde
auf verschiedenen Ebenen mehr Gleichheit für mehr Bürger geschaffen; die Polis und die Bürgerschaft wurden zu einer Einheit.
Aus dem allem lassen sich weitere Folgerungen ziehen. Erstens

[70] Vgl. E. Kirsten/W. Kraiker, Griechenlandkunde, Heidelberg 1962,
S. 145 ff.; A. Andrewes, CAH III.3² (1982), S. 362, sowie jüngst Osborne,
Demos⁺.
[71] Vgl. die bei Her. 1,59,3; Ath. Pol. 13,4 faßbare, freilich wohl zu sche-
matische Überlieferung über regional basierte adlige Faktionskämpfe: dazu
Rhodes, Comm.⁺, S. 179 (Quellen), S. 184–187 mit Lit.
[72] Entsprechend ist fortan nicht mehr von regionalen Spannungen die
Rede. Spannungen zwischen Stadt und Land entstanden erst viel später.

steht es außer Zweifel, daß Kleisthenes mit seinen Reformen grundsätzlich einem Volkswillen entsprach, der sich in den Ereignissen
um die zweite Intervention des Kleomenes und den Sturz des Isagoras (oben zu Anm. 3) überraschend und kraftvoll manifestiert hatte.
Man muß deshalb annehmen, daß Volksversammlung und Rat aufgewertet wurden und erheblich an Macht und Bedeutung gewannen. Aber dies relativ, nicht absolut: Für die genannten Zwecke
reichte es aus, wenn beide zunächst vor allem die Funktion eines
Gegengewichtes und notfalls die einer ‚institutionalisierten Opposition‘ zu der weiterhin von Beamten und Areopag repräsentierten
adligen Führung und Autorität übernahmen. Es ist deshalb nicht
nötig, zur These eines bereits im 6. Jh. mächtigen oder gar politik-
bestimmenden Volksrats Zuflucht zu nehmen. Diese These ist beim
gegenwärtigen Wissensstand nicht verifizierbar; welche Macht und
Kompetenzen der kleisthenische Rat wirklich besaß, bleibt uns verborgen. Noch sollten wir den Begriff der ‚Souveränität des Volkes‘
in der Versammlung überstrapazieren; das Volk konnte die letzte
Entscheidung in allen wichtigen Angelegenheiten haben, ohne
doch die Richtung der Politik im einzelnen bestimmen oder die führenden Politiker kontrollieren zu können.[73]

Zweitens scheint die Reform eben zunächst weder die Macht und
Kompetenzen des Areopags noch die der Archonten und damit
auch nicht die selbstverständliche und exklusive Führungskapazität
des Adels beeinträchtigt zu haben. Sie richtete sich nicht gegen den
Adel und dessen Führung, versuchte diesen aber wirksam in die
Polis einzubinden. Es ist deshalb überflüssig, ja verfehlt, Kleisthenes
eine adelsfeindliche Tendenz zuzuschreiben.[74] Seine Ziele scheinen
vielmehr zumindest von großen Teilen des Adels unterstützt worden zu sein. Jedenfalls ist von Widerstand gegen seine Reformen

[73] Mächtiger Volksrat: u. a. Larsen, Repr. Government (Anm. 63),
S. 13–21; Woodhead, Isegoria (Anm. 60), S. 135 ff.; vgl. auch D. J. McCar-
gar, New Evidence for the Kleisthenic *boule*, CP 71 (1976), S. 248–252.
Souveränität: Fornara/Samons, Athens^O (wie Anm. 79). Gegengewicht:
Meier, Kleisthenes^O, S. 125, 137 (vgl. auch u. Anm. 144); Ostwald, Sover-
eignty^O, S. 19, 26 f.; vgl. ferner id., Reform^O, S. 328. Zur Manifestation des
Volkswillens: Ober, Revolution (Anm. 3).
[74] So auch Kinzl, Athen*, S. 215 ff. N

nicht das geringste zu hören; der Unterschied zur Reaktion auf die Reformen des Ephialtes (unten zu Anm. 110–112) ist enorm und instruktiv.

Drittens: Dies erklärt sich wohl großenteils daraus, daß die skizzierte negative Zielsetzung der Reformen – die Verhinderung von Faktionskämpfen und der Durchsetzung von Partikularinteressen – den Bedürfnissen des ganzen Adels und der gesamten Bürgerschaft entsprach. Fehlende Solidarität und gewaltsame Machtkämpfe schadeten allen und resultierten nur zu leicht in einer Tyrannis und damit im Machtverlust aller. Inner- und außerhalb Athens fehlte es dafür nicht an Anschauungsbeispielen.[75] Es liegt deshalb nahe, die Institution des Ostrakismos dem gleichen ideellen Zusammenhang zuzuweisen. Angesichts dessen, daß sie erst rund zwanzig Jahre später erstmals angewendet wurde, kann dies freilich nicht mehr als eine plausible Vermutung sein.[76]

Viertens: In jedem Fall ist die Idee des Ostrakismos genial, weil sie es möglich machte, die Gefahr von Stasis und Tyrannis durch eine ‚negative Wahl' zu vermindern, ohne daß dadurch der soziale oder wirtschaftliche Ruin und bleibende Ehrverlust des Betroffenen und damit allenfalls eine tiefe und langwierige Polarisierung in der Bürgerschaft verursacht wurden. Ähnlich geniale Züge trägt das gesamte Reformprogramm des Kleisthenes. Es war komplex und rational, ohne doch die gewachsenen Einheiten zu verletzen, in die sich Bürgerschaft und Territorium der Polis natürlich gliederten. Es berücksichtigte die Bedürfnisse des Adels und des Volkes, der Dörfer, Regionen und Gesamtpolis. Es verrät eine hochentwickelte Fähigkeit, im Volk verbreitete Tendenzen zu erspüren, sich damit in

[75] Vgl. zu alledem bes. W. Eder, The Political Significance of the Codification of Law in Archaic Societies, in: K. Raaflaub (Hrsg.), Social Struggles in Archaic Rome, Berkeley 1986, S. 262–300.

[76] Zur Diskussion um den Ostrakismos vgl. Hignett, Constitution[+], S. 159 ff.; E. Vanderpool, Ostracism at Athens, Cincinnati 1970; Thomsen, Ostracism[+]; Martin, Kleisthenes[*] (zu Anm. 108 ff.); ferner etwa Rhodes, Comm.[+], S. 267–271; G. A. Lehmann, Der Ostrakismos-Entscheid in Athen: Von Kleisthenes zur Ära des Themistokles, ZPE 41 (1981), S. 85–99; Chambers, Staat[O], S. 239–241; Ober, Mass and Elite[+], S. 73–75; weitere Lit. bei Fornara/Samons, Athens[O], S. 58 Anm. 57.

Einklang zu setzen und sie politisch nutzbar zu machen, auf Notwendigkeiten zu reagieren und daraus Neues, Weiterführendes zu schaffen, ein umfassendes politisches Konzept zu entwerfen, durchzusetzen und zu verwirklichen. Als politischer Theoretiker und zugleich Pragmatiker von höchstem Kaliber stellt sich Kleisthenes würdig neben Solon und Perikles.

IV

Ist das, was Kleisthenes geschaffen hat, jedoch eine Demokratie? Entscheidend scheint dabei weniger, ob alle Bürger in der Versammlung an der Diskussion oder an allen wichtigen Entscheidungen beteiligt waren. Grundlegend ist vielmehr, ob die Bürgerschaft durch die von ihr kontrollierten Organe zum einen die Macht über die Politik insgesamt und zum anderen die Kontrolle über die Exekutive innehatte.[77] Die zweite Frage ist in jedem Fall negativ zu beantworten. Aischylos betont zwar in den ›Persern‹ von 472, daß für die freie griechische Polis das Prinzip der Rechenschaftspflicht charakteristisch sei,[78] aber nach allem, was wir wissen, blieb die Beamtenkontrolle bis dahin und noch länger in den Händen des Areopags (unten zu Anm. 98–100). Die Antwort auf die erste Frage hängt davon ab, wie man Macht und Kompetenzen des Rates der Fünfhundert einschätzt. Aufgrund des zuvor Gesagten (oben zu Anm. 73) scheint auch hier eine negative Antwort angemessen.

Die große Mehrheit der neueren Forschung ist sich denn auch darin einig, daß die von Kleisthenes verwirklichte Ordnung keines-

---

[77] Vgl. Schuller, Wirkungen°, S. 88: Man muß sich davor hüten, „die Demokratie mit ihren Institutionen zu identifizieren: Es kommt darauf an, daß einigermaßen intensiv von ihnen Gebrauch gemacht wurde, das heißt, daß viele Athener bei vielen Gelegenheiten vielerlei Gegenstände selbständig entschieden". Zu vage bleiben etwa Ruschenbusch, Verfassungsgeschichte*; Ober, Mass and Elite+, S. 73–75; Fornara/Samons, Athens° (u. Anm. 79).

[78] Aisch. Pers. 213 f. (durch den Kontrast zum Perserkönig, der auch im Fall katastrophalen Scheiterns dem Gemeinwesen nicht rechenschaftspflichtig sei [nicht *hypeuthynos polei*]); vgl. allgemein Roberts, Accountability+.

falls einer – in auch nur annähernd präzisem Sinne verstandenen – Demokratie entsprach.[79] Konzept und Begriff der Demokratie lagen noch jenseits des Vorstellbaren. Wohl aber stellt diese Ordnung eine entscheidende Vorstufe und Grundlage dar, auf der sich schließlich die Demokratie herauszubilden vermochte. Die Entwicklung hin zur Demokratie war freilich weder natürlich noch aufgrund der Ende des 6. Jh. geschaffenen Voraussetzungen notwendig. Sie wurde vielmehr durch die Konvergenz verschiedener historisch einmaliger und für Athen und nur Athen spezifischer Faktoren möglich gemacht. Erst das, was in Athen rund ein halbes Jahrhundert nach Kleisthenes entstand, repräsentiert einen entscheidenden Schritt über das hinaus, was in weiten Teilen Griechenlands aufgrund gemeinsamer Voraussetzungen möglich war und vielerorts in mancherlei Formen auch realisiert wurde.

Denn Kleisthenes' Ordnung war zwar wahrscheinlich in manchen Einzelheiten der Konzeption und Ausführung und vielleicht auch in ihrem umfassenden integrativen Anspruch einzigartig. Sie war es aber nicht im Ansatz und in der Problematik, die sie zu bewältigen hatte. So wenig wir über die Verhältnisse in den meisten anderen Poleis wissen, einiges läßt sich doch ausmachen.[80] Eine neue Einteilung und Organisation der Bürgerschaft auf der Basis territorialer Einheiten begegnet uns auch anderweitig; diese entsprach nicht zuletzt den durch die Hoplitenarmee entstandenen administrativen Bedürfnissen.[81] Auch auf zumindest partielle

[79] Unter den Ausnahmen sind, je mit wichtigen, aber verschiedenen Überlegungen und Gewichtungen, Lotze, Entwicklungslinien* (wozu Schuller, Demokratie*, Anm. 21); Fornara/Samons, Athens^O, S. 39f., 48–50, 52–57; Hansen, Democracy^+, S. 34 (wesentlich aufgrund seiner Frühdatierung des Terminus *demokratia:* u. Anm. 127ff.). Ehrenberg, Origins* (u. Anm. 130), war noch von der damals üblichen Datierung der ›Hiketiden‹ ins frühe 5. Jh. beeinflußt.

[80] Vgl. die Zusammenstellung des Materials bei Jones, Organization^+; ferner Busolt/Swoboda, Staatskunde^+; Ehrenberg, Staat^+; Meyer, Staatskunde (Anm. 55); Roussel, Tribu^O. N

[81] Vgl. die in der vorigen Anm. angeführte Lit., bes. Roussel, Tribu^O, Teil III, bes. S. 265–309. Als weitere Parallele ist das frührömische System der territorialen *tribus* zu nennen: E. Meyer, Römischer Staat und Staats-

Gleichheit breiterer Bürgerschichten gegründete Verfassungen müssen sich als politische Entsprechungen zu den sozialen und militärischen Bedingungen, die sich in der Hoplitenarmee spiegelten, vielfach herausgebildet haben.[82] ‚Isonomien' resultierten mancherorts auch aus dem – von innen oder außen erzwungenen – Sturz von Tyrannen.[83] Das Wirken der Tyrannen beeinträchtigte, direkt oder indirekt, vornehmlich Macht und Einfluß des Adels;[84] dadurch verbesserten sich die sozialen und wirtschaftlichen Voraussetzungen für die Gleichberechtigung breiterer Schichten und die Integration der Polis. Es ist deshalb zu Recht betont worden, daß auch die kleisthenischen Reformen mehr als gemeinhin angenommen in Maßnahmen der Peisistratiden wurzelten.[85] Auf der institutionellen Ebene ist ein „Volksrat" *(boule demosie)* für die Mitte des 6. Jh. in Chios bezeugt.[86] Die intellektuellen Voraussetzungen für die Verwirklichung isonomer Polisordnungen schließlich wurden in einem

gedanke, Zürich/Stuttgart [3]1964, S. 57–60; H. H. Scullard, A History of the Roman World 753 to 146 B. C., London [4]1980, S. 72f. N

[82] Vgl. etwa Spahn, Mittelschicht[O], bes. S. 70ff., 98ff.; Murray, Griechenland[O], Kap. 8 und10. Der gesamte Problemkomplex bedarf dringend einer neuen systematischen Bearbeitung; einiges bei Raaflaub, Homer to Solon: The Rise of the Polis, in: M. H. Hansen (Hrsg.), The Ancient Greek City-State, Kopenhagen 1993, S. 79–80; s. auch Anm. 145.

[83] Vgl. etwa Her. 3,142,3; 5,37,2 (vgl. u. Anm. 89).

[84] Vgl. etwa A. Heuss, Die archaische Zeit Griechenlands als geschichtliche Epoche, A&A 2 (1946), S. 26–62, hier S. 45ff. = Gschnitzer, Staatskunde[+], S. 36–96, hier S. 68ff.; H. Berve, Wesenszüge der griechischen Tyrannis, HZ 177 (1954), S. 1–20 = Gschnitzer, ibid., S. 161–183; H. Pleket, The Archaic Tyrannis, Talanta 1 (1969), S. 19–61; Murray, Griechenland[O], Kap. 9; Stahl, Aristokraten[O]. N

[85] Vgl. bes. Stahl, ibid. Teil III; W. Eder, Self-Confidence and Resistance: The Role of *demos* and *plebs* after the Expulsion of the Tyrants in Athens and the King in Rome, in: T. Yuge/M. Doi (Hrsg.), Forms of Control and Subordination in Antiquity, Tokyo 1988, S. 465–475; ferner Martin, Kleisthenes*; Bleicken, Demokratie[+], S. 21–27, bes. S. 26f.

[86] ML Nr. 8 mit Lit. und Komm.; dazu C. Ampolo, La *boule demosie* di Chio: un consiglio 'popolare'?, PP 38 (1983), S. 401–416; vgl. auch Schuller, Demokratie* (zu Anm. 28ff.).

langen Prozeß geschaffen, der auf vielen, den Griechen weitgehend gemeinsamen Faktoren beruhte und von zahlreichen Persönlichkeiten in verschiedenen Teilen Griechenlands getragen wurde. Diese Männer standen in Verbindung miteinander und mit dem einflußreichen Orakel in Delphi. In den sozialen und politischen Kämpfen ihrer Zeit nahmen sie, in Chr. Meiers Formulierung, eine „dritte Position" ein; sie suchten als ,Schlichter' und Gesetzgeber nach Kompromissen und dauerhaften Lösungen und trugen entscheidend zur Entwicklung eines eigenständigen politischen Denkens bei. Der am besten bekannte Vertreter dieser Gruppe ist der Athener Solon zu Beginn des 6. Jh. Das Wirken des Kleisthenes ist ohne ihren Einfluß undenkbar.[87]

Die Neuordnung des Kleisthenes fügt sich deshalb trotz ihrer originellen Züge in einen gesamtgriechischen Erfahrungs- und Erwartungshorizont ein. Die institutionelle Antwort auf die mannigfachen Herausforderungen der spätarchaischen Epoche lag entweder auf der Ebene der Eunomie, die deutlicher traditionell und aristokratisch geprägt war,[88] oder der Isonomie, in der Führung und Vor-

---

[87] Es ist wohl kein Zufall, daß Kleisthenes sein Exil in Delphi verbracht hatte. Vgl. insgesamt Meier, u. a. in: Entstehung+, S. 51–90 (ebd. S. 76 ff., 320 ff. zur „dritten Position"); Besonderheit*; Autonomprozessuale Zusammenhänge in der Vorgeschichte der griechischen Demokratie, in: id./K.-G. Faber (Hrsg.), Historische Prozesse, Frankfurt a. M. 1978, S. 221–247; Die Entstehung einer autonomen Intelligenz bei den Griechen, in: id., Die Welt der Geschichte und die Provinz des Historikers, Berlin 1989, S. 70–100; id. in: Meier/Veyne, Demokratie+, S. 58–76. Zu den archaischen Gesetzgebern auch M. Gagarin, Early Greek Law, Berkeley 1986, und demnächst einige Arbeiten von K.-J. Hölkeskamp: Arbitrators, Lawgivers and the 'Codification of Law' in Archaic Greece, in: Metis; Written Law in Archaic Greece, in: PCPhS 38 (1992), S. 87–117; id., Schiedsrichter, Gesetzgeber und Gesetzgebung im archaischen Griechenland, in: Historia ES. Zu Solon vgl. etwa Spahn, Mittelschicht^O, S. 121–154; F. Gschnitzer, Griechische Sozialgeschichte, Wiesbaden 1981, S. 75–84; Murray, Griechenland^O, Kap. 11; Bleicken, Demokratie+, S. 13–21. P. Oliva, Solon: Legende und Wirklichkeit, Konstanz 1988; M. Stahl, Solon F 3D. Die Geburtsstunde des demokratischen Gedankens, Gymnasium 99 (1992), S. 385–408. N

[88] Wobei der Übergang von *eunomia* zu *isonomia* durchaus fließend sein konnte, zumal wenn *isonomia* zunächst eine Forderung des Adels war (s. u.

macht des Adels stärker in die Polis eingebunden und durch die von den Volksorganen repräsentierten Gegengewichte politisch ausbalanciert wurden, während durch die Verbreiterung der politischen Basis eine vermehrte Integration der Polis angestrebt wurde. Nichts spricht dafür, daß anderenorts radikalere Lösungen verwirklicht wurden als in Athen oder daß eine Demokratie anderenorts früher eingeführt wurde, als dies schließlich in Athen geschah.[89]

In der ersten Generation der nachkleisthenischen Epoche entwikkelten sich Athens politische Strukturen noch ganz innerhalb des 507 hergestellten Rahmens. Für 501 registriert die Überlieferung die Einführung des Strategenamtes und des Bouleuten-Eides: Darin kann man mit K. Kinzl und anderen den Abschluß des Reformprogramms sehen.[90] In den 80er Jahren kam der Ostrakismos erstmals und gleich serienweise zur Anwendung. 487/486 wurde das Los zur Bestimmung der Archonten eingeführt, wodurch innerhalb der Oberschicht größere Chancengleichheit bei der Bewerbung um dieses noch immer prestigereiche Amt gewährleistet wurde.[91] Die außenpolitischen Erfolge und Aktivitäten dieser Periode (der Erfolg von 506 gegen eine Koalition feindlicher Nachbarn und Spartas, das

---

Teil V). Zu *eunomia* vgl. etwa A. Andrewes, Eunomia, CQ 32 (1938), S. 89–102; V. Ehrenberg, Eunomia, in: id., Polis und Imperium, Zürich 1965, S. 139–158; Meier, Begriff Demokratie[+], S. 15–25.

[89] Selbst wenn auf Chios die inschriftlich bezeugte *boule demosie* neben einem Adelsrat operierte (Anm. 86), setzt dies ebensowenig wie im solonischen Athen eine Demokratie voraus. Im späten 5. Jh. konnte *isonomia* fast synonym mit *demokratia* verwendet werden; Herodots Anwendung dieser selben Terminologie auf Vorgänge in Ionien im späten 6. und frühen 5. Jh. (neben den in Anm. 83 angeführten Stellen 6,43,3; vgl. 4,137,2) heißt natürlich nicht, daß es sich dabei wirklich um Demokratien handelte.

[90] Ath. Pol. 22,2 mit Rhodes, Comm.[+] ad loc.; Hignett, Constitution[+], S. 166ff.; Kinzl, Athen[*]; Ostwald, Sovereignty[O], S. 22; Reform[O], S. 325–334; Fornara/Samons, Athens[O], S. 41.

[91] Ath. Pol. 22,3–6. Zu dem allem Hignett, Constitution[+], S. 173ff.; R. J. Buck, The Reforms of 487 B. C. in the Selection of Archons, CP 60 (1965), S. 96–101; E. Badian, Archons and Strategoi, Antichthon 5 (1971), S. 1–34; Martin, Kleisthenes[*]; Kinzl, Athen[*]; Rhodes, Comm.[+] und Chambers, Staat[O] ad loc.; Ostwald, Reform[O], S. 334–346.

kurzfristige Engagement im Ionischen Aufstand, der Sieg von Marathon 490) zeugen von einem neuen Selbstbewußtsein der Bürgerschaft, das man gewiß großenteils mit den Auswirkungen der kleisthenischen Integration zu erklären hat.[92] 480 errangen die Griechen den sensationellen Sieg von Salamis. Die politischen Auswirkungen dieses Sieges und der weiteren Erfolge von 479 ließen zumal in Athen ganz neue Bedingungen und Möglichkeiten politischen Handelns entstehen. In deren Gefolge wurde der von Kleisthenes geschaffene Rahmen schließlich gesprengt.

Salamis war ein Triumph der Flotte. Hätten die Athener nach 479 das Beispiel der Spartaner befolgt, die Operationen gegen die Perser eingestellt und ihre Flotte ‚eingemottet', so wäre wohl auch verfassungsmäßig alles beim alten geblieben.[93] Wie man weiß, entschieden sie sich anders. Sie übernahmen 478 die Führung des neugegründeten Delisch-Attischen Seebundes, verwandelten diesen im Verlauf weniger Jahrzehnte in ein straff geführtes Seereich und schufen damit das erste von einer griechischen Polis kontrollierte großräumige Herrschaftsgebilde.[94] Dadurch wurde Athen zu einer Großmacht. Seine Flotte beherrschte die See weit über die Ägäis hinaus und übernahm damit die Verantwortung für Sicherheit,

[92] So auch Meier, Kleisthenes^O, S. 142; vgl. Kinzl, Athen* (zu Anm. 86).

[93] Da war freilich noch Ägina. Die alte Rivalität mit dieser Nachbarpolis hatte mehrere für Athen nicht durchweg erfolgreiche Kriege verursacht (vgl. T. J. Figueira, The Chronology of the Conflict between Athens and Aigina in Herodotus Bk. 6, QUCC 28 [1988], S. 49–89; id., Herodotus on the Early Hostilities between Aegina and Athens, AJP 106 [1985], S. 49–74) und spielte offenbar beim Flottenbau von 483 keine geringe Rolle (Her. 7,144). Es ist also denkbar, daß Athen auch ohne die Fortsetzung des Perserkrieges eine Seemacht geblieben wäre, aber seine Flotte wäre dennoch weit weniger permanent und existentiell wichtig geworden, als dies im Rahmen des Seebundes geschah.

[94] Dazu R. Meiggs, The Athenian Empire, Oxford 1972; Schuller, Herrschaft^O; M. Steinbrecher, Der Delisch-Attische Seebund und die athenisch-spartanischen Beziehungen in der kimonischen Ära, Stuttgart 1985; Fornara/Samons, Athens^O, Kap. 3; P. J. Rhodes, The Delian League to 449 B. C., CAH V² (1992), S. 34–61.

Macht und Wohlstand der Polis. Zumindest anfänglich wurde sie
vorwiegend von den Theten bemannt, d. h. den Bürgern der unter-
sten Vermögens- und Gesellschaftsschicht, die sich nicht für die
Hoplitenarmee zu qualifizieren vermochten und deshalb üblicherweise auch politisch wenig galten. Infolge der Seebundspolitik
Athens wurden diese Bürger erstmals für die Polis wichtig, ja unentbehrlich – und dies eben nicht einmal und ausnahmsweise, sondern
permanent. Dadurch gewannen sie jenes Mindestmaß an Sozialprestige und Selbstbewußtsein, das es möglich machte, sie auch politisch aufzuwerten und zu integrieren. Denn in der Polis bestand seit
alters zwischen wirtschaftlicher Leistungsfähigkeit, sozialem Status, militärischer Qualifikation und politischer Mitbestimmung
eine selbstverständliche Wechselbeziehung. Diese wurde in Athen
durch die militärische Aktivierung der Theten gestört. Der notwendige Ausgleich war im wirtschaftlichen und sozialen Bereich ohne
revolutionäre Umwälzung nur sehr begrenzt möglich. Dafür wurde
er langfristig um so kräftiger im politischen Bereich hergestellt.

Die institutionellen Konsequenzen aus diesen veränderten und,
wie besonders W. Schuller betont, nur auf Athen zutreffenden Bedingungen[95] wurden erstmals 462 in den Reformen gezogen, die
mit dem Namen des Ephialtes verbunden sind. Ephialtes ist freilich
als Persönlichkeit kaum greifbar, und die Reformen erfolgten im
Zusammenhang eines außenpolitischen Kurswechsels (des Bruchs
mit Sparta), einer gewissen Krise des Areopags und dem Fall des
langjährigen ‚Ersten Mannes‘, Kimon. Es ging deshalb bei diesen
Reformen nicht nur um verfassungstechnische Änderungen, und es
ist kaum mehr auszumachen, welche Priorität oder welchen Eigen-
wert diese im Zusammenhang der gesamten Umwälzung genossen.
Was dabei herauskam, war freilich höchst folgenreich.[96]

---

[95] Schuller, Demokratie*; id., Wirkungen^O, S. 90–93; vgl. auch
Bleicken, Demokratie$^+$, S. 33–36.
[96] Zur Person des Ephialtes: Rhodes, Comm.$^+$, S. 311. Zur Diskussion
um die Priorität von Innen- oder Außenpolitik u. zu Anm. 124. Zum Folgenden insgesamt die folgende Anm. sowie Hignett, Constitution$^+$, Kap. 8
und 9; R. Sealey, Ephialtes, CP 59 (1964), S. 11–22; id., Ephialtes, *Eisangelia*, and the Council, in: G. S. Shrimpton/D. J. McCargar (Hrsg.), Classical
Contributions: Studies … F. McGregor, Locust Valley (New York) 1981,

Die Quellenlage ist hier noch dürftiger als zum Jahre 507.[97] Offenbar wurden dem Areopag gewisse Kompetenzen entzogen und der Volksversammlung, dem Rat und dem Volksgericht übertragen. Es liegt nahe, dabei vor allem an die Beamtenkontrolle und allenfalls weitere Gerichtsfunktionen (namentlich in Staatsprozessen) zu denken.[98] Alles weitere bleibt der Spekulation überlassen, auch wenn diese keineswegs jeder Grundlage entbehrt. Wie im Falle der kleisthenischen Reformen ist es vielleicht auch hier sinnvoll, die eigentlichen Reformen von 462 und die in den folgenden Jahren (bis 451/450) namentlich von Perikles eingeführten ergänzenden Maßnahmen als Einheit zu nehmen, zumal diese sich oft nicht genau datieren lassen.

Erstens: Auf den ersten Blick mögen diese Änderungen relativ geringfügig erscheinen. Aber ihre Bedeutung ist nicht zu unterschätzen. Wie J. Bleicken betont, ist „die Übertragung der Beamtenkontrolle auf die große Menge eine so einschneidende Maßnahme, daß sie für die Akzentuierung dieses Datums keine weitere Unterstützung benötigt: Die Demokratie ist vor allem durch die Auflösung derjenigen politischen Macht bestimmt, die seit der Adelszeit die Stadt gelenkt hatte, die der Beamten.“[99] Wohl noch wichtiger ist, daß der Areopag, der sich nach wie vor fest in aristokratischer Hand befand und wahrscheinlich bisher auf die athenische Politik entscheidenden Einfluß ausgeübt hatte,[100] sein wich-

S. 125–134; id., History (Anm. 52), S. 257–264; Ruschenbusch, Ephialtes (Anm. 28); id., Innenpolitik[+], S. 57–65; Rhodes, Boule[+], S. 201 ff.; R. Wallace, Areopagos[+], S. 81 ff., bes. S. 83–87; Welwei, Polis (Anm. 52), S. 192–197; Martin, Kleisthenes[*]; Bleicken, Demokratie[+], S. 36–38 mit S. 325 f.; Ostwald, Sovereignty[O], S. 28–83; Meier, Umbruch[O]; Ober, Mass and Elite, S. 71–81; Fornara/Samons, Athens[O], S. 58–75; Hansen, Democracy[+], S. 36–38; Rhodes, Revolution[O], S. 67–77. N

[97] Bes. Arist. Pol. 1274 a 7; Ath. Pol. 25 f. mit Rhodes, Comm.[+], Chambers, Staat[O] ad loc.; Plut. Kim. 15.

[98] Vgl. jüngst Ostwald, Sovereignty[O], a. a. O.; Rhodes, Revolution[O], S. 71 f. mit Lit. in Anm. 31.

[99] Bleicken, Demokratie[+], S. 36 f.

[100] So Meier, Umbruch[O], S. 354 ff.; Martin, Kleisthenes[*] (zu Anm. 125 ff.).

tigstes Machtmittel zur Beeinflussung der Exekutive verlor. Dadurch – wie durch die von Ephialtes und seinen Freunden gegen
manche Areopagiten angestrengten Prozesse – verlor er auch sehr
viel Prestige und Autorität. Auch wenn die hohen Beamten (namentlich die Strategen) weiterhin dem Adel entstammten, so wurde
mit dem allem doch die letzte Bastion institutionalisierter aristokratischer Dominanz so geschwächt, daß sie fortan politisch keine
wesentliche Rolle mehr zu spielen vermochte.

Zweitens: Mit der Seebunds- und Seereichspolitik hatte sich, wie
wiederum W. Schuller bemerkt, die von der athenischen ,Regie-
rung' zu bewältigende Materie sprunghaft vermehrt.[101] Rat und
Volksversammlung wurden damit stärker engagiert und erlangten
zunehmende Bedeutung. Sie hatten öfter Entscheidungen zu treffen, die für die ganze Polis schwerwiegende Folgen haben konnten.
Vor allem war Athen jetzt viel regelmäßiger in Kriege verwickelt, als
dies früher der Fall gewesen war. Die Forderung, daß alle Bürger,
die die Konsequenzen solcher Entscheidungen zu tragen hatten,
auch vollumfänglich am Entscheidungsprozeß beteiligt sein sollten,
scheint Aischylos in seiner Tragödie ›Die Hiketiden‹ von 463 dra-
matisiert zu haben.[102] In einer Polis, in der die Theten militärisch unentbehrlich geworden waren, mußte sich diese Forderung vor allem
auf deren Teilhabe an der politischen Verantwortung beziehen.
Wenn es richtig ist, daß Rat und Versammlung seit Kleisthenes
vornehmlich als Gegengewichte zu der von Beamten und Areopag
repräsentierten Führung des Adels fungiert hatten, so schien jetzt
offenbar der Zeitpunkt gekommen, diese politische Führung stärker in den Organen des Gesamtvolkes zu verankern. Durch die Versammlung und ihre unterstützenden Gremien – Rat und Gerichte –
sollte das Volk fortan nicht nur die Entscheidungen fällen, sondern
die Politik im Großen wie im Kleinen bestimmen und deren Aus-

---

[101] Schuller, Wirkungen°, S. 88–90.
[102] Vgl. Meier, Politische Kunst (Anm. 34), S. 99–112; id., Umbruch°,
S. 359–361; Raaflaub, Pol. Denken (Anm. 33), S. 286–288; vgl. auch A. J.
Podlecki, The Political Background of Aeschylean Tragedy, Ann Arbor (Michigan) 1966, S. 42–62, bes. S. 49ff., wo aber die demokratischen Aspekte
auf eine zeitgenössische Demokratie in Argos bezogen sind.

führung ständig kontrollieren können. Fortan sollte Politik nur noch in der Versammlung gemacht werden können.

Drittens: Wenn die Volksversammlung eine größere Agenda zu bewältigen hatte, vermehrte sich auch die Arbeitslast des Rates, zumal dieser in den durch den Seebund bedingten außenpolitischen Aktivitäten Athens immer zuerst engagiert war. Es ist deshalb eine plausible Vermutung, daß das System der Prytanien, die reihum während eines Zehntels des Jahres als ständiger Ratsausschuß fungierten, damals wenn nicht eingeführt, so doch ausgebaut wurde.[103]

Viertens: Mit Athens Herrschaft und der Zunahme der Ämter wuchs auch die Arbeitslast der Gerichte. Es ist deshalb wahrscheinlich, daß das System der Dikasterien damals oder doch wenig später das der einfachen Heliaia ablöste.[104]

Fünftens: Gerichte, Rat und die meisten Ämter standen allen Bürgern, auch den Theten, offen.[105] Wenn dies nicht nur eine theoretische Möglichkeit bleiben, sondern die unteren Bürgerschichten sich auch wirklich in der Politik engagieren sollten, mußten sie dazu befähigt werden. Die später bezeugten Diäten für Bouleuten, Dikasten und Amtsträger müssen deshalb entweder im Zusammenhang der Reformen selbst oder wenige Jahre später als deren logische und notwendige Konsequenz eingeführt worden sein.[106] Frei-

---

[103] Vgl. o. Anm. 68. Für die Einführung der Prytanien durch Ephialtes plädieren etwa Rhodes, Boule+, S. 16–21; Ostwald, Reform^O, S. 329; vgl. auch F. Gschnitzer, Prytanis, RE Suppl. 13 (1973), Kol. 730–816, hier Kol. 756–758.

[104] Vgl. Hignett, Constitution+, S. 216–218; Wade-Gery, Essays (Anm. 56), S. 180–200; Ostwald, Sovereignty^O, S. 62–77. Allgemein zur Rolle der Diskasterien in der Demokratie und ihrem Verhältnis zur Ekklesia: Bleicken, Demokratie+, S. 129ff., S. 146ff., und die in Anm. 46 erwähnte Diskussion.

[105] Zur Öffnung des Archontats zumindest für die Zeugiten vgl. Ath. Pol. 26,2 mit den Komm. von Rhodes+ und Chambers, Staat^O; Hignett, Constitution+, S. 225; Ruschenbusch, Innenpolitik+, S. 66–72.

[106] Dazu Hignett, Constitution+, S. 219f.; die Komm. von Rhodes+ und Chambers^O ad Ath. Pol. 27,3–4; Fornara/Samons, Athens^O, S. 67–74; Rhodes, Revolution^O, S. 75f. Vgl. allgemein M. H. Hansen, Misthos for

lich konnte sich die Polis diese Diäten wie auch andere finanzielle
Aufwendungen – etwa die großartigen Bauten auf der Akropolis
und an der Agora, die die Ideologie der herrschenden und demokratischen Stadt eindrucksvoll unterstrichen[107] – nicht ohne die aus
dem Seereich einfließenden Mittel leisten. Darin zeigt sich erneut,
daß die Demokratie unlösbar mit Athens Herrschaft im Seebund
verknüpft war: Sie entwickelte sich in enger Interdependenz mit ihr
– konnte sich überhaupt nur so entwickeln – und blieb bis zu deren
Zusammenbruch in dieser Interdependenz verhaftet, auch wenn sie
danach ohne solche Einkünfte weiterzubestehen vermochte.[108]

Sechstens: Durch das Bürgerrecht des Perikles wurde die Zugehörigkeit zum Kreis der in der Polis politisch Berechtigten enger gefaßt und genau bestimmt.[109] Der athenische Demos definierte sich
damit selbst als herrschende Elite. In dieser wie in anderen Hinsich-

Magistrates in Classical Athens, SO 54 (1979), S. 5–22; M. M. Markle, Jury
Pay and Assembly Pay at Athens, in: P. A. Cartledge/F. D. Harvey (Hrsg.),
Crux: Essays … G. E. M. de Ste. Croix, London 1985, S. 265–297;
S. Todd, Lady Chatterley's Lover and the Attic Orators: the Social Compo-
sition of the Athenian Jury, JHS 110 (1990), S. 146–173.

[107] Vgl. jüngst L. Burn, The Art of the State in Fifth-Century Athens, in:
M. M. Mackenzie/C. Roueché (Hrsg.), Images of Authority: Papers pres.
to J. Reynolds, PCPhS Suppl. 16 (1989), S. 62–81; T. Hölscher, The City of
Athens: Space, Symbol, Structure, in: Molho et al. (Hrsg.), City-States
(Anm. 57), S. 355–380, hier S. 368–375.

[108] M. I. Finley, The Athenian Empire: A Balance Sheet, in: id., Eco-
nomy and Society (Anm. 12), S. 41–61; Schuller, Herrschaft[O], S. 177–191;
Fornara/Samons, Athens[O], S. 73. Vgl. zur Verbindung von Demokratie und
Krieg bzw. Imperialismus auch Gschnitzer, Fremdartigkeit*; Raaflaub,
Freiheit[+], Kap. V, sowie demnächst id., Democracy, Power and Imperialism,
in dem von J. P. Euben u. a. hrsg. Sammelband (Anm. 14); Chr. Meier, Die
Rolle des Krieges im klassischen Athen, HZ 251 (1990), S. 555–605.

[109] Ath. Pol. 26,4 mit den Komm. von Rhodes[+], S. 331–335, und Cham-
bers[O]; G. Busolt, Griechische Geschichte III.1, Gotha 1897, S. 337–339;
Hignett, Constitution[+], S. 343–347; S. C. Humphreys, The Nothoi of
Kynosarges, JHS 94 (1974), S. 88–95, hier S. 93 f.; Reinau, Bürgerbegriff
(Anm. 57), S. 48 f.; Ruschenbusch, Innenpolitik[+], S. 83–87; C. B. Patter-
son, Pericles' Citizenship Law of 451–450 B. C., New York 1981, bes. Kap.
IV; Fornara/Samons, Athens[O], S. 74 f.; Rhodes, Revolution[O], S. 76 f.; zur

ten paßte man sich den aristokratischen Wertmaßstäben an: Die Polis wurde demokratisiert, aber das Volk zugleich „aristokratisiert".

Siebtens: Die Reformen des Ephialtes stießen auf erbitterten Widerstand. Sie wurden in der Volksversammlung verabschiedet, als Kimon mit dem athenischen Hoplitenheer – und d. h. mit Tausenden von bessergestellten Bürgern – abwesend war.[110] Nach seiner Rückkehr versuchte er erfolglos, sie rückgängig zu machen. Bei diesem Versuch wurde er ostrakisiert. Ephialtes wurde ermordet. Die Spannungen, die die Polis aufs tiefste spalteten, spiegeln sich in den letzten Dramen des Aischylos und in einigen Fetzen der fast vollständig verlorenen historischen Überlieferung.[111] Von dem generellen Konsensus, der die Reformen des Kleisthenes getragen zu haben scheint, ist hier nichts zu spüren. Man muß deshalb annehmen, daß zumindest die Unterlegenen die Reformen des Ephialtes als Sieg von Partei- und Partikularinteressen verstanden, die so elementar gegen ihre eigenen Interessen verstießen, daß sie sich mit allen Mitteln, notfalls auch mit Gewalt, dagegen zu wehren hatten. Zumindest von dieser Seite wurde diesen Reformen jede integrative Funktion abgesprochen, wurden sie als reines Instrument im Kampf um die Macht in der Polis interpretiert. Man ist versucht, hier an die später oft bezeugte divergierende Interpretation von *demos* zu denken. Die Befürworter mögen damit argumentiert haben, daß das gesamte Volk, die ganze Polis, an der Politik beteiligt werden müsse; die Gegner sahen darin nur einen Ausverkauf an die Unterschichten.[112] Jedenfalls folgt aus den hier auftretenden Konflikten, daß

Verbindung mit Perikles' außenpolitischer Kursänderung: E. Badian, The Peace of Callias, JHS 107 (1987), S. 1–39, hier S. 11 f. N

[110] Gemeinhin wird angenommen, Kimon hätte auf die Unterstützung dieser Hopliten gegen Ephialtes' Reformpläne zählen können. Anders jetzt Rhodes, Revolution^O, S. 69.

[111] Thuk. 1,107,4 f.; Ath. Pol. 25,4; Plut. Kimon 15–17, bes. 15,3 und 17,4 ff.; Per. 10,1 ff. Vgl. Meier, Entstehung⁺, S. 145–154; Politische Kunst (Anm. 34), S. 113–185; Umbruch^O, S. 366–374.

[112] Aisch. Hik. 366 ff., 398 f., 483 ff., 605 ff., 963 ff.; Plut, Kim. 15,3 u. ö. Vgl. W. Donlan, Changes and Shifts in the Meaning of Demos in the Literature of the Archaic Period, PP 25 (1970), S. 381–395; Fornara/Samons, Athens^O, S. 48 f.; Meier, Bemerkungen*, Teil 3 (zur Bevorzugung

Verfassungsentwicklung und -denken eine neue Stufe erreicht hatten: Die einzelnen Institutionen und die Verfassung als Ganzes waren nicht nur völlig dem Willen der Bürger unterworfen, sondern auch politisch instrumentalisiert. Daraus ergaben sich wichtige Konsequenzen für die politische Praxis und das politische Denken bis hin zur Verfassungstheorie, wie sie sich im Laufe des 5. Jh. entwickelten.[113]

Mit alledem entstand jedenfalls in Athen etwas Neues, durchaus Revolutionäres: Damit wagten die Athener einen Schritt in völliges Neuland, einen qualitativen Sprung von welthistorischer Einzigartigkeit und Bedeutung. Noch nie hatte eine Gemeinde den Anspruch erhoben, jedem Bürger, ohne auf Abstammung, Reichtum, Bildung und all die anderen Faktoren zu achten, die üblicherweise Status und Teilnahme bestimmten, die gleichen politischen Rechte und Chancen zu gewähren. Damit wurde die Demokratie Wirklichkeit – im vollen Umfang dessen, was unter antiken Bedingungen überhaupt erreichbar war. Diese Demokratie bestand ganz elementar in der Machtinhabe und Regierung durch die gesamte Bürgerschaft.[114] Nur so ließen sich die bald explizit als ideologische Stützen dieser Verfassung in Anspruch genommenen Postulate der

des neutralen *plethos* gegenüber *demos*). Ferner id., Umbruch[O], S. 359 ff.; Rhodes, Comm.[+], S. 314, Revolution[O], S. 70, über die Echos zeitgenössischer Debatten in der späteren Überlieferung. Fornara/Samons, S. 64–66 kommen zum Schluß, daß die von den Gegnern kritisierte Auffassung der Demokratie als Interessenherrschaft der Unterschichten tatsächlich der Intention des Ephialtes entsprochen habe.

[113] Dies kann hier nicht im einzelnen verfolgt werden. Zu den praktischen Konsequenzen vgl. etwa W. R. Connor, The New Politicians of Fifth-Century Athens, Princeton 1971; zu der in der zweiten Hälfte des 5. Jh. sehr intensiven Debatte um die Demokratie: o. Anm. 33; zu den Änderungen in Verfassungsdenken und -terminologie: Meier, Der Wandel der politisch-sozialen Begriffswelt im 5. Jh. v. Chr., in: id., Entstehung[+], S. 275–325, und die in Anm. 117 angeführte Lit. Die ‚revolutionäre Bedeutung‘ dieser Reformen betonen jüngst etwa Bleicken, Demokratie[+], S. 36 f. (wie o. zit.); Fornara/Samons, Athens[O], S. 61–66; anders Ostwald, Sovereignty[O], S. 48.

[114] Zur Besonderheit dieses Tatbestandes: Meier, Bemerkungen* (Ende); id., Besonderheit*.

Gleichheit und Freiheit des Volkes verwirklichen.[115] In der Theorie formulierte man dies im Grundsatz, daß in der Demokratie die Bürger abwechslungsweise herrschten und beherrscht würden.[116] In der Praxis bedeutete es, daß die Bürger sich in Ämtern, Rat, Versammlung und Gerichten, in Heer und Flotte und in vielen anderen Funktionen: insgesamt jedenfalls in höchst ungewöhnlicher Intensität und Häufigkeit für ihre Polis engagierten und am politischen Leben beteiligten, daß sie eine „politische Identität" entwickelten, die für ihr Denken und Handeln weitgehend bestimmend wurde.[117] Gemäß Thukydides forderte Perikles geradezu, daß die Bürger „Liebhaber" *(erastes)* ihrer Polis sein sollten: Auch hier wurde ein aristokratisches Konzept übernommen und, wie vieles andere, gleichzeitig in etwas Neues verwandelt.[118]

Andererseits war diese Demokratie, um es zu wiederholen, untrennbar mit der spezifischen Situation Athens nach den Perserkriegen verknüpft. Nur unter diesen ganz besonderen Bedingungen konnte der entscheidende und präzedenzlose Schritt von der Isonomie in die Demokratie gewagt werden – auch wenn dann aufgrund des athenischen Vorbildes und oft unter direktem athenischem Ein-

[115] Raaflaub, Freiheit⁺, Kap. 6; Hansen, Democracy⁺, S. 74–78. Zur resultierenden Spaltung des Freiheitsbegriffs: Raaflaub, Democracy, Oligarchy, and the Concept of the 'Free Citizen' in Late Fifth-Century Athens, Political Theory 11 (1983), S. 517–544. Gleichheit: Bleicken, Demokratie⁺, S. 191–212; Hansen, Democracy⁺, S. 81–85. Zur Spaltung des Gleichheitsbegriffs: F. D. Harvey, Two Kinds of Equality, C&M 26 (1965), S. 101–146. N

[116] Bereits Eur. Hik. 406f.; dann Arist. Pol. 1317 b 2–7.

[117] Identität: vgl. die in Anm. 44 zitierten Arbeiten von Chr. Meier. Zur Intensität der Beteiligung und zum Arbeiten dieser Demokratie: Gomme, Meier (wie in Anm. 63, 44); A. H. M. Jones, How Did the Athenian Democracy Work?, in: id., Democracy⁺, S. 99–133; Raaflaub, Rederecht (Anm. 60) mit Lit.; Bleicken, Demokratie⁺, Kap. 6; R. K. Sinclair, Democracy and Participation in Athens, Cambridge 1988; W. Eder, Who Rules? Power and Participation in Athens and Rome, in: Molho et al., City-States (Anm. 57), S. 169–196. N

[118] Thuk. 2,42f., bes. 43,1 (dazu Gomme, Komm. Thuk. [Anm. 38] II, S. 136); vgl. 2,60,5 (Perikles als *philopolis*, zu kontrastieren mit Alkibiades, ebd. 6,92,2–4; Gomme II, S. 168); vgl. allgemein Connor (Anm. 113), S. 99–108.

fluß Demokratien auch anderenorts eingeführt wurden.[119] Daraus sind weitere Folgerungen zu ziehen.

Zum einen ist es unter diesen Umständen problematisch, von ‚griechischer Demokratie‘ zu sprechen. Da die Demokratie Athens so eng mit seiner Herrschaft im Seebund verknüpft war, muß man mit Sicherheit annehmen, daß andere Demokratien dem athenischen Modell nur teilweise entsprachen. Dies wird in der Regel zu wenig beachtet. Vor allem mußten Rolle, Engagement und Selbstverständnis des Volkes anders sein, wenn dieses Volk nicht unmittelbar für Macht und Gedeihen der Polis verantwortlich war, und die Führungsfunktion der Oberschicht mußte ganz anders aussehen, wenn der gesamte Bereich der Außenpolitik ausgeschlossen war.[120]

Zum zweiten kann diese Demokratie nicht das Ziel der langfristigen, bereits in der archaischen Epoche angelegten Entwicklung von Verfassungen und politischem Denken in Griechenland dargestellt haben. Diese Entwicklung, die besonders Chr. Meier in breitem Ansatz skizziert hat, führte auf eine Eunomie oder Isonomie hin und endete normalerweise dort.[121] Beide Ordnungen waren, wenn sie allseitig akzeptiert wurden, geeignet, die Polis zu stabilisieren. Die darüber hinausgehende Entwicklung Athens war unvorhersehbar und letztlich auch unwiederholbar – sosehr sie natürlich in der Isonomie wurzelte und ohne diese nicht hätte zustande kommen können.[122]

Zum dritten kann deshalb diese Demokratie als Möglichkeit überhaupt erst einige Zeit nach den Perserkriegen in den Horizont politischen Denkens, Wollens und Planens eingetreten sein. Daß sie

---

[119] Schuller, Demokratie*; vgl. id., Herrschaft^O, bes. S. 82ff. N

[120] Zu letzterem vgl. E. Ruschenbusch, Untersuchungen zu Staat und Politik in Griechenland vom 7.–4. Jh. v. Chr., Bamberg 1978, S. 68–71; id., Innenpolitik[+], S. 15–17, sowie Schuller, Wirkungen^O, S. 94–97. Hier mag eine der Erklärungen dafür liegen, daß sich in den in manchen Poleis bezeugten Faktionskämpfen des späteren fünften Jahrhunderts ‚Demokraten‘ und ‚Oligarchen‘ so wenig voneinander unterscheiden: vgl. Ruschenbusch, Untersuchungen, Kap. 3; H.-J. Gehrke, Stasis, München 1985.

[121] Vgl. Anm. 87.

[122] Vgl. etwa Meier, Kleisthenes^O, S. 142. Lotze, Entwicklungslinien*; Schuller, Wirkungen^O, S. 90f., gehen mir hier etwas zu weit.

in den späten 60er Jahren als solche tatsächlich angestrebt wurde,
ergibt sich mit ziemlicher Sicherheit aus dem, was die erhaltenen
Quellen über die intensiven zeitgenössischen Diskussionen verraten.[123] Wir wissen freilich nicht, aus welchen Gründen im einzelnen das Volk (und welche Teile des Volkes) die führenden ‚Reform-
politiker‘ unterstützte. Noch können wir wissen, ob es diesen Politikern primär darum ging, den langjährigen Einfluß Kimons und
seiner Freunde zu brechen und selbst die politische Führung zu
übernehmen, in der Außenpolitik Athens einen Kurswechsel vorzunehmen und ihrer Stadt (und damit auch sich selber) neue Hand-
lungsspielräume zu eröffnen oder schließlich eine – allenfalls als
überfällig erkannte und den besonderen Verhältnissen Athens besser angepaßte – innenpolitische Neuordnung zu verwirklichen. In
verschiedener Gewichtung mögen alle drei Ziele mitgespielt haben,
und es scheint gewiß, daß für die Realisierung der beiden ersten das
dritte unerläßlich war. Die Forschungsdebatte darüber, ob sich die
Demokratie als Resultat einer Kette von Handlungen ergab, die je
primär auf andere, vornehmlich außenpolitische Ziele ausgerichtet
waren, oder ob sie letztlich vorwiegend um ihrer selbst willen geschaffen wurde – welchen Stellenwert also die Idee der Demokratie
im Gesamtzusammenhang nicht nur der Reformen von 462, sondern der Entwicklung seit Kleisthenes einnahm: diese Debatte ist
noch in vollem Gange. Die darin bezogenen Positionen scheinen
freilich zu einseitig und absolut: Die Demokratie war weder nur un-
beabsichtigtes Nebenprodukt primär auf anderes ausgerichteter
Maßnahmen noch ausschließlich das Resultat konsequenter und
von einem klaren politisch-‚ideologischen‘ Konzept geleiteter Bemühungen. Die etwa von E. Ruschenbusch postulierte Alternative
von „Ideologie oder Pragmatismus“ wird dem besonderen Charakter der athenischen Verfassungsentwicklung und der Leistung ihrer
Protagonisten nicht gerecht.[124] Welche anderen Erwägungen auch

---

[123] Vgl. o. Anm. 112.
[124] Nebenprodukt: u. a. Martin, Kleisthenes*; Kinzl, Athen*; Ruschenbusch, Innenpolitik+ (dort der zit. Untertitel); dagegen etwa Lotze,
Entwicklungslinien*; E. Will, RH 257 (1977), S. 382f. Ins andere Extrem
scheinen etwa Fornara/Samons, Athens○, S. 64–66, zu fallen.

immer mitspielten, man hat auf jeden Fall bei ihnen mit einem hohen Grad an politischer Reflexion und Antizipation zu rechnen.[125] Diese Entwicklung hin zur Demokratie kam erst in perikleischer Zeit zum Abschluß. Die Maßnahmen der 50er Jahre trugen entscheidend dazu bei, die seit 462 institutionell verankerten Grundsätze im politischen Leben Wirklichkeit werden zu lassen. Aber die terminologische Analyse liefert doch klare Indizien dafür, daß Begriff und damit auch Konzept der Demokratie bereits früher entstanden. Der Entwicklung dieser Terminologie wenden wir uns zum Abschluß zu.

V

Es geht dabei einerseits um das Problem von Zeit und Zusammenhang der Entstehung von zwei politischen Zentralbegriffen, *isonomia* und *demokratia*, und andererseits um die spezifischere Frage, ob plausibel gemacht werden kann, daß einer dieser Termini bereits in kleisthenischer Zeit als Schlagwort für die neue Ordnung verwendet wurde.[126]

Im Fall von *demokratia* gibt es kein gesichertes Zeugnis vor etwa dem letzten Drittel des 5. Jh. (Herodot, Pseudo-Xenophon, Demokrit).[127] In einer in den maßgeblichen Ausgaben auf 447/446, aber

---

[125] Schuller, Demokratie* (zu Anm. 14); Meier, Besonderheit* (zu Anm. 18); id., Ein antikes Äquivalent des Fortschrittsgedankens: Das „Könnens-Bewußtsein" des 5. Jh. v. Chr., in: id., Entstehung⁺, S. 435–499.

[126] Vgl. insgesamt J. A. O. Larsen, Cleisthenes and the Development of the Theory of Democracy at Athens, in: Essays in Political Theory pres. to G. H. Sabine, Ithaca (New York) 1948, S. 1–16; J. de Romilly, Le classement des constitutions d'Hérodote à Aristote, REG 72 (1959), S. 81–99; Chr. Meier, Wandel (Anm. 113); Bleicken, Demokratie⁺, S. 327–332, sowie die in den folgenden Anm. zit. Lit.

[127] Vgl. Debrunner, *Demokratia**; Meier, Bemerkungen*; id., Begriff Demokratie⁺, S. 44 ff.; id., Art. Demokratie, in: O. Brunner et al. (Hrsg.), Geschichtliche Grundbegriffe I, Stuttgart 1972, S. 821 ff.; weitere Lit. in Raaflaub, Freiheit⁺, S. 261 Anm. 24; seither M. H. Hansen, The Origin of the Term *demokratia*, LCM 11 (1986), S. 35 f.; id., Democracy⁺, S. 69–71; Fornara/Samons, Athens⁰, Reg. s. v. *demokratia*.

von H. Mattingly mit wichtigen Argumenten auf 427 datierten Inschrift ist die Ergänzung des Wortes zweifelhaft.[128] Prosaquellen sind freilich vor etwa 430 selten und kaum erhalten; in der Dichtung wird das Wort, das sich nur dem iambischen Trimeter einfügt, außerhalb der Komödie gemieden.[129] V. Ehrenbergs Vorschlag, es sei in Aischylos' ›Hiketiden‹ von 463 poetisch umschrieben, ist deshalb plausibel – allerdings nur, weil der dramatische und der historische Kontext diese Interpretation stützen.[130] Frühestens in den 460er Jahren wurde der Vater des aus Platons gleichnamigem Dialog und auch inschriftlich bekannten Lysis Demokrates getauft; ein zweiter früher Vertreter dieses Namens mag um die gleiche Zeit geboren sein.[131] J. K. Davies bemerkt zu Recht, daß dies gerade in

[128] IG I² 14/15, ML 47, Z. 48; IG I³ 37 (mit Lit. zur Frühdatierung), Z. 49. Zweifel an der Ergänzung von demokratia: ML S. 123, akzeptiert z. B. von R. Stroud, Hesperia 40 (1971), S. 285 Anm. 6 (wonach sich der früheste epigraphische Beleg für demokratia und oligarchia in der ibid. S. 280 ff. publizierten Inschrift von 403/402 findet); vgl. auch Meier, Bemerkungen* Anm. 3. Für 427 (aufgrund von Thuk. 3,34): Mattingly, Historia 10 (1961), S. 175; 12 (1963), S. 266, und in Studies Ehrenberg (Anm. 60), S. 210–212. Wichtig jetzt (aufgrund von M. Chambers, ZPE 83 [1990], S. 38–63) id., Historia 41 (1992), S. 129–138, hier S. 132 f.

[129] So zu Recht Hansen (wie Anm. 127), S. 35 bzw. 69 f.

[130] Aisch. Hik. 604: demou kratousa cheir; 699: to damion to ptolin kratynei. V. Ehrenberg, Origins of Democracy, Historia 1 (1950), S. 515–548, hier S. 516–524 = id., Polis (Anm. 88), S. 264–297, hier S. 266–274 (dieser Teil ist in Origins* nicht abgedruckt); vgl. Lotze, Begriff (Anm. 34), S. 207–216. Skeptisch sind Vlastos, Isonomia (Anm. 136) und Meier, Bemerkungen* (zu Anm. 46); vgl. id., Umbruch°, S. 359 Anm. 19. Zum politischen Gehalt des Dramas: Anm. 102. Umgekehrt erlauben es natürlich weder der poetische noch der politische Kontext, die Verbindung von demos und kratos in Tyrtaios 3aD = 4W, Z. 9 (falls die übliche Auflösung der Crux korrekt ist) als Umschreibung von demokratia zu interpretieren.

[131] Vgl. Hansen (wie Anm. 127). Der Name ist nach Davies, Families⁺, S. 111 f., im späten 5. und 4. Jh. mehrfach bezeugt. Demokrates Lysidos (?) Axioneus, Davies Nr. 3519, besprochen unter Lysis Nr. 9574 (S. 359 f.) ist wahrscheinlich identisch mit dem aus Plut. Alk. 3 = Antiphon fr. 66 Blass bekannten Liebhaber des Alkibiades, geboren wohl 470–460. Gemäß R. Stroud, Hesperia 53 (1984) S. 357 Anm. 7, wäre sein Geburtsdatum eher

jenem Zeitraum eine betont politische Namengebung gewesen sein muß.[132] Aufgrund des gegenwärtigen Informationsstandes bestehen somit starke Indizien dafür, daß der Terminus *demokratia* in den 60er Jahren geprägt worden ist. Ein kausaler Zusammenhang mit den Diskussionen, die in die Reformen des Ephialtes mündeten, drängt sich auf. Dazu paßt, daß das früheste Zeugnis für die Unterscheidung dreier Verfassungen nach dem Kriterium der Zahl und Qualität der Herrschaftsinhaber – eine wichtige Voraussetzung für die Prägung des Demokratiebegriffs – um etwa 470 zu datieren ist.[133] Weiter zurück kommt man beim gegenwärtigen Quellenstand nicht,[134] und es bleibt höchst unwahrscheinlich, daß Kleisthenes oder seine Nachfolger das Wort kannten und verwendeten.[135]

etwas später anzusetzen. – Demokrates Simylou Potamios (Davies Nr. 3536, besprochen unter Demochares Nr. 3721) wäre nach den dortigen Angaben ähnlich zu datieren.

[132] Ibid. S. 360; anders Debrunner, *demokratia** Anm. 9.

[133] Pind. Pyth. 2,86–88, wo *tyrannos, stratos* (= *demos*) und *sophoi* (= *aristoi*) unterschieden werden. Zum Datum: P. Von der Mühll, MH 15 (1958), S. 215ff.; R. W. B. Burton, Pindar's Pythian Odes, Oxford 1962, S. 111ff., bes. S. 115. Zur Interpretation: Meier, Bemerkungen* (zu Anm. 30ff.); id., Begriff Demokratie[+], S. 42ff.

[134] Der Vorschlag von K. Kinzl, *Demokratia:* Studien zur Frühgeschichte des Begriffs, Gymnasium 85 (1978), S. 117–127, 312–326, *demokratia* sei in der Zeit des Kleisthenes im Sinne von „Demen-Herrschaft" eingeführt worden, wird von Rhodes, Comm.[+], S. 261 Anm. 24; Bleicken, Demokratie[+], S. 329; Whitehead, Demes[+], S. 37 Anm. 134, abgelehnt. Gegen Hansen (wie Anm. 127) ist einzuwenden, daß das von Antiphon 6 (Chor.) 45 erwähnte Opfer der Prytanen für die Demokratie (a) analog zu dem davor genannten Gebet und Opfer für die *polis* kein genau und im Wortlaut geregeltes Ritual dargestellt haben muß. (b) Selbst wenn dies 420 der Fall war, so ist das Alter dieses Opfers völlig unbekannt. Hansens Zuversicht (Democracy[+], S. 70) ist beim gegenwärtigen Quellenstand nicht gerechtfertigt.

[135] Dies auch gegen Fornara/Samons, Athens[O], S. 41f., 48–51, 56. Zu beachten ist die von Meier, Bemerkungen*, Teil 2; Begriff Demokratie[+], S. 40 Anm. 27, skizzierte Möglichkeit, daß *demos* vor der Einführung des prägnanteren Terminus *demokratia* dessen Bedeutung mitenthielt (vgl. freilich

Isonomia ist literarisch bei Herodot und Thukydides und damit gleich spät bezeugt wie *demokratia*.[136] Früher liegen einige wenige direkte und indirekte Indizien. Die Datierung eines Fragmentes des Arztes Alkmaion von Kroton schwankt zwischen dem späten 6. und dem späten 5. Jh., hilft uns also wenig.[137] Entscheidend sind zwei Trinkverse *(skolia)*, in denen Harmodios und Aristogeiton gepriesen werden, sie hätten durch den Tyrannenmord Athen isonom gemacht.[138] Solche Trinklieder entstammen aristokratischem Milieu. Es fragt sich einerseits, ob wir in ihnen mit M. Ostwald und anderen den zeitnahen Ausdruck aktueller Erfahrungen oder mit Fornara/Samons einen späten und von später selbstverständlicher Terminologie geprägten Nachhall zu sehen haben.[139] Wenn wir

gegen die Vermutung, daß *katalysis tou demou* schon im Ratsherreneid von 501/500 stand, Rhodes, Boule[+], S. 194 f.). Daß *demokratia* und *oligarchia* aufeinander reagieren, ist sicher, aber über die Entstehung des letzteren wissen wir noch weniger: vgl. Meier, Bemerkungen* Anm. 37; D. P. Orsi, QS 14 (1981), S. 135 ff.

[136] Vgl. die bei Meier, Bemerkungen* und Begriff Demokratie[+], S. 15 ff., bes. S. 36 ff., danach bei Raaflaub, Freiheit[+], S. 115–118, bes. S. 116 Anm. 216, angeführte Lit., bes. G. Vlastos, Isonomia, AJP 74 (1953), S. 337–366; id., *Isonomia politike,* in: J. Mau/E. G. Schmidt (Hrsg.), Isonomia. Studien zur Gleichheitsvorstellung im griechischen Denken, Berlin 1964, S. 1–35; Ostwald, Nomos[O]; dazu seither Ch. Triebel-Schubert, Der Begriff der Isonomie bei Alkmaion, Klio 66 (1984), S. 40–50; W. Lengauer, Die politische Bedeutung der Gleichheitsidee im 5. und 4. Jh. v. Chr. Einige Bemerkungen über *isonomia,* in: W. Will/J. Heinrichs (Hrsg.), Zu Alexander dem Großen. Festschr. G. Wirth I, Amsterdam 1988, S. 53–87; V. J. Rosivach, The Tyrant in Athenian Democracy, QUCC n. s. 30 (1988), S. 43–57, hier S. 49–51; Fornara/Samons, Athens[O], S. 42–50, 166 f.

[137] Alkmaion, Nr. 24 fr. B4 Diels-Kranz; vgl. die bei Triebel-Schubert (vorige Anm.) 40 Anm. 3 angeführte Übersicht über die Datierungsvorschläge; sie selbst argumentiert für das späte 6. Jhr., die meisten anderen für die erste Hälfte bis Mitte des 5. Jh.

[138] Scol. Anon. 10,3 f. = 13,3 f. D = 893, 896 P. Zur Interpretation etwa Ehrenberg, Polis (Anm. 88), S. 253 ff., 279 ff.; Vlastos, AJP 74 (1953), S. 339 ff.; H. W. Pleket, Isonomia and Cleisthenes: A Note, Talanta 4 (1972), S. 63 ff., sowie die folg. Anm.

[139] Ostwald, Nomos[O], S. 121–136 mit früherer Lit.; Fornara/Samons,

uns, wie ich es nach wie vor für plausibel halte, für die Frühdatierung entscheiden, stellt sich andererseits die Frage, ob und wie aus
einem offenbar in aristokratischem Milieu populären Wertbegriff
das Schlagwort für eine politische Neuordnung werden konnte, die
jedenfalls weit über die Aristokratie hinausgriff und später mit der
Demokratie identifiziert werden konnte. Nur im Fall der Frühdatierung erhalten auch die – je für sich zu schwachen – indirekten Indizien Bedeutung als zusätzliche Datierungsstützen.[140] Vor allem
steht *isonomia* als Ausdruck einer politischen Gleichheitsvorstellung nicht allein. Herodot erwähnt in ähnlichen Zusammenhängen
auch *isokratia* und *isegoria*.[141] Dazu nun fügt sich der – aus guten
Gründen später in Athen nicht mehr populäre – Name des Gegen-
spielers des Kleisthenes, Isagoras. Es scheint bedeutsam, daß dieser
Name in der Zeit der Tyrannis auftaucht, als der von den aristokratischen Familien seit je vertretene Anspruch auf Gleichheit im Sinne
der Beteiligung an der Macht und Führung seine Selbstverständlichkeit verloren hatte und zum Postulat geworden war.[142]

Es spricht somit einiges dafür, daß *isonomia* und verwandte Termini in Athen um die Mitte des 6. Jh. – anderenorts allenfalls schon

Athens[O], S. 42–50 und S. 166 f. (wo der Ursprung von *isonomia* im 6. Jh.
nicht ausgeschlossen wird).

[140] Eine mögliche poetische Umschreibung von *isonomia* findet sich in
einem – wiederum nicht genau datierbaren – Lied des Theogniskorpus (678;
vgl. G. Cerri, *Isos dasmos* come equivalente di *isonomia* nella silloge teogni-
dea, QUCC 8 [1969], S. 97–104). Das Konzept der *isonomia* steckt möglicherweise hinter der Vorstellung von Gleichberechtigung und Gleichgewicht in Anaximanders erstem Fragment (Nr. 12, Fr. B1 Diels-Kranz; dazu
Raaflaub, in: Pipers Handbuch [Anm. 33], S. 246 f.).

[141] *Isokratia:* Her. 5,92 a,1; vgl. M. Ostwald, *Isokratia* as a Political
Concept, in: Islamic Philosophy and the Classical Tradition. Essays R. Wal-
zer, Oxford 1972, S. 277–291. *Isegoria:* Her. 5,78; dazu Raaflaub, Freie
Rede (Anm. 60), S. 23–28.

[142] Vgl. Raaflaub, ibid., S. 23 f., 26 ff. Die Bedeutung des Aufkommens
von Namen auf -agoras betont J. Beloch, Griech. Gesch. I, 1893, S. 616 f.;
vgl. auch V. Ehrenberg, RE Suppl. 7 (1940) S. 294; A. Momigliano, RSI 83
(1971), S. 518. R. Hirzel, Dike, Themis und Verwandtes, Leipzig 1907,
S. 266 Anm. 5, unterstreicht die politische Funktion der ‚Iso-Namen'.

früher – im Zusammenhang der adligen Opposition gegen die Tyrannis aufkamen. Sie wären dann zunächst vom Adel als die große
Errungenschaft des Tyrannensturzes gefeiert worden und könnten
bald auch auf die kleisthenische Neuordnung übertragen worden
sein, deren wichtigstes Kennzeichen ja gerade in der Verankerung
politischer Gleichheit in breiteren Schichten bestand. Gegen diese
Rekonstruktion und zumal gegen die Annahme, daß *isonomia* in
kurzer Zeit von einem Adelswort zu einem ‚demokratischen‘
Schlagwort werden konnte, sind seit langem Bedenken geäußert
worden. Sie scheint aber durchaus plausibel,[143] wenn wir folgendes
berücksichtigen: Zum ersten ist für die Zeit des Kleisthenes nicht
mit einer festen Frontstellung zwischen Adel und Nichtadel zu
rechnen.[144] Zum zweiten traten zahlreiche Adlige unter Führung
der Alkmeoniden sowohl gegen die Tyrannis als auch für die
Neuordnung ein; diese betonte, zumal gegenüber dem Putschver-
such des Isagoras und den Restaurationsbemühungen der Tyrannen, ebenfalls den Kontrast gegenüber exklusiven Regimes und
konnte darin der Unterstützung breiter Kreise auch des Adels gewiß sein. Zum dritten sind solche Gleichheitsvorstellungen uralt;
sie lassen sich bis in die Anfänge der Polis und frühe Kriegergesell-
schaften verfolgen, waren mithin in ihrem Kern keineswegs auf den
Adel beschränkt.[145]

---

[143] Vgl. Meier, Bemerkungen* Anm. 27; Raaflaub, Freiheit⁺, S. 115–117
mit Lit.

[144] Vgl. o. zu Anm. 74. Meier, Autonome Intelligenz (Anm. 87), S. 91
Anm. 16, betont die Möglichkeit, „daß in der Forderung nach Isonomia zunächst Vorstellungen von einem Gleichgewicht zwischen Volk und Adel
enthalten waren“. Vgl. id., Umbruch°, S. 360.

[145] M. Detienne, En Grèce archaïque: géométrie, politique et société,
Annales ESC 20 (1965), S. 425–441; G. Borecký, The Primitive Origin of
the Greek Conception of Equality, in: *Geras*. Studies … G. Thomson,
Prag 1963, S. 41–60. Das von J. Latacz, W. K. Pritchett u. a. geförderte
neue Verständnis der homerischen Kampfweise ist für die Stellung der
Bauern in der frühen Polis wichtig: eine Zusammenfassung bei Raaflaub,
Equality (Anm. 115), Teil B.

VI

Kleisthenes ist also nicht der Begründer der Demokratie. Insofern sind die 2500-Jahr-Feiern verfrüht. Was er eingeführt hat, ist bestenfalls eine Proto-Demokratie. Sinnvoller ist es jedoch, ihn als das zu würdigen, was er wirklich war: Erfinder einer nahezu perfekten Form der Isonomie. Diese Leistung ist höchst eindrucksvoll. Er hat die entscheidenden institutionellen Vorgaben geschaffen, auf denen später weitergebaut werden und, unter den außerordentlichen Bedingungen im Athen der Zeit nach den Perserkriegen und der Herrschaft im Seebund, tatsächlich eine Demokratie entstehen konnte. Er hat ein System eingeführt, das die Integration aller Bürger und Interessen möglich machte und damit die Polis nach einer Zeit der Krise, der Konflikte und der Tyrannis stabilisierte. Seine Ordnung schuf die Voraussetzungen dafür, daß die Bürger in ihre politische Verantwortung hineinwuchsen, daß ein neuer und hochwertiger Bürgerbegriff entstand und daß die Athener in gegenseitiger Vertrautheit und Solidarität auch nach außen geschlossen auftreten und damit letztlich zur politisch und kulturell führenden Macht Griechenlands werden konnten. Darin liegt gewiß genug Grund zum Feiern.

Die Schattenseiten sollten wir freilich nicht übersehen. Zumal die Demokratie, die in engster Interdependenz zur Seeherrschaft stand, nährte sich politisch und finanziell von dieser Herrschaft und war durch eine stark imperialistische Komponente charakterisiert.[146] Auch hier, wie so oft in der Weltgeschichte, lebte eine kulturelle Hochblüte von der Unterdrückung der Nichtberechtigten, in diesem Fall besonders der Untertanen im Seereich.[147] Indem sie sich im Innern der Polis wie nach außen als Herrschaft verstand,

[146] Dies betont Gschnitzer, Fremdartigkeit*; vgl. auch die in Anm. 108 zitierte Lit.

[147] Wobei diese oft ihre eigenen Gründe hatten, die Untertanenschaft unter Athens Schutzherrschaft der risikoreichen Unabhängigkeit vorzuziehen; dazu Raaflaub, Freiheit⁺, S. 207–214. – Daß der erstaunliche kulturelle Aufschwung Athens im 5. Jh. mit der Demokratie zusammenhängt, scheint gewiß; die Frage ist nur, wie direkt: das Wie und Weshalb dieses Zusammenhangs bedarf systematischer Erforschung. Vgl. einstweilen etwa Meier,

förderte die Demokratie das enge Macht- und Privilegiendenken einer herrschenden Elite. Ihr integrativer Anspruch blieb deshalb auf die Polis und dort auf die – erst noch eng definierte – Bürgerschaft beschränkt; sie scheiterte nicht zuletzt an ihrem Unvermögen, diese Grenzen zu durchbrechen.[148] Daß sie auch in recht offensichtlicher Weise von der Sklaverei abhängig war, erkannten schon die antiken Beobachter. Und die Beziehung, die zwischen der überaus aktiven politischen Rolle der Bürger in der Demokratie und der Nichtberechtigung der Frauen herrschen könnte, ist noch längst nicht ausreichend erforscht.[149] In diesen und vielen anderen Hinsichten sollte das 2500. Jubiläum der Reformen des Kleisthenes den Anstoß geben, konsequenter, umfassender, kritischer und mit größerer Unvoreingenommenheit danach zu fragen, was dieses Ereignis für die Athener, für die Griechen, für die Weltgeschichte bedeutete – und damit auch noch heute für uns bedeutet.[150]

Bibliographie abgekürzter Titel (vgl. Anm. 1):

Chambers, M., Aristoteles, Staat der Athener, übers. und erl., Berlin 1990.

Fornara, C. W./Samons, L. J. II, Athens from Cleisthenes to Pericles, Berkeley 1991.

Meier, C., Kleisthenes und die Institutionalisierung der bürgerlichen Gegenwärtigkeit in Athen, in: id., Entstehung[+], S. 91–143.

–, Der Umbruch zur Demokratie in Athen (462/61 v. Chr.), in: R. Herzog/ R. Koselleck (Hrsg.), Epochenschwelle und Epochenbewußtsein, München 1987, S. 353–380.

Umbruch[O], S. 353f., sowie für die Historiographie id., Die Entstehung der Historie, in: id., Entstehung[+], S. 360–434. N

[148] Vgl. W. Schuller, Die Stadt als Tyrann, Kostanz 1978, S. 20f. Der Gegensatz zu Rom ist instruktiv: vgl. A. Drummond, CAH VII. 2² (1989), S. 209–211; T. J. Cornell, ibid. S. 269–271, und insgesamt Raaflaub, City-State, Territory and Empire in Classical Antiquity, in: Molho et al., City-States (Anm. 57), S. 565–588.

[149] Vgl. o. Anm. 12f.

[150] S. Nachträge (Oktober 1994) in diesem Band, S. 451f.

54 Kurt A. Raaflaub

Murray, O., Das frühe Griechenland, München 1982 (= Early Greece, London 1980).
Ostwald, M., Nomos and the Beginnings of the Athenian Democracy, Oxford 1969.
–, From Popular Sovereignty to the Sovereignty of Law: Law, Society, and Politics in Fifth-Century Athens, Berkeley 1986.
–, The Reform of the Athenian State by Cleisthenes, in: CAH IV² (1988), S. 303–346.
Rhodes, P. J., The Athenian Revolution, CAH V² (1992), S. 62–95.
Roussel, D., Tribu et cité, Paris 1976.
Schuller, W., Die Herrschaft der Athener im Ersten Attischen Seebund, Berlin 1974.
–, Wirkungen des Ersten Attischen Seebunds auf die Herausbildung der athenischen Demokratie, in: J. M. Balcer et al., Studien zum Attischen Seebund, Konstanz 1984, S. 87–101.
Spahn, P., Mittelschicht und Polisbildung, Bern 1977.
Stahl, M., Aristokraten und Tyrannen im archaischen Athen, Stuttgart 1987.
Will, E., Le monde grec et l'orient, Paris 1972.

Festschrift für Edouard Tièche, ehemaligem Professor an der Universität Bern, zum 70. Geburtstage am 21. März 1947. (= Schriften der Literarischen Gesellschaft Bern, H. 6.) Bern: Verlag Herbert Lang & Cie. 1947, S. 11–24.

ΔΗΜΟΚΡΑΤΙΑ

Von Albert Debrunner

1. Daß δημοκρατία „Volksherrschaft" bedeutet, ist so selbstverständlich, daß sich, wie es scheint, nie jemand Gedanken über die Art der Bildung dieses Wortes gemacht hat. Da *Volksherrschaft* tatsächlich gleichbedeutend mit δημοκρατία ist, empfand man offenbar auch die formale Bildung der beiden Wörter als gleichartig. Aber diese formale Gleichsetzung ist, wie eine einfache Überlegung zeigt, falsch: *Volks-herrschaft* als *Herrschaft des Volks* entspricht einer ganz gewöhnlichen deutschen Zusammensetzungsart (*Tages-arbeit, Gottes-haus, Feuers-glut* usw.); aber, da es kein *κρατία gibt, ist δημο-κρατία nicht eine Zusammensetzung aus δῆμο(ς) und κρατία, sondern es erinnert an den im Griechischen alltäglichen Typus von „παρασύνθετα": φιλολογία *Ableitung* aus der Zusammensetzung φιλό-λογος. *Volksherrschaft* ist also zwar eine *sachlich* richtige Übersetzung von δημοκρατία, aber *formal* eine andere Bildung.

2. Versuchen wir nun aber, δημοκρατία nach dem Muster von φιλολογία zu erklären, so stoßen wir auf ein unübersteigliches Hindernis: So geläufig auch seit dem 5. Jh. v. Chr. das Wort δημοκρατία ist, so gibt es doch in der ganzen griechischen Literatur keinen einzigen Beleg für das zu fordernde Grundwort δημο-κρατης!

3. Wie müßte denn ein Kompositum aussehen, das als Hinterglied den Begriff κρατ- (τὸ κράτος, κρατεῖν) enthielte, und wie müßte das daraus gebildete Abstraktum lauten? Nach dem Typus γένος — συγ-γενής συγ-γένεια, τέλος — ἰσο-τελήσ ἰσο-τέλεια ist zu κράτος ein -κρατής -κράτεια zu erwarten, und zwar -κρατής als Possessivkompositum „die Gewalt . . . habend" wie ἰσο-τελής „die gleiche Steuer(verpflichtung) habend" oder συγ-γενής „τὸ (αὐτὸ) γένος σύν (τινι) ἔχων". Solches -κρατής gibt es in der Tat in sechs Wörtern: ἀ-κρατής (sei Aeschylus) „kraftlos, ohne Gewalt über

etwas oder über sich selbst", dazu ἀκράτεια (und ἀκρασία; siehe unten Anm. 6) „Kraftlosigkeit, Mangel an Selbstbeherrschung" und ἀκρατεῖν „ἀκρατής sein" (Hipp., Manetho, Pollux); ἐγ-κρατής „in sich (oder in etwas) die Gewalt (über etwas) habend; stark, beherrschend, voll Selbstbeherrschung", dazu ἐγκράτεια (seit Xenophon) „Beherrschung, Selbstbeherrschung" und selten hellenistisch ἐγκρατεῖν; ἐπι-κρατής (seit Thuk., -τέως Ilias) „über etwas die Gewalt habend, übermächtig" nebst ἐπικράτεια (seit Xenophon) „Herrschaft über" (ἐπι-κρατεῖν, das seit Homer geläufig ist, ist direktes Kompositum aus κρατεῖν!); αὐτο-κρατής „über sich selbst Herr, selbständig" (Anaxag. 12 [II 37, 19 D.[5]], Eur. usw.; gewöhnlicher αὐτο-κράτωρ seit Aristophanes und Thukydides), αὐτοκράτεια Plato def. 412 c (αὐτο-κρασία „Herrschsucht" Pap. Tor. VIII = Wilcken, Urkunden der Ptolemäerzeit II Nr. 196, 67 f. [116 v. Chr.][1]; vgl. unten Anm. 6); ἰσο-κρατής (seit Herodot) „ἰσονκράτος ἔχων" nebst ἰσοκρατία (Herodot, Tim. Locr.) „Gleichheit der Gewalt" (siehe unten 13.) und ἰσοκρατεῖν „gleich stark sein" (Sext. Emp.); ναυ-κρατέες τῆς θαλάσσης „mit den Schiffen die Macht über das Meer habend" Herodot V 36, 2,[2] nebst ναυκρατία „Sieg mit den Schiffen" Andoc. fr. 3, Dio Cass. usw. (siehe unten 13.) und ναυκρατεῖν „die Macht zur See besitzen", Thuk. VII 60, 2, ναυκρατεῖσθαι „mit den Schiffen unterlegen sein" Xen. hell. VI 2, 8. Dazu gehören der Bedeutung wegen drei Fälle von -κρατία -κρατεῖν, zu denen -κρατής nicht belegt ist: θαλασσο-κρατεῖν „die Herrschaft zur See (oder über die See) haben" (Herodot III 122, 2, Thuk. VII 48, 2, Phylarch fr. 1 [II 163 Jacoby], Polyb[3]), -κρατία Strabo; ἱππο-κρατεῖν „mit der Reiterei stärker sein" (Dem., Polyb, Onosander[4]), -κρατία „Überlegenheit in der Reiterei" Xen. Cyr. I 4, 24; erst hellenistisch ist die Gruppe χειρο-κρατ „mit den Hän-

---

[1] Wilcken, a. a. O., S. 209, übersetzt „autokratischer Wille".

[2] Der Akzent von ναυκράτης „Name eines Fisches, der auch ἐχενηῖς heißt" (Eustathius) ist – falls zuverlässig überliefert – aus der Tonverschiebung in Namen (φαιδρός – Φαῖδρος, διο-γενής – Διο-γένης usw.) zu erklären.

[3] Pass. ὅπως μηκέτι θαλαττοκρατοῖντο Πελοποννήσιοι Demetrius fr. 2 (I 796 K.).

[4] ἱπποκρατεῖσθαι „in der Reiterei übertroffen werden" Thuk. VI 71, 2.

den, d. h. mit Gewalt, herrschen": -κρατεῖν in einem Zauberpa-
pyrus, -κρατία bei Polyb u. a.[5] In zwei von diesen drei Fällen ist
-κρατής durch -κράτωρ ersetzt (Debrunner, I F. 54, 1936, S.
272, Schwyzer, Griech. Gramm. I 531 A. 11): θαλασσο-κράτωρ bei
Herodot, Thuk., Xen., ἱππο-κράτωρ bei einem Astrologen.

4. Kann δημοκρατία diesen fünf Beispielen beigesellt werden?
-κρατία[6] statt des normalen -κράτεια wäre allerdings kein Hindernis. Denn die beiden Abstrakttypen ἐλεύθερος – ἐλευθερία und
ἀσεβής – ἀσέβεια sind bekanntlich früh zum Teil vermischt worden.[7] Aber das völlige Fehlen von *δημο-κρατής (siehe oben 2.)
darf schwerlich dem Zufall zugeschrieben werden, und wenn man
das allenfalls trotzdem wagen wollte, so erhebt die Bedeutung
entscheidenden Einspruch: *δημο-κρατής könnte nur bedeuten
„δήμου oder δήμῳ κράτος ἔχων", d. h. entweder „die Macht des
Volkes besitzend" oder „die Macht über das Volk besitzend" oder
„durch das Volk Macht besitzend"; δημοκρατία ist aber die Staatsform, in der *das* Volk die Macht besitzt. Das Fehlen von *δημο-
κρατής ist also nicht Zufall, sondern sachlich begründet!

5. Ein zweiter Versuch, δημοκρατία in einen Wortbildungs*typus*
einzureihen, wäre der folgende: Nach dem Vorbild der Reihe με-
τρεῖν – (γεω)-μέτρης[8] – -μετρεῖν – -μετρία – -μετρικός kann die
Reihe κρατεῖν – -κράτης – -κρατεῖν – -κρατία – κρατικός gebildet werden. In der Tat finden sich in den Lexika Bildungen auf

---

[5] Dazu bei Philodem usw. die Variante -κρασία; vgl. Anm. 6. In astrolo-
gischer Literatur auch -κρατησία.

[6] Schwierig ist die Scheidung zwischen ἀκράτεια, ἀκρᾱσία (ἀκρησίη,
ἀκρᾱτία), ἀκρᾱσία, ἀκρᾱτία; ἀκρασίη (– ◡◡ –) Archil. fr. 79,10 D². in
der Bedeutung „Kraftlosigkeit" vielleicht durch Einfluß von ἀκρᾱσία (zu
ἄκρᾱτος „ungemischter [Wein]") oder Verkürzung aus ἀκρᾱτο-ποσίᾱ?
Anders Wackernagel, Vorles. über Syntax² II, S. 287f., und Frisk Göte-
borgs Högskolas Årsskrift 47 (1941), 11, S. 4.

[7] Chantraine, La formation des noms en grec ancien (Paris 1933), S. 80.
88, Debrunner, Griech. Wortbildungslehre (Heidelberg 1917) § 299, Schwyzer, Griech. Gramm. I, S. 469.

[8] Debrunner, a. a. O., § 99; Ernst Fraenkel, Gesch. der griech. Nomina
agentis II (Straßburg 1912), S. 104ff., Schwyzer, a. a. O., S. 451,4 mit
Fußn. 2.

-κράτης; aber sie sind alle sehr selten und fast alle sehr spät: μενε-
κράτης in einer Tragödie des Tyrannen Dionysius (fr. 12 S. 796 N.[2])
enthält als Vorderglied einen *Verbal*stamm (μενε-; vgl. Ath.
III 98 c
ὅτι μένει καὶ κρατεῖ) und ist sicher eine künstliche Nachbildung
der homerischen Wörter μενε-δήιος μενε-πτόλεμος μενε-χάρμης
Μενέ-λαος usw.); ἀριστο-κράτης und τιμο-κράτης beim Plato-
kommentator Aspasius sind Rückbildungen aus ἀριστο-κρατία
und τιμο-κρατία (siehe unten 7.), und ταυρο-κράτης bei Hesych
s. v. Γάνδαρος ist Konjektur von Moritz Schmidt. Bei allen ist
außerdem die Bedeutung „beherrschend" für -κράτης, wie sie nach
dem Muster von -μέτρης „messend", -πώλης „verkaufend" usw.
nötig wäre, unmöglich. Dasselbe gälte für δημοκρατία, wenn wir
es hier einordnen wollten: *δημο-κράτης wäre „das Volk beherrschend", also δημοκρατία „Beherrschung des Volkes"! Demnach
ist auch dieser Weg für δημοκρατία nicht gangbar.

6. Von den beiden eben besprochenen Bildungstypen unterscheidet sich δημοκρατία in dreifacher Weise: 1) in der Bedeutung: „(die
Staatsform, in der) der δῆμος κρατεῖ", also das erste Kompositions-
glied ist Subjekt zu dem im zweiten Glied steckenden Verbalbegriff;
2) im Fehlen des Grundworts (über ἀριστοκράτης und τιμοκράτης
siehe oben 5.)[9]; 3) in der Tatsache, daß das zu -ία parallele Verbum
auf -έω nur im Passiv vorkommt: δημοκρατεῖσθαι „demokratisch
regiert werden, unter demokratischer Verfassung leben" seit Herodot (IV 137,2; VI 43,3), inschriftlich seit 307/306 v. Chr. (siehe IG
II/III[2] pars IV fasc. 1, S. 47). Daß δημοκρατεῖσθαι passivisch,
nicht etwa medial gemeint ist, wird bewiesen durch Herodot IV
137,2, wo δημοκρατέεσθαι parallel zu dem sicher passivischen τυραννεύεσθαι steht (vgl. Plato rep. 338 d [unten 7.]), und bei Thuk.

---

[9] Der Personenname Δημο-κράτης, von dem die Realencyklopädie (V,
S. 133 f.) seit dem 4. Jh. v. Chr. 13 Träger aufführt, beweist natürlich nicht
das Vorhandensein eines gleichlautenden *Appellativs*, so wenig wie etwa
Ἱππό-δημος oder Δημο-σθένης oder Σω-κράτης. Dazu das Femininum
-κρατία: Δαμοκρατία Δαμοκράτεος und Καλλικρατία Καλλικράτεος I G
V 1,141 12.13 (lakon., 1. Jh. v. Chr.); auch Ἐπικράτα Ἐρατοκράτη Τιμα-
κράτη (Bechtel, Die hist. Personennamen des Griech. [Halle 1917], S. 260).
Anders natürlich die vergöttlichende Personifizierung der Δημοκρατία
(Waser, Realenc. V, S. 135): I G II/III[2] 1496, 131 (334/330 v. Chr.).

VIII 75,2 durch die Form δημοκρατηθήσεσθαι; kein Gegenbeweis ist δημοκρατησόμεθα bei Demosthenes 24,99, da mediale Futura mit sicher passivischer Bedeutung auch sonst bei Demosthenes nicht selten sind (Kühner-Gerth I, S. 114 ff.) und außerdem an der genannten Stelle βουλευσόμεθα parallel steht. Passivisches δημοκρατεῖσθαι war ja auch durch κρατεῖσθαι erleichtert (vgl. Debrunner, Gr. Wortb. § 197). Demgegenüber haben die Bildungen des Typus ἀκρατής, ναυκρατής usw. (oben 3.) gewöhnlich das Aktiv -κρατεῖν, wozu nur selten das Passiv gebildet wird.

7. δημοκρατία und δημοκρατεῖσθαι sind aber nicht die einzigen Vertreter der in 6. besprochenen Bildungsweise. Ich gebe die übrigen in der Reihenfolge des zeitlichen Auftretens des jeweils ältesten Belegs:

ἀριστο-κρατία „Herrschaft der Besten" tritt zuerst auf bei Thuk. III 82,8 (ἀρ. σώφρων als ὄνομα εὐπρεπές, natürlich für das weniger ehrenvolle ὀλιγαρχία! siehe unten 11.), Plato Menex. 238 c (neben δημοκρατία) und Politicus 301 a (ἀριστοκρατία oder ὀλιγαρχία, je nachdem die Regierenden den Gesetzen folgen oder nicht; vgl. auch 291 e); ἀριστοκρατεῖσθαι beginnt bei Aristophanes (av. 125 ἀριστοκρατεῖσθαι δῆλος εἶ ζητῶν, worauf 126 das Wortspiel mit dem Namen Ἀριστοκράτης [τὸν Σκελλίου] folgt) und Plato (rep. 338 d τῶν πόλεων αἱ μὲν τυραννοῦνται, αἱ δὲ δημοκρατοῦνται, αἱ δὲ ἀριστοκρατοῦνται); dazu kommt seit Plato rep. 587 d ἀριστοκρατικός (parallel zu ὀλιγαρχικός und βασιλικός).

τιμο-κρατία bildet (Sokrates bei) Plato rep. 545 b neu (πρῶτον μὲν τὴν φιλότιμον σκεπτέον πολιτείαν · ὄνομα γὰρ οὐκ ἔχω λεγόμενον ἄλλο· ἢ τιμοκρατίαν ἢ τιμαρχίαν αὐτὴν κλητέον); er nimmt dann den Ausdruck mit τιμοκρατικός wieder auf (549 b ὁ τ. νεανίας, 580 b τ. neben βασιλικός, ὀλιγαρχικός, δημοκρατικός, τυραννικός; beides übernimmt Aristoteles.

πλουτο-κρατία nannte nach Xen. mem. IV 6,12 Sokrates die Verfassung, durch die αἱ ἀρχαὶ ἐκ τιμημάτων καθίστανται. Sonst zitieren nur noch die Lexika -τία und -τεῖσθαι aus dem Rhetor Menander.

γυναικο-κρατία ist als Komödientitel für Amphis und Alexis bezeugt; sonst hat es Aristoteles Pol. V 11 p. 1313 b 33 und Plutarch;

-τεῖσθαι Arist. ebd. II 9 p. 1269b 24, Diodor und Plutarch (-κράτητος Schol. Eur. Or. 742).

πονηρο-κρατεῖσθαι Arist. Pol. IV 8 p. 1294a 2 und Dion. Hal. Ant. VIII 31,1, -τία ebd. VIII 5,5.

ὀχλο-κρατία seit Polyb. VI 4,6 (μοναρχία, ὀλιγαρχία, ὀχλο-κρατία parallel zu βασιλεία ἀπιστοκρατία δημοκρατία); VI 57,9 (ὀχλοκρατία parallel zu δημοκρατία); zur Variante -κρασία bei Philo und Max. Tyr. siehe Anm. 6.

δουλο-κρατία hat Jos. Ant. 19, 261, -τεῖσθαι Dio Cassius und Libanius.

Alle diese Bildungen sind jünger und seltener als δημοκρατ-! Von letzterem sind nämlich belegt: δημο-κρατία seit Herodot, Antiphon, Thukydides, Aristophanes [10], δημοκρατεῖσθαι seit Herodot, Thukydides, Aristophanes, Lysias (siehe auch oben 6.), δημοκρατικός seit Ar. ran. 952, Lysias 25,8 (parallel zu ὀλιγαρχικός), Plato. *Dieser ganze Typus ist also von* δημοκρατ- *ausgegangen!* Nach diesem Wort ist zunächst ἀριστοκρατ- geschaffen worden, und zwar, wie aus Thuk. III 82,8 (siehe oben) deutlich hervorgeht, von der Adelspartei, die damit den in Verruf geratenen Namen ὀλιγαρχία ersetzen wollte; τιμοκρατ- und πλουτοκρατ- sind nur Varianten von ἀριστοκρατ-, indem sie angeben, auf welchen äußern Verhältnissen die Auswahl der ἄριστοι (oder ὀλίγοι) beruht; πονηροκρατ- ist bewußte Gegensatzbildung zu ἀριστοκρατ-, ebenso ὀχλοκρατ- das schlechte Gegenstück zu δημοκρατ-; γυναι-κοκρατ- und δουλοκρατ- bezeichnen Regierungsformen, die den Griechen abnorm vorkommen.

Der Versuch, diesen Wortbildungstypus zu erklären, hat also notwendigerweise von δημοκρατ- *auszugehen.*

8. Da, wie oben 3. bis 5. gezeigt wurde, δημοκρατία sich nicht in einen normalen Wortbildungstypus einreihen läßt, muß ein ganz anderes Vorbild gesucht werden, nach dem es speziell gebildet worden ist, und da es der Name einer Staatsform ist, die in geschichtlicher Zeit unter politischen Kämpfen eine andere abgelöst hat, so liegt es nahe, das Vorbild für das neue Wort in der Bezeichnung der

---

[10] δεμο[κρατίαν οὐ καταλύσω] I G I² 15,37 (vor 445 v. Chr.) ist leider nicht sicher ergänzt.

dadurch verdrängten Staatsform zu suchen, d. h. in ὀλιγαρχία. In der Tat sprechen mehrere Momente dafür, daß ὀλιγαρχία das vorbild von δημοκρατία war:

a) ὀλιγαρχ- ist den Belegen nach gleich alt wie δημοκρατ-: ὀλιγαρχία kommt seit Herodot, Thukydides, Andokides, Plato vor, -χεῖσθαι seit Thukydides und Plato, -χικός seit Thukydides, Andokides, Lysias, Plato.

b) ὀλιγαρχ- und δημοκρατ- stehen oft parallel; so z. B. Andok. 1, 99 ἐν δημοκρατίᾳ μὲν . . ., ἐν ὀλιγαρχίᾳ δὲ . . ., Plato rep. 555 b ἐξ ὀλιγαρχίας εἰς δημοκρατίαν; δημοκρατικός und ὀλιγαρχικός stehen nebeneinander bei Lysias 25, 8 und Plato rep. 580 b, ebenso δημοκρατεῖσθαι und ὀλιγαρχεῖσθαι bei Thuk. VIII 76, 1, ὀλιγαρχία und δημοκρατεῖσθαι bei Thuk. VIII 75, 2 und Plato apol. 32 c, δημοκρατία und ὀλιγαρχεῖσθαι bei Thuk. V 31, 6 und VIII 63, 3; vgl. auch ὀλιγαρχία neben ἀριστοκρατία bei Plato Politicus 291 e, 301 a (siehe oben 7.).

c) Das syntaktische Verhältnis zwischen den beiden Kompositionsgliedern stimmt überein: ὀλιγαρχία = (οὗ) οἱ ὀλίγοι ἄρχουσι, δημοκρατία = (οὗ) ὁ δῆμος κρατεῖ.

d) ὀλιγαρχία hat wie δημοκρατία kein „Grundwort"; das ganz vereinzelte und späte ὀλιγάρχης bei Dion. Hal. Ant. XI 43, 4 (ἅμα τοῖς ὀλιγάρχαις) ist natürlich Rückbildung aus ὀλιγαρχία. Ein altes *ὀλίγ-αρχος (wofür dialektisch und hellenistisch -άρχης[11]) könnte nur die Bedeutungen „über wenige herrschend" (vgl. z. B. τριήρ-αρχος) oder „nur wenig herrschend" (vgl. z. B. ἀρίστ-αρχος „am besten herrschend") haben. Die Träger der Regierungsgewalt in der ὀλιγαρχία sind die ὀλίγοι (Thuk., Plato usw.), wie der δῆμος der Träger der δημοκρατία ist.

e) Das abgeleitete Verbum ist bei ὀλιγαρχ- fast nur im Passiv[12] belegt wie bei δημοκρατ- und seinen Typengenossen immer. Das Passiv ὀλιγαρ-χεῖσθαι ist bei Thuk. und Plato belegt, das Aktiv nur bei Aristoteles Pol. IV 15 p. 1300 a 8 (οἱ ὀλιγαρχοῦντες „die in der Oligarchie Regierenden"; Rückbildung aus οἱ ὀλιγαρχούμενοι „die oligarchisch Regierten").

---

[11] Debrunner, Griech. Wortb. § 99, Chantraine (siehe Anm. 7), S. 30.
[12] Deutlich passivische Form in ὀλιγαρχηθῆναι Thuk. VIII 63, 3.

f) ὀλιγαρχ-ικός ist gebildet wie δημοκρατ-ικός, was freilich nichts für nähere Beziehung beweist (vgl. unten 14.).

Ob die zeitliche Priorität ὀλιγαρχ- oder δημοκρατ- zukommt, ist aus den Belegen nicht abzulesen; es bleibt also zunächst von da aus die Frage offen, ob δημοκρατ- von ὀλιγαρχ- ausgegangen ist oder umgekehrt oder ob vielleicht beide ihren Ursprung gemeinsam von einem dritten Wort haben.

9. Da die typische geschichtliche Reihenfolge der Staatsformen im alten Griechenland „Monarchie – Oligarchie – Demokratie" war, liegt die Vermutung nahe, daß auch die wortgeschichtliche Folge als μοναρχία – ὀλιγαρχία – δημοκρατία anzusetzen ist. Wie stellt sich nun der Wortbildung nach μοναρχία zu ὀλιγαρχία und δημοκρατία?

a) μοναρχία ist früher belegt als beide anderen: Alc. fr. 119/120/122, 27 D.[2], Aesch. sept. 881, dann Sophokles, Aristophanes, Plato usw.

b) μοναρχία hat ein klares, normales und gut belegtes Grundwort: μόν-αρχος „Alleinherrscher" Theogn. 52 (μούναρχοι), Solon fr. 10,3 D.[2], Herodot, Thuk., Aristoph.; adjektivisch σκᾶπτον μόναρχον „Zepter des Alleinherrschers" Pind. P. IV 152.

c) Das abgeleitete Verbum ist aktivisch (intransitiv): μοναρχεῖν „Alleinherrscher sein" Pind. P. IV 165, Herodot, Plato; passivisches μοναρχεῖσθαι wird in den Lexika nicht erwähnt.

d) Das syntaktische Verhältnis der beiden zum Kompositum verbundenen Begriffe μονο- und ἀρχ- ist dasselbe wie bei ὀλιγο- und ἀρχ- und bei δημο- und κρατ-.

e) Die Ableitung auf -ικός ist in den drei Fällen gleich: μοναρχικός seit Plato leg.

Stellt man die Gleichheiten und Verschiedenheiten tabellarisch zusammen, so ergibt sich folgendes Bild:

	Grundwort	Aktiv Passiv	-αρχ- -κρατ-	Bedeutung	-ικός
μοναρχ-	μόναρχος	-εῖν	-αρχία	οὗ μόνος ἄρχει	-ικός
ὀλιγαρχ-	(ὀλίγοι)	-εῖσθαι	-αρχία	οὗ οἱ ὀλίγοι ἄρχουσι	-ικός
δημοκρατ-	(δῆμος)	-εῖσθαι	-κρατία	οὗ ὁ δῆμος κρατεῖ	-ικός

Die Tabelle zeigt, daß in der Tat ὀλιγαρχ- *das Zwischenglied zwischen* μοναρχ- *und* δημοκρατ- bildet.

10. Nachdem wir bisher Schritt für Schritt rückwärts gegangen sind, können wir jetzt die Entwicklung in ihrem geschichtlichen Ablauf rekonstruieren. *Am Anfang steht* μόν-αρχος.

Die Komposita auf -αρχος (ich zähle bei Locker, Rückläufiges Wörterbuch der griech. Sprache, Göttingen 1944, S. 526 f., 152 Stück!) sind verschieden gebildet. In den allermeisten bedeutet das Kompositum „herrschend über den Begriff des Vordergliedes" (z. B. τριήρ- φρούρ- χιλί-).[13] Davon unterscheidet sich μόν-αρχος dadurch, daß das Vorderglied nicht das *Objekt* des Herrschens angibt, sondern sozusagen prädikatives Attribut zum *Subjekt* ist: „als einziger herrschend". Solche Bedeutung des Vordergliedes ist im Griechischen sehr selten; bei μονο- kommt sie mehrmals vor: μονο-γενής «ὃς μόνος γένος ἐστι», der als einziger die Nachkommenschaft ist, „einziger Sohn" seit Hesiod (μουνο-) op. 378, th. 426, 428, -μάχος „allein kämpfend" Aesch., Eur., Aristoph. (-χεῖν Herodot, Eur. usw., -χία Herodot), -στιβής „allein gehend, unerwartet" Aesch. Ch. 768, -στολος „allein den στόλος bildend, allein (gehend)" Eur., -τροπος „einsam (seine Lebensart führend)" Eur. und hellenistisch, -φρουρος „allein wachend" Aesch. Ag. 257, -φυής „allein (gewachsen)" Herodot, Aristot. usw. Dieses μονο- ist jüngerer Ersatz für οἰο-: οἰο-πόλος „einsam seiend" (eigentlich „sich einsam bewegend, sich einsam herumtreibend", dann mit Abschwächung von -κόλος wie bei πέλειν πέλεσθαι „sein") bei Homer von χῶρος, σταθμός, οὔρεα, bei Pind. P. IV 28 von einem δαίμων; dann einige künstliche Nachahmungen dieses Wortes, z. B. οἰο-νόμος „allein weidend, einsam" Simon. fr. 142, 4 D.[2] (σκοπιαί), οἰο-βώτας „allein weidend, eigensinnig" Soph. Aj. 614, οἰο-γένεια „unigenita" Epigramm I G XIV 1648 (archaisierend = μουνο-γένεια Ap. Rh., Orph.). Mit „allein" ist „selbst" verwandt (gemeinsamer Gegensatz ist „kein anderer"); darum αὐτο-μήτωρ „die leibhaftige Mutter"

---

[13] Ursprünglich sind es die Determinativkomposita mit dem homerischen ἀρχός „Führer", dann trotz des Akzentunterschiedes an die Verbalrektionskomposita (Typus ψυχο-πομπός „die Seelen geleitend") angeschlossen; vgl. Debrunner, Griech. Wortb. § 99.

(„selbst die Mutter seiend") Semon., αὐθ-έντης (αὐτο-έντης) „Selbstvollbringer", besonders „Mörder" Aesch. usw., αὐτ-άγγελος „selbst meldend" Soph., Thuk., und manche weitere. Auch ἄκρος „zu äußerst befindlich" gehört hierher, z. B. hom. ἀκρο-πόλος „zu oberst seiend, höchst" (von Bergen). Dem Sinn nach würde sich auch παν- anschließen; doch liegen da die Verhältnisse verwickelt (vgl. Debrunner, Griech. Wortb. § 64. 91. 92. 108).

Am ähnlichsten mit μονο-, aber doch nicht gleich, ist νεο- im Sinn des Adverbs νέον „soeben, frisch", wie es seit Homer vorkommt (νε-ούτατος „frisch verwundet", νέ-ηλυς „soeben gekommen" u. a.); vgl. Schwyzer, Melanges Boisacq (Brüssel 1938), S. 236. Ähnlich auch μεσο-(-ποταμία usw.) = μέσον „in der Mitte, zwischen" (Wackernagel, Vorles. üb. Syntax² II 242; über Ähnliches im Altindischen Wackernagel, Ai. Gramm. II 1, 66 § 27 a). Diese seltene prädikative Sonderbedeutung des Vorderglieds ist es nun eben, die auch in ὀλιγαρχ- und δημοκρατ- vorliegt: sie kann von nirgendher sonst stammen als von μον-αρχ-!

Die Ableitungen aus μόναρχος: μοναρχία, μοναρχεῖν, μοναρχικός sind so regelmäßig, daß sie keiner Erörterung bedürfen.

11. *Nach μοναρχία wurde direkt ὀλιγαρχία geschaffen*, ebenso ὀλιγαρχικός nach μοναρχικός, obschon es ja kein *ὀλίγαρχος gibt. Aber warum hat das zu ὀλιγαρχία gehörige Verbum fast nur das Passiv (siehe oben 8. e), während μοναρχεῖν auf das Aktiv beschränkt ist (oben 9. c)? Hier spielt eine andere Wortsippe mit herein, nämlich τυραννν-. Von τύραννος gibt es zwei ältere verbale Ableitungen, nämlich τυραννεύειν (seit Alc. fr. 48 D.² und Solon) und τυραννεῖν (Soph., Eur., Aristoph., Thuk., Xen. usw.) „Tyrann sein" (meist mit gen. „über"); beide bilden auch ein Passiv im Sinn von „tyrannisch regiert werden" (-εύεσθαι Herodot mehrmals, Thuk. I 18,1 τυραννευθείσης; -εῖσθαι Xen. hell. II 3,48, Plato rep. 545c). Daß ein solches Passiv on μοναρχεῖν fehlt, mag man sich so zurechtlegen: für die idealisierende Auffassung der urgriechischen μοναρχία kommt ein passivisches „Erleiden" nicht in Betracht, wohl aber für die Ablehnung der gewaltsamen τυραννίς durch das demokratisch bestimmte klassische Athen. Die Schattenseiten der ὀλιγαρχία leben erst recht stark in der Erinnerung der

jungen Demokratie, und so steht das passivische ὀλιγαρχεῖσθαι ganz im Vordergrund unter dem Einfluß von τυραννεύεσθαι und τυραννεῖσθαι; daß dabei -εῖσθαι, nicht -εύεσθαι gewählt wurde, erklärt sich aus der bekannten Vorliebe der Komposita für -εῖν und ihrer Abneigung gegen -εύειν (vgl. z. B. Debrunner, Griech. Wortb. § 189. 212).

Mit dem Einfluß auf das Verbum erschöpft sich aber die Wirkung von τυρανν- auf ὀλιγαρχ-; denn das Abstraktum heißt ja τυραννίς (seit Archilochus), nicht τυραννία[14].

12. Die schematische Weiterführung der Linie μον-αρχ- – ὀλιγ-αρχ- hätte δημ-αρχ- ergeben müssen. Das war aber aus zwei Gründen unmöglich:

a) δήμαρχος war schon anderweitig vergeben; es bezeichnete in Athen und anderwärts ganz geläufig den Vorsteher eines δῆμος, einer Gemeinde; die älteste Stelle ist wohl (Cauer-)Schwyzer Delectus[3] 687 C 1 (Chios, um 600 v. Chr.), in Athen inschriftlich zuerst 423/422 v. Chr. (I G I[2] S. 347). Dazu δημαρχεῖν (in derselben Inschrift des Delectus A 3f. 5f., dann Isäus und Demosthenes) und δημαρχία (Dem. 57, 63). (In hellenistischer Zeit dient δήμαρχος zur Wiedergabe von tribunus plebis.)

b) Auch sachlich wäre δημαρχία für die Volksherrschaft unrichtig gewesen.[15] Denn ἄρχειν setzt Beherrschte voraus; wenn aber der δῆμος, das Gesamtvolk der vollbürtigen Bürger, herrscht, so gibt es keine Beherrschten (Frauen, Kinder, Metöken, Sklaven kamen natürlich überhaupt nicht in Betracht, weil sie keine Rechtspersonen waren).

Aus diesen beiden Gründen wurde bei δημο- *das* -αρχ- *durch* -κρατ- *ersetzt:* ὁ δῆμος κρατεῖ, er übt die Staatsgewalt aus – über sich selbst! So kam δημοκρατία -τεῖσθαι -τικός nach dem Muster von ὀλιγαρχία -χεῖσθαι -χικός zustande.

[14] Die Beispiele von Liddell-Scott-Jones für τυραννία sind alle falsch: Xenophanes fr. 3,2 (Diels[5] I 129, S. 18) mißt, wie L.-Sc.-J. richtig bemerken, ∪ – – –, also ist τυραννεία zu lesen, das zu τυραννεύειν gehört (beide sind nach βασιλεύειν βασιλεία gebildet); dasselbe gilt natürlich für die Beispiele aus den nachchristlichen Papyri!

[15] Woher Hesych δημαρχία · ὅτε δῆμος ἄρχει hat, können wir leider nicht wissen.

13. Das Vorbild von ὀλιγ-αρχία macht sich auch darin geltend, daß es δημο-κρατία, *nicht* -κράτεια heißt. Zwar versagen für δημοκρατία (und die von ihm ausgegangenen Bildungen; siehe oben 7.) die beiden sicheren Hilfen für die Entscheidung zwischen -ία (υ-) und -εια (-υ), nämlich vor-itazistische inschriftliche Belege und metrisch eindeutige Dichterstellen: der dorische Eid der Chersonesiten (Dittenberger Sylloge³ 360, 14 οὐδὲ καταλυσῶ τὰν δαμοκρατίαν) stammt etwa aus den Jahren 300–280 v. Chr., also aus einer Zeit, wo Verwechslung von ει und ι schon vereinzelt vorkommt; aber die Δημοκρατία (siehe Anm. 9) aus den Jahren 334–330 v. Chr. wird ja nicht gerade einer der noch selteneren Fälle aus der Zeit *vor* 300 sein (Meisterhans-Schwyzer, Gramm. der att. Inschr.², S. 48 Anm. 357, Lademann, De titulis Atticis [Diss. Basel 1915], S. 31). Die einzigen mir bekannten metrischen Stellen erlauben beide Messungen: Ar. Ach. 618 ὦ δημοκρατία amAnfang eines jambischen Trimeters, Isyll Vers 1 δᾶμος εἰς ἀριστοκρατίαν am Anfang eines trochäischen Tetrameters (wo allerdings -κράτειαν unwahrscheinlich, da der Vers dann zwei doppelkürzige Senkungen enthielte). So sind wir im übrigen auf die handschriftliche Überlieferung angewiesen; diese bietet aber beim Typus δημοκρατία fast ausnahmslos -ία (das γυναικοκράτεια beim Historiker Prokop [Arc. 5] hat natürlich nicht die geringste Beweiskraft), während ἐγ-κράτεια und ἐπι-κράτεια zu -κρατής (oben 3.) ebenso durchgängig das für diesen Typus normale -εια aufweisen; auch ἰσο-κράτεια bei Galen zu ἰσο-κρατής kann korrekt sein, aber an den (spärlichen) anderen Stellen bietet die Überlieferung ἰσο-κρατία (-τίη).[16] Es ist aber anzunehmen, daß die alexandrinische und byzantinische Überlieferung, die freilich in der Auseinanderhaltung von ει und ι oft völlig versagt hat, doch bei so wichtigen Wörtern wie δημοκρατία zuverlässiger war, mindestens im Akzent.[17] Wir haben also zum mindesten keinen Grund, die Schreibung δημοκρατία für unrichtig

---

[16] Das alles ist natürlich gesagt mit dem Vorbehalt, daß unsere Ausgaben die handschriftliche Überlieferung richtig wiedergeben und die Lexika hierin einigermaßen vollständig sind! Beides wird man bezweifeln dürfen!

[17] Der Akzent -ία macht -ειᾰ unmöglich; -είᾱ kommt neben -κρατεῖσθαι nicht in Betracht.

zu halten.[18] Allerdings sind ja auch sonst -εια und -ιᾱ schon vorita-
zistisch zum Teil in Verwirrung geraten (vgl. oben 4.); aber meines
Wissens ist noch nie untersucht worden, ob nicht in jedem Einzelfall der Ersatz von -εια durch -ία (das Umgekehrte ist sehr selten:
βοήθεια zu βοηθός) irgend einem besonderen Vorbild zu verdanken sei,[19] was doch von vornherein wahrscheinlich ist; man wird
also vielleicht sagen dürfen: eine gewisse Neigung, -εια durch das
häufigere -ία zu ersetzen, ist im Fall von δημο-κρατ- durch das
Vorbild von ὀλιγαρχία entscheidend verstärkt worden.

14. Nichts zu besagen hat die Übereinstimmung von -κρατ-ικός
mit ὀλιγ-αρχ-ικός. Bei der Leichtigkeit, mit der in der klassischen
Zeit -ικός an die verschiedensten Stämme angefügt wird,[20] bedurfte
es für -κρατικός schwerlich eines besonderen Anstoßes. Die Hand-
bücher geben leider keine Auskunft über folgende Fragen: a) Gibt
es sichere Fälle einer Ableitung von -ικός direkt aus -εια oder -ία?
wenn ja, seit wann? (ξενικός natürlich von ξένος, nicht von ξενία;
εὐηθικός [seit Aristoph. und Plato] eher von εὐήθης als von εὐή-
θεια; Δεκελεικός [nicht Δεκελικός!] von -εύς, nicht von -εια;
aber μυστηρικός [nur Ar. Ach. 747, wohl Scherzbildung] von μυσ-
τήριον).

15. Die Belege für das Wort δημοκρατία (siehe oben 7.) reichen
nicht über die Mitte des 5. Jh. v. Chr. hinauf; die Einrichtung der
Demokratie reicht ja aber in Athen noch ins 6. Jh. zurück (um von
anderwärtigen früheren Versuchen abzusehen). Die Spärlichkeit der
uns erhaltenen Literatur aus der ersten Hälfte des 5. Jh. oder gar aus
dem 6. Jh. erlaubt den Schluß nicht, daß das Wort nicht älter war als
unsere frühesten Belege. Aber wahrscheinlich ist das Fehlen frühe-

---

[18] ναυκρατία (oben 3.) für -κράτεια ist gewiß durch δημοκρατία verursacht, wohl erst in der handschriftlichen Überlieferung, nicht schon bei der
Schaffung des Wortes.

[19] Andere Möglichkeiten: Warum z. B. -σέβεια (ἀ- δυσ- εὐ-) zu -σεβής,
aber -τυχία (ἀ- δυσ- εὐ-) zu -τυχής? Etwa weil zu τύχη eigentlich *-τυχος
zu erwarten ist? – Die homerischen ἀφραδίη, νωχελίη, οἰκωφελίη (vgl.
Risch, Wortbildung der hom. Sprache [Berlin–Leipzig 1937], S. 107) und
das εὐσεβίας des Theognis sind metrisch bestimmt.

[20] Debrunner, Griech. Wortb. § 393, Chantraine [siehe Anm. 7],
S. 393 ff., Schwyzer, Griech. Gramm. I, S. 497 f.

rer Belege doch nicht nur Zufall. Denn noch in der Zeit, in der δημοκρατία belegt ist, ist dies nicht die einzige Bezeichnung für diese Staatsform; es finden sich auch folgende:

a) δῆμος: Herodot I 170, 3: die andern Städte sollten solche politische Einrichtungen haben, κατά περ εἰ δῆμοι εἶεν („als ob sie Demokratien wären"); Dittenberger Sylloge³ 283, 4 (Edikt Alexanders d. G., 333/332 v. Chr.) πολίτεομα δὲ εἶναι ἐν Χίωι δῆμον. „Den δῆμος (= die demokratische Verfassung) auflösen": Thuk. I 107, 4 καταπαύειν, Andok. 3, 4 ὁ δῆμος ὁ τῶν Ἀθηναίων κατελύθη, Xen. hell. II 3, 28 τῆς τοῦ δήμου καταλύσεως.²¹

b) ἰσονομία (ἰσόνομος): Herodot III 80, 6 πλῆθος δὲ ἄρχον πρῶτα μὲν οὔνομα πάντων κάλλιστον ἔχει, ἰσονομίην (vgl. Thuk. III 82, 8 πλήθους ἰσονομία πολιτική als ὄνομα εὐπρεπές, offenbar für δημοκρατία); Herodot III 142, 3 sagt Mäandrius: Polykrates hat mir das Zepter und alle Macht übergeben, ἐγὼ δὲ ἐς μέσον τὴν ἀρχὴν τιθεὶς („zu eines jeden Verfügung stellend") ἰσονομίην ὑμῖν προαγορεύω; V 37, 2 (Aristagoras) λόγῳ μετεὶς τὴν τυραννίδα ἰσονομίην ἐποίεε τῇ Μιλήτῳ; Thuk. V 78, 2 εἰ μὴ δυναστείᾳ μᾶλλον ἢ ἰσονομίᾳ ἐχρῶντο . . . οἱ Θεσσαλοί; im bekannten Skolion auf Harmodius und Aristogiton heißt es (13, 3 f D.²):

> ὅτι τὸν τύραννον κτανέτην
> ἰσονόμους δ' Ἀθήνας ἐποιησάτην.

Die meisten dieser Stellen zeigen, daß ἰσονομία den Gegensatz zu τυραννίς oder δυναστεία bezeichnet, also „gleiches Recht für alle" statt Willkürregierung. Daß damit ἰσονομία nicht schlechtweg gleichbedeutend mit δημοκρατία ist, zeigen die folgenden Stellen: Thuk. III 62, 3 ἡμῖν (den Thebanern) μὲν γὰρ ἡ πόλις τότε ἐτύγχανεν οὔτε κατ' ὀλιγαρχίαν ἰσόνομον πολιτεύουσα οὔτε κατὰ δημοκρατίαν, sondern δυναστεία ὀλίγων ἀνδρῶν εἶχε τὰ πράγματα; Plato ep. 7, 326 d stellt den τυραννίδες καὶ ὀλιγαρχίαι καὶ

---

²¹ Das Volk als Träger der Souveränität heißt bisweilen auch πλῆθος; z. B. Herodot III 81, 1 ἐς τὸ πλῆθος . . . φέρειν τὸ κράτος, Lysias 19, 42 und (Sokrates bei) Plato apol. 31 c τὸ ὑμέτερον πλῆθος, I G I² 10, 21.22 (470/460 v. Chr.) Ἐρυθραίον τοῖ πλέθει καὶ Ἀθεναίον . . . οὐκ ἀποστέσομαι Ἀθεναίον τὸ πλεθος (= τοῦ πλήθους).

δημοκρατίαι genußsüchtiger Gemeinden die δίκαιος καὶ ἰσόνομος πολιτεία gegenüber. Das Skolion reicht gewiß nahe an die Zeit
der Einführung der Demokratie heran und gibt so mit seinem ἰσο-
νόμους die älteste Bezeichnung für die neue Staatsform. Erst später
scheint δημοκρατία aufgekommen und sich langsam durchgesetzt
zu haben, wohl dadurch, daß der Gegensatz zur Tyrannis eines einzelnen dem Gegensatz zu den ὀλίγοι und ihrer ὀλιγαρχία Platz
machte.

Victor Ehrenberg, Polis und Imperium. Beiträge zur Alten Geschichte. Hrsg. von Karl
Friedrich Stroheker und Alexander John Graham. Zürich und Stuttgart: Artemis Verlag
(1965), S. 264–297; hier: S. 264–266 (= Einleitung) und S. 286–296 (= Kapitel IV). (Erstmals veröffentlicht in: Historia I [1950], S. 515–548.)

ORIGINS OF DEMOCRACY

By VICTOR EHRENBERG

The Greeks were the first political people in the history of man-
kind, for they were the first to create States purely as communities
of citizens in which the administration and the making of policy
were the right and the duty of these citizens.[1] This is true of all the
constitutional forms of Greek States; but the rule of the majority, or
indeed of the whole, of the free population, was the final goal of
Greek constitutional history–whatever its 'Vorstufen' were since
the days when the ὁπλῖται became the πολῖται. It was an ideal
rather than a practicable goal; but if it could never be entirely
reached, it certainly could be and was accepted in principle. If it
could never mean that the whole people was actually governing
(there would have been nobody but non-citizens to be governed, as
representative government hat not yet been invented), it did mean
that every citizen had equal opportunity of having in turn a share in
the government. That is what we call democracy.[2] Any investigation
into its beginnings will have chiefly to concentrate on Athens, since
only here a consistent and original example of democratic govern-

---

[1] It is misleading to regard the City-States, say, of Sumer as being of the
same type as the Greek Polis. The forms of settlement may have been similar, but that is about all the likeness there is. See also next note. It is somewhat different with the Phoenician cities.

[2] We neglect those forms, sometimes called democracies, which belong
to primitive tribal or other prehistoric societies. To them there was no direct
sequel; they usually led to early monarchy. Such a primitive democracy has
also been discovered in Sumer where, we are told, sometimes even later the
local king can be regarded as a representative of the people; cf. Jacobsen,
Journal of Near Eastern Studies 2 (1943), pp. 159 ff. H. Frankfort, Kingship
and the Gods, Chicago 1948, pp. 215 ff., 258 ff. The use in this context of
the word 'democarcy' seems out of place.

ment was set up, and at the same time we have only here the full story, or at least something approaching it.

A constitution, unless it is imposed in a single action by some powerful agent, has no fixed date of origin. It grows, and it will usually be possible to mention several events which mark the progress of this growth. One or the other of its stages may be regarded as the real act of foundation; but the latest possible date would be the moment when the contemporaries themselves had found the final and significant name for the new constitution. In our case, therefore, it can be said that democracy was in existence when people used that word to indicate the existing constitution. The use of the word is a certain *terminus ante quem* for the foundation of democracy; the question is whether it is more than that. Perhaps we may say that with the coining of the word democracy the idea of democracy had found its full expression, and that earlier stages of the constitutional development which had led to that final stage can have been only partial and imperfect reflections of the idea. Thus I believe that the foundation and the naming of democracy are at least near contemporaries.

By a strange coincidence, the origins of Athenian democracy, of its name as well as its idea and meaning, have recently been the subject of independent research from three very different points of view: that of the linguist, that of the constitutional, and that of the social historian. All the three articles have been published in one Festschrift or another, and are thus more or less hidden away.[3] This may be some excuse for taking up the question again, but there are other more important reasons. The three articles, however different in points of view and methods, come to similar results. Professor Debrunner maintains that there is no evidence for the word δημο-

---

[3] A. Debrunner, Δημοκρατία in: Festschrift für E. Tièche, Bern 1947, pp. 11–24. J. A. O. Larsen, Cleisthenes and the Development of the Theory of Democracy at Athens, in: Essays in Political Theory, presented to George W. Sabine, Ithaca, N. Y., 1948, pp. 1–16. H. Schaefer, Besonderheit und Begriff der attischen Demokratie im fünften Jahrhundert, in: Synopsis, Festgabe für Alfred Weber, Heidelberg 1948, pp. 479–503. I owe the knowledge of the two latter papers to the authors' kindness in sending me offprints.

κρατία earlier than the middle of the fifth century, but he admits the possibility—unlikely though it seems to him—that it was older. Professor Larsen concludes that "it was the Periclean age that dubbed Cleisthenes the founder of Greek democracy", and that "Periclean democracy has a special right to the name". Professor Schaefer sees in the Cleisthenic reform and the events of the following decades even down to Pericles no constitutional issues at all, rather the struggles for power of individual aristocratic leaders and their families. To him the specific and real conception of democracy originated, in theory as well as in practice, as late as the time of the Peloponnesian War.

If I dare to challenge the chief common result of the three articles, a comparatively late date for the origin of democracy, I naturally do so with some trepidation. I feel, however, justified first because I have learnt a great deal from the three authors; I have shared myself some of the views they hold, and I still agree with a considerable part of their arguments—though less with Schaefer's than the two others'. Secondly and chiefly, however, there is the fact that none of the three learned authors has used a source which seems to me of outstanding importance. In Aeschylus' Suppliants' we encounter the earliest picture, as far as we know, of the working of a Greek democracy.[4] Although to some extent a side-show in the play, it is essential and significant. We have to discuss its relevant aspects before we discuss anything else[5].

---

[4] About the constitution of Chios (c. 600 B.C.), see above, p. 89f. Diodorus' (i.e. probably Ephorus') version of Tyrtaeus' Eunomia with the line (9) δήμου δὲ πλήθει νίκην καὶ κάρτος ἕπεσθαι (κάρτος being interchangeable with κράτος), which seems to presuppose the conception of δημοκρατία, cannot be genuine, although clearly referring to the Rhetra. Cf. Hermes 68 (1933), p. 298, n. (above p. 212,1), and H. T. Wade-Gery, Classical Quarterly 38 (1944), pp. 3ff., differently Hammond, JHS 70 (1950), p. 48f.

[5] [The following Sections "I. The Constitution in Aeschylus' Suppliants", "II. Democracy in Herodstus", and "III. Isonomia and Demokratia", have been omitted here.]

IV. The Founding of Democracy

It has been a tendency among some contemporary historians to blame their predecessors for having taken political conditions and changes, especially in earlier Athenian history, too much as constitutional issues.[6] No doubt, it was useful to be reminded of some of the social implications; but it could be shown that the new interpretations had to stand up, not only against the views taken by the Greeks of the fourth century, but even against contemporary evidence.[7] We shall confine ourselves to the questions connected with the emergence of a democratic Athenian State, and they practically boil down to the one well-known question: was Cleisthenes the founder of Athenian democracy?

There is no real need, I believe, to ask first, as so often has been asked, whether this title is not rather due to Solon. It is well known that Aristotle (Ath. pol. 41,2) writes that from Solon's legislation ἀρχὴ δημοκρατίας ἐγένετο, and similar ideas were prevalent among other Greek writers of the fourth century.[8] Τὰ δημοτικώτατα, however, of Solon's πολιτεία, to which Aristotle points (9, 1), do not refer to a democratic constitution, or to a constitution at all.[9] They were to indicate certain foundations on which democracy was to be built. Solon was the first to claim in purely human terms the eternal rights of justice and freedom for every member of the community.[10] Nobody will doubt that he gave the ordinary Athenian citizen a standing without which there would never have been a democracy. Even the constitution which he shaped contained elements of an essentially democratic character such as an assembly in

[6] The latest expression of that school of thought is the article by Schaefer mentioned before (see p. 71, n. 3).

[7] Cf. my earlier papers, JHS 57 (1937), pp. 147 ff., Aspects of the Ancient World, pp. 116 ff. (above pp. 83 ff., 221 ff.), and H. Bengtson, SBMünch 1939, Heft 1.

[8] Cf. J. A. O. Larsen, op. cit., p. 12 f.

[9] They are: τὸ μὴ δανείζειν ἐπὶ τοῖς σώμασι, τὸ ἐξεῖναι τῷ βουλομένῳ τιμωρεῖν, ἡ εἰς τὸ δικαστήριον ἔφεσις.

[10] Cf. e.g., G. Vlastos, Classical Philology 41 (1946), pp. 65 ff.

which every citizen could get up and speak, and a people's court to which every citizen could appeal. Moreover, he was the first to question and even to ignore the old Eupatrid order, and to base the State on principles which, though not democratic, at least abandoned the privileges of birthright.[11] In giving power to the wealthy he opened the door for the rise of the non-nobles, but in his own time this did not yet lead to much, and on the whole the rich were still the Eupatrids. In the end therefore, Solon's constitution broke down before it had settled down, as an attempt, bound to fail, at steering a middle course while leaving the government in the hands of the rich and the noble.

Had early Chios a better claim to having a democratic constitution? What we know rests on one severely mutilated inscription (Tod, GHI no. 1 = ML, GHI no. 8). We hear of δήμου ῥῆτραι and a βουλὴ ἡ δημοσίη which was composed of fifty members from each φυλή; the two conceptions seem to correspond to the ψηφίσματα τοῦ δήμου and the βουλή (of the Four Hundred) in Athens. The "popular Council" in Chios had jurisdiction, probably not only as a court of appeal, and there were 'democratic' magistrates, the δήμαρχοι, side by side with the aristocratic βασιλεῖς. Thus, jurisdiction and executive were at least partially in the hands of the Demos. The constitution of Chios at the time of the inscription (roughly about 600 B.C.) was more democratic than Solon's, but whether it could be called a real democracy cannot be decided, nor whether it was a kind of predecessor to Cleisthenes' State, or even a model which he to some extent copied. I must say that none of these possibilities seems to me at all likely.

The progress of democracy in Athens was chiefly marked by the gradual destruction of the power of the Eupatrid families. It was Peisistratus who temporarily removed that power, and it was Cleisthenes who finally prevented the nobility from regaining power. However strong the position of some of the aristocrats still was during the following century, they never again ruled as a class. Thanks to the fact that the attitude of the Peisistratids was in general moderate and restrained, much of Solon's constitutional work survived,

[11] Cf. H. T. Wade-Gery, CQ 25 (1931), pp. 77 ff.

and it could be used when the new State emerged. The essence of the new order was (negatively) the denial of monarchy and clan feudalism.[12] We are back at our first question: did Cleisthenes found democracy?

The question, quite apart from any possible claims of Solon, has received no uniform answer from the Athenians themselves. It is a peculiar fact that later in the fifth century it was the oligarchs who wanted a return to Cleisthenes' constitution; they would even call it an aristocracy (Plut. Cim. 15, 3) or at least a moderate democracy similar to that of Solon and based on the πάτριοι νόμοι (Arist. Ath. pol. 29, 3). The motive behind these challenging claims was to revoke the more radical measures chiefly due to Pericles; that would include, above all, the restoration of the power and full dignity of the Areopagus and the return to unpaid offices.[13] However, though some people might talk of aristocracy, there was no reference to that feudalism which Cleisthenes had destroyed.

The struggle for power between Cleisthenes and Isagoras was, to some extent, a repetition of earlier struggles. The Alcmaeonids had more than once played their separate game; they had in general not agreed with the policy of the noble clans, chiefly because they had their clientele largely among the non-rural classes. They had prevented Cylon from becoming a tyrant, and it remained a weapon in the hands of their enemies that they had handled that affair in a very unscrupulous manner. They would not have committed that sacrilege which made them "accursed" (ἐναγεῖς), unless they were as early as the seventh century men of a 'modern' trend of thought. They had supported Solon's policy, perhaps during his lifetime, certainly later as leaders of the 'Paralioi', who must have included most

[12] My apology for using the terms feudal and feudalism can be found on p. 84 n. 33.

[13] The former passage refers to the period after 462, the latter to the revolution of 411. If Plutarch's story is true to facts, the oligarchs of the middle of the century did not yet need to the same extent as did their successors in 411 to disguise their true aims by claiming the πάτριος πολιτεία as democratic. On the other hand, they may have been thinking of the form into which Cleisthenes' order had turned under the supremacy of the Areopagus after the Persian War.

of the rising class of merchants and traders. The Alcmaeonids had
also allied themselves with the nobility against Peisistratus, and
again with Peisistratus against the nobles.Cleisthenes had served as
first archon under the rule of Hippias just like other nobles, for
example Miltiades.[14] Later, possibly as late as 514[15], Cleisthenes
joined the other émigrés. When the tyrant had gone, Cleisthenes
had no intention of helping to restore the old supremacy of the
noble clans; he decided to rely on the people, in particular on the
urban population. It was then that Isagoras for the second time
called in the king of Sparta. Views have been expressed either that
Cleisthenes acted as he did because he was a convinced champion
of the people, or, on the other hand, that he used democracy
merely as an instrument to serve his own lust for power and the
glory of his family. I do not think either view is likely to be
adequate. We shall never exactly know what was in Cleisthenes'
mind, but I feel that we should not too easily decide on one of those
two extreme views.

It is hardly too bold to assert that nobody could do what Cleisthenes did without having fairly strong convictions as to how State
and society should be reformed, nor without previously having
made his programme public, at least in its outlines. On two earlier
occasions, in 514 when Hipparchus was killed, and somewhat later
at Leipsydrion where the Alcmaeonids were involved, events had
shown that a purely aristocratic revolt would not be supported by
the masses of the people, whether urban or rural. Cleisthenes must

---

[14] This we know from the fragment of an archon list: B. D. Meritt, Hesperia 8 (1939), pp. 59ff. T. J. Cadoux, JHS 68 (1948), p. 109f. In all likeli-
hood it is the younger Miltiades who (cf. Dion. Hal. 7, 3, 1) also provides
the date to put the fragment in the right position. The list certainly came as
a great surprise, and we must admit that the facts it seems to record largely
remain a puzzle. See also next note.

[15] Hdt. 5, 62, 2, may be more correct than is recognised when he says of
the Alcmaeonids: φεύγοντες Πεισιστρατίδας (not: Πεισίστρατον). But
see K. Schefold, Museum Helveticum 3 (1946), pp. 61 ff., on the difficulty
of combining the date of 514 with the rebuilding of the temple in Delphi.
There is no evidence allowing us to reduce to a more definite date the period
between 525/524 (Cleisthenes' archonship) and 514.

have learnt his lesson. He by now realized—and in this he only re-vived traditions of Alcmaeonid policy—that he had to part company with the other noble families and proclaim a political goal which would catch the people's imagination. As Solon impressed his ideas upon the people by reciting his elegies, so Cleisthenes must have found ways and means to let his political programme be widely known. As with most great statesmen, his own interest became inseparable from the public interest which at that moment most certainly centred on a form of government which would prevent the restoration of either tyranny or aristocratic feudalism. In the turbulent events of Cleomenes' second intervention, when the Alcmaeonids and many with them had been banished once more under the old pollution charge, the council and the people turned against the attempt to introduce a narrow oligarchy, forced Cleomenes and Isagoras to withdraw, and recalled Cleisthenes.[16] This anti-oligarchic and patriotic move was, if not started, certainly driven on by the people's knowledge of Cleisthenes' democratic programme, on which therefore his final success depended. On the other hand, it is hardly adequate to measure the politician Cleisthenes by the standards of a leader of democracy. It is only natural that he who in 510 was probably a man of sixty, was in many ways still bound to the methods of sixth century politics. Democracy was a thing still to be established, and its leadership was the task of a future in which the essential features of democratic government had first to be created.

We thus can easily agree with Herodotus' description (5, 69): "By allying himself with the people Cleisthenes became much superior to his ἀντιστασιῶται". It was a στάσις between Cleisthenes and Isagoras (5, 66) or between the Alcmaeonids with their συστασιῶ-ται (5, 70) and the other nobles; in later days it was to be between oligarchs and democrats. In 508, Athens had no political parties, but it is a mistake to assume that therefore there could be no fight of principles. Schaefer makes a great deal of these things in order to show that Herodotus was right in regarding the struggle as a mere

[16] Hdt. 5, 70, 72; Arist. Ath. pol. 20, 3; Thuc. 1, 126, 12.

στάσις περὶ δυνάμεως. But that does not exclude the possibility
that it was at the same time much more. Herodotus goes as far as
to say that Cleisthenes, in danger of being defeated, τὸν δῆμον
προσεταιρίζεται (5,66). This shows that Cleisthenes found in
the people the support which, as the skolion on Leipsydrion confirms, a nobleman usually found among his hetairoi. Aristotle
(Ath. pol. 20,1) gives the same report a slightly anachronistic
twist: "In danger of being defeated by the *hetairiai*, he won over
the demos". The hetairiai as an instrument of politics hardly belong to the sixth century; Herodotus' words depict the situation
more accurately.[17] When Cleisthenes began his great work, he
had not yet quite outgrown the atmosphere of feudalism; but that
does not really say anything about the nature of that work. We
have to distinguish between his aims and his methods. Neither
Cleisthenes nor even Pericles could ever behave like middle-class
people; they were aristocrats by birth and habits, but they made
democratic politics. In all his plans and actions Cleisthenes
clearly embarked on a new, in fact revolutionary, adventure, and
thus it was he who finally changed the political world of
Athens.[18]

   In his painstaking, if over-confident, article on the early archons,
Mr. T. J. Cadoux has expressed the view[19] that Cleisthenes (who
had been archon in 525/524) was not archon when he carried
through his legislation. I had assumed that he was, in a short paper

[17] Hdt. 5, 71 calls Cylon's followers a ἑταιρηίη τῶν ἡλικιωτέων. In
spite of the abstract noun, this only confirms our view.

[18] Herodotus speaks of Cleisthenes' imitation of his namesake and
grandfather, the tyrant of Sicyon (5, 69, 1), though only because he had
shown an equal contempt of the Ionians (one of Herodotus' hobby-horses)
by abolishing the old Ionian phylae. This idea had a surprising success with
some modern historians. Berve and Schaefer draw comparisons between the
two men simply because in each case the constitutional changes served the
struggle for personal power! K. Schefold, op. cit., p. 73, thinks that the re-
lations of both men with Delphi caused deeper affinities between them,
which, though doubtful, makes better sense.

[19] Cf. p. 76 n. 14, also F. Cornelius, Die Tyrannis in Athen, Munich
1929, p. 93.

more than twenty-five years ago.[20] I admit there is no evidence
for this view. I still do not find it easy to believe that Cleisthenes
was able to overthrow most of the old organisation of the State
and build up a new one while having no official position or
power, except that he must have been a member of the
Areopagus. If, however, this was so, it has to be explained by the
revolutionary character of the period. A man who merely by put-
ting his revolutionary proposals before the assembly could alter
the whole structure of the State must have had tremendous influence indeed and must have acted in a 'tyrannical' manner. Still,
we can understand this; anything might happen when the enemy
from within had become the enemy from without. Together with
those traces of feudalism still recognisable, as we have seen, in
the tradition about Cleisthenes, his 'tyrannical' manner shows
that we have to allow for the revolutionary acitivities of a great
individual. But is this not what we ought to expect? If, as seems
very likely, an Alcmaeon (in whose year the ten phylae were introduced according to Poll. 8, 110) was archon in 507/506, this
was clearly a piece of 'tyrannical' policy; Alcmaeon, obviously a
kinsman of Cleisthenes, acted as a sort of decoy, as his constitutional instrument.[21] In this, Cleisthenes imitated Peisistratus
(Thuc. 6, 54, 6).

Nothing, however, can justify the view that his reforms, too,
showed a tyrannical or even feudal character. I am not going to discuss these reforms in any detail as they are common knowledge; but
I must protest against the assertion that the new constitution was
made to give either Cleisthenes or his family a secure position.
Naturally he saw to it that those most interested in his work and
most loyal to his person would have considerable influence; there-

[20] See next note.

[21] I do not propose to discuss the intricate chronology of the events.
I certainly no longer maintain the position of that early article of mine
(Klio 19 [1924], pp. 106ff.). From my text it will be clear that I now assume as early as 509/508 propaganda for, but not the actual introduction
of, Cleisthenes' programme. The issues are fully and sensibly discussed
by Cadoux, note 249 (against F. Schachermeyr, Klio 25 [1932], pp. 334ff.,
and others).

fore the emphasis on the part played by the city with its large numbers of new citizens. If he did away with the compact areas of aristocratic supremacy in the 'Pedion', he did not treat the old
Alcmaeonid areas of the 'Paralia' very differently; they were just as
much divided among the new tribes, though the combined voting
of the urban and the paralian trittyes may have brought occasional
majorities for the Alcmaeonids. It is generally acknowledged [22] that
his aim was to create a uniform type of πολίτης; that is the very opposite to any attempt at providing for the rule of his own family. He
was the first to aim at the ideal of government by a free people, the
first to reach the goal for which the Greeks had been heading ever
since the Polis came into being. He built his new community upon
the equality of the citizens, upon ἰσονομία. There is no clearer
proof of the fact that this was indeed δημοκρατία than the surprising swiftness and smoothness with which the new State settled
down without any revolts or repercussions. Cleisthenes renewed
the State coinage with Athena and owl which now became the symbol of democratic instead of Peisistratid Athens. The danger of
tyrannis disappeared, the danger of a reversal of Cleisthenes' work
never materialised. Cleisthenic Athens was for a time led by the
Alcmaeonids, but it remained essentially the same when others
took their place. It was and remained a democracy.

This, of course, does not mean that there were no changes. Just
because the new State was from the first a working and living entity,
it went through various developments which, taken as a whole,
only carried Cleisthenes' order some steps further. It was not until
480 that the new ascendency of the Aereopagus led to a retarding
movement. Perhaps the most significant phenomenon in the domestic history of the twenty years after Cleisthenes is the use, made or
not made, of ostracism. This novel and unheard-of device with its
idea of a temporary and honourable exile through a responsible decision of the people combined in a unique way resoluteness of purpose with mildness of means. By expelling one man and never more
than one at a time it was clearly aimed at a possible tyrant; it was, if
we rightly understand its original meaning, equally a weapon to

[22] Even by H. Schaefer, op. cit., p. 483.

support the unity of the people and to discourage sectional factions. No ordinary politician would ever have hit on such an unusual measure in which are combined the boldness, the rational clarity, and the deliberate moderation of Cleisthenes' statesmanship.[23]

Schaefer (op. cit. 491 f.) believes that he has found a new reason for assuming that ostracism did not exist before 490; for otherwise Miltiades' enemies would not have dragged him before a court when he came home from the Chersonese in 493 (Hdt. 6, 104). They would have used the weapon of ostracism which, according to this theory, was designed only shortly before it was used in 488; it may, in fact, have been invented because of the failure of the trial of Miltiades, in order to avoid the repetition of such an event. This is an ingenious argument, and Schaefer largely relies on the fact that Miltiades was charged with 'tyrannis'. We know very little of the internal history of Athens after 500, and the little evidence we have is much disputed.[24] I am reluctant to express any definite view, but I have no doubt that ostracism had indeed been created as a weapon against the restoration of tyrannis–naturally tyrannis in Athens. Miltiades was accused τυραννίδος τῆς ἐν Χερσονήσῳ. Although this referred to the Athenian citizens over whom he had ruled just as over Thracians[25], there is not the slightest indication that Miltiades, however great and independent, did aim, or could be charged with aiming, at something like δήμου κατάλυσις, at becoming the tyrant of Athens. Certainly, the people who saw in Miltiades the god-sent leader against the threatening Persian attack, did not think so, and that may have been one reason why his enemies did not dare to ask for an ostracism. Moreover, who could foresee what might happen when that untried weapon was employed? Might Miltiades' enemies not endanger their own position? Earlier in the year Phrynichus had been condemned for causing trouble by

[23] Cf. K. Schefold, op. cit., p. 82, who finds in the device of ostracism the "Delphic ethos" which he generally discovers in the spirit of Cleisthenes' work.

[24] Cf. A. W. Gomme, American Journal of Philology 65 (1944), pp. 321 ff., an interesting but by no means final contribution. The debate continues.

[25] Cf. my Aspects of the Ancient World, p. 121.

his play ›The Capture of Miletus‹; but the next archon was Themistocles who had perhaps been responsible for the political propaganda of that tragedy, and who had an active naval and democratic
policy as his programme. It seems that the people did not want the
appeasement of Persia.[26] They certainly preferred Miltiades to his
accusers and elected him strategos immediately after his acquittal. I
doubt whether it was within the limits of a reasonable policy to
come before the people, proposing a measure with which they were
not familiar, at a moment when it could hardly be justified. It
needed, in fact, another great politician, Themistocles, to make new
and different use of the weapon which Cleisthenes had forged but
never used.[27] None of the minor politicians who accused Miltiades
would have dared to do so.

Ostracism had been a safe-guard which Cleisthenes designed for
his new-born State. Is the oath of the members of the Boule, which
was perhaps introduced in 501/500 (Arist. Ath. pol. 22, 2), likely
also to have been the work of Cleisthenes himself?[28] Aristotle tells

[26] Cf. H. T. Wade-Gery, Annual of the British School at Athens 37
(1937), p. 269. For Themistocles and ›The Capture of Miletus‹, cf. E. M.
Walker, Cambridge Ancient History IV, p. 172.

[27] The view has been widely accepted that the ostracisms between 488
and 483 were the work of Themistocles. This would partially fill the ten
years' gap in his career (492–483) of which we know little. He was strategos
in 490 (Plut. Arist. 5, 4), but that is all we know for certain. The silence of
our sources has caused Gomme (op. cit., p. 323 f.) to discard Themistocles'
archonship in 493 altogether. This seems to me to be unnecessarily scepti-
cal. Themistocles' share in the ostracisms of the eighties was a kind of be-
hind-the-scene politics which may easily have escaped the historians,
though I admit that it would have provided excellent material for the kind
of gossipy anecdotes which have found their way into Plutarch's ›Lives‹. It
remains to be said that no other valid explanation for the series of ostracisms has been found, and that it is only from recent discoveries of ostraca
that we learn of politicians, unknown from literary sources, who were potential victims of an ostracism, e.g. Callixenus, son of Aristonymus, probably an Alcmaeonid (Stamires and Vanderpool, Hesperia 19 [1950],
pp. 376 ff.).

[28] On the question of date (504/503 or 501/500?) see T. J. Cadoux, op.
cit., p. 115 f.–H. Schaefer, op. cit., p. 487, speaks also of the Ephebes' oath

us that it was the same oath as the one used in his own time, and from other sources we see that the members of the Council promised to give the best possible advice to the people, according to the laws, and to denounce any member who gave unsuitable advice.[29] This is another safeguard, and though its terms are rather vague, there is nothing to make it anything but consistent with the Cleisthenic constitution. In spite of Aristotle's general statement, there seem to have been a few additions and alterations in later times; but essentially it remained the same, and I fail to see why the oath should have been something very different when it was first used, from what it was later on: a guarantee, though later no longer a strong one, to keep democracy unimpaired and safe.

Probably in the same year the board of strategoi was introduced. This board of ten, one elected from each phyle, was a natural outcome of the Cleisthenic order. Aristotle makes it clear that at that moment the command of the army was still in the hands of the archon polemarchos. The strategoi were mere regimental commanders. The people were no more prepared than Cleisthenes himself to use the principles of his constitution to undermine the archonship.[30] The events before and during the battle of Marathon show a further stage in which the position of the Polemarchus as Com-

as going back to Cleisthenes. This is not impossible, but there is really no evidence for it. The archaic style of the oath (see Tod, no. 204) provides no certain date, and the θεσμοὶ οἱ ἱδρυμένοι seem to point to an even earlier age (cf. my Rechtsidee im frühen Griechentum, Leipzig 1921, p. 107).

[29] Xen. Mem. 1, 1, 18; Lysias 31, 1f.; [Dem.] 59, 4.

[30] A. W. Gomme, loc. cit. note 13, observes that most of the eponymous archons between 506 and 488 are unknown men. This could support the idea that as early as then the archonship had lost its importance. But if we go through the list of archons during the sixth century as far as we have their names, we find at least as many names unknown to us as well-known. The point seems to be that, while normally any man of wealth (and therefore usually also of noble birth), without necessarily being an important politician, may have become archon, it was, on the other hand, the position of the first archon in which alone an ambitious and important man could exercise power. We should perhaps not overestimate the numbers of such men available.

mander-in-Chief was little more than nominal. The final degradation
of archonship followed in 487/486. For this event Cleisthenes was no
longer responsible. Whether he lived to sponsor the introduction of
the oath and the creation of the strategoi, we do not know, although
we can say that these measures grew organically from his foundations. He must have died about 500. His personal memory was
soon overshadowed by the legend growing round Solon and the
tyrannicides; but his grave was one of the few officially cared for
which survived the destruction of 480.[31] His work was not forgotten; it lived and grew even in those years in which the Alcmaeonids
among others were ostracised. A new actor had appeared on the
stage. Themistocles, without any traditional ties and therefore more
radical than Cleisthenes ever had been or ever could be, completed
what the great inaugurator had left unfinished. He became Cleisthenes' true successor as the leader and architect of democracy.[32]

We have learned to-day to be careful in applying modern conceptions to ancient conditions. 'Liberalism' and 'Socialism' are
just as alien to the political ideas of the fifth or fourth century B.C.
as the attempts are mistaken which see in ancient Greece the features of nineteenth and twentieth century economics.[33] Democ-

---

[31] Paus. 1, 29, 6; the grave of the tyrannicides is mentioned in § 15. Cf.
K. Schefold, op. cit. p. 69f. I do not know of any evidence for Jacoby's con-
fident assumption that Cleisthenes was ever 'overthrown' (Atthis, p. 160f.,
with note 53). Admittedly, Herodotus' record of the first embassy to Sardes
(5, 73) is a pro-Alcmaeonid version deliberately reticent on certain points;
but nothing seems to justify the view that he suppressed the overthrow of
Cleisthenes which Jacoby admits would be "an almost unique proceeding
with him".

[32] It is no longer necessary, I believe, to refute Beloch's strange argument
by which he made Themistocles a leader of the γνώριμοι (Griechische
Geschichte II 2, Strasbourg 1916, p. 134).

[33] Not the first, but an early and important protest against this kind of
modernisation was E. Salin's article ›Der Sozialismus in Hellas‹ in: Bilder
und Studien aus drei Jahrtausenden, Festgabe Eb. Gotheim, Leipzig 1923.
I had better admit that in the present paper I have nevertheless used the term
feudalism, as it seems the only adequate expression to indicate the rule of
noble families based on a dependent agrarian clientele.

racy, however, is not a modern conception, and this paper has largely been written to justify the early use of the word by the Greeks themselves.[34] Nobody can deny that constitutions did not simply appear, nor did they live and work, without the thoughts and activities of individual leaders. It will depend on the particular situation whether we can be convinced that the individual was historically more important than the constitution. The essential point, I believe, is that the two usually cannot be separated. The people commonly led by outstanding personalities are rarely impressed by constitutional issues; but these make themselves felt whether or not the people and the politicians are aware of it. No Periclean democracy was possible without Pericles, but none without democracy either. That is the answer to Thucydides' challenging statement of the ὑπὸ πρώτου ἀνδρὸς ἀρχή.

We have tried to show that with Cleisthenes it was not really different. In his constitution, for the first time in Athenian history, ἐκκλησία and βουλή, exponents of the whole citizen population, had a real say in the business of government, even of day-to-day government. The sovereignty of the people was seen in its real meaning; it was anything but an empty phrase. Areopagus and archons were not yet deprived of their traditional positions, but even they were bound soon to change their character, since the elections were no longer the game of the noble clans. In the succeeding years the essential features of the Cleisthenic order were maintained, extended, and put to the test. Whatever followed later–radical laws as well as individual leadership–the foundations had been safely laid, and they were of the kind which Aeschylus, reflecting important aspects of contemporary political life, called δήμου κρατοῦσα χείρ. That is to say, the typical feature of early democracy was the majority vote of the people–the demos being the whole community of citizens as represented in the assembly.

[34] Only after I had finished this article I realised that I had sought to do with democracy what I had done at an earlier occasion with the Polis (JHS 57 [1937], pp. 147ff.), to show from contemporary sources that behind a conception which was often loosely or wrongly used by later writers both ancient and modern, there was at an early stage the thing real fully alive and working.

If, seen from without, Cleisthenes' order was, above all, the final repudiation of tyranny, its own nature made it rather an instrument for defeating the power of the noble clans. These are both negative aspects, largely expressed in Isonomia, proclaiming the ideals of equal balance and equal share. But the new State was more than that; it was, as it was called only a few years later, a democracy. The rule of the people was expressed in the responsibility of the officials to the people, and their dependence on the majority decisions of the assembly. Naturally, these decisions were normally not reached in complete independence. The council of the Five Hundred, itself a truly democratic body, or later even the conservative Areopagus which, as it was composed of ex-archons, grew more democratic every year, exercised a strong influence on the business and the decisions of the assembly. And yet the principle was upheld, that is to say, the people could, if they wanted, refute any probouleuma or the ruling of the Areopagus, and thus express their own will, the will of the majority. Democracy, in its essential features, was a child of the sixth century, and it grew up in the fifth.

Historia VII (1958), S. 398–424.

ΠΑΤΡΙΟΣ ΠΟΛΙΤΕΙΑ

Theseus, Drakon, Solon und Kleisthenes in Publizistik und Geschichtsschreibung des 5. und 4. Jahrhunderts v. Chr.*

Von Eberhard Ruschenbusch

Dem Urteil der modernen Forschung nach spiegeln Publizistik und Geschichtsschreibung des 4. Jh. einen Streit um die Verfassung Athens wider, in dem die einzelnen Faktionen mit den Namen Theseus, Drakon, Solon und Kleisthenes für ihr Verfassungsideal Propaganda machten. Der Beginn dieser Propaganda wird bei allen Unterschieden im einzelnen einhellig in das Ende des 5. Jh., in die Zeit nach der sizilischen Katastrophe, gesetzt.[1]

Wenn nun schon allein für die Beurteilung der Motive und Ziele der Politiker des 5. und 4. Jh. v. Chr. die Frage nach dem Verlauf und der Bedeutung dieser Propaganda wichtig ist, so gewinnt sie noch an Gewicht, wenn folgendes bedacht wird: Die Geschichte der athenischen Verfassung von ihren Anfängen bis zum Ende des 5. Jh. ist erstmalig in den Atthiden des Hellanikos (ca. 400), Kleidemos (ca. 354) und Androtion (ca. 343) dargestellt worden. Nach dem Urteil der modernen Forschung hat sich nun der Streit um die beste Verfassung derart auf diese Werke ausgewirkt, daß von einigen Gelehrten die ganze athenische Verfassungsgeschichte als Fälschung

---

* Es werden zitiert: C. Hignett, A history of the Athenian constitution (1952) als Hignett; A. Fuks, The ancestral constitution (1953) als Fuks; F. Jacoby, Atthis (1949) als Jacoby, Atthis, F. Jacoby FGrHist IIIb Suppl. Bd. I und II als Jacoby; dabei bedeutet z. B. Jacoby, S. 11 Suppl. Bd. I (Kommentar), S. 111; Jacoby, S. 11,51 hingegen Suppl. Bd. II (Anmerkungen), S. 111 Anm. 51.

[1] Aus der neuesten Literatur seien genannt: Jacoby, Atthis, S. 77 und 154; Hignett, S. 5ff.; Fuks, S. 14ff.; G.E.M. de Ste. Croix, Historia 5 (1956), S. 10.

betrachtet wird.[2] Bei dieser Sachlage steht der moderne Verfassungshistoriker stets vor der Aufgabe, in der Überlieferung authentische Fakten von propagandistischen Fälschungen zu sondern. Will er dabei nicht einem gefährlichen Eklektizismus verfallen, so muß er sich ein Bild von der politischen Einstellung und der Arbeitsweise der einzelnen Atthidographen machen. Da uns aber ihre Werke leider nur in spärlichen Fragmenten und in Kompilationen wie der ›Athenaion Politeia‹ (AP) des Aristoteles vorliegen und somit eine – a priori erfolgversprechende – Gegenüberstellung der einzelnen Atthiden und also auch ein Schluß auf Einstellung und Arbeitsweise der Verfasser verwehrt ist, ist der Historiker gezwungen, sich auf dem Wege der Quellenanalyse ein Bild von den verlorengegangenen Werken zu machen. Den sichersten Leitfaden bilden nun dabei propagandistische Züge in der Darstellung (die allerdings oft erst mühsam als solche erkannt werden wollen).[3]

Ziel dieser Untersuchung ist es, noch einmal die Frage nach der Entstehungszeit der Propaganda mit Namen aus der Geschichte Athens aufzuwerfen und dann anhand des Ergebnisses die Frage nach dem Charakter und Umfang dieser Propaganda anzuschneiden.

I

Solon

Wenn man einmal alle erhaltenen datierbaren Reden der attischen Redner zeitlich einordnet und dabei diejenigen Reden, die den Namen Solon erwähnen, durch *Fettdruck* heraushebt, so ergibt sich folgendes Bild[4]:

411 Ant **1 2 3 4 5** 6	407 A 2	403 L 12 24 **34** Ik 21
410	406	402 L 21 Ik **18 20**
409	405	401 L 25 32
408	404	400 L 1 A **1**

[2] Vgl. Hignett l. c.; de Ste. Croix l. c.

[3] Vgl. Jacoby, S. 101, 127 zur Analyse der AP: "here the political tinge of Aristotle's record is the safest guide."

[4] Erläuterungen: Ant. = Antiphon, A = Andokides, L = Lysias, I =

399 L 9 30	373 Ik 2 14	347 D 21 40
398 L 13 31	372	346 D 5 37 IK 5 Ai 1
397 L 17	371	345 D 57
396	370 Ik 3 9	344 D 6
395 L 1 4 15 Ik 16	369 D 52	343 D 19 33 48 59 Ai 2
394 Ik 17	368 D 53 1 9	342 D 7
393	367	341 D 8 9 43 Ik 12
392 L 3 16 A 3	366 Ik 6	340 D 12
391 Ik 19	365	339 D 58
390 I 5 Ik 13	364 I 6	338 D 35 60 H 2
389 L 28 29	363 D 27 28	337 H 4
388 L 33	362 D 29 49	336 D 32
387 L 2 19 22 27	361 D 30 31	335
386	360 D 50 51 41 I 2 11	334
385	359	333 D 17
384 L 10 11	358	332
383 I 8 (a. 383–363)	357	331 Lk
382 L 26 1 4 5 8 18 23	356 Ik 7	330 D 18 42 Ai 3 H 3 5
381 Ik 4 10	355 I 10 D 20 22 Ik 8	329
380	354 D 14 47	328
379	353 D 24 Ik 15 I 7 1 3 4 12	327 D 25 26 34
378 I 10	352 D 16 23	326
377	351 D 4 15	325
376	350 D 36	324 Di 1 2 3 H 1
375	349 D 1 2 3 45 46	323
374	348 D 39	322 D 56 H 6

Es fällt sofort in die Augen, daß mit drei Ausnahmen alle Erwähnungen Solons erst in die Zeit nach 356 fallen. Auf diesen Befund hin möchte man vermuten, daß der Name Solons nicht schon, wie es die moderne Foschung annimmt, ab Ende des 5. Jh., sondern erst ab 356 eine Rolle gespielt habe. Für eine solche Vermutung spricht auch die Tatsache, daß das Jahr 356 ein wichtiges Stadium im Streit um die Verfassung Athens, den literarischen Angriff auf die radikale Demokratie, bezeichnet.[5]

Isaios, Ik = Isokrates, D = Demosthenes, Ai = Aeschines, Lk = Lykurgos, H = Hypereides, Di = Deinarchos. Ein Strich unter bzw. über der Zahl bedeutet, daß die Rede vor bzw. nach dem betreffenden Jahr liegt.

[5] Vgl. Jacoby, Atthis, S. 74. Siehe auch unten S. 99ff.

Es könnte jedoch eingewandt werden, daß bei der Masse verlorengegangener Reden dieser Befund ein reiner Zufall sei. Es ist daher erforderlich, einmal die Erwähnungen Solons durch die Redner auf ihren Inhalt und Zweck hin zu interpretieren.

In den Reden aus der Zeit nach 356 beschränkt sich die Nennung Solons auf folgende drei Fälle:

1. Die Gestalt oder die Gesetze Solons werden den Richtern bzw. Hörern als Beispiel hingestellt, wie z. B. bei Aeschines 3, 275: ὅταν δ' ἐπὶ τελευτῆς ἤδη τοῦ λόγου συνηγόρους τοὺς κοινωνοὺς τῶν δωροδοκημάτων αὐτῷ παρακαλῆ ὑπολαμβάνετε ὁρᾶν ἐπὶ τοῦ βήματος οὗ νῦν ἑστηκὼς ἐγὼ λέγω ἀντιπαρατεταγμένους πρὸς τὴν τούτου ἀσέλγειαν τοὺς τῆς πόλεως εὐεργέτας, Σόλωνα μὲν, τὸν καλλίστοις νόμοις κοσμήσαντα τὴν δημοκρατίαν, σωφρόνως δεόμενον ὑμῶν μηδενὶ τρόπῳ τοὺς Δημοσθένους λόγους περὶ πλείονος ποιήσασθαι τῶν ὅρκων καὶ τῶν νόμων; oder Demosthenes 26, 23 ὡς πάνδεινόν ἐστι τοὺς μὲν προγόνους ὑπὲρ τοῦ μὴ καταλυθῆναι τοὺς νόμους ἀποθνήσκειν τολμᾶν, ὑμᾶς δὲ μηδὲ τοὺς ἐξαμαρτάνοντας εἰς αὐτοὺς τιμωρεῖσθαι καὶ τὸν μὲν γράψαντα τοὺς νόμους Σόλωνα χαλκοῦν ἐν ἀγορᾷ στῆσαι αὐτῶν δὲ τῶν νόμων ὀλιγωροῦντας φαίνεσθαι.[6]

2. Nach dem Schema ὁ μὲν Σόλων . . . σὺ δὲ . . . wird der Person oder den Gesetzen Solons das Verhalten der Gegenpartei gegenübergestellt, wie z. B. bei Aeschines 3, 175: ὁ γὰρ Σόλων ὁ παλαιὸς νομοθέτης . . . τὸν ἀστράτευτον καὶ τὸν δειλὸν καὶ τὸν λιπόντα τὴν τάξιν ἔξω τῶν περιρραντηρίων τῆς ἀγορᾶς ἐξείργει· οὐκ οὖν ἐᾷ στεφανοῦσθαι οὐδ' εἰσιέναι εἰς τὰ ἱερὰ τὰ δημοτελῆ, σὺ δὲ τὸν ἀστεφάνωτον ἐκ τῶν νόμων κελεύεις ἡμᾶς στεφανοῦν καὶ τῷ σαυτοῦ ψηφίσματι τὸν οὐ προσήκοντα εἰσκαλεῖς . . . εἰς τὸ ἱερὸν τοῦ Διονύσου τὸν τὰ ἱερὰ διὰ δειλίαν προδεδωκότα.[7]

3. Aus dem Verhalten oder einem Gesetz Solons wird eine Folgerung gezogen, wie z. B. bei Demosthenes 57, 31: εἴ σοί ἐστιν τοῦτο

---

[6] Die übrigen Belege sind: Dem. 18, 6; 20, 89–93; 24, 148; 24, 211–214; 36, 26; Aesch. 1, 182; 3, 2; Isokr. 7, 16.

[7] Die übrigen Belege sind: Dem. 19, 251–256; 20, 102–104; 24, 103; 24, 113–115; 24, 142; 42, 1; 43, 62–67; 43, 8; Aesch. 1, 6; 1, 25; 3, 108; Hyp. 5, 21 f.

(τὸ ἐν τῇ ἀγορᾷ ἐργάζεσθαι sc.) σημεῖον, ὦ Εὐβουλίδη, τοῦ μὴ
Ἀθηναίους εἶναι [ἡμᾶς] ἐγώ σοι τούτου ὅλως τοὐναντίον ἐπι-
δείξω, ὅτι οὐκ ἔξεστιν ξένῳ ἐν τῇ ἀγορᾷ ἐργάζεσθαι· καί μοι
λαβὼν ἀνάγνωθι πρῶτον τὸν Σόλωνος νόμον· ΝΟΜΟΣ. (Es
folgt die Verlesung) λαβὲ δὴ καὶ τὸν Ἀπιστοφῶντος· οὕτω γὰρ ὦ
ἄνδρες Ἀθηναῖοι τοῦτον (τὸν νόμον sc.) ἔδοξεν ἐκεῖνος (ὁ
Σόλων sc.) καλῶς καὶ δημοτικῶς νομοθετῆσαι ὥστ᾽ ἐψηφίσασθε
πάλιν ἀνανεώσασθαι.⁸

Weiterhin ist bemerkenswert:

1. Von insgesamt zweiunddreißig Erwähnungen Solons⁹ liegen
zehn am Anfang oder am Ende der Rede, also an den gewichtigsten
Stellen.¹⁰

2. Im Zusammenhang mit der Erwähnung Solons fallen Ausdrücke wie δημοτικός,¹¹ δημοκρατία,¹² προστάτης τοῦ δήμου¹³
und εὔνους ὑμῖν¹⁴, ja es werden sogar eine Elegie Solons¹⁵ und
zwei Anekdoten über ihn¹⁶ vorgetragen.

In allen diesen Reden aus der Zeit nach 356 dient, wie die vorste-
hende Analyse erkennen läßt, die Nennung Solons lediglich der Beeinflussung der Richter oder Hörer, zur Argumentation ist sie dagegen nie erforderlich.

Wenden wir uns jetzt den vier Erwähnungen Solons aus der Zeit
vor 356 zu.

1. Im Zusammenhang mit der Tätigkeit des Nikomachos bei den
Gesetzesredaktionen der Jahre 410 und 403 wurde gegen Nikomachos anno 399/398 eine Klage eingebracht. In der von Lysias verfaß-

---

⁸ Die übrigen Belege sind: Dem. 22,25; 26,4; 44,67; 48,56; Isokr.
15,230–236; 15,312 ff. Nicht berücksichtigt wurden Dem. 22,30 (darüber
siehe unten) und Isokr. 12,148 (darüber siehe unten).

⁹ Mehrfache Erwähnung an *einer* Stelle (sog. Nester) ist einfach gezählt.

¹⁰ Aesch. 1,6; 3,2; Dem. 18,6; 26,4; 42,1; Aesch. 3,257; Isokr.
15,312 ff.; Dem. 24,211 ff.; 44,67; 48,50.

¹¹ Dem. 18,6; 57,31; Hyp. 5,21; Isokr. 6,16 (bis).

¹² Aesch. 3,257; Isokr. 7,16; 15,230; Dem. 22 pass.

¹³ Isokr. 15,230; 15,312.

¹⁴ Dem. 18,6.

¹⁵ Dem. 19,251.

¹⁶ Dem. 19,251; 24,211.

ten ›Anklagerede‹ heißt es nun (30,2): ἐπειδὴ δὲ τῶν νόμων ἀνα-
γραφεὺς ἐγένετο, τίς οὐκ οἶδεν, οἷα τὴν πολιν ἐλυμήνατο;
προσταχθὲν γὰρ αὐτῷ τεττάρων μηνῶν ἀναγράψαι τοὺς νόμους τοὺς Σόλωνος, ἀντὶ μὲν Σόλωνος αὐτὸν νομοθέτην κατέστησεν. 30, 26 ὅτε ὑμεῖς ἐκινδυνεύετε ἐκπλέοντες, οὗτος
αὐτοῦ μένων τοὺς Σόλωνος νόμους ἐλυμήνατο. 30,28: οἱ μὲν
πρόγονοι νομοθέτας ἡροῦντο Σόλωνα καὶ Θεμιστοκλέα καὶ
Περικλέα ἡγούμενοι τοιούτους ἔσεσθαι τοὺς νόμους οἷοίπερ
ἂν ὦσιν οἱ τιθέντες, ὑμεῖς δὲ Τεισάμενον ... καὶ Νικόμαχον
καὶ ἑτέρους ἀνθρώπους ὑπογραμματέας. – So sehr auch die Erwähnung Solons und seiner Gesetze die Affekte der Richter erregt haben mag, so ist sie doch durch die Sache bedingt. Der Redner wirft dem Nikomachos vor, den bisher geltenden Code statt,
wie beschlossen, redigiert, revidiert zu haben, das heißt aber nach
der aus den Dekreten zur Gesetzesredaktion bekannten Terminologie, die νόμοι Σόλωνος durch einen neuen Code ersetzt zu haben.[17]

2. Ebenfalls durch die Gesetzesredaktion bedingt ist die Erwähnung Solons in der Mysterienrede des Andokides aus dem Jahre
400.[18]

Die Ankläger Kephisios, Meletos und Epichares stützen sich in
ihrer Rede gegen Andokides nicht auf ein Gesetz aus dem zum Zeitpunkt der Anklage geltenden Code des Eukleides, sondern auf das
etwa 415 erlassene Psephisma des Isotimides[19]: εἴργεσθαι τῶν
ἱερῶν τοὺς ἀσεβήσαντας καὶ ὁμολογήσαντας. Abgesehen davon,
daß Andokides den Vorwurf der Asebie überhaupt von sich weist,
versucht er doch in mehreren Beweisgängen darzulegen, daß dieses
Psephisma keine Handhabe gegen ihn biete. So folgert er aus dem
Dekret des Teisamenos über die Gesetzesredaktion δοκιμάσαντες
πάντας τοὺς νόμους εἶτ' ἀναγράψαι ἐν τῇ στοᾷ τούτους τοὺς νόμους οἳ ἂν δοκιμασθῶσι und aus den im Zusammenhang mit der

---

[17] Die Urkunden zur Gesetzesredaktion: a) Psephisma des Teisamenos
bei And. 1,83; b) die Syngraphai = νόμοι περὶ τῆς ἀναγραφῆς bei Lys.
30,17–21.

[18] Zur Datierung vgl. R. Sealey, in: Historia 5 (1956), S. 181 f.

[19] And. 1,8; 71; 103.

Redaktion erlassenen Gesetzen ἀγράφῳ δὲ νόμῳ τὰς ἀρχὰς μὴ χρῆσθαι μηδὲ περὶ ἑνός und ψήφισμα δὲ μηδὲν ⟨μήτε⟩ βουλῆς μήτε δήμου νόμου κυριώτερον εἶναι: Da die nicht in den Code des Eukleides übernommenen Gesetze (ἄγραφοι νόμοι) keine Geltung haben, haben erst recht die nicht in den Code übernommenen Psephismata keine Geltung, also auch nicht das des Isotimides.[20]

Für den Fall nun, daß dieser Beweisgang auf Ablehnung stoßen sollte, argumentiert Andokides weiter, daß das etwa 415 erlassene Psephisma, auch wenn man es als 403 geltend ansehe, gegen ihn keine Anwendung finden könne, da die Klage gegen ihn auf Vorgängen aus der Zeit vor 403 beruhe, das Psephisma aber aufgrund des Dekretes τοῖς νόμοις χρῆσθαι ἀπ᾽ Εὐκλείδου ἄρχοντος erst ab 403 erlassen zu betrachten sei und also keine rückwirkende Kraft gegenüber Vorgängen aus der Zeit vor 403 habe.[21] Anschließend zeigt Andokides, daß die Verwerfung dieser Argumentation die drei Ankläger selbst gefährden müsse. So heißt es z. B. dem Meletos gegenüber: Μέλητος . . . οὑτοσὶ ἀπήγαγεν ἐπὶ τῶν τριάκοντα Λέοντα, ὡς ὑμεῖς ἅπαντες ἴστε, καὶ ἀπέθανεν ἄκριτος· καὶ οὗτος ὁ νόμος καὶ πρότερον ἦν ⟨καὶ⟩ ὡς καλῶς ἔχων καὶ νῦν ἔστι, καὶ χρῆσθε αὐτῷ „τὸν βουλεύσαντα ἐν τῷ αὐτῷ ἐνέχεσθαι καὶ τὸν τῇ χειρὶ ἐργασάμενον"[22] Μέλητον τοίνυν τοῖς παισὶ τοῖς τοῦ Λέοντος οὐκ ἔστι φόνου διώκειν, ὅτι τοῖς νόμοις δεῖ χρῆσθαι ἀπ᾽ Εὐκλείδου ἄρχοντος, ἐπεὶ ὥς γε οὐκ ἀπήγαγεν οὐδ᾽ αὐτὸς ἀντιλέγει.[23] Gegenüber dem Epichares bemerkt Andokides: Ἐπιχάρης δ᾽ οὗτος, ὁ πάντων πονηρότατος καὶ βουλόμενος εἶναι τοιοῦτος, ὁ μνησικακῶν αὐτὸς αὑτῷ, – οὗτος γὰρ ἐβούλευεν ἐπὶ τῶν τριάκοντα · ὁ δὲ νόμος τί κελεύει ὃς ἐν τῇ στήλῃ ἔμπροσθέν ἐστι τοῦ βουλευτηρίου; „ὃς ἂν ἄρξῃ ἐν τῇ πόλει τῆς δημοκρατίας καταλυθείσης, νηποινεὶ τεθνάναι καὶ τὸν ἀποκτείναντα ὅσιον εἶναι καὶ τὰ χρήματα ἔχειν τοῦ ἀποθανόντος". ἄλλο τι οὖν, ὦ Ἐπίχα-

---

[20] And. 1, 81–87.
[21] And. 1, 88.
[22] Zum Gesetz vgl. J. W. Jones, The law and legal theory of the Greeks (1956), S. 266.
[23] And. 1, 94.

ρες, ἢ νῦν ὁ ἀποκτείνας σε καθαρὸς τὰς χεῖρας ἔσται, κατά γε
τὸν Σόλωνος νόμον; καί μοι ἀνάγνωθι τὸν νόμον τὸν ἐκ τῆς
στήλης. (Es folgt die Verlesung des Psephisma des Demophantos
aus dem Jahre 410) πότερον . . . κύριος ὁ νόμος ὅδ᾽ ἐστιν ἢ οὐ κύριος; διὰ τοῦτο δ᾽ οἶμαι γεγένηται ἄκυρος, ὅτι τοῖς νόμοις δεῖ
χρῆσθαι ἀπ᾽ Εὐκλείδου ἄρχοντος.[24]

Um die Bedeutung der Worte κατά γε τὸν Σόλωνος νόμον zu
verstehen, muß zunächst eine Vorfrage erledigt werden. Der Redner
spricht von einem Gesetz des Inhalts, daß die Bluttat gegenüber
dem Hochverräter straffrei sei. Verwunderung hat nun erregt, daß
dieses als solonisch bezeichnete Gesetz unseren Handschriften
nach das erst im Juli 410 erlassene Psephisma des Demophantos gewesen sein soll. Da nun das Psephisma nicht zum eigentlichen Red-
nertext gehört, sondern eine Einlage in diesen darstellt, ist im Hinblick darauf, daß das zu verlesende Gesetz als solonisch bezeichnet
wird, verschiedentlich angenommen worden, daß es sich bei der
erhaltenen Einlage um das Werk eines Grammatikers handelt, der
versehentlich an die Stelle des – wie viele Prozeßurkunden – verlorengegangenen solonischen Gesetzes das ähnlich lautende
Psephisma des Demophantos eingelegt hat.[25] Daß nun aber Andokides in der Tat das Psephisma des Demophantos verlesen lassen hat, ergibt sich erstens aus der Erwägung, daß Andokides nur
mit einem derzeit gültigen Gesetz argumentieren konnte, dieses
aber das 410 erlassene, von der gesamten Bürgerschaft beschwo-
rene und also allen bekannte Psephisma des Demophantos war;
zum zweiten aber aus einer Notiz in der Rede des Lykurgos gegen
Leokrates: Nach Andokides stand das Gesetz ἐν τῇ στήλῃ ἔμ-
προσθεν τοῦ βουλευτηρίου. Lykurg berichtet nun von einem
Psephisma gleichen Inhalts wie das von Andokides angeführte
Gesetz, ebenfalls auf einer στήλη ἐν τῷ βουλευτηρίῳ. Dieses
Psephisma aber wird ausdrücklich als das des Demophantos bezeichnet.[26]

---

[24] And. 1, 95–99.

[25] Vgl. Busolt-Swoboda, Griech. Staatskde. I (1920), S. 32, 1; 234, 1.

[26] Lyc. c. Leocr. 124–127 (vgl. auch Dem. 20, 159). Zur Diskrepanz ἔμ-
προσθεν – ἐν vgl. H. A. Thompson, in: Hesperia 6 (1937), S. 215, 2: "the

Es erhebt sich jetzt die Frage, wieso Andokides ein erst zehn Jahre altes, zuvor erlassenes und durch die Eidesleistung allbekanntes Psephisma als νόμος Σόλωνος benennen konnte. – Es wird, wie folgt, argumentiert: Wenn dich nun jemand wegen deines Verhaltens während der Tyrannis tötete, so wäre er doch wohl – wenigstens nach dem solonischen Recht – straffrei. Dieses Recht ist jedoch durch die Bestimmung, daß die Gesetze erst mit dem Archontat des Eukleides rechtskräftig sein sollen, gegen dich nicht mehr anwendbar. – Die ganze Argumentation ist also hier darauf abgestellt, ein und dasselbe Gesetz als 403 abrogiert und ohne rückwirkende Kraft wieder erlassen zu erweisen. Wenn man nun in Betracht zieht, daß in der amtlichen Terminologie der voreuklidische Code ohne Rücksicht auf Nachträge und Ergänzungen als νόμοι Σόλωνος bezeichnet wird, so ergibt sich, daß die Worte κατά γε τὸν Σόλωνος νόμον nichts anderes bedeuten als eine für die Argumentation unentbehrliche chronologische Formel, das vor 403 geltende Recht im Gegensatz zu dem ab 403 geltenden Recht, dem Code des Eukleides.

3. Eine zweite Erwähnung des Solon in der ›Mysterienrede‹ des Andokides lautet (1, 111): ἐπαγγεῖλαί τ' ἐκέλευεν . . . παρεῖναι εἰς τὸ Ἐλευσίνιον · ἡ γὰρ βουλὴ ἐκεῖ καθεδεῖσθαι ἔμελλε κατὰ τὸν Σόλωνος νόμον, ὃς κελεύει τῇ ὑστεραίᾳ τῶν μυστηρίων ἕδραν ποιεῖν ἐν τῷ Ἐλευσινίῳ. Die Worte κατὰ τὸν Σόλωνος νόμον sind hier nicht paradeigmatisch und also nicht affekterregend, wie es nach 356 der Fall ist. Was sie eigentlich bedeuten sollen, läßt sich nicht ermitteln. Es sei lediglich erwogen, ob nicht νόμος Σόλωνος auch hier eine chronologische Formel ist und ein Gesetz bezeichnet, das noch nicht der Dokimasie unterzogen und in den neuen Code aufgenommen worden ist. Es müßte dann allerdings angenommen werden, wofür auch alle Anzeichen sprechen, daß die Gesetzesredaktion im Herbst des Jahres 400, als die fragliche Sitzung des Rates stattfand, noch nicht abgeschlossen war.[27]

stele may have been shifted in the interval or it may have been placed in the lobby of the building."

[27] Den Verlauf der Gesetzesredaktion hoffe ich in einer Miszelle zu behandeln.

4. Die letzte Erwähnung Solons aus der Zeit vor 356 findet sich in der Rede des Lysias gegen Theomnestos (or. 10) aus dem Jahre 384. Dieser Rede liegt folgender Vorgang zugrunde: Ein gewisser Theomnestos hatte dem Kläger Vatermord vorgeworfen und war daraufhin wegen Beleidigung verklagt worden. In der Verhandlung vor dem Schiedsrichter hatte der Beklagte argumentiert: Da das Gesetz verbiete, jemand ἀνδροφόνος zu benennen, er aber den Ausdruck ἀνδροφόνος nicht gebraucht, sondern nur gesagt habe „τὸν πατέρα ἀπεκτονέναι", sei der für eine Verurteilung erforderliche Tatbestand nicht erfüllt. In der nachfolgenden Verhandlung vor dem Volksgericht weist nun der Kläger diese Gesetzesauslegung zurück, indem er aufzeigt, daß es nicht auf den Wortlaut, sondern auf den Sinn eines Gesetzes ankomme.[28] Seine Darlegung erhärtet er dann, indem er den Wortgebrauch von geltenden solonischen Gesetzen mit dem modernen Wortgebrauch vergleicht. Es heißt 10, 15: βούλομαι οὖν αὐτὸν (den Beklagten sc.) καὶ ἐξ ἑτέρων νόμων περὶ τούτων διδάξαι. . . . καί μοι ἀνάγνωθι τούτους τοὺς νόμους τοὺς Σόλωνος τοὺς παλαιούς – ΝΟΜΟΣ – δεδέσθαι δ' ἐν τῇ ποδοκάκκῃ ἡμέρας πέντε τὸν πόδα ἐὰν προστιμήσῃ ἡ ἡλιαία – ἡ ποδοκάκκη αὕτη ἐστίν, ὦ Θεόμνηστε, ὃ νῦν καλεῖται ἐν τῷ ξύλῳ δεδέσθαι, εἰ οὖν ὁ δεθεὶς ἐξελθὼν ἐν ταῖς εὐθύναις τῶν ἕνδεκα κατηγοροίη, ὅτι οὐκ ἐν τῇ ποδοκάκκῃ ἐδέδετο ἀλλ' ἐν τῷ ξύλῳ, οὐκ ἂν ἠλίθιον αὐτὸν νομίζοιεν. . . . Abschließend heißt es dann: εἰ μὴ σιδηροῦς ἐστιν, οἴομαι αὐτὸν ἔννουν γεγονέναι, ὅτι πὰ μὲν πράγματα ταῦτά ἐστι νῦν τε καὶ πάλαι, τῶν δὲ ὀνομάτων ἐνίοις οὐ τοῖς αὐτοῖς χρώμεθα νῦν τε καὶ πρότερον.

Den Wandel des Wortgebrauches zeigt hier Lysias mit Hilfe einer Glosseninterpretation auf. Daß er sich dazu der solonischen Gesetze als der ältesten Gesetzestexte bedient, ist selbstverständlich, dann aber auch darin begründet, daß Lysias, wie aufgrund eines Aristophanesfragmentes geschlossen werden darf, die Glosseninterpretation gerade an den solonischen Axones gelernt hat.[29] Die Erwähnung Solons ist also auch hier durch die Sache bedingt.

---

[28] Lys. 10, 6 ff.

[29] Aristophanes fr. 222 K (anno 427) νομίζω δέ σοι τὰ ὑπὸ Ἀριστοφάνους ἀρέσκειν τὰ ἐκ τῶν Δαιταλέων ὧδέ πως ἔχοντα· „πρὸς ταῦτα σὺ

Fassen wir das bisherige Ergebnis zusammen: Eine chronologische Anordnung der aus dem 5. und 4. Jh. erhaltenen Reden ergab, daß von den 64 Reden aus der Zeit nach 356 siebenzehn Reden den Namen Solons erwähnen, und zwar insgesamt zweiunddreißigmal; von den 75 Reden aus der Zeit vor 356 dagegen nur drei Reden insgesamt viermal den Namen Solons nennen, und dies, obwohl sich oft genug ein Anlaß dazu bietet. Die sich aus diesem Zahlenverhältnis ergebende Vermutung, daß es sich bei den vier Erwähnungen Solons aus der Zeit vor 356 um Ausnahmen handeln müsse, fand dann in einer Interpretation der einzelnen Stellen ihre Bestätigung: Während die Erwähnung Solons nach 356 lediglich der Beeinflussung der Richter dient, ist sie in den vier Fällen aus der Zeit vor 356 durch die Sache bedingt. Demnach ist die Nennung Solons bei den Rednern in der Tat ein erst um 356 aufgekommener Brauch.

Die Entstehung dieses Brauches läßt sich leicht erklären, wenn wir einmal die ersten Reden aus der Zeit um 356, die den Namen Solons anführen, betrachten.

Im Jahre 355[30] sagt Demosthenes in einem Paranomieprozeß (or. 22), der Antrag sei u. a. deshalb gesetzeswidrig, weil der Antragsteller wegen ἑταίρησις ipso facto atimos sei. Es heißt dann über den νόμος περὶ ἑταιρήσεως (22,30ff.): ἄξιον τοίνυν, ὦ ἄνδρες Ἀθηναῖοι, καὶ τὸν θέντα τὸν νόμον ἐξετάσαι Σόλωνα καὶ θεάσασθαι, ὅσην πρόνοιαν ἐποιεῖτο ἐν ἅπασιν οἷς ἐτίθει νόμοις τῆς πολιτείας καὶ ὅσῳ περὶ τούτου μᾶλλον ἐσπούδαζεν ἢ περὶ τοῦ πράγματος οὗ τιθείη τὸν νόμον. πολλαχόθεν μὲν οὖν ἄν τις ἴδοι τοῦτο, οὐχ ἥκιστα δ᾽ ἐκ τούτου τοῦ νόμου,

---

λέξον Ὁμήρου ἐμοὶ γλώττας· τί καλοῦσι κόρυμβα;" προβάλλει γὰρ ἐν ἐκείνῳ τῷ δράματι ὁ ἐκ τοῦ δήμου τῶν Δαιταλέων πρεσβύτης τῷ ἀκολάστῳ υἱεῖ πρῶτον μὲν τὰ κόρυμβα τί ποτ᾽ ἐστὶν ἐξηγήσασθαι· μετὰ δὲ τοῦτο· „τί καλοῦσι ἀμενηνὰ κάρηνα;" κἀκεῖνος μέντοι ἀντιπροβάλλει τῶν ἐν τοῖς Σόλωνος ἄξοσιν γλωττῶν εἰς δίκας διαφερούσας ὡδί πως· „ὁ μὲν οὖν σός, ἐμὸς δ᾽ οὗτος ἀδελφὸς φρασάτω· τί καλοῦσι ἰδύους;" εἶτ᾽ ἐφεξῆς προβάλλει „τί ποτ᾽ ἐστὶ τοὐπύειν;" (τοὐπύειν Dobr. coll. Plut. Sol. 20).

[30] Zur Datierung vgl. R. Sealey, in: Journal of Hellenic Studies 75 (1955), S. 74.

μήτε λέγειν μήτε γράφειν ἐξεῖναι τοῖς ἡταιρηκόσιν· ἑώρα γὰρ ἐ-
κεῖνο, ὅτι τοῖς πολλοῖς ὑμῶν ἐξὸν λέγειν οὐ λέγετε, ὥστε τοῦτ'
οὐδὲν ἡγεῖτο βαρύ, καὶ πόλλ' ἂν εἶχεν, εἴ γε κολάζειν ἐβούλετο
τούτους, χαλεπώτερα θεῖναι. ἀλλ' οὐ τοῦτ' ἐσπούδασεν, ἀλλὰ
ταῦτ' ἀπεῖπεν ὑπὲρ ὑμῶν καὶ τῆς πολιτείας. ᾔδει γὰρ,
ᾔδει τοῖς αἰσχρῶς βεβιωκόσιν ἁπασῶν οὖσαν ἐναν-
τιωτάτην πολιτείαν ἐν ᾗ πᾶσιν ἔξεστιν λέγειν τὰ-
κείνων ὀνείδη. ἔστι δ' αὕτη τίς; δημοκρατία. . . .
κἀκείνους ἤτοι καταλῦσαι γ' ἂν πειρᾶσθαι τὸ παρά-
παν τὸν δῆμον (ἐν γὰρ ταῖς ὀλιγαρχίαις . . . οὐκ ἔστι
λέγειν κακῶς τοὺς ἄρχοντας). . . . τὴν οὖν ἀρχὴν τοῖς τοιούτοις ἀπεῖπε μὴ μετέχειν τοῦ συμβουλεύειν. . . . ὧν ὀλιγωρή-
σας ὁ καλὸς κἀγαθός . . . Weiterhin heißt es über den Angeklagten (22,47): βούλομαι δὲ καὶ τὰ πολιτεύματα ἐξετάσαι τοῦ
καλοῦ κἀγαθοῦ . . . πάντα μᾶλλον ἢ ἐν δημοκρατίᾳ πολιτεύεσθαι ἐπιτήδειον ὄντ' αὐτὸν δείξω . . . (22,51) εἰ γὰρ θέλετ'
ἐξετάσαι τίνος εἴνεκα μᾶλλον ἄν τις ἕλοιτ' ἐν δημοκρατίᾳ ζῆν ἢ ἐν ὀλιγαρχίᾳ, τοῦτ' ἂν εὕροιτε προχειρότατον,
ὅτι πάντα πρᾳότερ' ἐστὶν ἐν δημοκρατίᾳ. ὅτι μὲν τοίνυν τῆς
ὅπου βούλεσθ' ὀλιγαρχίας οὗτος ἀσελγέστερος γέγονεν, παρα-
λείψω . . . (22,52) τοῦτο κατηγοροῦμεν τῶν τριάκοντα, ὅτι
τοὺς ἐκ τῆς ἀγορᾶς ἀδίκως ἀπῆγον. οὗτος τοίνυν τοσαύτην
ὑπερβολὴν ἐποιήσατ' ἐκείνων τῆς αὐτοῦ βδελυρίας,
ὥστ' ἐν δημοκρατίᾳ πολιτευόμενος τὴν ἰδίαν οἰκίαν
ἑάστῳ δεσμωτήριον καθίστη, τοὺς ἕνδεκ' ἄγων ἐπὶ τὰς οἰκίας.

Es wird also in dieser Rede Solon als Demokrat betrachtet, der
seine Gesetze nicht des Rechtes, sondern der Erhaltung der Demokratie wegen gegeben hat; der Angeklagte hingegen wird als Gegner
der Demokratie, als Oligarch bezeichnet, der in keiner Weise hinter
den dreißig Tyrannen zurückstehe. Der Angeklagte, gegen den Demosthenes auf diese Weise politisch Stimmung zu machen sucht, ist
nun kein anderer als der spätere Historiker Androtion, der in seiner
Atthis aus seiner Abneigung gegen die radikale Demokratie und aus
seiner Neigung zu dem Verfassungsideal eines Teiles der Dreißig,
der Theramenesgruppe, keinen Hehl gemacht hat.[31] – Bestimmt

[31] Jacoby, S. 95 ff.; 81, 29; 82, 30; 91, 86.

wurde die politische Haltung, wie sie sich später im Geschichtswerk ausdrückt, einmal durch seine Herkunft – gehörte doch sein Vater Andron als Mitglied der Vierhundert dem Kreis um Theramenes an –, zum anderen aber durch seinen Lehrer Isokrates, der ebenfalls die Gedanken des Therameneskreises publizistisch vertrat.[32]

Der Angriff gegen Androtion bekommt nun seine rechte Bedeutung, wenn wir die zweite Rede betrachten. – Kurz vor dem Prozeß, während des Bundesgenossenkrieges, im Jahre 356 hatte der Lehrer des Androtion, Isokrates, verkündet[33]: (7,15) ἐπὶ μὲν τῶν ἐργαστηρίων καθίζοντες κατηγοροῦμεν τῶν καθεστώτων καὶ λέγομεν ὡς οὐδέποτ' ἐν δημοκρατίᾳ κάκιον ἐπολιτεύθημεν. (18) καίτοι πῶς χρὴ ταύτην τὴν πολιτείαν ἐπαινεῖν ἢ στέργειν τὴν τοιούτων μὲν κακῶν αἰτίαν πρότερον γενομένην νῦν δὲ καθ' ἕκαστον τὸν ἐνιαυτὸν ἐπὶ τὸ χεῖρον φερομένην. (12) πολιτείαν . . . τὴν ὀρθῶς ἂν τοῖς πράγμασι χρησαμένην οὔτε ἔχομεν οὔτε καλῶς ζητοῦμεν. Diese mehrfach geäußerte[34] Kritik an der radikalen Demokratie mußte dem Isokrates den Vorwurf oligarchischer Bestrebungen eintragen. Und so schreibt er denn auch zu seiner Verteidigung: (7,56ff.) ἤδη δέ τινες ἀκούσαντές μου ταῦτα διεξιόντος . . . εἶναι . . . ἔφασαν ἐμοὶ καὶ κίνδυνον μὴ τὰ βέλτιστα συμβουλεύων μισόδημος εἶναι δόξω καὶ τὴν πόλιν εἰς ὀλιγαρχίαν ἐμβαλεῖν. . . . ῥᾴδιον γνῶναι τὴν ἐμὴν διάνοιαν· ἐν γὰρ τοῖς πλείστοις τῶν λόγων τῶν εἰρημένων ὑπ' ἐμοῦ φανήσομαι ταῖς μὲν ὀλιγαρχίαις καὶ ταῖς πλεονεξίαις ἐπιτιμῶν τὰς ἰσότητας καὶ τὰς δημοκρατίας ἐπαινῶν, οὐ πάσας ἀλλὰ τὰς καλῶς καθεστηκυίας.[35] Und er fordert in der a. 335 verfaßten ›Friedensrede‹ die Athener auf: (8,133) παυσώμεθα δημοτικοὺς μέν νομίζοντες τοὺς συκοφάντας ὀλιγαρχικοὺς δὲ τοὺς καλούς τε κἀγαθοὺς τῶν ἀνδρῶν.

---

[32] Zu Andron vgl. Krateros F 5. Jacoby, S. 87. Zu Isokrates als Lehrer des Androtion vgl. Androtion T 1 und 2. Zu Isokrates' Haltung gegenüber dem Therameneskreis vgl. Jacoby, S. 87 und 81. 29.

[33] Zur Datierung vgl. Jacoby, S. 85, 54 und 103, 148.

[34] § 74 καὶ τοῦτον εἴρηκα τὸν λόγον οὐ νῦν πρῶτον ἀλλὰ πολλάκις ἤδη καὶ πρὸς πολλούς. Vgl. § 77.

[35] Vgl. § 70.

Statt der radikalen Demokratie empfiehlt Isokrates: (7, 16) εὑ-
ρίσκω γὰρ ταύτην μόνην ἂν γενομένην καὶ τῶν μελλόντων κιν-
δύνων ἀποτροπὴν καὶ τῶν παρόντων κακῶν ἀπαλλαγήν, ἢν ἐ-
θελήσομεν ἐκείνην τὴν δημοκρατίαν ἀναλαβεῖν ἢν Σόλων μὲν ὁ
δημοτικώτατος γενόμενος ἐνομοθέτησε, Κλεισθένης δ' . . . πάλιν ἐξ ἀρχῆς κατέστησεν. ἧς οὐκ ἂν εὕροιμεν οὔτε δημοτικωτέ-
ραν οὔτε τῇ πόλει μᾶλλον συμφέρουσαν, um dann unter starker
Kritik an der gegenwärtigen Staatsform das Idealbild einer Verfassung zu entwerfen, die zwar als Demokratie bezeichnet wird, in der
Tat aber eine Oligarchie ist.

Von diesem Angriff des Isokrateskreises gegen die radikale Demokratie her erklärt sich einmal der Ausfall des Demosthenes gegen Androtion mit der Behauptung, Solon habe als Demokrat seine Gesetze
zur Erhaltung der Demokratie gegeben, weiterhin aber auch die Tatsache, daß ab 356 die Advokaten in ihren Reden von Solon sprechen.

Mit diesem Ergebnis können wir nun versuchen, uns ein Bild von
der Rolle zu machen, die Solon als Verfassungsgeber in der Überlieferung des 5. und 4. Jh. gespielt hat.

Bis zum Jahre 356 wird Solon erwähnt von Herodot, Kratinos,
Aristophanes, Eupolis, Kleophon, Alkidamas, im Psephisma des
Teisamenos, von Andokides, Lysias, Platon und Xenophon. Er wird
dabei als einer der Sieben Weisen, als Dichter oder als Gesetzgeber angeführt, nie jedoch als Schöpfer einer Verfassung.[36] Als solcher wird
er erst 356–354 während des Angriffs auf die radikale Demokratie genannt, und zwar gleich in völlig entgegengesetzter Weise: Während
Isokrates ihn den Schöpfer der gemäßigten Demokratie nennt, betrachtet ihn Demosthenes als Schöpfer der radikalen Demokratie.

Es erhebt sich jetzt die Frage, ob dieses Ergebnis Zufall ist oder
ob Solon in der Tat erst 356 als Verfassungsgeber entdeckt worden

[36] Hdt. 1, 29–34; 1, 86; 2, 177; 5, 113; Kratinos: Meinecke II, S. 149 und
217; Aristoph. nub. 1187 av. 1660; Eupolis Demoi; Kleophon (Ar. rhet.
1375 b 31); Alkidamas (Ar. rhet. 1398 b 17); Pseph. des Teisamenos (And.
1, 83); And. 1, 81 f.; 95; 111; Lys. 30, 2; 26; 28; 10, 15; Platon Symp. 209 D.
Phaidr. 258 B, 278 C, Anterastai 133 C, Laches 188 B, 189 A, Charm. 155
A, 157 E, Prot. 343 A, Hipp. maior 285 E, rep. 536 D, 599 E; Kritias 108
D, 110 B, 113 A; Tim. 20 E–27 A; leg. 858 E; ep. II 311 A; Xen. Symp.
8, 39; Oikon. 14, 4.

ist. Die Antwort darauf wird sich bei der Behandlung des Kleisthenes ergeben. Aber eines kann schon jetzt mit Sicherheit gesagt werden: Entgegen der von der modernen Forschung vertretenen Ansicht wurde die bestehende Verfassung im 5. Jh. nicht als das Werk des Solon betrachtet. Dies bezeugt eindeutig das Psephisma des Teisamenos vom Jahre 403, wenn es sagt: (And. 1, 87) πολιτεύεσθαι Ἀθηναίους κατὰ τὰ πάτρια, νόμοις δὲ χρῆσθαι τοῖς Σόλωνος.[37]

II

Theseus

Da die Zeugnisse über Theseus aus dem 5. und 4. Jh. im Vergleich zu den Zeugnissen über Solon nicht sehr zahlreich sind, ist uns eine Kombination von Statistik und Interpretation verwehrt. Um überhaupt zu einem Urteil über die Rolle des Theseus in der Publizistik und Geschichtsschreibung zu gelangen, sind wir gezwungen, den Weg der Quellenanalyse einzuschlagen.

1. In den a. 319 abgefaßten ›Charakteren‹ läßt Theophrast den Oligarchen klagen: (26, 6) ὡς μισητὸν τὸ τῶν δημαγωγῶν γένος, τὸν Θησέα πρῶτον φήσας τῶν κακῶν τῇ πόλει γεγονέναι αἴτιον. [τοῦτον γὰρ ἐκ δώδεκα πόλεων εἰς μίαν καταγαγόντα ⟨τὰ πλήθη⟩ λῦσαι τὰς βασιλείας.][38] καὶ δίκαια αὐτὸν παθεῖν· πρῶτον γὰρ ἀπολέσθαι ὑπ' αὐτῶν.

Dieser Text spielt auf die Schwächung der Königsgewalt und den Sturz des Theseus seitens der Menge an. – Für den Oligarchen, dessen Maxime οὐκ ἀγαθὸν πολυκοιρανίη lautet, ist Theseus nichts anderes als der *Urheber der radikalen Demokratie,* wenn auch nur insofern, als er die Demokratisierung Athens einleitete, vielleicht

---

[37] Vgl. Fuks, S. 38: "There is a distinction in the decree between πολιτεύεσθαι and νόμοις χρῆσθαι. Athens' constitution is to be κατὰ τὰ πάτρια, whereas the general body of laws in force are to be nomoi of Solon ... Evidently only the code of laws was to be Solonian, not the constitution."

[38] [. . .] Jacoby, S. 290, 15.

auf die Weise, daß er das absolute Königtum in eine lebenslängliche Magistratur, in das Amt des Königs umwandelte.[39]

2. In der anno 328–322 verfaßten AP betrachtet zwar Aristoteles den Theseus nicht als Urheber der Demokratie, wenn er aber sagt: (F 4) πρῶτος ἀπέκλινε πρὸς τὸν ὄχλον und (F 3) Θησεὺς δὲ ἐκήρυξε καὶ συνεβίβασε τούτους ἐπ' ἴσῃ καὶ ὁμοίᾳ, so umschreibt er damit denselben Vorgang, der in den anderen Quellen als Begründung der Demokratie bezeichnet wird.[40] Wenn es dann aber weiter heißt: (41,2) δευτέρα δὲ (μετάστασις sc.) καὶ πρώτη

... ἔχουσα πολιτείας τάξιν, ἡ ἐπὶ Θησέως γενομένη, μικρὸν παρεγκλίνουσα τῆς βασιλικῆς, so ergibt sich, daß die Demokratie des Theseus eine sehr gemäßigte Demokratie, eine Art gemischter Verfassung, eine Politie war, mit einem König (als lebenslänglichem Magistrat?) an der Spitze.[41]

3. In einer ps. demosthenischen Rede aus den Jahren 343–340 heißt es in einem Exkurs: (59,74f.) τὸ γὰρ ἀρχαῖον, ὦ ἄνδρες Ἀθηναῖοι, δυναστεία ἐν τῇ πόλει ἦν καὶ ἡ βασιλεία τῶν ἀεὶ ὑ-περεχόντων διὰ τὸ αὐτόχθονας εἶναι, τὰς δὲ θυσίας ἁπάσας ὁ βασιλεὺς ἔθυε, καὶ τὰς σεμνοτάτας καὶ ἀρρήτους ἡ γυνὴ αὐτοῦ ἐποίει, εἰκότως, βασίλιννα οὖσα. ἐπειδὴ δὲ Θησεὺς συνῴκισεν αὐτοὺς καὶ δημοκρατίαν ἐποίησεν καὶ ἡ πόλις πολυάνθρω-

---

[39] Daß Theseus (in der Geschichtsschreibung scil.) nach der Reform noch eine offizielle Stellung, und zwar die des Basileus, einnahm, ergibt sich einmal aus der Königsliste, die nach Theseus noch weitere Namen nennt, zum zweiten aus seiner Führerrolle im Kampf gegen die Amazonen (vgl. Kleidemos F 8 und Plut. Thes. 27) und drittens endlich aus seinem Sturz. Zur Entwicklungsgeschichte der Magistratur: Basileus-Polemarch-Archon-Thesmotheten und ἄρχοντες διὰ βίου – δεκαετεῖς – ἐνιαύσιοι vgl. AP 3 und F 7, vgl. weiterhin Jacoby, S. 45ff.

[40] Siehe im folgenden.

[41] Zur Terminologie vgl. Ar. Pol. 1297b 25: ἃς γὰρ νῦν καλοῦμεν πολιτείας οἱ πρότερον ἐκάλουν δημοκρατίας, und 1294b 15 τοῦ δ' εὖ μεμῖχ-θαι δημοκρατίαν καὶ ὀλιγαρχίαν ὅρος, ὅταν ἐνδέχηται λέγειν τὴν αὐτὴν πολιτείαν δημοκρατίαν καὶ ὀλιγαρχίαν. Es ist zu beachten, daß die verfassungsrechtliche Terminologie im 4. Jh. erstens noch nicht genügend herausgearbeitet worden war, zweitens aber auch aus politischen Gründen bewußt unklar gelassen wurde.

πος ἐγένετο, τὸν μὲν βασιλέα οὐδὲν ἧττον ὁ δῆμος
ἡρεῖτο ἐκ προκρίτων κατ᾽ ἀνδραγαθίαν χειεοτονῶν,
τὴν δὲ γυναῖκα αὐτοῦ νόμον ἔθεντο ἄστην εἶναι καὶ ... παρθέ-
νον γαμεῖν ... καὶ τοῦτον τὸν νόμον γράψαντες ἐν στήλῃ λιθίνῃ
ἔστησαν ἐν τῷ ἱερῷ τοῦ Διονύσου παρὰ τὸν βωμὸν ἐν Λίμναις
(καὶ αὕτη ἡ στήλη ἔτι καὶ νῦν ἔστηκεν ἀμυδροῖς γράμμασιν Ἀττικοῖς δηλοῦσα τὰ γεγραμμένα) ... καὶ διὰ ταῦτα ἐν τῷ ἀρχαιοτάτῳ ἱερῷ τοῦ Διονύσου καὶ ἁγιωτάτῳ ἐν Λίμναις ἔστησαν, ἵνα
μὴ πολλοὶ εἰδῶσι τὰ γεγραμμένα· ἅπαξ γὰρ τοῦ ἐνιαυτοῦ ἀνοίγεται, τῇ δωδεκάτῃ τοῦ Ἀνθεστηριῶνος μηνός.

Dieser Text, über dessen Herkunft aus der Geschichtsschreibung
wohl kein Zweifel besteht,[42] nennt an Fakten den Synoikismos, die
Errichtung der Demokratie und – damit verbunden – eine Vergrößerung der Stadt.[43] Weiterhin aber erfährt man, daß in der neuen Demokratie der magistratische König aus Vorgewählten nach Würdig-
keit erwählt wurde. Wenn man nun bedenkt, daß in der radikalen
Demokratie die Archonten aus Vorgelosten erlost wurden,[44] die

[42] Zu den Worten αὕτη ἡ στήλη ἔτι καὶ νῦν ἔστηκεν ἀμυδροῖς
γράμμασιν Ἀττικοῖς δηλοῦσα τὰ γεγραμμένα kann man den Bericht
des Thukydides über die Peisistratiden vergleichen, wo es zu der Inschrift
am Altar des Apollon heißt: (6,54,6) ἔτι καὶ νῦν δῆλόν ἐστιν ἀμυδροῖς γράμμασιν λέγον τάδε. Zur Formel ἔτι καὶ νῦν läßt sich weiter
anführen AP 7,1; 8,1; 8,4; 47,1; Thuk. 2,15,2 und 4; Androtion F 55 und
– inhaltlich nicht uninteressant – AP 3,5, wo es heißt: σημεῖον δέ· ἔτι καὶ
νῦν γὰρ τῆς τοῦ βασιλέως γυναικὸς ἡ σύμμειξις ἐνταῦθα γίγνεται τῷ
Διονύσῳ καὶ ὁ γάμος. Kurz, "καὶ νῦν is frequently used by the Atthido-
graphers, when they are making inferences from the present time as to the
past, or in aitiological stories" (Jacoby, S. 163). – Zu der Standortangabe ἐν
τῷ ἀρχαιοτάτῳ ἱερῷ τοῦ Διονύσου ... ἐν Λίμναις ἔστησαν, ἵνα μὴ πολλοὶ εἰδῶσι τὰ γεγραμμένα· ἅπαξ γὰρ τοῦ ἐνιαυτοῦ ἀνοίγεται, τῇ δωδεκάτῃ τοῦ Ἀνθεστηριῶνος μηνός vergleiche man den Exkurs des Thukydides über das Athen des Theseus, wo es heißt: (2, 15, 4) τεκμήριον δέ· ...
τὸ (ἱερὸν scil.) ⟨τοῦ⟩ ἐν Λίμναις Διονύσου, ᾧ τὰ ἀρχαιότατα Διονύσια
τῇ δωδεκάτῃ ποιεῖται ἐν μηνὶ Ἀνθεστηριῶνι, ὥσπερ καὶ οἱ ἀπ᾽ Ἀθηνῶν
Ἴωνες ἔτι καὶ νῦν νομίζουσιν.
[43] Zu πολυάνθρωπος vgl. die Parallelen bei Jacoby, S. 291, 15 und Plut.
Thes., 25, 1.
[44] AP 8,1; Isokr. 7,22f. Vgl. Hignett, S. 226f.

Gegner der radikalen Demokratie dagegen die Losung aus Vorgewählten forderten,[45] dann ergibt sich, daß die bei Demosthenes
geschilderte Demokratie dem Ideal der Gemäßigten entspricht.
    4. In den Jahren 341–339 schreibt Isokrates in seinem ›Panathe-
naikos‹ über Theseus: (12, 128 ff.) ἔχων βασίλειαν ἀσφαλεστάτην
καὶ μεγίστην . . . ἀκμάζων τὴν μὲν πόλιν, ὡς λέγεται, διοικεῖν τῷ
πλήθει ἀπέδωκεν, αὐτὸς δ᾽ ὑπὲρ ταύτης τε καὶ τῶν ἄλλων
Ἑλλήνων διετέλει κινδυνεύων . . . περὶ δὲ τῶν παραλαβόντων
τὴν τῆς πόλεως διοίκησιν, ἣν ἐκεῖνος παρέδωκεν, οὐκ ἔχω τίνας
ἐπαίνους εἰπὼν ἀξίους ἂν εἴην εἰρηκὼς τῆς ἐκείνων διανοίας . . .
κατεστήσαντο γὰρ δημοκρατίαν οὐ τὴν εἰκῇ πολιτευομένην καὶ
νομίζουσαν τὴν μὲν ἀκολασίαν ἐλευθερίαν εἶναι τὴν δ᾽ ἐξουσίαν
ὅτι βούλεταί τις ποιεῖν εὐδαιμονίαν, ἀλλὰ τὴν τοῖς τοιούτοις μὲν
ἐπιτιμῶσαν, ἀριστοκρατίᾳ χρωμένην . . . (138) τοῦ μὲν οὖν δια-
φερόντως τῶν ἄλλων οἰκεῖσθαι τὴν πόλιν ἡμῶν κατ᾽ ἐκεῖνον τὸν
χρόνον δικαίως ἂν ἐπενέγκοιμεν τὴν αἰτίαν τοῖς βασιλεύσασιν
αὐτῆς, περὶ ὧν ὀλίγῳ πρότερον διελέχθην . . . (143) ἐποιοῦντο
συμβούλους καὶ προστάτας οὐ τοὺς τυχόντας ἀλλὰ τοὺς βελτί-
στους καὶ φρονιμωτάτους καὶ κάλλιστα βεβιωκότας . . . καὶ πάσας τὰς ἡγεμονίας τὰς τῆς πόλεως αὐτοῖς παρέδοσαν . . . (145)
περὶ δὲ τοὺς αὐτοὺς χρόνους καθίστασαν ἐπὶ τὰς ἀρχὰς τοὺς
προκριθέντας ὑπὸ τῶν φυλετῶν καὶ δημοτῶν, οὐ περιμαχήτους
αὐτὰς ποιήσαντες οὐδ᾽ ἐπιθυμίας ἀξίας ἀλλὰ πολὺ μᾶλλον λειτ-
ουργίαις ὁμοίας ταῖς ἐνοχλούσαις μέν, οἷς ἂν προσταχθῶσι,
τιμὴν δέ τινα περιτιθείσαις αὐτοῖς . . . (146) μηδένα τῶν πολιτῶν
ὥσπερ νῦν διακεῖσθαι πρὸς τὰς ἀρχὰς ἀλλὰ μᾶλλον τότε φεύγειν
αὐτὰς ἢ νῦν διώκειν· καὶ πάντας νομίζειν μηδέποτ᾽ ἂν γενέσθαι
δημοκρατίαν ἀληθεστέραν μηδὲ βεβαιοτέραν μηδὲ μᾶλλον τῷ
πλήθει συμφέρουσαν τῆς τῶν μὲν τοιούτων πραγματειῶν ἀτέ-
λειαν διδούσης, τοῦ δὲ τὰς ἀρχὰς καταστῆσαι καὶ λαβεῖν δίκην
παρὰ τῶν ἐξαμαρτανόντων κύριον ποιούσης . . . (148) ταύτῃ δὲ
χρώμενος (ὁ δῆμος sc.) οὐκ ἐλάττω χιλίων ἐτῶν ἀλλ᾽ ἐμμείνας,
ἀφ᾽ οὗπερ ἔλαβε, μέχρι τῆς Σόλωνος μὲν ἡλικίας Πεισιστράτου
δὲ δυναστείας, ὃς . . . τὸν . . . δῆμον κατέλυσε.
Isokrates läßt hier die Demokratie auf Theseus zurückgehen und

beschreibt sie als eine gemischte Verfassung, in der die Menge die
Ämter den Besten überläßt und sich – aristotelisch gesagt – auf τὸ
τὰς ἀρχὰς αἱρεῖσθαι καὶ εὐθύνειν[46] beschränkt. Die Ämter werden in dieser Verfassung aus Vorgewählten besetzt.

Fassen wir die Ergebnisse zusammen: Aus den Jahren 342–319
liegen vier Berichte vor, die Theseus als Begründer der Demokratie
bezeichnen und die neue Demokratie mehr oder weniger deutlich
als eine gemischte Verfassung beschreiben.

Die Übereinstimmung der vier Berichte in der politischen Fär-
bung weist nun auf eine gemeinsame Endvorlage hin, deren Autor
Gegner der radikalen Demokratie oder besser Anhänger der gemischten Verfassung war.

Um den Verfasser und die Entstehungszeit dieser Vorlage zu bestimmen, betrachten wir noch einmal den ›Panathenaikos‹.

Auffällig ist, daß Theseus an der Reform nur insofern beteiligt
ist, als er zugunsten der Demokratie auf die absolute Herrschaft
verzichtet, die Schöpfung der neuen Verfassung hingegen ein Werk
der Könige nach ihm ist. Diese seltsame Version läßt sich wie folgt
erklären: Die Quelle des Isokrates hat bedacht, daß eine Verfassungsreform durch Theseus in Widerspruch zur Königsliste steht,
und hat deshalb die Ausbildung der neuen Verfassung auf die Könige Theseus, Menestheus, Demophon, Thymoites, Melanthios,
Kodros und Medon verteilt,[47] und zwar in der Weise, daß sie zwar
den Theseus eine neue Verfassung geben, sein Werk aber von Menestheus zerstört und dann erst von Medon vollendet werden
läßt.[48] – Indem nun Isokrates in seiner Preisrede die unerfreuliche
Menestheusepisode mit dem Sturz des Theseus wegläßt, ergibt sich,
daß er Theseus an der Schöpfung der neuen Verfassung nur durch
den Verzicht auf die absolute Herrschaft beteiligt sein lassen kann.

Auffällig ist weiterhin, daß die zur Zeit des Theseus geschaffene

---

[46] Ar. Pol. 1274 a 17.
[47] Zu den Problemen bei der Gestaltung der Königsliste durch Hellanikos vgl. Jacoby, S. 43–51.
[48] Vgl. Plut. Thes. 32,33 und 35; Philochoros F 19 mit Komm.; Diod.
4,62; Theophr. Char. 26,6; Paus. Att. F 78 (Schw.); Euseb. Chron. ab Abr.
798. – Zur Rolle des Medon vgl. AP 3,2, Jacoby, S. 45 ff.

Demokratie bis auf Peisistratos fortbestanden haben soll.[49] Das würde nämlich bedeuten, daß in der Vorlage des Isokrates sowohl Drakon als auch Solon als Verfassungsgeber entweder keine oder doch nur eine unbedeutende Rolle gespielt haben. In der Tat ist uns nun eine derartige Version von der Entwicklung der Verfassung Athens bezeugt: Was Drakon angeht, so sagt Aristoteles – ausdrücklich in der Politik und durch die Form der Darstellung in der AP –, daß Drakon keine Verfassung gegeben habe.[50] Welchen Platz aber nimmt Solon in der Geschichte der Verfassung Athens ein? Einstimmig berichten die antiken Historiker und Biographen, daß er der Schöpfer des Volksgerichts, der mächtigsten Institution der radikalen Demokratie, gewesen sei.[51] Aber während für einen Teil der Historiker diese Maßnahme genügt, um Solon zum Vater der radikalen Demokratie zu erklären, sehen andere Historiker in ihr nur ein Korrekturmittel Solons gegen bestehende Mißstände.[52] Abgesehen von dem Zwischenspiel der Tyrannis der Peisistratiden setzt nach diesen Historikern der große Bruch in der Verfassungsgeschichte, die Umwandlung der gemäßigten in die radikale Demokratie, nicht mit Solon, aber auch nicht mit Kleisthenes, sondern erst mit Aristeides und Ephialtes ein. Diese Ansicht, die Solon und auch Kleisthenes nicht als Neugründer des Staates, sondern nur als Korrektoren bestehender Übelstände gelten läßt, findet sich in der ›Politik‹ des Aristoteles. Es heißt dort: (1373 b 42) ἔοικε δὲ Σόλων ἐκεῖνα μὲν ὑπάρχοντα πρότερον οὐ καταλῦσαι, τήν τε βουλὴν καὶ τὴν τῶν ἀρχῶν αἵρεσιν, τὸν δὲ δῆμον καταστῆσαι τὰ δικαστήρια ποιήσας ἐκ πάντων. διὸ καὶ μέμφονταί τινες αὐτῷ· λύσαι γὰρ θάτερα κύριον ποιήσαντα τὸ δικαστήριον πάντων κληρωτὸν ὄν ... φαίνεται δ᾽ οὐ κατὰ τὴν Σόλωνος γενέσθαι τοῦτο προαίρεσιν ἀλλὰ μᾶλλον ἀπὸ συμπτώματος. τῆς

---

[49] Vgl. auch Paus. 1, 3, 3: ὡς Θησεὺς παραδοίη τὰ πράγματα τῷ δήμῳ καὶ ὡς ἐξ ἐκείνου δημοκρατούμενοι διαμείναιεν πρὶν ἢ Πεισίστρατος ἐτυράννησεν ἐπαναστάς.

[50] Vgl. Kap. V.

[51] Zum Volksgericht als Exponent der radikalen Demokratie vgl. Historia 6 (1957), S. 257ff.

[52] Vgl. auch Kap. IV und VI.

ναυαρχίας (ναυμαχίας ci. Powell) γὰρ ἐν τοῖς Μηδικοῖς
ὁ δῆμος αἴτιος γενόμενος ἐφρονηματίσθη καὶ
δημαγωγοὺς ἔλαβε φαυλούς.[53]
Von diesem Zeugnis her bietet die Tatsache, daß Isokrates die Verfassung des Theseus bis auf Peisistratos Bestand haben läßt und somit Solon nicht als einen Neugründer der Staates betrachtet, keine
Schwierigkeit mehr.

Hören wir nun einmal, was Aristoteles über die Verfassung, ἣν
Ἀριστείδης μὲν ὑπέδειξεν Ἐφιάλτης δ' ἐπετέλεσεν (AP 41, 2), berichtet. Es heißt in der AP: (24) μετὰ δὲ ταῦτα (τὰ Μηδικὰ sc.)
θαρρούσης ἤδη τῆς πόλεως ... συνεβούλευεν (Ἀριστείδης sc.)
ἀντιλαμβάνεσθαι τῆς ἡγεμονίας καὶ καταβάντας ἐκ τῶν
ἀγρῶν οἰκεῖν ἐν τῷ ἄστει· τροφὴν γὰρ ἔσεσθαι πᾶσι ...
κατέστησαν δὲ καὶ τοῖς πολλοῖς εὐπορίαν τροφῆς,
ὥσπερ Ἀριστείδης εἰσηγήσατο. συνέβαινεν γὰρ ἀπὸ
τῶν φόρων καὶ τῶν τελῶν καὶ τῶν συμμάχων πλείους
ἢ δισμυρίους ἄνδρας τρέφεσθαι[54] ... (25) αὐξανομένου
δὲ τοῦ πλήθους ... Ἐφιάλτης ... τῆς βουλῆς ... ἅπαντα περιεῖλε
τὰ ἐπίθετα, δι' ὧν ἦν ἡ τῆς πολιτείας φυλακή, καὶ τὰ μὲν τοῖς
πεντακοσίοις τὰ δὲ τῷ δήμῳ καὶ τοῖς δικαστηρίοις ἀπέδωκεν.[55]

Die gleiche Schilderung über das Wirken des Aristeides und
Ephialtes findet sich nun – wenn auch ohne Namensnennung – im
›Panathenaikos‹. Es heißt dort: (12, 114ff.) μηδεὶς ὑπολάβῃ με
ταῦτ' εἰρηκέναι περὶ ταύτης τῆς πολιτείας ἣν ἀναγκασ-
θέντες μετελάβομεν ἀλλὰ περὶ τῆς τῶν προγόνων, ἧς
οὐ καταφρονήσαντες οἱ πατέρες ἡμῶν ἐπὶ τὴν νῦν καθεστῶσαν
ὥρμησαν ἀλλὰ περὶ μὲν τὰς ἄλλας πράξεις πολὺ σπουδαιοτέραν
ἐκείνην προκρίναντες περὶ δὲ τὴν δύναμιν τὴν κατὰ θάλατταν
ταύτην χρησιμωτέραν εἶναι νομίζοντες ... ἀκριβῶς ᾔδεσαν ...
τὴν ... κατὰ θάλατταν δύναμιν ... αὐξανομένην ... ἔκ τε τῶν
τεχνῶν τῶν περὶ τὰς ναῦς καὶ τῶν ἐλαύνειν αὐτὰς δυναμένων καὶ
τῶν τὰ σφέτερα μὲν αὐτῶν ἀπολωλεκότων ἐκ δὲ τῶν

[53] Vgl. den Parallelbericht in AP 9, 2.
[54] Zum Beginn der radikalen Demokratie mit Aristeides vgl. noch Plut.
Arist. 22 und 25.
[55] Zu Ephialtes vgl. noch Plut. Kim. 15.

ἀλλοτρίων πορίζεσθαι τὸν βίον εἰθισμένων· ὧν εἰσ-
πεσόντων εἰς τὴν πόλιν οὐκ ἄδηλος ἦν ὅ τε κόσμος ὁ τῆς
πολιτείας τῆς πρότερον ὑπαρχούσης λυθησόμενος ἤ τε τῶν συμμάχων εὔνοια ταχέως ληψομένη μεταβολήν, ὅταν τούτους
ἀναγκάζωσι συντάξεις καὶ φόρους ὑποτελεῖν, ἵν'
ἔχωσι μισθὸν διδόναι τοῖς τοιούτοις οἵους ὀλίγῳ
πρότερον εἶπον.

Wie die vorstehenden Zeugnisse zeigen, liegt im ›Panathenaikos‹
des Isokrates dasselbe Geschichtswerk vor, das auch von Aristoteles
in der ›Politik‹ und in der AP benutzt worden ist. Kennzeichen dieses Werkes ist die eingehende Behandlung der athenischen Verfassungsgeschichte, und zwar vom Standpunkt der Gemäßigten her:
Theseus ist der Schöpfer der πάτριος πολιτεία, einer als Demokratie benannten gemischten Verfassung. Sein Werk wird nach den Unruhen in der Zeit um 600 von Solon und nach der Tyrannis der Peisistratiden von Kleisthenes weitergeführt. Erst der Aufstieg Athens
als Seemacht, die Gründung des Seebundes und die dadurch einge-
leitete Umschichtung der Bevölkerung durch Aristeides setzen der
Verfassung des Theseus ein Ende und führen mit Ephialtes die radikale Demokratie herauf.

Zur Datierung dieses Werkes lassen sich folgende Argumente
anführen:

1. Isokrates schreibt im ›Panathenaikos‹ (12, 126 f.), daß ursprünglich in Athen eine Erbmonarchie geherrscht habe, und zwar
bis auf Theseus. Anschließend bedauert er, schon in einem früheren
Werk von den Taten des Theseus berichtet zu haben, da der rechte
Platz dafür eigentlich seine jetzige Preisrede auf Athen sei. Er fährt
dann fort, er könne jetzt jene Dinge nicht wiederholen, nur von
einer Tat wolle er berichten, ἣ συμβέβηκε μήτ' εἰρῆσθαι πρότερον
μήτε πεπρᾶχθαι μηδ' ὑφ' ἑνὸς ἄλλου πλὴν ὑπὸ Θησέως, von der
Schöpfung der Demokratie. – Der frühere Bericht über Theseus,
auf den Isokrates hier anspielt, findet sich in der ›Rede auf Helena‹
aus dem Jahre 380 (10, 18–39). Nach einer Schilderung der Lage in
Attika zur Zeit des Theseus heißt es da: (10, 34) ἐπέδειξεν, ὅτι ῥᾴ-
διόν ἐστι ἅμα τυραννεῖν καὶ μηδὲν χεῖρον διακεῖσθαι τῶν ἐξ
ἴσου πολιτευομένων . . . τοσούτου δ' ἐδέησεν ἀκόντων τι ποιεῖν
τῶν πολιτῶν, ὥστ' ὁ μὲν τὸν δῆμον καθίστη κύριον τῆς πολιτείας

οἱ δὲ μόνον αὐτὸν ἄρχειν ἠξίουν ἡγούμενοι πιστοτέραν καὶ κοινοτέραν εἶναι τὴν ἐκείνου μοναρχίαν τῆς αὐτῶν δημοκρατίας
... διετέλεσε τὸν βίον ... τῇ μὲν ἐξουσίᾳ τυραννῶν ταῖς δ᾽ εὐεργεσίαις δημαγωγῶν. Das Bild, das hier von Theseus entworfen
wird, unterscheidet sich von dem des ›Panathenaikos‹ darin, daß
Theseus zwar demokratisch gesinnt ist, aber letztlich die Macht doch
nicht dem Volk überträgt, wenn auch nur deshalb, weil das Volk die
Monarchie der Demokratie vorzieht. Demnach ist die Version von
der Umwandlung der absoluten Monarchie durch Theseus in die gemäßigte Demokratie erst in der Zeit von 380–342 entstanden.

2. Der Bericht des ›Panathenaikos‹ über die Verfassung des The-
seus und die ihn ergänzende Apologie des Solon in der ›Politik‹ des
Aristoteles machen den Eindruck, als ob das in ihnen vorliegende
Geschichtswerk erst kurz zuvor, also um 342 erschienen sei.[56]

3. Bei der "truly astonishing ignorance of most of the Attic orators and the little use they made of the history of their city"[57] ist es
beachtenswert, daß vier Reden, und zwar Isokrates 12, Ps. Demosthenes 59, Aeschines 2 und Demosthenes 19 in auffälliger Weise und
z. T. sogar übereinstimmend Fakten aus der Geschichte Athens anführen, wie sie typisch für eine Atthis sind. So berichten Isokrates
12, 128 ff. und Ps. Demosthenes 59, 74 des längeren von der gemäßigten Demokratie des Theseus. Isokrates spricht weiterhin (169)
von Theseus und dem Zug der Sieben gegen Theben[58] und (193)
vom Kampf des Theseus gegen die Amazonen.[59] Aeschines 2,31

---

[56] Im Anschluß an die Schilderung der Verfassung des Theseus schreibt
Isokrates: (12, 149) τάχ᾽ οὖν ἄν τινες ἄτοπον εἶναί με φήσειαν. οὐδὲν γὰρ
κωλύει διαλαβεῖν τὸν λόγον, ὅτι τολμῶ λέγειν ὡς ἀκριβῶς εἰδὼς περὶ
πραγμάτων, οἷς οὐ παρῆν πραττομένοις. ἐγὼ δ᾽ οὐδὲν τούτων ἄλογον
οἶμαι ποιεῖν. Diese Verteidigung weist darauf hin, daß die Darstellung, die
Isokrates von der Demokratie des Theseus gab, den Lesern unbekannt war,
d. h. aber, daß das Geschichtswerk, auf das sich die Schilderung des Isokrates gründet, kurz vor der Abfassung des ›Panathenaikos‹, also kurz vor 342
erschienen sein muß. Vgl. weiterhin Isokr. 12, 126–130 (Text siehe oben
S. 104) und Ar. Pol. 1373 b 42 (Text siehe oben S. 106).

[57] Jacoby, S. 95. Vgl. auch S. 90, 84.

[58] Vgl. Philochoros F 112 m. Komm. und Anm. 32.

[59] Vgl. Kleidemos F 18.

spielt auf die Besiedelung der Gegend um das spätere Amphipolis
durch die Θησέως παῖδες an. Demosthenes 19,251 ff. gibt Aus-
blicke auf die Geschichte der solonischen Zeit: Er spielt auf die
Rolle Solons bei der Wiedergewinnung von Salamis an [60] und zitiert
anschließend eine Elegie Solons. Ferner geben Isokrates 12,92 ff.
und – in erheblichem Umfange – Ps. Demosthenes 59,94 ff. einen
Exkurs über die Schicksale der mit Athen eng verbundenen Stadt
Plataeae. – Alle diese vier Reden stammen nun aus der Zeit um
343.[61] Die Tatsache, daß plötzlich um 343 vier Reden, darunter der
Panathenaikos, dessen Vorlage wir zu datieren versuchen, Fakten
aus der Geschichte Athens anführen, wie wir sie gerade aus den
Atthiden kennen, läßt sich nur durch den Einfluß einer kurz zuvor,
also 343 erschienenen Atthis erklären.

Sowohl die Abfassungszeit als auch die Konzeption dieser Atthis,
die Betrachtung der athenischen Verfassungsgeschichte vom Standpunkt eines Anhängers der gemäßigten Demokratie, sichern, daß es
sich bei ihr um die Atthis des Androtion handelt.[62]

III

Mit dem Ergebnis, daß die Berichte des Theophrast, Aristoteles
(AP), Ps. Demosthenes (59) und Isokrates (12), in denen die Verfassung des Theseus als eine gemäßigte Demokratie beschrieben wird,
auf die um 343 erschienene ›Atthis‹ des Androtion zurückgehen,[63]

[60] Vgl. zu § 252 und 255 (πιλίδιον κτλ.) Plut. Sol. 8.
[61] Aesch. 2 = a. 343 Dem. 19 = a. 343/342; Ps. Dem. 59 = a. 343–340;
Isokr. 12 = a. 342/339.
[62] Zur politischen Einstellung des Androtion vgl. Jacoby, S. 95 ff.; 81,29;
82,30; 91,86. Zur Behandlung des Solon und Kleisthenes durch Androtion
vgl. F 34 m. Komm. und F 6 m. Komm. und Jacoby, S. 91, 86. Zur Abfassungszeit (343–340) vgl. Jacoby, S. 103 ff.
[63] Wie Androtion die Verfassung des Theseus im einzelnen beschrieben
hat, kann hier offenbleiben. Trotz der Bemerkungen von Prof. Jacoby, Atthis, S. 247,49 (wozu man aber vgl. F. Wüst, in: Historia 6 [1957], S. 178 ff.)
möchte der Verfasser annehmen, daß die Schilderung bei Plut. Thes. 24/5
auf Androtion zurückzuführen ist.

können wir uns der Frage zuwenden, seit wann mit dem Namen des
Theseus für ein bestimmtes Verfassungsideal Propaganda gemacht
wurde.

In den 421/420 aufgeführten ›Hiketiden‹ des Euripides findet sich
folgende Szene: Theseus hat den Entschluß gefaßt, gegen Theben
zu ziehen, und sagt dann v. 349:

> δόξαι δὲ χρῄζω καὶ πόλει πάσῃ τόδε·
> δόξει δ' ἐμοῦ θέλοντος· ἀλλὰ τοῦ λόγου
> προσδοὺς ἔχοιμ' ἂν δῆμον εὐμενέστερον.
> καὶ γὰρ κατέστησ' αὐτὸν εἰς μοναρχίαν
> ἐλευθερώσας τήνδ' ἰσόψηφον πόλιν.

Wenn es hier heißt κατέστησ' αὐτὸν εἰς μοναρχίαν ἐλευθερώ-
σας τήνδ' ἰσόψηφον πόλιν, so ist mit diesen Worten die Befreiung
Attikas von der Gewaltherrschaft der Pallantiden und die Einigung
des Landes durch Theseus gemeint.[64] Indem aber Euripides die
Stadt als ἰσόψηφον benennt, sagt er, daß Theseus das Volk an der
Regierung beteiligte. In die gleiche Richtung weist auch die Tatsache, daß Theseus, seinen Willen nur dann in die Tat umsetzt,
wenn er durch einen Volksbeschluß gebilligt worden ist.[65]

Ergänzt wird diese Schilderung durch folgende Szene: Ein Herold aus Theben kommt nach Athen und fragt (v. 399), wer der
Herrscher des Landes sei. Theseus antwortet darauf, daß er falsch
gefragt habe, wenn er den Tyrannen Athens suche.

> οὐ γὰρ ἄρχεται
> ἑνὸς πρὸς ἀνδρὸς ἀλλ' ἐλευθέρα πόλις.[66]
> δῆμος δ' ἀνάσσει διαδοχαῖσιν ἐν μέρει
> ἐνιαυσίαισι οὐχὶ τῷ πλούτῳ διδοὺς
> τὸ πλεῖστον ἀλλὰ χὠ πένης ἔχων ἴσον.

[64] Die z. Z. des Euripides herrschende Version von der Lage in Attika
z. Z. des Theseus läßt sich aus folgenden Zeugnissen erschließen: Sophokles F 872 N² (= Strab. 392), wozu vgl. Jacoby, S. 337, 11; Euripides Hipp.
35 und Apollod. bibl. ep. 1, 11. Vgl. weiterhin Isokr. 10, 32 (a. 380); AP F 2;
Plut. Thes. 3 und 13; Philochoros F 107/8.

[65] Es ist vielleicht nicht belanglos, daß Theseus stets als ἄναξ (113, 164,
366, 625, 656) oder στρατηγός o. ä. (192, 707, 726), nie jedoch als τύραννος oder βασιλεύς bezeichnet wird.

[66] Vgl. noch 477 ὡς δὴ πόλιν ἐλευθέραν ἔχων.

Als dann der Herold die Mißstände einer solchen Staatsform, Demagogentum und Ochlokratie, aufzeigt, begegnet Theseus diesem Vorwurf mit einer Synkrisis von Demokratie und Tyrannis. Als Kriterium für die beste Staatsform nennt er dabei τὸ ἴσον. Bei dieser Szene, deren Argumente sich z. T. auch in der Verfassungsdebatte bei Herodot (3, 81 ff.) finden, handelt es sich um einen – wie Euripides selbst sagt (v. 427) – Agon zwischen dem Vertreter der Demokratie und der Monarchie.[67]

Seltsam nehmen sich nun in diesem Agon die Worte οὐχὶ τῷ πλούτῳ διδοὺς τὸ πλεῖστον ἀλλὰ χὠ πένης ἔχων ἴσον aus. Man könnte vermuten, daß Euripides mit diesen in einem Agon zwischen dem Vertreter der Demokratie und der Monarchie unpassenden Versen auf eventuelle Parteistreitigkeiten in Athen, auf die Frage „gemäßigte oder radikale Demokratie" anspielt. Bedenkt man aber, daß dem Drama die Weigerung Thebens, die bei Delion gefallenen Athener zur Bestattung freizugeben, zugrunde liegt und daß Theben zu dieser Zeit oligarchisch regiert wurde,[68] so erklären sich die seltsamen Worte οὐχὶ τῷ πλούτῳ διδοὺς τὸ πλεῖστον ἀλλὰ χὠ πένης ἔχων ἴσον als polemische Wendung gegenüber der thebanischen Oligarchie.

Wenn wir nun fragen, warum Theseus von Euripides als Vertreter der demokratischen Staatsform gezeichnet worden ist, so können wir uns in Anbetracht der Tatsache, daß sich der Agon zwischen dem Vertreter der Demokratie und Monarchie abspielt, in der Politik Athens es jedoch nicht um die Frage „Demokratie oder Monarchie", sondern stets um die Frage „gemäßigte oder radikale Demokratie" ging, mit der Feststellung begnügen, daß es sich bei dieser Charakterisierung des Theseus als Demokraten nicht um eine Meinungsäußerung des Euripides zur athenischen Politik handelt.

Aus der um 400 erschienenen ›Atthis‹ des Hellanikos sind leider keine Fragmente erhalten, die erkennen lassen, welche Rolle Hellanikos dem Theseus in der Geschichte der athenischen Verfassung

---

[67] Als Quelle dieses Agons scheint Nestle, Griech. Studien (1948), S. 480 ff. = Philol. 70 (1911) eine Schrift des Protagoras anzunehmen.

[68] Zum Anlaß des Dramas vgl. Thuk. 4, 97 ff. Zur thebanischen Oligarchie vgl. Hell. Ox. 11, 2.

zuschrieb. Ein Schluß auf die Darstellung des Hellanikos wird uns jedoch ermöglicht, indem wir fragen, welche Konzeption von der Entwicklung der athenischen Verfassung Hellanikos vertreten, d. h. welche Rolle er dem Solon, Kleisthenes, Aristeides und Ephialtes zugeteilt hat. Da nun das Material zur Beantwortung dieser Frage vorerst noch nicht ausreicht, müssen wir uns damit begnügen, die zeitlich nächstliegenden Berichte zu befragen.

Thukydides erwähnt in seinem Exkurs über das Athen des Theseus (2, 15) keinerlei demokratische Tendenzen des Theseus. Entweder lehnte er eine Darstellung wie die des Euripides als unhistorisch ab, oder er kannte sie nicht.

Im Jahre 380 schreibt Isokrates in seiner Preisrede auf Helena: (10, 36) τοσούτου δ' ἐδέησεν ἀκόντων τι ποιεῖν τῶν πολιτῶν, ὥστ' ὁ μὲν τὸν δῆμον καθίστη κύριον τῆς πολιτείας, οἱ δὲ μόνον αὐτὸν ἄρχειν ἠξίουν ἡγούμενοι πιστοτέραν καὶ κοινοτέραν εἶναι τὴν ἐκείνου μοναρχίαν τῆς αὐτῶν δημοκρατίας ... διετέλεσε τὸν βίον οὐκ ἐπιβουλευόμενος ἀλλ' ἀγαπώμενος[69] ... τῇ μὲν ἐξουσίᾳ τυραννῶν ταῖς δ' εὐεργεσίαις δημαγωγῶν.

Mag auch für Isokrates Theseus versucht haben, die Demokratie einzuführen, und mag er auch – wie bei Euripides – stets in Übereinstimmung mit der Bürgerschaft gehandelt haben, entscheidend ist hier, daß für Isokrates die Verfassung des Theseus eine monarchische war und ausdrücklich als Monarchie und nicht etwa als gemäßigte Demokratie bezeichnet wird. Trotz der Charakterisierung des Theseus als Demokratenkönig kann man also bei der Darstellung des Isokrates nicht von Propaganda für ein bestimmtes Verfassungsideal sprechen.

Dieselbe Darstellung wie Isokrates in der ›Helena‹ gab wahrscheinlich auch Ephoros in seinem ab etwa 356 veröffentlichten Geschichtswerk.[70]

Auch in der um 355 erschienenen Atthis des Kleidemos[71] kann

[69] Hier polemisiert Isokrates gegen die Version vom Sturz des Theseus durch Menestheus, wie sie sich bei Hellanikos (F 21) fand.
[70] Vgl. Diod. 4, 61, 8: Θησεὺς διαδεξάμενος τὴν βασιλείαν ἦρχε τοῦ πλήθους νομίμως. Zur Datierung vgl. Jacoby, S. 55, 34.
[71] Zur Datierung vgl. Jacoby, S. 58.

Theseus verfassungsgeschichtlich keine besondere Rolle gespielt haben, da für Kleidemos die Demokratie mit Solon begann.[72] Die ersten propagandistischen Züge in der Ausgestaltung der Figur des Theseus lassen sich greifen in der 343 publizierten ›Atthis‹ des Androtion: Theseus ist der Schöpfer der gemäßigten Demokratie, einer gemischten Verfassung, wie sie den Gegnern der radikalen Demokratie als Ideal vorschwebte.

Damit sind aber auch alle anderen Zeugnisse über die Rolle des Theseus als Begründer der Demokratie zeitlich festgelegt. War es erst einmal anerkannt, daß Theseus der Schöpfer der – wenn auch gemäßigten – Demokratie war, so war es leicht, sein Werk in radikaldemokratischem Sinne zu deuten, zumal die Darstellung des Euripides eine solche Ausdeutung begünstigte. So konnte schon 338 Demosthenes in seinem Epitaph von den Angehörigen der Phyle Aegeis sagen: (60, 28) οὐκ ἠγνόουν ... Θησέα τοῦ Αἰγέως πρῶτον ἰσηγορίαν καταστησάμενος τῇ πόλει. Oder es konnte um 340 Euphranor in der Stoa des Zeus auf der Agora ein Gemälde malen, auf dem neben Theseus die Personifikationen des Demos und der Demokratie dargestellt waren.[73]

IV

Kleisthenes

Obwohl die direkten Zeugnisse über Kleisthenes spärlich sind, so läßt sich doch seine Rolle innerhalb der politischen Propaganda

---

[72] Vgl. Kap. IV und VI.

[73] Paus. 1, 3, 3: ἐπὶ δὲ τοίχῳ τῷ πέραν Θησεύς ἐστι γεγραμμένος καὶ Δημοκρατία τε καὶ Δῆμος. δηλοῖ δὲ ἡ γραφὴ Θησέα εἶναι τὸν καταστήσαντα ᾿Αθηναίοις ἐξ ἴσου πολιτεύεσθαι. – Den terminus post quem bildet das Abfassungsdatum der Atthis des Androtion, den terminus ante die Tatsache, daß Euphranor bis in die dreißiger Jahre tätig war (vgl. E. Pfuhl, Zeichnung und Malerei der Griechen [1923], S. 749 ff.). Bei der Datierung ist noch zu berücksichtigen, daß Euphranor das Bild zusammen mit einem Gemälde von der Schlacht bei Mantinea geschaffen hat, ein Thema, das nach der Schlacht von Chaironea und der Zerstörung Thebens im Jahre 338 nicht mehr recht denkbar war.

verhältnismäßig leicht festlegen, da die Ergebnisse, die wir über die
Rolle des Solon und Theseus erzielt haben, zugleich auch über
Kleisthenes etwas aussagen.

Zweckmäßigerweise werden wir vorerst die Frage einer etwaigen
propagandistischen Ausgestaltung der Person des Kleisthenes beiseite lassen und uns auf die Frage beschränken, welche Stellung dem
Kleisthenes innerhalb der Geschichte Athens von der Geschichtsschreibung und Publizistik zugewiesen wurde.

Die Zeugnisse lauten, chronologisch angeordnet:

anno 440   Hdt. 5,69: τὸν ᾿Αθηναίων δῆμον πρότερον ἀπω-
–430   σμένον τότε πάντως πρὸς τὴν ἑωυτοῦ μοῖραν προ-
            σεθήκατο. 6. 131 Κλεισθένης ὁ τὰς φυλὰς καὶ τὴν
            δημοκρατίαν ᾿Αθηναίοισι καταστήσας.

anno 411:   Ar. AP 29,2: ἦν δὲ τὸ ψήφισμα τὸ Πυθοδώρου τοι-
            όνδε· τὸν δῆμον ἑλέσθαι μετὰ τῶν προυπαρχόντων
            δέκα προβούλων ἄλλους εἴκοσι . . . οἵτινες . . . συγ-
            γράψουσι περὶ τῆς σωτηρίας. Κλειτοφῶν δὲ τὰ μὲν
            ἄλλα καθάπερ Πυθόδωρος εἶπεν. προσαναζητῆσαι
            δὲ τοὺς αἱρεθέντας ἔγραψεν καὶ τοὺς πατρίους νό-
            μους οὓς Κλεισθένης ἔθηκεν ὅτε καθίστη τὴν
            δημοκρατίαν. ὅπως ⟨ἂν⟩ ἀκούσαντες καὶ τούτων
            βουλεύσωνται τὸ ἄριστον.

anno 395:   Isokr. 16,26: ᾿Αλκιβιάδης καὶ Κλεισθένης . . .
            τοὺς τυράννους ἐξέβαλον καὶ κατέστησαν ἐ-
            κείνην τὴν δημοκρατίαν ἐξ ἧς οἱ πολῖται πρὸς μὲν
            ἀνδρείαν . . . ἐπαιδεύθησαν . . .[74]

anno 353:   Isokr. 15,232 (= 15,306): . . . Σόλωνος. ἐκεῖνός τε
            γὰρ προστάτης τοῦ δήμου καταστὰς οὕτως ἐνο-
            μοθέτησε καὶ τὰ πράγματα διέταξε καὶ τὴν πόλιν
            κατεσκεύασεν ὥστ᾿ ἔτι καὶ νῦν ἀγαπᾶσθαι τὴν διοί-
            κησιν τὴν ὑπ᾿ αὐτοῦ συνταχθεῖσαν. μετὰ δὲ ταῦτα
            Κλεισθένης . . . τοὺς τυράννους ἐξέβαλε καὶ τὴν
            δημοκρατίαν ἐκείνην κατέστησε τὴν αἰτίαν
            τοῖς Ἕλλησι τῶν μεγίστων ἀγαθῶν γενομένην.[74]

---

[74] Zu dem Zusammenhang zwischen Staatsform und Kriegstüchtigkeit
vgl. die Äußerung Herodots (5,78).

Diese Zeugnisse zeigen, daß Kleisthenes vom Jahre 440 bis zum Jahre 353 als Begründer der Demokratie galt.[75] Wenn aber in dem Zeugnis vom Jahre 353 neben Kleisthenes Solon als Verfassungsgeber und προστάτης τοῦ δήμου genannt wird, so möchte man daraus folgern, daß Kleisthenes um 353 infolge einer Neuinterpretation der athenischen Verfassungsgeschichte seinen Platz als Schöpfer der Demokratie an Solon abtreten mußte. Daß dem in der Tat so war, lehrt einmal die an den Rednern gemachte Beobachtung, daß ab 356 Solon in den Mittelpunkt des Interesses rückt, zum anderen aber folgendes Zeugnis des Isokrates aus dem Jahre 356: (7, 16) . . . ἢν ἐθελήσωμεν ἐκείνην τὴν δημοκρατίαν ἀναλαβεῖν, ἢν Σόλων μὲν ὁ δημοτικώτατος γενόμενος ἐνομοθέτησε, Κλεισθένης δ' ὁ τοὺς τυράννους ἐκβαλὼν . . . πάλιν ἐξ ἀρχῆς κατέστησεν.

In welcher Weise sind nun Person und Wirken des Kleisthenes als Mittel der Propaganda für ein bestimmtes Verfassungsideal verwendet worden?

Weder das Zeugnis des Herodot noch der Zusatzantrag des Kleitophon aus dem Jahre 411, noch die beiden Zeugnisse des Isokrates aus den Jahren 395 und 353 tragen irgendwelche propagandistischen Züge. Kleisthenes ist in allen Fällen nichts weiter als eine große Persönlichkeit der athenischen Geschichte.[76]

---

[75] Ein Nachhall dieser Anschauung findet sich noch bei Aristoteles AP 20, 1: ἀποδιδοὺς τῷ πλήθει τὴν πολιτείαν.

[76] Besonders betont werden muß das für den Zusatzantrag des Kleitophon: Zur Beseitigung der herrschenden Mißstände war eine Kommission mit der Vorbereitung einer Verfassungsreform beauftragt worden. Wenn es nun im Zusatzantrag heißt, προσαναζητῆσαι τοὺς αἱρηθέντας καὶ τοὺς πατρίους νόμους οὓς Κλεισθένης ἔθηκεν ὅτε καθίστη τὴν δημοκρατίαν, ὅπως ἂν ἀκούσαντες καὶ τούτων βουλεύσωνται τὸ ἄριστον, so wird damit keine Rückkehr zur Demokratie des Kleisthenes propagiert, sondern es wird eine in den Einzelheiten unbekannte Verfassung, von der man lediglich wußte, daß sie besser war als die geltende (siehe Ps. Xen. AP., wo die radikale Demokratie auf die Seeherrschaft zurückgeführt wird, oder Aristophanes [Ach. 676ff.], wo die Rhetorik dafür verantwortlich gemacht wird), als möglicher Modefall in Betracht gezogen. Daß man nach den fast hundert (!) Jahren von 507–413 mit den vielen direkten und indirekten Verfassungsänderungen die Einzelheiten der kleisthenischen Verfassung in der Tat nicht

Von einem bestimmten Verfassungsideal her wurde das Wirken des Kleisthenes erst ab 356 dargestellt, als er schon keine eigene Rolle mehr spielte.

Für Isokrates (7, 16 = anno 356) besteht das Werk des Kleisthenes darin, daß er die durch die Tyrannis beseitigte Verfassung des Solon wiederaufnahm, d. h. den Staat als gemäßigte Demokratie gestaltete.

Dieser Darstellung aus dem Jahre 356 steht eine andere Interpretation gegenüber, die sich aus den Werken des Aristoteles erschließen läßt. In der Zusammenfassung der Verfassungsgeschichte Athens heißt es: (AP 41,2) ἡ ἐπὶ Σόλωνος, ἀφ' ἧς ἀρχὴ δημοκρατίας ἐγένετο . . . ἡ Κλεισθένους δημοτικωτέρα τῆς Σόλωνος, und im Bericht über die Reform des Kleisthenes: (AP 22,1) δημοτικωτέρα πολὺ τῆς Σόλωνος ἡ πολιτεία. (21,2) ὅπως μετασχῶσι πλείους τῆς πολιτείας; (Pol. 1319b 21) βουλόμενος αὐξῆσαι τὴν δημοκρατίαν.

Diese Darstellung, die auf die um 355 veröffentlichte ›Atthis‹ des Kleidemos zurückzuführen ist, schreibt die Begründung der Demokratie – diesmal aber, wie der Zusammenhang lehrt, der radikalen – wieder dem Solon zu. Das Verdienst des Kleisthenes hingegen wird lediglich im Ausbau der radikalen Demokratie gesehen.[77]

mehr kannte, bezeugen in aller Deutlichkeit unsere Quellen, die trotz aller Detailforschung kaum etwas Wesentliches über die Staatsordnung des Kleisthenes auszusagen wissen.

Den Hauptantrag und damit die Haltung der Reformer charakterisiert Prof. Jacoby treffend wie folgt: (Atthis, S. 206) "The psephism does not prescribe any investigation nor does it mention Solon or use the slogan of the πάτριος πολιτεία . . . The proposer does not think historically nor do other members of his party . . . The line of thought of Pythodoros and his fellows is purely political, and their idea was to create a constitution which corresponded with the present needs of the state." Vgl. auch Jacoby, S. 34,23.

[77] Dafür daß diese Konzeption auf die anno 355 veröffentlichte ›Atthis‹ des Kleidemos zurückgeführt werden muß, spricht einmal der Tenor der Darstellung (vgl. dazu Jacoby Atthis, S. 74.) als auch das Abfassungsdatum 356–343. Der terminus post für die Abfassungszeit ergibt sich daraus, daß Solon als Schöpfer einer Verfassung genannt wird, was erst seit 356 der Fall

Als im Jahre 343 Androtion seine ›Atthis‹ veröffentlichte, deutete
er die Geschichte der athenischen Verfassung wie folgt: Die großen
Neugründer des Staates waren Theseus als Schöpfer der gemäßigten
und Aristeides und Ephialtes als Schöpfer der radikalen Demokratie. Im Gegensatz zu der bisher herrschenden Ansicht, wie sie Isokrates im ›Areopagitikos‹ (7, 16 = a. 356) und Kleidemos in seiner
›Atthis‹ vertraten, wurde die Leistung des Solon nicht mehr in der
Begründung der gemäßigten bzw. radikalen Demokratie gesehen,
sondern im Ausbau der überkommenen Verfassung. Daß nun Androtion den Kleisthenes als einen Fortsetzer des Solon betrachtete,
ergibt sich einmal aus dieser seiner Gesamtauffassung von der Entwicklung der athenischen Verfassung, nach der die gemäßigte Demokratie von Theseus bis Aristeides-Ephialtes andauerte, zum anderen aber aus der Formulierung (AP 29, 3) οὐ δημοτικὴν ἀλλὰ
παραπλησίαν οὖσαν τὴν Κλεισθένους τῇ Σόλωνος, die schon von
Prof. Jacoby auf Androtion zurückgeführt worden ist.[78]

Fassen wir zusammen: Das Wirken des Kleisthenes wird ab 356
im Sinne der Gemäßigten und Radikalen politisch von den Problemen des 4. Jh. her ausgedeutet. Dabei wird Kleisthenes nicht mehr
als eine Persönlichkeit eigener Prägung, sondern als Fortsetzer des
Solon dargestellt.

ist. Den terminus ante liefert die Tatsache, daß die anno 343 erschienene
›Atthis‹ des Androtion eine Interpretation der Verfassungsgeschichte von
radikaler Seite, wie sie in unserer Darstellung vorliegt, voraussetzt (vgl. nur
Androtion F 34 mit Komm. und Jacoby, S. 91, 86).

[78] Jacoby, S. 91, 86 und Atthis, S. 384, 30. Daß es sich bei dieser Klausel
um einen erklärenden Zusatz zu dem Antrag des Kleitophon handelt, ist
schon mehrfach behauptet worden. Vgl. Wade-Gery, in: Classical Quarterly
27 (1933), S. 19 ff. (Zusatz der Quelle der AP), Munro, in: Classical Quarterly 33 (1939), S. 84 ff. (Zusatz des Aristoteles), Hignett, S. 15, 2, De Ste.
Croix, a. a. O., S. 10 (Zusatz des Aristoteles). Daß Fuks demgegenüber
diese Klausel als einen Teil des Antrags des Kleitophon zu verstehen versucht hat, war m. E. ein Mißgriff.

V

Drakon

Aristoteles sagt in der Politik ausdrücklich, jedoch ohne deshalb polemisch zu sein, daß Drakon keine Verfassung gegeben habe.[79] Die gleiche Ansicht vertritt er in der Erstfassung der AP. Erst in der Endfassung dieser Schrift wird Drakon als Verfassungsgeber genannt und sein Werk beschrieben (AP 3/4).[80] Will man nun nicht zwischen der Abfassung der drakontischen Verfassung (sei es durch einen Historiker oder sei es durch einen Pamphletisten) und ihrer Übernahme in die AP einen längeren Zeitraum ansetzen, und nimmt man an, daß die Einfügung der drakontischen Verfassung noch von Aristoteles selbst und nicht etwa nach seinem Tode erfolgte,[81] so ergibt sich als Abfassungsdatum etwa die Zeit von 328–322.

Daß die drakontische Verfassung erst um 322 in die AP eingefügt worden ist, ist bisher auch kaum bestritten worden, nur meinte man, daß es sich bei ihr um ein Pamphlet der Oligarchen aus der Zeit um 413 handele, das erst um 322 wieder an das Licht gezogen worden sei.[82] Diese These beruht 1. auf der, wie sich oben herausgestellt hat, unbegründeten Annahme, daß um 413–404 mit den Namen Solon, Kleisthenes und also auch Drakon für die einzelnen Verfassungsformen Propaganda getrieben worden sei, und 2. auf der inzwischen von Fuks widerlegten Ansicht, zwischen der drakontischen Verfassung und den Verfassungsplänen der Vierhundert bestehe eine so enge Übereinstimmung, daß ein Zusammenhang beider angenommen werden müsse.[83]

---

[79] Ar. Pol. 1274b 5: Δράκοντος δὲ νόμοι μὲν εἰσιν, πολιτείᾳ δ' ὑπαρχούσῃ τοὺς νόμους ἔθηκεν.

[80] Zu den Belegen für eine nachträgliche Einfügung vgl. nur Fuks, S. 96, der auch die weitere Literatur nennt.

[81] So Jacoby, Atthis, S. 94 und Atthis, S. 385, 51.

[82] Vgl. Busolt-Swoboda, Gr. Staatskde. (1920), S. 52 ff.; Bonner-Smith, The administration of justice from Homer to Aristotle I (1930), S. 134 ff.; Jacoby, Atthis, S. 94 und 154; Hignett, S. 5 und 273.

[83] Obwohl Fuks zu dem richtigen Ergebnis gelangt ist, daß die drakontische Verfassung in das 4. Jh. zu datieren sei (ohne dabei jedoch ein

Die drakontische Verfassung ist also in der Zeit um 328–322 entstanden und mag, wie Prof. Jacoby ansprechend vermutet, den zwei Büchern περὶ τῶν ᾿Αθήνησι πολιτειῶν des Demetrios von Phaleron entnommen worden sein.[84]

Sollte nun diese drakontische Verfassung nicht etwa, wie man bisher allgemein annahm, ein Stück Propaganda der Gemäßigten bzw. Oligarchen, sondern – bei aller Fragwürdigkeit des Inhalts – ein Ergebnis ernster historischer Überlegung sein, so hat der Name Drakons im Kampf um die Verfassung Athens niemals eine Rolle gespielt; andernfalls erst ab 328–322.

VI

Wir hatten die Frage gestellt, seit wann mit den Namen Theseus, Drakon, Solon und Kleisthenes von den einzelnen Faktionen für ein bestimmtes Verfassungsideal Propaganda gemacht wurde. Es ergab sich dabei, daß das Wirken dieser vier Männer nicht schon 413–404, sondern das des Solon und Kleisthenes erst im Jahre 356, das des Theseus 343 und das des Drakon – wenn überhaupt – in den Jahren 328–322 im Sinne der Gemäßigten und Radikalen interpretiert wurde.

Nebenbei aber stellte sich heraus, daß, während Kleisthenes schon in der Mitte des 5. Jh. als Verfassungsgeber bekannt war, Solon, Theseus und Drakon überhaupt erst in den Jahren 356, 343 und 328–322 als Schöpfer von Verfassungen entdeckt worden sind.

Mit diesem Ergebnis läßt sich nun eine wichtige quellenkritische Frage lösen. Wie wir aus der Politik und der AP des Aristoteles erfahren, wurde Solon beschuldigt, durch die Begründung des Volksgerichts und die absichtlich unklare Abfassung der Gesetze willentlich die radikale Demokratie heraufgeführt zu haben.[85] Dieser

---

genaueres Datum für die Abfassung zu nennen), konnte hier nicht an die Untersuchung von Fuks angeknüpft werden, da sie u. E. z. T. auf falschen Prämissen beruht.

[84] Jacoby, Atthis, S. 385, 51.

[85] AP 9, 1 τρίτον δὲ ⟨ᾧ⟩ μάλιστά φασιν ἰσχυκέναι τὸ πλῆθος, ἡ εἰς τὸ

Vorwurf, dem sich noch der der persönlichen Bereicherung bei der Seisachthie beigesellt,[86] wurde bisher auf den Kreis des Kritias zurückgeführt.[87] Da nun aber dieser Vorwurf ein Wirken Solons als Verfassungsgeber zum Inhalt hat, kann er erst nach 356 entstanden sein. Und man wird in Anbetracht der Entstehungszeit und der Tendenz kaum fehlgehen, wenn man ihn dem Demagogenexkurs des Theopomp zuschreibt.[88]

Um jetzt die Frage nach dem Charakter und dem Umfang der Propaganda mit Namen aus der Geschichte Athens zu beantworten, fassen wir die Ergebnisse dieser Untersuchung in einer Tabelle zusammen:

Es zeigt sich hier, daß die verfassungsgeschichtliche Betrachtungsweise sich immer mehr der Vorzeit bemächtigt: Kleisthenes, der ursprünglich als Schöpfer der Demokratie gilt, muß um 356 seinen Platz an Solon abgeben, und dieser wiederum wird 343 von Theseus verdrängt. Es handelt sich aber bei diesem Vorgang nicht

δικαστήριον ἔφεσις· κύριον γὰρ ὢν ὁ δῆμος τῆς ψήφου, κύριος γίγνεται τῆς πολιτείας. ἔτι δὲ καὶ διὰ τὸ μὴ γεγράφθαι τοὺς νόμους ἁπλῶς μηδὲ σαφῶς ... ἀνάγκη πολλὰς ἀμφισβητήσεις γίγνεσθαι καὶ πάντα βραβεύειν ... τὸ δικαστήριον. οἴονται ἦεν οὖν τινες ἐπίτηδες ἀσαφεῖς αὐτὸν ποιῆσαι τοὺς νόμους, ὅπως ἦ τῆς κρίσεως ὁ δῆμος κύριος. ... οὐ ... δίκαιον ἐκ τῶν νῦν γιγνομένων ... θεωρεῖν τὴν ἐκείνου βούλησιν. Pol. 1273 a 41 ἔοικε δὲ Σόλων ... τὸν δῆμον καταστῆσαι τὰ δικαστήρια ποιήσας ἐκ πάντων. διὸ καὶ μέμφονταί τινες αὐτῷ ... κύριον ποιήσαντα τὸ δικαστήριον πάντων. ... ἐπεὶ γὰρ τοῦτ᾽ ἴσχυσεν ... τὴν πολιτείαν εἰς τὴν νῦν δημοκρατίαν μετέστησαν. Vgl. noch Plut. Sol. 18.

[86] Ar. AP 6,1 χρεῶν ἀποκοπὰς ἐποίησε ... ἐν οἷς πείρωνταί τινες διαβάλλειν αὐτόν· συνέβη γὰρ τῷ Σόλωνι μέλλοντι ποιεῖν τὴν σεισάχθειαν προειπεῖν τισι τῶν γνωρίμων, ἔπειθ᾽ ὡς μὲν οἱ δημοτικοὶ λέγουσι, παραστρατηγηθῆναι διὰ τῶν φίλων, ὡς δ᾽ οἱ βουλόμενοι βλασφημεῖν, καὶ αὐτὸν κοινωνεῖν. δανεισάμενοι γὰρ οὗτοι συνεπρίαντο πολλὴν χώραν, καὶ μετ᾽ οὐ πολὺ τῆς τῶν χρεῶν ἀποκοπῆς ἐπλούτουν. Vgl. noch Plut. Sol. 15.

[87] Fuks, S. 19 und 23.

[88] Zur Datierung des Demagogenexkurses (vor 343) vgl. Jacoby, S. 148 und 134,5 (m. weiterer Lit.). Zur Tendenz des Theopomp vgl. etwa K. v. Fritz, in: Antike und Abendland 4 (1954), S. 45ff.; H. Bengtson, Griech. Gesch. (1950), S. 281–282.

	Hdt. 440	Hellanikos 400	Isokr. 7/8 356/5	Kleidemos 355	Theop. Phil. X. 355/43	Androtion 343	Arist. AP 328	Demetr. Phal. (?) 322
Theseus	×	×	×	×	×	gem. Demokr.		
Drakon	×	×	×	×	×	×	×	
Solon	×[89]	×	gem. Demokr.	radikale Demokratie	wie Kleidemos	gem. Demokr.	Kompromiß zwischen Kleidem. und Androt. gem. Verfassung	gem. Verfassung
Kleisthenes	Demokr.	Demokr.	gem. Demokr.			gem. Demokr.		
Aristeides						radik. Demokr.	radikale Demokratie	
Ephialtes			radik. Demokr.[90]			radik. Demokr.		

[89] × = ohne Bedeutung für die Verfassungsgeschichte. Zur Darstellung des Solon durch Herodot vgl. noch besonders Jacoby, S. 29: "For Herodotos Solon apparently is the representative of Athens among the Seven Wise Men of Greece ... That Solon had given laws ... was of course not forgotten in Athens, but there was no talk of a Solonian πολιτεία until the opposition introduced the slogan of πάτριος πολιτεία."

[90] Vgl. Isokr. 8, 36–38, 75 f. und 85 f.

einfach darum, daß die Gründung der Demokratie immer weiter in die Vorzeit verlegt wird, sondern es wird dabei jedesmal die Verfassungsgeschichte Athens neu interpretiert: So wird Kleisthenes als Gründer der Demokratie im Jahre 356 von Solon als Gründer der gemäßigten Demokratie und der im Jahre 355 zum Gründer der radikalen Demokratie umgedeutete Solon im Jahre 343 von Theseus als Begründer der gemäßigten Demokratie abgelöst.

Man könnte nun geneigt sein, dieses Sich-gegenseitig-Überbieten als Propaganda im Streit um die Verfassung Athens abzutun. Allein in Anbetracht der Tatsache, daß es in dem Zeitraum von 356–322 kaum eine offene Diskussion um die Verfassung Athens gegeben hat[91] und daß an diesem Vorgang nicht etwa Demagogen, sondern mit Ausnahme des Isokrates nur Historiker beteiligt sind, sollte der Ausdruck Propaganda a priori vermieden werden. Das gilt auch dann, wenn z. B. der Bericht über die Verfassung des Theseus, Solon oder gar Drakon sachlich wertlos sein sollte. Mag auch Kleidemos als Anhänger der radikalen und Androtion als Anhänger der gemäßigten Demokratie geschrieben haben, nichtsdestotrotz will ihr Werk als Geschichtswerk betrachtet werden.

Bei der Betrachtung der obigen Tabelle drängt sich aber noch eine andere Frage auf. Es galt bis vor kurzem als sicher, daß bei Beginn der Geschichtsschreibung im 5. Jh. Theseus, Drakon, Solon und Kleisthenes als Schöpfer von Verfassungen bekannt waren.[92] Damit war die Frage nach der Authentizität der ihnen zugeschriebenen Verfassungen nicht wichtiger als die Frage nach der Herkunft der ganzen Überlieferung über die frühgriechische Geschichte überhaupt. Man konnte sich, wofern man nicht die Existenz einer seit a. 600 geführten Chronik für gesichert hielt,[93] mit der Annahme einer mündlichen Überlieferung der Fakten begnügen. Wenn sich

---

[91] Ob die Kritik eines Isokrates oder Platon von der Öffentlichkeit sehr ernst genommen wurde, scheint fraglich. Ansonsten hätte man sie wohl wegen κατάλυσις τοῦ δήμου belangt. Vgl. dazu die Bedenken des Isokrates 7, 57 und 70; 8, 133.

[92] Prof. Jacoby scheint als erster gemerkt zu haben, daß diese Ansicht unhaltbar ist. Nur hat er den Ansatz, der in seiner ›Atthis‹ an manchen Stellen greifbar ist, nicht weiterverfolgt.

[93] Vgl. dazu Jacoby, Atthis, S. 3 ff.

nun aber herausstellt, daß Solon erst a. 356, Theseus a. 343 und Drakon gar erst a. 328–322 als Gründer von Verfassungen entdeckt wurden, also keinerlei mündliche Tradition über das Wirken dieser Männer als Verfassungsgeber, geschweige denn über Einzelheiten ihres Wirkens bestand, dann muß die Frage gestellt werden, ob nicht alle Nachrichten über die ältere athenische Verfassungsgeschichte reine Konstruktion sind.[94]

[94] Vgl. schon Hignett, S. 5 ff.

Discordia Concors. Festgabe für Edgar Bonjour zu seinem siebzigsten Geburtstag am 21. August 1968. (Hrsg. von Marc Sieber.) Bd. I. Basel und Stuttgart: Verlag Helbing & Lichtenhahn (1968), S. 3–29. Vom Autor überarb. Fassung.

DREI BEMERKUNGEN
ZUR VOR- UND FRÜHGESCHICHTE
DES BEGRIFFS DEMOKRATIE

Von CHRISTIAN MEIER

Die folgenden Bemerkungen ergaben sich bei einer Untersuchung der antiken Begriffsgeschichte von „Demokratie", die für das Lexikon politisch-sozialer Begriffe der Neuzeit angestellt wurde. Das Aufkommen dieses Begriffs stellt uns vor eine Reihe von Problemen, die bisher keine oder zu wenig Aufmerksamkeit gefunden haben. Drei davon sollen hier behandelt werden: Der zweite Bestandteil des Wortes, -κρατία, genauer: die Tatsache, daß politische Ordnungen mit Komposita, die den Bestandteil -κρατία (oder auch -αρχία) enthalten, bezeichnet werden, hat eine tiefe Zäsur im politischen Denken der Griechen zur Voraussetzung. Worin sie bestand, sei zunächst gefragt. Der erste Bestandteil, δημο-, legt die Frage nahe, was diejenigen, die den Begriff δημοκρατία prägten, unter „Volk" verstanden haben. Darauf gibt es keine befriedigende Antwort, aber es stellen sich in diesem Zusammenhang einige auffällige Beobachtungen ein, die die Frühgeschichte von „Demokratie" immerhin beleuchten. Bevor aber dieses Problem sich auftut, stellt sich bei näherem Zusehen ein Drittes ein: Wie kommt es zu der Verbindung δημο-κρατία? Auch darauf kann keine Antwort gefunden werden, aber es zeigt sich immerhin, daß diese Bildung auf einen – wenig beachteten – unmittelbaren Vorgänger folgt, der die Funktion der Bezeichnung von „Volksherrschaft" zunächst anscheinend weitgehend erfüllte.

Eigentümlicherweise finden sich die Untersuchungen über Wort und Begriff δημοκρατία – soweit es solche gibt – fast ausschließlich in Festschriften. Sie sind dem Sprachwissenschaftler E. Tièche, dem Politologen G. H. Sabine und dem Soziologen Alfred Weber gewidmet.[1]

---

[1] A. Debrunner, Δημοκρατία. Festschrift für E. Tièche, Bern 1947,

So mag es gerechtfertigt sein, diese neuen Untersuchungen zum Aufkommen des Begriffes δημοκρατία als Angebinde einer Gratulation für den Historiker der Neuen Allgemeinen und Schweizer Geschichte beizugeben, dessen Jubiläum hier gefeiert werden soll.

1. Die große Zäsur im Verfassungsdenken der Griechen: Der Übergang von den -νομία- zu den -κρατία-Begriffen

„Was den geschichtlichen Ablauf der Verfassungen (sic!) angeht, so hat er sich bei den verschiedenen Stämmen und Staaten natürlich verschieden vollzogen. Immerhin läßt sich von einer typischen Abfolge sprechen, deren letztlich auf Aristoteles . . . zurückgehendes Schema lautet: Königtum – Aristokratie – Oligarchie – Tyrannis – Demokratie." So steht es in Victor Ehrenbergs ›Staat der Griechen‹ (2. Aufl., 1965, S. 58), und eine solche Aussage würde, wie die Dinge heute stehen, wohl nur selten auf Widerspruch stoßen. Sie gibt in etwa die – geradezu zeitlose – Communis Opinio wieder.

Albert Debrunner hat diesen „Tatbestand" in seiner sprachwissenschaftlichen Arbeit über die Entstehung des Wortes δημοκρατία für die Geschichte der Verfassungsterminologie auszuwerten gesucht, indem er schreibt: „Da die typische geschichtliche Reihenfolge der Staatsformen im alten Griechenland ‚Monarchie – Oligarchie – Demokratie' war, liegt die Vermutung nahe, daß auch die wortgeschichtliche Folge als μοναρχία – ὀλιγαρχία – δημοκρατία anzusetzen ist."[2] Wenn dieses Argument einen Sinn haben soll, muß es doch wohl bedeuten, daß, wie die Verfassung Oligarchie ge-

S. 11–24 [= 55–69 oben]. J. A. O. Larsen, Cleisthenes and the Development of the Theory of Democracy at Athens. Essays in Pol. Theory, Pres. to G. H. Sabine, Ithaka/NY 1948, S. 1–16. H. Schaefer, Besonderheit und Begriff der attischen Demokratie im fünften Jahrhundert. Synopsis, Festgabe für A. Weber, Heidelberg 1948, S. 479–503 (jetzt: Schaefer, Probleme der alten Geschichte. Göttingen 1963, S. 136–152). Ausnahme: V. Ehrenberg, Origins of Democracy, Historia 1 (1950), S. 515–548 (jetzt: Ehrenberg, Polis und Imperium. Zürich/Stuttgart 1965, S. 264–297) [= 70–86 oben].

[2] A. a. O., S. 16 [= 62].

raume Zeit – genau gesagt (da zwischen Aristokratie und Oligarchie nicht geschieden wird): Jahrhunderte – vor der Verfassung Demokratie aufgekommen ist, so auch die beiden Bezeichnungen (wann nun auch im Verhältnis zum Bezeichneten) in geraumem zeitlichen Abstand voneinander geprägt wurden.

Dagegen ist zu fragen, ob die beiden Begriffe – und in gewissem, nicht nur peripherem Sinn auch die beiden Verfassungsformen – nicht in Wahrheit mehr oder weniger gleichzeitig entstanden seien, und zwar die Formen nicht vor den letzten Jahren des 6. Jh., die Begriffe nicht vor dem ersten Drittel des 5. Jh. (wobei der – durchaus anzunehmende – zeitliche Vorsprung von ὀλιγαρχία auf wenige Jahre zusammenschrumpfen könnte). Soweit diese Frage die Geschichte der Verfassungsterminologie angeht, sei sie hier erörtert.

Ὀλιγαρχία und δημοκρατία sind für uns zum ersten Mal im Geschichtswerk Herodots, das heißt in der zweiten Hälfte des 5. Jh., bezeugt.[3] Sie haben es gemeinsam, daß sie die Verfassungen nach dem Kriterium der Herrschaft klassifizieren. Dadurch unterscheiden sie sich von der Gruppe von Begriffen, die im 6. und frühen

---

[3] 3, 81, 1. 82, 1.3.5. 5, 92 ß, 1–6, 43, 3. 131, 1. Vgl. 4, 137, 2 (δημοκρατεῖσθαι. Ebenso auch 6, 43, 3.). Verschiedentlich wird behauptet, das Wort habe in dem IG I² 15 abgedruckten Dekret für Kolophon von ca. 460 gestanden (v. 37. Vgl. ATL 2, S. 69. SEG 3, 3). Dies wäre dann der früheste Beleg. Die Ergänzung ist aber durchaus nicht sicher. Sie lautet: καὶ δεμο[κρατίαν οὐ καταλύσο τὲν καθεστόσαν (νῦν ὄσαν Hondius) οὔτ'] αὐτὸς ἐγὸ οὔτ' ἄ[λλοι πείσομαι. Wenn sie richtig ist, so hat man damals schon (abweichend von dem mit aller Wahrscheinlichkeit anzunehmenden [siehe unten S. 144 ff.] innerathenischen Sprachgebrauch) für die Seebundsstädte καταλύειν [statt mit δῆμος] mit dem prägnanteren δημοκρατία verbunden. Man könnte hier sogar einen Grund für die Prägung von δημοκρατία sehen. Aber das bleibt alles hypothetisch [Meiggs-Lewis, A Selection of Greek Historical Inscriptions. 1969. Nr. 47, datieren die Inschrift mit großer Wahrscheinlichkeit auf etwa 447/446. (Vgl. Schaefer, Probleme, S. 19 f.) Zu v. 44 ihrer Zählung merken sie an: "δῆμο[ν οὐ καταλύσο . . .] is perhaps to be preferred . . ." Erstes sicheres Vorkommen des Begriffs auf Stein: Ende des 5. Jh. (Hesperia 40 [1971], S. 280 ff., 285, 6)]. – Zur Abfassungszeit des herodoteischen Geschichtswerks siehe K. von Fritz, Die griechische Geschichtsschreibung 1. Berlin 1967, S. 123 ff.

5. Jh. die Funktion zwar nicht der Klassifizierung, auch nicht unbedingt der Bezeichnung, aber doch der Unterscheidung und wesentlichen Charakteristik der Zustände und in diesem Sinn: Verfassungen, in denen sich die Poleis befanden, erfüllte. Diese früheren Begriffe (die übrigens in der Folgezeit neben den neueren in modifizierter Bedeutung noch lange weiter benutzt wurden)[4] enden allesamt auf -νομία. Der politische Zustand, der, wie man später meint, durch die Herrschaft des Volkes bestimmt ist, heißt bei Herodot (und Späteren) auch ἰσονομία.[5] Und das Wort ist jedenfalls älter als δημοκρατία und dessen unmittelbarer Vorläufer, δῆμος (s. u. S. 144ff.), es reicht in dieser Funktion (freilich nicht bei gleichbleibender Bedeutung) vielleicht bis in die Zeit des Kleisthenes zurück.[6] Es ist gebildet in Erwiderung auf oder als Modifikation von dem viel älteren εὐνομία. Und dieses wiederum kennt als Gegenteil δυσνομία und ἀνομία.

Εὐνομία begegnet in Beziehung auf Gemeinwesen als eine die Gesellschaft bestimmende Kraft zuerst bei Hesiod, der sie und mit ihr Δίκη und Εἰρήνη als Horen, αἳ ἔργ' ὠρεύουσι καταθνητοῖσι βροτοῖσι, und Töchter der Themis einführt.[7] Das Gedeihen der menschlichen Arbeit also und des menschlichen Lebens überhaupt hängen von ihr, aber auch von ihren beiden Schwestern ab. Sie ist ein Faktor zu deren Ermöglichung neben anderen. Wenn Δίκη das Walten der Gerechtigkeit bedeutet, meint Εὐνομία entsprechend dem damaligen Begriff von νόμος[8] etwa das Walten guten Brau-

---

[4] Vgl. unten Anm. 48.

[5] 3, 80,6. 83,1. 142,3. 5,37,2 (vgl. 6,5,1). Daß ἰσονομίη bei Herodot wirklich Demokratie bezeichnet, hat G. Vlastos in: J. Mau u. E. G. Schmidt, Isonomia. Berlin 1964, S. 2ff. (künftig zitiert als: Vlastos, Is.) nachgewiesen.

[6] Siehe unten S. 134f.

[7] Theog. 902. Ähnlich Pindar, Ol. 13,6ff. Vgl. Ehrenberg, Polis und Imperium, S. 140f. – Homer, Od. 17, 487 bezieht sich nur auf die gute Sitte der Einzelnen bzw. der Menschen insgesamt, Ehrenberg, S. 144. – Allgemein zur Eunomie: Schaefer, Probleme der alten Geschichte, S. 308 m. weit. Lit.

[8] Vgl. F. Heinimann, Nomos und Physis. Nachdr. Darmstadt 1965, S. 61ff., Ehrenberg, S. 143. Rechtsidee im frühen Griechentum. Nachdr.

ches, guter Sitte in der Gesellschaft. Gut hundert Jahre später, bei Solon, finden wir den Begriff dann für sich stehend, Δίϰη und (soweit sie den inneren Frieden betrifft) auch Εἰϱήνη mit umfassend, zwar noch als Kraft dargestellt, aber als eine, deren Wirken nicht nur vom Himmel erwartet oder erfleht, sondern auch durch menschliche Einsicht und Tat herbeigeführt werden kann; das heißt, sie ist Bezeichnung sowohl für eine übermenschliche Kraft als auch für das Ergebnis eines – irgendwie von Göttern begünstigten – menschlichen Handelns, den idealen Zustand nämlich der Polisgemeinschaft.[9] Im späten 6. oder frühen 5. Jh. spricht dann Xenophanes davon, daß eine Polis μᾶλλον ἐν εὐνομίῃ sei (2, 19 D.). Wenn endlich bei Herodot, Thukydides und anderen εὐνομία immer wieder und geradezu als terminus technicus für die politische Ordnung Spartas gebraucht wird, so wird auch dieser Wortgebrauch mindestens ins 6. Jh. hinaufreichen.[10] Es ist also keine Frage, daß εὐνομία spätestens seit etwa 600, seit Solons heute zumeist Εὐνομία genannter Elegie, sich als Bezeichnung des guten rechtlichen Zustands eines Staates, das heißt einer Art von Verfassung, eingebürgert hat.

Was εὐνομία genau meint, ist schwer zu sagen; nach Werner Jaeger einen Zustand, wo „guter νόμος in Kraft und Ansehen bei den Bürgern steht".[11] Dabei ist νόμος nicht Gesetz, sondern Sitte, Brauch, Herkommen und – davon noch kaum zu scheiden – Recht. Das Wort läßt sich kurz am besten mit „Wohlordnung" überset-

Darmstadt 1966, S. 115 f., 122 ff. (Dazu, wohl mit Recht, einschränkend: Vlastos, Am. Journ. Phil. 74 [1953], S. 349.)

[9] Elegie 3 D. Vgl. W. Jaeger, Solons Eunomie. SB Preuß. Akad. Bln. 1926, S. 69 ff. Ehrenberg, Polis und Imperium, S. 151 f. Ferner S. 142: Eunomia „drückt das Bewußtwerden eines in der Polis möglichen glückhaften Zustands aus und wird so zum Symbol für das von der δίϰη beherrschte Polisleben". [Vgl. F. Solmsen, Hesiod and Aeschylus. 1949, S. 97 ff., 115 ff.] Endlich: Hist. Zeitschr. 205 (1967), S. 112 f.

[10] Hdt. 1, 65, 2. 66, 1. Thuk. 1, 18, 1. Tyrt. 2 ist offenbar nachträglich Εὐνομία genannt worden. Diod. 7, 12, 1. Platon, Hipp. mai. 284 a. Ehrenberg, Polis und Imperium, S. 145 ff.

[11] Solons Eunomie, S. 82.

zen.[12] Denkt man wieder hinzu, was den Griechen dabei selbstver-
ständlich war, so bedeutete dies etwa: Recht und Sitte, beides als
Teil einer göttlichen (herkömmlichen und eventuell durch Weise,
Wissende modifizierten) Norm verstanden, seien in derart glück-
licher Weise in Geltung, daß die Gerechtsame des Einzelnen und der
Geschlechter ebenso wie die Ordnung des ganzen Gemeinwesens
gewahrt sind.[13] Hans Schaefer hat darauf hingewiesen,[14] daß das
Wort (und – wie man hinzufügen muß – Programm) der „tiefsinnige
Ausdruck für die dem älteren Griechentum seit früher Zeit inne-
wohnende Überzeugung" war, „daß alles menschliche und politische Leben einer Norm unterworfen sei". Diese Norm wurde mehr
oder weniger überall in den griechischen Städten als verpflichtend
empfunden. Sicher galt sie innerhalb der damals maßgebenden aristokratischen Gesellschaft allgemein als Ideal. Εὐνομία konnte in
den verschiedenen Staaten zwar auf je verschiedene Art und in je
verschiedenem Umfang verwirklicht oder auch nicht verwirklicht
sein. Entscheidend für die Beurteilung und Kennzeichnung des Zustands, der Ordnung eines Staates war jedenfalls die Frage, wie es
dort um die Geltung des selbstverständlichen, im Grunde überall
gleichen νόμος bestellt war. Und darauf gab es nur zwei Antworten: gut oder schlecht. Entsprechend kannte εὐνομία lange keine
wirkliche Alternative, sondern nur ihre Negation: die schlechte
Ordnung, Rechtlosigkeit, Anarchie, welche der Boden war, auf
dem Bürgerkrieg und Tyrannis gediehen; griechisch: δυσνομία
oder ἀνομία.[15]
    Als Bezeichnung für den Zustand und in diesem Sinne: die Ver-
fassung eines Staates erfüllte εὐνομία also eine andere Funktion als

[12] Ähnlich auch Ehrenberg, a. a. O., S. 152f. Schon H. Schaefer hat
(Staatsform und Politik, 1932, S. 147) den „ganz allgemeinen, inhaltlich
nicht konkret bestimmbaren Sinn" betont. [Vgl. Pindar, Pyth. 5,66f.:
ἀπόλεμον ἀγαγών/ἐς πραπίδας εὐνομίαν.]
[13] Vgl. Schaefer, Probleme, S. 285ff., 308ff. Ich möchte dies in einer –
hoffentlich bald fertigen – Arbeit über Kleisthenes weiter ausführen.
[14] A. a. O., S. 308.
[15] Hes. Theog. 230. Solon 3,31 D. – Hdt. 1,96,2 (vgl. Hes. 307). Später:
Kritias (Fragm. d. Vorsokr. 2, 371ff.) 25,40. Anon. Jambl. (ebd. 2, 400ff.)
[6,1].7, [6].7.[9.12].13. Platon, Rep. 575a. Xen. Mem. 1,2,24.

später ὀλιγαρχία oder δημοκρατία; sie ist primär ein allgemein gültiges Ideal, ein Maß, und nur soweit ein Staat dieses Maß erfüllt oder nicht erfüllt, kann seine Gesamtordnung als εὐνομία oder δυσνομία bezeichnet oder besser: charakterisiert werden. Überall regierte – von der Tyrannis abgesehen – der Adel.[16] Die Adligen galten noch mit Selbstverständlichkeit als die ἡγεμόνες τοῦ δήμου.[17] Von daher ließen sich die Ordnungen der verschiedenen Staaten also nicht unterscheiden. Die Frage war lediglich, ob gut oder schlecht, gerecht oder ungerecht regiert wurde. Auch die institutionelle Einrichtung der Staaten war vermutlich im wesentlichen mehr oder weniger gleich. Bestimmte besondere Einrichtungen und Gesetze konnten zwar in einer Zeit von großer Bedeutung sein, die durch eine Krise der überkommenen Ordnung bestimmt war und zunächst lange Zeit keine Schicht kannte, die eine neue Ordnung zu tragen vermochte, also weitgehend auf Bewältigung der Schwierigkeiten mittels Intellekt, mittels Kunstgriffen angewiesen war.[18] Klug erdachte Institutionen und Gesetze konnten daher als Mittel zur Herstellung guter Ordnung einiges zur εὐνομία beitragen. Da sie aber nur Glieder einer viel umfassenderen Ordnung darstellten, ergab sich auch von ihnen her keinerlei Möglichkeit, verschiedene Verfassungen voneinander zu unterscheiden. Welche Gesetze es gab, welche Rechte ein Rat, welche Stellung eine Volksversammlung hatte, wie die Behörden gegliedert waren, das waren Einzelheiten, und sie konnten nur als Einzelheiten begriffen werden, zumal dieselben Institutionen vermutlich aufs Ganze gesehen ebenso gut funktionieren wie versagen konnten. In einem Wort: Den Institutionen und der herrschenden Schicht nach unterschieden sich die Staaten kaum wesentlich voneinander, jedenfalls konnten solche

[16] Vgl. Schaefer, S. 298, 308.
[17] Solon 3, 7. 5, 7 D.
[18] Begründung und Belege dafür in der Anm. 13 erwähnten Arbeit. Bezeichnend in diesem Zusammenhang ist übrigens Schadewaldts Beobachtung, nach der Herodot „immer wieder die geistige Helligkeit des Menschen, seine Findigkeit im Suchen des Auswegs und richtigen Griffs (μηχανᾶσθαι) mit einer so regen Aufmerksamkeit bedenkt, daß auch ein einziger kluger Einfall, eine geschickte Antwort ihm der Erwähnung wert erscheint" (in: W. Marg [Hrsg.], Herodot, Darmstadt 1965, S. 116).

Unterschiede außer in den Einzelheiten nicht wahrgenommen werden. Deswegen konnte man die politischen Ordnungen noch nicht als Einrichtungen (καταστάσεις[19]) und um so weniger als „Verfassungen" (πολιτεῖαι[20]), sondern nur als Zustände guter oder schlechter Rechtsgeltung verstehen.

Das unterscheidende Kriterium des νόμος und seiner wirklichen Geltung war zunächst – gewiß zur Zeit Solons – auch objektiv, da eben als νόμος in ganz Griechenland mehr oder weniger das gleiche angesehen wurde, zumal seitdem von Delphi und der von dort ausgehenden geistigen Bewegung die Normen neu eingeschärft (und von der bloß eingefahrenen Gewohnheit abgehoben) worden sind. In dem Maße jedoch, in dem die Zustände und die Ansprüche verschiedener Schichten sich differenzierten, konnte der Anspruch Spartas und anderer adliger Staaten, Eunomie darzustellen, in Frage gestellt werden. Dann konnte auf die Dauer innerhalb der Staaten wie innerhalb der gemeingriechischen Gesellschaft recht Verschiedenes unter „guter Ordnung" verstanden werden. Wir haben freilich keine Anhaltspunkte dafür, daß diese Differenzierung vor dem Ende des 6. Jh. zu nennenswerten Zweifeln an Inhalt und Schlüssigkeit des alten εὐνομία-Ideals geführt habe.

Nur eine Ausnahme gab es vorher, einen besonderen von der allgemeinen Norm abweichenden Zustand, der durch eine besondere Form von Herrschaft, nämlich die Herrschaft eines Einzelnen, die Tyrannis, gekennzeichnet war. Der Ausdruck Alleinherrscher (μόναρχος) begegnet früh.[21] Solon kennt die Möglichkeit, daß ein δῆμος aus Unwissenheit ἐς δὲ μονάρχου . . . δουλοσύνην stürzt (10,3). Auch die Worte μοναρχία und τυραννίς sind schon im 6. Jh. bezeugt.[22] Aber es ist wohl kein Zufall, daß sie in allen Beleg-

[19] So Hdt. 5, 92 ß, 1. Vgl. 4, 161, 1.

[20] So seit der Sophistik und seit Thukydides, erster inschriftlicher Beleg aus dem Peloponnesischen Krieg: IG I² 116,6, wohl von 408 (Schaefer, Staatsform und Politik, S. 128). Herodot benutzt das Wort nur einmal, für „Bürgerrecht" (9,34,1. Dazu Schaefer, S. 129, 3.4).

[21] Vgl. Fatouros, Index Verborum zur frühgriechischen Lyrik, Heidelberg 1966, s. v. Vgl. auch u. Τύραννος. τυραννεύω.

[22] Τυραννίς Archil. 22,3 (nach Hippias von Elis ist [das Wort] Τύραννος damals zu den Griechen gekommen, Fragm. d. Vorsokr. 2, S. 332,

stellen vor Pindar die Tyrannenherrschaft nur im Sinne dessen, was
der Tyrann besitzt, nicht im Sinne dessen, was die Ordnung der –
tyrannenbeherrschten – Stadt ausmacht, bezeichnen.[23] Erst bei Pindar in der, spätestens auf 467 zu datierenden, zweiten ›Pythischen
Ode‹ (v. 87) begegnet τυραννίς in dieser neuen Bedeutung als νόμος = Ordnung oder Verfassung der Stadt (vgl. u.). Wie dem aber
im einzelnen sei, mit μοναρχία oder τυραννίς hat man jedenfalls
vor 500 nicht eine Art der Herrschaft [muß heißen: Ordnung] von
anderen unterschieden. Denn die anderen vom Kriterium der Herrschaft bestimmten Termini sind allesamt jünger. Insbesondere kann
ὀλιγαρχία nicht vor dem Ende des 6. Jh. gebildet worden sein. Die
„Wenigen-Herrschaft" ist nämlich nicht im Gegensatz zur „Allein-",
sondern nur zur „Vielen-" oder „Volks-Herrschaft" zu konzipie-
ren. Dazu muß also nicht unbedingt der Begriff, aber doch die
Sache „Volks-Herrschaft" vorhanden sein, und das ist in Griechenland, soweit wir sehen, erst seit dem Ende des 6. Jh. der Fall.[24] Frühestens seit dieser Zeit – und vermutlich eher später als früher – ist
auch mit der Einsicht, daß verschiedene Verfassungen nach dem
Kriterium der Herrschaft zu unterscheiden seien, zu rechnen.

Die Tyrannis wurde also von ihren Gegnern, das ist insbesondere
von der in Griechenland tonangebenden Adelsschicht, gewiß als
Zustand der Herr- (und Knecht-)schaft von der guten alten Ordnung unterschieden, innerhalb derer verschiedene Formen von
Herrschaft kaum vorhanden waren, jedenfalls nicht auffielen, in
der es vielmehr um das Recht ging. Vermutlich war die Tyrannis für
den Adel wesentlich eine Form der δυσνομία. Andererseits mögen
viele zumal einfache Bürger sie eine Weile lang für gut und segens-
reich gehalten und folglich so genossen haben, wie es auf andere
Weise der Tyrann samt Verwandten und Freunden tat. Man kann

5ff.). Solon 23,9. 19. Sim. 57 D. Τυραννίη: Xenoph. 3,2. Μοναρχία: Alkaios 119/122, 27 D.
[23] So übrigens auch bei Pindar Pyth. 11,53. Unklar bleibt die Alkaios-
Stelle, da der Zusammenhang fehlt.
[24] Vgl. die Anm. 13 erwähnte Arbeit. – Gegensatz zur Monarchie: πολυκοιρανίη! (Hom. Il. 2,204). [Im Orakel, Herodot 5, 92 β 2, werden die
„oligarchischen" Herrscher in Korinth „alleinherrschend" genannt.]

nicht ausschließen, daß die Tyrannis hier und da gar als Ermöglichung von εὐνομία angesehen worden ist,[25] obgleich zu fragen ist, ob dieser Begriff nicht längst auf die herkömmliche Ordnung festgelegt war. Jedenfalls hat man den durch Tyrannenherrschaft bestimmten Zustand aller Wahrscheinlichkeit nach wesentlich nach dem Maßstab des Rechts und seiner Verwirklichung betrachtet.

Und da man den Staat und seine Ordnung noch wesentlich unter dem Gesichtspunkt des Rechts sah, spricht die Wahrscheinlichkeit dafür, daß die breiteren Schichten des Volkes, genau gesagt: die Bauern-Hopliten, als sie in verschiedenen Städten die Macht an sich rissen, den neuen Zustand nicht als ihre Herrschaft, sondern unter der alten Frage als ἰσονομία, das heißt als „Ordnung staatsbürgerlicher Gleichberechtigung"[26], bezeichnet und wohl auch aufgefaßt haben.[27] Wir wissen nicht, wann, aus welcher Schicht und wogegen dieses Wort ursprünglich geprägt worden ist. Es ist nicht auszu-

[25] Vgl. etwa die Darstellung H. Berves, Die Tyrannis bei den Griechen (1967), S. 38, 52 u. ö.

[26] Vgl. Vlastos, Am. Journ. Phil. 74 (1953), 352, auch 361. Is. 15 ff. für den Wortgebrauch bei Herodot, Thukydides und Platon ("defining the equal share of all the citizens in the control of the state"). Für die frühere Zeit ist der Nachweis noch zu erbringen, das soll in dem Anm. 13 angekündigten Buch für die kleisthenische Epoche geschehen.

[27] Vgl. ebd. Leider stehen unsere frühesten Belege einerseits bei Herodot (oben Anm. 5) und in einem sicher früheren, aber nicht mit Sicherheit zu datierenden Skolion, dem Harmodioslied (scol. anon. 10. bei Diehl, 2, 184 f. Zur Datierung: Ehrenberg, a. a. O., S. 263: einige Jahre nach 507. [M. Ostwald, Nomos and the Beginnings of the Athenian Democracy. 1969, S. 121 ff.] Vlastos, Is. S. 10,5: terminus ante quem sicher: 425, wahrscheinlich 488. Dem ist kaum zu widersprechen). Wie Ehrenberg (a. a. O.) dazu kommt, zu sagen, daß Kleisthenes' Ordnung den Namen Isonomie trug, stehe wohl außer Zweifel, ist mir nicht deutlich. Daß der Name genau paßt und das Selbstverständnis des Kleisthenes und der seine Reformen tragenden Schichten genau wiedergibt, erscheint mir als sicher. Allein, wenn man nicht gleich auf den Namen kam? Außerdem ist es wohl primär als Anspruch und erst sekundär als Bezeichnung, daß ἰσονομία der kleisthenischen Ordnung dienen konnte. Immerhin spricht die Wahrscheinlichkeit dafür, daß das Wort – als Replik auf die Parole εὐνομία – mindestens nicht lange nach Kleisthenes geprägt worden ist.

schließen, daß es zunächst als Schlagwort des Adels[28] gegenüber
dem Tyrannen diente, der alle politischen Möglichkeiten der Adligen monopolisiert hatte.[29] Aber wenn das Wort denn nicht von den
breiteren Schichten her gebildet worden sein sollte, so ist es doch jedenfalls sehr rasch von ihnen usurpiert worden, da sie nun sich
selbst als das Maß der Gleichheit setzten. Dabei sollte die Gleichheit vermutlich zunächst nur den guten alten Zustand modifizieren.
Man hatte erfahren, daß der Adel eine wahrhaft rechtmäßige Ordnung nicht garantieren konnte, nun beteiligte man sich selbst an der
Politik – keineswegs unter Ablehnung der Führung durch Adlige,
aber doch unter Beseitigung der alten Übermacht der Geschlechter
und mit dem Willen, selbst das entscheidende Wort zu sprechen.
Die eigentliche Absicht aber, um deretwegen man das wollte,
könnte ursprünglich sehr wohl nur die gewesen sein, das gute alte
Recht besser zu sichern.[30]
  Indem aber der δῆμος nun – und an vielen Orten etwa gleich-

---

[28] Dafür ursprünglich Ehrenberg, a. a. O., S. 280 ff. (widerrufen S. 263
[siehe aber: Von den Grundformen griechischer Staatsordnung. SB, Heidelberger Akademie 1961. 40]). Vgl. Schaefer, Probleme, S. 152, 359. Dagegen
Vlastos, Am. Journ. Phil. 74 (1953), S. 339 ff. (bes. S. 342), 363 ff. Is. 10,
sowie ebd. 5 gegen Schaefers Argument, das zugleich bei Larsen (a. a. O.,
oben Anm. 1) S. 6 ff., 13, zu finden ist. – Aber es ist schlechterdings nicht
einzusehen, warum ἰσονομία nicht ursprünglich eine Parole des Adels gewesen sein soll. Daß aus den Quellen nichts dafür anzuführen ist, spricht
noch nicht dagegen. Auch scheint mir das Wort durchaus – gegen Vlastos
339 – fähig gewesen zu sein, in kürzester Frist von einer Parole des Adels zu
einer Parole breiterer Schichten zu werden: Auch wenn es zunächst vornehmlich die aristokratische Gleichheit meinte, so lautete es doch immerhin auf Gleichheit (und der Adel selbst, der auf die Unterstützung des Volkes gegen den Tyrannen angewiesen war, wird dieses nicht ganz aus seinem
Anspruch ausgeschlossen haben). Wenn aber die Gleichheit einmal Ideal
war, konnte sie sehr rasch – und dann vermutlich zur Überraschung des
Adels – von breiteren Schichten in Anspruch genommen werden. Für
Schlagworte gilt kein Urheberrecht, und daß sie von der „falschen" Seite
und in „falschem" Sinne ernst genommen werden können, bedarf wohl
kaum des Beweises.
[29] Schaefer, Probleme, S. 215.
[30] Vgl. die Anm. 13 erwähnte Arbeit über Kleisthenes.

zeitig – mit den Trägern der alten Adelsherrschaft in Kollision geriet und eine entscheidende Teilhabe an der Macht zu gewinnen suchte, entstand ein ganz neuer Unterschied zwischen zwei Formen der Verfassung, die man zunächst wohl schlagwortartig als εὐνομία und ἰσονομία kennzeichnete. Auf die Dauer konnte es jedoch nicht ausbleiben, daß man gewahr wurde, daß unter diesen Begriffen in Wirklichkeit zwei verschiedene Arten von Herrschaft sich versteckten: die des Adels und die des Volkes. Anders gesagt: daß die Verfassungen vornehmlich nach dem Kriterium der Herrschaft zu bestimmen seien.

Diese Erkenntnis ist für uns zum ersten Mal in der schon erwähnten, zwischen 476 und 467 gedichteten [31] zweiten ›Pythischen Ode‹ Pindars (86ff.) zu fassen:

> ἐν πάντα δὲ νόμον εὐθύγλωσσος ἀνὴρ προφέρει,
> παρὰ τυραννίδι, χὠπόταν ὁ λάβρος στρατός,
> χὤταν πόλιν οἱ σοφοὶ τηρέωντι. χρὴ
>   δὲ πρὸς θεὸν οὐκ ἐρίζειν,
>   ὃς ἀνέχει τοτὲ μὲν τὰ κείνων, τότ' αὖθ' ἑτέροις
>   ἔδωκεν μέγα κῦδος.

Damals hatte man also drei νόμοι [32] voneinander zu unterscheiden gelernt, die Tyrannis [33], wenn das ungestüme Volk (wörtlich: Heer [34]) und wenn die Weisen [35] der Stadt walten. [36] Interessant ist, daß als Form der Demokratie nur die Herrschaft der Bauern-Hopliten erwähnt wird, die früheste Form der Volksherrschaft, die Aristoteles später als Politie zu ihrem Vorteil von der (schlechten)

---

[31] P. Von der Mühll, Mus. Helv. 18 (1958), S. 215ff.

[32] Im gleichen Sinne vermutlich Pyth. 10,70: νόμος Θεσσαλῶν (vgl. Anm. 35).

[33] Nicht abschätzig gemeint: Burton, Pindar's Pythian Odes, Oxford 1962, S. 74.

[34] Zu στρατός = Bürgerschaft (aber eben ursprünglich Hopliten-Bürgerschaft) vgl. Ol. 9,95. Aischyl. Eum. [566. 569]. 683. 762. Soph. El. 749.

[35] Vgl. dazu die Formulierung Pyth. 10,72f.: ἐν δ'ἀγαθοῖσι κεῖται | πατρώϊαι κεδναὶ πολίων κυβερνάσιες.

[36] Das gleiche wird sonst meist mit πόλιν νέμειν (Hdt. 1,59,6. 5,29,2. 92 β, 1. Vgl. 71,2. [Aischylos, Prometheus 526. Sophokles, Oidipus Tyrannos 237. Pindar, Ol. 13,27] oder οἰκεῖν (Hdt. 4, 161,1) ausgedrückt.

Demokratie abhob.[37] Faßt man es nicht formal, sondern vom Gesichtspunkt der maßgebenden Schicht her, so war diese Form damals vermutlich die einzig bekannte. Interessant ist weiter, daß die
Adelsherrschaft als Herrschaft der Weisen bezeichnet wird, eine Art
Vorwegnahme des später – in Entgegnung auf das gewiß gering-
schätzig gemeinte ὀλιγαρχία[38] – geprägten ἀριστοκρατία. Endlich
ist hervorzuheben, daß Pindar schon den Wechsel der Verfassungen
kennt und die jeweils geltende auf den Willen des Zeus zurückführt,
der nach seinem Gutdünken die Macht verteilt.[39]

Wie man darauf kam, daß die Verfassungen nach der Frage, wer
herrscht, zu scheiden seien, ist nicht mehr zu rekonstruieren. Zu

---

[37] Pol. 1297b 22: αὐξανομένων δὲ τῶν πόλεων καὶ τῶν ἐν τοῖς ὅπλοις
ἰσχυσάντων μᾶλλον πλείους μετεῖχον τῆς πολιτείας· διόπερ ἃς νῦν καλοῦμεν πολιτείας, οἱ πρότερον ἐκάλουν δημοκρατίας.

[38] Es ist zwar richtig, daß nach den aristokratischen Auffassungen der
Zeit die Regierung am besten in den Händen weniger liegt, da der große
Haufe, die große Mehrheit blind und uneinsichtig zu sein pflegt (siehe z. B.
außer Pindar Pyth. 2, 87: Hdt. 3, 81, 2. Vgl. Aristophanes, Lysistrata 170.
Solon 5, 10. 8, 5 ff. 10, 4. Deshalb besteht die Funktion des Adels auch darin,
das Gute und Richtige für die Nichtadligen zu finden, Schaefer, Probleme
S. 319, 1. Zu verweisen wäre auch auf die Auffassung der Adligen als ἡγεμόνες τοῦ δήμου, Solon 3, 7. 5, 7). Aber wesentlich ist nicht die geringe Zahl,
sondern die ἀρετή und σοφία (Ps. Xen. Ath. Pol. 1, 7 f. Vgl. zum Ausdruck
Solon 19, 16). Daß ἀγαθοὶ καὶ σοφοί (Pindar Ol. 9, 29. Später Platon,
Menex. 238 c.d) herrschen, war eine Empfehlung, nicht, daß es wenige tun
[vgl. aber Heraklit frg. 104]. Außerdem hatte der aristokratische Staat
schon einen Namen: Εὐνομίη (vgl. für diese Zeit: Pindar, Pai. 1, 10: Theben. Ol. 9, 16: Opous. 13, 6: Korinth. Isthm. 5, 22 [u. Bakch. 13, 186]:
Aigina – Pyth. 5, 67: Kyrene und Nem. 9, 29: Aitna zeigen, daß das Wort
auch auf monarchisch regierte Staaten angewandt werden konnte. Vgl. allg.
noch Bakch. 15, 55. G. Grossmann, Politische Schlagwörter aus der Zeit
des Peloponnesischen Krieges, Diss. Basel 1950, S. 34). Ὀλιγαρχία kann
deswegen nur als entlarvender terminus von den Gegnern geprägt worden
sein. In der Stille theoretischer Diskussion mochte das Wort die Aristokraten nicht stören (vgl. unten S. 153), auf offenem Kampfplatz war es für sie
unangebracht.

[39] Vgl. U. v. Wilamowitz, Pindaros, S. 292. Heinimann, Nomos und
Physis, S. 71.

vermuten ist zwar, daß nach dem langen Vorwalten der -νομία-Begriffe diese Erkenntnis sich polemisch aus der Betrachtung und Wertung der gegnerischen Verfassungen ergab: Wo die Adligen fanden, daß in der sogenannten ἰσονομία in Wirklichkeit der ungestüme Haufe herrsche, fanden ihre Gegner, daß εὐνομία nur die Herrschaft einer kleinen Clique verbräme.

Aber es ist fraglich, wieweit der Gegensatz zwischen „Volks-" und „Adelsherrschaft" im ersten Drittel des 5. Jh. eine Rolle gespielt hat. Wo uns unsere frühen Zeugnisse (abgesehen von Pindar) Einblick gewähren, bei Aischylos, Herodot, Alkmaion von Tarent und dem athenischen ›Harmodioslied‹, figuriert ἰσονομία oder – um es einmal so zu sagen – die Polis, in der das Volk herrscht, fast immer als Gegensatz gegen die Tyrannis.[40] Und dieser Gegensatz findet sich auch weiterhin so stark akzentuiert, daß eine eingehende Untersuchung der Quellen überzeugend zu dem Schluß kam, es sei, „als habe – wenigstens in Athen, von dem wir einiges wissen – diese Polis gleichsam zu ihrer Selbstbestätigung des Gegenbildes der Tyrannis bedurft"[41]. Der Tyrann galt so sehr als der eigentliche Feind der attischen Demokratie, daß Aristophanes im Jahre 424 einen Athener, der spartanisch-oligarchischer Gesinnung verdächtig war, als tyrannisch brandmarken konnte (vesp. 474 ff. frg. 108). In dieser Zeit freilich war längst deutlich, daß die Gefährdung der Demokratie nicht nur vom Streben nach Tyrannis, sondern ebensogut von oligarchischer Seite ausgehen konnte, ja daß – freilich nicht überall gleichmäßig – die eigentliche Alternative zur Herrschaft des Volkes die des Adels war.[42] Wenn gleichwohl immer wieder der Gegensatz der Volksherrschaft gegen die Tyrannis herausgestellt wurde, so weil deren Verfechter – und mit einigem Grund – offenbar behaupteten, ihre Verfassung stelle die eigentliche Alternative zum Willkürregime des Tyrannen dar, um es mit einem späteren Termi-

---

[40] Aischyl., Hiket. 234 ff., bes. 604, 699 (indirekt). – Herodot siehe Anm. 3.5. – Alkmaion (Fragm. d. Vorsokr. 1, S. 210 ff.) Frg. 4. – Scol. anon. 10 D. Ausnahme: Herodot 3, 80 ff. 6, 131, 1. [Vgl. Sophokles, Oidipus auf Kolonos 66. Thukydides 6, 89, 4 Anders 60, 1.]

[41] H. Berve, Die Tyrannis bei den Griechen. 1967, S. 194. Vgl. S. 198 f., 206, 210.

[42] Vgl. Ps. Xenoph., Ath. Pol. pass.

nus und ins Positive gewendet zu sagen: den „Verfassungsstaat"
schlechthin (πολιτεία im engeren Sinne).

Im Sinne dieses Gegensatzes kann es sehr wohl sein, daß die
Herrschaft des Volkes zuerst innerhalb herrschender δῆμοι und als
Positivum, eben zumal als Alternative zu der des Tyrannen, bewußt
geworden ist. Kennzeichnend dafür wäre jedenfalls der Stolz auf
diese Herrschaft, der sich in Aischylos' ›Hiketiden‹ ausdrückt.[43]
Dieses Bewußtwerden müßte nicht unmittelbar nach dem Sturz des
Tyrannen stattgefunden haben, es können vielmehr viele Jahre ver-
strichen sein, bevor sich das Selbstgefühl der Träger der neuen Ordnung in dieser Weise akzentuierte: Nachdem man lange vornehmlich gemeint haben mag, gute rechtliche Ordnung zu verwirklichen, eben ἰσονομία als Modifikation der εὐνομία, müßte man
dann die Besonderheit der neuen Ordnung auch auf dem Gebiet der
Herrschaft erkannt haben. Worauf es hier ankommt, ist nur, daß
man ἰσονομία und Volksherrschaft ursprünglich keineswegs primär
im Gegensatz zur Oligarchie begriffen haben muß – und mindestens in Athen vermutlich auch nicht begriffen hat.[44] Ein solcher
Gegensatz scheint vielmehr im allgemeinen Bewußtsein der Athener (und wohl nicht nur ihrer) bis über die Mitte des 5. Jh. hinaus
kaum eine Rolle gespielt zu haben, so daß man zu fragen versucht
ist, wieweit damals überhaupt schon zwischen „Oligarchie" und
ἰσονομία = „Demokratie" unterschieden worden sei. Insgesamt ergibt sich jedenfalls, daß die Entdeckung der Herrschaft des Volkes
als Wesensmerkmal der ἰσονομία sowohl polemisch vom kritischen
Teil des Adels wie insbesondere auch aus der positiven Absetzung
der Herrschaft des ganzen Volkes (bei gewichtiger Rolle auch vieler
Adliger) gegen die Tyrannis erfolgt sein kann – wenn nicht beide
Tendenzen zusammenkamen.

Mit dieser Entdeckung der Herrschaft als Wesensmerkmal der
neuen Verfassung aber war eine bedeutende Wende im Verständnis
politischer Ordnungen erreicht.

[43] Siehe unten S. 142 f.
[44] Man hat in der attischen Bürgerschaft wohl auch die eigentliche
Gefahr für die bestehende Ordnung lange in großen Persönlichkeiten als
potentiellen Tyrannen gesehen, Berve, S. 173 ff., 198 f., 208. [Vgl. u. S. 159.]

Was diese Wende und der ihr vorausgehende Wandel der Dinge im ganzen bedeutete, wie umfassend und tief sie sich auswirkten, ist schwer zu ermessen. Insbesondere ist zu fragen, ob diese Zäsur nicht auch innerhalb der Verfassungsgeschichte sehr tief reichte. Man kann dieses Problem sinnvoll nur auf breiter, vergleichender Grundlage erörtern. Gleichwohl mag der folgende, mehr fragende als antwortende Hinweis erlaubt sein: Indem es nun eine Alternative zwischen zwei politischen Ordnungen gab, löste man sich weitgehend von den alten Selbstverständlichkeiten. Viele institutionelle Sicherungen mußten befestigen, was bisher von selbst feststand.[45] Das bedeutete aber, daß die Basis der Verfassungen weithin eine andere wurde. Plan, Überlegung, Setzung – und Zweifel erfaßten immer weitere und mindestens viele wesentliche Teile des staatlichen Lebens. Nachdem bislang vielfach eine Mischung verschiedener Gewalten, ein Gemenge von Rechten gegolten hatte, trat jetzt eine Zuspitzung auf ein herrschendes Organ ein, auf das alles andere ausgerichtet wurde. Zum ersten Mal kann man eine Art von Souveränität beobachten (wenn diese auch bei weitem nicht mit den tiefen Implikationen des in der beginnenden Neuzeit geprägten Begriffs befrachtet ist). Tiefere, dauerhaftere Parteiungen [muß heißen: Gegensätze] zwischen Adel und δῆμος bestimmten die Verfassungseinrichtungen wie zum großen Teil dann auch die Außenpolitik (die sich im 5. Jh. lange um den Gegensatz zwischen Athen und Sparta gruppierte). Die Verfassungen unterschieden sich zunehmend auch nach dem politischen Gehalt. Eine neue Art von Recht und Einsicht entstand, eine neue Bewußtheit in der Formung der Staaten. Es ist zu fragen, ob diese und andere Veränderungen nicht so wesentlich sind, daß man die Stadien der griechischen Verfassungsgeschichte statt nach dem aristotelischen Schema entsprechend der Begriffsgeschichte verstehen und bezeichnen sollte: Besteht der entscheidende Übergang vom 6. zum 5. Jh. nicht vor allem darin, daß Verfassungsordnungen, die – bei bestimmten Modifikationen – wesentlich vom einen allgemeinen νόμος geprägt sind, von solchen abgelöst werden, die durch verschiedene Arten von Herrschaft be-

---

[45] Vgl. etwa den gegen Kleisthenes geplanten Neuansatz in Athen: Hdt. 5, 72, 1.

stimmt sind? (Wobei ἰσονομία den Übergang zu den neuen Begriffen impliziert.) Die εὐνομία ist gewiß aristokratisch geprägt, aber eben unter dem Gesetz eines selbstverständlichen νόμος. Die Staaten des 6. Jh. waren auch oligarchisch regiert, aber rechtfertigt das, sie die oligarchische Stufe der griechischen Verfassungsgeschichte zu nennen? Hat Aristoteles in seinem Schema nicht nur die Unterschiede berücksichtigt, die zwischen den Verfassungen seit dem Anfang des 5. Jh. bestanden – und die viel größeren, die sie von den früheren trennten, dagegen übersehen? Sollte man nicht geradezu, um die eigentlichen Veränderungen, den Wandel der Verfassungsbasis stärker ins Bewußtsein zu bringen, ein Zeitalter „nomistischer" von einem „kratistischer" Verfassungs*basis* scheiden? Das ginge nicht ohne Mißverständnisse ab, zumal es auch in den neuen Verfassungen vielfach Gesetze (νόμοι) gab, die „herrschten"[46] (und damit die Funktion der geschriebenen Verfassungen unserer Tage übernahmen – freilich aufgrund einer Setzung durch den herrschenden Teil der Verfassung). Wie dem aber sei: Die Frage hat ihren Sinn völlig erfüllt, wenn sie dazu provoziert, daß dieser Wechsel besser – und mit Hilfe besserer Begriffe – erkannt wird.

Damit zurück zur Begriffsgeschichte: Seit dem Aufkommen grundsätzlich verschieden eingerichteter Verfassungen konnte man die politischen Ordnungen auch nach dem objektiven Maßstab der institutionellen Machtverteilung klassifizieren, sosehr man in der Wahl der Namen dafür differieren mochte. Damit nahmen zugleich εὐνομία und ἰσονομία als ὀνόματα εὐπρεπῆ (Thukydides 3, 82, 8) für oligarchische und demokratische Verfassungen einen präziseren Sinn an.

Aber dieser Sinn war nur abgeleitet. Vlastos hat zum Beispiel überzeugend dargelegt, daß ἰσονομία primär "not a specific constitution but a standard by which constitutions can be evaluated" bezeichne. Ihr abgeleiteter Gebrauch sei möglich geworden durch das Bewußtsein, daß die demokratische Verfassung "measures up so uniquely to the norm expressed by isonomia that it can be singled out from all others (and, hence, named) by the mere mention of the

---

[46] Vgl. Arist. Pol. 1292 a 32 u. ö.

142   Christian Meier

norm"[47]. Entsprechendes galt für εὐνομία, welches noch dazu bald
durch ἀριστοκρατία ersetzt wurde: ἀριστοκρατία σώφρων und
πλήθους ἰσονομία πολιτική waren im Peloponnesischen Krieg die
eigentlichen Verfassungs-Parolen.[48]

Mit dieser Erkenntnis, daß die Verfassungen nach dem Kriterium
der Herrschaft zu bestimmen seien, mußten sich freilich noch nicht
die handlichen Ausdrücke ὀλιγαρχία und δημοκρατία einstellen.
Victor Ehrenberg[49] hat zwar behauptet, daß δημοκρατία schon
vor 464, wenn nicht vor 493, nämlich vor der Abfassung von Aischylos' ›Hiketiden‹[50], geprägt worden sei. Dort ist nämlich in Vers

[47] Is. S. 9.
[48] Thukydides 3, 82, 8. Daneben aber Ps. Xen. 1, 8 f. für die weitere Verwendung von εὐνομία. – Es ist nicht gesagt, daß nicht bei den -νομία-Be-
griffen vielfach weiterhin der eigentliche Standard mitgehört wurde. Zwar
bediente sich auch die extreme Demokratie dieser Parole (und sie war für
Platon und andere so entwertet, daß sie sie bedenkenlos auf jene Verfassungsform anwenden konnten [Vlastos zeigt gar, daß "Plato attacks isonomia in the Republic precisely because he regards it as expressing a (perverse)
moral norm", Is. S. 9, 3. 25 ff.]). Aber es scheint mir – gegen Vlastos, bes.
S. 10 – nicht ausgemacht, daß man ἰσονομία nicht oft noch als Bezeichnung
einer ausgewogenen demokratischen Verfassung im Sinne etwa von Thuk.
6, 38 f. gebraucht habe. Gerade Vlastos' überzeugende Interpretation von
Hdt. 5, 37, 2 im Lichte von 4, 137, 2 (jede Stadt, nicht besondere Faktionen
darin!), Is. 6, legt dies nahe. Wenn Alkmaion (Fragm. d. Vorsokr. 1,
S. 210 ff.) in Frg. 4 von der ἰσονομία τῶν δυνάμεων (des Feuchten, Trocke-
nen, Kalten, Warmen, Bittern, Süßen usw.) spricht, so scheint dies vor allem einer Ausgewogenheit der μέρη im Sinne der Thukydides-Stelle angemessen zu sein: er scheint mir mit Selbstverständlichkeit die damals sehr
weit verbreitete Betrachtungsweise anzuwenden, nach der die Beurteilung
der Verfassungen nicht von der Stellung und den Möglichkeiten des Einzelnen (so Thukydides 2, 37, 1. Wohl auch: Eurip. Hik. 407 f), sondern von denen der „Teile" der Bürgerschaft auszugehen hätte (vgl. unten S. 158). [Vgl.
Thukydides 4, 86, 4. Euripides Frgm. 626, Aristoteles, Politik 1291 b 30.
1318 a 7.27. sowie u. S. 159.]
[49] A. a. O., 266 ff.
[50] Für die es die beiden Möglichkeiten der Datierung gibt, siehe zuletzt
J. A. Davison, Ancient Society and Institutions. Stud. pres. to V. Ehrenberg," Oxford 1966, S. 95, von denen freilich die auf 464/463 die bei weitem

604 von δήμου κρατοῦσα χείρ[51] (die, in der Volksversammlung, entscheidet) und in Vers 699 von τὸ δάμιον, τὸ πτόλιν κρατύνει, die Rede. Aber es ist nicht einzusehen, warum diese Wendungen die Prägung von δημοκρατία voraussetzen sollen.[52] Nur die bei Pindar bezeugte Entdeckung, daß in bestimmten Staaten das Volk herrscht, wird hier in bemerkenswerter Weise betont. Aber das hängt damit zusammen, daß in dem ganzen Stück auf die Darstellung der demokratischen Verfassung besonderes Gewicht gelegt wird, was seinerseits dadurch bedingt gewesen sein könnte, daß erst in jenen Jahren das Volk von Athen sich seiner Herrschaft bewußt geworden war und Aischylos die pathetische Betonung dieses Bewußtseins aufnahm.

Es fragt sich einerseits, wieweit damals ein Bedürfnis bestand, für die in Griechenland vielerorts zu beobachtende Herrschaft des Volkes einen besonderen Begriff zu prägen, und andererseits, ob dieses Bedürfnis, soweit es bestand, nicht zunächst auch auf andere Weise befriedigt werden konnte.

Bei Herodot begegnen δημοκρατία und δημοκρατεῖσθαι – es sind, wie gesagt,[53] die ersten sicheren Belege – an drei Stellen. An vier anderen wird die gleiche Sache ἰσονομία genannt,[54] einmal auch – von einem ihrer bedeutendsten Charakteristika her – ἰσηγορίη,[55] einmal ἰσοκρατίη.[56]

Auffällig ist nun aber, daß das Wort δημοκρατία bei Herodot an einer Stelle fehlt, an der man es unbedingt hätte erwarten sollen: in der berühmten Verfassungsdebatte 3,80–82. Soviel über diese

wahrscheinlichere ist. [Inzwischen erweist sich die Datierung auf die zweite Hälfte der 60er Jahre als sicher: A. Lesky, Die tragische Dichtung der Hellenen. 3. Aufl. Göttingen 1972, S. 78, 98.]

[51] Vgl. 369: ἀστοῖς δὲ πᾶσι . . . 398: οὐκ ἄνευ δήμου τάδε πράξαιμ᾽ ἄν, οὐδέ περ κρατῶν. [370 mit Ch. Meier, Tragödie (s. Nachtrag) 110 ff.]

[52] Ebenso auch Vlastos, Am. Journ. Phil. 74 (1953), S. 339. Sonst müßte man bei Hdt. 3,81,1 auch den Begriff voraussetzen.

[53] Oben Anm. 3.

[54] Oben Anm. 5. Für die Austauschbarkeit der Ausdrücke: Ehrenberg, a. a. O., S. 275 f.

[55] 5,78.

[56] 5,92 β, 1.

Kapitel seit jeher geschrieben und hin und her erwogen (und auch
Nebel verbreitet) worden ist, so wenig wird man um die Erkenntnis
herumkommen, daß Herodot sie aus einer Vorlage übernommen
hat,[57] daß sie also mindestens im Grundbestand älter sind als sehr
viele der übrigen Partien seines Werkes. Insofern könnten sie zum
Teil eine ältere Terminologie enthalten. Das Wort δημοκρατία
scheint der Vorlage jedenfalls noch fremd gewesen zu sein.[58]

Der Verfechter der Volksherrschaft, Otanes, umschreibt im allgemeinen die Verfassung, die er empfiehlt; er spricht von πλῆθος
ἄρχον, von πλῆθος ἀέξειν. Einmal gebraucht er auch ἰσονομίη, ei-
genartigerweise indem er es als Argument anführt, daß die Volksherrschaft den „schönsten Namen von allen, ἰσονομίη" trage. Dieser Gebrauch des Wortes als werbende Parole ist damals vermutlich
nicht weniger üblich als der andere als – freilich anspruchsvolle,
aber doch für viele auch technische[59] – Bezeichnung von „Demokratie".[60] Eben weil ἰσονομία aber diesen positiven Klang hat, ver-
meiden die Gegner des Otanes dieses Wort und gebrauchen nun
merkwürdigerweise außer anderen Umschreibungen wie δήμου
ἄρχοντος an seiner Stelle einmal das Wort δῆμος.

2. Δῆμος = Δημοκρατία *und die Bildung von* Δημοκρατία

Der Befürworter der Herrschaft des Adels, Megabyzos, faßt den
Vorschlag des Otanes zunächst noch einmal zusammen mit den
Worten: ἐς τὸ πλῆθος ἄνωγε φέρειν τὸ κράτος (81, 3). Im weiteren
kommt er dann nach einer scharfen Kritik des Volkes zu dem Fazit:
δήμῳ μέν νυν, οἳ Πέρσῃσι κακὸν νοέουσι, οὗτοι χράσθων (81, 3).

---

[57] Maass, Hermes 22 (1887), S. 581 ff.

[58] Larsen, a. a. O. (oben Anm. 1) 6. Vlastos, Am. Journ. 1953, S. 337, 5.
Is. S. 3 f.

[59] So z. B. schon Hdt. 3, 83, 1.

[60] Vgl. Thukydides 3, 82, 8. Ἰσονομία zielt zwar auf die gleiche Sache
wie δημοκρατία, aber beide meinen Verschiedenes an ihr, einmal eben die
Herrschaft des Volkes, zum anderen die Ordnung staatsbürgerlicher
Gleichberechtigung (Vlastos, Is. S. 8 f.). In beiden Worten kann sich das
Pathos eines herrschenden δῆμος akzentuieren.

Dazu hat G. Vlastos bemerkt, wenn man δῆμος hier im konkreten Sinne als „Volk" verstehen wolle, müsse man etwa ἄρχοντι ergänzen.[61] Dies ist wohl kaum zu bezweifeln: Wer den Persern übel will, muß nicht „das Volk", sondern „das Volk als herrschendes" oder „die Volksherrschaft" gebrauchen.[62] Denn δῆμος ist hier nicht einfach als Hebel zur Untergrabung des Reiches, sondern als Verfassungsform gemeint. Wenn man also nicht annehmen will, daß ein Wort wie ἄρχοντι im Text ausgefallen ist oder daß man es als selbstverständlich mithören konnte,[63] muß man δῆμος hier mit „Volksherrschaft" wiedergeben. Anders ist – gegen Vlastos – der Sinn des Wortes in dem Passus, in dem Dareios den Ausgangspunkt seiner Argumentation angibt: „wenn drei vorliegen (τριῶν γὰρ προκειμένων) und wir annehmen, daß alle drei die besten seien, δήμου τε ἀρίστου καὶ ὀλιγαρχίης καὶ μουνάρχου" ... Vorher hatte er gesagt, was Megabyzos in bezug auf das Volk (ἐς τὸ πλῆθος) gesagt habe, scheine ihm recht, was in bezug auf die Oligarchie dagegen, nicht recht zu sein. Hier scheinen also drei Arten nicht von Verfassungen, sondern von „Herrschern" vorzuliegen; zumal auch μούναρχος den Herrscher bezeichnet und ὀλιγαρχίη gewiß als herrschende Gruppe verstanden werden kann (vgl. Hdt. 5, 92 β, 1). Nun hat Vlastos im Fall des Fazits des Megabyzos die Bedeutung „Volksherrschaft" für δῆμος freilich nicht allein aus dem Zusammenhang dieser Stelle erschlossen. Er bezieht sich vielmehr darauf, daß δῆμος auch sonst in der Bedeutung „Volksherrschaft" begegnet. So bei Aristoteles an vielen Stellen, wenn er etwa schreibt, es gebe vor allem zwei πολιτεῖαι: δῆμος καὶ ὀλιγαρχία (Pol. 1290a 15. 1301b 40).[64] Xenophon spricht in diesem Sinne des Wortes von

---

[61] Is. 4,2.

[62] Larsen, der, soweit wie möglich – und teilweise durchaus überzeugend (s. Class. Philol. 49 [1954], 14,2 zu SEG 283,4) –, die Bedeutung „Demokratie" für δῆμος auszuschließen versucht, ist im Grunde der gleichen Meinung, wenn er glaubt, es heiße: "let them make use of the demos (as ruler)", a. a. O., 6,6. Zum Wortgebrauch von χρῆσθαι Thuk. 1,18. Lys. 12,73. [Xen. Hell. 5,2,7.]

[63] Herodot ist zwar sonst sehr genau in der Hinzufügung von ἄρχειν (80,6. 82,4), aber hier wäre es am wenigsten mißverständlich gewesen.

[64] Siehe ferner: 1273a 5. 1274a 2. 1277b 3. 1290b 1.9.11. 1294a 11.13.

δῆμον καταστῆσαι (Hell. 7,3,3). Thukydides von δῆμον καταπαύειν (1, 107,4).[65] Vor allem aber begegnet – um von anderem abzusehen – diese Bedeutung immer wieder in den Wendungen καταλύειν τὸν δῆμον und κατάλυσις τοῦ δήμου.[66] In fast allen diesen
Fällen läßt sich „Demokratie" nicht scharf von „Volk" oder „Volksversammlung" scheiden, aber keiner von ihnen wäre verständlich,
wenn das letztere allein gemeint wäre.

Wie kommt es nun zu dieser eigenartigen Ausweitung der Bedeutung von δῆμος? Die zitierte Herodot-Stelle macht es wahrscheinlich, daß sie schon vor etwa 440 geschehen ist. Zum gleichen Ergebnis führt die Überlegung, daß δῆμος kaum zu einer Zeit, als der so
handfeste wie treffende Begriff δημοκρατία schon geprägt war, die
Bedeutung „Volksherrschaft" hätte annehmen können. Ohnehin

1296a 1.26. 1301a 28. 1305b 11. Nicht so klar: 1307a 16 (πλῆϑος!). Weitere
Belege Anm. 66. Diese Verwendung, übrigens auch die von πλῆϑος, könnte
bei Aristoteles eine zusätzliche Begründung in seiner These finden, daß das
πολίτευμα τῆς πόλεως (d. h. die politische Vollbürgerschaft einer Stadt,
vgl. Larsen, Class. Philol., a. a. O., 14,2) die πολιτεία (Bürgerschaft = Verfassung) sei. Vgl. 1278b 8ff. Der gleiche Sprachgebrauch bei Thukydides
8,92,11: τὸ μὲν καταστῆσαι μετόχους τοσούτους ἄντικρυς ἂν δῆμον ἡ-
γούμενοι. Wie hier δῆμος gleichsam die Mitte zwischen πολιτεία und πολίτευμα hält, so tut es ὀλιγαρχία in 6,39,1 (= μέρος). Vgl. [Lysias 6,30]
Demosth. 15,17.21. Anders (eindeutig im Sinn von πολιτεία): 19.20,15.

[65] Larsens Meinung, auch hier sei "people rather than democracy" gemeint, Class. Philol., a. a. O., geht sicher in die Irre, was ihm wohl auch im
Grunde klar war, da er seine Zuflucht bei einem imaginären „ursprünglichen Wortgebrauch" nahm.

[66] Thukydides 1,107,6. 3, 81,4. 5,76,2. 81,2. 6,27,3. 28,2. 8,49. 54,4.
64,2.4. 65,1. 68,1. 86,2.9. Aristophanes Ekkl. 453. [Ploutos 948 gebraucht
er δημοκρατία.] Andok. 1,36. 3,4. 6. 12. [Lysias 13,17.20.51. 16,5. 20,13.
30,9. 12. 14. 15. Diesen neun Stellen stehen fünf gegenüber, in denen δημοκρατία in der gleichen Wendung gebraucht wird: 13,4. 12. 15. 26,4.9. Einmal steht auch statt δῆμος πλῆϑος: 13,16.] Xen. Hell. 2,3, 28. Isokr. 7,58.
[12,148. 16,16]. 37. Dem. 24,144. 146. 149. 154. [Aischines 2,174. 177]. Hypereides, Euxen. 7f. Lykurg, Leokr. 124f. (dazu im folgenden). Aristoteles
Pol. 1304a 27. b 31. 1307b 24. Ath. Pol. 8,4. Philippid. 25,7. Einen etwas
schillernden Wortgebrauch hat Thukydides 6,61, 1.3. Evtl. ist die gleiche
Wendung in der oben Anm. 3 zitierten Inschrift zu ergänzen.

lag es keineswegs nahe, unter dem Wort für „Volk" und „Volksversammlung" zugleich „Volksherrschaft" zu verstehen. Aus heiterem Himmel konnte man zum Beispiel kaum darauf kommen, die Frage, welchen νόμος oder welche κατάστασις eine Stadt habe, mit δῆμος zu beantworten. Umgekehrt konnte δῆμος, wenn es auf die Frage, wer irgendwo herrschte, zur Antwort gegeben wurde, kaum etwa in Analogie zu ὀλιγαρχία, das „herrschende Gruppe" und Adelsherrschaft zugleich hieß, die Bedeutung „Volksherrschaft" annehmen. Man hätte dann doch wohl eher – wie es denn auch geschah – die dieser Bedeutung angemessene analoge Form δημοκρατία bilden müssen (vgl. unten S. 150). Es ist also eine andere Art von Vermittlung anzunehmen, und falls nicht alles täuscht, liegt diese in unseren Quellen auch fast zutage: Denn wenn nicht ein geradezu bösartiger Zufall seine Hand im Spiele gehabt haben soll, ist doch wohl zu vermuten, daß die Erweiterung der Wortbedeutung von δῆμος über Wendungen erfolgte, in denen ursprünglich „Volk" oder „Volksversammlung" gemeint war und in denen man auf die Dauer „Volksherrschaft" mithörte – bis die neue Bedeutung sich dann verselbständigen konnte. Eine solche Wendung aber ist diejenige, in der δῆμος auch später noch in der Bedeutung „Volksherrschaft" vorkommt: καταλύειν τὸν δῆμον bzw. κατάλυσις τοῦ δῆμου.

Diese Wendung wird zwar am Ende des 5. Jh. anscheinend in Gesetzestexten verdeutlicht. Jedenfalls heißt es in dem durch das Dekret des Demophantos von 410 vorgeschriebenen Bürgereid: ἐάν τις δημοκρατίαν καταλύῃ . . . (Andok. 1, 96).[67] Noch deutlicher werden später, im Dekret des Eukrates von 337/336, δῆμος und δημοκρατία nebeneinander unter Schutz gestellt.[68] Gleichwohl sprechen die Redner im späten 5. und im 4. Jh. selbst dort, wo sie den Beschluß von 410 zitieren,[69] immer wieder von καταλύειν τὸν

---

[67] Damals war man sich auch bewußt, daß zum Schutz der Demokratie insbesondere auch die Bewahrung bestimmter (411 aufgehobener, Arist. Ath. Pol. 29, 4) Gesetze notwendig sei: Dem. 24, 154.

[68] Hesperia 21 (1952), S. 355 ff. Z. 8 ff. 12 ff. Vgl. Ostwald a. a. O. (Anm. 70), S. 120, 93.

[69] So Lykurg, Leokr. 124 f.

δῆμον. Und das von Hypereides zitierte, dem Ende des 5. oder dem 4. Jh. angehörende Eisangelie-Gesetz [70] spricht ebenfalls, so scheint es, [71] von δῆμος, wiewohl es „Volksherrschaft" meint. Die Häufigkeit der Belege von καταλύειν τὸν δῆμον nun und die Tatsache, daß δῆμος in späterer Zeit – abgesehen von Aristoteles [72] – fast ausschließlich in dieser oder ähnlichen Wendungen im Sinne von „Volksherrschaft" erscheint, sprechen unverkennbar dafür, daß es sich bei καταλύειν τὸν δῆμον um eine vor 410 schon im allgemeinen Sprachgebrauch eingewurzelte stehende Wendung handelt. Wenn δῆμος dabei statt des umfassenderen, selbstverständlich auch die Rechte der Volksversammlung und des Zugangs zu ihr umfassenden δημοκρατία gebraucht wird, so ergibt sich daraus mit aller Wahrscheinlichkeit, daß die Formel in einer Zeit geprägt ist, in der δημοκρατία diese Funktion noch nicht übernehmen konnte. Man kommt damit mindestens etwa in die erste Hälfte des 5. Jh. Vermutlich kann man die Herkunft der Formel aber noch genauer bestimmen.

Nach Demosthenes (24, 144) war im Ratsherren-Eid von κατάλυσις τοῦ δήμου die Rede. [73] Wer im Verdacht stände, dies zu betreiben, solle (im Gegensatz zu anderen) verhaftet werden dürfen. Manches spricht dafür, daß der Ratsherr auch für sich selbst zu schwören hatte: οὐ καταλύσω τὸν δῆμον. [74] Ob diese Formeln der ersten Fassung des Eides von 501/500 [75] angehören, läßt sich nicht mit Sicherheit sagen. [76] Aber es ist einerseits wahrscheinlich, daß der Ratsherren-Eid von 501/500 gewisse Garantien für die Erhaltung der bestehenden Ordnung erhielt, und es ist andererseits zu vermuten, daß die Wendung καταλύειν τὸν δῆμον ursprünglich in

[70] Vgl. Ostwald, Transact. Proc. Am. Phil. Ass. 86 (1955), S. 104 ff.

[71] Andernfalls wäre es um so bezeichnender, daß der Redner derart vom Wortlaut abwich.

[72] Dazu vgl. Anm. 64.

[73] Vgl. ferner den Heliasten-Eid, ebd. 149.

[74] Vgl. IG I² 15, 37 (dazu oben Anm. 3).

[75] Zur Chronologie: Hignett, A History of the Athenian Constitution, S. 337.

[76] Gegen Arist. Ath. Pol. 22, 2 allgemein, wenn auch keineswegs in diesem Punkt: Wade-Gery, Essays in Greek History, S. 146, 5.

einem Eid oder einem Strafgesetz gestanden hat. Denn nur als feste, genau formulierte, oft wiederholte amtliche Formel und lediglich sekundär als Ausdruck auch der Agitation konnte sie sich (und das Wort δῆμος als Bezeichnung für „Volksherrschaft") so tief in den Sprachgebrauch einwurzeln und in ihm konservieren. Endlich spricht vieles dafür, daß ein Eid, der im Jahre 501/500 – wenn man dies zunächst als die wahrscheinlichere Möglichkeit voraussetzt – formuliert wurde, den δῆμος als wesentlichstes Element jener neuen Ordnung nahm, die dann später, nachdem sie gedauert und sich entfaltet hatte, den Namen δημοκρατία erhielt.

Die Werbung, der Stolz und das Pathos des zu Herrschaft gelangten Volkes werden ihre Akzente zwar auf die ἰσονομία oder die – sehr betonte – Gleichheit des Rechtes, in der Volksversammlung zu sprechen und Anträge zu stellen (ἰσηγορία[77]) oder allgemein auf ἰ-σότης gesetzt haben, später auch auf die Tatsache des δῆμος ἄρχων bzw. κρατῶν oder ἀεξόμενος.[78] Für die Formeln eines Eides oder Strafgesetzes dagegen war ἰσηγορία zu beschränkt, ἰσονομία zu vage und – woran man auch denken könnte – νόμος bzw. νόμοι bei dem Fehlen einer Verfassungsurkunde zu allgemein. Die *Herrschaft* des δῆμος endlich ist sicher erst nach 501/500 als solche entdeckt worden. Der δῆμος selbst aber konnte gut als das erscheinen, was man vornehmlich zu schützen hatte. Οὐ καταλύσω τὸν δῆμον könnte dabei bedeuten, daß man „das Volk" nicht zerstören wollte. Man müßte dann aber voraussetzen, daß δῆμος hier als Bezeichnung für die besondere Ordnung fungierte, in der das athenische Volk nach Kleisthenes' Phylenreform konstituiert war, was nicht sehr wahrscheinlich ist. Deswegen sollte man damit rechnen, daß es die „Volksversammlung" war, die im Ratsherren-Eid und in den in Frage kommenden Gesetzen garantiert wurde, das heißt: ihre Vollmachten (regelmäßig zusammenzutreten und über alles Wichtige – darunter Wahl und Rechenschaft der Beamten – zu entscheiden) und damit ihre bestimmende Stellung im Staate. Damit war, so mußte man annehmen, das Wichtigste geschützt. Die Gliederung

---

[77] Siehe oben Anm. 55.
[78] Hdt. 3,80,6. Ryffel, ΜΕΤΑΒΟΛΗ ΠΟΛΙΤΕΙΩΝ. Bern 1949, S. 234, 238. Plut. Them. 19,5.

des Volkes war zwar Voraussetzung für die Neuordnung des Gemeinwesens gewesen – ebenso wie die Einrichtung des Rats der
Fünfhundert –, aber eben deswegen konnte beides als in der Stellung der Volksversammlung (wie sie nun einmal war und sich zusammensetzte) inbegriffen verstanden werden. Beides war Mittel
zum Zweck, und wenn man eine kurze Formel suchte, konnte man
meinen, daß sie mit dem Zweck zusammen geschützt seien (soweit
sie um seinetwegen schützenswert waren [79]). Entsprechend hat
Aischylos in den ›Hiketiden‹ die entscheidende Macht der Volksversammlung als die eigentliche Manifestation der Demokratie angesehen (s. o.).

Daß damals zugleich der Keim zu einer völlig neuen politischen
Ordnung gelegt worden war, die auf die Dauer alle Institutionen
umformte, so daß endlich das Volk wirklich und in einem damals
noch nicht einmal als Möglichkeit vorauszusehenden Ausmaß über
Athen herrschen würde, daß diese Herrschaft sich endlich von anderen durch einen neuen, spezifischen politischen Gehalt unterscheiden würde, konnte man um 500 noch nicht wissen. Später war
es denn auch die weitreichende Rolle des Loses, die Zahlung von
Diäten, der durch beides bedingte umfassende Wechsel von ἄρχοντες und ἀρχόμενοι, der die Demokratie erst zu dem machte, was
sie war. Um 500 dagegen wußte man vermutlich nur, daß man innerhalb der alten Ordnung die Volksversammlung stark, ja bestimmend gemacht hatte und diese Stellung nun sichern mußte. Insofern gab es keine näherliegende Lösung, die Vernichtung dieser
Ordnung zu benennen als κατάλυσις τοῦ δήμου. Insofern konnte
aber auch, wenn dies einmal die Formel für die Zerstörung des We-
sensmerkmals der neuen Ordnung war, je umfassender die Ingre-
dienzen und Bedingungen dieser Ordnung verstanden wurden, dieses Verständnis sich mit der Zeit auf das Wort δῆμος übertragen, so
daß dieses endlich die Bedeutung „Volksherrschaft" annehmen
konnte.

Die gleichen Feststellungen ließen sich modifiziert treffen, wenn
man annehmen wollte, daß die Formel καταλύειν τὸν δῆμον erst

---

[79] Das ist beim Rat, der der Volksversammlung evtl. Konkurrenz machen konnte, nicht unbedingt von vornherein sicher gewesen.

462 in den Ratsherren-Eid (bzw. ein vielleicht damals erlassenes Eisangelie-Gesetz) hineingekommen sei. Nur bestünde da eine größere Wahrscheinlichkeit, daß man die Tatsache der *Herrschaft* des δῆμος in der Formel berücksichtigt hätte, und eine geringere dafür, daß das Wort δῆμος die neue Bedeutung noch hätte gewinnen können, bevor δημοκρατία auf den Plan trat.

Wenn diese Rekonstruktion richtig ist, so wäre damit einerseits ein nicht uninteressantes Faktum für das Selbstverständnis der kleisthenischen oder unmittelbar nachkleisthenischen attischen Demokratie gewonnen. Aber das kann hier nicht weiter ausgeführt werden.

Andererseits und auf jeden Fall wird die Vorgeschichte des Wortes „Demokratie" und zugleich die langsame, tastende, im Begrifflichen sparsame Frühgeschichte der griechischen Verfassungsterminologie jetzt deutlicher: Neben ἰσονομία trat mit der Zeit δῆμος als Bezeichnung für die durch die bestimmende Rolle der Volksversammlung, ja – wie dann deutlich wurde – durch die Herrschaft des Volkes charakterisierte politische Ordnung. Wie diese Ordnung langsam konsequenter und umfassender wurde, folgte das Bewußtsein von ihrem Wesen durch Ausdehnung der Wortbedeutung von δῆμος. Wohl erst, als dann endlich δημοκρατία da war, hatte der Begriff die Sache eingeholt (um vermutlich auf die beschleunigte Ausbildung dessen hinzuwirken, was zu sein man sich nun vollends bewußt geworden war). Nebenbei gesagt, war es damals die einzige Zeit, in der die – noch uns geläufige – Klassifikation der Verfassungen ganz gestimmt hat (wobei man freilich das den Griechen Selbstverständliche von uns aus wieder hinzusetzen muß).

Wenn es drittens sehr wahrscheinlich ist, daß ὀλιγαρχία vor δημοκρατία geprägt wurde,[80] so ist es nicht gewiß, daß dieses Wort auch älter ist als δῆμος in der Bedeutung von Volksherrschaft. Wer dieser Ordnung „den schönsten Namen von allen" nicht geben wollte, hatte jedenfalls darin frühzeitig ein anderes, passenderes Wort.

---

[80] Erstens wegen des Fehlens von δημοκρατία bei Hdt. 3, 80 ff. (oben S. 144 f.), zweitens aus dem gleich anzuführenden sprachwissenschaftlichen Grund (Debrunner, a. a. O. [Anm. 1], S. 13 f. 15 [= 58 f.; 60]).

Endlich stellt sich die Frage neu, wie es zur Bildung von δημοκρατία gekommen ist. Der Bestandteil -κρατία bietet für sich wenig Probleme. Man konnte, wie Debrunner gezeigt hat, wenn man
ein Wort mit δημο- bilden wollte, die Reihe μοναρχία–ὀλιγαρχία
nicht einfach fortsetzen; denn δήμαρχος war bereits auf einen, der
über einen δῆμος regiert, festgelegt.[81] So lag es sehr nahe, auf ein
Kompositum mit -κρατία auszuweichen. Dabei geschah die – gemessen an vergleichbaren Fällen ungewöhnliche – Wortbildung offensichtlich in unmittelbarer Analogie zu ὀλιγαρχία (das erste
Glied als Subjekt zu dem im zweiten steckenden Verbalbegriff). Ob
sich mit dem zweiten Glied zugleich eine Zuspitzung der Bedeutung in irgendeine Richtung ergab – indem κράτος einen anderen
Beigeschmack gehabt hätte als ἀρχή –, ist, soweit ich sehe, aufgrund der vorliegenden Belege nicht zu entscheiden. Keinesfalls
kann es richtig sein, wenn Debrunner meint, ἄρχειν setze Beherrschte voraus, wenn aber der δῆμος als die Gesamtheit der vollbürtigen Bürger herrsche, gebe es diese nicht.[82] Denn später ist
man sich bewußt, daß die Demokratie durch den Wechsel von
Herrschern und Beherrschten gekennzeichnet sei, wie es etwa bei
Euripides heißt:

οὐ γὰρ ἄρχεται
ἑνὸς πρὸς ἀνδρός, ἀλλ' ἐλευθέρα πόλις.
δῆμος δ' ἀνάσσει διαδοχαῖσιν ἐν μέρει
ἐνιαυσίαισιν (Hiket. 404 ff.).[83]

Und schon bei Aischylos gibt es das πτόλιν κρατύνειν (siehe oben,
S. 142 f.).

Wie man aber überhaupt dazu kam, statt δῆμος das deutlichere
δημοκρατία zu prägen, dafür gibt es mehrere Möglichkeiten der
Erklärung. Vielleicht kam dieses Wort außerhalb Athens auf, wo
man δῆμος in diesem Sinne kaum kannte, vielleicht brauchte man
einen schärferen Begriff, insbesondere einen, der es besser mit ὀλιγαρχία aufnehmen konnte. Geht man von der Frage aus, wo am
frühesten das Bedürfnis nach einer solch prägnanten Prägung be-

---

[81] Debrunner, S. 19 [= 65]. Ehrenberg, a. a. O., S. 272.
[82] A. a. O., S. 19 [= 65]. Dagegen schon Hdt. 3, 80, 6. 81, 1. 3. 82, 4.
[83] Vgl. Kykl. 119: τίνος κλύοντες; ἢ δεδήμευται κράτος;

standen hätte, so wird man wohl am ehesten auf die Verfassungstheorie verwiesen. Denn für die Werbung und zur Stärkung des eigenen Selbstbewußtseins brauchte man es wohl kaum[83a], und die Gegner hätten sich wohl noch deutlicher ausgedrückt, indem sie etwa ὀχλοκρατία geprägt hätten. Wenn die Theorie das – wahrscheinlich ursprünglich polemisch gemeinte,[84] aber letztlich doch auch als objektiv zu verstehende – ὀλιγαρχία aufnahm, so sprachen vielleicht schon Gründe der Symmetrie, jedenfalls solche der Prägnanz, für die Schaffung eines analogen Ausdrucks für die Volksherrschaft. Aber das bleibt Hypothese.

Jedenfalls war δημοκρατία so treffend, wie es nur sein konnte. Und es hatte nicht unbedingt den schlechten Klang von ὀλιγαρχία. Während die Oligarchen hätten sagen müssen, es seien die Besten, die Weisen, die Tüchtigen, die bei ihnen herrschten, konnte δημοκρατία sehr genau das wiedergeben, was die Demokraten als das Wesen ihrer Verfassung ansahen, jedenfalls solange von Herrschaft die Rede war, einer Herrschaft, die durchaus ihre besondere Art hatte und bei der der δῆμος kein schlechtes Gewissen gehabt haben kann, auf die er im Gegenteil stolz gewesen sein muß. Τὸ δάμιον, τὸ πτόλιν κρατύνει! δῆμος ἀνάσσει! „Ihr Name heißt, weil wir nicht in Rücksicht auf wenige, sondern in Rücksicht auf die größere Zahl der Bürger leben, Volksherrschaft" (Thukydides 2, 37, 1, Übers. v. Regenbogen). Das Wort hatte zwar keinen so guten Klang wie ἰσονομία. Ἰσονομία blieb deswegen nach außen die bevorzugte Parole. Im Innern jedoch, im Hausgebrauch, konnte sich das Pathos des δῆμος sehr wohl in dem Bewußtsein der „Volksherrschaft" akzentuieren. So war das Wort für Anhänger wie für Gegner gleich mundgerecht: Jeder dachte sich dabei sein Teil, je nachdem, wie er zu der Sache stand und was für einen Beiklang für ihn das Wort δῆμος hatte. Für dieses letztere seien abschließend noch einige Beobachtungen vorgebracht.

[83a] [Diese Aussage würde ich heute zurückziehen].
[84] Oben Anm. 38. Gegen die Bildung des Begriffs von der Theorie her spricht auch der zeitliche Abstand und die Andersartigkeit der Bildung im Vergleich zu δημοκρατία. Man kann wohl annehmen, daß die Theorie beide zugleich und einander entsprechend gebildet hätte.

3. Δῆμος *und* πλῆθος *bei Herodot*

In der Formulierung der herodoteischen Verfassungsdebatte hat man schon früher einen ausgesprochen feinen Sinn für terminologische Unterscheidungen am Werke gefunden. Dareios spricht von μούναρχος und μουναρχίη, aber nicht von τυραννίς (3, 82). Seine Gegner dagegen benutzen sowohl diese Termini wie ἀνὴρ τύραννος und τυραννίς (80, 4. 81, 1.2). Ihnen sind Monarchie und Tyrannis [85] offenbar das gleiche, Dareios unterscheidet beides. Megabyzos schlägt vor, die Herrschaft den Besten anzuvertrauen (ἀνδρῶν τῶν ἀρίστων ἐπιλέξαντες ὁμιλίην τούτοισι περιθέωμεν τὸ κράτος: 81, 3), vermeidet aber ὀλιγαρχίη, das sein Opponent Dareios dafür gleich viermal gebraucht (82, 1.3.5). Otanes endlich preist an der Volksherrschaft, daß sie den Namen ἰσονομίη trage, im übrigen Teil der Debatte wird das Wort vermieden und nur einmal von Megabyzos, wie erwähnt, δῆμος an seiner Stelle verwendet. [86]

Höchst auffällig ist dann aber, wie in der Debatte das Volk bezeichnet wird. Der Verfechter der Demokratie spricht ausschließlich von πλῆθος (80, 6: πλῆθος ἄρχον; πλῆθος ἀέξειν. Vgl. 83, 2). Seine Gegner nehmen das beide eingangs auf, wie wenn sie ihn zitierten, sprechen dann aber, sofern sie das politisch handelnde Volk meinen, nur von δῆμος (82, 1.4 [dreimal].5) oder deutlicher von δῆμος ἀκόλαστος (81, 2) und ὅμιλος ἀχρήιος (81, 1). Als Dareios dagegen die Fürsorge des Monarchen für die Bevölkerung beschreibt, benutzt er statt dessen wieder πλῆθος (82, 2).

Wenn diese Terminologie, wie es scheint, mit Bedacht gewählt ist (und die eingänglichen Äußerungen jeweils als Zitate gemeint sind), bezeichnet πλῆθος jeweils „Volk" im umfassenden Sinne von „Ge-

---

[85] Zum Wortsinn von Tyrann und Tyrannis bei Hdt. vgl. H. Apffel, Die Verfassungsdebatte bei Herodot, Diss. Erlangen 1957, S. 66 ff. Anders Berve a. a. O. (Anm. 25), S. 626 f.

[86] Eigentümlich ist, wie Herodot sich in seinen Zwischenbemerkungen ausdrückt: Otanes ἐκέλευε ἐς μέσον Πέρσῃσιν καταθεῖναι τὰ πρήγματα (vgl. 3, 142, 2. 4, 161, 3). Megabyzos: ὀλιγαρχίη ἐκέλευε ἐπιτράπειν. Bei Dareios fehlt Entsprechendes. Am Schluß heißt es, Otanes sei Πέρσῃσιν ἰσονομίην σπεύδων ποιῆσαι unterlegen.

samtheit", während δῆμος und ὅμιλος auf den Pöbel gehen,[87] der in der Volksversammlung [wie man behauptet] die Mehrheit bildet. Daß diese Deutung nicht ganz falsch sein kann, lehrt ein Blick auf die übrige Darstellung Herodots.

Dort findet sich δῆμος an vierzehn Stellen für das „gemeine Volk" (im Gegensatz zum Adel) oder als terminus technicus für die Volksversammlung, jeweils für Athen und zum Teil, ohne daß man das eine deutlich vom anderen unterscheiden könnte.[88] An weiteren neun Stellen wird das Wort für das gemeine Volk in anderen Städten gebraucht.[89] Zweimal meint es Volk etwa im allgemeinsten Sinne von Nation, merkwürdigerweise beide Male für die Lyder,[90] einmal das ganze Volk der Meder, von dem Deiokes will, daß es um seinen Palast herum wohnen soll.[91] An einer letzten Stelle[92] zielt es vermutlich auf die Volksversammlung von Kyrene (wenn es nicht das ganze Volk dort im Unterschied zum König bezeichnet).

Πλῆθος hingegen steht bei Herodot, sofern es auf ein Volk angewandt wird, zweimal ausdrücklich für das Volk im ganzen (einschließlich des Adels): πᾶν τὸ πλῆθος (4, 200, 1. 8, 34), ein drittes Mal sicher ebenso (3, 83, 2: aus dem Munde des Otanes!), einmal bedeutet es entweder dies oder einfach die „große Zahl" (1, 158, 2) und an der fünften Stelle offenbar wiederum die Gesamtheit. Diese fünfte Stelle (5, 76) verdient etwas mehr Aufmerksamkeit: Herodot nennt dort den Feldzug des Kleomenes, der bei Eleusis abgebrochen wurde, den vierten, den die Dorer nach Attika geführt hätten. Zwei davon seien feindlich, zwei ἐπ᾽ ἀγαθῷ τοῦ πλήθεος τῶν Ἀθηναίων erfolgt. Die beiden letzteren sind, wie er ausdrücklich beifügt, die, die die Vertreibung der Peisistratiden zum Ziel gehabt hätten (vgl. 5, 63. 64). Auch hier kann πλῆθος nur die Gesamtheit der Athener (außer der Tyrannenclique) meinen – im Unterschied

[87] Selbst wenn es sich um den δῆμος ἄριστος handelt!

[88] 1, 59, 4. 5. 5, 66, 2. 69, 2. 74, 1. 91, 1. 97, 1. 6, 104, 2. 124, 1. 136, 1. 3. 7. 142, 1. 8, 79, 1. 9, 5, 1.

[89] 1, 196, 2. 4, 11, 2–4. 5, 30, 1. 6, 91, 1.2. 7, 155, 2. 156, 2.3. 8, 137, 2. Vielleicht auch: 1, 93, 4.

[90] 1, 7, 3. 93, 4.

[91] 1, 99, 1.

[92] 4, 161, 3.

zum δῆμος, den Kleisthenes dann gegen den anderen Teil des πλῆθος, das Gros des Adels samt dessen Anhängern, auf seine Seite brachte (5, 66.2. 69, 2).

Angesichts dieses Befundes kann die Terminologie in der Verfassungsdebatte kaum zufällig genannt werden: Die theoretischen Verfechter der Volksherrschaft benutzten lieber das quantitative, neutrale Wort πλῆθος, um damit die Gesamtheit des Volkes – die nach ihnen in der „Demokratie" herrschte – zu bezeichnen, als das mit dem abschätzigen Beiklang des „gemeinen" behaftete δῆμος. Πλῆθος war offenbar noch unverbraucht. Den gleichen Sprachgebrauch zeigt der Anonymus Jamblichi, wenn er sagt, der Tyrann wolle τὸν νόμον τὸν πᾶσι κοινὸν καὶ συμφέροντα wegnehmen, also παρὰ τοῦ πλῆθους τῶν ἀνθρώπων rauben.[93] Vor dem Ende des 5. Jh. gibt es, soweit ich sehe, keine Belege dafür, daß πλῆθος abschätzig gebraucht wird. Es kommt übrigens kaum vor. Erst bei Thukydides ist es austauschbar mit δῆμος, um dieses letztlich denn doch irgendwie ehrenwerte Wort am Ende gar noch zu unterbieten, so daß etwa Platon die Demokratie als ἡ τοῦ πλήθους ἀρχή bezeichnen kann.[94]

Wenn es nötig wäre, könnte diese Betrachtung also lehren, wie sehr die Adligen der Bezeichnung δημοκρατία zustimmen konn-

---

[93] 7, 15 (Frg. d. Vorsokr. 2, S. 404). [Ähnlich wohl zu verstehen Sophokles, Oidipus auf Kolonos 66. Andokides 4, 1. Besonders betont erscheint die Bedeutung „Gesamtheit" im Erythrai-Dekret (Meiggs-Lewis, oben Anm. 3, Nr. 47): „Die Ratsmänner haben zu schwören, aufs beste dem πλῆθος der Erythraier und der Athener und der Bundesgenossen" zu raten und nicht „vom πλῆθος der Athener und der Bundesgenossen der Athener" abzufallen. Man hätte sonst einfach von „den Athenern und ihren Bundesgenossen" sprechen können. Im übrigen waren die Bundesgenossen-Städte ja keineswegs alle demokratisch organisiert. Ich meine, daß dieser speziell in der Außenpolitik ganz ungewöhnliche Wortgebrauch am ehesten als Niederschlag einer Phase begrifflichen Experimentierens zu verstehen ist. Jedenfalls ist er hochinteressant. Zur Geschichte solcher Eide Meiggs-Lewis, The Athenian Empire. Oxford 1972, S. 579 ff.: Dort ist allerdings immer nur vom δῆμος der Athener und nicht von den Bundesgenossen die Rede.]

[94] Polit. 291 d. vgl. 303 a.

ten. So zeigt sie nur, wie die Verfechter der Demokratie eine Zeit-lang ihre Zuflucht zu πλῆϑος nahmen – um dann sehr bald auch dieses Wort zu verlieren. Das Wort entwertete sich ihnen unter den Händen. Und letztlich mit Recht: denn angesichts der starken Ge-gensätze zwischen Adel und Volk und dann zunehmend: zwischen Reich und Arm, die sich außenpolitisch im Gegensatz zwischen Athen und Sparta wiederholten, und angesichts des Fehlens von wirksam vermittelnden Schichten sowie einer differenzierten Inter-essenstruktur, war die Demokratie nicht so sehr eine auf das ganze Volk berechnete Verfassung wie eine Form der Herrschaft des nie-deren Volkes. Nannte man „ihr" Volk πλῆϑος, so mußte dieses Wort binnen kurzem ebenfalls zur Bezeichnung dessen werden, was es dann in Wahrheit meinte: der breiten Menge, des „gemeinen" Volkes.

Um es noch etwas konkreter und zugleich akzentuierter auszu-drücken: Es gab in den am stärksten bewegten griechischen Poleis keinen politisch wirksamen Mittelstand. Es gab nirgends das vielfa-che Sich-Überschneiden verschiedenartigster Gegensätze von Kon-fessionen, von Konservativ und Progressiv und verschiedensten wirtschaftlichen Interessen, aus denen dann Kombinationen derart hätten entstehen können, daß auch eine Oberschicht die Chance ge-wonnen hätte, durch Koalition mit Teilen der mittleren und unteren Schicht die eigentlichen Verfechter der Interessen der unteren Schichten zu majorisieren. Vielmehr stand auf der einen Seite das Volk, mehr oder weniger wie ein Block, in der Regel an ein und der-selben Innen- und an ein und derselben Außenpolitik interessiert. Und auf der anderen Seite standen seine Gegner. Diese mochten sich in Athen noch bis kurz vor dem Peloponnesischen Krieg einge-bildet haben, sie könnten sich innerhalb der Demokratie durchset-zen. Dann stellte sich heraus, daß sie dort auf jeden Fall in der Min-derheit blieben. So hat es irgend dauerhafte Parteibildungen auf dem Boden der demokratischen Verfassungen fast nie gegeben. Die Reichen, die mit der Politik des Volkes nicht übereinstimmten, mußten eine Oligarchie anstreben. Erst im 4. Jh. hatte sich die Situation so weit differenziert, daß sich Gruppen von Politikern zeitweilig um den maßgebenden Einfluß auf die Entscheidungen des Volkes streiten konnten. Auch dann hat das Volk im ganzen als

Block reagiert, wechselte nur eben ab und zu die Richtung. Aristoteles betrachtet die Demokratie als Staat der Armen. Nicht vom Einzelnen und seinen Rechten, Pflichten und Möglichkeiten in den verschiedenen Verfassungen ist bei ihm die Rede, sondern von den gegensätzlichen großen Gruppen. Es „scheinen dies die wesentlichsten Teile des Staates zu sein, nämlich die Armen und die Reichen, und da überdies noch gewöhnlich die Reichen die Minder- und die Armen die Mehrzahl bilden, scheinen nur diese beiden Teile des Staates wirklich entgegengesetzte Teile desselben zu sein, so daß sie denn auch die Verfassungen nur, je nachdem einer dieser beiden Teile das Übergewicht hat, unterscheiden und zwei Verfassungen zu bestehen scheinen, Demokratie und Oligarchie" (Pol. 1291 b 7 ff. Übers. Susemihl). Aus diesen – hier nur anzudeutenden – Gründen blieb die Demokratie immer eine wirkliche Volks*herrschaft*. Das Wort „Demokratie" und die Klassifikation der Verfassungen nach dem Kriterium der Herrschaft hatte im Griechentum eine viel tiefere Berechtigung als überall dort, wo man sie später übernahm – auch wenn der Staatstheorie schon des 4. Jh. aufgegangen war, daß mit einer solchen Klassifikation das Wesentliche nicht unbedingt erfaßt wurde.

Nachtrag

Der Aufsatz steht am Anfang einer ganzen Reihe begriffsgeschichtlicher Arbeiten (Entstehung des Begriffs „Demokratie". Frankfurt a. M. 1970. Abschnitte zur Antike in den Artikeln Adel, Anarchie, Demokratie, Fortschritt, Freiheit, Geschichte, Macht und Gewalt, Revolution. In: O. Brunner/W. Conze/R. Koselleck, Geschichtliche Grundbegriffe. Stuttgart 1972 ff. Der Wandel der politisch-sozialen Begriffswelt im 5. Jh. v. Chr. In: Entstehung des Politischen bei den Griechen. Frankfurt a. M. 1980 u. 1983, S. 257–325. Politeia. In: Histor. Wörterbuch der Philosophie 7. 1989).

Das Aufkommen des Demokratie- (und des Oligarchie-)Begriffs ist wahrscheinlich später zu datieren als hier geschehen (nicht vor Ende der sechziger Jahre. Zur damaligen Agitation: Die politische Kunst der griechischen Tragödie. München 1988, S. 93 ff., 99 ff.). Das Vorkommen eines Mannes namens Demokrates, der etwa in den sechziger Jahren geboren sein muß (J. K. Davies, Athenian Propertied Families. 1971, S. 359f.), spricht für das Aufkommen des Begriffs spätestens um 460 (M. G. Hansen, in: Liverpool Classical Monthly 1986, S. 35f. Der Aufsatz ist im übrigen ohne Verständnis für die Problematik). Für die Vorstufen, in deren Rahmen der Gebrauch von δῆμος für Demokratie zu sehen ist: Entstehung des Begriffs . . ., S. 39ff. Die Frühdatierung der ›Hiketiden‹ des Aischylos halte ich heute für ausgeschlossen. Für einen stärkeren Gegensatz zwischen Volk und Adel schon vor 460: Ch. Meier, Athen. 1993, S. 343f. Zur ἀνομία ist korrigierend M. Ostwald, Nomos and the Beginnings of the Athenian Democracy. Oxford 1969, S. 85ff., heranzuziehen. Ich würde auch den Staatsbegriff für die Polis nicht mehr gebrauchen.

Der Isonomie-Begriff scheint mir, wie ich es heute sehe, auch indem er „Gleichheitsordnung" (in einer recht ungleichen Bürgerschaft!) bedeutet, ursprünglich gewisse Vorstellungen eines Gleichgewichts zwischen verschiedenen Faktoren enthalten zu haben (siehe S. N. Eisenstadt [Hrsg.], Kulturen der Achsenzeit 1. Frankfurt a. M. 1987, S. 119), die zu seiner fortwirkenden Wertschätzung beitrugen. Zu Alkmaion ist Charlotte Schubert-Triebel, in: Klio 66 (1984), S. 40ff., heranzuziehen. Neue sprachwissenschaftliche Argumente bei P. Frei in: Museum Helveticum 38 (1981), S. 205ff. Die Deutung des Begriffs durch Vlastos kann sich erst auf die Zeit seit etwa der Mitte des 5. Jh. beziehen.

Das Kleisthenes-Buch, auf das ich mehrfach verwies, ist nicht geschrieben worden. Ich wollte über die Rekonstruktion der Reform (Entstehung des Politischen . . ., S. 91ff.) hinaus den Umbruch von der nomistischen zur kratistischen Verfassungsbasis umfassend behandeln. Dazu bin ich bisher nicht gekommen. Die beiden Kategorien scheinen sich mir aber auf verschiedene Weise sehr zu bewähren (vgl. etwa T. Hölscher, Griechische Historienbilder des 5. und 4. Jh. v. Chr. Würzburg 1973, S. 205ff. Die Nike der Messenier und Naupaktier in Olympia. In: Jahrbücher des Deutschen Archäologischen Instituts 89 [1974], S. 70ff., freilich ohne die Begriffe zu gebrauchen). Das ließe sich noch erheblich ausbauen.

Chiron. Mitteilungen der Kommission für Alte Geschichte und Epigraphik des Deutschen Archäologischen Instituts 4 (1974), S. 5–42.

VON KLEISTHENES ZU EPHIALTES

Zur Entstehung der athenischen Demokratie*

Von Jochen Martin

*Meinem Lehrer Herbert Nesselhauf
zum 65. Geburtstag*

I

Die Frage nach den Bedingungen und nach der Entstehung der athenischen Demokratie gehört zu den Standardfragen, aber auch zu den umstrittensten Fragen der Althistoriker. Die methodischen Schwierigkeiten einer Antwort sind beträchtlich. Für die entscheidende Zeit zwischen Kleisthenes und Ephialtes ist unsere quellenmäßige Grundlage äußerst mager. Deshalb hat jede Rekonstruktion der Geschichte dieser Zeit notwendig stark hypothetischen Charakter und erhalten methodische Prämissen der einzelnen Forscher noch größere Bedeutung, als das bei historischer Forschung immer schon der Fall ist. So unterscheiden sich die einzelnen Untersuchungen zur Geschichte der athenischen Demokratie z. B. deutlich danach, welcher Demokratiebegriff in ihnen zugrunde gelegt wird. Ob man die athenische Demokratie mit Solon, mit Kleisthenes oder mit Ephialtes beginnen läßt, ist nicht nur abhängig von der Erkenntnis der konkreten Maßnahmen dieser Männer, sondern auch davon, was man jeweils für die unabdingbaren Elemente einer De-

---

* Teile der folgenden Untersuchung habe ich schon in Frankfurt a. M., Berlin und vor allem im althistorischen Kolloquium an der Universität Konstanz vorgetragen und dabei wertvolle Anregungen und Kritik erhalten. Besonders viel verdanke ich jedoch den Gesprächen, die ich mit H. Nesselhauf zum Thema dieses Aufsatzes führen durfte.

mokratie hält. Das methodische Postulat, dabei vom Verständnis der Athener selbst auszugehen, läßt sich nur teilweise einlösen. Man kann zwar feststellen – und das ist wichtig genug –, welche Vorstellungen den Athenern zugänglich waren und welche nicht. Was aber im einzelnen als noch oligarchisch oder schon demokratisch galt, darüber herrschen in den Quellen die unterschiedlichsten Meinungen.[1] Dem Historiker wird also die Entscheidung darüber, was er für demokratisch halten will und was nicht, durch die Quellen nicht abgenommen, wenn er sie auch nicht unabhängig von den Quellen fällen kann.

In der athenischen Demokratie des 5. Jh. gibt es bekanntlich eine Reihe von Erscheinungen, die sich nicht ohne Schwierigkeiten als demokratische begreifen lassen. Eine eingehende Analyse würde hier zu weit führen – ich kann deshalb nur einige Hinweise geben. M. I. Finley hat die Demagogen als Strukturelement der athenischen Demokratie interpretiert[2] – meines Erachtens mit vollem Recht, denn auch in der antiken Kritik an der Demokratie kommt den Demagogen entscheidende Bedeutung zu. Wenn aber schon die antike Kritik den Demagogen die Verantwortung für viele Maßnahmen der Demokratie aufbürdet,[3] dann muß die Frage nach dem Verhältnis von Demagogie und demokratischer Willensbildung gestellt werden,[4] zumal auch die athenische Volksversammlung immer wie-

---

[1] Ich brauche die Quellenlage hier nicht im einzelnen zu entfalten, da sie bekannt ist. Besonderen Einfluß auf die Demokratiediskussion des 4. Jh., aus dem ja unsere Hauptquelle zur Verfassungsgeschichte Athens stammt, haben die oligarchischen Umstürze der Jahre 411 und 404 ausgeübt. Vgl. dazu vor allem F. Jacoby, Atthis, Oxford 1949, bes. S. 71–79; A. Fuks, The Ancestral Constitution, London 1953; M. I. Finley, The Ancestral Constitution, Cambridge 1971. Zur ›Athenaion Politeia‹ vgl. J. Day – M. Chambers, Aristotle's History of the Athenian Democracy, Amsterdam 1967.

[2] M. I. Finley, Athenian Demagogues, in: Past and Present 21 (1962), S. 2–24.

[3] Vgl. z. B. Aristot. Pol. 1292 a 21–23; 1304 b 20–25; Athen. Polit. (künftig: AP) 41, 2. Nicht als Kritik, sondern als positive Aussage gehört auch die bekannte Würdigung des Perikles bei Thuk. 2, 65 hierher.

[4] Dazu P. Stolz, Politische Entscheidungen in der Versammlungsdemokratie, in: Berner Beitr. zur Soziologie 12 (1968).

der geneigt war, die Verantwortung für ihre Beschlüsse nicht selbst
zu übernehmen, sondern sie auf Demagogen abzuschieben.[5] Ein
weiteres Problem ist, wie die angesprochene Machtpolitik des perikleischen Athen mit der Demokratie zu vereinbaren ist. Schließlich
ist daran zu erinnern, daß die athenische Demokratie sowohl aristokratische Institutionen – zu nennen sind hier etwa das Leiturgiesy-
stem, der Fächerkanon und die Inhalte der Elementarschulbildung[6]
– als auch aristokratische Traditionen – z. B. gerade bei der Begründung der Machtpolitik – übernommen hat.

Solche und andere Erscheinungen haben verschiedentlich schon
Forscher dazu geführt, der „antiken Volksherrschaft das Recht auf
den Namen Demokratie kurzerhand ab(zu)sprechen" – dabei wurden allerdings meistens neuzeitliche Demokratiebegriffe als Maßstab benutzt.[7] Ich gehe hier auf diese Lösung des Problems, die ich
für falsch halte, nicht näher ein. In der folgenden Untersuchung soll
vielmehr aufgezeigt werden, daß von der Entstehungsgeschichte
der athenischen Demokratie her ein einheitliches demokratisches
System gar nicht zu erwarten ist; denn die Demokratie war als
solche nicht gewollt, sondern das Ergebnis eines Handelns, für das
unter den seit der Tyrannis neu entstandenen gesellschaftlichen und
politischen Bedingungen und angesichts der Erfahrungen der Per-

---

[5] Vgl. allgemein AP 28,3. Die Beispiele sind bekannt – selbst Perikles
entging nicht einer Verurteilung. – A. Heuss, Zum Problem einer geschichtlichen Anthropologie, in: Neue Anthropologie, hrsg. v. H.-G. Gadamer –
P. Vogler, IV: Kulturanthropologie, Stuttgart-München 1973, S. 173 urteilt:
„Unmittelbare Demokratie ist ... nur beim Vorhandensein latenter Füh-
rungssysteme praktikabel. Im klassischen Griechenland war sie funktions-
unfähig." Ich kann hier nicht die allgemeine Aussage diskutieren – die Beurteilung der griechischen Demokratie halte ich für richtig. Unter genetischen
Gesichtspunkten stellt sich jedoch die Frage, ob nicht zumindest die athenische Demokratie von bestehenden Führungssystemen her konzipiert
und diese dann überrollt wurden. Nur die ‚Herrschaft' des Perikles
(Thuk. 2, 65, 9) würde dann der Konzeption entsprechen.

[6] Vgl. dazu etwa F. A. G. Beck, Greek Education 450–350 B. C., London 1964.

[7] T. Tarkiainen, Die athenische Demokratie, Zürich 1966, S. 25 mit 359
Anm. 13.

serkriege die Macht der Stadt Athen zum beherrschenden Kriterium wurde.

Da es für die meisten Ereignisse der Zeit zwischen Kleisthenes und Ephialtes keine in der Forschung allgemein angenommenen Interpretationen gibt, komme ich in meiner Darstellung leider auch an der Wiederholung vieler bekannter Dinge nicht vorbei.

II

Im Jahre 511/510 wurde der Tyrann Hippias mit spartanischer Hilfe aus Athen vertrieben. Kurze Zeit danach, 509/508, kommt es zu heftigen Auseinandersetzungen zwischen zwei Adligen, Isagoras und Kleisthenes. Es handelt sich hier, wie M. Ostwald richtig gesehen hat, um Auseinandersetzungen zweier Dynasten: Beide werden durch Adelsgefolgschaften unterstützt.[8] Isagoras wird für das Jahr 508/507 zum Archon gewählt. Kleisthenes wendet sich daraufhin, wie Herodot und Aristoteles berichten, ans Volk, das er mit dem Vorschlag einer Phylenreform auf seine Seite zieht. Er wird dadurch der einflußreichste Mann in Athen.

Ist die kleisthenische Phylenreform unter dem Eindruck der Erfahrungen des Kleisthenes in den Jahren 509/508 konzipiert worden – was wohl unbestreitbar ist –, dann kann sie nur angemessen interpretiert werden, wenn man die Struktur der politischen Auseinandersetzungen und die Bedingungen für Gruppenbildung im Athen des 6. Jh. berücksichtigt.[9] Dabei geht man am besten von der

---

[8] M. Ostwald, Nomos and the Beginnings of Athenian Democracy, Oxford 1969, S. 143. Der dynastische Charakter der Kämpfe geht auch daraus hervor, daß sich zwar Isagoras um den Archonat bewarb, Kleisthenes aber gar nicht mehr Archon werden konnte, da er wahrscheinlich schon 525/524 dieses Amt bekleidet hatte – er war also Repräsentant einer (alkmeonidischen) Gruppe, für die der Archontat gesichert werden sollte: vgl. D. W. Knight, Some Studies in Athenian Politics in the Fifth Century B. C., Historia Einzelschr. 13 (1970), S. 17 mit Anm. 20. Zu den chronologischen Problemen der kleisthenischen Reformen vgl. ebenfalls Knight, S. 13–24 passim.

[9] Das ist auch der Ansatz von D. Kienast, Die innenpolitische Entwick-

gesellschaftlichen Gliederung Attikas aus, deren Gerüst die adligen Geschlechter, die Phratrien und Phylen bildeten.[10] Alle diese Gruppierungen hatten jeweils einen gemeinsamen Kult, Phratrien und Phylen stellten auch gemeinsame Heeresaufgebote. Die adligen Geschlechter kontrollierten die Phratrien.[11] Da bis zu Kleisthenes nur derjenige attischer Bürger war, der einer Phratrie angehörte, war der politisch-soziale Status jedes in Attika wohnenden Nichtadligen von den Geschlechtern abhängig. Wie deren Kontrolle über die Phratrien entstanden ist, wissen wir nicht – wir können aber noch einiges über die Formen sagen, in denen sie sich zeigte. So waren Adlige „die berufenen Vertreter der Phratrie bei der Blutsühne", wenn die zunächst dazu berufenen Verwandten fehlten.[12] Rechtsschutz der weniger Mächtigen durch die Mächtigen scheint immer ein zentrales Moment sozialer Abhängigkeit zu sein – er ist auch charakteristisch für die römische Klientel. Über die Blutsühne hinaus haben wir mit einer lokalen Privatgerichtsbarkeit des Adels zu rechnen, der später Peisistratos die Demenrichter entgegenstellte.[13] Von ganz besonderer Bedeutung scheint ferner die Tatsache gewesen zu sein, daß nur die adligen Geschlechter Kulte besaßen, das Volk also nur über den Adel Zugang zum Kult

lung Athens im 6. Jh. und die Reformen von 508, in: Historische Zeitschrift 200 (1965), S. 265–283; bes. S. 266. Der Aufsatz von Kienast ist merkwürdigerweise in der angelsächsischen Forschung seit 1965 nicht rezipiert worden, er fehlt auch in der Bibliographie bei Knight, a. a. O., S. 14.

[10] Vgl. dazu G. Busolt, Griech. Staatskunde I³, München 1920, S. 248–262; J. Hasebroek, Griechische Wirtschafts- und Gesellschaftsgeschichte, Tübingen 1931 (Nachdr. Hildesheim 1966), S. 53–55.

[11] Die beste Diskussion der Quellen zu den Phratrien m. E. bei A. Andrewes, Philochoros on Phratries, in: Journal of Hellenic Studies 81 (1961), S. 1–15. Dagegen jedoch N. G. L. Hammond, Studies in Greek History, Oxford 1973, S. 104–115, 142–144. Im Gegensatz zu Andrewes sehe ich keinen Grund, in bezug auf die Phratrien die Situation des 7. Jh. deutlich von der des 6. abzuheben.

[12] Busolt, a. a. O. I, S. 252.

[13] A. French, The Party of Peisistratos, in: Greece and Rome 6 (1959), S. 53; Kienast, a. a. O., S. 269; H. Berve, Die Tyrannis bei den Griechen, 1. Halbbd., München 1967, S. 55.

hatte; es bildete also auch „in religiöser Hinsicht die Klientel der großen Geschlechter".[14] In der Literatur der letzten Jahre ist dieser Punkt – von einer Ausnahme abgesehen[15] – zu Unrecht vernachlässigt worden. Daß im Rahmen der Elemente, die im archaischen Athen soziale Abhängigkeit konstituierten, auch die wirtschaftliche Überlegenheit des Adels eine Rolle spielte, können wir nur vermuten. Durch die solonischen Reformen wurde die Lage der einfachen Bauern zwar gebessert, im Hinblick auf die Rentabilität ihrer Produktion aber nicht grundlegend verändert. Verschuldung und damit wirtschaftliche Abhängigkeit sind deshalb auch für die nachsolonische Zeit anzunehmen.[16]

Wir wissen nicht, ob die Phratrien den Rahmen für alle genannten Abhängigkeitsverhältnisse bildeten, doch liegt die Annahme dazu nahe. Gar keine Informationen haben wir auch darüber, welche Rolle die Phylen in bezug auf die Sozialstruktur Attikas spielten – ich komme auf diesen Punkt gleich noch einmal zurück. Zusammenfassend läßt sich also zunächst sagen, daß der Einfluß der adligen Geschlechter im 6. Jh. auf der Kontrolle des Bürgerrechts, auf Rechtsschutz und Rechtsprechung, auf dem Besitz von Kulten und wahrscheinlich auch auf der wirtschaftlichen Macht des Adels beruhte. Zumindest teilweise (Bürgerrecht, Rechtsschutz) hat sich dieser Einfluß über die Phratrien geltend gemacht. Es handelt sich bei den sozialen Beziehungen zwischen Adel und Volk um gentilizische Gefolgschaftsverhältnisse. Sie sind lokal bestimmt insoweit, als für jedes Geschlecht ein lokaler Schwerpunkt vor allem der Kultausübung anzunehmen ist.[17] Daraus ergibt sich aber noch nicht, daß der adlige Einfluß strikt lokalen Grenzen folgte.[18]

---

[14] M. P. Nilsson, Geschichte der griechischen Religion I², München 1955, S. 710; vgl. auch Andrewes, a. a. O., bes. S. 15.

[15] D. M. Lewis, Cleisthenes and Attica, in: Historia 12 (1963), S. 22–40.

[16] Vgl. Cl. Mossé, Classes sociales et régionalisme à Athènes au début du VIᵉ siècle, in: Antiquité classique 33 (1964), S. 401–413, bes. S. 407f.

[17] Dazu bes. Lewis, a. a. O.

[18] Am striktesten hat in der Forschung R. Sealey, Regionalism in Archaic Athens, in: Historia 9 (1960), S. 155–175, die These vertreten, daß die Auseinandersetzungen im archaischen Athen auf Regionalismen zurückzuführen seien.

Die konkreten Parteibildungen des 6. Jh., von denen uns berichtet wird, ordnen sich nur teilweise widerspruchslos in den bisher skizzierten Rahmen ein. Als Gegner in den Auseinandersetzungen, die schließlich zur Tyrannis in Athen führten, nennen Herodot und Aristoteles Adlige, die jeweils eine regionale Gruppe führen: Peisistratos mit den Hyperakriern (Herodot) bzw. Diakriern (Aristoteles), Lykurg mit den Pediakern, Megakles mit den Paraliern.[19] Man hat versucht, diese drei Gruppen durch unterschiedliche ökonomische Bedingungen in den verschiedenen Gebieten Attikas zu erklären.[20] Dagegen spricht aber, daß aller Wahrscheinlichkeit nach zum Einflußgebiet des Peisistratos die Küstengebiete Mittelost- und Nordostattikas einschließlich der Ebene von Marathon gehörten,[21] d. h. in der Partei des Peisistratos waren Bewohner der Ebene, der Küste und des Berglandes vereint. Ferner umfaßten die Gebiete der Pediaker und Paralier, wenn auch die Abgrenzungen im einzelnen umstritten sind, jeweils Küsten- und Ebenenregionen.[22] Schließlich geht auch Aristoteles nicht von unterschiedlichen ökonomischen Bedingungen aus, wenn er schreibt, daß jede der drei Gruppen ihren Namen von der Gegend hatte, „in der sie ihr Land bestellte".[23]

[19] Herod. 1, 59; AP 13, 4.

[20] Zuletzt Kienast, a. a. O., S. 268 f., obwohl er gegenüber anderen richtig betont, daß nach AP 13, 5 alle drei Gruppen aus landbesitzender Bevölkerung bestanden; vgl. auch H. W. Pleket, The Archaic Tyrannis, Talanta 1 (1969), S. 41–44.

[21] French, a. a. O., S. 50–53; Sealey, a. a. O., S. 163, 168 f., 171; R. J. Hopper, "Plain", "Shore" and "Hill" in Early Athens, in: Annual of the British School at Athens 56 (1961), S. 189–219, bes. S. 197–199; Lewis, a. a. O., S. 23–25, der den Peisistratiden auch Einfluß auf die Mesogeia zuschreibt.

[22] Hopper, a. a. O., zusammenfassend S. 207 f.

[23] AP 13, 5, vgl. oben Anm. 20; gegen die Identifizierung lokaler und ökonomischer Interessen auch Mossé, a. a. O., S. 411. Die Zuordnung der drei Gruppen zu drei verschiedenen Verfassungstypen (AP 13, 4) wird heute mit Recht allgemein als Anachronismus angesehen. – Ökonomische Erklärungen, die aus der allgemeinen ökonomischen Entwicklung Athens gewonnen sind, bieten French, a. a. O., und Hopper, a. a. O., S. 208–217, für die vorpeisistratische Gruppenbildung an. Die Unsicherheit, die auf die-

Es ist deshalb zu vermuten, daß die drei Gruppen nach dem jeweiligen Kerngebiet ihrer Führer benannt wurden.[24] Das würde dem oben skizzierten Rahmen der Gruppenbildung entsprechen und nicht ausschließen, daß die drei vorpeisistratidischen Führer auch anderswo als in ihrem jeweiligen Kerngebiet Anhang hatten.[25] Ebensowenig würde es diesen Rahmen sprengen, wenn einzelne adlige Heren sich durch besondere Vorzüge oder bestimmte Ziele *zusätzlichen* Anhang verschafft hätten[26] – ein reines Modell kommt ohnehin in der Wirklichkeit nie vor. Nicht erklärt wird jedoch durch die bisherigen Überlegungen die Konzentration auf *drei* sich bekämpfende Faktionen – ein Problem, das uns gleich noch beschäftigen wird.

Aristoteles (AP 13, 2) berichtet zum Jahre 581/580, daß nach mehrjährigen Auseinandersetzungen um den Archontat fünf Eupatriden, drei Agroiken und zwei Demiurgen das Archontenkollegium gebildet hätten. Diese Nachricht setzt organisierte soziale Gruppen auch außerhalb des Adels als Partner der politischen Auseinandersetzung voraus, und genau an dieser Nachricht scheiden sich deshalb die Geister, wenn es um die Struktur der politischen Kämpfe im nachsolonischen Athen geht. Nun hat es sicher in der ersten Hälfte des 6. Jh. in Athen einen bevorrechteten Adel, hat es wohlhabendere und ärmere Bauern, Taglöhner und ein – wenn auch bescheidenes – Handwerk[27] gegeben. Deshalb aber eine Art „be-

sem Gebiet herrscht, mag schon daraus erkannt werden, daß die beiden Forscher in einer für ihre jeweilige These zentralen Frage, nämlich der des Exports oder Imports von Getreide, zu gegensätzlichen Ergebnissen gelangen.

[24] So auch Mossé, a. a. O., S. 410f.; Lewis, a. a. O., S. 22.

[25] Vgl. Mossé ebd.; zu Peisistratos Herod. 1, 59 mit Hopper, a. a. O., S. 208. Hopper S. 207 will feste Abhängigkeitsverhältnisse für das 6. Jh. überhaupt ausschließen.

[26] Nach Herod. 1, 59 hat sich Peisistratos im Kampf gegen Megara militärischen Ruhm erworben (vgl. French, a. a. O., S. 46. 53; Cl. Mossé, La tyrannie dans la Grèce antique, Paris 1969, S. 61–63), nach AP 13, 5 kamen zur Partei des Peisistratos auch infolge der solonischen Reformen Verarmte und solche „von nicht einwandfreier Geburt" *hinzu* (vgl. ebd. und Pleket, a. a. O., S. 44).

[27] Gegen den Versuch, unter den Demiurgen einfach Handwerker zu

rufsständischer Gliederung" der attischen Gesellschaft zu postulieren und die so postulierten Stände gar zum Gliederungsprinzip der
alten attischen Trittyen zu machen,[28] entbehrt jeder Grundlage.[29]
Quellenkritisch ist gegen die Nachricht des Aristoteles mit Recht
geltend gemacht worden, daß die Dreiteilung der Stände späteren
staatstheoretischen Überlegungen entspricht[30] – für die archaische
Zeit gibt es zu dieser Nachricht keine Parallele.[31] Dazu kommt aber
ein weiteres Argument: Wie hätten sich denn unter den Bedingungen des archaischen Athen Agroiken und Demiurgen organisieren
sollen? Gruppenbildungen kommen in Athen noch bis zum Beginn
des Peloponnesischen Krieges ausschließlich unter Führung Adliger
zustande. Den Demiurgen und Argoiken fehlten sowohl mögliche
Führer als auch offizielle Organisationsformen wie schließlich aus-
reichende Kommunikationsmöglichkeiten.[32] Kurz: Ich halte mit
L. Gernet und D. Kienast[33] die Nachricht AP 13,2 für späte Konstruktion.

Ich sehe deshalb keinen Grund, von den gentilizisch-lokalen Abhängigkeitsverhältnissen als Grundform der Gruppenbildung im

verstehen und aus AP 13,2 auf ein fortgeschrittenes Handwerk in Athen zu
schließen, vgl. schon Hasebroek, a. a. O., S. 46–48; F. R. Wüst, in: Historia 8 (1959), S. 2f.
[28] So F. R. Wüst, in: Historia 6 (1957), S. 178ff., vgl. auch ds., in: Historia 8 (1959), S. 1–11.
[29] Zur Stützung der Argumentation läßt sich nicht Plut. Thes. 25, 1–2
anführen. E. Ruschenbusch, Πάτριος πολιτεία, in: Historia 7 (1958),
S. 398–424, bes. S. 423 [= 87–124, bes. 122f.] hat gezeigt, daß die verfassungsgeschichtliche Betrachtungsweise sich erst spät der Person des Theseus
bemächtigt hat.
[30] L. Gernet, in: RPh 64 (1938), S. 216–227; Kienast, a. a. O., S. 267f.
mit Anm. 2; Day-Chambers, a. a. O., S. 173.
[31] Zu Plut. Thes. 25, 1–2 vgl. Anm. 29.
[32] Das Problem der Organisationsmöglichkeiten sozialer Unterschichten wurde bisher, wenn ich recht sehe, in der althistorischen Forschung
kaum beachtet. Zum Vergleich für unseren Fall verweise ich auf die Darstellung der Lage der französischen Parzellenbauern um 1850 bei K. Marx, Der
18te Brumaire des Louis Napoleon, Marx/Engels, Werke 8, Berlin 1972,
S. 198.
[33] Vgl. Anm. 30.

6. Jh. abzugehen. Wie aber kam es, um eine schon gestellte Frage wiederaufzunehmen, in Athen zur Bildung der großen Faktionen? Sowohl bei den Kämpfen zwischen Lykurgos, Megakles und Peisistratos als auch bei denen zwischen Isagoras und Kleisthenes handelte es sich um Auseinandersetzungen zwischen adligen Dynasten, d. h., die Gefolgschaften rekrutierten sich nicht nur aus dem Volk, sondern auch aus dem Adel selbst. Auch die Tyrannis war nichts anderes als die äußerste Möglichkeit adliger dynastischer Herrschaft,[34] was u. a. daraus hervorgeht, daß die Tyrannen innerhalb der griechischen Adelsgesellschaft keineswegs als Verfemte galten, sondern in ihr einen hervorragenden Platz einnahmen.[35] In der gesamten politischen Geschichte Athens im 6. Jh. waren es immer nur ganz wenige Geschlechter, die bestimmenden Einfluß ausübten. Das unterscheidet Athen deutlich vom Rom der frühen und mittleren Republik: Während sich dort die Klientelbeziehungen, d. h. die sozialen Bindungen, welche die Grundlage der Macht der adligen Geschlechter bildeten, gleichmäßig über die Adelsgeschlechter verteilten, so daß kein einzelner Adliger überragenden Einfluß gewinnen konnte, kam es in Athen zu ausgesprochenen Dynastiebildungen. Wahrscheinlich hingen diese mit der athenischen Phylenorganisation zusammen[36] – darauf scheint auch die kleisthenische Phylenreform hinzuweisen. Da wir aber nicht wissen, wie sich die Phratrien zu den Phylen verhielten und wie die Führungspositionen in den Phylen verteilt wurden, ist eine genaue Erklärung des Phänomens der Dynastiebildung nicht möglich.

Der beschriebene Unterschied zwischen Athen und Rom wird auch in der Wirksamkeit der jeweiligen politischen Organisationen sichtbar. Sowohl in Athen wie auch in Rom gab es einen Adelsrat

[34] Vgl. A. Heuss, Die archaische Zeit Griechenlands als geschichtliche Epoche, in: Antike und Abendland 2 (1946), S. 45f.; Berve, a. a. O., S. 58: „In Peisistratos, in dem der Machtwille der adligen Herren gipfelte ..." Zum Begriff ‚dynastische Herrschaft‘ – δυναστεία – vgl. Thuk. 3, 62, 3 und Aristot. Pol. 1292 b, 5–10. Ich verwende den Begriff hier im Sinne der Entgegensetzung von δυναστεία und ὀλιγαρχία ἰσόνομος, vgl. unten im Text.

[35] Vgl. Berve, a. a. O., S. 51.

[36] Dies die These von Kienast, a. a. O., S. 274–276, wobei aber der lokale Charakter der Phylen für das 6. Jh. überbetont wird.

und Magistraturen. Während aber in Rom der Senat und die Magistrate tatsächlich Subjekte politischen Handelns waren, trat in
Athen der Areopag gar nicht in Erscheinung;[37] der Archontat war
zwar zeitweise Objekt politischer Auseinandersetzungen,[38] konnte
sich aber bis zu Kleisthenes hin nicht als Führungsamt konsolidie-
ren.[39] Die politischen Kämpfe fanden neben den politischen Institutionen statt, anders ausgedrückt: Die Staatlichkeit Athens blieb
trotz der solonischen Reformen prekär.[40] Das ist auch gar nicht erstaunlich: Die Bedingung für die Wirksamkeit aristokratischer Institutionen ist aristokratische Gleichheit, und eben sie war in Athen
nicht gegeben. Selbst im viel stärker institutionalisierten Rom der
späten Republik konnte der Senat ausmanövriert werden, als große
einzelne entweder als Tribune oder als Heerführer überragende
Macht gewannen.

III

Vergegenwärtigen wir uns nun noch einmal die Situation des
Kleisthenes: Er hatte in einer dynastischen Auseinandersetzung
eine Niederlage erlitten, und das trotz seiner offenkundigen Ver-
dienste um die Beseitigung der Tyrannis. Damit aber nicht genug:

[37] Er wird in der ›Athenaion Politeia‹ und bei Herodot für die Zeit zwischen den solonischen Reformen und den Perserkriegen nur einmal erwähnt (AP 16, 8). Das besagt natürlich nichts über die Authentizität der
dem Areopag zugeschriebenen Funktionen (vgl. dazu unten S. 29–33), sondern heißt nur, daß er seine Funktionen nicht ausübte bzw. nicht ausüben
konnte; vgl. A. W. Gomme, Athenian Notes, in: American Journal of
Philology 65 (1944), S. 326: "What needs explaining in the history of this
body is why it apparently played no part in 632, 594, 582 or 560–546, when
it was an aristocratic body, and should have been powerful."
[38] AP 13, 1–2; Herod. 5, 69, wo unter δύναμις wohl der Archontat zu
verstehen ist.
[39] Der Schluß AP 13, 2, daß aus den Auseinandersetzungen um den Archontat dessen großer Einfluß hervorgehe, ist nur in bezug auf die Möglichkeiten des Archontats gerechtfertigt. Faktisch wurde das Amt durch die
Auseinandersetzungen zwischen den Dynasten überrollt.
[40] Vgl. Heuss, a. a. O., S. 38–53.

Das Geschlecht der Alkmeoniden hatte sich, obwohl es eines der hervorragendsten Geschlechter Athens war, in allen Auseinandersetzungen des 6. Jh. nie allein mit seinem Anhang durchsetzen können. Megakles unterlag gegen Peisistratos; dessen Vertreibung war nur infolge einer Koalition zwischen Lykurgos und Megakles möglich; später konnten die Alkmeoniden nur mit spartanischer Hilfe etwas gegen die Söhne des Peisistratos ausrichten; die Niederlage des Kleisthenes von 509/508 fügt sich ganz in diese Linie ein. Die kleisthenischen Reformen sind zunächst Antwort auf diese Situation. Kleisthenes hat aber nicht nur durch populäre Vorschläge die aktuelle Lage zu seinen Gunsten zu verbessern gesucht, sondern er hat – und darin liegt seine Bedeutung – grundlegend die Bedingungen verändert, unter denen politisches Handeln in Athen möglich war.

Das Mittel dazu war die Phylenreform. Durch sie wurde eine völlig neue lokale Einteilung Attikas geschaffen, die ich hier nicht im einzelnen darzulegen brauche.[41] Der Sinn der kleisthenischen Maßnahmen ist oft diskutiert worden. Am unproblematischsten scheint die Interpretation der Demen zu sein. Als lokale Selbstverwaltungseinheiten mit genau definierten Funktionen mußten sie die alten gentilizischen Abhängigkeitsverhältnisse durchkreuzen.[42] Die Geschlechter verloren nicht nur die Kontrolle über das Bürgerrecht, sondern auch ihr Kultmonopol, da die neuen Demen ja auch Kultgemeinschaften waren.[43] Die Aufgaben der Demen und die zu ihrer

[41] Vgl. etwa Busolt-Swoboda II³, S. 868–879, 964–979; C. Hignett, A History of the Athenian Constitution, Oxford 1952, S. 132–142.

[42] Darin, daß mit den Demen die alten "kinship units" durch lokale Einheiten ersetzt wurden, ist sich die Forschung weitgehend einig.

[43] H. T. Wade-Gery, Essays in Greek History, Oxford 1958, S. 150–154, hat davon gesprochen, Kleisthenes habe einen "secular state" geschaffen. In ähnlicher Weise wird manchmal behauptet, Kleisthenes sei es darum gegangen, "to dissociate political influence from religious institutions" (Ostwald, a. a. O., S. 152). Solche Interpretationen sind zumindest mißverständlich. Die von Kleisthenes geschaffenen Demen, Trittyen und Phylen hatten jeweils auch gemeinsame Kulte. Kleisthenes hat den Einfluß der Geschlechter, soweit er auf dem Besitz privater Kulte beruhte, ausgeschaltet, nicht aber den Kult als Bestandteil der politischen Organisation.

Erfüllung geschaffene Organisation – ein Demarch an der Spitze,
Versammlung der Demoten, Priesterschaft – war dazu angetan, den
Zusammenhalt der Demen und ein lokales Selbstbewußtsein zu
stärken,[44] zumal darauf geachtet wurde, natürliche lokale Einheiten nicht zu zerstören.[45] Wenn Kleisthenes keine Vorkehrungen für
eine lokale Gerichtsbarkeit in den Demen traf – wir hören von
Demenrichtern erst wieder etwas zum Jahre 453/452 –, so wurde
durch seine Reformen doch einer adligen Privatgerichtsbarkeit der
Boden entzogen.

Das alles bedeutet nicht, daß die Geschlechter jetzt jede Einfluß-
möglichkeit verloren: Bei ihnen konzentrierte sich auch weiterhin
wirtschaftliche Macht, sie behielten ihre altererbten Kulte, die alten
Phylen und Phratrien wurden nicht aufgelöst. Dem Adel blieb also
ein erhebliches Sozialprestige,[46] und es ist wahrscheinlich, daß er
auch weiterhin in den Demen, in denen er vertreten war, eine entscheidende Rolle spielte. Während aber vor Kleisthenes alle Athener ‚geborene‘ Gefolgsleute der adligen Geschlechter waren, weil es
weder Bürgerrecht noch Kultvollzug ohne Mitgliedschaft in einer
Phratrie gab, fielen diese Stützen für die Adelsgeschlechter jetzt
weg. Und ferner: Im vorkleisthenischen Athen gab es nur ganz wenige Geschlechter, die entscheidenden politischen Einfluß ausüben
konnten; soweit der Einfluß dieser Geschlechter auf den gentilizisch-lokalen Abhängigkeitsverhältnissen beruhte, wurde er durch
die Demenorganisation ausgeschaltet.[47] Wenn Aristoteles in der
Politik unter ausdrücklicher Berufung auf Kleisthenes und Kreta
ausführt, bei der Einrichtung einer Demokratie müsse u. a. alles so
berechnet werden, „daß soweit möglich alle mit allen vermischt und
die früheren Verbindungen zerrissen werden",[48] dann trifft gerade

---

[44] Vgl. Ostwald, a. a. O., S. 152 f.
[45] W. J. Eliot, Coastal Demes of Attika, Toronto 1962, S. 138–140, vgl.
auch Hignett, a. a. O., S. 142.
[46] Vgl. Hignett, a. a. O., S. 145.
[47] Vgl. Ostwald, a. a. O., S. 154: "Thus the influence of the nobility was
fragmented over a number of demes and trittyes, where it had as its counter-
weight the votes of the common demesmen …"
[48] 1319 b 19–27 (übers. von O. Gigon).

der letzte Halbsatz voll auf die Konstituierung der Demen als Selbstverwaltungseinheiten zu.

Aristoteles verbindet die kleisthenische Phylenorganisation auch mit einer Aufnahme von Neubürgern in den Staat.[49] Die Nachricht bietet keinen Anlaß zu Zweifeln. Ebenso ist klar, daß die neuen Demen die Verschmelzung von Alt- und Neubürgern erleichtern und daß Kleisthenes auf diese Weise seinen Anhang erweitern konnte. Dies alles berechtigt aber nicht dazu, die Aufnahme von Neubürgern zum Hauptmotiv für die kleisthenische Reform überhaupt zu machen. Abgesehen davon, daß wir über den Umfang der Neubürgeraufnahme nichts wissen,[50] hätte es zu deren Durchsetzung auch nicht einer umfassenden Sozialreform bedurft.[51]

Schwieriger als die Demen sind die Trittyen und Phylen zu interpretieren. Die Forschung hat sich intensiv mit der Zusammensetzung der Trittyen, mit deren Verteilung auf Stadt, Inland und Küste sowie mit der Zusammensetzung der Phylen befaßt, doch ist eine communis opinio bisher nicht erreicht. Dienten Trittyen und Phylen den gleichen Zielsetzungen wie die Demen, oder verband Kleisthenes mit ihnen ganz andere Absichten?

Es ist schon mehrfach beobachtet worden, daß erstens die Trittyen in der Regel aus nebeneinanderliegenden Demen gebildet wurden und zweitens in mehreren der zehn neuerrichteten Phylen die jeweilige Küsten- und Inlandtrittys aneinandergrenzten.[52] Damit scheint sich die Annahme zu verbieten, die Trittyen und ihre Verteilung auf die Phylen hätten lokale Blockbildungen unmöglich

---

[49] Pol. 1275 b 34–37, vgl. AP 21, 2, 4.

[50] Vgl. Wade-Gery, a. a. O., S. 148 f.; Ostwald, a. a. O., S. 151 f.

[51] Vgl. Hignett, a. a. O., S. 140, der mit Recht betont, daß die athenischen Bürger auch weiterhin jeweils in einer Phratrie eingeschrieben blieben, die Phratrien also auf irgendeine Weise gezwungen worden sein müssen, Neubürger aufzunehmen; vgl. auch Wade-Gery, a. a. O., S. 151. Ich gehe hier nicht auf die These von J. H. Oliver, in: Historia 9 (1960), S. 503–507, ein; vgl. dazu D. Kagan, in: Historia 12 (1963), S. 41–46.

[52] Hignett, a. a. O., S. 141; D. W. Bradeen, The Trittyes in Cleisthenes' Reforms, in: Transactions and Proceedings of the American Philological Association 86 (1955), S. 22 f.; Eliot, a. a. O., S. 140.

machen sollen.[53] Andererseits hat D. M. Lewis gute Argumente dafür vorgebracht, daß durch die Trittyen mehrfach alte Kultgemeinschaften auseinandergerissen wurden.[54] Da sich meines Erachtens
weder diese noch die beiden oben angeführten Beobachtungen als
falsch erweisen lassen, muß darauf verzichtet werden, auf dieser
Ebene ein durchgängiges Prinzip der Trittyen- und Phylenbildung
zu konstituieren. Den eigentlichen Schlag gegen die festen Abhängigkeitsverhältnisse des archaischen Athen führte Kleisthenes mit
der Institutionalisierung der Demen als kleinster Selbstverwaltungseinheiten.[55] Es ist gut möglich, daß er *in einigen Fällen* die Zielsetzungen, die er mit den Demen erreichen wollte, durch die Aufteilung alter Kultverbände abgesichert hat.

Nach Aristoteles war ein Ziel des Kleisthenes die ‚Vermischung‘
der athenischen Bevölkerung.[56] Zweifellos entspricht es dieser Zielsetzung, wenn die neuen Phylen jeweils aus Trittyen der Stadt, der
Küste und des Inlands zusammengesetzt waren, wenn also Athener
unterschiedlicher lokaler Herkunft künftig im Heer nebeneinander
kämpften oder im Rat die Prytanietätigkeit ausübten.[57] Der Ein-
wand, daß mehrfach die Inland- und Küstentrittyen der gleichen
Phyle nebeneinander lagen,[58] ist dann nicht besonders stichhaltig,
wenn es Kleisthenes vor allem darum ging, Stadt- und Landvolk
miteinander zu ‚vermischen‘. Der Reformer scheint auch darauf geachtet zu haben, daß die attische Bevölkerung gleichmäßig auf die
Phylen verteilt wurde.[59]

Eine dritte Möglichkeit, vor allem die Trittyen zu interpretieren,

---

[53] Hignett ebd.

[54] Lewis, a. a. O., S. 30–36. Eliot, a. a. O., S. 144 f., führt dagegen die
Exklaven in der Trittyeneinteilung auf Größenüberlegungen zurück.

[55] Vgl. Bradeen, a. a. O., S. 24: "Cleisthenes' blow at the Eupatridae was
not in his formation of the tribes, but in his substitution of the deme for the
phratry and the clan."

[56] Pol. 1319 b 25 f.; AP 21, 2.

[57] Vgl. Hignett, a. a. O., S. 141.

[58] Bradeen, a. a. O., S. 25 f.

[59] Vgl. Eliot, a. a. O., S. 141–144. Das war allerdings nur möglich, wenn
die Zusammensetzung der Phylen nicht durch Los vorgenommen wurde
(gegen AP 21, 4).

kann ausgehen von der Frage, in welchem Verhältnis sie zu den bestehenden oder von Kleisthenes neu eingerichteten politischen Institutionen standen. Im Hinblick auf die Demen läßt sich die Frage nicht beantworten. Wir sind über die Funktionen der Trittyen nicht genau genug unterrichtet, wenn es auch einige Hinweise auf solche Funktionen gibt: So hatten die Trittyen eigenen Besitz und eigene Kulte, die Prytanielisten der Boule sind nach Trittyen gegliedert, und auf der Agora und im Piräus sind Steine (Horoi) mit Namen von Trittyen gefunden worden.[60] Es kann deshalb nicht ganz ausgeschlossen werden, daß die Trittyen in irgendeiner Form die Selbstverwaltungsfunktion der Demen unterstützten und – ähnlich wie unsere ‚Kreise‘ – ein Bindeglied zwischen zentralen und lokalen Institutionen bildeten.[61]

Was die zentralen politischen Institutionen betrifft, so bedeutete die Trittyeneinteilung für die Volksversammlung deshalb nichts, weil in dieser nicht nach lokalen Gliederungen abgestimmt wurde.[62] Auch für den Rat insgesamt war die Trittyeneinteilung irrelevant, denn eine Repräsentation ganz Attikas hätte sich auch mit Hilfe der Demen allein erreichen lassen. Dagegen wäre aber in jedem geschäftsführenden Ausschuß des Rates ohne die Trittyeneinteilung eine gleichmäßige Repräsentation Attikas nicht gewährleistet gewesen. Man hat deshalb versucht, die Trittyen vor allem im Hinblick auf die Prytanien zu erklären. D. W. Bradeen geht davon aus, daß der Adel nach wie vor das wichtigste politische und militärische Potential Athens bildete und daß die meisten Adligen in und um Athen wohnten. Hätte Kleisthenes eine einfache regionale Phyleneinteilung geschaffen, dann wäre ein Großteil des Adels nur in einer Phyle konzentriert gewesen, d. h., er hätte bei den meisten Prytanien nicht mitwirken können und wäre auch für die meisten Strategen-Stellen nicht in Frage gekommen. Durch seine Trittyen-

---

[60] Vgl. Lewis, a. a. O., S. 35.
[61] Vgl. Lewis ebd. Nach P. J. Bicknell, Studies in Ancient Politics and Genealogy, Historia Einzelschr. 19 (1972) hätten die Trittyen jeweils das militärische Aufgebot für eine Loche gestellt – jede Phyle hatte als militärische Unterabteilungen drei Lochen.
[62] Vgl. Hignett, a. a. O., S. 141; Bradeen, a. a. O., S. 24–27.

einteilung habe Kleisthenes diese Konsequenzen vermieden und eine gleichmäßige Repräsentanz der Stadt und ihres Umlandes in allen Phylen erreicht.[63] – P. J. Bicknell stellt aufgrund statistischer Untersuchungen, in denen er den Anteil an Bouleuten jeder einzelnen Trittys ins Verhältnis setzt zur Summe der uns bekannten Personen aus einer Trittys, die These auf, Kleisthenes habe die Zahlen der Bouleuten so festgesetzt, daß Demen bzw. Trittyen mit alkmeonidischem Anhang überrepräsentiert, Einflußbereiche der Gegner des Kleisthenes dagegen unterrepräsentiert waren.[64]

Gemeinsam ist beiden referierten Thesen, daß sie die Wichtigkeit des Rates der Fünfhundert und damit auch der Prytanien stark herausstellen müssen.[65] Die so postulierte Stellung der Boule ist aber nicht nur gänzlich unbeweisbar, sie ist auch unwahrscheinlich. Es erübrigt sich, auf die Argumente im einzelnen einzugehen, da sie in einer gerade erschienenen Monographie über den Rat ausführlich untersucht worden sind.[66] Danach gibt es "no allusion to the boule before 462 which need imply that it possessed more than probouleutic powers".[67]

Fallen schon damit die Thesen Bradeens (soweit sie auf die Boule bezogen sind) und Bicknells, so soll eine weitere Überlegung, die

[63] Bradeen, a. a. O., S. 27–30.

[64] Bicknell, a. a. O., S. 1–45.

[65] Vgl. Bradeen, a. a. O., S. 27, zu den Prytanen: "Being on call at all times, with onethird of their number actually living in the Agora, presiding over all meetings of the Boulê and 'Ekklêsia, and handling foreign affairs, they would have had tremendous power, particularly if, as is likely at this early period, the Boulê did not meet every day." Bei Bicknell vgl. a. a. O., S. 36f. – Auch A. G. Woodhead, Ἰσηγορία and the Council of 500, in Historia 16 (1967), S. 129–140, stellt den Rat als das Zentrum des kleisthenischen Systems dar.

[66] P. J. Rhodes, The Athenian Boule, Oxford 1972, passim (Rhodes geht systematisch, nicht chronologisch vor, doch vgl. den chronologischen Überblick am Schluß S. 208–233).

[67] Ebd. S. 209. Selbst die Existenz von Prytanien vor 462 ist nicht gesichert: ebd. S. 210. Bei Annahme einer "tremendous power" der Prytanen wäre auch die weitere Geschichte Athens nicht zu verstehen: Die Macht des Areopags zwischen den Perserkriegen und 462, ferner der große Einschnitt, der in den Quellen den Reformen des Ephialtes zugeschrieben wird.

vor allem gegen Bicknell gerichtet ist, den Charakter der kleisthenischen Reformen noch verdeutlichen helfen. Bicknell setzt voraus, daß die Form der Politik in Athen vor und nach Kleisthenes die gleiche blieb: daß also nach wie vor die Adligen sich auf feste Klientelen stützen konnten.[68] Andererseits gibt auch Bicknell zu, daß die Demen in der kleisthenischen Konzeption dauernde Gefolgschaftsbeziehungen erschwerten.[69] Nun kann man zwar behaupten, daß sich das alte soziale System Attikas mit der kleisthenischen Reform nicht über Nacht wandelte[70] – man kann aber doch kaum postulieren, daß Kleisthenes die Trittyen und deren Repräsentation im Rat auf der Grundlage eines Systems gestaltete, das er durch die Demen zu unterminieren suchte. Noch einmal: Es geht hier nicht darum, daß der athenische Demos in seinem Handeln weiterhin vom Adel abhängig blieb, sondern darum, ob er weiterhin dem Adel in festen Gefolgschaften verpflichtet blieb. Meines Erachtens basiert die Interpretation von Bicknell auf falschen Voraussetzungen.

Bradeen hat seine These nicht nur im Hinblick auf die Prytanien, sondern auch im Hinblick auf die Strategie aufgestellt. Die Strategie in ihrer seit 501/500 bekannten Form steht sicher in Beziehung zur kleisthenischen Neuordnung.[71] Obwohl man ihre spätere Bedeutung nicht auf den Beginn des 5. Jh. zurückprojizieren darf, handelte es sich doch von Anfang an um ein hohes militärisches Führungsamt, für das vorerst nur Adlige in Frage kamen. In dem Bestreben, die in und um Athen wohnenden Aristokraten auf alle Phylen zu verteilen, ihnen so Gelegenheit zur Bekleidung möglichst vieler Strategie-Stellen zu geben und vielleicht auch ihren Einfluß in den Phylen-Versammlungen zu sichern,[72] könnte deshalb durchaus ein Motiv der Trittyengliederung gelegen haben. Nicht zuletzt kam diese Regelung den Alkmeoniden selbst zugute, die über drei Stadtdemen in drei verschiedenen Phylen vertreten waren.[73]

---

[68] Vgl. dazu das Vorwort Bicknells und S. 35.
[69] Ebd.
[70] Vgl. ebd.
[71] Vgl. unten S. 186.
[72] Vgl. Sealey, a. a. O., S. 173.
[73] Lewis, a. a. O., S. 39; Sealey, a. a. O., S. 174 hält im Rahmen seines

Überblickt man die ganze Organisation, so ergibt sich m. E. ein ziemlich einheitliches Bild: Durch die Konstituierung der Demen als Selbstverwaltungseinheiten werden die alten gentilizisch-lokalen Abhängigkeitsverhältnisse zerstört. Dem gleichen Zweck dienen wahrscheinlich wenigstens einige Trittyen, durch die von adligen Geschlechtern kontrollierte Kultverbände auseinandergerissen werden. Die Mischung des athenischen Volkes in den neuen Phylen durchkreuzt ebenfalls die alten Abhängigkeitsverhältnisse. In diesen Rahmen fügt sich nicht völlig ein, widerspricht ihm aber auch nicht, daß durch die Reformen die Aufnahme von Neubürgern erleichtert wurde und daß einige Vorteile für die städtische Aristokratie und insbesondere die Alkmeoniden heraussprangen. Ich halte es aber für falsch, von diesen Vorteilen her das ganze System zu interpretieren – dazu wäre ein solcher Aufwand wohl kaum nötig gewesen.

Ist demnach die Zerstörung der alten gentilizisch-lokalen Abhängigkeitsverhältnisse das entscheidende Ziel der kleisthenischen Phylenorganisation, so wird jetzt auch deutlich, in welcher Weise Kleisthenes die Bedingungen politischen Handelns in Athen verändert hat: Den Adligen blieb zwar ihr Sozialprestige, ihre wirtschaftliche Macht, ihr Vorsprung in der politischen und militärischen Ausbildung und in der Bildung überhaupt, ihre Tradition; sie blieben deshalb auch weiterhin selbstverständlich die Herrschenden in dem Sinn, daß bei ihnen allein alle Voraussetzungen politischen Handelns lagen, daß sie allein alle politischen und militärischen Führungsämter bekleideten. Ich sehe auch keinen Grund für die Annahme, Kleisthenes habe dies ändern wollen.[74] Die Adligen verloren aber ihre festen Gefolgschaften, d. h. jeder Adlige mußte sich in Zukunft die Unterstützung für seine politischen Ziele je und je erwerben. Anders ausgedrückt: Die kleisthenischen Reformen

„Regionalismusmodells" die Vorteile des Kleisthenes und „seiner Gruppe, der Stadtaristokratie" für ausschlaggebend. Es ist aber ein unbewiesenes Postulat, daß Kleisthenes die Stadt beherrschte und die Stadtaristokratie einen Block bildete. – Ich brauche wohl nicht zu betonen, daß es sich hier um eine andere Argumentation handelt als bei Bicknell.

[74] Vgl. Kienast, a. a. O., S. 280 mit älterer Lit.

schufen gleiche Ausgangspositionen für die Adligen, die politisch handeln wollten.[75] Damit dürfte auch die Bedeutung der Reformen für die persönliche Situation des Alkmeoniden Kleisthenes klar sein: Verändert wurde eine politisch-soziale Ordnung, die Dynastiebildung ermöglicht hatte und in der die Alkmeoniden, obwohl selbst zu den ‚dynastischen Familien' gehörend, sich mehrfach nicht hatten durchsetzen können.

Bisher habe ich jedoch nur eine Seite dieser Veränderung herausgestellt. Wenn die alten sozialen Bindungen durchschnitten wurden, wenn die Adligen sich also in Zukunft ihren Anhang immer neu gewinnen mußten, dann mußte damit notwendig auch die Bedeutung des Demos steigen. Wir haben es hier, wenn auch unter umgekehrten Vorzeichen, mit der gleichen Situation zu tun wie im spätrepublikanischen Rom, wo die Volksversammlung, eben weil das alte Klientelsystem nicht mehr funktionierte, entscheidende Bedeutung gewann. Kleisthenes hat das alte athenische Klientelsystem bewußt zerstört – die Konsequenzen waren die gleichen wie in Rom. Unter diesen Gesichtspunkten kann man die Aussage des Aristoteles, Kleisthenes habe „der Menge den Staat übergeben",[76] so-

---

[75] Auch Ostwald, a. a. O., S. 156, hält das Bemühen "to eliminate from Athenian politics the dynastic feuds" für das Grundmotiv der kleisthenischen Reformen, sieht allerdings nicht die Relevanz dieses Motivs für die Situation der Alkmeoniden (vgl. unten im Text). Setzt man diese Relevanz in Rechnung, dann läuft die Kritik von H. W. Pleket, Isonomia and Cleisthenes: A Note, in: Talanta 4 (1972), S. 63–81, bes. S. 79 f., ins Leere. – Ich gehe hier nicht auf die Isonomiediskussion ein. Die bisherigen Forschungen zum Isonomiebegriff haben gezeigt, daß dieser sehr schillernd ist; vgl. neben den früheren Arbeiten von Ehrenberg und Vlastos jetzt Ch. Meier, Entstehung des Begriffs ‚Demokratie', Frankfurt a. M. 1970; Ostwald, a. a. O., S. 96–160; B. Borecky, Die politische Isonomie, in: Eirene 9 (1971), S. 5–24; Pleket, a. a. O. Man muß vor allem auch mit einer Begriffsentwicklung rechnen, deren einzelne Stadien sehr unterschiedlich angesetzt werden. Unter diesen Umständen kann der Begriff Isonomie, sofern man ihn überhaupt auf die kleisthenische Ordnung anwendet, nichts zur Interpretation dieser Ordnung beitragen, im Gegenteil: Bei den einzelnen Forschern wird der Inhalt des Isonomiebegriffs zumindest für das späte 6. Jh. durch die Interpretation der kleisthenischen Ordnung mitbestimmt.

[76] AP 20, 1: ἀποδιδοὺς τῷ πλήθει τὴν πολιτείαν. Mir ist unklar, wie

gar halten, wenn sie erstens nicht als Aussage über die Intentionen des Kleisthenes genommen und zweitens nicht in demokratischem Sinne verstanden wird. Die Volksversammlung wurde jetzt eins der Organe, in denen die Adligen ihre Kämpfe austrugen – sie wurde nicht zum umfassenden Kontrollorgan der Herrschaft, geschweige denn zum Regierungsorgan.

Ist der Bedeutungswandel der Volksversammlung verständlich, ohne daß Kleisthenes ihre Funktionen gesetzlich neu geregelt hätte, so gilt das auch für die übrigen zentralen politischen Institutionen Athens[77]: Die Stellung des Areopags wurde nicht angetastet, von einer Änderung in den Funktionen der Archonten wissen wir nichts. Wenn Solon schon einen Rat der Vierhundert geschaffen hat – was nicht unbestritten ist, jetzt aber wieder mit guten Argumenten vertreten wird[78] –, dann hat Kleisthenes auch hier nur eine Adaption an seine neue Phylenordnung vorgenommen: Während im solonischen Rat 100 Mitglieder aus jeder Phyle saßen, wurde der neue kleisthenische Rat der Fünfhundert aus je 50 Vertretern jeder Phyle gebildet. Die Qualifikationsbestimmungen für die Bekleidung von Ämtern ließ Kleisthenes bestehen. Zusammenfassend kann man sagen: Der Herrschaftsanspruch der beiden attischen Oberschichten, nämlich der Fünfhundertscheffler und der Ritter, wurde, soweit er sich in der politischen Organisation Athens manifestierte, von Kleisthenes nicht angetastet. Während aber die politischen Institutionen in der nachsolonischen Zeit durch die Auseinandersetzun-

---

diese Aussage auf die Bürgerrechtsverleihungen bezogen werden kann; dagegen schon Wade-Gery, a. a. O., S. 139 mit Anm. 2 und 147 f. Wade-Gery übersetzt „universo populo tribuens rempublicam", was m. E. zu ciceronisch ist. Vgl. auch Ch. W. Fornara, The Diapsephismos of Ath. Pol. 13, 5, in: CPh 65 (1970), S. 243–246.

[77] Vgl. bes. Hignett, S. 145–156. Alle Aussagen über Veränderungen in den Funktionen der Volksversammlung, der Boule, des Areopags und der Archonten durch Kleisthenes haben keinen Rückhalt in den Quellen. Ich weiß, daß das Quellenargument für eine Zeit, für die wir nur ganz wenige Nachrichten besitzen, kein ausschlaggebendes ist. Konjekturen sind dennoch nur dann erlaubt, wenn sich ein Verständnis der geschichtlichen Vorgänge anders nicht erreichen läßt.

[78] Rhodes, a. a. O., S. 208 f.

gen mächtiger Geschlechter paralysiert wurden, während sie unter der Tyrannis nur als Vollzugsorgane des Herrscherwillens funktionierten, wurden sie infolge der kleisthenischen Reformen zu den tatsächlichen Zentren des politischen Lebens in Athen. Erst jetzt wurden zumindest die Volksversammlung und der Areopag[79] – für den Archontat haben wir keine direkten Beweise[80] – zu Subjekten politischen Handelns, eben weil der Adel für sein Wirken sich jetzt nicht mehr auf geborene Gefolgschaften stützen konnte, sondern sich in den politischen Gremien durchsetzen mußte.[81]

Die kleisthenischen Reformen hatten demnach eine Stärkung der Staatlichkeit Athens zur Folge. Zugleich konzentrierte sich jetzt das politische Leben auf Athen, denn erstens hatten die wichtigsten politischen Institutionen dort ihren Sitz, zweitens hatte die Phylenordnung ohnehin Athen und seinem Umland Vorteile gebracht. Zentralisierung war also eine weitere wichtige Konsequenz der Reformen.[82]

Diese ordnen sich damit in Prozesse ein, die schon unter der Tyrannis in Gang kamen und die einerseits auf eine Lockerung der sozialen Bindungen an den Adel, andererseits eben auf die Zentralisierung des politischen Lebens in Athen hinausliefen. Man kann die entsprechenden Phänomene ganz konkret fassen. Zunächst: Eine Reihe von Adelsgeschlechtern, die Gegner der Peisistratiden waren, wurden ganz oder zeitweise verbannt oder gingen freiwillig außer Landes.[83] Dadurch ruhten die sozialen Bindungen an diese Ge-

---

[79] Die Belege für die Volksversammlung brauchen nicht angeführt zu werden. Zum Areopag vgl. AP 23, 1 f. und unten S. 193 f.

[80] Früher wurde angenommen, daß die Archonten zwischen Kleisthenes und 487/486 eine führende Position einnahmen: vgl. z. B. V. Ehrenberg, in: Klio 19 (1925), S. 107. 110; Wade-Gery, a. a. O., S. 105; Hignett, a. a. O., S. 153. Dagegen jedoch jetzt E. Badian, Archons and Strategoi, in: Antichthon 5 (1971), S. 1–34. Ich diskutiere das Problem bei der Besprechung der Reform von 487/486 (unten S. 190–193).

[81] Vgl. H. Schaefer, Besonderheit und Begriff der athenischen Demokratie des 5. Jh., in: Synopsis. Festschr. A. Weber, Heidelberg 1948, S. 487.

[82] Vgl. P. Lévêque – P. Vidal-Naquet, Clisthène l'Athénien, Paris 1964, S. 50.

[83] Dieser Punkt muß zwar genannt, darf aber nicht überbetont werden,

schlechter. Weiter: Peisistratos hat die Institution der Demenrichter geschaffen. Diese zogen in den einzelnen Wohnbezirken umher und sprachen Recht. Ihr Wirken richtete sich wahrscheinlich gegen eine private adlige Gerichtsbarkeit.[84] Eine ähnliche Tendenz wird im kultischen Bereich sichtbar: Die Peisistratiden begünstigten den Kult der Athena als Kult aller Athener und förderten das große Fest der Panathenäen,[85] d. h., ein zentraler Kult trat jetzt in Konkurrenz zu den lokalen adligen Kulten.[86] Auf wirtschaftlichem Gebiet haben die Peisistratiden durch eine Bodenertragssteuer die finanziellen Ressourcen Attikas in ihren Händen konzentriert und vielleicht erstmals im Namen der Athener Münzen schlagen lassen.[87] Ich begnüge mich mit diesen Hinweisen. Die Peisistratiden mußten, wenn sie die eigene Position stärken wollten, zugleich die der übrigen Adelsgeschlechter und damit auch die sozialen Bindungen an sie schwächen. Ohne diese Voraussetzungen wäre ein schneller Erfolg der kleisthenischen Maßnahmen wohl kaum denkbar gewesen. Zugleich liegt hier auch das Geheimnis der großen Resonanz, die Kleisthenes fand. Die soziale Position aller derer, die vor der Tyrannis von den großen Adelsgeschlechtern abhängig gewesen waren, wurde durch die Tyrannis verbessert. Die Peisistratiden konnten sich deshalb auf Zustimmung im Volk stützen.[88] Mit dem Sturz der Tyrannis drohten die alten Verhältnisse zurückzukehren. In dieser Situation hatte Kleisthenes mit Reformvorschlägen, die peisistratische Ansätze weiterentwickelten und besonders die Selbständig-

---

da viele Adelsgeschlechter auch mitarbeiteten oder stillhielten: vgl. Mossé, La tyrannie, S. 68 f.; Ostwald, a. a. O., S. 138.

[84] Vgl. oben Anm. 13.

[85] Vgl. Berve, a. a. O., S. 59–61, wo auch die übrigen kultischen Maßnahmen und die Kultbauten der Peisistratiden besprochen sind.

[86] Mossé, La tyrannie, S. 72, nennt als Ziel der Peisistratiden: „établir la réalité de l'État en face des puissantes familles, mettre fin aux survivances de régionalisme"; vgl. S. 78. Ich würde den Begriff ‚Staat' hier nicht verwenden; die Zentralisierung stand im Dienste der Dynastie.

[87] Das Datum der ersten Athena-Münzen ist umstritten, die meisten Forscher setzen sie aber in die Zeit der Peisistratiden. Vgl. zur Kontroverse Lévêque–Vidal-Naquet, S. 57–61; Pleket, Tyrannis, S. 30 f.

[88] Vgl. zum Verhältnis Demos – Tyrannis Berve, a. a. O., S. 55–57.

keit der Demen betonten, wahrscheinlich nicht nur gute Chancen beim Volk, sondern auch bei den Schichten, die man als ‚Landadel' bezeichnen könnte und die sich früher ebenfalls in Abhängigkeit von den großen Geschlechtern befunden hatten. „Gegen den geschlossenen Widerstand des Adels hätte Kleisthenes seine Reformen überhaupt nicht durchbringen können."[89]

Welche Stellung nehmen nun die kleisthenischen Reformen im Rahmen der Genese der athenischen Demokratie ein? Zunächst kann kein Zweifel daran bestehen, daß die Beseitigung direkter sozialer Abhängigkeiten eine Grundvoraussetzung jeder Demokratie ist – schon Aristoteles führt das Zerreißen alter Verbindungen als für die Demokratie günstige Maßnahme an.[90] Insofern bedeuteten die kleisthenischen Reformen einen entscheidenden Schritt in der *Ermöglichung* der athenischen Demokratie. Aber nicht jedes Gemeinwesen, in dem keine direkten sozialen Abhängigkeiten bestehen, ist schon deshalb eine Demokratie. Als weiteres Kriterium bietet sich die politische Organisation an.

Kleisthenes hat, wie schon ausgeführt wurde, die zentralen politischen Institutionen Athens nicht verändert. Der Zugang zum Archontat blieb auf die oberste oder die beiden oberen[91] Gesellschaftsschichten beschränkt, der Areopag behielt seine Funktionen, die in gerichtlicher Tätigkeit, in der Überwachung der Magistrate, d. h. in der Herrschaftskontrolle, und wohl auch in einem allgemeinen, wenn auch nicht rechtlich festgelegten Einfluß auf die Politik lagen.[92] Für den Rat der Fünfhundert können wir dagegen keine anderen als probouleutische Funktionen feststellen – ganz abgesehen davon, daß für eine unbezahlte Bouleutentätigkeit auch nur Wohlhabende in Frage kamen.[93] Die Volksversammlung

---

[89] Kienast, a. a. O., S. 280; vgl. zum ganzen Passus ebd., S. 278–280 – meine Interpretation lehnt sich hier stark an die Kienasts an.

[90] Pol. 1319 b.

[91] Vgl. Badian, a. a. O., S. 9f. mit Anm. 23.

[92] Vgl. dazu unten S. 194–200.

[93] Der Punkt ist schon mehrfach hervorgehoben worden, vgl. Hignett, a. a. O., S. 143 mit Anm. 1; Bradeen, a. a. O., S. 29 mit Anm. 33; G. T. Griffith, Isegoria in the Assembly at Athens, in: Ancient Society and Institutions. Studies pres. to V. Ehrenberg, Oxford 1966, S. 123.

wurde, genau wie im Rom der späten Republik, eins der Organe, in denen die Adligen ihre Kämpfe austrugen.[94] Anders als das nachkleisthenische Athen wird aber heute das spätrepublikanische Rom nicht mehr als Demokratie interpretiert. Der Grund für die unterschiedliche Beurteilung dürfte u. a. darin liegen, daß man schon für die kleisthenische Volksversammlung die Prozeduren voraussetzt, die wir für die Zeit nach 462/461 kennen – was wiederum nur ein nicht zu verifizierendes Postulat ist. Die Annahme von G. T. Griffith, die Prozeduren der athenischen Volksversammlung hätten sich in der nachkleisthenischen Zeit erst allmählich herausgebildet, scheint mir den Quellen und der Situation viel angemessener zu sein.[95]

Ein entscheidender Unterschied zu Rom liegt allerdings wohl darin, daß es in Athen nie zu einem dem römischen vergleichbaren Amtsverständnis gekommen ist.[96] Die Archonten waren – auch wenn sie vielleicht große rechtliche Möglichkeiten hatten – nicht nur vor, sondern auch nach Kleisthenes verhältnismäßig bedeutungslos, was sich u. a. darin äußerte, daß der Archontat eher die Eingangsstufe als die Schlußstufe einer politischen Karriere bildete.[97]

[94] Vgl. dazu Schaefer, a. a. O., S. 490; F. J. Frost, Themistocles' Place in Athenian Politics, in: California Studies in Classical Antiquity 1 (1968), S. 122.

[95] Griffith, a. a. O., S. 115–138, dazu zustimmend Woodhead, a. a. O., S. 131. Diese Annahme ist den Aussagen der Quellen insofern angemessener, als sie nicht von einer gesetzlichen Neuregelung der Boule und der Volksversammlung ausgeht; sie ist der Situation deshalb angemessener, weil sie für den durch die Tyrannis entpolitisierten Demos nicht ein politisches Bewußtsein voraussetzt, das zu seiner Ausbildung lange Zeit braucht.

[96] Vgl. Schaefer, a. a. O., S. 488: „So sieht das erste Jahrzehnt des neuen Jahrhunderts eine Reihe verschiedener Personen, die in Athen für kurze Zeit die politische Bühne betreten; meistens als Archonten und ad annum, das heißt mit dreißig Jahren, wie es jener älteren Zeit und einem adligen Denken entsprach, das nicht die öffentlichen Funktionen als Ausdruck einer objektivierten staatlichen Sphäre wie in Rom auffaßt, sondern ganz subjektiv als Ehre wertet." Vgl. auch Frost, a. a. O., S. 114.

[97] Schaefer, ebd.; Frost, a. a. O., S. 114 f., der auch H. Berve, in: Die Antike 12 (1936), S. 16 (= K. H. Kinzl [Hrsg.], Die Ältere Tyrannis [WdF 510], 1979, S. 59 f.), zitiert; Badian, a. a. O., S. 13 f.

Auch für die Zeit nach Kleisthenes sind kaum Aktionen von Archonten bekannt.[98]

Der beschriebene Tatbestand ändert aber nichts daran, daß die politische Organisation Athens auch nach Kleisthenes zunächst eine oligarchische blieb. Infolge der kleisthenischen Phylenreform enthielt die Verfassung jetzt mehr demokratische Möglichkeiten;[99] ob und wie diese aber genutzt wurden, war 509/508 durchaus nicht abzusehen.[100]

IV

Für die Verfassungsgeschichte Athens zwischen Kleisthenes und Ephialtes besitzen wir nur wenige Fixpunkte, die zudem interpretatorisch äußerst umstritten sind. Den ersten bildet die Nachricht AP 22, 2: πρῶτον μὲν οὖν ἔτει πέμπτῳ μετὰ ταύτην τὴν κατάστασιν ἐφ᾽ Ἑρμοκρέοντος ἄρχοντος τῇ βουλῇ τοῖς πεντακοσίοις τὸν ὅρκον ἐποίησαν ὃν ἔτι καὶ νῦν ὀμνύουσιν. ἔπειτα τοὺς στρατηγοὺς ᾑροῦντο κατὰ φυλάς, ἐξ ἑκάστης φυλῆς ἕνα, τῆς δὲ ἁπάσης στρατιᾶς ἡγεμὼν ἦν ὁ πολέμαρχος. Im folgenden Satz wird davon gesprochen, daß im 12. Jahr danach (μετὰ ταῦτα) die Schlacht bei Marathon stattfand, was folgende Datierung ergibt: 504/503: erstmalig Eid der Boule; 501/500: Wahl der Strategen nach Phylen.[101] Die meisten Interpreten nehmen 501/500 als Datum für beide Reformen an, da man sonst das ἔπειτα im Sinne von „3 Jahre danach" interpretieren müßte, was schwierig ist. Die Entscheidung in dieser Frage muß offenbleiben.

Die Einführung des Bouleuteneides hat Anlaß zu vielen Spekulationen gegeben. Vor allem hat man den Eid mit IG I² 114 in Verbindung gebracht und darin eine erste Beschränkung einer ursprüng-

---

[98] Vgl. Frost, ebd.; Badian, a. a. O., S. 6–9.

[99] Eine ähnliche Auffassung vertritt auch J. A. O. Larsen, Cleisthenes and the Development of Democracy at Athens, in: Essays in Political Theory, pres. to G. H. Sabine, London 1948, S. 1–16. Ein Gegenkonzept am pointiertesten bei V. Ehrenberg, Origins of Democracy, in: ders., Polis and Imperium, Zürich–Stuttgart 1965, S. 264–297 [= 70–86].

[100] Vgl. Schaefer, a. a. O., S. 486.

[101] Vgl. Knight, a. a. O., S. 24.

lich größeren Macht der Boule gesehen.[102] Da wir aber über den
Inhalt des Eides nichts wissen,[103] da von einer großen Macht der
Boule vor 462/461 nirgends in den Quellen die Rede ist und da
schließlich Eide in Griechenland durchaus nichts Außergewöhn-
liches waren, sondern bei allen möglichen Gelegenheiten gebraucht
wurden,[104] entbehren solche Annahmen jeder Grundlage. Die vorläufig am wenigsten voraussetzende Interpretation ist wohl die, daß
die von Kleisthenes veranlaßte Neuordnung einige Zeit in Anspruch nahm, der neue kleisthenische Rat also 504/503 oder 501/
500 erstmals zusammentrat und dabei einen Amtseid schwor.[105]
Wir hätten es dann hier mit einer einfachen Vollzugsmaßnahme der
kleisthenischen Reformen zu tun.

Das gleiche gilt für die Neuerung bei den Strategen. Der Text des
Aristoteles bietet viele Schwierigkeiten. Ich verstehe ihn mit Ch. W.
Fornara in dem Sinn, daß 501/500 die Strategie als *Wahlamt* geschaffen wurde.[106] Die kleisthenische Phylenorganisation erforderte
eine Neuordnung der militärischen Führung unterhalb des Polemarchen. Die Wahl der Strategen war nicht demokratischer als die
der Archonten. Ich sehe deshalb nicht, wie man der Maßnahme von
501/500 eine besondere demokratische Bedeutung beilegen
kann.[107]

Unser nächster Fixpunkt ist, daß im Jahre 488/487[108] erstmals ein

---

[102] Die Literatur bei Rhodes, a. a. O., S. 190–199.

[103] Wenn ὃν ἔτι καὶ νῦν ὀμνύουσιν heißen soll, daß die Bouleuten zur
Zeit des Aristoteles *inhaltlich* denselben Eid schworen wie 504/503 oder
501/500, dann ist die Angabe nachweislich falsch, denn wir kennen Inhalte,
die erst später zum Eid hinzukamen: vgl. Rhodes, a. a. O., S. 194 f.

[104] Vgl. Busolt, a. a. O. I, S. 519–521.

[105] Vgl. Knight, a. a. O., S. 21. 23 f., und Rhodes, a. a. O., S. 192 f., mit
der älteren Literatur. Vor allem die Arbeiten von Lewis (oben Anm. 15) und
Eliot (oben Anm. 45) haben deutlich gemacht, mit welcher Sorgfalt die
kleisthenische Phylenreform in die Praxis umgesetzt wurde.

[106] Der Ton würde dann auf den ἡγοῦντο liegen; vgl. Ch. W. Fornara,
The Athenian Board of Generals from 501 to 404, Historia Einzelschr. 16
(1971), S. 1–10 mit Diskussion der älteren Literatur.

[107] Gegen Fornara, a. a. O., S. 10.

[108] Gegen die Datierung von A. Raubitschek, in: Historia 8 (1959),

Ostrakismos durchgeführt wurde. Die Einrichtung dieser Institution wird in den Quellen unterschiedlich datiert: Die Angaben reichen von Theseus bis um 488/487.[109] In der Forschung stehen sich heute nach wie vor zwei Gruppen gegenüber: Die eine verteidigt Kleisthenes als den Begründer des Ostrakismos, die andere setzt die Institution um 488/487 an.[110] Dabei spielen neben quellenkritischen Argumenten Sachüberlegungen die Hauptrolle, da der Quellenbefund eine eindeutige Entscheidung nicht zuzulassen scheint.[111]

Auch der Zweck des Ostrakismos ist in den Quellen nicht ganz einheitlich beschrieben: Nach Aristot. Pol. 1284 a ist der Ostrakismos charakteristisch für Demokratien. Diejenigen, die übermäßige Macht haben, werden ostrakisiert, um so die Gleichheit zu

S. 127f., vgl. R. Thomsen, The Origin of Ostracism, Copenhagen 1972, S. 36 Anm. 140.

[109] Vgl. R. Werner, Die Quellen zur Einführung des Ostrakismos, in: Athenaeum NS 36 (1958), S. 48–88; Thomsen, a. a. O., S. 11–60.

[110] Vgl. zur Lit. vor 1958 Werner, a. a. O., danach noch D. Kagan, The Origin and Purposes of Ostracism, in: Hesperia 30 (1961), S. 393–401; J. J. Keaney, The Text of Androtion F 6 and the Origin of Ostracism, in: Historia 19 (1970), S. 1–11; K. Meister, Zum Zeitpunkt der Einführung des Ostrakismos, in: Chiron 1 (1971), S. 85–88; Thomsen, a. a. O. Eine Sonderlösung bietet A. E. Raubitschek, The Origin of Ostracism, in: American Journal of Archaeology 55 (1951), S. 221 f., an: Kleisthenes habe den Ostrakismos kurz vor 487 geschaffen.

[111] Während z. B. Werner, a. a. O., davon ausgeht, daß Androtion und Aristoteles unterschiedliche Nachrichten über das Datum der Einführung des Ostrakismos bieten, und sich aufgrund einer quellenkritischen Würdigung für Androtion (um 488/487) entscheidet, hält Thomsen, a. a. O., S. 55–60, den von Harpokration überlieferten Text des Androtion für korrupt; tatsächlich habe auch Androtion die Einführung des Ostrakismos Kleisthenes zugeschrieben, so daß kein Widerspruch zwischen Aristoteles und Androtion bestehe. Ich halte die Erklärung Thomsens für einleuchtend, doch wird durch sie, wie Thomsen selbst bemerkt, die Einführung des Ostrakismos durch Kleisthenes noch nicht gesichert: Die Auffassung des Androtion und Aristoteles braucht nicht der historischen Wirklichkeit zu entsprechen. Vgl. auch Day-Chambers, a. a. O., S. 13–15. Zur Sachdiskussion vgl. Hignett, a. a. O., S. 159–166; Thomsen, a. a. O., S. 109–142.

sichern.[112] Damit stimmt auch Diod. 11, 55 überein. In AP 22, 3–4
wird der Ostrakismos ebenfalls mit dem Mißtrauen gegenüber den
Mächtigen begründet, doch wird dieses Mißtrauen, wie auch bei
Androtion F 6, besonders auf die Peisistratiden bezogen. Es ist
mehr als wahrscheinlich, daß der Bezug auf die Peisistratiden aus
dem ersten Opfer des Ostrakismos abgeleitet wurde,[113] denn die
Autoren des 4. Jh. hatten über die Einführung der Institution keine
authentischen Unterlagen.[114] Was den Bezug auf die Demokratie
betrifft, so steht er im Rahmen der Auffassung, Kleisthenes habe
die Demokratie begründet (vgl. AP 22, 1), was uns aus den in der
Einleitung genannten Gründen nicht zu binden braucht.

Als demokratische Maßnahme gegen übergroße Macht einzelner
ist der Ostrakismos sinnlos: Wenn man davon ausgeht, daß die
Volksversammlung volle Souveränität hat, kann kein einzelner etwas
gegen sie ausrichten – es bedarf dann des Ostrakismos nicht. In der
ausgebildeten Demokratie nach 462/461 wurde er deshalb auch
schnell anachronistisch und nur noch zweimal angewandt. Aber
auch die Annahme, die Institution hätte die junge Demokratie schützen sollen, ist nicht einleuchtend: Denn entweder konnte die kleisthenische Ordnung durch militärische Macht bedroht werden – dagegen nützte auch der Ostrakismos nichts; oder sie konnte dadurch
bedroht werden, daß das Volk sich wieder einem Führer zuwandte –
dann konnte dieser aber nicht gleichzeitig ostrakisiert werden.

Ich sehe auch sonst keine Möglichkeit, den Ostrakismos von den
Notwendigkeiten einer Demokratie her zu interpretieren. Dagegen
erhält die Institution einen guten Sinn, wenn man sie als Mittel der
politischen Auseinandersetzungen zwischen Adligen unter den
durch die kleisthenische Reform neugeschaffenen Bedingungen begreift. Da sich diese Auseinandersetzungen zunehmend vor der
Volksversammlung abspielten, war der Ostrakismos ein geeignetes
Mittel, den politischen Gegner für längere Zeit auszuschalten. Obwohl dabei die Volksversammlung gleichsam als Schiedsrichter fungierte, hatte das Verfahren ebensowenig etwas mit Demokratie zu

[112] Vgl. auch 1302 b und zur ganzen Diskussion Werner, a. a. O., S. 79.
[113] Vgl. Thomsen, a. a. O., S. 139–141.
[114] Vgl. Day-Chambers, a. a. O., anders Thomsen, a. a. O., S. 138.

tun wie die Verbannung Ciceros durch die Volksversammlung in der späten römischen Republik.

Über die näheren Umstände der Ostrakismen der 80er Jahre wissen wir wenig. Es ist möglich, daß sie nichts anderes als der Ausdruck der Kämpfe von Adelsfaktionen waren, über deren jeweilige Ziele sich keine Aussage machen läßt. Von einigen Forschern werden jedoch die Ostrakismen der 80er Jahre als Ausdruck einer antipersischen Politik gewertet, hinter der man als treibende Kraft Themistokles vermutet.[115] Die Grundlagen für diese These sind schmal, denn der Themistokles der Jahre 492 bis 483 ist uns aus den literarischen Quellen nahezu unbekannt;[116] da sein Name aber auf einer riesigen Zahl von Ostraka erscheint und er schon beim Ostrakismos des Megakles einer der Kandidaten war,[117] muß er in den 80er Jahren eine entscheidende Rolle gespielt haben. Was das Verhältnis Athens zu Persien angeht, so hat E. Badian behauptet, daß nach dem Sieg von Marathon Persien als zukünftige Gefahr nicht akut gewesen sei; der von Themistokles durchgesetzte Flottenbau sei gegen Aegina gerichtet gewesen.[118] Mir scheint, daß darüber ein apodiktisches Urteil verfehlt ist.[119] Badians Behauptung wird auch dadurch erschüttert, daß neuerdings Ostraka gefunden wurden, auf denen Kallias, der vermutlich 485 ostrakisiert wurde, als ‚Perser' oder ‚aus Persien stammend' bezeichnet wird.[120] Schließlich lassen

---

[115] Vgl. Hignett, a. a. O., S. 186–189.

[116] Frost, a. a. O. (oben Anm. 94), S. 105–124.

[117] Thomsen, a. a. O., S. 88–95.

[118] Badian, a. a. O. (oben Anm. 80), S. 6. So auch Herod. 7, 144, 1–2; Plut. Them. 4,2. Nach Thuk. 1, 14,3 wurden die Schiffe sowohl für den Krieg gegen Aegina als auch in Erwartung der Barbaren gebaut.

[119] Zumal wenn es mit universalhistorischem Anspruch auftritt: "but to conceive of Persia (defeated in 490) as a serious future enemy demanded far more foresight than democracies, ancient or modern, are given to applying to politics" (a. a. O., S. 6). Solche allgemeinen Sätze enthalten viel mehr Voraussetzungen als die von Badian kritisierte ‚Verschwörungstheorie' der Historie (a. a. O., S. 1). Im übrigen schließen sich eine Politik gegen Aegina und gegen Persien nicht aus – die Insel war auch als strategischer Punkt wichtig.

[120] Thomsen, a. a. O., S. 97. Vgl. auch ebd., Anm. 270.

sich auch die uns bekannten in den 80er Jahren ostrakisierten Personen z. T. mit Persien (Hipparchos; Alkmeoniden) bzw. mit einer gegen den Flottenbau gerichteten Politik (Aristides) in Zusammenhang bringen.[121] Ich halte deshalb weiterhin die Annahme für begründet, daß die Ostrakismen der 80er Jahre dazu dienten, die militärischen Kräfte Athens gegen Persien – und in Verbindung damit: gegen Aegina – zusammenzufassen und eine mögliche Opposition gegen eine solche Politik auszuschalten.[122] Diese Interpretation ist unabhängig von der Person des Themistokles, würde aber gut zu dessen Politik seit 483/482 passen.

Es bleibt fraglich, ob der Ostrakismos zur Durchsetzung der genannten Zwecke Anfang der 80er Jahre geschaffen wurde oder ob er eine Einrichtung des Kleisthenes war und ganz anderen Zielsetzungen dienen sollte.[123] Ich halte die erste Alternative für die wahrscheinlichere. In jedem Fall ist aber das Verfahren des Ostrakismos in den 80er Jahren eine Reaktion auf die Tatsache, daß infolge der kleisthenischen Reformen die Auseinandersetzungen zwischen den adligen Herren vor der Volksversammlung ausgetragen wurden;[124] es ist gleichzeitig kennzeichnend für den großen Einfluß, den die Adligen noch in der athenischen Politik hatten.

Im Jahre 487/486 wurde eine Änderung in der Archontenbestellung eingeführt: Die Archonten wurden fortan nicht mehr direkt gewählt, sondern aus von den Demen vorgewählten Kandidaten erlost.[125] Dies ist nun für manche ein deutlicher demokratischer Markstein, denn Los und Demokratie werden unmittelbar miteinander verknüpft.[126] Das Los hat jedoch zunächst nichts mit Demokratie, sondern nur etwas mit Gleichheit zu tun. Bei der Gleichheit

---

[121] Vgl. Knight, a. a. O., S. 30 f. In bezug auf die Alkmeoniden ist die entscheidende Quelle Herod. 6, 115. 121–125 (Schildsignal bei Marathon). Wie man auch immer zum Wahrheitsgehalt dieser Geschichte steht – wichtig ist, daß den Alkmeoniden so etwas zugetraut wurde.

[122] Vgl. Knight, a. a. O., S. 30 f.

[123] Vermutungen über solche Zielsetzungen bei Kagan, a. a. O.; Knight, a. a. O., S. 21–23; Thomsen, a. a. O., S. 133 f.

[124] Vgl. Schaefer, a. a. O., S. 492.

[125] AP 22, 5.

[126] Vgl. z. B. V. Ehrenberg, in: Klio 19 (1925), S. 106. 110.

kommt es darauf an, auf wen sie sich beziehen soll. Auch eine Adelsgesellschaft legt auf Gleichheit innerhalb des Adels Wert. In unserem Fall ist bezeichnend, daß mit der Einführung des neuen Bestellungsmodus bei den Archonten nicht die Qualifikation für das Archontenamt geändert wurde: Auch nach 487/486 konnten Archonten nur Mitglieder der beiden oberen Besitzklassen werden.[127]

Durch die Reform von 487/486 wurde, wie E. Badian nachgewiesen hat, keine einschneidende Veränderung in der Zusammensetzung des Archontenkollegiums und damit auch des Areopags bewirkt.[128] Badian nimmt deshalb und aufgrund der Mitteilung Herodots, Kallimachos sei durch Los Polemarch geworden,[129] eine Änderung in der Archontenbestellung schon durch Kleisthenes an: Die Archonten seien seit Kleisthenes zwar weiterhin gewählt, ihre Aufgabenbereiche aber durch Los verteilt worden. Die damit intendierte Ausschaltung von Faktionskämpfen sei aber noch nicht erreicht worden; deshalb habe man 487/486 die Direktwahl der Archonten abgeschafft: Der Archontat sollte künftig nicht mehr durch Einsatz von Macht und Hetairien gewonnen werden können, die Kämpfe um den Archontat sollten die Stadt nicht spalten.[130]

Die Hypothesen Badians sind zwar eine Möglichkeit, die Quellen zu interpretieren, lassen aber auch Einwände zu. So ist die Annahme einer kleisthenischen Änderung bei der Verteilung der Aufgabenbereiche der Archonten nicht zwingend.[131] Schwerer wiegt

---

[127] Gegen eine Interpretation in demokratischem Sinne auch Badian, a. a. O., S. 10.

[128] Badian, a. a. O., S. 10–17. 32–34.

[129] Herod. 6, 109.

[130] Badian, a. a. O., S. 21–28.

[131] Badian, a. a. O., S. 21, weist selbst darauf hin, daß nach AP 8, 1 Solon die Erlosung für Archonten einführte. Das von Badian für Kleisthenes vindizierte System der Aufgabenverteilung durch Los könnte also schon von Solon stammen. Die Tyrannen haben wahrscheinlich Einfluß auf die Ernennung des eponymen Archons genommen – das wird jedenfalls durch die Archontenliste der Tyrannenzeit nahegelegt (vgl. Badian, ebd.). Nach der Tyrannenzeit konnte aber der ursprüngliche Modus *ohne Reform* wiederaufgenommen werden.

jedoch m. E., daß Badian im nachkleisthenischen Athen so etwas
wie eine ‚staatstragende' Gruppe voraussetzt, die über den Parteien
stand. Abgesehen von Einwänden allgemeiner Art, die man gegen
eine solche Vorstellung vorbringen könnte,[132] lassen die Ostrakismen der 80er Jahre harte Auseinandersetzungen zwischen den Adligen erkennen. Wer hätten die Träger von Reformen sein können,
wenn damit nicht auch bestimmte Interessen verbunden gewesen
wären? In diesem Zusammenhang fällt die zeitliche Nähe der Reform von 487/486 zum ersten Ostrakismos auf – die beiden Maßnahmen sind deshalb auch schon oft aufeinander bezogen worden.[133] Dafür gibt es auch zumindest einen guten Grund: Wir wissen, daß bei Marathon der Polemarch zwar nicht mehr die Führung
in der Schlacht, wohl aber noch den Oberbefehl über das Heer und
die Entscheidung über das allgemeine Vorgehen hatte.[134] Dagegen
trat er bei Salamis nicht mehr in Erscheinung. Es liegt nahe, den
Verlust seines Oberbefehls mit der Reform von 487/486 zu verbinden, zumal es sich kein Staat leisten kann, den Oberbefehl über das
Heer einem aus 100 Kandidaten ausgelosten Mann anzuvertrauen.
Damit ist über die Absichten, die mit der Maßnahme von 487/486
verfolgt wurden, noch nichts gesagt. Wenn es nun, was wahrscheinlich ist, im Athen der 80er Jahre Adlige gab, die einer Politik der militärischen Stärkung Athens gegen Persien und Aegina Widerstand
entgegensetzten, dann konnte besonders das Amt des Polemarchen

---

[132] Badian hat einen großen Teil der bisherigen Forschung in sehr schar-
fer Form angegriffen, vgl. bes. S. 1–6 und 28: "It is a strange spectacle of the
kind of collective madness that sometimes seizes historians and prevents
them from seeing simple facts as simple facts." Dabei übersieht er aber, daß
seine eigenen Interpretationen auf ebenso massiven Voraussetzungen beruhen wie die der bisherigen Forschung (vgl. schon oben Anm. 119). Die Vorstellung einer interessefreien Politik ist eine Voraussetzung, die der Inter-
pret mitbringt, nicht ein "simple fact".

[133] Vgl. die Literatur bei R. J. Buck, The Reforms of 487 B. C. in the
Selection of Archons, in: Classical Philology 60 (1965), S. 96–101 – die Interpretationen der bisherigen Forschung sind S. 96f. referiert. Auf Bucks
eigene These, die dem Areopag bis 487/486 entscheidenden Einfluß auf die
Archontenbestellung zuschreibt, gehe ich hier nicht ein.

[134] Herod. 6, 109f.

zum Hebel einer solchen Opposition werden.[135] Die Reform von 487/486 wäre dann von den gleichen Zielsetzungen her wie die Ostrakismen der 80er Jahre zu erklären. Das kann natürlich auch nur eine Hypothese sein. In jedem Fall kann – darin bin ich mit Badian einig – die Maßnahme von 487/486 nicht von Demokratisierungsabsichten her verstanden werden – auch dann nicht, wenn Themistokles sie initiiert haben sollte: Das Märchen eines demokratischen Themistokles hat Frost gründlich zerstört.[136]

Für die Jahre bis 462/461 werden uns keine weiteren institutionellen Veränderungen berichtet. In der ›Athenaion Politeia‹ steht nur die Mitteilung, daß zwischen 479 und 462 der Areopag in Athen herrschte, der sich in den Kämpfen mit den Persern durch besondere Initiative ausgezeichnet hatte.[137] Daß ein Adelsgremium durch Bewährung in schweren Kriegen Macht gewinnen kann, ist uns auch von der römischen Parallele her geläufig.[138] Dennoch muß für jeden, der die Entwicklung von Kleisthenes bis Ephialtes unter dem Vorzeichen einer bewußten Demokratisierung betrachtet, diese Herrschaft des Areopags befremdlich sein – man versucht sie dann als retardierendes Moment in der Genese der athenischen Demokratie zu erklären.[139] Wenn man dagegen die hier gegebene Darstellung des historischen Prozesses akzeptiert, dann hat die Herrschaft des Areopags nichts Befremdliches, im Gegenteil: Herrschaft eines Adelsgremiums ist nur möglich unter der Voraussetzung, daß nicht adlige Geschlechter die politischen Institutionen paralysieren. Weil das im 6. Jh. der Fall war, trat dort der Areopag nie als Subjekt politischen Handelns hervor. Durch die kleisthenischen Reformen und die in ihrer Folge getroffenen Maßnahmen wurden die Adligen für ihr Handeln auf die politischen Institutionen der Stadt verwiesen. Im Falle von Auseinandersetzungen innerhalb des Adels erhielt jetzt die Volksversammlung großes Gewicht, im Falle weitgehender

---

[135] Vgl. ähnlich Hignett, a. a. O., S. 187.
[136] Frost, a. a. O., passim.
[137] AP 23, 1–2; 25, 1; 41, 2.
[138] Vgl. Badian, a. a. O., S. 30.
[139] Vgl. z. B. R. J. Bonner – G. Smith, The Administration of Justice from Homer to Aristotle I, Chicago 1930, S. 251; Ehrenberg, Origins (oben Anm. 99), S. 292.

Einigkeit innerhalb des Adels und unter der Bedingung aristokratischer Gleichheit konnte der Areopag eine führende Rolle spielen.
Der Kampf mit den Persern 480/479 scheint die Gegensätze innerhalb des Adels zurückgedrängt zu haben. Äußeres Zeichen dafür
ist, daß die in den 80er Jahren Ostrakisierten zurückberufen wurden und an den Kämpfen teilnahmen.

V

Die Herrschaft des Areopags wurde 462/461 durch die Reformen
des Ephialtes abrupt beendet. Obwohl es sich hier – auch nach Meinung der antiken Autoren – um einen Vorgang von größter Wichtigkeit handelte, geben die Quellen darüber nur in ganz allgemeiner
Weise Auskunft: Ephialtes habe den Areopag entmachtet oder ge-
stürzt;[140] er habe dem Areopag alle „zusätzlichen Funktionen" genommen, „auf denen die Aufsicht über die Verfassung begründet
war", und sie auf den Rat der Fünfhundert, das Volk und die Dikasterien verteilt (AP 25,2); dem Areopag sei die „Aufsicht" genommen worden (AP 26,1); die Menge habe unter Anführung des
Ephialtes dem Areopag „alle Entscheidungen bis auf wenige Fälle
entrissen" (Plut. Kim. 10,2); durch die Machenschaften des Perikles seien dem Areopag „die meisten Entscheidungen" abgenommen
worden (Plut. Per. 9,5). Bei Plut. Kim. 15,3 ist der Areopag als
Gerichtshof (συνέδριον) verstanden, dem Kimon die Gerichtsentscheidungen zurückgewinnen will. Nach Philochoros 64 sind sieben Nomophylakes eingesetzt worden, weil Ephialtes dem Areopag nur die Blutgerichtsbarkeit gelassen habe. Faßt man zusammen,
so verlor also der Areopag nach Aristoteles die Aufsicht über die
Verfassung, nach Plutarch fast seine gesamte Gerichtsbarkeit. Haben die beiden Autoren das gleiche oder haben sie Verschiedenes gemeint? Für die erste Alternative könnten die Formulierung AP 25,2
und die Tatsache sprechen, daß die früheren Funktionen des Areopags teilweise auf die Dikasterien übertragen wurden.
Man kann in dieser Frage nur weiterkommen, wenn man die uns

---

[140] Aristot. Pol. 1274 a; AP 41,2; Plut. Kim. 10. 15; Per. 7. 9.

bekannten Funktionen des Areopags vor und nach 462/461 im einzelnen untersucht. Am unproblematischsten ist die Blutgerichtsbarkeit: Sie wird in unseren Quellen einhellig schon dem archaischen Areopag zugeschrieben[141] und ist zweifellos dem Areopag nach 462/461 erhalten geblieben.[142] Zur Zeit des Aristoteles trat der Areopag auch als Gerichtshof in Aktion, wenn jemand nach dem Genuß von Giften oder im Zusammenhang mit einer Brandstiftung starb (AP 57,3). Da beides eng mit dem Tatbestand von Mord zusammenhängt, hat es wahrscheinlich schon zum alten Kompetenzbereich des Areopags gehört. Ferner ist für den Areopag nach 462/461 auch eine Strafgerichtsbarkeit in religiösen Angelegenheiten bezeugt – so mußte sich vor ihm verantworten, wer einen heiligen Ölbaum ausriß oder umhieb.[143] Auch bei diesen Kompetenzen wird man kaum annehmen, daß sie der Areopag erst 462/461 erhielt.

Ob mit den genannten Zuständigkeiten schon alles erfaßt ist, was dem archaischen Areopag auf dem Gebiet der Strafgerichtsbarkeit zukam, wissen wir nicht. Die Mitteilungen der ›Athenaion Politeia‹ zum Areopag vor und nach Drakon und Solon[144] sind zu allgemein gehalten, als daß sich daraus etwas entnehmen ließe. Jedenfalls besitzen wir aber keinen Hinweis darauf, daß in den genannten Bereichen der Areopag durch die Reformen des Ephialtes Kompetenzen verloren hätte; er galt auch weiterhin als ein angesehener Gerichtshof.[145]

Kommen wir zur Aufsicht über die Gesetze. Die ›Athenaion Politeia‹ nennt unter den alten Aufgaben des Areopags, „die Gesetze zu überwachen" (3,6; vor Drakon). Im Bericht über die Verfassung Drakons heißt es: „Der Rat des Areopags war Wächter über die Gesetze und darüber, daß die Behörden den Gesetzen gemäß regierten" (4,4; Übersetzung von O. Gigon). Die Stellung des Areopags in der solonischen Verfassung wird schließlich wie folgt beschrieben: „Dem Rat auf dem Areopag übergab er die Überwachung der

---

[141] Aischyl. Eum. 681 ff.; AP 16,8; Plut. Sol. 19; Dem. 23, 66.

[142] Dem., a. a. O.; Philochoros 64; Bonner – Smith, a. a. O., S. 257 f.

[143] AP 60, 2; Bonner – Smith, a. a. O., S. 259 f.

[144] AP 3,6; 4,4; 8,4.

[145] Aischyl. Eum. 681 ff.; Xen. Mem. 3,5,20; Dem. 23,66.

Gesetze; dieser blieb also wie früher die Aufsichtsbehörde über die Verfassung [...] der Areopag richtete auch über alle Verschwörungen zum Sturz der Demokratie, und Solon schuf ein eigenes Gesetz über die Anzeige solcher Verschwörungen" (8, 4; Übersetzung von O. Gigon). Nach Plut. Sol. 19 setzte Solon den Areopag zum Wächter über die Gesetze ein; außerdem zitiert Plutarch ebenda ein Gesetz Solons, aus dem hervorgeht, daß der Areopag über Versuche urteilte, die Tyrannis zu errichten.

Wir besitzen keine einzige gesicherte Nachricht über eine konkrete Aktivität des Areopags vor 462/461 auf diesem ganzen Gebiet,[146] haben also von daher keine Möglichkeit der Kritik. Sicher als falsch zurückweisen läßt sich jedoch die Nachricht, der Areopag habe über „Verschwörungen zum Sturz der Demokratie" geurteilt. Eine solche Funktion ist im Kontext des frühen 6. Jh. sinnlos, selbst wenn man den Begriff τὸν δῆμον καταλύειν nicht in seiner technischen Bedeutung nimmt. Ob damit zugleich auch die Einrichtung einer Eisangelieklage durch Solon (AP 8,4) aufgegeben werden muß – sie könnte sich ja allgemein auf die bestehenden Gesetze bezogen haben –, läßt sich nicht ausmachen.[147]

Eine allgemeine Aufsicht über die Verfassung wird als alte Funktion des Areopags in der Forschung normalerweise nicht bezweifelt; oft wird behauptet, Ephialtes habe sie 462/461 durch die *graphe paranomon* ersetzt.[148] Wie H. J. Wolff gezeigt hat, spricht aber gegen die Einführung der *graphe paranomon* durch Ephialtes alle Wahrscheinlichkeit: Wir hören von der Anwendung der Klage erstmals zum Jahre 415; danach kommt sie relativ häufig vor.[149] Als allgemeinen Grund für eine spätere Datierung führt Wolff an, daß die

[146] Die Geschichte über die Zusammenarbeit zwischen Themistokles und Ephialtes gegen den Areopag (AP 25) hat bisher noch keine befriedigende Erklärung gefunden; Day – Chambers, a. a. O., S. 11 mit Anm. 45, vermuten, daß sie auf Theopomp zurückgeht.

[147] Vgl. dazu noch unten S. 199.

[148] Vgl. zur Lit. H. J. Wolff, „Normenkontrolle" und Gesetzesbegriff in der attischen Demokratie, Sbb. Heidelberg, Phil.-Hist. Kl. 1970/2, S. 18. Zu Wolffs eigener Position vgl. unten im Text.

[149] Ebd., S. 19 mit Lit.

Selbstbeschränkung, die in der *graphe* liegt, besser als Reaktion auf die „Auswüchse der grundsätzlich unbegrenzten Beschlußmacht des Demos" denn als vorausschauende Planung zu begreifen sei.[150] Ein diese Auffassung präzisierendes Argument hat W. R. Connor vorgebracht: Bis zum Beginn des Peloponnesischen Krieges waren die Antragsteller in Volksversammlungen überwiegend Strategen, die einem normalen Rechenschaftsverfahren unterlagen – von ihm wird gleich die Rede sein; erst seit um 430 traten in größerem Umfang auch nichtbeamtete Demagogen auf, für die es kein Rechenschaftsverfahren gab. Man könnte die *graphe paranomon* sehr gut als Reaktion auf die Tätigkeit dieser Demagogen interpretieren.[151] Wie immer man zu diesen inhaltlichen Argumenten steht – ich halte sie für voll überzeugend –, auf keinen Fall kommt man an der Tatsache vorbei, daß die erste Anwendung der Klage erst für 415 berichtet wird. Ihre Einrichtung durch Ephialtes ist deshalb kaum anzunehmen.

Damit entfällt ein Argument für eine allgemeine Aufsicht des Areopags über die Gesetze. Auch Philochoros 64 kann nicht als Beweis dafür herangezogen werden: Die dort genannten Nomophylakes, die eingesetzt worden sein sollen, weil Ephialtes dem Aeropag nur die Blutgerichtsbarkeit gelassen habe, begegnen sonst erst wieder kurz vor 322. Es wird deshalb mit Recht angenommen, daß der Lexikograph, der Philochoros ausgeschrieben hat, seine Quelle mißverstanden hat.[152]

Durch alles dies wird eine allgemeine Aufsicht des Areopags über die Gesetze zwar nicht ausgeschlossen, aber doch in Frage gestellt. Könnte nicht diese Aufsicht konkret in der Kontrolle der Behörden bestanden haben? Dafür könnte nicht nur die enge Verbindung beider Funktionen in AP 4,4 sprechen, sondern vor allem auch ein von Andokides (I 84) überlieferter Gesetzesantrag aus dem Jahre 403/402: ἐπειδὰν δὲ τεθῶσιν οἱ νόμοι, ἐπιμελείσθω ἡ βουλὴ ἡ ἐξ

---

[150] Ebd., S. 20f. Wolff weist S. 19f. auch auf die Anekdote Xen. Mem. 1, 2, 40–46 hin, wo man eine Erwährung der *graphe* erwarten würde.

[151] W. R. Connor, The New Politicians of Fifth-Century Athens, Princeton 1971, S. 125 mit Anm. 66.

[152] Hignett, a. a. O., S. 209.

Ἀρείου πάγου τῶν νόμων, ὅπως ἂν αἱ ἀρχαὶ τοῖς κειμένοις νόμοις χρῶνται. Hier wird die Aufsicht über die Gesetze so interpretiert, daß der Areopag auf die Gesetzmäßigkeit der Handlungen der
Behörden achten soll. Es ist nicht zu beweisen, daß dieser Antrag
an frühere Funktionen des Areopags anknüpfte, andererseits aber
auch nicht unwahrscheinlich, da man in der Zeit der oligarchischen
Umstürze oft auf frühere Zustände zurückgriff.

Wie steht es nun um die Kontrolle der Behörden? In der ausgebildeten Demokratie gibt es bekanntlich zwei Gremien für diese Kontrolle, die Euthynoi und die Logistai. Wann sie geschaffen wurden,
ist unbekannt, doch spricht – wie vor allem R. Sealey gezeigt hat –
einiges dafür, ihre Entstehung in die Zeit des Ephialtes zu setzen.
Sealeys Argumente sind folgende[153]:

1. Das spezifische Rechenschaftssystem der Logistai ist vermutlich
   nicht früher entstanden als das allgemeine der Euthynoi;[154]
2. Logistai sind erstmals in der Tributliste von 454/453 nachgewiesen;
3. Euthynoi der Demen kommen in der Inschrift IG I² 188 vor, die
   aufgrund der Schrift um 460 datiert wird.

Das letzte Argument ist das schwächste, da eine Datierung aufgrund der Schrift immer eine unsichere Sache ist; zudem handelt es
sich ja um Euthynoi der Demen. Meines Erachtens reichen aber die
ersten beiden Argumente für die Hypothese aus, Ephialtes habe die
Kontrolle der Behörden dem Areopag entzogen und auf andere
Gremien übertragen[155]: Am Rechenschaftsverfahren in der Demokratie sind genau die drei Institutionen beteiligt, auf die nach
AP 25,2 Ephialtes die Aufsicht über die Verfassung übertragen hat:
Die Euthynoi sind ein Ausschuß des Rates, die Logistai werden von
der Volksversammlung gewählt, und beide Gremien sind verpflich-

---

[153] R. Sealey, Ephialtes, in: ders., Essays in Greek Politics, New York
1967, S. 42–58, die Argumente S. 52 f. In bezug auf den Inhalt der Reformen folge ich Sealey.

[154] Vgl. Hignett, a. a. O., S. 203 f.

[155] Es ist dabei unwichtig, ob das Gremium der Euthynoi als dem Areopag verantwortliches Gremium schon vor 462/461 bestand oder ob es neu
geschaffen wurde. Ebenso interessiert hier nicht, wann die Rechenschaftsablegung für Magistrate überhaupt eingerichtet wurde.

tet, bei der Feststellung von Beamtenvergehen die Sache an die
Thesmotheten zu überweisen, die dann ein Verfahren vor den Dikasterien in Gang bringen. Ferner würde die Übertragung der Rechenschaftsablegung vom Areopag auf die genannten Gremien der
allgemeinen Charakterisierung der Reformen des Ephialtes sowohl
durch Aristoteles als auch durch Plutarch entsprechen.

In der Forschung wird meistens auch angenommen, Ephialtes
habe die Dokimasie der Behörden sowie die Zuständigkeit in Eisan-
geliefällen vom Areopag auf die Boule übertragen.[156] Für die Dokimasie ist diese Annahme sehr wahrscheinlich, da es sie sicher vor
462/461 gab und der Areopag nach Ephialtes nicht mehr mit ihr befaßt war. Das Eisangelieverfahren läßt sich für die Zeit vor 462/461
nicht sicher nachweisen;[157] wenn es bestand und wenn der Areopag
dafür zuständig war, dann ist allerdings die Vermutung gerechtfertigt, Ephialtes habe es dem Areopag entzogen. Beide genannten
Veränderungen würden den oben angenommenen Charakter der
Reformen des Ephialtes nur bestätigen: Die Dokimasie diente der
Kontrolle der Beamten vor Amtsantritt, mit Hilfe des Eisangelie-
verfahrens konnte jeder Bürger einen Beamten jederzeit zur Rechenschaft ziehen.

Ein letzter Punkt kann kurz abgemacht werden. Die ›Athenaion
Politeia‹ schreibt dem Areopag auch eine allgemeine politische Leitungsfunktion zu.[158] In der politischen Wirklichkeit läßt sich diese
Leitungsfunktion erst für die Zeit zwischen Salamis und 462/461
nachweisen; in AP 23, 1 wird aber ausdrücklich betont, daß die führende Stellung des Areopags in dieser Zeit nicht auf einen formellen
Beschluß zurückging. Es gibt auch keinen Grund, für das 6. Jh.
eine gesetzlich festgelegte Leitungsfunktion des Areopags anzunehmen, wenn sie nicht überhaupt Rückprojektion aus den Verhältnissen zwischen 479 und 462/461 ist. Durch die Kontrolle der Behörden hatte der Areopag genügend Möglichkeiten, Einfluß auf die
Politik auszuüben; ob er sie wahrnehmen konnte, hing von den all-

---

[156] Vgl. dazu zuletzt Rhodes, a. a. O., S. 199–207.

[157] Vgl. ebd. die Hinweise auf ein solches Verfahren für die Zeit vor 462/
461.

[158] 3, 6; 8, 4.

gemeinen Verhältnissen ab und war, wie auch beim römischen Senat, eine Frage der Macht.

Wir brauchen also in diesem Bereich keine gesetzlichen Eingriffe des Ephialtes zu postulieren, uns aber ebensowenig darüber zu wundern, daß der Areopag auch nach 462/461, besonders in bestimmten Krisensituationen, politische Initiativen ergreifen konnte.[159] Der Areopag blieb, wie schon ausgeführt wurde, ein angesehenes Gremium; daraus allein lassen sich die politischen Schritte erklären, die nach Aigospotamoi und in den Jahren nach Chaironeia von ihm ausgingen.[160]

Weitere Ansatzpunkte, den Inhalt der Reformen von 462/461 zu bestimmen, sehe ich nicht. Es bleibt demnach als einigermaßen begründete Hypothese nur, daß Ephialtes dem Areopag die Zuständigkeit in allen Verfahren entzogen hat, die mit einer Kontrolle der Behörden zusammenhingen.

Welche Absichten wurden mit den Reformen nach 462/461 verfolgt? Ich diskutiere zunächst verschiedene bis heute in der Forschung vertretene Thesen:

1. Die Maßnahmen von 462/461 waren eine natürliche Konsequenz der Einführung eines neuen Bestellungsmodus für die Archonten; die Qualität des Areopags wurde dadurch so verschlechtert, daß es nicht mehr gerechtfertigt war, ihm seine alten Funktionen zu belassen. Diese These ist durch die Untersuchungen von Badian eindeutig widerlegt worden: Die Zusammensetzung des Areopags änderte sich durch die Reformen von 487/486 nicht.[161]

2. Die Reformen des Ephialtes entsprachen der neuen Bedeutung, die die Theten infolge der themistokleischen Flottenpolitik und der Ausbildung des Delisch-Attischen Seebundes erlangten, da

---

[159] Lys. 12, 69 (nach Aigospotamoi). Zu den Aktivitäten des Areopags nach Chaironeia vgl. Sealey, a. a. O., S. 43–45.

[160] Anders Sealey, ebd., der auch für die politische Führungsposition des Areopags zwischen 479 und 462/461 gesetzliche Regelungen postuliert, was aber in ausdrücklichem Widerspruch zu AP 23,1 steht und auch sachlich nicht gefordert ist.

[161] Vgl. oben S. 127 mit Anm. 128. Badian nennt auch die Forscher, die die im Text referierte These vertreten.

sie die Schiffsmannschaften stellten.[162] Nun hören wir aber für
die Zeit zwischen 480 und 462 nichts von demokratischen Forderungen der Theten, im Gegenteil: Aristoteles schildert diese
Jahre als Jahre ungetrübter aristokratischer Herrschaft. Kimon,
der in den Quellen als Erzaristokrat dargestellt wird, war in den
70er und 60er Jahren der mächtigste Mann in Athen und konnte
noch 463 in einer wichtigen außenpolitischen Entscheidung einen Sieg über Ephialtes erringen. Man kann nun behaupten, die
Theten hätten zwar eine Demokratisierung der politischen Institutionen Athens gefordert, hätten sich aber vor 462 nicht durchsetzen können. Für diese Behauptung spricht, daß die Reformen
des Ephialtes beschlossen wurden, als Kimon mit einer großen
Anzahl von Hopliten am Berg Ithome lag. Auf politisch-institu-
tionellem Gebiet gewannen die Theten durch die Reformen von
462/461 jedoch nur wenig: Da Diäten für die Tätigkeit als Richter und Bouleuten erst später eingeführt wurden, konnte es sich
zunächst kein Thete leisten, diese Tätigkeiten auszuüben. Wenn
deshalb die Theten überhaupt ein Interesse an den Reformen des
Ephialtes hatten, so konnte dieses Interesse nicht in einer stärkeren Demokratisierung der athenischen politischen Institutionen
liegen. Die Annahme einer ‚von unten‘ erzwungenen demokratischen Reform findet in den Quellen keinen Rückhalt.

3. Ephialtes war überzeugter Demokrat[163] – das gleiche wird oft
   von Perikles behauptet, der schon vor 462/461 mit Ephialtes zu-
   sammengearbeitet haben soll.[164] Demokratische Überzeugung
   könnte zwar die Reformvorschläge des Ephialtes erklären, doch
   wüßte man gern, warum Männer wie Perikles und Ephialtes,
   von denen der erste sicher, der zweite wahrscheinlich dem Adel
   angehörte,[165] zu Demokraten geworden sein sollen. Solange
   diese Frage nicht beantwortet ist, bleibt es unbefriedigend, zur

[162] Vgl. z. B. Hignett, a. a. O., S. 193.
[163] Ebd., S. 193 ff.
[164] Dazu ablehnend R. Sealey, The Entry of Pericles into History, in:
Hermes 84 (1956), 234–247 = ders., Essays in Greek Politics, New York
1967, S. 59–74.
[165] Ephialtes war immerhin Stratege, was die in den Quellen von ihm be-
hauptete Armut ausschließt; vgl. Hignett, a. a. O., S. 194.

Erklärung der Reformen von 462/461 auf die demokratische
Überzeugung der Hauptakteure zu verweisen.

4. Ephialtes wollte als Reformer die Kontrolle der Beamten verbessern; er hat auf gewisse Unzulänglichkeiten des areopagitischen
Rechenschaftsverfahrens reagiert.[166] In dieser Interpretation
wäre Ephialtes C. Gracchus vergleichbar, der in Repetundensa-
chen den senatorischen Gerichtshof durch einen ritterlichen er-
setzte. Für diese Lösung könnten AP 25, 1 und Plut. Per. 10, 8
(unter Berufung auf Aristoteles) angeführt werden, wo Ephialtes als unbestechlicher Mann dargestellt wird. Er ist auch in den
Jahren vor 462/461 mehrfach gegen Areopagiten gerichtlich vor-
gegangen. Da uns aber über diese Prozesse nichts Näheres bekannt ist, ist es beliebig, als Grund für sie entweder ein tatsächli-
ches Versagen der Areopagiten bei der Kontrolle der Beamten[167]
oder vorgeschobene Klagen des Ephialtes anzunehmen. Gegen
ein allgemeines Versagen des Areopags spricht dessen Ansehen
als Gerichtshof auch nach 462/461. Ferner ist, wenn man Ephialtes als Reformer im dargestellten Sinne interpretiert, schwer zu
erklären, wie er seine Maßnahmen durchsetzen konnte. Welches
Interesse hatten die Theten – sie vor allem haben, wie wir noch
sehen werden, Ephialtes unterstützt – daran, das herkömmliche
Kontrollverfahren für Beamte zu ändern?[168]

Von den bisher genannten Versuchen, die mit den Reformen von
462/461 verbundenen Absichten zu klären, ist der erste eindeutig
zurückzuweisen, die übrigen lassen zumindest viele Fragen offen.
In dieser Situation kann vielleicht eine systematische Überlegung
weiterhelfen. Wenn 462/461 die Kontrollfunktionen des Areopags
durch die verschiedener demokratischer Gremien ersetzt wurden,
dann brauchte dadurch die Kontrolle der Beamten nicht notwendig
besser oder schärfer zu werden; zunächst wurde die Kontrolle nur
verändert. Ein aristokratisches Gremium legt bei der Kontrolle der

---

[166] So Sealey, Ephialtes, S. 54.

[167] Ebd., S. 53.

[168] Es ist nochmals daran zu erinnern, daß die Theten aufgrund ihrer
wirtschaftlichen Situation vor der Einführung von Diäten kaum im Volksgericht und im Rat mitwirken konnten.

Beamten andere Kriterien zugrunde als ein demokratisches. Anders ausgedrückt: Ob die Kontrolle der Beamten durch ein demokratisches Gremium schärfer ist als die durch ein aristokratisches, hängt von den politischen Themen ab, die jeweils zur Debatte stehen; bei bestimmten politischen Themen oder Zielsetzungen kann die Kontrolle durchaus auch schwächer sein. Eine ähnliche Überlegung läßt sich im Hinblick auf Einzelheiten des Kontrollverfahrens anstellen, das durch Ephialtes eingerichtet wurde. Die Entscheidungsgremien bei diesem Kontrollverfahren waren entweder das Volksgericht oder die Volksversammlung selbst, die bestimmte Fälle an sich ziehen konnte. Nun gab es in Athen weder eine organisierte Willensbildung durch Parteien noch juristisch ausgebildete Richter. Das Volksgericht bestand aus 6000 durch Los bestimmten Athenern. In politischen Prozessen richteten mindestens 500, oft 1000 oder 1500 Mitglieder. Entschieden wurde nach Anhörung eines Falles durch einfache Abstimmung. Da eine organisierte Willensbildung und juristisch ausgebildete Richter fehlten, mußten sowohl die Volksversammlung als auch das Volksgericht im Normalfall gegenüber demagogischen Einflüssen und Manipulationsversuchen viel anfälliger sein als der Areopag.

Sind diese Überlegungen richtig, dann ergibt sich daraus eine weitere Interpretationsmöglichkeit für die Reformen des Ephialtes: Die Neuregelung der Beamtenkontrolle könnte dann dazu gedient haben, bestimmte politische Ziele durchzusetzen, denen sich der Areopag entgegenstellte. Für eine solche Interpretation gibt es immerhin einige Hinweise.

Im Jahre 463/462 riefen die Spartaner wegen eines Aufstandes der Heloten ihre Bundesgenossen zu Hilfe, u. a. auch Athen. Dort entspann sich wegen des Hilfegesuchs eine heftige Auseinandersetzung: Ephialtes sprach sich gegen die Hilfeleistung aus mit dem Argument, man solle einen Rivalen nicht stark machen. Kimon sprach für die Hilfeleistung unter Hinweis auf die panhellenische Solidarität.[169] Er setzte sich durch und ging selbst mit einem Hilfskorps nach Sparta. Während Kimons Abwesenheit wurden die Reformen des Ephialtes beschlossen.

---

[169] Plut. Kim. 16 unter Berufung auf Kritias und Ion. – Auch E. Ru-

Unsere Quellen berichten, daß Sparta das athenische Hilfskorps
zurückschickte; als Begründung wird Mißtrauen gegen die Athener
angegeben (Thuk. 1, 102, 3). Das ist zunächst unverständlich, da Kimon, der Führer des athenischen Aufgebots, mit Sparta im besten
Einvernehmen stand. Viel wahrscheinlicher ist deshalb die Annahme,
daß die Rücksendung des athenischen Hilfskorps eine Reaktion auf
die Reformen des Ephialtes war.[170] Ich lasse zunächst noch die Frage
offen, was an den Reformen die Spartaner zu ihrer Reaktion veranlaßt
hat. Kimon versuchte nach seiner Rückkehr die Maßnahmen wieder
rückgängig zu machen, aber seine Gegner antworteten mit einem
wütenden Angriff auf seine spartafreundliche Politik (Plut. Kim. 15),
wofür ihnen die Brüskierung Athens durch die Rücksendung des
Hilfskorps gute Argumente lieferte. Athen verließ das antipersische
Bündnis mit Sparta und verbündete sich mit Spartas Feindin Argos
(Thuk. 1, 102, 4). Anfang 461 wurde Kimon ostrakisiert.

Das Problem des athenischen Verhältnisses zu Sparta kam Ende
der 60er Jahre nicht neu auf die Tagesordnung. 479 setzte Athen gegen spartanischen Protest den Mauerbau durch – Themistokles
übernahm es dabei, die Spartaner hinzuhalten (Thuk. 1, 90–92). Bis
auf eine ‚Verstimmung' hatte das Manöver aber nach Thukydides
keine Konsequenzen. Ebenso scheint die Tatsache, daß Athen 478/
477 an die Spitze einer Vereinigung von Städten trat, die sich den
Krieg gegen Persien zur Aufgabe gemacht hatten,[171] die Spartaner
nicht beunruhigt zu haben. Zudem wurde in der Folgezeit Kimon
der einflußreichste Mann in Athen. Er war Repräsentant einer panhellenischen Einstellung, die insbesondere auch Sparta einschloß (Plut.
Kim. 14–16). Wenn Kimon in diesen Jahren großen Einfluß ausübte
und gleichzeitig vom Areopag gesagt wird, daß er die Herrschaft ausübte (AP 23, 1; 41, 2), dann muß auch der Areopag in der Zeit zwischen Salamis und 462/461 prospartanisch eingestellt gewesen sein.

schenbusch, in: Historia 15 (1966), S. 369–376, bringt die Reformen des
Ephialtes mit dem athenischen Verhältnis zu Sparta in Verbindung, allerdings mit viel kürzerer und teilweise auch abweichender Begründung.

[170] So z. B. auch Hignett, a. a. O., S. 197.

[171] Vgl. N. G. L. Hammond, The Origins and the Nature of the Athenian Alliance of 478/477 B. C., in: JHS 87 (1967), S. 41–61 = ders., Studies
in Greek History, 1973, 311–345.

Die herrschende Meinung im Athen der 70er und 60er Jahre bot also keinen Anlaß zu Schwierigkeiten mit Sparta. Themistokles, der mit Sparta in Konflikt geriet, war aus seiner Heimatstadt verbannt und wurde von Athen und Sparta gemeinsam verfolgt.[172] Andererseits konnte Sparta nicht verborgen bleiben, daß Athen seine Führungsrolle im Delisch-Attischen Seebund auszunutzen versuchte, zumal es von den Thasiern gegen Athen zu Hilfe gerufen wurde; der drohenden Konfrontation mit Sparta entging Athen nur, weil Sparta von einem Erdbeben heimgesucht wurde, dem ein Helotenaufstand folgte (Thuk. 1, 101). Konfliktmöglichkeiten zwischen Sparta und Athen ergaben sich also auf außenpolitischem Gebiet: Sparta war die einzige Macht in Griechenland, die der Ausdehnung Athens noch Widerstand entgegensetzen konnte. In diesem Zusammenhang ist nun auch ein Prozeß gegen Kimon interessant: Nach AP 27, 1 wurde Kimon bei seiner Rechenschaftsablegung als Stratege von Perikles angeklagt, nach Plut. Kim. 14 lautete die Anklage auf Bestechung: Weil Kimon nach der Besiegung der Thasier nicht in Makedonien eingefallen war, wurde ihm vorgeworfen, er habe sich von König Alexander bestechen lassen. Wenn die Nachricht stimmt, dann gab es also Adlige in Athen, denen die Ausnutzung der athenischen Machtstellung durch Kimon noch nicht genügte – für sie mußte dann auch das Verhältnis Athens zu Sparta von besonderer Bedeutung sein. Es ist möglich, daß die von Ephialtes angezettelten Prozesse gegen Areopagiten (AP 25) eine Reaktion auf den Freispruch Kimons waren, aber das kann nur Vermutung bleiben. Sicher ist jedoch, daß derselbe Ephialtes, der gegen Areopagiten vorging, kurz darauf in der Frage der Hilfeleistung beim Helotenaufstand eine harte Linie gegenüber Sparta vertrat und wiederum kurze Zeit darauf den Areopag durch seine Reformen entmachtete. Sicher ist ferner, daß Sparta das athenische Hilfskorps zurückschickte. Man hat als Grund für diese Brüskierung Athens den demokratischen Charakter der Reformen des Ephialtes angenommen.[173] Die Annahme setzt voraus, daß damals schon das

---

[172] Vgl. W. G. Forrest, Themistokles and Argos, in: Classical Quarterly NS 10 (1960), S. 221–241.

[173] Hignett, a. a. O., S. 197.

Thema Demokratie in einer sehr dezidierten Weise zur Debatte
stand und Sparta – obwohl man überhaupt noch keine konkreten
Erfahrungen mit einer Demokratie hatte – schon damals ein erklär-
ter Gegner der Demokratie und Beschützer konservativer oligarchischer Verfassungen war. Für beide Voraussetzungen gibt es keine
Beweise.[174] Dagegen mußte in Sparta bekannt sein, daß Athen seine
Führungsposition im Seebund konsequent ausnutzte, daß Kimon
angeklagt worden war und daß Ephialtes sich gegen die Hilfeleistung ausgesprochen hatte. Wenn es diesem Mann gelang, den
Areopag als einen der Garanten einer prospartanischen Politik auszuschalten, dann war allerdings das spartanische Mißtrauen gegen
das athenische Hilfskorps gerechtfertigt. Ich verstehe also die spartanische Reaktion von 462 als Antwort darauf, daß sich in Athen
eine politische Linie durchgesetzt hatte, die um der Vergrößerung
der athenischen Macht willen auch einen Konflikt mit Sparta nicht
scheute. Dieser Konflikt kam ja dann auch in der Aufkündigung des
Bündnisses und den nachfolgenden Ereignissen voll zum Durch-
bruch.

Wie der Prozeß gegen Kimon zeigt, hatte der Areopag durch
seine Funktionen bei der Rechenschaftsablegung der Magistrate
großen Einfluß auf die Politik. Dieser Einfluß wurde um so größer,
je bedeutender im Zusammenhang mit dem Seebund die Stellung
der Strategen wurde. Solange der Areopag die Beamten kontrollierte und solange er bestrebt war, mit Sparta in gutem Einvernehmen zu bleiben, waren der athenischen Expansion Grenzen gesetzt.
Meine These ist, daß Ephialtes dem Areopag die Kontrolle der
Magistrate mit der Absicht entzog, diese Grenzen zu beseitigen.

Versucht man, unter diesem Gesichtspunkt die Maßnahmen von
462/461 in den Zusammenhang der athenischen Geschichte des
5. Jh. einzuordnen, so stehen sie durchaus nicht isoliert da. Die Perserkriege bedeuteten für die Geschichte Athens einen tiefen Einschnitt. Die Athener hatten bei Marathon dem Angriff der Perser
allein standgehalten, sie hatten für den Seesieg bei Salamis das

---

[174] Es spricht sogar einiges dafür, daß der Demokratie-Gehalt der Maßnahmen von 462/461 erst nachträglich realisiert wurde: vgl. unten im Text
S. 210.

größte Kontingent an Schiffen und – durch Themistokles – auch den Schlachtplan gestellt. Die Folge war ein ganz neues Selbstbewußtsein, das wir schon unmittelbar nach Salamis fassen können, als Themistokles in Sparta den athenischen Mauerbau rechtfertigte; er erteilte dabei dem traditionellen Schutzmachtanspruch Spartas eine Absage: Athen könne für sich selbst sorgen; um auf gleicher Stufe mit Sparta zu stehen, müsse es auch eine Mauer haben (Thuk. 1, 91). In den folgenden Jahren hat Athen, wie schon erwähnt, die Vorteile seiner Führungsrolle im Seebund konsequent ausgenutzt. Thukydides hat später die Haltung der Athener in dieser Frage so scharf wie nur möglich zusammengefaßt in einer Rede, die er einer athenischen Gesandtschaft in Sparta in den Mund legt: „So muß man sich auch über uns nicht wundern, wir folgen nur der menschlichen Natur, wenn wir eine Herrschaft, die sich uns anbot, angenommen haben und behalten wollen, besiegt von drei so starken Mächten wie Ehre, Furcht und Vorteil; wir sind ja auch nicht die ersten, die dies angefangen haben, sondern es ist immer so gewesen, daß der Mindere sich dem Mächtigeren fügen muß; auch glauben wir dieses Reiches würdig zu sein, und auch ihr hieltet uns dafür, bis ihr jetzt, euren Vorteil berechnend, mit der Gerechtigkeit kommt, der zuliebe noch nie jemand eine Gelegenheit zu gewaltsamer Bereicherung verschmäht und auf seinen Vorteil verzichtet hat" (1, 76; Übersetzung von G. P. Landmann).

Ehre, Vorteil, Überlegenheit des Mächtigen über den Minderen – das sind Schlagworte einer Adelsethik, deren Geltung man für eine Demokratie nicht als selbstverständlich voraussetzen kann. Sie erklären sich aber, wenn man vom Bild eines demokratischen Ephialtes abrückt und die perikleische Demokratie auch – nicht nur! – als Fortsetzung adliger Politik unter den seit der Tyrannis neu entstandenen Bedingungen begreift. Der athenische Adlige des 7. und 6. Jh. war nicht primär Athener, sondern Adliger.[175] Durch die

---

[175] Vgl. das Urteil von A. W. Gomme, in: AJPh 65 (1944), S. 322: "It is true that the nobles of the sixth and early firth centuries were more ʻpanhellenicʼ than the masses; but this does not mean that they were in favour of a national front against Persia, but that, chiefly owing to their greater wealth and opportunities, they were less confined to their own states and had a wider social, though hardly a wider political, outlook."

Tyrannis, die kleisthenischen Reformen und die Perserkriege setzte sich allmählich die Stadt gegenüber dem Partikularismus der adligen Geschlechter durch. Ich habe diesen Prozeß als wachsende Zentralisierung und Verstaatlichung Athens interpretiert. Die Adligen blieben trotzdem weiter die Führenden, doch waren sie jetzt zunehmend, wenn sie politisch handeln wollten, auf die politischen Institutionen der Stadt angewiesen. Verloren sie dadurch einerseits an Handlungsspielraum, so eröffneten sich ihnen andererseits auch neue Möglichkeiten: Die Perserkriege und die Führungsstellung Athens im Seebund machten deutlich, daß *mit* der Stadt sehr viel mehr Ehre, Vorteile, Macht gewonnen werden konnten, als das den Adligen des 6. Jh. – die Tyrannen ausgenommen – möglich gewesen war. Die neuen Möglichkeiten wurden nicht von allen ergriffen, aber das war auch gar nicht zu erwarten, wenn es darum ging, den traditionellen Handlungsraum des Adels zu durchstoßen: Immerhin stand die Politik des Ephialtes ja im Widerspruch zu der panhellenischen Verbundenheit, die den Adel in der archaischen Zeit gekennzeichnet hatte. Ebenso muß aber betont werden, daß die Schlagworte, mit denen das außenpolitische Handeln Athens begründet wurde, in der Tradition der Adelskämpfe der archaischen Zeit standen.

Zuletzt bleibt die Frage zu beantworten, wie Ephialtes seine Maßnahmen in der Volksversammlung durchsetzen konnte. Es ist bekannt, daß während der Beschlußfassung über die Reformen Kimon mit 4000 Hopliten am Berg Ithome lag und deshalb die Theten den Ausschlag in der entscheidenden Volksversammlung gegeben haben müssen. Eine große Zahl der athenischen Theten hatte seit 483/482 Beschäftigung auf den Schiffen gefunden. Seit der Gründung des Seebundes ergab sich – ganz abgesehen von den übrigen Vorteilen, die der Bund den Athenern brachte – für die unmittelbar an den Unternehmungen der Flotte Beteiligten auch immer wieder Gelegenheit, Beute zu machen. Ephialtes konnte also gerade in einer mehrheitlich von Theten besuchten Versammlung auf starke Resonanz hoffen, wenn er argumentierte, daß man den Areopag ausschalten müsse, um die Vorteile der Seemacht Athens voll ausnutzen zu können.

Die Reformen von 462/461 konnten also durchgesetzt werden,

weil eine günstige äußere Situation – die Abwesenheit Kimons mit dem athenischen Hilfskorps – und ein Interessenkonsens zwischen Ephialtes und seiner Gruppe einerseits und einem Teil des athenischen Demos andererseits bestand. Der Bezugspunkt, auf den hin beide Partner sich einigen konnten, war die Macht und Größe der Stadt Athen. Um sie ging es, wenn wir Plutarch (Kim. 16) – der sich hier auf Kritias beruft – glauben können, schon bei der Frage der Hilfeleistung für Sparta: „Kimon zog, wie Kritias sagt, das Wohl der Lakedämonier der Größe seines Vaterlandes vor", während Ephialtes „das stolze Sparta" gern „danieder und zertreten" gesehen hätte. Die Macht der Stadt blieb auch, wie sich aus Thukydides vielfach belegen läßt, von zentraler Bedeutung in der perikleischen Demokratie. In der Rede auf die Gefallenen wird sie zu *dem* Kriterium für die Richtigkeit der athenischen Lebensordnung (Thuk. 2, 41, 2) und werden die Athener aufgefordert, „Tag für Tag die Macht der Stadt in der Wirklichkeit zu betrachten und zu lieben" (43, 1). Das Selbstverständnis der perikleischen Demokratie war ein ‚imperiales' – eben deshalb konnte Demokratie auch nicht zu einem allgemeinen Anspruch werden. Wohl aber konnten in diesem Selbstverständnis verschiedene Interessen ihre Befriedigung finden. Daß dies nicht nur moderne Interpretation ist, sondern zumindest auch den führenden Athenern bewußt war, zeigt eine Äußerung Herodots, die zwar die Zeit nach den Kämpfen um die kleisthenischen Reformen betrifft, als reflektierende Äußerung aber sicher Vorstellungen im perikleischen Athen widerspiegelt (5, 78): „Es ist aber offenbar nicht bloß aus einem Grunde, sondern allerwege, daß die Freiheit und Gleichheit eine vortreffliche Sache ist, da auch die Athener, solange sie unter Tyrannen standen, keinem der benachbarten Völker im Kriege überlegen waren, als sie aber der Herren ledig waren, bei weitem die ersten wurden. Daraus wird offenbar, daß sie in der Knechtschaft alles lässig betrieben, weil sie ja für einen Herrn arbeiteten; als sie aber frei geworden, da arbeitete ein jeglicher gern zu seinem eigenen Nutzen und Frommen."[176]

---

[176] Übers. nach F. Lange (Reclam, Leipzig o. J.). – Man vgl. damit G. W. F. Hegel, Vorlesungen über die Philosophie der Geschichte, Stuttgart 1961, S. 68: „Aus dieser Erläuterung über das zweite wesentliche Moment

VI

Die Demokratie in Athen war nicht das Ergebnis eines bewußt auf Demokratisierung ausgerichteten Handelns. Sie kam nicht, wie Vergleiche mit dem neuzeitlichen Demokratisierungsprozeß vielleicht nahelegen könnten, dadurch zustande, daß von der Herrschaft ausgeschlossene Klassen sich organisierten und zur Herrschaft drängten. Weder die Reformen des Kleisthenes noch die des Ephialtes waren ,von unten' initiiert, wenn sie auch vorangegangene soziale Veränderungen zur Voraussetzung hatten.

Mit diesen Ergebnissen stimmt überein, daß sich der Begriff ,Demokratie' erst für die 40er Jahre in Athen nachweisen läßt und daß er vielleicht zuerst von den Gegnern der durch Ephialtes und Perikles geschaffenen Verfassung gebraucht wurde.[177] Es könnte also sein, daß der Demokratie-Gehalt der Maßnahmen von 462/461 den Athenern überhaupt erst nachträglich bewußt wurde.

Andererseits ist die athenische Demokratie aber auch nicht ein Zufallsprodukt der Auseinandersetzung zwischen Adligen. Bedingungen für ihre Entstehung sind die Lockerung und schließliche Zerschlagung der gesellschaftlichen Bindungsverhältnisse zwischen den adligen Geschlechtern und dem Volk. Auf politisch-organisatorischem Gebiet entspricht dem die Zentralisierung Athens, die Durchsetzung der Stadt und ihrer politischen Institutionen gegenüber den einzelnen adligen Geschlechtern. Ohne die Auflösung der gesellschaftlichen Bindungen zwischen Adel und Volk und ohne die Stärkung der politischen Institutionen wäre die Demokratie in Athen nicht möglich gewesen.

geschichtlicher Wirklichkeit eines Zwecks überhaupt geht hervor, indem wir im Vorbeigehen Rücksicht auf den Staat nehmen, daß nach dieser Seite ein Staat wohlbestellt und kraftvoll in sich selbst ist, wenn mit seinem allgemeinen Zwecke das Privatinteresse der Bürger vereinigt, eins in dem andern seine Befriedigung und Verwirklichung findet – ein für sich höchst wichtiger Satz. ... Der Zeitpunkt solcher Vereinigung macht die Periode seiner (sc. des Staates) Blüte, seiner Tugend, seiner Kraft und seines Glückes aus."

[177] Vgl. A. Debrunner, Δημοκρατία, in: Festschr. für E. Tièche, 1947, S. 11–24 [= 55–69]; Sealey, Ephialtes, S. 54f.

Die beschriebenen Veränderungen mußten aber nicht notwendig
zur Demokratie führen – man denke nur an die Machtstellung des
Areopags zwischen Salamis und 462. Entscheidend für die Genese
der Demokratie wurde, daß durch die Bewährung Athens in den
Perserkriegen, durch die von Themistokles initiierte Flottenpolitik
und durch die ersten Erfahrungen mit dem Delisch-Attischen Seebund neue Möglichkeiten politischen Handelns deutlich wurden:
Es boten sich Chancen für eine Ausnutzung der Machtstellung
Athens. Eine solche Ausnutzung widersprach einerseits der traditionellen panhellenischen Einstellung des griechischen Adels,
mußte aber andererseits wegen der damit verbundenen Möglichkeit, Ehre, Macht und Vorteile zu gewinnen, auch für Adlige verlok-
kend sein. Der Areopag als Stütze einer panhellenischen Politik, die
insbesondere auch Rücksicht auf Sparta nahm, stellte sich gegen die
radikale Ausnutzung der neuen Möglichkeiten. Auf der anderen
Seite standen Ephialtes und seine Gruppe, die zwar innerhalb des
Adels eine Minderheit bildeten, mit Hilfe der Volksversammlung
aber dennoch den Areopag ausschalten konnten, weil auch die Theten von den Vorteilen der athenischen Seemacht profitierten.[178] Die
Institutionalisierung demokratischer Kontrollverfahren durch die
Reformen von 462/461 war also wesentlich Mittel zum Zweck.

Wenn der Prozeß, der zur athenischen Demokratie führte, richtig
dargestellt ist, dann kann man – um auf die Fragen der Einleitung
zurückzukommen – gar nicht erwarten, daß sich alle Erscheinungen der perikleischen Demokratie einem geschlossenen Demokra-
tieverständnis einordnen lassen, eben weil es den Theten und ihren
adligen Führern nicht primär um die Demokratie, sondern um die
Macht der Stadt Athen ging. Daß später der begonnene Demokratisierungsprozeß seine eigene Dynamik entfaltete und seit dem Pelo-

---

[178] Diese Situation hat eine Parallele in der späten römischen Republik:
Auch hier nahmen Adlige wie Pompeius und Caesar jeweils mit Hilfe der
Volksversammlung Möglichkeiten einer imperialen Politik neuen Stils wahr,
während sich der Senat in seiner Mehrheit gegen sie stellte; auch hier hat das
Agieren der großen Feldherrn mit der Volksversammlung nichts mit Demokratie zu tun; und auch hier haben die Adligen ihr Handeln mit den traditionellen Schlagwörtern der römischen Adelsethik (*dignitas, gloria* etc.) begründet.

ponnesischen Krieg der adlige Führungsanspruch nicht mehr unbestritten blieb, ist eine ganz andere Sache – man darf diese Entwicklung nicht schon den Intentionen der Handelnden von Kleisthenes bis Ephialtes zurechnen.

Konrad H. Kinzl, Athens: Between Tyranny and Democracy. In: Greece and the Eastern
Mediterranean in Ancient History and Prehistory. Studies Presented to Fritz Schachermeyr
on the Occasion of his Eightieth Birthday. Ed. by K. H. Kinzl. Berlin und New York:
Walter de Gruyter 1977, S. 199–223. Aus dem Englischen übersetzt vom Autor.

ATHEN: ZWISCHEN TYRANNIS UND DEMOKRATIE*

Von Konrad H. Kinzl

Das unleugbar aristotelische Gemälde (mit Zügen aus dem späten
19. Jh.) ist uns wohlvertraut: Von Station zu Station unaufhaltsam
vorwärtsschreitend, hat die attische Demokratie sich von Kleisthenes an herausgebildet. Die Geschichte freilich hat ihren Aristoteles
nicht so gut studiert, auch nicht seine Teleologie. Risse in dem klas-
sizistischen Marmordenkmal zeigen sich: Der ernsthafteste Angriff
in einem Teilbereich kam bislang von Badian im Jahre 1971.[1] Der erste umfassende Versuch, die athenische Verfassungsgeschichte von
Kleisthenes bis Ephialtes neu zu schreiben, ist freilich noch jüngeren Datums. Jochen Martins Sätze in den Schlußpartien seines Aufsatzes würden es verdienen, ausführlich genannt zu werden. Wir
müssen es hier bei einem Zitat belassen: „Die Demokratie in Athen
war nicht das Ergebnis eines bewußt auf Demokratisierung ausgerichteten Handelns."[2]

* Die vorliegende Arbeit ging aus einem Vortrag, den ich auf Einladung
der Association of Ancient Historians im Mai 1975 in Columbus, Ohio,
hielt, hervor. Dem ursprünglich vorgesehenen Sitzungsvorsitzenden war
im März 1975 ein Text des Vortragsentwurfes zugegangen und im selben
Monat mit Anmerkungen an mich zurückgeschickt worden. Nach mehr-
fachen Anfragen verschickte ich einen Offsetdruck des Textes an verschiedene Kollegen, so auch im Juni 1975 an Herrn Jochen Martin mit der Bitte
um einen Sonderdruck seines inzwischen angezeigten Aufsatzes (o. S. 160–
212), welche er freundlich und prompt erfüllte. Vor die Wahl gestellt, meine
eigene Arbeit ungedruckt zu begraben oder aber unter Betonung der über
Martin hinausführenden Aspekte dennoch zu veröffentlichen, entschloß ich
mich zu letzterem. Es verbot sich freilich, meine eigene geplante Fortführung
des Themas nach Lektüre des Martinschen Artikels weiterzuverfolgen.

[1] E. Badian, Archons and *strategoi*, in: Antichthon 5 (1971), S. 1–34.
[2] J. Martin, Von Kleisthenes zu Ephialtes, in: Chiron 4 (1974), S. 5–42
(Zitat auf S. 40) [o. S. 160–212; 210].

Die in meinem vorliegenden Beitrag ausgedrückten Überlegungen entstanden in der Hauptsache, noch ehe ich eine Kopie von Martins Arbeit zu sehen bekam. Ich will mich hier nur zu jenen Problemen äußern, zu welchen ich einen neuen Blickwinkel anbieten kann. Ich werde chronologisch vorgehen, zumindest aus Gründen der Einfachheit.[3]

1. Von Hippias bis Isagoras. – In vielen Gesellschaftssystemen ist die Bürgerrechtsfrage ein Anliegen besonderer Dringlichkeit. Sogleich nach dem Abzug der Peisistratiden sollte das Bürgerrecht zur wichtigsten Frage werden. Der sogenannte Diapsephismos[4] stellt einen ersten Versuch der Wiederherstellung einer gewissen Ordnung im Bürgerrecht dar. Einige wurden ausgebürgert,[5] andere ein-

---

[3] Dies schafft gewisse Schwierigkeiten in der Darstellung, da manche historischen Peripetien sich am besten durch nachfolgende Ereignisse erklären. Z. B. ist meine Auffassung vom Sinn des Ostrakismosgesetzes von grundlegender Wichtigkeit für meine im 1. Abschnitt vorgetragenen Gedanken. Durchgehend bemühte ich mich, allgemeine Entwicklungsmuster aufzuzeigen, statt in einzelnen Detailproblemen steckenzubleiben. Wenn ich die Dinge „falsch" sehe, wird daher die *gesamte* Rekonstruktion fallen.

[4] Der terminus technicus "was used technically for the ἐξέτασις τῶν πολιτῶν ἡ κατὰ δήμους γινομένη, ... for the regular entering of the sons of citizens into the ληξιαρχικὸν γραμματεῖον", ebenso wie für "extraordinary scrutinies" (Jacoby, FGrHist 3b Suppl. Text, 157, S. 35 ff.); siehe Hesych. δ 1474 διαψήφισις (vol. 1, S. 447 Latte); vgl. Ath. Pol. 42,1, wo das Verbum διαψηφίζειν sich auf den gängigen Gebrauch des Ablegens eines Eides aus Anlaß der Eintragung in die Bürgerrollen bei Erreichung der Reife durch den freigeborenen Athener bezieht. Der einzige Diapsephismos, der eine besondere Überprüfung darstellte und "historically certain" (Jacoby, a. a. O. 157, S. 33 f.) ist, fand im Jahr 346/345 statt. Es verwundert nicht, daß Aristoteles diesen Ausdruck benutzt, obwohl er von einer Situation im 6. Jh. spricht; die Ath. pol. ist (zumindest im historischen Überblicksteil) voll anachronistischer Terminologie und Deutung. Indes bestätigt die Bemerkung des Aristoteles eines: daß der Autor in seinen Quellen etwas vorfand, das er anachronistisch deuten konnte; daß sogleich nach der Vertreibung der Peisistratiden gewisse Ereignisse sich abspielten, die den rechtlichen Stand mancher Einwohner Athens betrafen, und daß diese Ereignisse im Kollektivgedächtnis der Athener haftengeblieben waren.

[5] Siehe Ath. pol. 13,5.

fach in ihrem Status als Bürger bestätigt,[6] wieder andere in den *vier* Phylen *durch Kleisthenes* eingebürgert.[7] Ein Psephisma, welches die Folterung attischer *Bürger* verbietet, wurde unter der Archonschaft des Skamandrios[8] erlassen, vermutlich 510/509.[9] In diesen und anderen Dingen wird sich Kleisthenes wohl der Unterstützung einer genügenden Anzahl von Mitaristokraten und ihres politischen Gefolges daheim versichert haben.[10] Kleisthenes war ganz gewiß in

[6] Der Diapsephismos ist per definitionem mehrdeutig, wodurch diese Möglichkeiten suggeriert werden.

[7] Dieser Schluß läßt sich durch folgendes stützen: a) die Bezugnahme auf *neopolitai* in Ath. pol. 21,4; b) Aristoteles' merkwürdige Mitteilung Pol. 1275 b 36: ... Κλεισθένης μετὰ τὴν τῶν τυράννων ἐκβολήν πολλούς γάρ ἐφυλέτευσε ξένους καὶ δούλους μετοίκους. Das Verbum φυλετεύω ist selten (LSJ[9] zitiert sonst keine Stelle). Es ist eine enge Parallele zu δημοτεύεσθαι (LSJ[9] zitiert Lysias, Antiphon, Demosthenes). Die Bürgerdekrete des 4. Jh. beziehen sich (ausnahmslos, soweit ich feststellen kann) auf alle drei, d. h. *phyle, demos, phratria* (IG[2] 2–3, 4, 1, S. 55 [index], πολιτεία). In seiner Beschreibung der Prozedur für die Epheben (Ath. pol. 42) beginnt Aristoteles, ganz natürlich, mit den Vorgängen in den Demen. Weshalb benutzte Aristoteles (trotz seiner normalen Neigung, anachronistische Ausdrücke einzusetzen) das ungewöhnliche Verbum? Ich kann nur folgendes annehmen: weil er sich im klaren darüber war, daß (unmittelbar nach der Vertreibung der Tyrannen) das Bürgerrecht noch dadurch verliehen wurde, daß die betreffenden Personen in den alten *vier Phylen* eingeschrieben wurden (bevor die Demen die Schlüsselrolle in der Administration der Staatsbürgerschaft übernahmen – δημοτεύεσθαι).

[8] Andok. Myst. (1) 43. Vgl. Ostwald, Nomos and the beginnings of the Athenian democracy, 1969, S. 140 – der auch das "revival" des "Draconian Law" datiert, "under which anyone attempting or abetting the establishment of a tyranny at Athens was declared an outlaw" (ebd.) – zusammen mit der bei Thuk. 6, 55, 1 f. im selben Zusammenhang erwähnten Stele. Ostwald erkennt indes nicht, daß Kleisthenes hinter all dem steckt. (Zur athenischen Gesetzgebung gegen Tyrannis siehe Ostwald, in: TAPhA 86 [1955], S. 103–128.)

[9] T. J. Cadoux, in: Journal of Hellenic Studies 68 (1948), S. 113; vgl. Ostwald, Nomos, S. 141.

[10] Dies geht ganz klar aus Herodotos hervor (trotz Aristoteles' „Verständnis", d. h. Mißverständnis, von Herodotos, Ath. pol. 20,1). Hdt. 5,66,2 lesen wir: ὁ Κλεισθένης τὸν δῆμον προσεταιρίζεται. Das Verbum

ganz reeller Weise tätig (reeller als einfach „Einfluß ausübend",
„den kürzeren ziehend" und „den Demos auf seine Seite bringend",
wie Herodotos [5,66; 5,69,2] sich freundlicherweise auszudrücken
beliebt), so daß er dann von demselben spartanischen König, der
ihn jüngst zurückgeführt hatte, wieder hinausgeworfen wurde.

Es mag durchaus sein, daß in der verworrenen Periode nach der
Befreiung von der Tyrannis der Diapsephismos und ähnliche Maßnahmen Unordnung hervorriefen. Isagoras, über dessen Vorstellungen davon, wie Athen zu regieren sei, wir gut Bescheid wissen, sah
es als seine Pflicht, wiederum Ordnung zu schaffen, indem er nochmals Kleomenes zu Hilfe rief. Seine Vorstellung von Ordnung war
Willkür, seine Methode Despotie. Sein Plan wurde von der aristo-

kehrt noch an zwei Stellen wieder (3,70,2; 3). Dort setzt Otanes seine Ver-
schwörung in Gang, indem er gegen den Pseudo-Bardiya erst Aspathines
und Gobryes veranlaßt, sich ihm anzuschließen (παραλαβών, 3,70,1);
dann beschließen diese drei Verschwörer ἕκαστον ἄνδρα Περσέων προσεταιρίσασθαι τοῦτον ὅτεωι πιστεύει μάλιστα; dementsprechend zieht Otanes an sich (ἐσάγεται, 3,70,2) den Intaphrenes, Gobryes den Megabyxos
und Aspathines den Hydarnes; diese sechs beschließen dann, καὶ Δαρεῖον
προσεταιρίσασθαι (3,70,3). Keine dieser Persönlichkeiten wäre für sich allein ein nützlicher Zuwachs gewesen, hätte sie nicht eine beträchtliche Gefolgschaft mit sich gezogen. Im Fall des Atheners Kleisthenes konnte die
Gefolgschaft nur wegen der Anführer aus dem Adel beschafft werden. Die
zwei Herodotosstellen zeigen uns daher gewissermaßen die zwei Seiten einer Münze, mit jeweils der Auslassung der anderen Seite. Das Massenge-
folge der noblen Anführer ist in Herodotos 3,70,2 f. ausgelassen; in Herodotos 5,66,2 dagegen (und vielleicht, weil Herodotos die Namen einfach
nicht mehr ausfindig machen konnte) fehlen die Namen der Anführer. Obwohl Ostwald, Nomos, S. 143, das Problem klar erkennt, trennt er unnö-
tigerweise Volk und Anführer aus der Aristokratie: Kleisthenes "made the
people that which his aristocratic ἑταῖροι had been before, namely, the
main source of his political support". Übrigens macht Herodotos es völlig
deutlich, daß ihm nichts von der Art vorschwebt, was Aristoteles aus dem
Verbum προσεταιρίζεσθαι herauslesen will, indem er es mit προστίθεσθαι
(5,69,2), παραλαμβάνειν (3,70,1) und ἐσάγεσθαι (3,70,2) alternieren läßt,
als ob alle Synonyme wären. Bezüglich die entsprechende Bedeutung von
δῆμος siehe meine im Druck befindliche Arbeit in: Gymnasium, für Herodotos 5,66,2 und 5,69,2 [85 (1978), S. 314 f.].

kratischen Mehrheit, welche von Kleisthenes zusammengeschweißt worden war, vereitelt. Der Rat der Vierhundert widersetzte sich seiner Entlassung, seine Anhänger unter dem Volk strömten zu seiner Unterstützung zusammen,[11] Isagoras und seine Partei suchten Zuflucht auf der Akropolis und ergaben sich nach drei Tagen. Nochmals kehrte Kleisthenes heim.[12]

2. *Von Isagoras bis 501/500.* – Wir lesen oft, daß *Kleisthenes* dies und jenes erreichte, als ob er eine überlegene Machtstellung eingenommen hätte – gewissermaßen wie ein neuer Solon. Gewiß war er als gewesener Archon[13] ein Mitglied des Rates vom Areios Pagos. Ansonsten jedoch war seine Macht inoffiziell[14] und rein politisch. Der *Politiker,* nicht der Amtsinhaber Kleisthenes brachte die Reformgesetze ein. Er und zahlreiche Mitglieder der attischen Aristokratie hatten dieselben Erfahrungen unter den Peisistratiden und nach deren Verbannung gesammelt.[15] Nur erstere konnten die Stimmenmehrheit in der Volksversammlung garantieren.[16] Um diese

---

[11] Vgl. Ostwald, Nomos, S. 144.

[12] Hdt. 5,66–73; vgl. Ath. pol. 20. Beachte bes. Hdt. 5,72,2, der unmißverständlich von den Anhängern der Männer in der Boule (zweifellos Aristokraten) schreibt, welche (gewiß Gemeine) den Rat in die Lage versetzten, Widerstand zu leisten. Man möchte den Gedanken weiterspinnen und annehmen, daß es eben wegen der Tüchtigkeit der Boule, mit ihren Mitgliedern aus vielen Dörfern, möglich wurde, an eine Demenreform zu denken.

[13] B. D. Meritt, in: Hesperia 8 (1939), S. 59ff.; Hondius/Woodhead (ed.), Supplementum Epigraphicum Graecum 10, Nr. 352; vgl. D. W. Bradeen, in: Hesperia 32 (1963), S. 187ff., und Abb. 58f.

[14] Busolt (Griech. Gesch. 2², S. 402) ernannte Kleisthenes in der Tat zum Archon Thesmothetes oder zum Archon Eponymos für 509/508; vgl. Schachermeyr, in: Klio 25 (1932), S. 335 = Forschungen und Betrachtungen zur griechischen und römischen Geschichte, 1975, S. 61, gegen derlei Versuche.

[15] Z. B. Alkibiades (Isokr. 16,25; PA Nr. 597; J. K. Davies, Athenian propertied families, 1971, S. 15); Kallias ([Hdt.] 6,122; PA Nr. 1833; Davies, S. 255f.); Leogoras (Andok. Myst. [1] S. 106; PA Nr. 9074; Davies, S. 27f.).

[16] Die Lage des „Kleinen Mannes" mag sich nach den Tagen des „Goldenen Zeitalters" des „Alten Tyrannen" verschlechtert haben, doch mindestens auch, wenn nicht vornehmlich, wegen der Zwietracht unter den Ari-

Stimmen zu erhalten, mußte der Politiker Kleisthenes einen Konsens der Mehrheit der Mitaristokraten geschmiedet haben. Man darf den Gesetzen des Kleisthenes auf keinen Fall ausgesprochen antiaristokratische Absichten zuschreiben: Allein das Beispiel des Isagoras zeigt uns nachdrücklich, wie man durch Mißachtung der politischen Gegebenheiten scheitern konnte. Kleisthenes repräsentiert nicht den turmhoch über allen stehenden staatsmännischen Giganten, der, von der Vision eines demokratisch regierten Athens besessen, diese unerschrocken in die Tat umsetzt, ohne Rücksicht auf die politischen Gegebenheiten. Vielmehr ist er symbolisch für den praktischen Alltagspolitiker, dem es daher gelang, vor dem Hintergrund der Erfahrungen und Fehler der Vergangenheit sowie den vordringlichen Erfordernissen der Gegenwart einfach Konsens in der Politik zu suchen und zu finden, doch völlig Aristokrat in aristokratischer Landschaft. Untersuchungen zur athenischen Verfassungsgeschichte im späten 6. Jh. müssen sich notgedrungen zuerst mit der Gestalt des Kleisthenes beschäftigen. Wir brauchen uns hierbei nicht mit den „Minimalisten" aufzuhalten: Wir dürfen es als gegeben annehmen, daß ein Mann, der imstande war, die Priester in Delphoi davon zu überzeugen, sich gegen die Peisistratiden zu wenden,[17] der eine entscheidende Rolle in der Umgestaltung des athenischen Staatswesens spielte, – daß dieser Mann nicht zu einem gescheiterten Möchtegern-Tyrannen[18] abqualifiziert werden kann. Als Historiker sollten wir uns jedoch auch davor hüten, einen Standpunkt einzunehmen, den man als den des „Optimalisten" bezeichnen könnte.

stokraten nach der Befreiung und gewiß nicht nur wegen der peisistratidischen Tyrannei. Ein außenpolitisch schwächeres Athen war im Außenhandel schwächer; Ausländer siedelten in geringeren Zahlen nach Athen um; die Abwesenheit oder gar Enteignung der adligen Häuptlinge störte Ackerbau, Handel und Gewerbe, da dies auf Rache, nicht Reform abzielte. Verbesserte sich die Lage der Adligen insgesamt, verbesserte sich auch die der „Gemeinen".

[17] Hdt. 5,62f.; vgl. Verf., in: Hermes 102 (1974), S. 179–190, und bes. in: Rheinisches Museum 118 (1975), S. 193 ff.

[18] So z. B. E. Ruschenbusch, in: Gnomon 43 (1971), S. 414–416 (Bespr. Ostwald, Nomos).

Mit dem Bürgerrecht sind andere Rechte verbunden[19]: Grundbesitz, Ehe, Teilnahme am politischen Leben, Dienst als Geschworener usw., alles von großem Belang – um das Wichtigste nicht zu vergessen: das irrationale Element. Wenn (wie oben unter *1.* angedeutet) der Diapsephismos ein zumindest teilweiser Mißerfolg war, so hatte man doch gewiß Maßnahmen zu treffen, die in Zukunft Durcheinander und Unrecht auf diesem Gebiet verhindern würden. In Gestalt der neuen Demenverwaltung wurde der attische Staat erstmals in seiner Geschichte auf eine unerschütterliche Basis gestellt, in deutlichem Gegensatz zum bisherigen System, das aus einer bunten Vielfalt verschiedener Strukturen bestand, bestimmt durch so verschiedene Faktoren wie etwa Region,[20] "clan"-Zugehörigkeit, Kultgemeinschaft,[21] Sippschaft.[22] Nun wurde endlich eine klar definierte Prozedur auf der Grundlage der Rechtsstaatlichkeit, mit den Demoten als Alleinverantwortlichen, ins Leben gerufen, deren Zweck die Kontrolle und Verwaltung des Staatsbürgerrechtes war. Offensichtlich hatte Kleisthenes seine Lektion gelernt[23] und mit ihm Athen.[24]

Die Einführung einer Verwaltung Attikas auf Demengrundlage sollte sich für die politische und soziale Entwicklung Athens während der nächsten Jahrhunderte als wahrhaft bahnbrechend erwei-

[19] Vgl. A. R. W. Harrison, The Law of Athens, 2, 1971, S. 205–207. Siehe auch die ausgezeichneten Beobachtungen von D. M. Lewis, in: Historia 12 (1963), S. 38 (vgl. auch S. 35, und A. Andrewes, in: JHS 81 [1961], S. 13 f.).

[20] Vgl. R. Sealey, in: Historia 9 (1960), S. 155–180 = Essays in Greek politics, 1967, S. 9–38.

[21] Vgl. S. Solders, Die außerstädtischen Kulte und die Einigung Attikas, 1931.

[22] Vgl. noch immer J. Toepffer, Attische Genealogie, 1889 (Nachdr. 1973).

[23] Vgl. Lewis, a. a. O., S. 37 ("Cleisthenes had learnt . . .").

[24] Ich muß betonen: Ein komplexes Reformgebäude kann nicht von oben nach unten errichtet worden sein. Der Anfang muß mit der Basis gemacht worden sein, d. h. den Demen. Die Demenreform war der erste Schritt, die Demen sind das Fundament aller folgenden Reformen. Vgl. die Beobachtungen von Lewis, a. a. O., S. 38.

sen. Im Gefolge des Aristoteles[25] wird dieser Vorgang oft als einer beschrieben, der dem Durchmischen und dem Abbau der alten Sippschaftsverbindungen dienen sollte. Ich will mich nicht damit aufhalten, ob dies im Endeffekt erreicht wurde oder nicht, da bekanntlich das Endresultat nicht viel oder gar nichts über den ursprünglichen Zweck des Vorganges aussagt. Armeen sind meist am besten für den vorhergehenden Krieg gerüstet, und in der Politik geschieht es gleichfalls häufig, daß eine bestimmte Reform zwar ein Problem der Vergangenheit gelöst hätte, während sie ein Problem der Gegenwart nicht aufhebt und der tatsächliche Erfolg unbeabsichtigt gewesen sein mag.

Die herodotische Chronologie der Demenreform habe ich deshalb aufgegeben,[26] weil ich annehme, daß sie auf jüngste Ereignisse reagierte. Diapsephismos und Demenreform gelten beide demselben Zweck – dem Bürgerrecht –; da letztere Maßnahme weit einschneidender als erstere ist, erscheint der Schluß zwingend, daß letztere Reformmaßnahme die erstere hinfällig machen sollte (da diese nicht viel mehr als eine Durchführung einer bereits existierenden Prozedur war). Natürlich scheint es nicht ausgeschlossen, daß Kleisthenes und seine Mitstreiter schon vor der Machtübernahme durch Isagoras und dem Einschreiten des Kleomenes erkannten, grundlegende Veränderungen seien vonnöten, und daher bereits vor diesen Ereignissen Gesetze in dieser Richtung einbrachten; doch bleibt dies nur eine *Möglichkeit*. Historisch wahrscheinlicher ist, daß die „radikale" Demenreform durch ein „radikales", wenn nicht

---

[25] Aristot. Pol. 1319 b 26; Ath. pol. 21,1 und 3 (man muß es Herodotos hoch anrechnen, daß er von alldem nichts „weiß").

[26] Siehe V. Ehrenberg, From Solon to Socrates, ²1973, S. 411 Anm. 34, bezüglich "theories ... of an exact chronology of the events". Hdt. 5,66 und 69, und Aristot. Ath. pol. 20f. werden in der Auslegung Schachermeyrs, in: Klio 25 (1932), S. 345 = Forsch. 71 zur Deckung gebracht; H. T. Wade-Gery, in: Classical Quarterly 27 (1933), S. 17–19 = Essays in Greek history, 1958, S. 136ff.; Ostwald, Nomos, S. 142ff. Hdt. und seine Verteidiger wären im Recht, wenn sich nachweisen ließe, daß der erste dithyrambische Agon (Marmor Parium, FGrHist 239 A 46), welcher ein Agon phylischer Choroi war, von *zehn* Choroi Anfang 508 bestritten wurde (zum Jahr siehe Cadoux, in: JHS 68 [1948], S. 113).

sogar gewalttätiges Ereignis (wie etwa der Isagorasaffäre) ihren Anstoß erfuhr.

Auch die neuen Demen werden zweifellos die Herausbildung (oder Fortsetzung) lokaler Abhängigkeiten usw. erlaubt haben – doch, über weit über einhundert[27] solcher Einheiten verteilt, bereiteten sie auch der Formung bzw. Stärkung einer panattischen Identität den Weg.[28] Die Anführer der großen, überregionalen "clans" hatten in der Vergangenheit größeren Einfluß auf die Staatsgeschäfte nehmen können, als sie es nun können würden. Die Anführer der einzelnen, zahlreichen „oikoi" konnten nun größeren Einfluß in größerer Unabhängigkeit auf lokaler Ebene ausüben. Doch würde es nun ungemein viel schwieriger sein, eine ausreichend große Anzahl loyaler Gefolgsleute zu versammeln, mit Hilfe derer sich die rechtmäßige Regierung ausschalten ließe, wie dies in den Tagen der Herren Megakles, Lykourgos und Peisistratos möglich gewesen war.[29]

Herodotos erzählt von Kleisthenes' Reformen der Demen und

[27] Es scheint nun allgemein anerkannt, daß Kleisthenes *nicht* genau *einhundert* Demen einrichtete (trotz Bengtson, Griech. Gesch.[5], S. 144); vgl. Schachermeyr, Frühe Klassik, 1966, S. 69; Ehrenberg, a. a. O. S. 411 Anm. 36; J. S. Traill, The political organization of Attica, 1975, S. 96 ff. (Hesperia Suppl. 14).

[28] Meine Ansicht geht dahin, daß die Demen primär aus Menschen, nicht aus auf einer Landkarte gezogenen Linie und Landschaft, bestanden, vgl. Ehrenberg, a. a. O., S. 92 mit 411 Anm. 35 a; Traill, a. a. O., S. 73 f.; W. E. Thompson, in: Symbolae Osloenses 46 (1971), S. 72–79; alle gegen C. W. J. Eliot, The coastal demes of Attica, 1962 (Phoenix Suppl. 5).

[29] Falls etliche eng verwandte Oikoi ein und desselben Genos in verschiedenen Demen eingetragen wurden (mit entsprechend verschiedenen Lokalinteressen und -gemeinsamkeiten), so verminderte dies Macht und Einfluß des betreffenden Anführers ebensogut wie es diesen vermehrte (wie behauptet von P. J. Bicknell, Studies in Athenian politics and genealogy, 1972, S. 1–53 [Historia Einzelschr. 19], der meint, dies sei Kleisthenes' raffiniertes Mittel gewesen, die Boule mit „Alkmeoniden" zu überfüllen – es ist merkwürdig, daß dieser Trick zu Kleisthenes' Zeiten wie auch später nie durchschaut wurde [vgl. meine Bespr. in: Gymnasium 81 (1974), S. 309–311]).

Phylen;[30] Aristoteles fügt noch „Gesetze" hinzu, wobei er aber nur das Ostrakismosgesetz namentlich erwähnt.[31] Die Person des Kleisthenes entschwindet unseren Blicken ohne weitere Spuren. Er bleibt eine schattenhafte Figur insgesamt, obgleich Herodotos manch einen anderen Griechen oder „Barbaren" sehr typisch charakterisieren konnte. Ist es denkbar, daß uns Herodotos alles, was er in Erfahrung bringen konnte, berichtet? Ich möchte mit „Ja" antworten. Kleisthenes scheint sich dem Kollektivgedächtnis der Athener nur in Zusammenhang mit der Auflösung der alten Phylen und der Schaffung einer neuen Regierungsordnung, die sich auf die Demen und die *zehn* Phylen gründete, eingeprägt zu haben; man erinnerte sich seiner auch noch ganz entfernt als eines Mitspielers in dem Isagoras-„Theater". Ich möchte daher vorschlagen, nicht zuviel Einfallsreichtum auf die Person des Kleisthenes zu verschwenden (oder auf sekundäre Detailfragen, wie etwa die exakte Chronologie).[32] Statt dessen, würde ich vorschlagen, sollten wir sämtliche Reformen zwischen der Rückkehr des Kleisthenes (nach Isagoras und Kleomenes) und 501/500 unter dem Namen „Kleisthenische Reformen" zusammenfassend betrachten – Stoßrichtung und Geist der Reform sowie kurz- wie langfristige Bedeutung erfassend. Dies sollte uns eher dem historischen Kleisthenes näherbringen als ein einseitig orientierter „Personenkult".

Die Umsetzung der Demen- und Phylenreformgesetze in administrative Wirklichkeit mag wohl beträchtliche Zeit in Anspruch genommen haben; doch sollte das Registrieren der Demoten in den Bürgerverzeichnissen ihrer Demen relativ einfach gewesen sein.[33] Die Trittyen und Phylen zu erstellen, wird länger gebraucht haben

[30] Hdt. 5,66,2; 69,2; 6,131,1; vgl. Ath. pol. 21,2–6.

[31] Ath. pol. 22,1.

[32] Vgl. Anm. 26.

[33] Siehe Thompson, a. a. O., S. 75 f., gegen Eliot a. a. O., S. 148 mit Anm. 18. Trotz – oder auch *wegen* – „Diapsephismos" mögen Fälle unklarer Staatsbürgerschaft verblieben sein. Angesichts der Gewitterwolken, die von allen Windrichtungen her sich auftürmten, sollte dies schnell durchgezogen worden sein, um eine durch keine Zwietracht geschwächte Bürgerarmee zu haben.

(angesichts der Komplexitäten des Systems, welches bereits Generationen von Gelehrten beschäftigt). Es wäre natürlich anachronistisch gedacht, wenn man sich eine offizielle, bestellte oder gewählte „Kommission" vorstellte, die das neue Gesetz in die Tat umsetzen sollte. Indes scheint es höchst wahrscheinlich, daß eine größere Anzahl politisch und administrativ erfahrener, aktiver Männer, die das neue Gesetz unterstützt hatten, nun auch mit seiner Verwirklichung befaßt wurden. Gewiß ergaben sich im Laufe der Arbeit „vor Ort" Schwierigkeiten, die nur durch eventuelle Modifikationen gelöst werden konnten. Derart ließe sich erklären, weshalb die Trittyen, obgleich im System fix verankert, niemals ein solches Maß an politischer Bedeutung wie die Demen und Phylen erlangten.[34]

Dieses neu geschaffene Demen-Trittyen-Phylen-System führte zur Präsenz eines neuen Demos in der Volksversammlung, die nun auch neu strukturiert wurde: Ihr Rat und die Befehlshaber des Demos als Volksheer mußten nun an das neue System angepaßt werden.[35] Es erscheint bemerkenswert, daß zu diesem Zeitpunkt weder dem Areios-Pagos-Rat noch der Archonschaft auch nur die geringste Aufmerksamkeit zuteil wurde.

Rhodes hat überzeugend die Ansicht vertreten, daß die Amtsgewalt der Kleisthenischen Boule nur in der Probouleusis bestand, wenngleich des Rates "powers [were] not reduced [gegenüber jenen des Solonischen Rates der Vierhundert] but considerably increased".[36] Rhodes meint auch ansprechend, daß das erste Zusammentreten des Rates der Fünfhundert mit dem Bouleuteneid des (vermutlichen) Jahres 501/500 zusammenfällt (in welchem die Befugnisse der neuen Boule restriktiv definiert werden).[37] Ich kann nichts

[34] Vgl. zu den Trittyen D. W. Bradeen, in: TAPhA 86 (1955), S. 22–30; Lewis, a. a. O., S. 34 ff.

[35] Zu diesen Maßnahmen vgl. die in jüngster Zeit erschienenen Monographien von Traill, a. a. O.; P. J. Rhodes, The Athenian boule, 1972; C. W. Fornara, The Athenian board of general from 501 to 404, 1971 (Historia Einzelschr. 16).

[36] Rhodes, a. a. O., S. 206; genau entgegengesetzt z. B. Bicknell, a. a. O., S. 36.

[37] Rhodes, a. a. O., S. 210; die Paragraphen bequem zugänglich ebd.,

„Demokratisches" in diesem Eid erkennen[38] – obgleich er eine Bedeutung hat, die über ein einfaches Ausführen der Kleisthenischen Reform hinausgeht.[39] Das Verbot, einen athenischen Bürger, der Kaution zu stellen vermag, einzukerkern, dürfte dem archaischen Eid[40] angehören.[41] Die Ähnlichkeit mit anderen Maßnahmen aus dem kleisthenischen Bereich ist nicht zu übersehen. In diesem Fall werden wir an das Gesetz aus der Archonschaft des Skamandrios gemahnt,[42] welches die unverletzlichen Rechte des athenischen Bürgers bestätigt. Es spiegelt auch im allgemeinen die damalige Einstellung wider: die vorrangige Sicherung des Rechtsstaates. Daran zeigt sich, daß auch noch am Ende der Dekade und nach dem Verschwinden des Kleisthenes (durch Tod, Krankheit oder welchen Grund auch immer) der Geist und die Richtung der Reform unverändert weiterwirkten.

Die Reform der Strategie (mit Gültigkeit des Jahres 501/500)[43]

S. 194 (mit ausführlicher Behandlung S. 190–199). Die Datierung hängt von der des Hermokreon ab (Ath. pol. 22,2); 504–503 wäre eine mögliche Alternative, vgl. Cadoux, a. a. O., S. 115 f. Einer der Hauptvorteile der Gleichzeitigkeit (und daher der politischen Verbindung) der Einführung des Bouleuteneids und des Beginns der bouleutischen Routinearbeit liegt darin, daß höchst bequem die beunruhigende Frage beseitigt, weshalb denn nach nur wenigen Jahren seiner Existenz der Rat der Fünfhundert eine neue „Verfassung" brauchte (vgl. für einschlägiges Spinnen von Hypothesen die schöne Arbeit von R. A. de Laix, Probouleusis at Athens, 1973, S. 21–25). Vgl. Verf., in: Gymnasium 85 (1978).

[38] Der Umstand, daß Demosthenes 24, 48 das Adjektiv solonisch daranheftet (trotz Zuwachs aus dem späten 5. Jh.), stellt keine eindeutige Empfehlung dar.

[39] „Eine einfache Vollzugsmaßnahme der kleisthenischen Reformen", Martin, in: Chiron 4 (1974), S. 23.

[40] Wir wüßten gerne mehr über den Grad der Authentizität und die Datierung des Heliasteneides, welcher indirekt auf Boule und Demos Bezug nimmt (zitiert in Demosth. 24,149 f. – direkt nach dem Verweis auf den Bouleuteneid).

[41] Demosth. 24,144.

[42] Siehe oben mit Anm. 9.

[43] Diese Datierung hat die Annahme zur Folge, daß die politischen und

stellt einen weiteren logischen Schritt in der Verwirklichung des neuen Demen-Trittyen-Phylen-Systems dar,[44] wenngleich weniger leicht erklärlich. Martin widmet der Frage ganze sechseinhalb Zeilen. Er meint: „Die kleisthenische Phylenorganisation erforderte eine Neuordnung der militärischen Führung unterhalb des Polemarchen. Die Wahl der Strategen war nicht demokratischer als die der Archonten. Ich sehe deshalb nicht, wie man der Maßnahme von 501/500 eine besondere demokratische Bedeutung beilegen kann."[45] Man könnte wohl etwas mehr zur Rechtfertigung dieser Ansicht vorbringen.

Zum einen war die Zahl der obersten zu *wählenden* Beamten seit 501/500 verdoppelt (genau: von neun auf neunzehn vergrößert). Weder Wahl noch Erlosung sind per definitionem demokratisch: Erst der Zusammenhang und die Zielrichtung machen dies klar.[46] Wurden ab jetzt „Demokraten" mit offenen Armen in das Gremium der Strategen aufgenommen? Dagegen ist zu sagen, daß erstens anzunehmen ist, daß die Befehlshaber des Bürgeraufgebotes Grundbesitz haben mußten.[47] Es ist denkbar, daß dieselben timokratischen Einschränkungen wie für die Archontenwahl galten. Indirekt galten sie auf jeden Fall: Kein gemeiner Bürger konnte ein ganzes Jahr lang eine Stelle ohne Entgelt besetzen. Die aristokra-

Verfassungsmanöver bis hin zur ersten Wahl der Strategen in der attischen Geschichte, für das Jahr 501/500, über eine unbestimmbare Zeitspanne hinweg sich abspielten, um spätestens Anfang 501 zu einem Abschluß zu gelangen. Falls die erste förmliche Sitzung des Rates der Fünfhundert im selben Jahr 501/500 stattfand, stellen sich interessante Fragen bezüglich der Prozedur: Wie verhielten sich die Rollen des Areios-Pagos-Rates und der Volksversammlung zueinander; existierte der alte Rat der Vierhundert noch? Ich weiß keine einigermaßen schlüssigen Antworten und möchte die Fragen lieber unbeantwortet lassen, als einfach zu spekulieren. Vgl. immerhin Verf., a. a. O. (siehe Anm. 10).

[44] Vgl. Fornara, a. a. O., S. 1–10.

[45] Martin, a. a. O. (siehe Anm. 2), S. 23 f.

[46] Vgl. Martin, S. 26 f.

[47] Dies ist in der Tat bei Deinarchos (1,71) angenommen; Hignett, Hist. Ath. const., 1952, S. 191 f. mit Anm. 7; 224 Anm. 10, übernimmt Deinarchos' Angabe.

tische Exklusivität der Strategie, falls sie nicht ausdrücklich ausgesprochen wurde, war zumindest indirekt sichergestellt. Der erste uns bekannte athenische Stratege, Melanthios (der das athenische Kontingent im ionischen Aufstand führte), war ein Mann, der τῶν ἀστῶν τὰ πάντα δόκιμος war.[48]

Für den eigentlichen Wahlvorgang haben wir keine Quellen: Wir sind gänzlich auf Vermutungen angewiesen.[49] Ich möchte meinen, daß die Kandidaten nach Phylen von der Boule vorsortiert wurden,[50] wodurch die Bouleuten gedrängt waren, sich wichtigen Männern aus ihren eigenen Demen zuzuwenden. Damit würde auch das wahrscheinliche zeitliche Zusammenfallen[51] von Bouleuteneid und Strategiereform beiderseitig bekräftigt.

Die Laufbahn des Melanthios mag übrigens gezeigt haben (ob nun Menlanthios eine wichtige Rolle vor Augen hatte, als er sich um die Strategie bewarb, oder nicht),[52] daß es leichter war, als Stratege in der Ferne denn als Archon daheim sich verdient zu machen.

---

[48] Hdt. 5,97,3.

[49] Die vertrackte Frage der Doppelrepräsentation hat glücklicherweise für unsere Beweisführung keine Bedeutung. Zur Strategie vgl. Fornara, a. a. O. (siehe Anm. 35); N. G. L. Hammond, CQ 19 (1969), S. 111–144 = Studies in Greek history, 1973, S. 346–94; M. Piérart, in: Bulletin de correspondance hellénique 98 (1974), S. 125–146.

[50] Vgl. A. H. M. Jones, Athenian democracy, 1957, S. 127 mit 159 Anm. 161; Bicknell, a. a. O. (siehe Anm. 29), S. 104 und bes. 105. Ich setze dieselbe Vorgangsweise für die Archonten voraus, siehe unten mit Anm. 96–101.

[51] Siehe oben.

[52] Keine unserer Quellen verbindet den Namen mit einem der großen Oikoi. Falls er an der Durchführung der Gesetzgebung, durch die die zehn Strategen geschaffen wurden, beteiligt war (was nicht unwahrscheinlich ist), so wäre dies ein weiterer Hinweis auf den „aristokratischen" Charakter der Reformen (siehe Hdt. 5,97,3, zitiert im Text oben). Es gibt drei Ostraka mit dem Namen eines Melanthios Phalanthou; eines für einen Phalanthos Spintharou; eines mit dem Namen Spintharos Eu[boulou Probalinthios?]; siehe Meiggs-Lewis, Greek hist. inscr., S. 46; R. Thomsen, The origin of ostracism: a synthesis, 1972, S. 77 ff. (Humanitas 4). Besteht irgendeine Verbindung mit dem Tragiker Melanthios (TrGF 23 Melanthios 1, esp. T 1 a–b = Plut. Kim. 4,1; 9)?

Dies mag auch die Erklärung dafür bieten, daß allem Anschein nach die Archonten dieser Periode nicht so hohen Ansehens waren, wie wir erwarten würden.[53]

Es läßt sich jedenfalls nicht beweisen, daß die Strategiereform Athen „demokratisieren" sollte. Wenngleich in späteren Zeiten die Strategie zum Sprungbrett der „Demagogen" und ein typisches Amt der athenischen Demokratie war, so ist es alles andere als offensichtlich, daß die ursprüngliche Verfassungsänderung von 501 daraufhin abgezielt hätte.

Schließlich der Ostrakismos![54] Es ist dies ein typisches Beispiel dafür, wie eine bestimmte Neuerung in eine demokratische Maßnahme umfunktioniert werden konnte – der Urheber hatte nichts dergleichen im Sinne. Indes weist der Ostrakismos die Charakteristiken kleisthenischer Reformen auf: Er war bestimmt, die Wiederholung eines häßlichen Aspekts der peisistratidischen Vergangenheit zu verhindern; der Demos, d. h. alle Bürger, waren berechtigt, an der Urteilsfindung teilzuhaben; Rechtssicherheit ist unterstrichen. Doch sollte der Ostrakismos in erster Linie aristokratischen Interessen dienen, denn es waren die grundbesitzenden Aristokraten, die von Exil und Enteignung zugleich am meisten betroffen wurden.[55] Das neue Gesetz sicherte die Rechte jener, die eine wichtige Rolle in Gesellschaft und Politik spielten, die in der Vergangenheit vertrieben und enteignet worden waren, die Grundbesitz hatten – indem es eben jenen den Genuß des Einkommens aus jenem

---

[53] Badians Beweisführung nimmt hiervon ihren Ausgang, siehe Badian, a. a. O. (Anm. 1).

[54] Für die Ostrakismoi der Vierhundertachtziger Jahre siehe unten. Es führte zu nichts, hier die unerbittlich wachsende Menge an Literatur zu diesem Thema Revue passieren zu lassen. Ein guter Überblick für die Situation im Jahre 1969: E. Vanderpool, Ostracism at Athens, in: Lectures in memory of Louise Taft Semple, 2nd ser., 1973, S. 215–270 (mit Abb.). Sehr nützlich: Thomsen, a. a. O. (158 S.).

[55] Uns bekannte Fälle: siehe Anm. 15. Die "new capitalists" hätten doch immer noch, mit genug Bargeld in ihren Stiefeln versteckt, fliehen können – für die alten Landadligen war es eine ganz andere Angelegenheit, besonders für jene, die auch nicht die Möglichkeit gehabt hatten, sich auf Kosten der Kroisos zu bereichern.

Grundbesitz garantierte. Der ursprüngliche Sinn des Ostrakismos
war nicht offensiv, sondern defensiv, und es waren aristokratische
Interessen, die es zu beschützen galt. Doch es war ein schlecht
durchdachtes Gesetz; es war am wirksamsten, solange es eine Waffe
in der Scheide blieb – sobald es angewandt wurde, geschah dies als
eine politische Waffe, die nur zu leicht mißbraucht werden würde.
Soweit ich sehe, ist es das einzige Gesetz der attischen Verfassung,
das der praktischen Ächtung anheimfiel, ohne je verbessert zu werden.

Wir haben somit das Ende der Periode der Erfüllung des kleisthenischen Reformwerkes erreicht. Keine der betrachteten Maßnahmen läßt sich als „demokratisch" bezeichnen, weder im einzelnen
noch insgesamt. Alles nahm seinen Ausgang von der Lage unmittelbar nach der Vertreibung der Peisistratiden, inspiriert von den persönlichen Geschicken der nichtpeisistratidischen Aristokraten. Sie
konnten nur deshalb vorgebracht und ausgeführt werden, weil ein
aristokratischer Konsens jene Mehrheit der Stimmen sicherte, welche in jeder Verfassung erforderlich ist, es sei denn, die Verfassung
ist durch einen Tyrannen, Despoten oder eine despotische Oligarchie außer Kraft gesetzt.

3. Die Vierhundertneunziger Jahre. – Das erste Jahrzehnt des
5. Jh. ist spärlicher bezeugt als das gesamte letzte Drittel des 6. Jh.
Der Prosopographiker findet kaum Material, mit welchem er sich
beschäftigen könnte – es sei denn, er nimmt Zuflucht beim Erfinden von πρόσωπα. Die Namen von insgesamt elf prominenten Persönlichkeiten sind uns bekannt: acht Archonten,[56] ein Stratege,[57]
ein Tragiker,[58] ein Flüchtling bzw. Heimkehrer.[59] Historische Fakten sind noch spärlicher gesät: Die Athener nehmen an der Brand-

---

[56] Cadoux, in: JHS 68 (1948), S. 116f.; Lewis, in: Classical Review 12
(1962), S. 201. Fornaras Zweifel an der Archonschaft des Themistokles im
Jahr 493/492 (ders., in: Historia 20 [1971], S. 534–540) wurde von Lewis,
in: Historia 22 (1973), S. 757f., und W. W. Dickie, ebd., S. 758f., widerlegt.
[57] Melanthios, Hdt. 5,97,3.
[58] Siehe Anm. 62; 68f.
[59] Siehe Anm. 63.

schatzung von Sardes teil und ziehen sich bald danach zurück,[60] Hafenbau im Archonjahr des Themistokles,[61] die Inszenierung einer Tragödie zum Thema Brandschatzung von Milet und die Bestrafung des Dichters durch die Volksversammlung Athens,[62] schließlich Miltiades' gerade noch gelungene Flucht nach Athen, seine Strafverfolgung und sein Freispruch wegen „Tyrannis" auf der Chersones, seine Wahl durch das Volk zum Mitstrategen für 490/ 489.[63] Es gibt dagegen – dies ist wichtig – keine Spur irgendwelcher Versuche weiterer Verfassungsreformen.

Versuche wurden unternommen, die Geschichte der Vierhundertneunziger Jahre zu rekonstruieren: gewaltiger Parteienzank habe sich zugetragen, eine tyrannenfreundliche Partei samt Anführer lasse sich identifizieren, das Auf und Nieder dieser Partei (und das entsprechende Nieder und Auf der Gegenpartei) sei feststellbar, und die „Alkmeoniden" seien bei jedem politischen „Pferdehandel" heftig beteiligt. Ist dies wirklich des Historikers einleuchtendste Antwort auf eine einfache Frage?[64] Wenig ist über diese Jahre bekannt, weil sich wenig zutrug – so jedenfalls möchte ich antworten.

Die Sachlage läßt sich auch durch Athens Rolle im ionischen Aufstand nicht klären. Man beschloß, die Ioner zu unterstützen, in einer außenpolitischen Entscheidung. Solche Entscheidungen können, müssen aber nicht, Licht auf die Innenpolitik werfen. Die nämliche politische Clique und die nämliche Volksversammlung, welche zuerst für das Eingreifen stimmten, konnten ohne Gesichts-

---

[60] Hdt. 5,97–103,2.

[61] Thuk. 1,93,3. Vgl. Fornara, a. a. O., und Dickie, a. a. O., J. S. Boersma, Athenian building policy from 561/560 to 405/404 B. C., 1970, S. 37 (Scripta archaeologica groningiana 4); A. J. Podlecki, The life of Themistocles, 1975, S. 179 ff. (ich danke Herrn Podlecki für Zusendung von Photokopien einiger Seiten vor Publikation seines Buches).

[62] Hdt. 6,21,2. A. Lesky, Die tragische Dichtung der Hellenen, ³1972, S. 60. Badian, a. a. O., S. 15 Anm. 44, möchte den Vorfall überhaupt aus den Vierhundertneunziger Jahren verbannen.

[63] Hdt. 6,41; 104,2. Vgl. Verf., Miltiades-Forschungen, 1968, passim (Diss. der Univ. Wien 24); ders., in: Hermes 104 (1976), S. 287.

[64] Vgl. Badian, a. a. O., passim. Ich erlaube mir, die Bibliographie hierzu zu übergehen.

verlust ihren Standpunkt später verändern. Auch vermag man sich eine beliebige Anzahl *möglicher,* völlig *un*politischer Gründe dafür auszudenken, die ebenso glaubwürdig (und ebenso unbezeugt) wie die propersische und protyrannische „Partei" wären.[65]

Die Μιλήτου ἅλωσις des Phrynichos[66] ist nicht erhalten, auch ist keine Zeile erhalten, die uns den Schlüssel zum Verständnis des Titels und der Reaktion der Athener anbietet. Das Sprichwort πάλαι ποτ' ἦσαν ἄλκιμοι Μιλήσιοι[67] läßt sich als iambischer Trimeter skandieren. Der Vorschlag, es handle sich um einen Vers aus der Tragödie des Phrynichos, ist verführerisch.[68] Vielleicht wurde Phrynichos verurteilt, weil er, irgendwie geschmacklos, ein wenig schmeichelhaftes Bild der Milesier zeichnete.[69]

Kräfte von auswärts waren es, die die Rückkehr und den Wiedereintritt in die Politik Athens seitens Miltiades' verursachten, weshalb dies ein Sonderfall ist. Seine ἐχθροί (die anonym bleiben)[70] zerrten ihn vor Gericht – mehr läßt sich nicht sagen, außer daß es im griechischen politischen Leben verwunderlich gewesen wäre, wenn Miltiades keine Feinde gehabt hätte. Wahrscheinlich fand sein Prozeß zur selben Zeit statt, als Mardonios seinem Unglück bei Athos entgegensegelte.[71] Der Prozeß dient auch als „Meinungsbefragung", und sein Freispruch stärkte die Causa der „Nichtap-

---

[65] Z. B. Verständigungsschwierigkeiten zwischen Athen und dem oder den Strategen in Ionien (erstmals seit dem Trojanischen Krieg landeten athenische Kriegsschiffe in Kleinasien); ein Persönlichkeitskonflikt zwischen Melanthios und Aristagoras; athenische „Hurra"-Stimmung (und mangelndes Verständnis für die Realität) nach der Brandschatzung von Sardes; „Katzenjammer" nach der Niederlage bei Ephesos; usw.

[66] Falls es überhaupt hierher gehört: siehe Badian, a. a. O., S. 15 Anm. 44.

[67] Souda π 61; Synes. ep. 80, 228 D; Ps-Zenob. 5,80 (CorpParoemGr 1, 152).

[68] B. Schmid, Studien zu griechischen Ktisissagen, 1947, S. 187 Anm. 1.

[69] Vgl. Hdt.' merkwürdige Äußerungen über Kleisthenes' angebliche anti-ionische Gesinnung, 5,69,2.

[70] Hdt. 6,104,2; vgl. Anm. 63. Es wäre eitles Raten, die Identität dieser ἐχθροί ausfindig machen zu wollen.

[71] Hdt. 6,43–45; 94,2.

peaser". Danach wurde Miltiades, der „große alte" Aristokrat und Mitglied des Areios-Pagos-Rates, zum Strategen gewählt: Er war offensichtlich beliebt genug bei den Massen sowie auch bei den Aristokraten, die das Massenvotum erbringen konnten. Schließlich: Miltiades wußte wohl besser als jeder Athener, was Schiffe bedeuten – er konnte sie tagtäglich an der Chersones vorbeisegeln und -rudern sehen, und er war der erste Athener, der eine großangelegte Flottenexpedition Athens in die Ägäis anführte. Themistokles, um eine ganze Generation jünger, war, wenn er der visionäre Mann der Flottenpolitik war, ein politischer Verbündeter des Miltiades, vielleicht sogar nur ein Nachfolger in den Fußstapfen des Miltiades. Jedenfalls muß für eine Rivalität zwischen den beiden in den Jahren 492 bis 489 erst ein Beweis, der schlüssig ist, gefunden werden.[72]

Nun könnte man durchaus vermuten, daß Ereignisse der zweiten Dekade des 5. Jh. sich der Erhellung der ersten Dekade anbieten. Gewiß, die 'Αθηναίων πολιτεία bezeichnet die ersten drei Opfer des Ostrakismos als τοὺς τῶν τυράννων φίλους.[73] Wer sind diese

[72] Trotz Plut. Them. 4,5 = Stesimbrotos FGrHist 107 F 3. Podlecki, a. a. O., S. 58 (vgl. S. 203) möchte, nicht uneben, Aristeides substituieren. Stesimbrotos' Darstellung wurde jüngst von Schachermeyr verteidigt, in: Sitzungsberichte der Österreichischen Akademie der Wissenschaften in Wien, Philos.-Hist. Klasse 247 (1965), 5. Abh., S. 13 = Forschungen S. 161. Aus Ath. pol. 28,2 läßt sich nichts gewinnen; die Stelle stimmt nicht zu Ath. pol. 41,2, noch zu ihren eigenen Formulierungen; jedenfalls aber ist Miltiades mit Xanthippos, und Themistokles mit Aristeides, zusammengespannt (28,2; der letztere erscheint zusammen mit Ephialtes [der gegen Kimon, den Sohn des Miltiades, auftritt, 28,2], 41,2), wie schon zuvor (23,3).

[73] Ath. pol. 22,4; 6. (Zu den Ostrakismoi der Vierhundertachtziger Jahre siehe unten.) Die Ausdrucksweise ist eindeutig anachronistisch. In den Verhältnissen des 4. Jh. wäre der Ausdruck angebracht, um Männer anzuprangern, die einer demokratischen Regierungsform feindlich gesonnen sind und von Natur aus Tyrannen in griechischen Städten unterstützen und von diesen unterstützt werden. In unserem Zeitalter wissen wir von keinen Tyrannenherrschaften, außer in „Großgriechenland" und (möglicherweise) griechischen Städten unter persischer Herrschaft (vgl. indes Hdt. 6,43,3 – wo δημοκρατία lediglich Freiheit von einem Gewaltherrscher, nicht aber „Demokratie", heißt; siehe Verf., in: Gymnasium 85 (1978), S. 118ff.).

„Tyrannen"? Hippias wurde zuletzt gesehen, als er seinen letzten verbleibenden Zahn am Strand bei Marathon verhustete;[74] seine Seele wird sein (imaginäres) ἕρκος ὀδόντων bald danach verlassen haben. Sein Bruder Hipparchos war seit über einem Vierteljahrhundert tot. Thessalos' Geschick bleibt unbekannt. Von Peisistratos' Enkeln kennen wir nur Peisistratos, Sohn des Hippias, mit Namen; war er noch am Leben, wäre er in seinen Sechzigern gewesen.[75] Weder der jüngere Peisistratos noch sonst irgendein Peisistratide (solche begleiteten laut Herodotos den Xerxes nach Hellas)[76] könnte jedoch mit auch nur annähernder Genauigkeit als „Tyrann" bezeichnet werden. Natürlich bezieht sich die Ἀθηναίων πολιτεία gar nicht auf einen bestimmten „Tyrannen", geschweige denn auf eine hochverräterische propeisistratidische „Partei" in Athen in den Vierhundertneunzigern. Aber vielleicht gab es doch eine ganz allgemein protyrannische „Partei"? Dies ist grundsätzlich nicht auszuschließen. Es würde freilich a priori die angebliche Bedeutung der peisistratidischen Verbindung des Hipparchos, Sohn des Charmos, des Archons von 496/495,[77] zunichte machen. Die Perser, wie wir uns erinnern, hatten sich die Rückführung des Peisistratiden Hippias zum Ziel gesetzt. Auch gibt es keinerlei Grund zu vermuten, daß sie sich mit weniger als totaler Unterwerfung zufriedengegeben

Auch ist Isagoras Ath. pol. 20,1 als „Freund der Tyrannen" bezeichnet, vermutlich aufgrund Hdt. 5,74,1 (in seinem letzten Versuch, in den Angelegenheiten Athens zu intervenieren. heißt es von Kleomenes Ἰσαγόρην βουλόμενος τύραννον καταστῆσαι). A. W. Gomme, More essays in Greek history and literature, 1962 (Nachdr. 1987), S. 27f., hat das bereits gesehen.

[74] Hdt. 6,107,3.

[75] Siehe Davies, a. a. O. (Anm. 15), S. 446ff.; vgl. Verf., in: Historia 22 (1973), S. 504–507.

[76] Hdt. 7,6,; 8,52. Ich verstehe nicht recht, was Herodotos sagen wollte (wenn überhaupt etwas). 480 können nur langlebige Söhne des μακρόβιος Hippias oder Urenkel des „Alten Tyrannen", die in ihrem ganzen Leben niemals Athen gesehen hatten, im Lager des Xerxes gewesen sein. Die Frage mag unwichtig sein, doch führt sie uns vor Augen, wie relativ wenig wir wissen und wie strikte die Ergebnisse prosopographischer Versuche beschränkt bleiben müssen.

[77] Oft als ein Versuch des "appeasement" gegenüber Persien betrachtet.

hätten.[78] Eine athenische protyrannische „Partei" wäre jedoch in jedem Falle auf Hilfe von außen angewiesen gewesen[79] – woher, ist nicht leicht zu erkennen (ließe man die peisistratidische Verbindung fallen): Die Spartaner hatten sich ihre Finger böse verbrannt; auch hätten sie nach dem Kongreß in Sparta allein handeln müssen, gegen die Neigungen ihrer Verbündeten.[80] Kurz und gut: Die Theorie einer protyrannischen „Partei" im Athen der Vierhundertneunziger Jahre, welche sich auf die Archonschaft des Hipparchos, Sohn des Charmos, im Jahr 496/495 und auf seinen Ostrakismos im Jahr 487 stützt, und die sich zugleich auf die (m. E. rein interpretatorische) Bemerkung in der ᾿Αθηναίων πολιτεία beruft, ist logisch unhaltbar.

Endlich die Schlacht von Marathon und die ihr vorausgehenden Vorgänge: Auch hier finden wir keine Anhaltspunkte für die Existenz (geschweige denn die Stärke) einer protyrannischen „Partei" von Hochverrätern. Kein Hinweis findet sich, demzufolge die Frage, ob man den Persern Widerstand entgegensetzen solle, auch nur diskutiert wurde. Daß es einige Debatten zur Strategie des Widerstandes gab, braucht nicht zu verwundern. Herodotos' Argumente, die er dem Miltiades in den Mund legt,[81] als jener sich um die Unterstützung des Kallimachos bemühte, drehen sich um einen allgemeinen Stimmungswechsel – keinesfalls einer gewissen „Partei", sondern „der Athener" schlechthin.[82] Gerade des Herodotos Schweigen diesbezüglich ist bedeutsam, da er andererseits das

---

[78] Diese Überlegungen sollten eine "appeasement"-Hypothese a priori und schlüssig ausschließen.

[79] Seit dem ersten bekannten Usurpationsversuch (Kylon), durch das ganze 6. Jh. hindurch; wer es versäumte, sich solcher externen Hilfe zu versichern, versicherte bloß sein Versagen (z. B. Damasias, wie es scheint) – während das Gegenteil natürlich noch keine Erfolgsgarantie darstellte (Isagoras, als Beispiel, und auch Hippias und seine Leute nach 510).

[80] Hdt. 5,90ff. (Kleomenes hatte vielleicht bereits begonnen, seinen Wein unverdünnt zu trinken.)

[81] Hdt. 6,109,3–6 (eine Widerspiegelung seiner eigenen Gedanken und seines eigenen Wissens oder Unwissens: Verf., in: RM 118 [1975], S. 200).

[82] Dies sieht entschieden nach Doublette aus: Siehe Hdt. 9,11,2 (zweifellos ein historisches Faktum), anscheinend seine Inspirationsquelle für diese

eigentümliche Schildsignal *nach* der Schlacht ausführlich erörtert.[83]
Auch scheint es niemandem eingefallen zu sein, den Vorfall irgendwie mit Hipparchos, dem Sohn des Charmos, in Verbindung zu
bringen, wie man erwarten sollte, wäre er eine wichtige Figur in der
angeblichen protyrannischen „Partei" gewesen. Das Urteil ist in
diesem Fall – wie in allen anderen Fällen, die wir nach Hinweisen
für die in der modernen Literatur so vertraute Zweiparteienwirt-
schaft durchleuchteten –: non liquet.

So scheint es denn wahrscheinlich, daß die ein wenig „myste-
riöse" Dekade der Vierhundertneunziger Jahre im großen und ganzen so ruhig und „normal" verlief, wie man es im politischen Alltag
Athens erwarten kann – ja sogar „normaler" als die vorangehenden
und die nachfolgenden Jahrzehnte (und vielleicht jede beliebige andere Periode des 5. Jh). Meines Erachtens ist dieses Ergebnis völlig
im Einklang sowohl mit der Quellenlage als auch mit den innenpo-
litischen Ereignissen bis 501/500.

Der athenische Staat war noch in der Hand der Aristokraten. Er
war erfolgreich umgebaut worden. Das Prinzip der Rechtssicherheit sowie jenes des gleichen Rechts für alle, getragen von einer
Politik eines breiten Konsens der Mehrheit, ohne Bedrohung von
außen, „funktionierte" ganz einfach. Das Werk des Kleisthenes und
seiner Mitstreiter, Mitläufer und Nachfolger erwies sich als ein
voller Erfolg – sofern Erfolg in der Politik überhaupt möglich ist.
Stasis als „legitimes" Mittel, die politische Macht zu erringen, war
ebenso erfolgreich ausgeschaltet worden wie Tyrannis als eine Regierungsform.

4. Die Vierhundertachtziger Jahre. – Im Herst 490 wehrten die
Athener einen Angriff der Perser ab: Weltgeschichtlich vielleicht ein
kleineres Scharmützel[84] – im Kollektivgedächtnis der Athener je-

---

spezifische Wendung in der Argumentation des Miltiades (welche eigentlich
wie eine Beleidigung der Intelligenz des Polemarchos klingt).

[83] Hdt. 6,115; 121–124.

[84] „Marathonologie" hat eine ungeheure Bibliographie produziert, die
sich ständig vermehrt. (Die Stellung Marathons in der Weltgeschichte wird
darüber mitunter vergessen; vgl. immerhin Schachermeyr, in: Historische
Zeitschrift 172 [1955], 1–35 = Forschungen 85–119.) Grabungen (vgl. A. R.

doch war Marathon ihre größte Stunde.[85] Die Stimmung der Athener schlug auch nicht sogleich in gebannten, erwartungsvollen
Schrecken um. Optimismus,[86] nicht Pessimismus, überwog. Nur
wenige Athener werden weitsichtig genug gewesen sein, um zu erkennen, daß die Tempel eben der Götter, die ihnen bei Marathon
beistanden,[87] von denselben Persern zerstört werden würden (noch
hätte ein Athener die nötige Überredungskunst besessen, um seine
Landsmänner dahingehend zu überzeugen, daß der „Weltuntergang" erst bevorstand). Sowohl die archäologischen wie auch die
historischen Quellen können diese Auffassung belegen. Auf der

[85] Burn, Thermopylai revisited and some topographical notes on Marathon
and Plataiai, in: Greece and the eastern Mediterranean ... [Festschrift
Schachermeyr], 1977, S. 91 f., zu denen von S. Marinatos) sind unerläßlich.
Vor allem jedoch muß die Quellenlage ein für allemal geklärt werden. Das
Gemälde in der Stoa Poikile ist die primäre und letztliche Quelle der literarischen Tradition (zum Gemälde vgl. E. B. Harrison, in: American Journal
of Archaeology 76 [1972], S. 353 ff., mit einer Zusammenstellung der Testimonien 370–378; vgl. auch T. Hölscher, Griechische Historienbilder des 5.
und 4. Jahrhunderts v. Chr., 1973, S. 38–84; bes. 50 ff. [Beiträge zur Archäologie 6]), eine verzerrte (im buchstäblichen Sinn) von Anfang an. Weitere Verzerrungen, je nach persönlichem Geschmack usw. des jeweiligen
Autors (sogar betreffend Beobachtungen zum Terrain, u. U. aufgrund von
Autopsia), werden sich dem hinzugefügt haben. Hier möchte ich noch folgende Frage anhängen: Weshalb ist die athenische Flotte (sie kann nicht ausschließlich aus Frachtern bestanden haben; die Zahl Hdt. 6,132, an die siebzig) mit verblüffender Einstimmigkeit unserer Quellen (und der modernen
Literatur) ebenso χωρίς wie die notorischen ἱππεῖς der Angreifer?

[85] Theopompos fand natürlich Grund genug, gegen diese stereotypische
Mißrepräsentation durch die prahlerischen Athener Sturm zu laufen
(FGrHist 115 F 153; vgl. zur Bedeutung dieses Fragments meinen Vorschlag
in: Gymnasium 81 [1974], S. 314 Anm. 1). Vgl. übrigens noch Thuk. 1,73.

[86] Zum Begriff „Frühklassischer" oder „Klassischer Optimismus" vgl.
Schachermeyr, Frühe Klassik, 1966, Index s. v.; ders., Perikles, 1969, bes.
S. 24 ff. und 195 ff.; ders., Geistesgeschichte der Perikleischen Zeit, 1971,
S. 17 usw.; vgl. dieselben Arbeiten zur „Generation der Marathon-Kämpfer".

[87] In Vergeltung, wie Hdt. 5,102 mitteilt, für die Brandschatzung des
Heiligtums der Kybebe zu Sardes.

Akropolis wurde ein archaischer Großtempel geschleift, um Platz
für einen neuen Athenatempel zu schaffen: Dieser Neubau war 480
erst teilweise errichtet, und seine rußgeschwärzten Bauelemente
wurden anschließend in die nördliche Stützmauer der Akropolis
eingebaut oder blieben unter den Fundamenten des Parthenon.[88]
Eine Flottenexpedition, wie sie Athen bisher noch nicht gesehen
hatte, wurde von Miltiades in der Ägäis in Gang gebracht.[89] Der
irrige Sinn der Zuversicht und Sicherheit verleitete die Athener beinahe sogar dazu, ihre Flotte zu vernachlässigen – hätte es nicht die
Überzeugungskraft der Rede des Themistokles verhindert: neu erschlossene Einkünfte einer Silbermine wären noch im Jahr 483/482
fast an die Bevölkerung verteilt worden.[90] Und im selben Jahr gaben die Athener ein weiteres Beispiel ihrer Voreingenommenheit
mit vergleichsweise kleinlichen Dingen angesichts der Persergefahr:
Man beschloß, nach einer Pause von zwei Jahren einen weiteren
Ostrakismos abzuhalten.[91]

[88] Vgl. Boersma, a. a. O. (Anm. 61), S. 38f. Diesen Aspekt verdanke
ich C. W. J. Eliot (Vortrag, März 1974, Trent University). Siehe J. Travlos,
Bildlexikon zur Topographie des antiken Athen, 1971, s. v. Parthenon
(= Pictorial dictionary of ancient Athens, 1971, S. 444ff.).

[89] Hdt. 6,132ff. Für die Quellen siehe Verf., Miltiades' Parosexpedition
in der Geschichtsschreibung, in: Hermes 104 (1976), S. 280–307. Ausmaß
und Ziel der Unternehmung sind umstritten. Ich möchte meinen, daß die
Athener über die allgemeine Stoßrichtung sich durchaus im klaren waren.
Paros dürfte nur eine erste Etappe, aber, nach dem Willen der Götter, dann
auch das Ende sowohl der Kampagne als auch der Karriere und des Lebens
ihres Anführers dargestellt haben. Die Gründung des Delischen Seebundes
symbolisiert nicht den ersten Beginn der athenischen See-Expansion
(was viel früher stattfand), sondern den Höhepunkt ihrer frühen Entwicklung.

[90] Hdt. 7,144; Aristot. Ath. pol. 22,7. Letzterer ergibt ein Archon-Jahr.
Wie auch immer sich die Ereignisse im Detail abgespielt haben mögen, Herodotos hat wohl die allgemeine Stimmung der Menschen gut eingefangen.
Für eine Diskussion der Probleme von Themistokles' sogenanntem Flotten-
gesetz siehe jüngst Podlecki, a. a. O. (Anm. 61), bes. S. 201–204.

[91] Der einzige Ostrakismos, den Herodotos für erwähnenswert hält, ist
jener des Aristeides im Jahr 482 (Hdt. 8,79,1); zum Datum siehe Ath. pol.
22,8. (Er wurde baldigst zurückberufen.) Im Jahr 487/486 wurde der Agon

Die Atmosphäre des allgemeinen Optimismus und der Zuversicht nach Marathon zeigt sich auch in der Archonschaftsreform sowie im Beginn der tatsächlichen Anwendung des Ostrakismosgesetzes. Die wiederum entdeckte Freude an Verfassungsreformen scheint drei Parallelen in der vorangehenden Zeit widerzuspiegeln: Nach dem Abzug der Peisistratiden – der sogenannte Diapsephismos und psephisma gegen die Folterung von Bürgern; nach dem Abschmettern des Isagoras und seines königlichen spartanischen Verbündeten – die Reformgesetzgebung, mit welcher die Demenverwaltung, die Trittyen und die Phylen geschaffen wurden; im Anschluß an Athens Sieg im „Dreifrontenkrieg" – der Bouleuteneid und die Strategiereform. Indes wurde in jedem dieser Fälle Reform nicht um ihrer selber willen eingeleitet; noch wurde Reform zum Zweck des systematischen Weiterbauens an einem langfristigen Plan, einer Vision einer Regierungsform der Zukunft, durchgezogen. In jedem einzelnen Fall waren die Ursachen in einem unmittelbar auftretenden Problem der unmittelbaren Vergangenheit bzw. der Gegenwart selbst zu finden, und die Absicht war einfach, daß „etwas geschehen mußte".

Die Archonschaftsreform ist nur in der 'Αϑηναίων πολιτεία (22,5) bezeugt und datiert. Betreffend gewisse Detailfragen, sei zuerst einmal die von mir übernommene Meinung anderer Gelehrter vorgebracht. Ich akzeptiere die Vermutung, daß die Übertragung des Vorsitzes der Volksversammlung vom Archon Eponymos auf die Prytanen[92] sowie diejenige bestimmter Funktionen des Archon Polemarchos von jenem Archon auf die Strategen[93] in denselben Reformkontext einzuordnen seien, da hierdurch die Archonschaft in sich ausgeglichener wurde. Auch nehme ich den Vorschlag an,

---

der κωμῳδοποιοί zum Programm der Großen Dionysien hinzugefügt (Souda χ 318)!

[92] Vgl. z. B. Hignett, Hist. Ath. const. 151; 175 – dagegen kann Rhodes, a. a. O. (Anm. 35), S. 21 Anm. 4, "not see why this practice should not have lasted until the reforms of Ephialtes".

[93] Vgl. Hignett, a. a. O., S. 175; vgl. auch Hammond, in: CQ 19 (1969), S. 118f. = Studies in Greek history, 1973, S. 357. Siehe bes. Fornara, a. a. O. (Anm. 35), S. 11f.

daß durch dieselbe Verfassungsgesetzgebung der Sekretär der Archontes Thesmothetai damals in eine Stellung umgewandelt wurde, die durch dieselbe Prozedur wie die neun Archontenstellen besetzt wurde, so daß eine jede der zehn Phylen nun einen Kandidaten aus ihren eigenen Reihen[94] durch das Los bestimmen konnte. Betreffend zwei weitere einschlägige Fragen, möchte ich meine Ansicht vorausschicken: Ich meine, daß Telesinos der erste Archon Eponymos war (und mit ihm zugleich die anderen acht Archonten sowie der Sekretär der Archontes Thesmothetai), der nach der neuen zweistufigen Prozedur (Prokrisis und Auslosung) in sein Amt kam, das er 487/486 innehielt.[95] Ich stimme mit anderen Gelehrten darin überein, daß die Zahl von *fünfhundert* durch Prokrisis erstellten Kandidaten unglaubwürdig, ja unmöglich ist.[96] Daher schlage ich die folgende Emendatio von 'Αθ. πολ. 22,5 vor: εὐθὺς δὲ τῶι ὑστέρωι ἔτει ἐπὶ Τελεσίνου ἄρχοντος ἐκυάμευσαν τούς ἐννέα ἄρχοντας κατὰ φυλάς ἐκ τῶν προκριθέντων ὑπὸ τῶν [δήμων] (δήμων B: δημοτ(ων) L) *πεντακοσίων* (BL: ἑκατόν Kaibel) τότε μετά τήν τυραννίδα πρῶτον· οἱ δὲ πρότεροι πάντες ἦσαν αἱρετοί[97].

---

[94] Vgl. Hignett S. 173 f.; Ehrenberg, a. a. O. (Anm. 26), S. 146.

[95] Vgl. E. Meyer, Griech. Gesch.¹ 3, § 198 (Anm.); siehe Ath. pol. 25,2 (das Gesetz muß dem Archonschaftsjahr, das für die Übernahme der Aufgaben des Areios-Pagos-Rates durch die Fünfhundert angegeben ist, vorausgehen); Ath. pol. 26,3 macht den Fall ganz klar: ἐπὶ Λυσικράτους ἄρχοντος οἱ τριάκοντα δικασταὶ κατέστησαν (intransitiv, aktiv!) πάλιν οἱ καλούμενοι κατά δήμους. (Glatt dagegen: Hignett, a. a. O., S. 176.)
Wenn der Name des Archon Eponymos mit der Neuerung verbunden ist, so deshalb, weil er als erster davon betroffen war. Desgleichen wird uns der Name des ersten Zeugites im Archonamt genannt, nicht der jenes Archon Eponymos, in dessen Amtsperiode das Gesetz durchgebracht wurde, das die Wahl eines Zeugites zum Archon ermöglichte; vgl. unten Anm. 113.

[96] Die Mehrzahl der modernen Literatur betrachtet die Zahl einhundert als akzeptabel (ich fühle mich merkwürdig erinnert an die, nun zu Grabe getragenen – siehe oben Anm. 27 –, einhundert Demen des Kleisthenes).

[97] Professor Lesky lehrte mich einen vernünftigen Konservativismus in der Textkritik, der in diesem Falle gegeben zu sein scheint: Der überlieferte Text ist weder in sich selbst befriedigend, noch befriedigt er den Historiker.

Martins Charakterisierung der Bedeutung des Loses läßt sich nicht verbessern: „Das Los hat jedoch zunächst nichts mit Demokratie, sondern nur etwas mit Gleichheit zu tun."[98] So wurde auch im Jahr 487 die Archonschaft nicht breiteren Kreisen zugänglich gemacht, wie Martin unterstreicht.[99] Die Einschaltung des Loses im Auswahlvorgang für die Archonschaft zeigt daher, daß es im Jahr 487 um das Prinzip der Gleichheit unter den Adligen ging.

Das Los war jedoch nur für die zweite und letzte Stufe des gesamten Vorganges. Das Prinzip der Vorauswahl (πρόκρισις) verstärkt den Eindruck eines rein aristokratischen Charakters der Reform. Es waren zweifellos die Aristokraten (und ähnlich einflußreiche Persönlichkeiten), die ihren Einfluß dadurch fühlbar machen konnten, daß die Bouleuten ihren Demoten (und vermutlich auch ihren Demarchen) Rechenschaft abzulegen hatten wie nie zuvor. "People power" kommt daher gewiß nicht von der Bohne (κύαμος, als Los) – jedenfalls nicht 487.

Bis 487 waren die Archonten nicht nach dem Zehnerprinzip und anderen Elementen der kleisthenischen Reformen ausgesucht worden. Diese Asymmetrie verschwindet jetzt. In der Auswahl der Archonten werden nun die Demen als Hauptpartner eingeführt – mit der Boule als dem Zwischengänger. Wir sahen bereits, daß seit Ein-

---

Für die Emendation einhundert (statt fünfhundert) gibt es keine befriedigende paläographische Erklärung (vgl. die vorige Fußnote zur Zahl einhundert). Zudem stimmen Pap. Lond. 131 (L) und Fragment II b des Pap. Berol. 5009 (B) genannten Fetzchens nicht überein. Ich gehe davon aus, daß eine Interlinearglosse eines etwas verwirrten Lesers zu πεντακοσίων uns das δήμων (B) bzw. δημότ(ων) (L) beschert hat, welche Glosse dann irgendwann bzw. -wo in den eigentlichen Text „hinunterrutschte". Übrigens erwähnt Ath. pol. keine Vorauswahl vor Endauslosung im deskriptiven Teil (vgl. 55), was die Verwirrung jenes Lesers um so leichter erklärlich macht. (Hignett, a. a. O., S. 227, meint, diese Erklärungen in Kapitel 55 seien ausgefallen durch eine Korruption, was durchaus denkbar ist.) Ath. pol. kennt „Fünfhundert" im Sinn „Rat der Fünfhundert", 25,5. Siehe vor allem 26,6 fin. mit app. crit. Siehe auch, für Nichtwiederholung des Artikels, Schwyzer 2, S. 26 Anm. 2.

[98] Martin, a. a. O. (Anm. 2), S. 26 f.

[99] Martin ebd. Siehe Ath. pol. 26,2.

führung der Demen diese die Grundlage wurden. Die Archonschaft wurde nun ungemein repräsentativer für ganz Attika, da die Demen an der Auswahl der Archonschaftskandidaten durch die Boule viel mehr Anteil nehmen konnten. Durch die Auslosung nach Phylen wurden diese ebenfalls gleichermaßen vertreten: Jede Phyle stellte einen Strategen und einen Archon.[100]

Sehen wir uns nun die Folgen der Archonschaftsreform auf die bereits existierenden Ämter an. Es scheint mir, daß weder die Übertragung des Vorsitzes der Volksversammlung auf die Boule der Fünfhundert noch die Aufgabe der Boule, die Archonschaftskandidaten für die Endauslosung auszusuchen,[101] als größere Reformen gedacht waren. Doch weisen sie in eine bestimmte Richtung: Das Machtpotential der Boule der Fünfhundert wuchs bis zu dem Punkt, da die Boule dann imstande war, jenen coup d'état, in welchem der Areios-Pagos-Rat aus der Politik verdrängt wurde, auszuführen. 487 läßt sich jedoch noch keine klare Absicht oder Richtung erkennen.

Abgesehen davon, daß die Boule mit politischem Potential ausgestattet wurde, welches weitreichende Folgen haben sollte, hatte die Archonschaftsreform von 487 auch sonst noch Folgen. Während 490 der Archon Polemarchos noch die Athener Hoplitenphalanx führte und das Kommando über den rechten Flügel führte sowie durch sein Votum die Debatte unter den zehn Strategen entscheiden

---

[100] Der Sekretär muß deshalb in dieser Gruppe eingeschlossen sein. In dieser Form ließ sich andererseits geschickt die ominöse Zahl zehn umgehen, die ansonsten aus der Vergangenheit nur für einen Ausnahmezustand bekannt war (580/579, vgl. Cadoux, in: JHS 68 [1948], S. 102f.; vgl. auch Ath. pol. 38,1, zur Wahl von zehn αὐτοκράτορες nach dem Fall der Dreißig). Prozedurale Detailfragen dürfen wir ignorieren, da die allgemeine Stoßrichtung dieser Neuerung so klar ist (z. B. die immer wiederkehrende Frage der Doppelrepräsentation unter den Strategen): Ausnahmen zur Regel muß es gegeben haben (sonst könnte man nicht von einer „Regel" sprechen ...). (Vgl. noch oben Anm. 49.)

[101] Dies wäre die entsprechende Parallele zum konjizierten Vorauswahlprozeß durch die Boule für die Kandidaten zur Strategie. Ich möchte dies als ein gewichtiges Argument betrachten. Betreffend die Strategen siehe oben mit Anm. 50.

konnte,[102] ist er 479 gewissermaßen in der Versenkung verschwunden. Zurück bleibt eine Strategie ohne ihren Anführer; zehn Einzelmänner.[103] 490 waren die Strategen von der Volksversammlung nach Marathon detachiert worden, um den Feind zu bekämpfen – gewiß nicht, herumzusitzen und darüber zu debattieren, ob sie kämpfen sollten.[104] Hätte es dem Archon Polemarchos, Kallimachos, gefallen, seine Stimme gegen die (Miltiades zugeschriebene)[105] Meinung, man müsse die Schlacht annehmen, abzugeben, dann hätte es keine „Schlacht von Marathon" gegeben. Es ist deutlich dem Geist des kleisthenischen Staates entgegengesetzt, wenn eine einzelne Person in der Lage ist, mit ihrer einen Stimme eine Sache der größten nationalen Bedeutung zu entscheiden. Wenn wir 480 erreichen, hören wir wenig von den Strategen.[106] Gewiß gab es

[102] Hdt. 6,109ff. Zur Schlacht von Marathon siehe oben, Anm. 81–86; Hammond, a. a. O., S. 111 ff. = 346ff.; und bes. ders., in: JHS 88 (1968), S. 13ff. = Studies, S. 170ff. (erweitert).

[103] Siehe oben Anm. 93.

[104] Hdt. 6,109,1; Herodotos läßt uns darüber im unklaren, ob die Gegner der Schlacht Unterwerfung oder Rückzug hinter die Stadtmauern (von denen sich bislang keine Spur gefunden hat, siehe Travlos, a. a. O., s. v. Athen = Pict. Dict., S. 158) bevorzugten!

[105] Hdt. 6,109ff. Ich kann mich nicht des Verdachts erwehren, daß die Rolle des Miltiades in diesen Vorgängen über Gebühr hervorgestrichen ist. Dies wurde durch die historische Tatsache des unbezweifelbaren (und vermutlich ganz zufälligen) „imperium maius" des Miltiades am Tag der Schlacht (Folge jenes merkwürdigen Systems der Rotation des Gesamtoberbefehls) begünstigt. Die anderen zwei Faktoren, die jene Tradition gefördert haben mögen, sind wohl die Argumente in der Verteidigung des Miltiades in seinem letzten Prozeß (Hdt. 6,136,2) und das Fresko der Stoa Poikile (die vom Schwiegervater seines Sohnes gebaut worden war) (zum Gemälde vgl. Anm. 84).

[106] Herodotos erwähnt athenische Strategen neunzehnmal (Powell, Lex. Hdt.², 338 col. 1): Melanthios (5,97,3; siehe oben mit Anm. 52); die Strategen bei Marathon (6,103–114; neunmal); die Strategen bei Plataiai (9,44 und 46 – wo sie nur dazu dienen, die Nachricht des Alexandros von Makedonien zu empfangen und an Pausanias weiterzuleiten; viermal); die Strategie des Xanthippos, Sohn des Ariphron, im Jahr 479 während der Sestoskampagne nach Mykale (7,33; 9,114–120; fünfmal).

da einen Erlaß, von so erschütternder Wichtigkeit, daß er den Bürgern riet, sich selbst um sich selber zu kümmern, ein jeder für sich. Sie waren, wie Aristoteles freundlich anmerkt, am Ende ihres Witzes.[107] Sogleich nach Marathon ließ sich Miltiades[108] auf eine Flottenexpedition aussenden mit einer Ermächtigung, die er dahingehend deutete, daß er umkehren konnte, wann er wollte, ohne Beute, ohne sonst irgendeinen Erfolg. Er wurde dann vor Gericht gestellt (vor der Volksversammlung als Gerichtshof).[109] 479, bald nach Plataiai, hielten die Generäle (darunter Xanthippos) sich buchstabengetreu an die Befehle der Versammlung. Sie weigerten sich glattweg, obwohl ihre Soldaten (und damit auch Mitbürger) sie drängten, die Belagerung von Sestos aufzuheben und heimzusegeln – es sei denn, sie würden offiziell zurückberufen.[110]

Man braucht keine allzu lebhafte Phantasie, um darin eine Art Verhaltensmuster zu sehen. Ich jedenfalls schließe daraus, daß die Strategie sich in den letzten dreizehn Jahren als problematisch und mangelhaft herausgestellt hatte. Nun aber waren die Strategen notwendigerweise unter genauere Kontrolle gekommen. Sie mußten für ihr Verhalten Rechenschaft ablegen können und sich an die Befehle des Volkes halten. Anderenfalls würden sie, unter dem Prinzip der Rechtssicherheit, nichtsdestoweniger belangt, sei es in der Volksversammlung oder vor dem Areios-Pagos-Rat.[111]

Auch der Areios-Pagos-Rat begann die Folgen der Archonschaftsreform von 487 zu fühlen. Da dieser Rat sich weiterhin aus gewesenen Archonten rekrutierte, läßt sich all das, was sich zur Archonschaftsreform behaupten ließ, auch für den Areopag feststellen. Auch dieser wurde nun mit dem kleisthenischen System „gleichgeschaltet". Derart war seine Daseinsberechtigung noch ein-

[107] Ath. pol. 23,1.

[108] Zwar nicht einer von Berves „fürstlichen Herren der Perserzeit", doch zweifellos ein Stratege.

[109] Hdt. 6,132–136. Vgl. Verf., in: Hermes 104 (1976), S. 285 ff.

[110] Hdt. 9,114 ff.; bes. 117 (Herodotos schreibt κοινόν).

[111] Damit will ich nicht behaupten, daß die Strategen durch ihre Taten und ihr Verhalten die Archonschaftsreform ausgelöst hätten: Die Schrumpfung der Statur der Strategen war vielmehr ein nicht unwillkommenes Nebenprodukt der Reform von 487.

mal verlängert worden. Er wurde jetzt wahrhaftig repräsentativ für die attische Nobilität. Bloß ein Jahrzehnt danach (die sogenannte Kimonische Ära beginnt gerade) mag bereits ein ganzes Drittel der Areopagiten durch die neue Auswahlprozedur gegangen sein, in welcher (wie ich oben nachzuweisen hoffte) die kleisthenische Boule der Fünfhundert, in der sich alle Demen vertreten fanden, die Kandidaten im voraus wählte. 462 können nur noch sehr wenige Areopagiten aus der Zeit vor 486 übrig gewesen sein. Es mag also durchaus zutreffend sein, was Aristoteles behauptet: nämlich, daß es eine Zeit gab, in der der Areios-Pagos-Rat seine Macht wieder bestätigen konnte und „den Staat regierte".[112] Doch war dies nur ein "Indian Summer", und es konnte nicht lange anhalten; und es mag eine Ironie der Geschichte sein, daß die Ratsherren, die auf dem Areios Pagos zusammentraten, von den Ratsherren des Volkes im voraus gewählt werden mußten. Wie dem auch sei, es scheint mir, daß die Aussage der Eumeniden des Aischylos viel durchschlagender ist, wenn der Areios-Pagos-Rat ein mächtiger war, der vier Jahre früher einem „Staatsstreich" zum Opfer gefallen war.

Die Zerstörung des Areios-Pagos-Rates ist m. E. keineswegs eine Folgeerscheinung der Archonschaftsreform, die sich über ein Vierteljahrhundert (von 486 bis 462) wie ein langsames Sterben hinzog,

---

[112] Ath. pol. 23,1 (Aristoteles verbindet dies unmittelbar mit der Untätigkeit der Strategen während des Jahres von Salamis, vgl. oben mit Anm. 107). Zugegebenerweise ist die Glaubwürdigkeit der Behauptung dadurch, daß Aristoteles dies ordentlich in sein System der Metabolai einbindet, nicht erhöht (Ath. pol. 41); auch ist er sich nicht sicher, ob die Zeit des areopagitischen Glanzes *während* (Pol. 1304 a 20–24) oder *nach* (Ath. pol. 21,1 f.; 25,1; 41,2) den Perserkriegen (der Terminus kann natürlich auch die Vierhundertsiebziger und sogar noch die Vierhundertsechziger Jahre einschließen) fiel. Doch ist Aristoteles' Version eine „Lectio difficilior", die sich auf Tatsachenwissen stützen mag. Wenn es aber nicht mehr als eine Vermutung des Aristoteles ist, so spricht dies für seine Fähigkeiten als Historiker. Ich würde in jedem Falle mich nicht auf Aristoteles als Beweis berufen. (Ein Aufsatz von R. B. Wallace, Ephialtes and the Areopagos, in: Greek, Roman and Byzantine Studies 15 [1974], S. 259–269, scheint den Versuch zu unternehmen, Aristoteles als richtig zu erweisen, indem er von Aristoteles ausgeht: Ich möchte den umgekehrten Weg gehen.)

wobei Ephialtes nur noch den Gnadenstoß erteilte. Der Areios-Pagos-Rat starb nicht eines „natürlichen" Todes – er wurde gemordet. Es war nicht im Jahr 487, daß der Areios-Pagos-Rat zur Unbedeutendheit verdammt wurde – im Gegenteil! Und es war eine direkte Folge der Zerstörung des Areios-Pagos-Rates im Jahre 462, daß im Jahr 457 (nicht ein Vierteljahrhundert, sondern nur fünf Jahre verzögert) der erste Zeugit das Amt des Archon Eponymos antreten konnte. Die Archonschaft hatte nun ihr aristokratisches Prestige verloren.[113]

Die Archonschaftsreform von 487 war demnach eine wesentliche Reform, wenngleich nicht ganz im herkömmlichen Sinn. Ich deute die Reform dahingehend, daß sie eine Fortsetzung und Ausweitung der kleisthenischen Reformen darstellt, indem sie Archonschaft und Areios-Pagos-Rat der kleisthenischen Demenverwaltung anglich. Dadurch wurde die Archonschaft *auf*gewertet, während die Strategie *ab*gewertet wurde. Man darf jedoch weder nach demokratischen Intentionen noch überhaupt irgendeinem demokratischen Konzept in dieser Reform suchen.

Falls das neue Verfassungsgesetz bereits (wie ich annehme) für die Auswahl und Auslosung der Archonten für 487/486 in Kraft getreten war, muß es einige Zeit vor dem Ende des Archontenjahres 488/487 rechtskräftig geworden sein. Demnach wären die letzten Debatten darüber zur selben Zeit wie das Votum im Frühjahr 487 über die erstmalige Anwendung des Ostrakismosgesetzes abgehalten worden.[114] Meines Erachtens wissen wir noch zu wenig über die Bedeutung der Ostrakismoi der Vierhundertachtziger Jahre,[115] doch mag Plutarch in die rechte Richtung weisen: Er erzählt von einem analphabetischen Bauern, dem es auf die Nerven ging, daß Aristeides immerzu „der Gerechte" genannt wurde[116] – welch eine gründlich *un*politische „Verfehlung" des Aristeides! Wir können

---

[113] Ath. pol. 26,2.
[114] Die zeitliche Nähe hat schon Hignett, a. a. O., S. 176, beobachtet; seine Datierung der Archonschaftsreform ist indes von unserer verschieden (siehe oben Anm. 95).
[115] Vgl. z. B. Ehrenberg, a. a. O. (Anm. 26), S. 144; 147f.
[116] Plut. Aristeid. 7,7.

uns hier nicht eine weitere Diskussion über Ostrakismos leisten,[117] doch sei mir erlaubt, einige Ansichten zu äußern. Das häufig zitierte Gewühl von „Parteien" aller Schattierungen, von propersisch und protyrannisch oder propeisistratidisch zu antipersisch und antipeisistratidisch, antityrannisch, ja sogar radikaldemokratisch, mit „den Alkmeoniden" bequemerweise da oder dort beigemengt – all dies ist nach wie vor unbewiesen und unbeweisbar, noch können die Ostrakismoi[118] oder die Ostraka[119] dabei helfen. Bis wir

[117] Vgl. oben Anm. 54.
[118] Siehe oben mit Anm. 73–80.
[119] Mangels einer umfangreichen und erschöpfenden Publikation und Studie durch den Ausgräber sind wir R. Thomsen (siehe oben Anm. 52) für seine Sichtung der Kerameikosostraka dankbar.

Es scheint, daß meine eigenen erheblichen Zweifel an der Glaubwürdigkeit der gängigen Interpretation (derzufolge die Ostraka nur *bestätigen,* was man schon längst vermutete: siehe den Text oben) zumindest teilweise von H. B. Mattingly (in einem Brief vom 3. 5. 1974) und D. M. Lewis (siehe seinen Aufsatz The Kerameikos ostraka, in: Zeitschrift für Papyrologie und Epigraphik 14 [1974], S. 1–4) geteilt werden. 1. Das vereinzelte Scherbchen mit einem kleinen Gedicht gegen Xanthippos (Raubitschek, in: AJA 51 [1947], S. 257–262; Meiggs-Lewis (ed.), A Selection of Greek Historical Inscriptions Nr. 21, S. 42), in dem er als gräßlich sich vergangen Habender apostrophiert wird, besagt überhaupt nichts, da es (von textkritischen Fragen abgesehen) Myriaden von Möglichkeiten gibt, sich gräßlich zu vergehen. 2. Kallias, Sohn des Kratios/-as, ist mehrfach als „Meder" bezeichnet; es gibt sogar ein kleines „Porträt" von ihm, das einen Bärtigen mit einer eigentümlichen Kopfbedeckung zeigt. Die Anspielung klingt nach einem Witz oder Spitznamen, wohlbekannt von der Alten Komödie (vgl. Mattingly und Lewis, a. a. O.). 3. Kallixenos, Sohn des Aristonymos, ist häufig als προδότης betitelt. Nun ist „Verräter" so ziemlich das erste und allgemeinste Schimpfwort, das ein Grieche in einem politischen Fluch äußern würde. Aber sogar dann, wenn Kallixenos tatsächlich jemanden oder eine Sache „verriet", können wir nicht feststellen, was dies war (man könnte z. B. spekulieren, daß er der Archonschaftsreform den Stadtleuten unter falschen Vorspiegelungen zu verkaufen suchte, verheimlichend, daß sie wirklich mehr Macht für die Dorfadligen bedeuten würde).

Noch ist mir keine Erklärung dafür untergekommen, weshalb *nur Kallias* als „Meder" und *nur Kallixenos* als „Verräter" apostrophiert werden. Wenn beide Athen an den Perserkönig verraten wollten, sollten beide mit

Evidenz ausfindig machen, sollten wir derlei Spekulation am besten
in den Mülleimer anachronistischer Historiographie verbannen.

5. Das Aufblühen der Athenischen Demokratie. – Zum Beschluß
möchte ich mahnen, attische Politik weder in Systeme oder in Sche-
mata zu pressen, die unsere eigenen Vorstellungen befriedigen. Wir
haben es nicht mit einer Welt der Ordnung zu tun, viemehr mit
Chaos. Wir besitzen kein Recht, dieses in sein „wahres" oder „ur-
sprüngliches" Erscheinungsbild von schöner Ordnung und Einfachheit zurückzuverwandeln, indem wir in ihm sehen, was es nicht
ist. Die Alte Welt ist eine fremde Welt. Sie ist auch eine seltsame
Welt. Athen ist keine Ausnahme.

Unser Ideal der Demokratie war unbekannt. Jene eigentümliche
Form von Regierung und Verwaltung, welche wir als Attische Demokratie bezeichnen, wurde zwischen 510 und 480 v. Chr. weder
geboren noch verbessert. Dennoch ist dieses circa Vierteljahrhundert eine Zeit großer Bedeutung. Es ist eine Periode des Überganges
von archaischer Tyrannis zu klassischer Demokratie. Im kleisthenischen Staat wurden die aristokratischen Prinzipien der Gleichheit
und der Rechtssicherheit vorrangige Verpflichtungen des Staates.
Durch die Erschaffung des Demensystems wurde ein breitgestreu-
tes Verwaltungssystem errichtet. Daher ist dies nicht nur eine Periode des Überganges, sondern auch eine, in der Grundlagen gebaut
wurden.

Tatsächliche Geburt und Entwicklung der Demokratie in Athen
gehört einer anderen Generation an – in einer aufgeklärten Welt,
die ihre Strahlkraft dem steilen Aufstieg des intellektuellen Indivi-
dualismus verdankt und in welcher die wissenschaftlichen und
künstlerischen Fachgebiete sich von den Fesseln der Tradition des
archaischen Zeitalters losreißen. Dies ist die Folge der rapiden Be-
schleunigung der Evolution des griechischen „Geistes" (womit dem
aristokratischen Zeitalter die Stunde schlägt); dadurch wird das Exempel Athens erst möglich. Die intellektuelle Stagnation, in welche

beiden Schimpfwörtern versehen angetroffen werden – hier haben wir ein
klares Non-sequitur. Überdies haben nun sowohl Mattingly wie Lewis sich
dafür ausgesprochen (a. a. O.), Kallias Kratiou aus den Vierhundertachtziger Jahren zu verbannen.

die klassische Welt bald wieder zurückversinken sollte, wäre vielleicht niemals zerrissen worden, wäre diese Welt nicht von der Aufklärung ins Wanken gebracht worden. Athen, als der Brennpunkt, ist der gesamten griechischen Welt verpflichtet.

Wo erblühte die Demokratie? Wann erblühte die Demokratie? In Athen, müssen wir wohl sagen – als es sich erhob als auslösender Brennpunkt des hellenischen Geistes und Intellekts (und Imperialismus). In der politischen Arena kommen einige Namen einem sogleich in den Sinn: Ephialtes ..., Perikles ... – doch in demselben Augenblick müssen wir uns gleichermaßen in Erinnerung rufen, daß im weiten Gebiet der *Geistesgeschichte* der Politiker nur einen kleinen Winkel besetzt hält: Reflex auf Wandlung öfter denn Initiator und Motor der Wandlung.[120]

[120] [Übersetzung des Verf., Oktober 1988. Einige Versehen des Originals wurden stillschweigend korrigiert, die Übersetzung ist stellenweise frei, doch wurde kein Versuch unternommen, den ursprünglichen Text umzuarbeiten (wozu siehe oben Anm. *) – aus welchem Grund auch kein Versuch unternommen wurde, die neuere Literatur einzuarbeiten, da dies einer völligen Umarbeitung gleichgekommen wäre.]

Zeitschrift für Politik N. F. 25 (1978), S. 1–31. Vom Autor überarb. Fassung.

ENTSTEHUNG UND BESONDERHEIT
DER GRIECHISCHEN DEMOKRATIE

Von Christian Meier

Für Dolf Sternberger, der den
Bürger-Begriff wieder zu Ehren
gebracht hat, zum 28. Juli 1977.

Die griechische Demokratie[1] ist – ganz äußerlich genommen –
mindestens durch ein Merkmal bestimmt: Alle Bürger waren in den
elementaren politischen Rechten gleich. Und Bürger waren alle
Freien, die dem Gemeinwesen von Geburt oder (was selten war)
durch Bürgerrechtsverleihung zugehörig waren. Nicht Adel, Reichtum und/oder Bildung, sondern einzig das Bürger-Sein bestimmte
darüber, wer an den Entscheidungen der Volksversammlung teilnahm und wer berechtigt war, Mitglied des Rats oder des Volksgerichts zu werden.[2] und die Verfassungen waren in der Regel so
eingerichtet, daß in diesen drei Organen wirklich alle wichtigen politischen Entscheidungen fielen. Breite Schichten gaben also den
Ausschlag in der Politik.

Nimmt man freilich alles nur zahlenmäßig, kann man die griechi-

---

[1] Umgearbeitetes und erweitertes Manuskript eines Vortrags, der am
27. Oktober 1976 im Studium Generale der Universität Mainz gehalten
wurde.

[2] Aristoteles, Politika, 1279 b 11 ff., 1290 b 17. Vgl. 1275 a 22 mit b 5,
1290 b 1; 1298 a 9, 1299 b 26, 1300 a 3, 1301 a 28, 1309 a 1, 1317 a 40, b 17,
25, 1318 a 5. Vgl. für Athen: Thukydides, 2, 37. Euripides, Hiketiden, 353,
407 f., 441 u. a. Gelegentlich gab es Einschränkungen bei der Zulassung zu
Ämtern (möglicherweise auch bei der Kandidatur zum Rat), vgl. etwa Aristoteles, 1277 b 1 ff., 1291 b 39 ff. (zu 30 ff. s. Fußn. 119), 1318 b 27 ff. V.
Ehrenberg, Der Staat der Griechen, 1965, S. 61. A. H. M. Jones, Athenian
Democracy, 1966, S. 4 f.

sche Demokratie eine Oligarchie nennen, da die Freien oder, wie es
deutlicher heißt, Freien und Gleichen in den Poleis, besonders in
Athen, gegenüber Nichtbürgern, Sklaven und natürlich auch den
Frauen in der Minderheit waren.[3] Aber das wäre sehr einseitig und
allzu modern gesehen. Denn das Entscheidende ist: Hier waren die
Armen den Reichen, die einfachen Leute den Adligen politisch
gleichgestellt. Das wirkte sich sehr weitgehend aus, zumal sie ihre
Mehrheit offenbar im eigenen Interesse zur Geltung bringen konnten. Diese Mehrheit war für Aristoteles so wichtig, daß er die Demokratie definierte als die Verfassung, in der die *Freien und Armen,
in der Mehrheit befindlich, die oberste Gewalt besitzen.* Er meinte,
in der Demokratie werde zugunsten der Armen regiert. Diese Auffassung war erst im 4. Jh. möglich, hatte aber Vorläufer zur Zeit des
Peloponnesischen Krieges.[4]

Die ausschlaggebende Macht breiter Schichten setzte ein außerordentlich starkes Engagement sehr vieler Bürger voraus. Nur so
konnten die Regierten, die nicht auf Politik Spezialisierten, eine
zentrale Stellung gewinnen und behaupten. Jacob Burckhardt hat
diese Form direkter Demokratie wie folgt begründet: „Die Griechen haben nie bürgerliche Gleichheit und politische Ungleichheit
zu verbinden gewußt. Der Arme mußte zu seinem Schutz gegen
Unbill mitstimmen, Richter und Magistrat sein können."[5] Ganz
elementare Interessen brachten also die Bürger zur Politik.

Wie es auch immer um das tatsächliche Funktionieren der griechischen Demokratien bestellt war, es ist in ihnen jedenfalls gelungen, eine Regierung im Sinne der Regierten einzurichten und

[3] Ehrenberg, S. 37 ff., 61.
[4] Aristoteles, 1290 b 17; vgl. 1279 b 8, 1317 b 8. Davor: Pseudo-Xenophon, Athenaion Politeia; vgl. Politische Vierteljahresschrift 10, 1969,
S. 566. Diese parteiliche Definition der Demokratie war erst möglich, als
der eigentliche Gegensatz dazu nicht mehr die Tyrannis, sondern die Oligarchie (im eben damit sich erweiternden Sinne des Wortes) war, d. h. seit
Ende des 5. Jh. Vgl. Ch. Meier, Der Wandel der politisch-sozialen Begriffswelt im 5. Jh. v. Chr. in: Archiv für Begriffsgeschichte 21, 1977, S. 23 f.
[Jetzt in: Entstehung des Politischen bei den Griechen, 1980, 1983, S. 300 f.]
[5] Griechische Kulturgeschichte, Band 1, S. 206.

– durch deren starke Mitwirkung – zu sichern. Man kann auch
sagen: Es ist in ihnen gelungen, Regierung an die Stelle von Herrschaft zu setzen. Denn *Regierung ist nicht Herrschaft.*

In diesen Worten hat Dolf Sternberger jüngst eine alte Distinktion des Thomas von Aquin wiederaufgenommen und aktualisiert,
die letztlich von Aristoteles stammt.[6] In ihr geht es um das Wesen
des Politischen, im ursprünglichen griechischen Sinne des Wortes
πολιτικός. Denn was Sternberger in unserer Sprache als Regierung
bezeichnet, hat Aristoteles als politische Herrschaft (πολιτικὴ
ἀρχή) der despotischen (δεσποτεία) entgegengesetzt.[7] Die Griechen hatten keine besonderen Termini, um Regierung, Macht und
Herrschaft voneinander zu unterscheiden.[8] Aber mit ihrem Wort
politisch konnten sie recht genau die Eigenart der grundlegend
neuen Form politischer Ordnung und des Regierens bezeichnen,
die sie geschaffen hatten.

Denn *politikós* war vom Bürger (πολίτης) abgeleitet. Es meinte
das „Bürgerliche" im griechischen Sinne des Wortes. Das Bürgerliche aber war das Allgemeine, das Gemeinsame der Polis. Sein Gegensatz war das Partikulare überhaupt,[9] nicht nur das Despotische.

---

[6] Ansprache auf der Jahrestagung der Bayerischen Akademie der Schö-
nen Künste 1977 (siehe Süddeutsche Zeitung vom 16./17. Juli 1977, S. 95 f.).
Vgl. Dolf Sternberger, Ich wünschte ein Bürger zu sein, 1967, S. 67. Dazu
S. 54 f., 57, 93 ff.

[7] Politika, 1255 b 16; vgl. 1254 b 2, 1277 a 33 mit b 9, 1325 a 27 (gegen
eine damals verbreitete Ansicht: „Zu glauben, daß jede Herrschaft [ἀρχή]
Despotie sei, ist nicht richtig"), 1333 a 5.

[8] Vgl. Art. Macht und Gewalt in: Geschichtliche Grundbegriffe, Band 3
S. 820 f. Die Ausnahme, δεσποτεία, bestätigt die Regel. Das Wort bedeutet
nur Herrschaft in dem ganz bestimmten Sinn der Hausherrschaft. Es wird
zwar auf die Polis übertragen, beschränkt sich dann aber auf die extremen
Fälle, in denen eine Polis wie ein Haus regiert wird. Innerhalb der sehr breiten Skala von Möglichkeiten, die in der Polis sonst bestehen, bleibt es also
bei der mangelnden terminologischen Unterscheidung zwischen Regierung, Macht und Herrschaft. Dies gilt mutatis mutandis besonders für die
von Aristoteles bekämpfte Ansicht (1252 a 7, 1255 b 16, 1325 a 27), nach der
jede ἀρχή eine δεσποτεία sei.

[9] Damit ist, wie die gleich zu zitierenden Stellen zeigen, nicht nur das
Haus gemeint, sondern auch partikulare Interessen etwa von Gruppen von

Darin drückt sich aus, daß das Allgemeine der griechischen Polis von den breiten Bürgerschichten her bestimmt und verfochten wurde. Sie waren der Schwerpunkt des Ganzen. Die Polis war seit dem 5. Jh. mit der Bürgerschaft identisch.[10] Und das Politische war, was der Polis, also der Bürgerschaft, gemäß war. Dabei war der Begriff der Bürgerschaft (πολιτεία), der ungefähr gleichzeitig mit dem Wort *politikós* aufkam, nicht ganz eindeutig. Er bezeichnete primär die Gesamtheit der Bürger. Aber was das sei, darüber gingen die Meinungen auseinander. Man konnte alle einschließlich der Armen dafür halten; man konnte aber auch einen bestimmten, freilich nicht zu engen Kreis – etwa die Hopliten – damit identifizieren. Der Bürger-Begriff wurde dann enger im Sinne der politischen Bürgerrechte gefaßt. Gerade in dieser Differenz zeigt sich der normative Gehalt des Begriffs Politeia: Wer die Bürgerschaft sein konnte, stellte das Ganze dar. Die politische Theorie beanspruchte dies für die gute, das heißt gemäßigte Form der Demokratie (was immer das in Wirklichkeit war). In diesem Sinne wird Politeia treffend mit „Verfassungsstaat" wiedergegeben. Es ist dann zugleich Terminus für „Verfassung" geworden. Der normative Gehalt war aber auch dann so stark, daß man ihn nach verschiedenen Maßstäben immer wieder schlechten Verfassungen versagte: Das Maß des gemeinsamen Wohls und der Regierung im Sinne der Gesamtheit kam auch hier immer wieder durch.[11]

Ganz entsprechend hatte auch das Wort *politikós* eine engere und eine weitere Bedeutung. In der engeren zielte es genau auf das Ideal einer Bürgerschaft, die das Ganze der Polis war. Eine Oligarchie verbreitern hieß etwa sie „politischer" machen. Die rechte Form einer auf Gleichheit beruhenden Verfassung charakterisierte *Thukydides*

Adligen oder Reichen oder auch der Armen (vgl. hierzu etwa Aristoteles, 1292 a 16, 19, 31).

[10] Ehrenberg (siehe Fußn. 2), S. 107f. Dazu aber Ch. Meier in: Gnomon 41 (1969), S. 374f., sowie Entstehung des Begriffs Demokratie in: Politische Vierteljahresschrift 10 (1969), S. 570ff. (wieder abgedruckt in edition suhrkamp 387, 1970).

[11] Siehe „Entstehung" (Fußn. 10); „Wandel der Begriffswelt" (Fußn. 4), S. 25f. [= Entstehung des Polit. S. 303ff.].

als „politisch". Eine Zielsetzung, die das Ganze der Polis, nicht den Eigennutz im Auge hatte, war „politisch".[12] Entsprechend war die politische Herrschaft die Regierung über Freie und Gleiche. Sie war der Polis gemäß, die – nach *Aristoteles* – aus Freien und Gleichen bestehen will, weil nur dort, wo nicht Herren und Knechte, sondern Freie und Gleiche die Polis sind, Freundschaft und Gemeinschaft sein können.[13]

Das Wort „politisch" hat, seit die Griechen es prägten, immer mehr Bedeutungen angenommen. In seiner Geschichte spiegeln sich die wesentlichsten Teile der Geschichte des neuzeitlichen Staates und seiner Stellung sowohl zwischen den verschiedenen Bereichen des Lebens wie in der potentiellen Konkurrenz zu anderen politischen Mächten.[14] Aber so weit sich das Wort damit von seinem griechischen Sinn entfernt hat, so nötig scheint es zu sein, diesen Sinn wachzuhalten: Aus der Gleichsetzung von Polis und Bürgerschaft ist der Begriff des Politischen entstanden. Die Bürgerschaften, in denen alle (oder viele) abwechselnd regierten und regiert wurden, die Herren ihrer selbst waren (αὐτοκράτορες), die die Herrschaft in ihre Mitte gebracht hatten,[15] waren der Boden, auf

---

[12] Aristoteles, Politika, 1305 b 10; vgl. 1273 b 12 (πολιτικός in enger Verbindung mit δημοτικός und κοινός), [1293 a 41], 1298 a 39. – Thukydides, 8, 89, 3; vgl. 3, 82, 8. – Isokrates, Panegyrikos, 79; 151; Demosthenes, 9, 48; 10, 74. Aristoteles, Athenaion Politeia, 14,3; 16, 2.

[13] 1255 b 20, 1277 b 7 (vgl. 1254 b 3, 1259 b 1); 1295 b 21 (vgl. 1296 a 29). Dies ist am ehesten bei der guten Form der Demokratie, der Politeia, der Fall (vgl. Art. Demokratie in: Geschichtliche Grundbegriffe, Band 1, S. 831). Es droht in Aristoteles' Zeit verlorenzugehen: 1296 a 40f.: „Es ist Sitte geworden, nicht mehr Gleichheit zu wollen, sondern entweder nach der Herrschaft (bzw. Regierung: ἀρχή) zu streben oder sich ihr geduldig zu fügen." Vgl. Demosthenes 10,4: Nur noch ein Teil der Bürger will „weder gewaltsam herrschen noch dienen, sondern in Freiheit und Gesetzlichkeit unter Gleichen bürgerlich leben" (ἐν ἐλευθερίᾳ καὶ νόμοις ἐξ ἴσου πολιτεύεσθαι).

[14] Für ein wichtiges Stück dieser Geschichte: D. Sternberger, Machiavellis ›Principe‹ und der Begriff des Politischen, 1974, S. 14ff.

[15] Aristoteles, Politika, 1317 b 2, 14, 19 (vgl. 1277 a 27, 1277 b 12, 1283 b 42, 1288 a 12). So schon Euripides, Hiketiden, 406f. (vgl. Sophokles, Antigone, 668f.). – Thukydides 3, 62, 4; 4, 63, 2 (vgl. die Schrift ›Über die

dem er erwuchs. Daher konnte das Wort das Gemeinsame (und nicht das Parteiliche), das am allgemeinen (und nicht am besonderen) Interesse orientierte Handeln bezeichnen. Die normsetzende Kraft der Bürgerschaften, die sich darin äußerte, konnte sich aber so durchschlagend nur auswirken, weil das Politische – als die Ebene, auf der sich die Bürger als Bürger begegneten – damals nicht ein Bereich neben anderen (etwa der Religion oder der Gesellschaft) war, sondern konkurrenzlos den einzigen nennenswerten Bereich der Zugehörigkeit darstellte: weil die griechischen Bürgerschaften geradezu eine „politische Identität" hatten. Das aber bedeutete zugleich, daß die Griechen die Welt des Politischen nur von Innen her sehen und formulieren konnten. Damit waren – historisch gesehen – die entscheidenden Besonderheiten des griechischen Begriffs des Politischen gegeben.

Gerade wenn man sich auf seine Allgemeinheit besinnen, sich der Aufgabe seiner „philosophischen Aneignung"[16] stellen will, muß man sich dieser Besonderheiten sehr genau bewußt sein.

Wie ist nun die Entstehung des Politischen, der Demokratie, die Ersetzung der Herrschaft durch Regierung möglich geworden? Und was für Demokratien haben sich aus diesem Entstehungsprozeß heraus gebildet? Es kann ja nicht ganz „normal" zugegangen sein, wenn in einem Volk, das keine Griechen vor sich hatte, also von der Möglichkeit von Demokratie überhaupt nichts wissen konnte, diese Regierungsform erstmals in der Weltgeschichte verwirklicht wurde.[17]

Es mußte – ganz allgemein gesagt – offenbar die Fähigkeit entstehen, von breiten Schichten her über die politische Ordnung frei zu verfügen. Breite Schichten sind zwar, wie das Wort schon sagt, zahlenmäßig den anderen immer überlegen, aber sie können ihr Gewicht zumeist nicht regelmäßig zur Geltung bringen, weil es ihnen an

Umwelt‹ in: Corpus Hippocraticum 16, 23; Herodot 5, 78.) – Herodot 3, 142, 3; 80, 2 (vgl. Euripides, Kyklops, 119).

[16] So Sternberger über Hannah Arendt in: Merkur 30 (1976), S. 935.

[17] Vgl. hierzu und zum Folgenden „Entstehung" (Fußn. 10), S. 536 ff. (= 8 ff.).

politischem Handlungsvermögen fehlt. Damit solches Handlungsvermögen entsteht, braucht es entsprechende Institutionen, das heißt in aller Regel: sekundäre, bewußt in ihrem Interesse gesetzte Institutionen, die es ihnen ermöglichen – unbeschadet der Tatsache, daß die meisten der Ihren sich nicht intensiv und ständig mit Politik beschäftigen können –, ihren Willen maßgeblich geltend zu machen. Es muß in der Regel die ganze politische Ordnung in die Verfügung der Gesellschaft geraten. Das ist uns selbstverständlich, da wir wissen, daß man Verfassungen willkürlich setzen kann; aber damals war dies alles andere als selbstverständlich. Es bedurfte vielmehr mannigfacher Voraussetzungen, zuallererst diverser Antizipationen künftig zu erreichender Ziele in der Gegenwart. Denn gerade breite Schichten brauchen doch, um gemeinsam zu wirken, um sich eine Ordnung aufbauen zu können, gemeinsame Ziele, also ein Wissen von dem, was sie anstreben. Wie konnte dies bei den Griechen entstehen? Wie konnten sie überhaupt in die Lage kommen, einen Prozeß in dieser Richtung in Gang und zu diesem Ende zu bringen?[18]

Zunächst muß betont werden: Das griechische Gemeinwesen der Freien und Gleichen, die Herrschaft der Regierten, die freie Verfügung über die politische Ordnung und alles, was damit zusammenhängt, war etwas völlig Neues in der Weltgeschichte. In Asien, Afrika und Amerika haben sich vor und nach den Griechen, auch außerhalb des Bereichs ihrer Nachwirkung, hohe Kulturen gebildet, die der griechischen zum Teil in vieler Hinsicht überlegen waren. Aber immer waren sie monarchisch organisiert, hatten sie einen umfangreichen Herrschaftsapparat. Neben den Königen besaßen höchstens Adlige, Priester und hohe Beamte Einfluß, und nirgends hatten mittlere und untere Schichten politisch mitzubestimmen. Nirgends gab es etwas, was wir auch nur entfernt als Ge-

---

[18] Die folgende Darlegung fußt auf umfassenden Studien zur Vorgeschichte und Entstehung der griechischen Besonderheit. Diese sollen später an anderer Stelle vorgelegt werden. Hier muß es mit wenigen Hinweisen genug sein. Vgl. – im weiteren Rahmen – F. Schachermeyr, Der Werdegang der griechischen Polis in: Forschungen und Betrachtungen zur griechischen und römischen Geschichte, 1974, S. 21 ff.

meinwesen der Freien und Gleichen bezeichnen könnten. Denn was sich sonst in frühen Völkern oder in Stammesordnungen an Mitsprache aller finden mag, war locker gefügt und wenig widerstandsfähig. Es gehört in relativ abgeschlossene, statische Lebensverhältnisse, die nur durch Monarchen weiterentwickelt werden konnten. Allein bei den Griechen tritt Demokratie an die Stelle monarchischer und aristokratischer Herrschaft.

Man kann dies nicht einfach als Zutat zu anderen Errungenschaften nehmen. Es hebt die Griechen vielmehr aus der Reihe der übrigen Hochkulturen klar heraus. Denn kaum etwas ist für den Prozeß der Soziogenese so wichtig wie die zentrale Instanz, von der sie ausgeht. Und das eben sind überall sonst Monarchien, während es bei den Griechen in den wesentlichen Stadien Aristokratien und dann vor allem breite Schichten waren.[19] Die Griechen bildeten also die Ausnahme von der Regel. Irgend etwas ist bei ihnen entscheidend anders gelaufen. Dies aber kann nicht einfach geschehen sein, weil es welthistorisch gleichsam fällig war. Weil etwa in orientalischen Kulturen inzwischen so viel Wissen angesammelt war, daß ein Volk darauf aufbauend auch die Demokratie schaffen konnte. Oder weil etwa mit den sogenannten antiken Klassengesellschaften[20] ein neues Stadium der Weltgeschichte erreicht wurde, das

---

[19] Sie sind darin auch von den Römern unterschieden: freilich primär durch die andere Verteilung der Gewichte zwischen Adel und breiterer Schichten, das heißt dadurch, daß sie einen so geschlossenen und auf das eigene Gemeinwesen eingeschworenen Adel nicht hervorbrachten, daß also die treibenden Kräfte der Soziogenese sehr viel vielfältiger waren. Übrigens spricht manches dafür, daß die römische Soziogenese ohne die durch die Griechen wesentlich veränderten Verhältnisse so nicht möglich gewesen wäre (was vor allem die plebs anging). [Vgl. Ch. Meier, Athen, 1993.]

[20] Darauf läuft die These von H. G. Kippenberg hinaus (in: Seminar: Die Entstehung der antiken Klassengesellschaften, 1977). Es lohnt sich an sich nicht, auf die recht wirren, in schwer nachvollziehbarer Weise Partielles totalisierenden Ausführungen einzugehen (in denen etwa weder recht klar wird, was hier „Klasse" noch was etwa „Revolution" heißen soll, in denen Gesellschaften verschiedenster Art von Persien bis ins archaische Italien über einen Leisten geschlagen werden, der sich dann – ohne daß der Autor es merkte – rein als Luft erweist, da er in nichts „besteht" als im Fehlen ge-

dann bei den Griechen zu diesen Konsequenzen führte. Es ist zwar keine Frage, daß vielfache Voraussetzungen der griechischen Soziogenese von den vorderasiatischen Kulturen geschaffen wurden, und es gibt Ähnlichkeiten der Situation in der archaischen Zeit zwischen Griechenland und etwa Israel.[21] Aber was die Griechen daraus gemacht haben, geschah so sehr von spezifisch griechischen Bedingungen her, daß man es nicht aus vorderasiatischen Vorgegebenheiten ableiten kann. Es vollzog sich nicht auf einer höheren Stufe des Lernens, sondern in anderen Formen davon: nämlich in anderen Handlungskonstellationen. Dadurch konnten aus Unruhen und Aufständen breiter Schichten institutionalisierte Formen ihrer Mitsprache entstehen. Das hat sich dann auf Rom, vermutlich auch auf Karthago ausgewirkt. Seitdem es einmal geschehen war, war die Lage dieser Schichten grundlegend verändert.

Daß die Griechen aber auf diese Weise etwas wesentlich Eigenes darstellten, wird heute gern übersehen. Erstens gibt es eine gewisse Griechenmüdigkeit, die gefördert wird durch die dazu korrespondierende Rückzugsbewegung der Altertumswissenschaft sowie die Bemühung einiger ihrer moderneren Vertreter, die Relevanz der Beschäftigung mit der Antike gerade in deren weniger relevanten Zügen zu suchen.[22] Zweitens interessiert sich die Evolutionstheorie,

wisser Eigenarten vorderasiatischer Hochkulturen. Jeweils werden statt dessen Besonderheiten einer einzelnen oder zweier Gesellschaften als allgemeine Merkmale ausgegeben. Vom ersten Absatz an wird mit falschen Alternativen gearbeitet). Gleichwohl scheint mir die Lektüre (außer durch interessante Einzelheiten) dadurch wertvoll zu sein, daß man an diesem Objekt demonstrieren und lernen kann, wie viele Fehler und Unschärfen notwendig sind, wenn man über gewisse Einzelzüge hinaus die Griechen lediglich als Seitenzweig solcher „Klassengesellschaften" verstehen will (mit denen sie nicht mal wirtschaftlich viel gemeinsam haben. Wobei die Wirtschaftsstruktur viel zu bedeutsam ist, als daß man sie derart aus dem Ganzen heraustrennen könnte).

[21] Vgl. etwa Kippenberg, S. 33 ff., 39 ff. Dazu besonders Gemeinsamkeiten der „Weisheit". Vgl. F. Dornseiff, in: Philologus 89 (1934), S. 397 ff. Les Sagesses du Proche-Orient Ancien. Colloque de Strasbourg 17.–19. Mai 1962, Paris 1963. G. von Rad, Weisheit in Israel, Neukirchen-Vluyn 1970.

[22] Beispiele dafür zu nennen ist nicht unbedingt geboten. Das Problem

die zur Zeit wieder aktuell wird, vor allem für weitverbreitete, regelmäßig vorkommende Züge, also für das, was überall außer bei den Griechen die Regel ist. Die Betrachtung der griechischen Soziogenese würde die moderne Theorie nur stören, weil sie sich im ganzen oder im wesentlichen einer solchen Theorie nicht fügt.[23] Hier kann man vielmehr nur historisch erklären. Drittens ist mit der grassierenden Geringschätzung des Politischen heute auch der Sinn für das am Verkümmern, was das Entscheidende an den Griechen gewesen ist. Wie wenn das Politische einfach eine Funktion des Ökonomischen wäre und gleichsam im Laufe der Evolution sich irgendwann von selbst eingestellt hätte! Wie wenn die Fähigkeit der Menschen, Hochkulturen zu bilden, schon erklärte, wie es zum modernen Europa (übrigens einschließlich seiner Wirtschaft) gekommen ist!

Um es zu wiederholen: Die Evidenz spricht dafür, daß die Bildung von Kulturen nicht gerade ein Pappenstiel gewesen, aber doch auch nicht unwahrscheinlich ist. Sonst wäre sie nicht relativ so häufig gelungen. Die Entstehung der griechischen Kultur dagegen ist offensichtlich im wesentlichen Sinne etwas Einmaliges gewesen, etwas, was sich keiner Klassifizierung fügt, welthistorisch gesehen offenbar ein großer Zufall, der de facto das Nadelöhr bildete, durch das die Weltgeschichte zum modernen Europa gelangte. Mag sein,

einer angemessenen Erkenntnis der Eigenart der Antike (und ihrer einzelnen Epochen) im Kontext der Weltgeschichte kann sinnvoll nur in größerem Rahmen behandelt werden. Vorarbeiten dazu etwa in: Der Wandel der ... Begriffswelt (Fußn. 4); Die politische Identität der Griechen (vgl. Fußn. 78); Ein antikes Äquivalent des Fortschrittsgedankens, in: Historische Zeitschrift 226 (1978), S. 265 ff. [Entstehung d. Polit. (Fußn. 4).] Eine Arbeit über die spezifische Form des Historischen Wandels bei den Griechen soll folgen. Zusammenhängend darüber in der hoffentlich bald erscheinenden ›Basler Einführung in das Studium der Alten Geschichte‹.

[23] Dort werden zwar gelegentlich antike Fakten herangezogen, um die Antike selbst aber wird zumeist ein großer Bogen gemacht. Vgl. zuletzt etwa K. Eder, Die Entstehung staatlich organisierter Gesellschaften, 1976; J. Habermas, Zur Rekonstruktion des Historischen Materialismus, 1976; anders T. Parsons, Gesellschaften. Evolutionäre und komparative Perspektiven, 1975, S. 149 ff., der die Besonderheit der beiden „Saatbettkulturen", der Griechen und Israels, und ihrer Entwicklung sehr stark herausstreicht.

daß anderswo irgendwann einmal irgend etwas Ähnliches zustande gekommen wäre, dann hätte es aber ähnlich außerordentlich zugehen müssen. Wie dieser welthistorische Zufall zustande kam, ist nur in Umrissen und fragmentarisch bekannt. Man kann kaum sagen, daß die Griechen in besonders hohem Maße begabt oder intelligent gewesen wären, sie hatten lediglich einige besondere Eigenarten. Damit gerieten sie in einem besonderen Stadium ihrer Geschichte in besonderer Weise in Schwierigkeiten, denen sie lange relativ wehrlos gegenüberstanden, vermochten dann allmählich einen besonderen Weg da heraus zu finden, womit sie schließlich zur Demokratie gelangten – ohne daß sie am Anfang oder auch nur ein Stück weit vor dem Ende gewußt hätten, daß so etwas wie Demokratie möglich wäre.

Es ist hier nicht der Raum, dies näher auszuführen: Wie die Griechen zunächst eher vor sich hin lebten, in einfachen, mehr oder weniger bäuerlichen Verhältnissen, durch ihre Wohnsitze an der Ägäis allerdings früh daran gewöhnt, zur See zu fahren; Schiffahrt gehörte so zu ihren anfänglichen Verhältnissen. Und in eigenartiger Weise gehörten besondere Erinnerungen an eine – historische – Vorzeit dazu, die sie mit Vorstellungen aus ihrem eigenen täglichen Leben so durchdrangen, daß das wundervolle Bild von einer relativ ungezwungenen „unbeschnittenen"[24] Welt entstand, die aber doch eine Welt des öffentlichen Handelns war, jenes Bild, das dann vorbildhaft für alle weitere griechische Geschichte wurde.[25]

[24] Um auf die schöne Äußerung der Karoline von Lengefeld(-Beulwitz) an Schiller vom 21. Dezember 1788 anzuspielen, in der sie die Welt des damaligen Preußens mit der der Helden Plutarchs vergleicht: „Ich kann mirs nicht nehmen, es kömmt mir doch vor als ein Garten mit verschnittenen Alleen und Bäumen gegen einen schönen Eichenwald." Zur Sache vgl. die sehr interessante, wenn auch überspitzte (nämlich den historischen Kontext und das moderne Gegenbild nicht genügend bedenkende) Studie von H. Strasburger, Der Einzelne und die Gemeinschaft im Denken der Griechen, in: Historische Zeitschrift 177 (1954), S. 227ff. (wieder abgedruckt 1969 bei Gschnitzer [Fußn. 27]).

[25] Dazu nur wenige Hinweise. Die homerischen Epen, die wohl erst um 700 v. Chr. anzusetzen sind (etwas vorsichtiger A. Lesky, Homeros, Son-

Es kann hier auch nicht gezeigt werden, wie die Griechen wohl
früh Kenntnis von den weiten Handelsrouten der Phönizier erhielten, selbst immer weiter über den Ägäis-Raum hinausfuhren, mit
den östlichen Kulturen in Berührung kamen und wie sich dabei eine
ganz eigenartige Kombination von Ferne und Nähe herstellte:
Kommerziell und kulturell konnte man mit den östlichen Reichen
enge Kontakte aufnehmen, mit ihnen Handel treiben, von ihnen
lernen, sich von ihnen anregen lassen. Politisch aber blieben die
Griechen gleichwohl außerhalb: Keine Macht interessierte sich für
den Ägäis-Raum, er bildete weltpolitisch bis etwa ins 6. Jh. – und
da war das wichtigste geschehen – ein Vakuum. Keinerlei äußerer
Ansporn entstand somit für die Griechen, größere Reiche zu bilden
oder wenigstens Herrschaft zu intensivieren. Und dies war überdies

derdruck aus RE Suppl. Band 11, 1967, S. 7), sind ihrerseits schon wesentlich bestimmt vom beginnenden Kolonisationszeitalter. In seinem letzten
Essay, Der Aufbau der Ilias. Strukturen und Konzeptionen, 1975, schreibt
W. Schadewaldt, S. 91 ff., zur geschichtlichen Situation des Dichters: „Aus
den alten Erinnerungen an jene Vorzeit und dem Selbstbewußtsein eines
neuen Zukunftswillens entstand für die Dichtung eine ungemein fruchtbare
Situation." Es machte sich in ihr „ein neues spezifisch menschliches Bewußtsein, eine spezifische Menschlichkeit geltend" (vgl. S. 7 f., 10 ff.), die
Schadewaldt auf den Geist des Delphischen Orakels zurückführt. „Was in
der Ilias Homers den Krieg und das alte Heldenwesen bereits in einer neuen
Form aufgehoben hat, das ist, mit einem Wort, das Menschliche, das in sei-
ner Ausgesetztheit, Gefährdung, in seiner ganzen Problematik von dem
Dichter erlebt und erlitten ist" (S. 8). Andererseits hat F. Gschnitzer neuerdings auf die ›Politische Leidenschaft im homerischen Epos‹ (so der Titel
seines Aufsatzes in H. Görgemanns/E. A. Schmidt, Studien zum antiken
Epos, 1976, S. 1 ff.) hingewiesen. Vgl. auch H. Strasburger, Homer und die
Geschichtsschreibung, 1972, S. 22, zur „präzisen potentiellen Realität der
Epen". Vieles von der Eigenart und der Wirkung der Epen ist also dadurch
bedingt, daß sie wesentlich aus dem Geist ihrer Zeit gedichtet sind, einer
höchst anfänglichen Zeit, die die Macht und Ausgesetztheit des Menschen
in aller Lebendigkeit erlebt und sich die Freiheit nahm, von daher die alten
Erinnerungen neu zu formen. Eben darin hatte die Dichtung schon teil an
den damals sich zunehmend herausbildenden Grundbedingungen griechischer Besonderheit (bezieht also, was sie davon hat, nicht einfach aus ural-
ter Sagentradition).

durch die räumlichen Verhältnisse erschwert, wenn auch keineswegs unmöglich gemacht.

Schließlich ist es nicht möglich, hier zu schildern, wie überall die Bevölkerung anwuchs und wie der daraus resultierende Druck nicht zur politischen Eroberung führte,[26] auch nicht durch die Hochkulturen aufgesogen, sondern im Wege der Kolonisation abgelenkt wurde in zahlreiche an den Mittel- und Schwarzmeerküsten zur Verfügung stehende Siedlungsplätze.

Wir müssen uns auf wenige wichtige Feststellungen beschränken. Wenn die Griechen anfangs, nach der Wanderung, besonders anspruchslos dahinlebten, mehr oder weniger jede Siedlungseinheit für sich, ohne daß es zu größeren Zusammenfassungen gekommen wäre, so paßt es gut zu diesen Verhältnissen, daß die Instanz oder, allgemeiner gesagt: die Rolle zunächst besonders schwach ausgebildet war, die bei der Entstehung der übrigen Hochkulturen entscheidend wurde, die monarchische.[27] Eigenartig war, daß sich daran auch dann nichts änderte, als die griechische Welt zunehmend in Bewegung geriet und als vor allem der wachsende Bevölkerungsdruck vielfältig zum Handeln zwang. Damals kamen die Monarchien vielmehr zu Fall. Keine Macht in den Städten also – und schon gar nicht über die Städte hinaus – konnte zunächst die zahlreichen neuen Handlungsmöglichkeiten, die Chancen, Gewinn, Ruhm und Macht zu erwerben, monopolisieren, die Handel und Kolonisation boten. Die ungeheure Aktivität ging vielmehr wesentlich von einzelnen Adligen und Adelsfamilien aus, die allein oder mit anderen zusammen wirkten, selten als Vertreter ihrer Städte und im Rahmen ihrer Städte. Entsprechend kam diese Aktivität auch einzelnen Adligen und Adelsfamilien zugute.[28] Anscheinend hat der große Ent-

---

[26] Die große Ausnahme, die die Regel bestätigt, ist Sparta, das eben damals Messenien eroberte. Vgl. dazu P. Spahn, Mittelschicht und Polisbildung, 1977. In wesentlich geringerem Ausmaß ist auch an Argos zu denken.

[27] Dies läßt sich am besten an den homerischen Epen ablesen. Vgl. M. I. Finley, The World of Odysseus, Penguin Books 1962, S. 96ff.; A. Heuß in: Antike und Abendland 2 (1946), S. 40f. (der Aufsatz ist wieder abgedruckt bei F. Gschnitzer, Griechische Staatskunde, 1969, S. 36ff.); Schachermeyr (Fußn. 18), S. 32.

[28] Heuß, S. 41ff., 47ff., 54. Vgl. H. Schaefer, Probleme der Alten Ge-

lastungsraum im Mittelmeer diese Konstellation stark gefördert, indem er vielfältigster Tätigkeit in weiter Ferne so viel Nahrung bot (und gar nicht zu monarchischer Zusammenfassung der Kräfte herausforderte). Was also bei den Griechen Staat war, war zu Anfang schwach, versagte dann weithin oder wurde nicht gebraucht und wurde dann in Folge davon weiter geschwächt. Bezieht man das Politische auf den Staat, so muß man sagen, daß die Griechen in dieser Zeit besonders unpolitisch waren. Das Politische der Griechen war vielmehr erst eine späte – und dann allerdings sehr eigentümliche – Reaktion auf diesen Mangel.

Diese Schwäche der politischen Zentralgewalt zu Beginn der großen Veränderung und Dynamik des Kolonisationszeitalters, die Tatsache, daß auch der zunehmende Bevölkerungsdruck und die neu gewonnenen Handlungsmöglichkeiten in der Regel nicht von der Polis – etwa zu Machtzusammenballung, Eroberung und Bildung größerer Herrschaftskomplexe – beansprucht werden konnten, sondern daß nur eine Unzahl von Adligen davon profitierte (und die überschießenden Energien nach außen abflossen), diese Schwäche der Zentralgewalt und die korrespondierende Macht der partikularen Kräfte des Adels ist die erste wesentliche Bedingung des zur Demokratie führenden Prozesses.

Mit ihr war es vermacht, daß der Aufbau einer politischen Ordnung, in der man mit den neuen Problemen fertig werden konnte, ungeheuer schwierig wurde. Wohl gab es vom Adel her mannigfache Ansätze,[29] aber sie kamen dem ganzen Umfang der Schwierigkeiten nicht bei. Denn mit der Gewinnung neuer Handlungsmöglichkeiten war eine tiefe Erschütterung der überkommenen Ordnung der Polis-Gesellschaften einhergegangen. Erhöhte Ansprüche der Adligen, vielfach auch der Bauern, führten zu Ausbeutung, Verschuldung, Schuldknechtschaft, Versklavung, zu einer tiefen Störung des Verhältnisses von Adel und Nichtadel, zu Empörungen

---

schichte, 1963, S. 362 ff., bes. S. 377 f. (der nur die Macht des Königtums zu hoch veranschlagt, vgl. auch Ehrenberg [Fußn. 2], S. 22).

[29] Heuß, S. 41, 43; auch Schaefer, S. 311, 389; Ehrenberg, S. 25 f. (die aber nicht genügend berücksichtigen, wieweit diese Dinge durch Druck von unten bewirkt wurden).

und Bürgerkriegen.[30] Durch die Abwanderung eines sehr beachtlichen Teils der Bevölkerung in die Kolonien wurden eventuelle gentilizische Bindungen teils durchbrochen, teils gelockert. Die großen Chancen, Reichtum, Macht und Ruhm zu gewinnen, sowie die hohen Risiken, dieses Ziel zu verfehlen und noch den Einsatz zu verlieren, zogen eine Umschichtung innerhalb des Adels und darüber hinaus nach sich. Sie beförderten damit die Konzentration von Macht und Mitteln in einem kleineren Kreis großer Familien, der freilich aufs Ganze gesehen immer noch recht umfangreich blieb. Auf der anderen Seite weckten sie Unruhe und Empörung. Möglichkeiten und Nöte, Gewinne und Verluste ließen ein Bewußtsein außerordentlichen Handlungsvermögens und korrespondierend dazu das Gefühl drückender Ohnmacht und Ausgesetztheit entstehen.[31]

In dieser Lage bildeten sich mit der Zeit zunehmende Machtansprüche, es kam zu Usurpationen, zu Tyrannis.[32] Verschiedene

---

[30] Vgl. vor allem J. Hasebroek, Griechische Wirtschafts- und Gesellschaftsgeschichte bis zur Perserzeit, 1931, S. 158 ff.; E. Will, La Grèce Archaïque, in: Deuxième Conférence Internationale d'Histoire Economique, 1965, S. 41 ff. Eine umfassende Analyse der Krise, die das gesamte Material (einschließlich der zahlreichen Aufschlüsse aus der zeitgenössischen Lyrik) zusammengestellt und ausgewertet hätte, fehlt meines Wissens. Die Krise geht jedenfalls weit über den wirtschaftlichen Bereich hinaus. Für Athen einiges in Ch. Meier, Clisthène et le Problème Politique de la Polis Grecque, in: Revue Internationale des Droits de l'Antiquité, 3. Sér., 20 (1973), S. 133 ff. [Entstehung des Polit. (s. Fußn. 4), S. 91 ff.].

[31] Dieses ist vornehmlich in den Quellen der Zeit bezeugt, in der archaischen Lyrik (vgl. etwa H. Fränkel, Dichtung und Philosophie des frühen Griechentums, 1962, S. 610 f.; Wege und Formen frühgriechischen Denkens. 3. Aufl. 1968, S. 23 ff.), jenes nur gelegentlich (Fränkel, Dichtung, S. 607 f.) dafür ist es aus dem Handeln selbst wie – spiegelbildlich – aus den Äußerungen über die Hinfälligkeit menschlicher Größe zu erschließen. Vgl. Heuß, S. 58 f.: „Erfuhr der Mensch im Zusammenbruch der alten Formen das Vermögen eigener Initiative, so mußte ihm andererseits im gleichen Augenblick klar werden, daß er eigentlich ins Ungewisse hinausgestoßen war, der Führung entbehrte und trotz seiner Kraft im Grunde ein schwaches Wesen war." Für die gleiche Ambivalenz im 5. Jh. J. de Romilly in: Annali di Pisa. Lettere, Storia e Filosofia, Ser. II, (1966), S. 158.

[32] Dazu H. Berve, Die Tyrannis bei den Griechen, 1967.

Tyrannen haben dann durch Wirtschafts- und Sozialpolitik wesentlich zur Linderung der Not, ja zur wirtschaftlichen Konsolidierung breiter Schichten beigetragen und insofern eine Voraussetzung für die Demokratie geschaffen.[33] Denn nur dank dieser Konsolidierung wurden breitere Schichten frei für gemeinsame Angelegenheiten der Bürgerschaft. Aber es gelang fast nie, die Tyrannis über die zweite Generation hinaus zu behaupten, und nirgends, sie wirklich dauerhaft zu legitimieren. Die institutionalisierende Kraft dieser Herrschaftsform kam offensichtlich nicht auf gegen die Summe der Widerstände, so sehr sie sie vorübergehend niederringen konnte. Sie war wohl auch selbst vergleichsweise gering, da es ihr an Ansatzpunkten fehlte. Ihre mangelnde Kraft und die Macht der Widerstände waren vermutlich Ausdruck derselben Konstellation, nämlich der in den Städten und zwischen ihnen relativ breiten Verteilung von Macht und der geringen Politisierung, will sagen der geringen Orientierung auf die Polis beim Adel, an der die Tyrannen letztlich teilhatten. Das eigentliche Forum, vor dem man sich bewähren wollte, von dem man Beifall erhoffte, war damals weniger die einzelne Stadt, sondern vielmehr eine gesamtgriechische Öffentlichkeit,[34] und der galten die politischen Werte vergleichsweise wenig, mindestens so lange, als nicht wenigstens in einem Teil davon neue Werte aufkamen. Reichtum, glanzvolle Hochzeiten, Siege bei Spielen und Schönheit waren Werte, die vor diesem Forum durchaus mit politischer Leistung oder militärischem Ruhm konkurrieren konnten. Dabei sprach es mit, daß auch vom breiten Volk her wenig Möglichkeiten zu einer überzeugenden dauerhaften Verknüpfung eigener Interessen mit denen der Tyrannen bestanden.[35]

So zog sich die Krise hin. Daraus resultierte, da der Prozeß von

[33] Das Material bei Berve (S. 765 ff. unter den Stichworten: Bauten, Finanzmaßnahmen, Gewerbe, Handel, Kultbauten, Technik, Zwang zur Arbeit). Für Athen: A. French, The Growth of the Athenian Economy, 1964 S. 30 ff., 44 ff., 56; F. Schachermeyr (Fußn. 18), S. 205 ff.

[34] Heuß, S. 37 f., 41 ff., 44, 48 ff.; dazu unter anderem Aspekt Schaefer, S. 283 ff. Zum Folgenden auch Strasburger (Fußn. 24).

[35] Ch. Meier in: Gnomon 41 (1969), S. 375 f., Entstehung (Fußn. 10), S. 551, 18. H. Pleket in: Talanta, 1 (1970), S. 140, hat das Problem nicht verstanden. Wenn vom Fehlen „überpersönlicher Ziele" die Rede ist, so geht es

außen nicht gestört wurde, eine Vertiefung des schlechten Verhältnisses zwischen Adligen und Volk zu einer Erschütterung der alten
Homogenität, das heißt der Gemeinsamkeit des Wissens über die
rechte politisch-gesellschaftliche Ordnung. Dieses Wissen hatte ursprünglich im Arbeiten der Ordnung gegründet, das heißt in einem
Ineinanderrasten von Erwartungen und Erfüllungen und den daraus resultierenden selbstverständlichen Festlegungen und Begren-
zungen des Handelns. Aber dieses Arbeiten wurde zunehmend und
von verschiedenen Seiten gestört. Tiefe Gegensätze kamen auf, es
wurde sogar die Forderung nach Neuverteilung des Bodens zu gleichen Teilen an alle Bürger *(Isomoiria)* erhoben. Damit wurde auch
die politische Ordnung in Frage gestellt.[36] Die Agitation scheint
von besonders machtgierigen Adligen ausgegangen zu sein. Sie
zielte auf die Einrichtung von Tyrannis.[37] Denn wir haben nicht
den geringsten Anhaltspunkt dafür, daß damals eine Demokratie
hätte entstehen können. Die Tyrannen mochten zwar besser für das
breite Volk sorgen (ihre eigenen Interessen sprachen dafür, obwohl
sie sie auch anders interpretieren konnten). Allein, von einer Ausführung des Landverteilungsprogramms hören wir nie.[38] Jedenfalls
aber war ihre Herrschaft nur eine andere Form von Verteilung der
Macht im Adel: Sie monopolisierte nur, was sonst breiter verteilt
war.[39] Das aber bedeutete, daß die Abhängigkeit des Volkes und der

nicht darum, ob die Tyrannen vielfach auch positiv gewirkt haben, sondern
darum, ob sie ihre Herrschaft institutionell genügend verankern konnten.

[36] Will (Fußn. 30), S. 72 ff.

[37] Vgl. Solon, 23, 19 ff.; Berve, S. 769 (Neuverteilung des Bodens). Daneben stand das Programm der Schuldenaufhebung.

[38] Das gilt jedenfalls für die archaische Zeit. Es gab damals höchstens
Konfiskationen von Gütern der Gegner (Berve, S. 768).

[39] Heuß, S. 45 f.; Schaefer, S. 215, 314 ff. W. G. Forrest, Wege zur hellenischen Demokratie, 1966, S. 104, hat die damalige Alternative sehr gut beschrieben. Danach ist ein so harmloser Satz wie „Die Tyrannis in Griechenland entstand aus der Unzufriedenheit mit der Adelsherrschaft" falsch, mindestens „wenn wir damit meinen, daß die Leute auf dem Markt zueinander
sagten: ‚Ich hasse die Adelsherrschaft', so wie sie heute sagen können: ‚Ich
hasse den Kapitalismus'. Eher sagten sie: ‚Ich hasse die Leute von den Familien a, b und c, die uns regieren', und ihr Grund wäre, ... ‚weil sie x getan

Stadt von adligen Führern bestehenblieb: Es hing in jedem Fall weiter ganz von wenigen Personen und den Konstellationen zwischen ihnen ab, wie regiert wurde. Es bildete sich mithin so rasch keine politische Alternative zugunsten einer grundlegend neuen Ordnung.[40]

So konnten die Empörungen den Rahmen der überkommenen Homogenität zwar durchbrechen, aber nicht überwinden. So hatte die Forderung nach Berufung von Männern, welche das Recht feststellen und schriftlich fixieren sollten, im ganzen die Wiederherstellung der alten Ordnung im Sinn. Auch die Einsetzung von Bevollmächtigten zur Behebung akuter Krisen, von Wieder-ins-Lot-Bringern – wie man sie auf deutsch am besten nennt[41] –, zielte noch darauf. So kam es zwar zu einer erheblichen Schwächung der Funktionsfähigkeit, der Überzeugungskraft der herkömmlichen Ordnung, aber im ganzen blieb sie mangels Besserem mehr schlecht als recht in Übung. Man wußte es nicht anders. Denn alle waren der gegebenen Wirklichkeit verhaftet. Deren Überwindung zugunsten grundlegend neuer Lösungen, ja schon die Distanzierung von ihr, war außerordentlich schwierig und konnte nur schrittweise geschehen.

oder y nicht getan haben'. In jedem Staat wurden andere Leute gehaßt, und anders waren auch die Gründe für den Haß. Ebenso verschieden waren die Politiker, die sich den Haß zunutze machten, und die Methoden, die sie dabei anwandten." Vgl. ebd., S. 119ff.

[40] Interessant dafür, was alles versucht wurde, aber nichts erbrachte, ist der sogenannte Archontatskompromiß von 580/579: Die Zahl der Archonten wurde – für ein Jahr – von neun auf zehn erhöht, die Stellen paritätisch besetzt nach dem Schlüssel: fünf Adlige, drei Bauern, zwei Handwerker (Aristoteles, Athenaion Politeia, 13, 2. Für die Glaubwürdigkeit C. Mossé in: L'Antiquité Classique, 33 (1964), S. 401ff.; dazu Clisthène [Fußn. 30], 124, 27 [Entstehung d. Polit. 102, 27]).

[41] Dieser deutsche Ausdruck entspricht recht genau den für die archaische Zeit bezeugten griechischen Termini καταρτιστήρ und εὐθυντήρ (vgl. Clisthène, S. 123, 23. [Entstehung des Polit., S. 102, 27]). Für den Hintergrund dieser Einrichtung Heuß, S. 60f., auch Schaefer, S. 286ff.; dazu im folgenden die Ausführungen zur Entstehung einer dritten Position im Politischen Denken.

Das wird am besten deutlich am Wirken des gewiß größten politischen Denkers der archaischen Zeit der Griechen, des Atheners Solon[42], der um 600 die Not, die wachsenden Gegensätze und den drohenden Bürgerkrieg in seiner Vaterstadt erkannte und davor warnte und den die Bürgerschaft dann als Wieder-ins-Lot-Bringer mit besonderen Vollmachten einsetzte. Solon hat in seinen Gedichten einige große Entdeckungen vorgetragen: einerseits die Erkenntnis, daß es eine rechte Ordnung (εὐνομία) gebe, von der der Status quo stark abweiche, andererseits die, daß die Bürger verantwortlich seien für den Zustand ihrer Stadt und diesen, wenn er schlecht sei, ändern könnten, solange es noch nicht zu spät sei; eben mit Hilfe eines Wieder-ins-Lot-Bringers.

Hervorzuheben ist in diesem Zusammenhang, daß die rechte Ordnung konservativ konzipiert war. Solon ging vom Gegebenen aus, suchte nur dort, wo er Fehler und Mißstände bemerkte, die rechte Norm hinter der Entartung zu erkennen. Die Herrschaft des Adels etwa sah er als recht an, nur mußte ihre Willkür beschnitten werden. Die Not der Bauern, die zu Aufständen zu führen drohte, konnte nicht recht sein, mußte also behoben werden. Und etwa nach diesem Prinzip hat er eine Konzeption entworfen, die zum Inhalt hatte, was rechte Ordnung ist, und die sich sozusagen noch ganz innerhalb des Herkommens bewegte, insofern sie die gesellschaftlichen Gegebenheiten – der Adel führt, das Volk folgt etc. – annahm.

Allein, mit dieser Konzeption der Eunomie wurde jetzt eine Unterscheidung zwischen guter Ordnung und Status quo, mithin die Distanz zum gegenwärtig Gegebenen möglich, und die Lehre von der Verantwortung der Bürger für die Ordnung ihrer Stadt eröffnete, wenn sie rezipiert wurde, beachtliche politische Handlungsmöglichkeiten, auch für breite Schichten. Das politische Denken begann also sehr langsam, und indem es das Überkommene zunächst voraussetzte und annahm, sich aus dem Gegebenen herauszuarbeiten; und nur durch eine konservative Konzeption konnten die Spielräume breiter Schichten zunächst erweitert werden. Das mag paradox erscheinen. Aber wirklich Konservative verstehen sich

---

[42] Hierzu: Entstehung (Fußn. 10), S. 542 ff. (= 19 ff.).

ja häufig besser auf Veränderungen als Neuerer. Und hier war die
Legitimität nur in der Wiederherstellung des Alten zu suchen.[43]
Mit der Zeit ist dann zunehmend Distanz zum Gegebenen und
zum Hergebrachten entstanden. Neue Einsichten und Haltungen
kamen auf. Die alte Wirklichkeitsverhaftung lockerte sich. Die alte
Homogenität zerbrach. Dieser Bruch resultierte aus der Entstehung eines neuen Wissens über die politische Ordnung, einer Alternative zum Herkömmlichen: Breite Schichten kamen zu der Überzeugung, daß alle Bürger gleiche politische Rechte zu beanspruchen
hätten und daß der Gesamtheit im Gemeinwesen entscheidende
Mitsprache, ja die Kontrolle, die Herrschaft (im griechischen Sinne
von κράτος)[44] zukomme. Kurz vor 500 finden wir den Anspruch
auf Gleichheit für viele politisch zum ersten Mal verwirklicht.

Der Prozeß, der zu dieser völlig neuen Form des Gemeinwesens
führte, hatte sein Zentrum, so scheint es, im politischen Denken.
Die Geschichte dieses Denkens ist freilich nicht allein die der politischen Denker, sondern zugleich die ihrer immer weiter ausgreifen-
den Resonanz.[45] Sie ist obendrein aufs engste verwoben mit der politisch-gesellschaftlichen Wirklichkeit. Denn alle Einsichten und
Pläne waren dicht an das Gegebene gebunden, konnten jeweils nur
wenig darüber hinauszielen. So sind politisches Denken, Politik
und Polis, Einsichten weniger und Ansprüche vieler aneinander
gewachsen. Daraus entstanden mit der Zeit die Antizipationen, an
denen sich das Denken, Trachten und Handeln der (die längste Zeit
durchaus „unbewußt") auf die Demokratie hindrängenden Schichten orientieren konnte.

Selbstverständlich speiste sich der Prozeß aus vielerlei Wurzeln.

---

[43] Es ging z. B. bei den eigentlich Notleidenden um Wiederherstellung
ihres Eigentums am Boden.
[44] Vgl. Macht und Gewalt, in: Geschichtliche Grundbegriffe, Band 3,
S. 820 ff.
[45] Wir wissen über die Denker und ihre Gedanken relativ wenig. Man
kann die Geschichte des Politischen Denkens der Zeit nur aus zahlreichen
Splittern und Niederschlägen rekonstruieren. Aber selbst wenn wir mehr
wüßten, bliebe es dabei, daß hier sinnvoll nur eine „Sozialgeschichte" davon
geschrieben werden kann. Vgl. dazu und zum Folgenden mein demnächst er-
scheinendes Buch ›Die Anfänge des politischen Denkens bei den Griechen‹.

In seinen verschiedenen Phasen gingen immer wieder Gegebenheiten der Religion wie der Wirtschaft, der Eigentumsverhältnisse wie
der Geographie und anderes in ihn ein. Besonders zu erwähnen ist
die vorgegebene Existenz von Volksversammlungen und Erinnerungen an eine ursprüngliche Gleichheit, welche sich auch in den Antei-
len am Boden manifestiert hatte. Daran mochte der Wunsch breiter
Schichten nach Mitsprache anknüpfen. Außerdem mußte die wirtschaftliche und gesellschaftliche Krise die Beziehungen zwischen
den Adligen und ihren Gefolgschaften lockern. Allein, daß die institutionellen, ethischen und intellektuellen Voraussetzungen von Demokratie sich dann bildeten, ergab sich – soweit man sehen kann –
keineswegs schon aus solchen Verästelungen des historischen Wur-
zelwerks,[46] die schließlich auch anders gerichtete Veränderungen
hätten antreiben oder von anderen Kräften hätten in den Dienst
genommen werden können. Die Richtung, die die Dinge nahmen,
resultierte vielmehr aus der „Sozialgeschichte" des politischen Denkens. "It may be farther said, though men be much governed by
interest, yet even interest itself, and all human affairs, are entirely
governed by opinion", heißt es bei David Hume.[47] Die Meinung
also, das Wissen, daß die breiten Schichten ein dringendes Interesse
an rechter Ordnung hatten und daß sie es selbst verwirklichen
konnten, mußte sich bilden und die Bürger in Anspruch nehmen.[48]

[46] M. I. Finley (Fußn. 27), S. 33, 89 ff., 105 ff., 125 ff.; B. Borecki in: Geras, Stud. pres. to G. Thomsen, Prag 1963, S. 60. Es war vielmehr auf längere Sicht seinerseits die Bedingung dafür, daß die Volksversammlungen in
Funktion blieben und zunahmen und die Erinnerungen an eine ursprüngliche Gleichheit wichtig wurden. Denn man kann doch nicht einfach aus dem
Vorhandensein gewisser Elemente in einer Frühzeit auf deren Überleben
und Virulenz schließen. Gerade bei manchen Institutionen „primitiver Demokratie" ist nicht jenes, sondern dieses das Erstaunliche, das explanandum
(was – wie so vieles – Kippenberg [Fußn. 20], S. 50, verborgen geblieben
ist). Die Demokratie in „entwickelten" Gemeinwesen ist denn auch etwas
gründlich anderes als die „primitive".
[47] Essays, Moral, Political and Literary, ed. T. H. Green/T. H. Gose,
Band 1, 1875, S. 125. [Vgl. M. Weber, Gesammelte Aufsätze zur Religions-
soziologie 1, S. 252.]
[48] „Für das Eigene sorgt man vorzugsweise, für das Gemeinsame aber

Allein, wie konnte dies geschehen in einem Volk, dessen Notlei-
dende zunächst ganz andere, viel näherliegende Sorgen und Bedürfnisse hatten? Wie konnte das Nachdenken über die Polis überhaupt
darauf kommen, Ansprüche breiter Schichten zu bedenken, zu
begründen, zu betreiben? Wie konnte überhaupt ein politisches
Denken entstehen und Kraft gewinnen, das nicht die Sache der
Herrschenden und bestenfalls noch derer, die nach Herrschaft
strebten, verfocht? Wie konnten überhaupt nennenswerte Kreise
politischer Denker auf eine Schicht setzen, die lange Zeit weit davon entfernt war, als mächtiger Faktor in der Politik überhaupt in
Frage zu kommen?

Die Antwort ist, kurz gesagt, die, daß sich in einer Strömung des
politischen Denkens frühzeitig eine dritten Position bildete, das
heißt ein handfestes Interesse an der Polis im ganzen. Diese politischen Denker schufen über die streitenden Parteien hinaus eine
Sache, für die es in der Polis noch kaum Verfechter gab. Es war die
Sache, an der sich schließlich politische Forderungen breiter Schichten entzündeten und verwirklichen konnten.

Wie das geschah, ist in Umrissen zu rekonstruieren. Eine zentrale Rolle hat dabei das Delphische Orakel gespielt.[49] Dort war im
Laufe der Kolonisation ein wichtiger Umschlagplatz für Gedanken
und Informationen entstanden, die um die Polis und ihre Ordnung
kreisten. Anfangs war es dabei vor allem um Fragen der Einrichtung von Kolonien im umfassenden Sinne, um deren technische,
geographische, aber auch um deren politische Probleme gegangen.
Dann war die Summe von Schwierigkeiten allmählich hinzugekom-

---

weniger oder doch nur, so weit es die Einzelnen berührt", hat Aristoteles
später geschrieben (Politika, 1261 b 34, Übers. Susemihl). Das zielt in einen
anderen Zusammenhang, formuliert aber sehr gut, daß das Gemeinsame,
um wirksam zu sein, eben „den Einzelnen berühren" muß.

[49] Zum Folgenden H. Berve, Das delphische Orakel, in: Gestaltende
Kräfte der Antike, 1949, S. 9 ff.; Gnomon, 28 (1956), S. 174 ff.; H. W.
Parke, A History of the Delphic Oracle, 1939; M. P. Nilsson, Geschichte
der griechischen Religion, Band 1, 3. Aufl. 1967, S. 625 ff.; Schaefer
(Fußn. 28), S. 250 f., 295 f., 367; W. G. Forrest in: Historia 6 (1957),
S. 160 ff.

men, die mit der allgemeinen Krise auftraten und einen immer weiteren Kreis von Menschen veranlaßten, über probate Lösungen
nachzudenken. Dabei standen zunächst vor allem sozial- und wirt-
schaftspolitische Maßnahmen und Institutionen im Vordergrund
des Interesses – angesichts der Tatsache, daß die soziale und wirtschaftliche Not so drängend war. Hier trafen sich die Bedürfnisse
aller, einschließlich der Tyrannen. Die Lösungen, auf die man – in
Delphi und im weiten Kreis von Denkern, der es umgab – kam,
sind in vielem den Regeln der östlichen Weisheit ähnlich, etwa der
Weisheit Salomonis und entsprechenden ägyptischen Einsichten:
Es muß ein reger geistiger Austausch über den griechischen Bereich
hinaus stattgefunden haben.[50]

Daneben entstand dann aber eine andere Richtung, die sich zugleich für die politische Ordnung interessierte. In ihr spielte Solon
eine zentrale Rolle, vielleicht die des Beginners. Nun konzipierte
man, wie gesagt, rechte und nicht-tyrannische Ordnung und suchte
nach Einrichtungen, um sie zu gewährleisten. Hier scheint sich,
von einem bestimmten Punkt an, geradezu ein „autonomer Prozeß"[51] abgespielt zu haben. Man weiß, daß das Delphische Orakel
damals zu außerordentlichem Ansehen kam. Das kann nur durch
die Güte der dort gegebenen Sprüche, genauer gesagt, all der Aus-
künfte und Hinweise, die man in Delphi innerhalb und vor allem
außerhalb des Orakels erhalten konnte, erklärt werden. Delphi
hatte gute Ratschläge bei der Kolonisation gegeben. Die Kolonien
sandten daraufhin Dankgesandtschaften. Von diesen Dankgesandtschaften liest man gewöhnlich, daß sie herrliche Weihgeschenke
dort niederlegten (denn das steht etwa bei Pausanias). Was man weniger erfährt, ist, daß sie auch Informationen brachten. Delphi
wurde auf diese Weise der Punkt der griechischen Welt, an dem es
wohl die meisten Informationen gab über die weiten Möglichkeiten, die sich im Mittelmeerraum erschlossen, sowie über zahlreiche
aktuelle Probleme und Lösungen. Hat nun so ein Punkt in einer
Welt von zahllosen Poleis einen Informationsvorsprung, so ist da-

---

[50] Vgl. Fußn. 21.
[51] Vgl. dazu Ch. Meier, Fragen und Thesen zu einer Theorie historischer
Prozesse, in: H.-G. Faber/Ch. Meier (Hrsg.), Historische Prozesse, 1978.

mit zu rechnen, daß Informations- und Ratsuchende kommen (zumal man für Koloniegründungen gerne ein Orakel einholte).[52] Kommen sie, wird Delphi vertraut mit weiteren Problemen; dann kann es den nächsten wiederum Informationen, Antworten, Lösungen dieser Probleme abfragen. Dies und das kann hin- und hergehen, und so entwickelt sich solch ein Zentrum mit ziemlicher Zwangsläufigkeit nicht nur zu einer Orakelstätte von hoher Autorität, sondern auch zu einem großen geistigen Umschlagsplatz. Das aber mußte eine eigentümliche Konsequenz nach sich ziehen: Es mußte hier ein gleichsam institutionalisierter Anspruch auf intellektuelle Leistung entstehen, ein Ansporn zur Findung immer neuer Lösungen, für den delphischen Adel wie für die weiteren Kreise von Weisen, zu denen er Beziehungen unterhielt. Hier war also ein das Denken antreibendes mächtiges Interesse.

Dabei war es nun einerseits wichtig, daß Delphi nicht auf eigene Herrschaft spekulieren konnte, sondern auf die Vermittler- und Ratgeberfunktion beschränkt blieb. Andererseits bestand in der Welt der unzähligen Poleis keine Möglichkeit, daß Herrscher und Höfe das Denken der Zeit an sich banden oder gar monopolisierten. Es vollzog sich folglich in einer breiten Öffentlichkeit.

Hier in Delphi und im Kreis der ihm verbundenen Weisen entstand also gleichsam eine dritte Position, ein Denken, das nicht so sehr Partei nahm für Adel oder Volk, sondern das durch eigenes Interesse ganz konkret, in gewissem Umfang sogar ganz materiell darauf gerichtet war, probate Lösungen für Probleme zu finden.[53] Dies stand im weiteren Rahmen der delphischen Lehre von der Begrenztheit, der Schwäche, der Sterblichkeit der Menschen, jener Lehre, nach der der Mensch sich erkennen und sich bescheiden, nach der er *Sterbliches sinnen* sollte. Denn damit war die menschliche Lage so radikal erkannt, so sehr von ihrer Not und Problematik her ge-

---

[52] Nilsson, S. 637ff.; H. H. Rohrbach, Kolonie und Orakel, Masch.-Diss., Heidelberg 1960.

[53] Entsprechend war es in der Regel wohl wesentlich Sachverstand und Weisheit (und nicht irgendeine politische Meinung oder Richtung – soweit man damals in einem tieferen Sinne schon davon sprechen kann), was die Männer im Umkreis Delphis auszeichnete und ihrem Rat Autorität verlieh. Vgl. etwa Schaefer, S. 250f., 286ff.; Heuß (Fußn. 27), S. 60f.

nommen, so sehr auf ihren eigenen Bereich verwiesen, daß es fast
nahelag, auf maßvoll angemessene Abhilfe für die Schwierigkeiten
des Einzelnen wie der Polis zu sinnen. „Angemessenes muß man
von den Göttern erstreben, mit sterblichen Sinnen / erkennend,
was vor den Füßen liegt: was uns erlost ist. / Nicht, meine Seele,
nach unsterblichem Leben / jage! Nein, das schöpfe aus, was im Bereich des Handelns liegt." Diese Pindar-Stelle zitiert Wolfgang
Schadewaldt als Beispiel für die Ausstrahlung der delphischen
Theologie.[54]

Hier in Delphi und seinem weiteren Umkreis fand das allgemeine
Interesse der Poleis im ganzen also seine ersten Anwälte. Gegen die
streitenden Parteien, mithin gegen die Mächte der Zeit. Es verknüpft sich in dieser Strömung nicht mit Monarchen, die behaupten mochten, sie seien der Staat, und auch nicht mit der Opposition
dagegen; es war nicht für Vergangenheit oder für Zukunft engagiert. Es antizipierte vielmehr schlicht aus einer besonderen Lage
heraus das gemeinsame Polis-Interesse und baute allmählich eine
Position auf, in die die Schicht, die dieses Interesse dann verkörpern
sollte, grob gesagt die Mittelschicht der Bauern, allmählich hinein-
wachsen konnte. Einer geistig zwischen den Poleis operierenden
Gruppe konnte es nämlich auf die Dauer kaum entgehen, daß die
stets neu in harten, auch blutigen Kämpfen und Usurpationen sich
niederschlagende Willkür und Selbstbezogenheit des Adels ein großes Unglück und daß die Not breiter Schichten gefährlich war, weil
sie in Empörung und Bürgerkrieg umschlagen konnte. Folglich
mußte sich der kräftige Wunsch regen – im Verfolg der so hoff-
nungsvollen Entdeckung stets neuer Möglichkeiten –, etwas dagegen zu tun. Das schlug sich zunächst in Kritik am adligen Treiben,
in Gesetzgebung, Schlichtung und allerlei Maßnahmen der Wieder-
einrichtung von Poleis nieder. Aber es konnte kaum ausbleiben,
daß man mit der Zeit auch auf den Gedanken kam, dem breiteren
Volk zu seinem Schutz wie im Interesse der Polis einen stärkeren

---

[54] Pindar, Pythien, 3, 59ff.; Schadewaldt, Der Gott von Delphi und die
Humanitätsidee, 1975, S. 7ff., das Zitat S. 29; vgl. Heuß, S. 60, der von
einer „weltlichen Politik" des Orakels spricht. [Sophokles, Frgm. 590 P.:
θνητὰ φρονεῖν χρὴ θνητὸν φύσιν. Vgl. Demokrit Frgm. B 191.]

Anteil am Gemeinwesen und stärkere Mitsprache zuzusprechen.
Das Interesse der Polis ist dabei besonders zu unterstreichen, denn
wenn das Problem der Gewinnung staatlicher Ordnung und Stabilität vom Adel nicht befriedigend zu lösen war, so bedeutete dies, daß
diese Ordnung und die Verfassung der Gleichheit und Freiheit, die
dann später als Demokratie sich herausstellte, gleichzeitig hergestellt werden mußte; so ist es dann auch gekommen. Man hat vielerorts eine stabile Ordnung und die Vorform der Demokratie gleichzeitig begründet, ganz im Gegensatz zur neuen Geschichte, wo der
Staat vor der Demokratie dagewesen ist, was, wie man weiß, und
vielleicht mehr, als man weiß, vielfältige Konsequenzen gehabt hat
und noch hat, die sich u. a. in der Geschichte des Begriffs des Politischen niedergeschlagen haben.

So ungefähr also scheint mir am ehesten jene Strömung des politischen Denkens erklärt werden zu können, welche mit der Zeit die
Sache hervorbrachte, die von breiteren Schichten als ihr politisches
Interesse erkannt wurde und zugleich ein allgemeines Interesse war.
Hier entstanden Einsichten, die allmählich Resonanz fanden. Hier
wurde geistig die Distanz zwischen guter Ordnung und Status quo
fühlbar gemacht. Hier wurden Ideale aufgerichtet[55] und zugleich
die Sensibilität gegen Unrecht, die Unzufriedenheit mit Mißständen
genährt. So wuchs im Volk eine Kraft heran, die sich durch gele-
gentliche Konzessionen nicht einfach beruhigen ließ, die vermutlich
in entscheidenden Phasen um so fordernder wurde, je besser es im
ganzen ging, weil Empfindlichkeit und Ansprüche damit nur wuch-
sen. Einzelheiten sind kaum bekannt, und was bekannt ist, kann

[55] Es fand geradezu eine Umwertung der Werte statt; zu bemerken u. a.
darin, daß gewisse Polis-orientierte Tugenden unter den adligen Idealen
und zum guten Teil gegen diese besonders betont wurden, etwa die Tapfer-
keit (Tyrtaios, Frg. 9 Diehl), die Gerechtigkeit (Phokylides, Frg. 10, Theognis, Vers 145 ff.), die Weisheit (Xenophanes, Frg. 2), um nur die expliziten
Aussagen zu zitieren (daneben wäre auf den ganzen Komplex der Eunomia
und andere Stränge der Vorbereitung „bürgerlicher", also politischer Ethik
zu verweisen). Vgl. W. Jaeger, Tyrtaios Über die wahre Arete, SB Preuß.
Akad., 1932; Paideia, 1, 4. Aufl. 1959, S. 130 ff., 140 ff., 185 ff. Heranzuziehen auch A. W. H. Adkins, Moral Values and Political Behaviour in Ancient
Greece, 1972, S. 35 ff.

hier nicht erörtert werden. Die Dinge sind keineswegs einfach und
geradeaus gelaufen.

Aufs Ganze gesehen entstand aber ein Prozeß, der getragen
wurde von den mehr oder weniger blind nach Verbesserung ihrer
Lage strebenden breiten Schichten und der seine Ziele, seine Ideale
und auch die Mittel zu seiner schrittweisen Verwirklichung von einer kleinen geistigen Elite gewann, die sich über ganz Griechenland
erstreckte. Ein Schritt förderte den anderen. Ganz Griechenland
wurde eine große Experimentieranstalt. Hier wurde dies, dort das
versucht; alles wurde beobachtet; das eine gelang, das andere miß-
lang und konnte auf wieder andere Weise neu versucht werden.
Alles wurde diskutiert, neue Lösungen vorgeschlagen etc. Vielfach
drängten Ehrgeizige, die gegen die Mehrheit des herrschenden
Adels nicht durchkamen, mit Hilfe des Volkes zur Macht.[56] Das
Eigenartige, das sich mehrfach wiederholte, war, daß sie das Volk
nicht nur agitatorisch aufpeitschten und mit irgendwelchen materiellen Ködern abspeisten, sondern daß dabei eine Verbesserung der
politischen Rechte des Volkes herauskam, das man offenbar damit
am ehesten für sich einnehmen konnte. So gewann der Prozeß aus
den Auseinandersetzungen im Adel zusätzliche Dynamik.

Gegen Ende des 6. Jh. entstand dann in Athen eine in wesentlichen Zügen ganz neue Ordnung, noch keine Demokratie, aber
doch eine unmittelbare Vorstufe dazu in der Reform des Kleisthenes. Das Problem der Stabilisierung der politischen Ordnung von
breiteren Schichten her wurde unmittelbar auf den Tisch gebracht.
Es wurde öffentlich darüber beraten und vom Volke abgestimmt.[57]
Zum ersten Mal also traute man dem Volk und traute sich das Volk
zu, eine Verbesserung der Ordnung durch Abstimmung zu erreichen. Zu einem wichtigen Teil geriet die Verfassung erstmals in die
freie Verfügung der Gesellschaft und wurde Gegenstand bewußter
und eingreifender Veränderung.

[56] Vgl. J. Martin in: Chiron, 4 (1974), S. 5ff., der nur die drängende
Kraft und sich bildende Alternative im Demos übersieht.

[57] Clisthène (Fußn. 30), S. 138; vgl. M. Ostwald, Nomos and the Beginnings of the Athenian Democracy, 1969, S. 3, 158. Dazu: Histor. Zeitschr.
218 (1974), S. 372ff.

Etwa 50 Jahre später – nach den Perserkriegen und den anschließenden Feldzügen Athens – um 460 wird man dann gewahr, daß die politische Ordnung Funktion davon ist, *wer* herrscht, genauer: ob ein Tyrann, ob der Adel oder der Demos herrscht. Vorher konnte man nur sagen, *wie* die führenden Schichten jeweils herrschten, ob besser, ob schlechter, ob gerechter oder weniger gerecht.[58] Es hing von den Personen ab, war ein ethisches Problem. Jetzt wurden institutionelle Unterschiede maßgebend. Man kam darauf, daß es nicht nur eine Ordnung gibt, die erreicht oder verfehlt werden kann, sondern mehrere. Man merkte, daß man nicht Wirtschaft, Gesellschaft, allgemeine Sitte und politische Verfassung in diesem und jenem verändern muß, um eine rechte Ordnung herzustellen (wie noch Solon), sondern daß man nur das Volk an die Macht zu bringen und eine demokratische Verfassung aufzubauen hatte. Das Problem des Zusammenlebens in der Polis beschränkte sich also jetzt auf das Politische und wurde insofern lösbar.[59]

Die Isonomie des Kleisthenes war im Sinne der späteren Terminologie[60] im wesentlichen eine Hoplitenpoliteia. Seit etwa 460 wurde dann auch die unterste Schicht der Bürgerschaft, die Theten, wirksam an der Politik beteiligt. Damit entstand die radikale Demokratie. Die Theten konnten politischen Einfluß wohl nur erhalten aufgrund der sehr wichtigen Funktion, die sie für die Polis hatten, nämlich als Ruderer. Daraus hat Aristoteles die Doktrin der Entsprechung von militärischen Funktionen und politischen Rechten abgeleitet,[61] die er dann fälschlich auf die Hopliten übertrug, deren politischer Aufstieg in Wirklichkeit sehr viel langsamer und aus sehr viel breiter gelagerten Ursachen resultierte. Die Unterschiede zwischen Isonomie und Thetendemokratie sowie zwischen der ersten und zweiten Generation der Thetendemokratie sind recht groß. Sie spiegeln sich in der Begriffsgeschichte: Auf die Phase der Isonomie

[58] Entstehung (Fußn. 10), S. 557ff.; Wandel der Begriffswelt (Fußn. 4); vgl. Fußn. 39.

[59] Das spiegelt sich sehr gut im Wandel der politisch-sozialen Begriffswelt. Vgl. Fußn. 4.

[60] Entstehung (Fußn. 10), S. 566 (= 55).

[61] Aristoteles, Politika, 1297 b 16, 1274 a 12, 1304 a 22.

folgt ein erster Demokratiebegriff (seit etwa 460), der noch ein brei-
tes Spektrum von Verfassungen umfaßt und vor allem gegen die
Tyrannis steht. Seit den dreißiger Jahren des Jahrhunderts begegnet
dann ein engerer Begriff von Demokratie, der sich vor allem gegen
die Oligarchie absetzte, die ihrerseits in einem weiteren Sinne genommen wurde, der auch viele der bisherigen Demokratien um-
faßte. Aber diese historischen Unterschiede müssen hier vernachlässigt werden.

Um es nochmals zusammenzufassen: Am Anfang stand eine
eigentümliche Schwäche der Zentralgewalt, der Polis als Polis. Die
Krise der archaischen Zeit verschärfte sie. Es ergaben sich keine Ansatzpunkte, um von oben, das heißt, von Adel oder Tyrann her,
eine neue überzeugende Ordnung zu institutionalisieren. Der Adel
stand sich dabei selbst im Weg, weil er es war, der das eigentliche
Problem bildete. Und die Tyrannen konnten nichts ausrichten, weil
die Macht in den Städten und zwischen den Städten zu breit gela-
gert war. So wurde die Krise verlängert, und da der Prozeß von außen nicht gestört wurde, konnte schließlich – dank einer gesamtgriechischen Strömung politischen Denkens – in breiten Kreisen
Einsicht in politische Zusammenhänge, der Gedanke eigener Verantwortung und die Forderung nach eigener, und zwar institutionalisierter Mitsprache um sich greifen. Das schien die einzige Lösung
zu sein, und sie wurde schließlich verwirklicht, erst in Form der
Mitsprache, schließlich in Form der Herrschaft des Demos.

Es stellt sich damit der zweite Teil unseres Themas, das Problem
der Besonderheit der griechischen Demokratie. Diese war – um es
vom ersten Blick her zu formulieren – dadurch bestimmt, daß sich
sehr viele Bürger außerordentlich stark in der Politik engagierten.
Das war in Athen vermutlich am meisten ausgeprägt. Es wurde
etwa verfügt, daß die Volksversammlung in regelmäßigen Abstän-
den einzuberufen war, damit sie insgesamt Gelegenheit hatte, sich
weitgehend zur Geltung zu bringen.[62] Es wurden relativ große Ge-

---

[62] G. Busolt/H. Swoboda, Griechische Staatskunde, Band 2, 1926,
S. 986 ff.; C. Hignett, A History of the Athenian Constitution, 1957,
S. 232 ff.

schworenengerichtshöfe eingerichtet, um viele Recht sprechen zu lassen.[63] Daneben schuf man relativ große Ratskollegien. In Athen, der mit weitem Abstand größten Bürgerschaft Griechenlands, war dabei das Verhältnis zwischen Ratsherren und Bürgerschaft immer noch 1 : 60 (der Rat der Fünfhundert entsprach etwa 30 000 Bürgern), und Kleisthenes setzte eine hochkomplizierte Reform ins Werk, um u. a. zu erreichen, daß die Ratsherren wirklich aus jedem Dorf kamen, das heißt, je einer aus der Mitte von 60 Mitbewohnern. Der Rat wurde jährlich neu bestellt, zunächst wohl durch Wahl, später jedenfalls durch Los. Wohl in perikleischer Zeit wurde eingeführt, daß keiner mehr als zweimal Ratsherr sein durfte.[64] Offensichtlich wurde also eine relativ sehr breite und auch relativ sehr intensive Beteiligung der Bürger an der Politik angestrebt.

Das war nicht überall so. Aristoteles schreibt etwa, in Bürgerschaften, in denen die Volksversammlung sich nicht oft versammeln konnte, sei der Rat das am meisten demokratische Organ.[65] Aber auch da muß es sich um relativ große Ratskollegien gehandelt haben. Und die Regel war jedenfalls, daß die Volksversammlung eine zentrale Rolle in der Politik spielte.[66]

Daß diese ersten Demokratien in weitgehender Beteiligung relativ sehr vieler Bürger begründet wurden, lag aller Wahrscheinlichkeit nach in der Konsequenz ihres Entstehungsprozesses. Das heißt, es konnte kaum ausbleiben, wenn dieser Prozeß nur ohne äußere Störungen ablief. Dies ergab sich aus dem Zusammenwirken verschiedener Faktoren: nämlich aus dem großen Macht- und Wissensgefälle zwischen Adligen und Nicht-Adligen, der Instabilität der Machtverhältnisse, den wachsenden Ansprüchen und der zunehmenden Empfindlichkeit des Volkes, endlich aus gewissen Bedingungen, die mit den überkommenen Organisationsformen und den Größenverhältnissen gegeben waren.

[63] Busolt/Swoboda, S. 1150ff.; Hignett, S. 216ff.
[64] P. J. Rhodes, The Athenian Boule, 1972, S. 1ff.; Clisthène (Fußn. 30), S. 125ff., 149ff.
[65] Politika, 1317 b 30; vgl. 1299 b 32, 38, 1323 a 9. Zum Problem Clisthène, S. 143ff.
[66] Aristoteles, 1317 b 29, vgl. 1299 b 38 und im folgenden.

Man scheint alles mögliche versucht zu haben, um das Recht der breiten Schichten zu sichern und den Herrschaftspraktiken des Adels Grenzen zu setzen. Neue Gerichtshöfe, neue Formen der Klage[67] wurden eingeführt, und einiges spricht dafür, daß man Oppositionsmagistrate (entfernt vergleichbar den römischen Volkstribunen) schuf.[68] In der ersten Hälfte des 6. Jh. ist schon ein „Volksrat" in Chios bezeugt, möglicherweise hat Solon schon einen Rat der Vierhundert eingerichtet: Beides können nur „Gegenräte" gewesen sein, die das Volk vertreten, gegen Übergriffe von Adligen schützen und ein Gegengewicht gegen die Adelsräte bilden sollten.[69]

Aber mindestens in den bewegteren Städten konnte dergleichen keine dauerhaften Lösungen bringen. Denn in der Tagespolitik blieben die Adligen durch Gefolgschaften, Vermögen, Bildung und Beziehungen[70] weit überlegen. Und solange sie selbstverständlich die Maße der Politik bestimmten, waren Willkür und Faktionskämpfe, die das ganze Gemeinwesen in Mitleidenschaft zogen, an der Tagesordnung.[71] So lange war auch zu befürchten, daß jeder, der sich der Sache des Volkes annahm, eine Tyrannis erstrebte. Das konnte sich erst ändern, wenn vom Volk her permanent wirksame Gegengewichte geschaffen und neue Maßstäbe eingeschärft wurden. Dies aber setzte voraus, daß die Bindungen sehr vieler Bürger an die Adligen zerstört, d. h., daß neue Formen der Vertretung und Solidarität an ihre Stelle gesetzt wurden.[72]

[67] Vor allem die Einführung der Popularklage durch Solon, K. Latte, Kleine Schriften 1968, S. 252 ff.; E. Ruschenbusch, Untersuchungen zur Geschichte des athenischen Strafrechts, 1968, S. 47 ff.

[68] Clisthène, S. 147. [Entstehung des Polit., S. 127 f.].

[69] R. Meiggs/D. Lewis, A Selection of Greek Historical Inscriptions to the End of the Fifth Century, B. C., 1969, S. 14 ff.; vgl. M. Wörrle, Untersuchungen zur Verfassungsgeschichte von Argos im 5. Jh. v. Chr. Diss. Erlangen 1964, S. 56 f.; Clisthène, S. 155 [Entstehung des Polit., S. 137], vgl. S. 144 ff. [S. 124 f. Vgl. D. van Berchem, La Géronsie d'Ephèse. Museum Helveticum 37 (1980), S. 25 ff.].

[70] Vgl. Aristoteles, Politika, 1284 a 20, b 27, 1293 a 30, 1295 b 14; W. R. Connor, The New Politicians of Fifth Century Athens, 1971, S. 3 ff., 35 ff.

[71] Heuß (Fußn. 27), S. 41 ff., 47 ff., 53 ff.

[72] Clisthène, S. 119 ff., 133 ff.; 150 ff.; Aristoteles, 1319 b 26 (zu S. 128).

Die breiten Schichten mußten ihre Macht gesammelt und regelmäßig zur Geltung bringen können. Denn Ansprüche und Macht
ließen sich nur relativ konkret verwirklichen. Einzelne Beamte und
Volksräte konnten wirksam nur Einfluß nehmen, wenn sie sich auf
lebhafte Unterstützung und breite kräftige Mitarbeit gründen
konnten. Es galt ja, eine Schicht von Bauern, kleinen Adligen (die
aber auch kaum mehr als Großbauern waren) und Handwerkern[73]

[73] Im Kern geht es um die Bauern. Diese hatten damals politisch ein
welthistorisch ganz ungewöhnliches Gewicht. Innerhalb der griechischen
Bürgerschaften war das dadurch bestimmt, daß es eine Entsprechung zwischen bürgerlicher Zugehörigkeit und Landbesitz gab (die sich in einigen
Gemeinwesen aus der Ansiedlung nach der Dorischen Wanderung ergab,
dann auf die Auffassung anderer abfärbte). Der Zugehörige besaß Land
(und nur er durfte das: M. I. Finley, Die antike Wirtschaft, 1977, S. 47,
109f.; D. Asheri in: Historia 12 [1963], S. 2ff.), was umgekehrt hieß: Nur
wer Land besaß, gehörte dazu. Der letzte Grundsatz ist dann vielfach gelockert und durchbrochen worden, in Athen seit Solon (Plutarch, Solon
24,4), aber es blieb bestehen, daß die Handel und Gewerbe treibenden
Kreise im ganzen der Bürgerschaft nicht viel bedeuteten (vgl. M. Weber,
Wirtschaft und Gesellschaft, 2. Aufl. 1956, S. 809 [1964, S. 1015ff.], J. Hasebroek, Staat und Handel, 1928, S. 31, 105 u. ö.), so wohlhabend viele ihrer
Mitglieder (vgl. die Literatur Fußn. 33 und A. E. Raubitschek, Dedications
from the Athenian Acropolis, 1949, S. 455ff.) und so zahlreich sie sein
mochten. Es langte einfach nicht dazu, diese Art der Tätigkeit und die, die
davon lebten, insgesamt dem Grundbesitz und den Grundbesitzern gleich-
zustellen. Die antiken Poleis waren zu stark agrarisch bestimmt (das war zugleich die Voraussetzung der kräftigen Solidarität breiter Schichten, damit
ihrer Politisierung, also „Verbürgerlichung" im antiken Sinne. Dadurch
blieb aber auch die Alternative zum Bestehenden beschränkt, vgl.
Fußn. 88). Viele Handwerker und Kaufleute haben gewiß Kleisthenes unterstützt (vgl. C. Mossé [Fußn. 40], S. 408), aber das war nicht ausschlaggebend. Finley weist richtig darauf hin, daß die „Eingliederung der Bauern als
vollwertiger Teil der politischen Gemeinschaft" etwas ganz außerordentli-
ches ist (S. 110). Ich halte es aber für gänzlich verkehrt anzunehmen, die
Steuerfreiheit (die sie genossen) sei „eine wesentliche Voraussetzung" dafür.
Sie war eher eine Folge: Denn in dem Moment, als sie – gegenüber den primitiven Verhältnissen – wichtig wurde, war sie auch schon bedroht durch
die Tyrannen (Finley, S. 109). Daß die Bauern dieser Bedrohung Herr wurden, ist Teil des Prozesses, der zu der außerordentlichen Erscheinung der

gegen die bis dahin führenden Kreise politisch zur Geltung zu bringen. Die Volksräte mußten sich mindestens anfangs im wesentlichen aus Machtlosen und Unerfahrenen, aus Nicht-Spezialisten zusammensetzen,[74] konnten ihre Kraft nur aus dem Ganzen der Bürgerschaft ziehen. Und diese mußte stark genug sein, um die Adligen – in deren Händen noch lange alle Politik lag[75] – wirklich an die eigene Sache zu binden. Letztlich lief es also darauf hinaus, daß die Bürgerschaften insgesamt verändert werden mußten, oder, besser gesagt, aus den Zugehörigen der Polis mußten überhaupt erst Bürgerschaften werden.

Die Empfindlichkeit und der Anspruch breiter Schichten werden zusammen mit der Lebhaftigkeit des politischen Denkens dafür gesorgt haben, daß dies über kurz oder lang bewußt wurde. Dann aber konnte es bei der (eben dadurch gesteigerten) Labilität der Machtverhältnisse kaum ausbleiben, daß einzelne Adlige, die sich gegen die herrschende Gruppe durchsetzen wollten, das Volk durch entsprechende Vorschläge zu gewinnen suchten. Kleisthenes war der erste, von dem wir wissen, daß er seine Macht durch Stärkung der politischen Rechte des Demos sichern wollte. Er wird kaum der einzige gewesen sein.[76] Der Prozeß, der mit der Verknüpfung zwischen politischem Denken und breiten Schichten begonnen hatte, konnte also, wenn er von außen nicht gestört wurde, seine Schubkraft kaum erschöpfen, bevor nicht eine wirkliche Umstülpung der Machtverhältnisse errreicht war.

Wahrscheinlich spielte es mit, daß der Gedanke der Verantwortung der Bürger für die Stadt kaum hinreichende Resonanz finden

---

Demokratie führte. Wie es dazu kam, scheint mir nur erklärbar zu sein, wenn die Entstehung des Politischen bedacht wird: Als Herren der Demokratie, als Bürger verschafften sie sich Steuerfreiheit, wie sie dies dann allerdings nur sein konnten dank der Steuerfreiheit. [Vgl. K. Marx, Grundrisse der Kritik der politischen Ökonomie, 1974, S. 380.]

[74] Clisthène (Fußn. 30), S. 134 f., 144 f. [Entst. des Polit., S. 114 f. 125 f.]

[75] Vgl. Connor (Fußn. 70); V. Waentig, Die soziale Herkunft der athenischen Gesandten im 5. Jh. v. Chr., Masch.-Diss., Heidelberg 1958.

[76] Martin (Fußn. 56), S. 12 f., 40 ff.; Clisthène, S. 156 [Entstehung des Polit., S. 138]; Herodot, 5, 37, 2.

konnte, bevor er nicht in sehr vielen Wurzeln geschlagen hatte, und daß es bei der hergebrachten Rolle der Volksversammlung nahelag, daß sich breite Schichten (wenn sie sich denn politisch interessierten) vor allem in dieser zur Geltung brachten und die übrigen Institutionen darauf einrichteten. Schließlich weiß man, wie schwierig der Gedanke der Repräsentation zu fassen ist, und in der Polis fehlte bei der Kleinheit der Gemeinwesen jeder Anstoß, um Vertretung – über das Notwendigste hinaus – an die Stelle eigener Entscheidung zu setzen.

Es mußten also offenbar direkte Demokratien sein, in denen die antiken Poleis – zum ersten Mal in der Weltgeschichte – Regierung an die Stelle von Herrschaft setzten. Maßgebliche Mitsprache und Herrschaft des Demos waren nur zu verwirklichen in direkter *présence civique*, wie ich das früher auf französisch formuliert habe,[77] also in *bürgerlicher Gegenwärtigkeit*. Allein, damit ist die Sache noch nicht genügend erfaßt. Wichtiger als der institutionelle Aufbau war die Kraft, die in ihm ihre Form und regelmäßige Wirksamkeit erlangte, und die sich am treffendsten als *Politische Identität* begreifen läßt.

Ich kann das hier nicht im einzelnen entwickeln.[78] Eine kurze Skizze muß daher genügen, um zu umreißen, was damit gesagt ist. Es gibt Identität nicht nur bei Individuen, sondern auch bei Gesellschaften. Sie stellt gleichsam einen Kern im gesellschaftlichen Feld dar, der in irgendeiner Weise darauf drängt, daß eine Gesellschaft sich treu bleibe. Seine Wirkung besteht in eigenständigen Prozessen, in denen bestimmte Haltungen, Erwartungen und Wertschätzungen reproduziert werden, und zwar unabhängig vom Vorhandensein der Absichten, aus denen sie ursprünglich entstanden. Identität ist in verschiedenen Aspekten der Realität verankert und lebt daraus, daß die Mitglieder einer Gesellschaft sich in bestimmten Weisen *aufeinander beziehen, sich im Dienste gemeinsamer Ziele gegenseitig aktivieren und stützen.*[79]

---

[77] Clisthène, S. 115.
[78] Das ist geschehen in meinem Aufsatz, Die politische Identität der Griechen, in: O. Marquard/K. H. Stierle, Identität. 1978.
[79] E. H. Erikson, Dimensionen einer neuen Identität, 1976, S. 36.

In unserem Zusammenhang ist es nun von Interesse, daß die
Identität der Gesellschaften verschiedene Zugehörigkeiten umfas-
sen bzw. überwölben kann. Die einzelnen Mitglieder bilden ja nicht
nur innerhalb der Gesellschaft im ganzen Zugehörigkeiten, sondern zugleich in verschiedenen Kreisen, im kleinen etwa in Haus,
Familie, Nachbarschaft; im großen z. B. in Gemeinsamkeiten von
Konfessionen oder Weltanschauungen, aufgrund ihrer Position im
Arbeitsprozeß oder als Anhänger einer politischen Richtung. Daraus kann die Vielfalt der Klassen-, Konfessions- und Parteizugehö-
rigkeiten entstehen, die unter Umständen von einer nationalen
Identität überwölbt werden.

Die gesellschaftliche Identität der Griechen, genauer gesagt: der
demokratischen Poleis und ihrer unmittelbaren Vorläufer war nun
dadurch bestimmt, daß die politische, also die bürgerliche Zugehörigkeit die einzige war, die über die engen Zusammenhänge des
Hauses und der Nachbarschaft hinausging. Sie beruhte zwar auf
kultischen Zusammenhängen,[80] aber diese waren politisiert: Die
Religion war überhaupt im wesentlichen Polis-Sache. Auch die Unterabteilungen der Bürgerschaft waren Kultgemeinschaften. Aber
sie waren wesentlich Teile der Polis. Insbesondere gilt dies für die
von Kleisthenes neu geschaffenen Einheiten. Die Phylen etwa waren konsequent auf den Dienst am Ganzen ausgerichtet. In ihnen
sollten engere Solidaritäten entstehen, die auf die beste Verwirklichung des Bürger-Seins zielten. Weiterhin konnten aus Gemeinsamkeiten der Arbeit keinerlei nennenswerte Solidaritäten entstehen. Die politische Zugehörigkeit war also, wenigstens für breite
Schichten (beim Adel lag es etwas anders), konkurrenzlos. Insofern

---

[80] Fustel de Coulanges, La cité antique, 28. Aufl. 1923, hat richtig, wenn
auch übertreibend, darauf hingewiesen, daß dies eine der Grundlagen der
antiken Form der Zugehörigkeit, der Abschließung der Poleis gegeneinander und anderer Eigenarten der uns so fremden (vgl. ebd.; S. 1 f.) Antike gewesen ist (siehe bes. S. 227 ff.). Aber diese Grundlagen gehen ganz in das
politische Leben ein und verändern sich mit ihm. Sie können daher weder
den Schritt zur Demokratie erklären noch die Besonderheit der politischen
Identität. Religion und Politik waren nicht voneinander zu trennen. Aber
der Akzent lag eindeutig auf dem Politischen. Vgl. auch Ehrenberg
(Fußn. 2), S. 17. [J. Burckhardt, Kulturgeschichte 1, S. 80.]

war die gesellschaftliche Identität dieser Poleis durch und durch und nur politisch. Zur Vermeidung von Mißverständnissen sei hinzugefügt, daß diese politische Identität in bestimmten Schichten besonders akzentuiert war, nämlich im breiten Volk. Sie war aber beileibe nicht von allen seinen Mitgliedern, sondern nur von relativ sehr vielen getragen. Selbst wenn sich Mehrheiten weniger oder selten für Politik interessierten, waren diejenigen, die sich dafür engagierten, relativ so zahlreich und mächtig, daß sie das Ganze bestimmten (übrigens einschließlich des Adels und der Wohlhabenden, die ihrerseits dann weitgehend nach politischen, also im griechischen Sinne bürgerlichen Maßstäben urteilten und sich ihre eigenen Ziele setzten).

Der Tatbestand, der damit begriffen werden soll, ist erstaunlich. Denn wie kamen relativ so viele Bürger dazu, mit einem wesentlichen Teil ihrer Zeit, ihrer Kraft, ihres Denkens sich als Bürger, also politisch zu betätigen, und zwar ohne herauszuragen? Zwar lassen sich manche Motive dafür anführen, sowohl aus dem Interesse an Rechtssicherheit wie aus der – vom Adel übernommenen – Hochschätzung der Betätigung in der Öffentlichkeit. In Athen hat man die Teilnahme an Politik durch Diäten materiell ermöglicht, und die athenische Politik bot im 5. Jh. auch manche Erfüllung.[81] Allein, die Diäten waren nicht so hoch, daß politische Tätigkeit sich materiell gelohnt hätte,[82] und für die Teilnahme an den zahlreichen Volksversammlungen wurde vor dem Ende des 5. Jh. überhaupt nichts gezahlt.[83] Auch die vielen Ratsherren der Zeit zwischen Kleisthenes und Perikles bekamen nichts vergütet. Dabei waren sie zwar abkömmlich, aber gewiß kaum wohlhabend. Für die meisten Demokratien außer Athen war Politik, nach unseren Maßstäben,

[81] K. Reinhardt, Tradition und Geist, 1960, S. 261 (Von Werken und Formen, 1948, S. 291); besonders schön in Aristophanes' Wespen dargestellt.

[82] A. H. M. Jones (Fußn. 2), S. 17f., 49f., 80ff. Es wäre aber zu überlegen, ob nicht die Diäten, auch wenn sie hinter den Arbeitseinkünften zurückblieben, gleichwohl für manchen zeitweise genug boten, angesichts der Tatsache, daß Politik reizvoll war und man schließlich auch Frau und Kinder für sich arbeiten lassen konnte (Aristoteles, Politika, 1323 a, 5 ff.). Vgl. auch P. Von der Mühll, Ausgewählte Schriften, 1975, S. 525 f.

[83] Zu den dürftigen Quellen, Hignett, S. 396 f.

nicht sonderlich interessant. Zudem waren die häuslichen Sorgen, etwa die wirtschaftlichen Probleme der Handwerker und Händler, in aller Regel nicht Gegenstand der Politik. Nur wo es sich um Mangel an Nahrungsmitteln oder um Verteilung von öffentlichen Einkünften handelte, brachte Politik wirtschaftlichen Vorteil für viele. Ohne weitere Einzelheiten aufzuführen, kann man jedenfalls feststellen, daß erstaunlich viele Griechen in erstaunlicher Weise ihre häuslichen Interessen vernachlässigten und sich als Bürger bestätigten. Daß sie das in so großer Zahl so regelmäßig taten, ist von besagten Motiven her nicht zu erklären. Deswegen muß man mit der Motivation aus einem allgemeinen, dauerhaften, über alle einzelnen Antriebe hinauswirkenden Kraftzentrum rechnen, eben mit der institutionalisierten Macht politischer Identität (die zwar ihrerseits aus verschiedenen Prozessen resultierte und auf verschiedenen Prozessen aufruhte, in denen sie sich bestätigte, aber doch einen Kern im Feld darstellte, der diese Bestätigung wie seine eigene Regeneration in gewissem Umfange selbst hervorrufen konnte).[84] Ein aus bestimmten Gründen entstandenes Engagement in der Politik muß für viele so bestimmend, verpflichtend und umgekehrt auch erfüllend gewesen sein, daß die Politik sie dann ihrerseits engagierte. Indem sie ihre Identität darin fanden, „verwirklichten" sie sich dann selber darin.[85]

Es ist hier nochmals an die ganz besondere Eigentümlichkeit zu erinnern, in der sich die so erstaunliche Entstehung der ersten Demokratien abspielte. Nur in einer abstrakten Gemeinsamkeit konnten die Nebeninteressen, die sich aus Bedürfnissen und Sorgen der Angehörigen breiter Schichten auf das Gemeinwesen richteten, zu einem mächtigen Gemeininteresse zusammenschließen. Die Solidarität derer, die durch eigene Mitsprache Gerechtigkeit und Ordnung sichern wollten, konnte kaum an deren verschiedene unmittelbare Interessen, sondern mußte an das allgemeine, eher vermittelte, also das bürgerliche Interesse anknüpfen. Das machte sie stark. Das hieß aber, die weit überwiegende Mehrheit der Zugehörigen der

---

[84] Vgl. die in Fußn. 51 genannte Arbeit.
[85] Zur einschlägigen Theorie des Aristoteles: J. Ritter, Metaphysik und Politik, 1969, S. 57ff., bes. 71 ff.

Poleis, die sich bis dahin als Nachbarn, Bauern, Handwerker, Kultgenossen begegnet waren, fand sich schließlich – nach der Schaffung der ersten Isonomien – als Bürger wieder.[86] Sie konstituierten zwischen sich eine ganz neue Ebene der Begegnung, des Verkehrs, des Sprechens, Handelns, Erwartens, Sich-Nehmens und Zusammenseins. Die Bürgereigenschaft setzte sich nicht nur neben alle anderen, sondern für viele, für die Anspruchsvollen, Maßgebenden ins Zentrum und forderte sie heraus, mit einem wichtigen Teil ihrer Zeit, ihres Denkens, Trachtens und Handelns Bürger zu sein. Nicht nur bestimmten jetzt die Bürger die Politik, sondern die Politik bestimmte zugleich die Bürger. Sie veränderten sich, indem sie in die Politik kamen. Darin legten sie sich gegenseitig fest.

Es war mithin nicht weniger als ein Stück Identitätsgeschichte, das sich hier abspielte, zu dem die Bereitschaft entstand, wesentlich Bürger in dem – eben damit sich ausbildenden – griechischen Sinne des Wortes, also stark engagierte Teilhaber an der Politik zu sein. Isonomien und Demokratien nahmen die Bürger so sehr in Anspruch, daß sie nur durch einen Wandel ihrer gesellschaftlichen Identität ihnen genügen konnten. Billiger war die im griechischen Sinne politische Form des Gemeinwesens nicht zu haben.

Damit trat ein Bruch zwischen gesellschaftlicher und politischer Ordnung ein. Die Gesellschaft mit all ihren Ungleichheiten blieb im wesentlichen, wie sie war. Daneben aber entstand – abstrahiert davon und befestigt in eigenen Institutionen – der neue Bereich, in dem alle gleich waren. Freilich wirkten die Ungleichheiten der Personen sich noch lange, in wichtigen Hinsichten immer, im Politischen aus. Aber sie wurden jetzt weithin dadurch aufgewogen, daß die mittleren und später dann auch die unteren Schichten der Bür-

---

[86] Dieser Vorgang hat entfernte Parallelen mit der Französischen Revolution. Nur daß die bald vorüberging und die Griechen sich nicht citoyens nennen mußten. Immerhin soll Kleisthenes auch im Individualnamen eine Veränderung im Sinne einer Politisierung veranlaßt haben (Aristoteles, Athenaion Politeia, 21, 4): Dem Eigennamen wurde jetzt offiziell (und weithin dann auch praktisch) nicht mehr der Vatersname, sondern der des Demos hinzugesetzt, das heißt der Einzelgemeinde, der man angehörte, in deren Listen man stand. (Den Hinweis auf die Parallele zwischen antiker Bürgerwerdung und der Anrede als citoyens danke ich J. Starobinski.)

gerschaft ihr Gewicht in politicis gesammelt in die Waagschale warfen, damit neue Maßstäbe setzten und die Adligen in ihren Dienst
nahmen. Als Gesamtheit waren sie, mindestens auf die Dauer, viel
stärker, so daß die persönliche Überlegenheit der Einzelnen kein
solches Gewicht mehr hatte. Viel wichtiger war das Bewußtsein der
politischen Gleichheit,[87] das um so stärker war, als man mit anderen Formen der Gleichheit nicht rechnete und als es sich auf den Bereich der Öffentlichkeit bezog, in dem sich zu betätigen herkömmlich als besonders ehrenvoll galt. Das aristokratische Wertsystem,
demzufolge dies so war, blieb in Kraft, weil der Demos zwar neue
politische Normen gegen die Adelspraktiken setzte, aber keine umfassend andere Ethik (wie dies etwa in der neueren Geschichte vom
Bürgertum her geschah.[88] Im wesentlichen galten für alle die gleichen, im ganzen von der Aristokratie (und den homerischen Epen)
bestimmten Wertbegriffe. So war also keine volle Alternative zum
Adel entstanden. Indem der Demos die öffentliche Sphäre zur
seinen machte, übernahm er vom Adel auch zahlreiche wichtige
Ideale. Bürger zu sein war also eine stolze Sache im Gegensatz zum
gering geschätzten Banausentum, mit dem man sich zu Hause abgeben mußte.

So war auch in der Folgezeit, gerade in der athenischen Theten-
Demokratie, „Gevatter Handschuhmacher"[89] als Bürger eben nur
Bürger und nicht auch Handschuhmacher. Als Bürger gab und
nahm man sich. Darin wird auch der tiefe Sinn der griechischen
Scheidung von Haus und Polis deutlich. Hannah Arendt hat von
der „Kluft" geschrieben, „welche die Menschen ... gleichsam täglich überqueren mußten, um den engen Bezirk" des Hauses „zu

---

[87] Besonders anschaulich Aristophanes' Wespen, [519f.] 548ff.; vgl.
508ff., 575, 627, 638. Auch Euripides, Hiketiden, 403f., 429ff. (vor dem
attischen Demos gesprochen); Thukydides, 2, 37, 1. [J.-P. Vernant, Mythe
et Pensée chez les Grecs, 2, 1974, S. 28f.]

[88] Einiges dazu bei L. Pearson, Popular Ethics in Ancient Greece, 1962,
sowie bei Adkins (Fußn. 55) und in: Merit and Responsibility, 1960. Die
Sache bedarf aber einer umfassenden und im weiten Sinne des Wortes gesellschaftshistorischen Untersuchung.

[89] Davon spricht Heuß, Propyläen Weltgeschichte, Band 3, 1962,
S. 275f.

übersteigen und aufzusteigen in den Bereich des Politischen". Hier bewegte sich der Bürger unter seinesgleichen.[90] Hier war der Bereich der Freiheit. Der Bereich der Notwendigkeit war dagegen vergleichsweise abgewertet. Er war nur, wie das Wort schon sagt, leider notwendig.[91] Man mußte sich um die häuslichen Angelegenheiten kümmern, wie später Perikles bei Thukydides – vielleicht schon angesichts zunehmender Vernachlässigung – betonte.[92] Im attischen Demos ist fraglos viel gearbeitet worden. Eine Verachtung der Arbeit, wie sie sich später etwa bei Aristoteles findet, konnte man sich praktisch gar nicht leisten. Aber man schätzte das Arbeiten nicht sonderlich, so stolz man auf das Ergebnis sein mochte. Man wagte sich mit eventuell daraus sich ergebenden Sorgen kaum in die Sphäre des Politischen hinein. Wahrscheinlich waren die Theten, deren Aufstieg und Rang allein aus ihrer politisch-militärischen Funktion für das Gemeinwesen resultierten, darin sogar besonders zurückhaltend, bezogen sie ihren Stolz ganz besonders aus der Bürgeridentität. So wurde ein großer Teil der Arbeit von Nicht-Bürgern und Sklaven verrichtet. So wurden die Bereiche von Arbeit und Politik, Haus und Polis sehr klar getrennt, blieb die Bürgerzugehörigkeit die einzig wichtige oberhalb des Hauses. Nicht zuletzt darin liegt das Erklärungspotential der Identitätskategorie.

Die politische Identität ist im Athen des 5. Jh. am reinsten verwirklicht worden. Weite Teile der Bürgerschaft waren zeitweise wesentlich als Bürger (und Soldaten) tätig, lebten zum großen Teil davon, gelegentlich sogar als Theaterbesucher. Das war so nur möglich, weil andere in den Bündnerstädten dafür aufkamen.[93] In

---

[90] Vita Activa, 1960, S. 34.

[91] Ebd., S. 48: „Da das bittere Muß, sich am Leben zu erhalten, zur Arbeit trieb, war Vortrefflichkeit das letzte, was man von ihr erwarten durfte."

[92] 2, 40, 1 f. Vgl. Aristophanes, Wolken, 316, 334; Reichtum, 903 ff. u. ö. Zum Folgenden Ehrenberg, Aristophanes und das Volk von Athen, 1968, S. 169, 339 f.; Jones (Fußn. 2), S. 10 ff.; 75 ff.; Finley, S. 65 ff. (dazu Xenophon, Memorabilien, 3, 7, 5 f.; 4, 2, 37; Jones, S. 109 f.). Man muß in diesem Punkt stark differenzieren, hier aber muß es mit dem Gesagten genug sein.

[93] Jones hat (S. 6 f.) darauf hingewiesen, daß auch nach dem Zusammenbruch des attischen Reiches Geld genug für die Diäten da war. Gleichwohl

gewissem Sinne kann man von einer gesamtgriechischen Arbeitstei-
lung sprechen, in der die Athener sich auf Politik kaprizierten und
andere griechische Städte mehr auf Arbeit.[94] Aber auch dort gab es
Demokratien, und auch dort wurde die Bürgereigenschaft groß
– wenn auch nicht ganz so groß – geschrieben.

Mit dem anspruchsvollen Begriff der politischen Identität scheint
also die Stelle, die die Bürgerschaft in der Zugehörigkeitsstruktur
der damaligen Zeit hatte, genau und treffend erfaßt zu sein. Identität ist etwas, was gewiß nicht gegen alle Interessen, Bedürfnisse und
Nöte bestehen oder sich durchsetzen kann. Aber als eine besonders
grundlegende, sinngebende und zentrale Größe der Ökonomie der
Persönlichkeiten und der Gesellschaften hat sie eine gewisse Resi-
stenz selbst gegen Interessen und Bedürfnisse, ja sie weist diesen in
gewissem Umfang sogar ihren Rang zu.

Politik war also so sehr eine Seins-, eine Lebensweise, daß sie
nicht Mittel zum Zweck für Interessen aus anderen Sektoren des
Lebens sein konnte. Die Bürger waren so ausschließlich Bürger,
daß sie nicht als Interessengruppen in der Politik auftreten konnten.
Von daher waren der Gehalt und die Thematik der Politik bestimmt. Es ging um das, was die Bürger als Bürger beschäftigte, um
die Beziehungen auf der politischen Ebene und die zwischen den
verschiedenen Bürgerschaften. Das ergab die Innen- und Außenpolitik und zahlreiche Kriege.

Von daher waren auch die Grundbegriffe der Demokratie, Freiheit und Gleichheit bestimmt, beide als politische Begriffe. Nur an
einer einzigen Stelle, aus späterer Zeit, aus Sizilien, kommt es vor,
daß man um der Freiheit willen fordert, Gleichheit des Bodenbesit-
zes herzustellen. Im allgemeinen war Gleichheit nur die Gleichheit
der politischen Rechte. Diese aber bedeutete, wie gesagt, ungemein
viel. Die Freiheit wurde vor allem als Freiheit von Gleichen verstanden, weil eben nur, wo diese Gleichen sich stark in bürgerlicher

---

bleibt, wie er selbst schreibt, bestehen, daß im 5. Jh. eine größere Anzahl
von Bürgern erheblich weitgehender von Politik (und Flotte) lebte als im 4.
Eben dafür bildeten die Einkünfte die Basis (zum Bauprogramm vgl. Politische Identität [Fußn. 78], Anm. 84). [Vgl. Thukydides 6, 24, 3.]

[94] Vgl. Plutarch, Kimon, 11.

Gegenwärtigkeit engagierten, ihre Freiheit gesichert war;[95] weil es Freiheitsrechte, die ein Staat im neuzeitlichen Sinne „gewähren" und durch Spezialorgane garantieren kann, nicht gab. Die in vielen Demokratien gegebene Freiheit *zu leben, wie man will,* ging darüber hinaus und betraf zugleich das gesellschaftliche Leben.

Die Institutionen der Demokratie waren genau auf die so konkret mit der Polis identische Bürgerschaft zugeschnitten. In diesen Verfassungen – ich beschränke mich hier auf Athen[96] – war die Volksversammlung zentral, möglichst viel sollte sie entscheiden. Manches mußte aber doch vorberaten werden. Auch die Aufsicht über die gesamte Exekutive sollte zwar von möglichst vielen, konnte aber kaum von allen geübt werden. Daher brauchte man den (zahlenmäßig relativ sehr großen) Rat der Fünfhundert. Damit dort nicht die Einflußreichsten und die Erfahrensten säßen (und dann den anderen schon wieder überlegen wären und die Politik in gewissem Maße monopolisierten), bestellte man die Ratsherren spätestens seit der Mitte des 5. Jh. durch das Los,[97] ermöglichte durch Diäten allen Bürgern die Teilnahme[98] und bestimmte noch obendrein, daß keiner öfter als zweimal im Leben Ratsherr sein durfte. Der Rat wurde jährlich neu bestellt. Mindestens 7500 Bürger mußten also in einer Generation Ratsherrn werden, das war ein Viertel bis ein Fünftel der Bürgerschaft. Der Rat war folglich kaum mehr als ein beliebiger Ausschuß der Gesamtheit. Ein Zehntel der Ratsherren, die sogenannten Prytanen, mußte immer auf dem Marktplatz anwesend sein, zum Teil auch dort schlafen[99]: eine besonders sinnfällige Demonstration konkret genommener bürgerlicher Gegenwärtigkeit. Andere Ausschüsse der Bürgerschaft bildeten die

[95] Vgl. Wandel der Begriffswelt (Fußn. 4); zu Syrakus: Plutarch, Dion, 37, 5; A. Fuks in: Classical Quarterly 18 (1968), S. 218 ff. Zum Folgenden siehe Art. Freiheit in: Geschichtliche Grundbegriffe 2, S. 427 f. (wo es statt χέε: χέζ' heißen muß).

[96] Eine sehr anschauliche kurze Skizze bietet M. Gelzer, Kleine Schriften, Band 3, 1964, S. 13 ff.

[97] Für den Effekt J. W. Headlam, Election by Lot at Athens, 2. Aufl. 1933, S. 26 ff., 41 ff.; Hignett, S. 232 ff.

[98] Jones, S. 4 f., 105. Anders Rhodes (Fußn. 64), S. 1 ff. Vgl. Fußn. 65.

[99] Busolt/Swoboda, S. 1028 ff.; Hignett, S. 237.

ebenfalls zahlenmäßig recht starken Geschworenengerichtshöfe, in
denen oft auch politische Entscheidungen getroffen wurden. Die
attische Bürgerschaft war, wie Karl Reinhardt es formuliert hat,
„der Idee nach … eine Substanz, von der jeweils aufs Geratewohl
jedes Quantum herausgegriffen dieselbe Beschaffenheit und Mischung aufweist wie das Ganze".[100] Auch das wurde durch das Los
erreicht. Die Ämter unterlagen strenger Rechenschaftspflicht und
wurden teils durch Wahl, teils durch Los besetzt. Durch Wahl vor
allem diejenigen, bei denen besonderer Sachverstand (und teilweise
auch besonderer Reichtum) notwendig waren, das heißt die militärischen, später auch die finanzpolitischen. Diese Ämter waren dann
auch in der Hand eines kleineren Kreises von Männern, die sich auf
Politik besonders spezialisiert hatten. Daneben gab es eine Unzahl
kleinerer Ämter, die alle erlost wurden. Sie waren mehrfach besetzt, ihre Kompetenzen berührten sich oft dicht. In ihnen war Gelegenheit zu vielfältigster und häufiger politischer Betätigung gegeben. Der Turnus war bei ihrer Besetzung so weitgetrieben, daß man
von einem Wechsel von Regieren und Regiertwerden sprechen
konnte.[101] Das war schon für Euripides ein wesentliches Merkmal
der Demokratie: „Der Demos herrscht abwechselnd Jahr für Jahr."
Dieses Herrschen bzw. Regieren ist ganz konkret zu nehmen, denn
es waren die gleichen Bürger, die das taten.[102]
   In der berühmten Verfassungsdebatte bei Herodot wird zugunsten der Demokratie vorgebracht: „Sie bestellt die Ämter durch das
Los, hält die Regierung rechenschaftspflichtig, läßt alle Entscheidungen von der Gesamtheit fällen." Ihr Verfechter empfiehlt, sie
einzuführen, „denn in der Mehrheit ist das Ganze drin". Mehrheit
impliziert dabei die große Zahl, also die Mehrheit des Volkes. Die
Begründung zielt also auf das in der Gesamtheit gültige Mehrheits-
prinzip. Es stellt die wichtigste Konsequenz dar aus dem, was man

---

[100] Reinhardt, S. 256 (W. u. F., S. 286 f.).
[101] Pseudo-Xenophon, 1, 3 ff.; Busolt/Swoboda, S. 1054 ff., 1081 ff.; Hignett, S. 221 ff., 244. Aristoteles schreibt einmal sogar, es sei eine demokratische Einrichtung, die Ämter nur für sechs Monate zu besetzen (1308 a 14).
[102] Hiketiden, 406 ff., [vgl. Phoinissen 543–546. J. de Romilly, Time in
Greek Tragedy, 1968, S. 90 f.].

damals „die Macht bzw. Herrschaft den Bürgern in die Mitte legen"
nennt. Euripides sagt einmal, die Macht bzw. Herrschaft sei „vervolklicht" worden (δεδήμευται κράτος). In dieser Ordnung hatten
die Bürger gleichen Anteil, in ihr arbeiteten sie für sich selbst.[103]
Auch das ist wieder ganz konkret zu nehmen.[104] In ihr waren sie
Herren ihrer selbst (αὐτοκράτορες). Die damit erreichte Hegung
der Macht kommt am deutlichsten zum Ausdruck in der damals getroffenen Unterscheidung zwischen Macht im Rahmen von Gleichheit und Gesetzen und Macht aus und zu maßlosem Vorteilsstre-
ben.[105] Jene Macht könnte man im griechischen Sinne die politische
nennen.

Man wird sich fragen, wie diese Demokratien funktionierten,
wie es in ihnen realiter mit der Macht, der Willensbildung, der Mitsprache des kleinen Mannes bestellt war. Garantierte die Organisation der demokratischen Verfassung wirklich, daß die breite Masse
des Volkes politisch den Ausschlag gab und daß sie dabei ihre Interessen durchsetzen konnte? Wie ist das praktisch vorzustellen? Wie
verträgt es sich etwa mit der Tatsache, daß bis zum Peloponnesischen Krieg alle (und nachher noch viele) führenden Politiker aus
dem Adel stammten?

Man kann eines sicher feststellen: Durch die so weitgetriebene
Losung (zum Teil aber auch durch Vorkehrungen bei den wenigen
Wahlen),[106] durch den jährlichen Wechsel aller Ratsmänner und
durch die zentrale Stellung der häufig tagenden Volksversammlungen war offensichtlich Sorge dafür getragen, daß die wichtigen politischen Funktionen und Entscheidungen bei relativ sehr vielen
lagen. Wie diese je zu gewinnen waren, ist schwieriger zu sehen. Es
kann allerdings kaum falsch sein, wenn man sagt, daß der wich-

[103] Herodot, 3, 80; Euripides, Kyklops, 119; o. Fußn. 15.

[104] Vgl. K. Latte, Kollektivbesitz und Staatsschatz in Griechenland,
Nachr. Akad. Göttingen, Philol.-Hist. Klasse 1946/47, S. 64 ff. (wieder abgedruckt in seinen ›Kleinen Schriften‹).

[105] Anonymus Jamblichi, 6 (Fragmente der Vorsokratiker, Band 2,
S. 400 f.). Ähnlich Thukydides, 3, 82,8; vgl. 2, 65,8, 6, 39, 1 f. Platon Gor-
gias, 483 c ff. [Aristoteles, Politika 1276 a 12 f. Vgl. Art. Macht und Gewalt.
In: Geschichtliche Grundbegriffe 3, S. 825.]

[106] Vgl. allgemein Aristoteles, 1305 a 33.

tigste Zugang zu diesen Zentren der Entscheidung die Fähigkeit
war, in offener Rede und Auseinandersetzung zu überzeugen. Es
kam also entscheidend auf persönliche Autorität und Rhetorik an.
Für adlige Faktionsbildungen und die ihnen spezifische Art von
Machtorganisation war nur beschränkter Spielraum gegeben. Wohl
war es nicht auszuschließen, es lag im Gegenteil nur allzu nahe, daß
sich adlige Politiker gegenseitig unterstützten, daß prominente Herren einen Freundeskreis hatten und daß sie Bündnisse untereinander schlossen.[107] In der Frühzeit der Demokratie galten zudem
noch adlige Zielsetzungen und Normen. Allein, die Macht, über
die man dabei verfügen konnte, war relativ gering. Gefolgschaften
bedeuteten, aufs Ganze gesehen, nicht viel, weil sich die Bürgerschaft weitgehend aus den Bindungen an den Adel gelöst hatte. Soweit es sie noch gab, mochten sie von Fall zu Fall neben Geld und
Beziehungen aller Art wichtig sein[108]: Eine Gruppe von Politikern
mochte, indem sie sie mobilisierte und auch sonst eifrig warb, auf
die Zusammensetzung und Entscheidung von Volksversammlungen, vielleicht auch des Rats der Fünfhundert Einfluß nehmen.[109]
Aber das konnte kaum die Regel sein oder sehr weit gehen, denn
dann hätten nennenswerte Bindungen sachlicher Art zwischen Politikern und je verschiedenen Teilen des Volkes bestehen müssen. Das
aber wird durch alles, was wir von der damaligen Politik wissen,
ausgeschlossen.

So konnten Faktionen nicht zu den konstituierenden Faktoren
der Politik werden und diese zwischen sich austragen. Sie hatten im
ganzen eher marginale Funktionen, so wichtig sie sein mochten,
wenn persönliche Wünsche oder Nöte zur Debatte standen, und so-

[107] Die Freundeskreise und adligen Ziele hat W. R. Connor in seinem in
Fußn. 70 zitierten Buch untersucht. Damit ist ein viel übersehener Zug hervorgehoben worden. Wo Connor dann aber Folgerungen auf das Ganze der
Politik zieht, geht er vielfach in die Irre (weil er bestimmte theoretische Voraussetzungen seiner Aussagen nicht beachtet [vgl. Ch. Meier, Der Alltag
des Historikers und die historische Theorie, in: H. M. Baumgartner/J. Rü-
sen, Seminar: Geschichte und Theorie, 1976, S. 40ff.]). Die folgenden Ausführungen suchen das zu korrigieren, skizzenhaft einstweilen.
[108] Vgl. Fußn. 70.
[109] Z. B. Plutarch, Perikles, 11; Nikias, 11; Alkibiades, 13.

sehr sie – wie gesagt – dieses und jenes durchzusetzen helfen mochten. Wahrscheinlich wirkte auch der Ostrakismos dem entgegen, durch den zu mächtige Politiker gezwungen werden konnten, für zehn Jahre außer Landes zu gehen.[110] In den meisten uns bekannten Fällen diente er zwar dazu, zwischen zwei um den maßgeblichen Einfluß ringenden Politikern die Entscheidung zu fällen: Einer von beiden mußte gehen, und das wird der Schwächere gewesen sein. Aber die Schwäche bemaß sich im Hinblick auf die Volksgunst. Das heißt, es konnte durchaus sein – und wird in der Frühzeit auch so gewesen sein –, daß solche Politiker, die durch andere Machtquellen, etwa Gefolgschaften und Beziehungen, stark waren, dabei zu Fall kamen. Und jedenfalls setzte die Institution der Nutzung solcher Machtquellen für alle Regel dauerhafte Grenzen.

Wenn aber die Macht nur zum geringen Teil in Faktionen und Gefolgschaften organisiert war, so bedeutete das noch nicht, daß sie sich von Fall zu Fall neu zusammensetzte, je nachdem, wer gerade die Volksversammlung überzeugen konnte. Vielmehr gab es die Möglichkeit, besondere Autorität beim Volk zu gewinnen. Dies hat vor allem Perikles vermocht, von dem Thukydides schrieb, zu seiner Zeit sei Athen „dem Worte nach eine Herrschaft des Volkes (δημοκρατία), in der Tat aber eine Herrschaft, geübt von dem ersten Mann, gewesen"[111]. Für die Herrschaft des Perikles steht dabei ἀρχή, dessen Bedeutung sich, wie erwähnt, zwischen Herrschaft und Regierung erstreckt. Vor Perikles hat Kimon eine ähnliche Rolle gespielt. In gewissem Sinne tendierte die Demokratie dazu, daß einzelne Persönlichkeiten besonders hohen Einfluß gewannen. In Streitfällen entschied dann der Ostrakismos. Aber es war nicht immer jemand da, der so viel Autorität besaß, daß er das Volk hätte führen können. Thukydides berichtet, nach Perikles' Tod hätten mehrere vergeblich danach gestrebt, erster zu sein.[112] Sie suchten sich auszustechen, indem sie dem Volk zu Gefallen redeten.

---

[110] Hignett, S. 159 ff., 164 ff., 185 f. Zu den neuen Funden R. Thomsen, The Origin of Ostracism, 1972.

[111] 2, 65, 9, so von O. Regenbogen dicht am Original übersetzt.

[112] 2, 65, 10 ff. Dies waren u. a. die New Politicians, von denen Connor im zweiten Teil seines Buches handelt.

294   Christian Meier

Freilich ist kaum anzunehmen, daß die Führenden ihren Willen durchweg zur Geltung brachten oder auch nur deutlich machten. Von Perikles ist sogar ausdrücklich das Gegenteil bezeugt,[113] und diese Zurückhaltung war vermutlich für seine Macht entscheidend. Wie diese aus der „Radikalisierung" der attischen Demokratie erwuchs, so gehörte zu den Bedingungen ihrer Erhaltung, daß er die demokratischen Institutionen weitgehend frei arbeiten ließ.

Es ist also wahrscheinlich, daß viele Entscheidungen in der Volksversammlung aufgrund von Rede und Widerrede, aufgrund des Urteils der anwesenden breiten Masse fielen. Wohl waren es immer nur Teile des Volkes, die dazu kamen. Das Quorum, das für bestimmte Gegenstände festgesetzt war, betrug 6000, also höchstens ein knappes Fünftel der berechtigten Bürgerschaft.[114] Wohl konnte manches manipuliert werden, und wohl waren die Alternativen und die Tagesordnungspunkte vielfach von Politikern bestimmt. Worum es ging und was manche Beschlüsse nach sich ziehen mochten, konnten viele der abstimmenden Büger gewiß oft kaum hinreichend beurteilen. Gleichwohl soll man die attische Bürgerschaft nicht unterschätzen.[115] Zudem waren im Rat, der die Tagesordnung festsetzte und alle Materien vorberiet,[116] alle Teile des Landes so gut vertreten, wie es nur ging.

Vor allem hatte sich – insbesondere von Athen, und zwar von der Demokratie her – in mehreren Schritten ein Feld politischer Mög-

[113] Plutarch, Perikles, 7, 5ff.

[114] Busolt/Swoboda, S. 987.

[115] Dazu als nützliches Korrektiv Finley, Democracy Ancient and Modern, 1973 (der nur, wo er den aktuellen Bezug sucht, die Besonderheit der Antike arg vernachlässigt, die er doch in Hinsicht auf die Wirtschaft so stark betont; vgl. Die antike Wirtschaft, S. 12ff.). Unabhängig davon hatte die attische Demokratie dank der außerordentlichen Macht Athens lange sehr günstige äußere Bedingungen. Darin muß das Sprichwort der Alten wurzeln, das Aristophanes zitiert: „Was unverständig wir beschließen und verkehrt / das wird zu unserm Besten doch zuletzt gekehrt" (Ekklesiazusen, 474f., Übers. J. G. Droysen [vgl. dazu Entstehung d. Polit., S. 479, Fußn. 114].

[116] Jones, S. 111ff.; A. Andrewes, Probouleusis, 1954; R. Delaix, Probouleusis at Athens. A Study of Political Decision-Making, 1973.

lichkeiten und Alternativen herausgebildet, in dem relativ klar war, was die Sache Athens und der breiten Menge, die dort den Ausschlag gab, war und was nicht. Einer der schärfsten und scharfsichtigsten Gegner der Demokratie, Pseudo-Xenophon, hat ihr das ausdrücklich attestiert. Diese Alternativen waren relativ konkret. Sie bewegten sich in einem Gegensatz zu Persien, später auch zu Sparta, implizierten das Interesse an der Herrschaft im Seebund und an zahlreichen ihrer Voraussetzungen. Hier wie in der Innenpolitik ging es um ganz handfeste Vorteile des Demos im ganzen wie sehr vieler seiner Mitglieder. Daraus ergab sich ein klares Beziehungssystem, an dem Vorschläge gemessen werden konnten. Von da aus lassen sich Politik und Willensbildung in Athen wohl in Umrissen rekonstruieren.

Die Grundrichtung der Politik lag also im wesentlichen ungefähr fest. Hier gilt, was Herodot und Aristoteles als Merkmal der Demokratien im Gegensatz zu den Oligarchien hervorgehoben haben, daß es in ihnen nämlich keine Spaltungen in Parteien, genauer: Faktionen, gegeben habe. Der Demos sei vielmehr in der Politik einmütig gewesen.[117] Das ist positiv richtig für die wesentlichen Fragen, in denen es um zentrale Interessen ging. Es stimmt negativ auch insofern, als in der Demokratie Faktionen zu schwach waren, um zu konstituierenden Faktoren der Politik zu werden. In den Oligarchien dagegen war Faktionsbildung an der Tagesordnung, und daraus erwuchsen ihnen stets neue Gefahren, wenn nämlich die Unterlegenen den Demos für sich mobilisierten.[118] Die Einmütigkeit des Demos hatte zur Folge, daß der Adel oder die Reichen, wenn sie gemeinsame Interessen hatten, welche gegen die des Demos standen, notwendig in der Minderheit waren. Das führte dann zu den Zweifeln an der demokratischen Gleichheit, wonach zwar die einzelnen Bürger, aber nicht „die Reichen" mit „den Armen" gleich waren.[119] Man unterschied dann also verschiedene Formen der Gleichheit (was zu Konzeptionen von Mischverfassung und dann zur Theorie

---

[117] Herodot, 3,82,4; Aristoteles, 1302 a 8; vgl. Thukydides, 8,89,3.
[118] Herodot, 3,82,3; Aristoteles, 1302 a 8, 1303 b 17 ff., 1305 a 37 ff.
[119] Vgl. etwa Thukydides, 4, 86,4. Dazu Aristoteles, 1291 b 30 ff., auch 1297 b 24. Thukydides, 6,18,6; 39, 1 f.

von der arithmetischen bzw. geometrischen Gleichheit überleitete). Adlige bzw. Reiche konnten insofern nur etwas ausrichten, wenn sie die Demokratien stürzten und die Vollbürgerrechte einschränkten.[120] Aber da man darauf nicht ständig hinarbeiten konnte, bedeutete das in der Regel nur, daß Gemeininteressen der Adligen bzw. Reichen auf diese Weise Grenzen gesetzt waren. Alle spezielleren Interessen von Angehörigen dieser Schichten hatten dagegen durchaus reale Chancen.

Denn bei allen Zweifelsfragen, sowohl hinsichtlich dessen, was das Grundinteresse in einer bestimmten Situation erforderte, wie hinsichtlich der Unzahl mehr oder weniger wichtiger Probleme, die je zur Entscheidung standen, konnte gestritten werden, war sozusagen in den Abstimmungen alles drin. Da konnte es auch eine Konkurrenz zwischen vielen Vorschlägen und zwischen recht verschiedenen adligen Politikern geben.

Wie auch immer also Politiker den Entscheidungsspielraum der Bürgerschaften beschnitten haben mochten, es bleibt bestehen, daß die Grundlinien der Politik (im Rahmen des sich herausbildenden Feldes) durchaus im Sinn des Demos eingehalten wurden und daß bei den verschiedenen Streitfällen die Abstimmung in der Volksversammlung den Ausschlag gab. Das war entscheidend, zumal unter den Umständen der politischen Identität, unter denen die Bürgerschaften mit ihrer Ordnung und mit bestimmten daraus sich ergebenden Richtungen der Politik sich identifizierten (darin also ihr ganz konkretes Interesse innerhalb des politischen Beziehungsfeldes fanden). Insbesondere führte es dazu, daß in diesen Verfassungen die effektive Gleichheit der Rechte im privaten wie im öffentlichen Bereich garantiert war. Euripides läßt seinen Theseus vor dem attischen Volk erklären, auch der Arme habe in der Demokratie das Gleiche. Er läßt ihn auf die Gesetze als Bürgen gleichen Rechts, auf die Chance des kleinen Mannes, über den Vornehmen vor Gericht zu siegen, auf das freie, gleiche Rede- und Antragsrecht hinweisen und endlich fragen: „Was ist gleicher als das für eine Stadt?"[121]

Diese Politik setzte voraus, daß der gesamte außerpolitische Be-

---

[120] So etwa in Athen im Jahre 411.
[121] Hiketiden, 429ff. Vgl. Fußn. 87.

reich nicht zur Disposition stand. Wirtschaft und Gesellschaftsordnung, Bildungsverhältnisse und Religion waren vorgegeben und
konnten nicht Gegenstand von Entscheidungen, also auch nicht
Kristallisationspunkt für Parteiungen sein. Sie blieben sich auch zumeist gleich. Daraus folgte, daß die allgemein relevante Veränderung, das heißt der für alle wichtige Wandel der Zeit, politisch war.
Was als Wandel sich vollzog und wahrgenommen wurde, resultierte
aus und bestand in politischem Handeln und Ereignissen und deren
politischen Folgen. Politik war also der originäre Bereich der wichtigsten, der nennenswertesten Geschehnisse und der (wesentlich
nur politischen) Veränderung. Dem entsprach die – eben um die
Mitte des 5. Jh. geschaffene – Form der griechischen Historiographie, die wir heute – angesichts weiterer Möglichkeiten – politische
Geschichtsschreibung nennen.[122]

Parallel dazu spielte sich im 5. Jh. ein Wandel der gesamten politisch-gesellschaftlichen Begriffswelt ab, der zum Inhalt hatte, daß
diese Welt politisiert wurde, daß also alle wichtigen Begriffe der
Zeit – umgebildet oder neugebildet – auf den engeren, den politischen Bereich zwischen den Bürgern zielten und damit zugleich
etwas bezeichneten, was institutionell herstellbar war. Das zeigt sich
an der Verfassungsbegrifflichkeit, an Gleichheit, Freiheit, Recht,
Bürgerschaft und vielem anderen. Im Wandel dieser Begriffswelt ist
zugleich der Wandel der Zeit indiziert, aber nicht seinerseits begriffen.[123] Die damaligen Griechen nahmen vielmehr an der neuen,
politischen Welt, die sich ihnen eröffnete, vor allem das Ergebnis,
nicht das Werden wahr. Entsprechend äußerte sich das Bewußtsein
der damals erreichten, umfassenden, ungeheuren „Fortschritte"
nicht als Fortschritts-, sondern als Könnensbewußtsein.[124]

Hier zeigt sich in einem weiteren Sinne, was *bürgerliche Gegenwärtigkeit* bedeutet: Es war die Gegenwärtigkeit nicht nur in der

[122] Dazu einstweilen Ch. Meier, Die Entstehung der Historie, in: R. Ko-
selleck/W.-D. Stempel, Geschichte – Ereignis und Darstellung, 1973,
S. 251 ff.; Ereignis und Prozeß in der griechischen Historiographie [beides
in: Entstehung des Politischen].
[123] Archiv für Begriffsgeschichte, 21 (1977), S. 1 ff.
[124] Siehe Ch. Meier, Ein antikes Äquivalent des Fortschrittsgedankens, in:
Historische Zeitschrift 226 (1978), S. 265 ff. [Entstehung d. Polit. 435 ff.]

Stadt, sondern auch in der Zeit. Beides hängt aufs engste zusammen. Denn die politische Identität, deren Ausdruck sie ist, ist, weil
in ihr die politische Zugehörigkeit konkurrenzlos ist, relativ prall
und geschlossen. Sie ist nur möglich, wo andere Bereiche vernachlässigt werden, wo der politische Bereich ganz im Zentrum steht,
wo man vor allem Bürger ist und sein möchte. Sie verträgt nicht die
Relativierung des Politischen in weiteren Zusammenhängen, verträgt und kennt nicht die Relativierung der Bürger in der Zeit, die
Funktionalisierung, die die Politik zum Mittel[125] und im Endeffekt
sogar ein anderes Wir zum Zweck dieses Mittels macht, daß nämlich etwa das aus uns wird, als was wir uns dann gerne vorstellen,
neue Menschen oder dergleichen. Hier wurde vielmehr nur für die
Bürger, wie sie waren, gearbeitet. Indem sie sich politisierten,
konnten nicht ihre außerpolitischen Interessen politisiert werden.

Damit wurden ungeheure Möglichkeiten für die Griechen wie
für alle weitere von ihnen beeinflußte Geschichte geschaffen. Damit
blieb die Kapazität der Poleis aber auch beschränkt. Eine dieser Beschränkungen deutet Aristoteles an, wenn er sehr ernsthaft die
Frage stellt, ob eine Polis noch mit sich selbst identisch ist, wenn die
Politeia wechsle, etwa von der Demokratie zur Oligarchie.[126] Er
verneint die Frage, weil es eben nicht, wie wir sagen würden, die
Verfassung des (als juristische Person) gleichbleibenden Staates ist,
die sich dann ändert, sondern die Bürgerschaft, das heißt, weil dann
eine Bürgerschaft an die Stelle der anderen tritt. Entsprechend gibt
es keine die Gegensätze zwischen Arm und Reich überwölbende
nationale Identität. Entsprechend impliziert politische Identität besonders harte, besonders existentielle, besonders oft in στάσις, also
Bürgerkrieg und Umsturz ausartende Gegensätze. Entsprechend
konnte Aristoteles feststellen, daß die Verfassungen parteilich waren, zugunsten der Armen oder der Reichen. Das war übertrieben
und auch wieder nicht. Denn wo Politik so ungeheuer wichtig
ist, spielt es schon eine große Rolle, ob man und wie man politisch
mitsprechen kann. Andererseits macht politische Identität unbeweglich. Die Polis konnte zwar geschwächt, besiegt oder vernichtet

---

[125] H. Arendt, Vita Activa, S. 35.
[126] Politika, 1276 a 17, b 4.

werden, aber sie konnte sich kaum selber aufgeben. Die Bürger hätten dann ja ihre Identität als Gesamtheit aufgegeben, nicht nur ihre Verfassung. Es wäre an die Substanz gegangen und nicht an Verhältnisse, die etwa gegenüber dem Streben nach Ruhe und Ordnung, nach geregeltem Gang der Geschäfte, nach Sicherheit des Einkommens, der Arbeit, der Renten, nach Verbesserung des Lebensstandards, der „Bildung" und was unsere Sorgen heute mehr sind, notfalls zurücktreten müssen. Allerdings ergab sich mit der Zeit eine Erschlaffung des Interesses bei vielen. Aufwand und Ertrag der politischen Tätigkeit gerieten in ein zu arges Mißverhältnis, nicht nur im materiellen Sinn. Da wurden die Demokratien dann allmählich de facto den Oligarchien angenähert. Aber auch als Oligarchien blieben sie zwar besiegbar, aber nicht überwindbar zugunsten neuer, etwa nationaler Identität. Die Griechen mochten sich in große Reiche irgendwie einfügen; soweit sie eine anspruchsvolle gesellschaftliche Identität hatten, blieb es die politische und hat es nie eine andere gegeben.

Gleichwohl hat das Politische, das in dieser so eigenartigen, unwiederholbaren Form erstmals in der Weltgeschichte verwirklicht wurde, dann weitergewirkt. Wenn auch seine Voraussetzungen mit ihm vergingen, sind aus der Nachwirkung wiederum Verfassungsstaaten entstanden, von ganz anderer Kapazität, mit ganz anderen Aufgaben, ganz anders eingebettet in synchrone Zusammenhänge. Das Politische ist vielfach relativiert, nicht mehr der zentrale Bereich des Lebens. Die durch Politik bedingten Veränderungen sind nur mehr Teile des großen Wandlungsprozesses, den wir eher erleiden, als daß wir ihn durch Politik bestimmen könnten. Daraus entstehen ganz neue Schwierigkeiten und Reaktionen, Herausforderungen an Politik und – angesichts verschiedenartiger Politisierungsbemühungen – sogar eine veritable Problematik der Politikverschonung. Aber daraus erwächst zugleich eine ganz neue Aktualität des griechischen Begriffs des Politischen.[127] Gerade angesichts der Macht sozialer Prozesse scheint das Politische neu zu bestim-

[127] Ich möchte dies in dem Aufsatz ›Aufkommen und erstes Begreifen des Politischen‹, der demnächst in der Zeitschrift Der Staat erscheint, näher ausführen.

men zu sein als die Ebene, auf der die Völker in sich und zwischen sich austragen, was sie gemeinsam angeht, und eben darin ihre Freiheit sichern. Denn jedenfalls verhält es sich in einem gleich mit den modernen und den griechischen Verfassungsstaaten: daß in ihnen versucht wird, um es mit Dolf Sternberger zu sagen, „die Herrschaft von Menschen über Menschen abzubauen, soweit sie nicht schon abgebaut ist; aber den Staat der Freien und das Gemeinwesen immer neu herzustellen und zu bewahren"[128].

Nachtrag

Die in den Anmerkungen angekündigten Arbeiten sind nicht geschrieben worden respektive noch nicht fertig. Erschienen ist nur eine Sammlung von Aufsätzen zur griechischen Geschichte unter dem Titel ›Die Entstehung des Politischen bei den Griechen‹ (Frankfurt a. M. 1980, 1983).

Zu den „Anfängen des Politischen Denkens der Griechen" vgl. einstweilen: Die Griechen: die politische Revolution der Weltgeschichte, in: Saeculum 32 (1982), S. 133–147; sowie: Die Entstehung einer autonomen Intelligenz bei den Griechen, in: S. N. Eisenstadt, Kulturen der Achsenzeit. Ihre Ursprünge und ihre Vielfalt 1, Frankfurt a. M. 1987, S. 89–127. Neuerdings dazu: K. Raaflaub, Die Anfänge des politischen Denkens bei den Griechen, in: I. Fetscher/ H. Münkler, Pipers Handbuch der politischen Ideen 1, München/ Zürich 1988, S. 189 ff.

Zur „politischen Identität" ist jetzt heranzuziehen: Bürger-Identität und Demokratie, in: Ch. Meier/P. Veyne, Kannten die Griechen die Demokratie? Berlin 1988, S. 45–95; sowie ergänzend dazu: Arbeit, Politik, Identität. Neue Fragen im alten Athen?, in: V. Schubert, Der Mensch und seine Arbeit, St. Ottilien 1986, S. 47–109 und Ch. Meier, Die Welt der Geschichte und die Provinz des Historikers. Berlin 1989., 51 ff.

Zum Verhältnis Haus–Polis siehe jetzt P. Spahn, Oikos und Polis.

[128] Der alte Streit um den Ursprung der Herrschaft, in: Süddeutsche Zeitung, vom 16./17. Juli 1977, S. 96.

Beobachtungen zum Prozeß der Polisbildung bei Hesiod, Solon und Aischylos, in: Historische Zeitschrift 231 (1980), S. 530. Leider ist im Aufsatz nicht herausgearbeitet worden, wie sehr die Demokratie zunächst nur in Athen und nur dank höchst besonderer Umstände entstehen konnte; gegen Ende der sechziger Jahre des 5. Jh. Vgl. dazu vorläufig: Die politische Kunst der griechischen Tragödie, München 1988, S. 31 ff. Ferner jetzt Ch. Meier, Athen. Ein Neubeginn der Weltgeschichte. Berlin 1993.

Zur athenischen Demokratie ist jetzt das gleichnamige Buch von J. Bleicken, Paderborn/München/Wien/Zürich 1985, heranzuziehen, dessen Ausführungen mir allerdings in vieler Hinsicht weniger konkret zu sein scheinen als die Quellenlage erlaubt und als es zu einem Verständnis des Funktionierens der attischen Demokratie erforderlich ist. 2., überarbeitete Auflage 1994.

Der obige Text gibt die ursprüngliche Fassung des Manuskripts wieder, die leider von der Redaktion in einigen Punkten nachträglich abgeändert worden war. Sie ist redaktionell überarbeitet worden. Die bibliographischen Angaben sind zum Teil aktualisiert, die Quellenangaben um einige Zusätze in eckigen Klammern erweitert worden.

Auf den Weg gebracht. Idee und Wirklichkeit der Gründung der Universität Konstanz. Festschrift für Kurt Georg Kiesinger. Hrsg. von Horst Sund und Manfred Timmermann. Konstanz: Universitätsverlag Konstanz GmbH (1979), S. 433–447.

ZUR ENTSTEHUNG DER GRIECHISCHEN DEMOKRATIE AUSSERHALB ATHENS*

Von Wolfgang Schuller

I

Daß die parlamentarische Demokratie insbesondere in Deutschland ein Glücksfall ist, ist oft gesagt worden[1] und hat doppelte Bedeutung. Die eine ist die inhaltliche, weil unter allen neuzeitlichen Staatsformen die parlamentarische Demokratie die ist, in der der einzelne ein Höchstmaß an individueller Freiheit und tatsächlicher politischer Mitbestimmung hat.[2] Die andere Bedeutung bezieht sich auf ihre Entstehung: In Deutschland jedenfalls ist sie nur zum Teil erkämpft worden,[3] denn ihre tatsächliche Installierung geschah immer im Anschluß an einen verlorenen Krieg, nachdem die jeweils vorher herrschende Regierungsform durch das Desaster der Niederlage entscheidend geschwächt war und die Demokratie als die Regierungsform des Großteils der Sieger eingeführt wurde.

Auf der anderen Seite wird sie doch als die normale Staatsform

---

* Der hier wiedergegebene Aufsatz ist der für diese Festschrift leicht überarbeitete, erweiterte und mit Nachweisen versehene Vortrag des Verfassers auf dem 32. Deutschen Historikertag in Hamburg 1978.

[1] So etwa der Empfänger dieser Festschrift, Kurt Georg Kiesinger, Ideen vom Ganzen, 1964, S. 111.

[2] Kurt Georg Kiesinger, Reden und Interviews 1968, 1968, S. 176.

[3] Kiesinger kennt (a. a. O., S. 199) als „die einzige große Revolution, die in unserer Geschichte stattgefunden hat", „die große handwerkliche oder kaufmännische Gildenrevolution um die Mitte des 14. Jahrhunderts". Einer seiner Amtsnachfolger, Bundeskanzler Helmut Schmidt, sagt kurz und treffend: „Wir Deutschen ... haben die Demokratie nicht erfunden" (Auftrag und Verpflichtung der Geschichte. Ansprache auf dem 32. Deutschen Historikertag in Hamburg, in: Bulletin der Bundesregierung 1978, S. 1069).

empfunden, so selbstverständlich, daß überall dort in der Welt oder jedenfalls in Europa, wo sehr andere Entscheidungsstrukturen herrschen, auf die Fiktion einer parlamentarischen Demokratie großer Wert gelegt wird. Und das mit Grund, denn sie ist eben die normale Alternative zu autoritären und totalitären Regierungsformen, ein Tatbestand, der auf der Iberischen Halbinsel jüngst eindrucksvoll bestätigt worden ist.

Trotzdem: Die neuzeitliche freiheitliche Demokratie ist historisch bedingt,[4] sei es in größeren Zusammenhängen oder sei es so handgreiflich wie in Deutschland (von ihrer Abwesenheit in seinem anderen Teil ganz zu schweigen). Eine Besinnung auf diese Bedingtheit muß nicht inhaltliche Relativierung bedeuten, sondern sollte im Gegenteil dazu veranlassen, die bisher unerreichten Vorzüge dieser Regierungsform nicht für eine langweilige Selbstverständlichkeit zu halten, die man leicht für Interessanteres und Aufregenderes, freilich im Ergebnis sehr viel Drückenderes hingeben dürfe.

II

Nun wird spätestens seit den Tagen George Grotes, der im 19. Jh. als liberaler Unterhausabgeordneter eine ›Griechische Geschichte‹ von weittragender Wirkung geschrieben hat,[5] für die neuzeitliche Demokratie gerne der Vergleich mit der griechischen gezogen.[6] Was das Ausmaß der persönlichen und politischen Freiheit innerhalb des historischen Ortes beider Arten der Demokratie betrifft, ist dieser Vergleich, ja sogar eine gewisse Gleichsetzung, sicherlich legitim und zutreffend. In der demokratischen griechi-

---

[4] Kurt Georg Kiesinger, a. a. O., S. 94.

[5] Arnaldo Momigliano, George Grote and the Study of Greek History, in: ders., Studies in Historiography, 1966, S. 56–74.

[6] Jetzt sehr eindrücklich M. I. Finley, Democracy Ancient and Modern, 1973; vgl. auch Kurt Georg Kiesinger, a. a. O. (oben Anm. 1), S. 13, sowie ›Elite in der Demokratie‹, in: Technische Hochschule Stuttgart, Reden und Aufsätze, Heft 30 (1965), S. 20–28, der hier allerdings die griechische Demokratie nur über Platon rezipiert. Unmittelbarer Helmut Schmidt, a. a. O. (oben Anm. 3).

schen Polis[7] hatten nämlich alle (männlichen und erwachsenen) Staatsbürger, also gerade auch die Nichtbesitzenden, in der Volksversammlung Rede-, Antrags- und Stimmrecht bei allen Wahlen und Abstimmungen; sie konnten für alle Ämter gewählt werden;[8] und was das Wichtigste ist: Sie machten von diesen Rechten auch Gebrauch.

Diese allgemeine Feststellung muß nun sofort etwas relativiert werden. Zum einen war es natürlich nicht so, daß jeder einzelne Polit ständig das Wort in der Ekklesia ergriff, sondern es gab informelle politische Führungsgruppen und auch nach Anlage, Erziehung und Bildungsgrad unterschiedliche Fähigkeiten des Urteils- und Artikulationsvermögens.[9] Das ändert aber nichts an dem weder vorher noch nachher wieder erreichten Ausmaß der allgemeinen Mitwirkungsmöglichkeit und tatsächlichen direkten Mitwirkung, und ein bisweilen zu hörendes Verdikt, die griechische Demokratie sei wegen dieser Einschränkung eben doch keine wirkliche Demokratie gewesen, orientiert sich in ihrem anachronistischen Tadel an bisher nirgendwo je verwirklichten Idealen.[10]

Wichtiger ist aber eine Relativierung der allgemeinen Vorstellun-

[7] Nur von solchen, also nicht von den Stammesstaaten soll hier die Rede sein.

[8] Manchmal wurden sogar Diäten gezahlt, um den Unbemittelten die Teilnahme an den Sitzungen des Rates, der Volksgerichte oder gar der Volksversammlung zu ermöglichen (G. E. M. de Ste. Croix, Political Pay outside Athens, in: Classical Quarterly N. S. 25 [1975], S. 48–52), doch ist eine solche Maßnahme nicht konstitutiv für das Bestehen einer Demokratie. Faktische Grenzen gab es bei einigen Ämtern, wo Sachverstand erforderlich war oder wo der Amtsinhaber für Vergehen finanziell haftbar gemacht werden sollte.

[9] Hierauf weist an sich mit Recht Ernst Kluwe hin (nochmals zum Problem: Die soziale Zusammensetzung der athenischen Ekklesia und ihr Einfluß auf politische Entscheidungen, in: Klio 59 [1977], S. 45–81), der aber für mein Gefühl dieses Defizit zu sehr ins Zentrum seiner Betrachtung stellt; siehe dazu gleich im Text.

[10] So jetzt auch Detlef Lotze in seinem Aufsatz ›Entwicklungslinien der athenischen Demokratie im 5. Jahrhundert v. Chr.‹, der auf einem im Juni 1978 gehaltenen Vortrag beruht und in der Zeitschrift ›Oikoumene‹ erscheinen wird. Detlef Lotze hat mir das Manuskript freundlichst schon zur Verfügung gestellt, wofür ich ihm auch hier herzlich danke.

gen bezüglich der Entstehung, daß heißt also, der historischen Bedingtheit der Demokratie in Griechenland. An sich liegt es ja nahe, in einer Art Analogie zu modernen Entwicklungen[11] eine natürliche Gesetzmäßigkeit darin zu erblicken, daß die politischen Entscheidungen von immer mehr Personen gefällt wurden: Die Entwicklung ging scheinbar linear und zielgerichtet über das Königtum, den Adelsstaat, die an einen Vermögenszensus geknüpfte Hoplitenpoliteia hin zur Demokratie als die Beteiligung aller an der Politik, wobei gerne gesagt oder nur impliziert wird, daß jedenfalls die Demokratie von unten erkämpft worden sei.

Das verhielt sich nun sehr viel komplizierter. Zum einen ist in Athen, das wir einleitend zunächst betrachten müssen, die Initiative bei jedem historisch feststellbaren Schritt von der an Vermögensklassen orientierten Hoplitenpoliteia weg auf die Demokratie hin von Adligen im Rahmen ihrer inneradligen Auseinandersetzungen ausgegangen.[12] Freilich hatten sie den Demos auf ihrer Seite, weswegen allein sich die von ihnen initiierten Maßnahmen als dauerhaft erweisen konnten.[13] Weiter gab es so viele Zwischenstationen dieses Weges, an denen allen er zur Sackgasse hätte werden oder jedenfalls woandershin hätte führen können, daß man einen hohen Grad von politischer Reflexion bei den adligen Protagonisten voraussetzen muß, die wohl so etwas wie demokratische Grundvorstellungen im Sinn hatten.[14] Schließlich aber ist die vollendete

[11] Kiesinger sieht a. a. O. (oben Anm. 1) „eine große Tendenz: die unaufhaltsame Bewegung, welche die Unterschiede des Standes, die Privilegien der Geburt beseitigte, die dauernde Sammlung der Macht in einer Person oder in wenigen Händen verhinderte".

[12] Jochen Martin, Von Kleisthenes zu Ephialtes, in: Chiron 4 (1974), S. 5–42 [in dem vorl. Band, S. 160–212]; ähnlich Konrad H. Kinzl, Athens: Between Tyranny and Democracy, in: Greece and the Eastern Mediterranean in Ancient History and Prehistory, Studies Presented to Fritz Schachermeyr on the Occasion of his Eightieth Birthday, 1977, S. 199–223 [in dem vorliegenden Band deutsche Übersetzung, S. 213–247].

[13] Vgl. die kritischen Bemerkungen bei Verf., Die Stadt als Tyrann, 1978, S. 24 f., sowie jetzt ausführlich Detlef Lotze in seinem in Anm. 10 genannten Aufsatz.

[14] Christian Meier, Der Wandel der politisch-sozialen Begriffswelt im

Demokratie, wie wir sie seit Perikles kennen, ohne zwei äußere Ereignisse nicht denkbar, die über die Griechen ohne deren Zutun hereinbrachen beziehungsweise deren Konsequenzen für die Entwicklung der Demokratie von den Handelnden nicht zu erkennen waren.

Die Abwehr der Perser 490–479 ist von athenischer Seite auf Initiative des Themistokles so bewerkstelligt worden, daß die Nichtbesitzenden, die Theten, auf die neu gebildete Kriegsflotte gesetzt wurden und sich auf diese Weise als unentbehrlich für den Sieg erweisen konnten, woraus sie sehr wahrscheinlich auch ein erhöhtes politisches Selbstgefühl bezogen.[15] Obwohl nun die Institutionen der Demokratie großenteils schon bestanden hatten,[16] zum Teil gerade auf Initiative des Themistokles eingeführt worden waren, hat der Demos von ihnen auch nach den Perserkriegen immer noch nicht in dem Maße Gebrauch gemacht, daß wir von einer gelebten Demokratie sprechen könnten. Das bezeugt Aristoteles,[17] und das erkennen wir unmittelbar noch heute daran, daß wir aus dieser Zeit kaum in Stein gehauene Volksbeschlüsse des athenischen Demos haben.

Diese setzten in erheblicher Anzahl erst etwa fünfzehn Jahre später ein, das heißt seit der Reform, die mit den Namen Ephialtes und Perikles verbunden ist. Der Inhalt dieser attischen Volksbeschlüsse betrifft nun vorwiegend einen Gegenstand, der uns einen Hinweis darauf gibt, welchem zweiten historischen Sachverhalt wir die politische Aktivität des Demos verdanken. Es ist der Attische Seebund, die Kampforganisation der Griechenstädte an den Küsten und auf

---

5. Jahrhundert v. Chr., in: Archiv für Begriffsgeschichte 21 (1977), S. 1–41; ders., Entstehung und Besonderheit der griechischen Demokratie, in: Zeitschrift für Politik N. F. 25 (1978), S. 1–31 [in dem vorliegenden Band, S. 248–301]; ders., Ein antikes Äquivalent des Fortschrittsgedankens: Das „Könnens-Bewußtsein" des 5. Jahrhunderts v. Chr., in: Historische Zeitschrift 226 (1978), S. 265–316. So auch in seinem Vortrag auf dem Hamburger Historikertag.

[15] Aristoteles, Politik 1304 a 22–24; Plutarch, Aristides 22,1.

[16] Ausnahmen unten Anm. 20.

[17] Aristoteles, Staat der Athener 23,1; Politik 1305 a, 20 ff.

den Inseln des Ägäischen Meeres, die unter Athens Führung die
Verfolgung der Perser bis tief nach Kleinasien hinein aufgenommen
hatte und die dabei war, sich in eine durchorganisierte, staatsähn-
liche Herrschaft Athens über seine Bundesgenossen zu verwandeln.[18] In diesem 477 gegründeten Bund kämpften die attischen
Theten weiterhin erfolgreich, und durch ihn verwandelte sich die
Stadt zunehmend in einen zentralen Warenumschlagplatz der
Ägäis, der als solcher und auch als die Flottenstation der immer
mehr zunehmenden attischen Kriegsflotte mit allen wirtschaftlichen Folgewirkungen immer mehr Besitzlose zu Besitzenden mit
politischen Ansprüchen machte.[19] Diese Schicht war es, mit deren
Unterstützung Ephialtes und Perikles den Areopag, das Organ des
Adels, stürzten beziehungsweise politisch abdrängten, und diese
Schicht war es dann, die den Seebund durch immer genauere Gesetze organisierte und eben mit der Demokratie nun endlich wirklich Ernst machte[20]: Es sind also die äußeren Ereignisse der Perser-

---

[18] Zu diesem ganzen Vorgang und seiner Bewertung Verf., Die Herrschaft der Athener im Ersten Attischen Seebund, 1974, sowie Die Stadt als
Tyrann, 1978. An Literatur zum Münzgesetz (Stadt als Tyrann, S. 28) ist
noch nachzutragen A. E. Parschikow, Über die zeitweilige Monopolisie-
rung der Silberprägung im Athenischen Reich, in: Numismatika i Epigra-
fika 10 (1972), S. 64–73 (russ.), sowie Eberhard Ruschenbusch, Zur Zahl
der Tributbezirke des delischen Seebundes und zur Datierung des Kleinias-
und Münzdekrets (Meiggs-Lewis 45 und 46), in: Zeitschrift für Papyrologie
und Epigraphik 26 (1977), S. 211–215. An Druckfehlern in der ›Stadt als
Tyrann‹ ist zu verbessern: S. 8, Z. 7 muß es statt „Konon" „Kimon" heißen;
S. 21 Z. 6 von unten „So" statt „so"; S. 25 Z. 1 „Reformern" statt „Reformen"; S. 30 Z. 7 statt „27" „37".

[19] Verf., a. a. O., S. 25 f.

[20] Auch institutionell hatte sich seit Ephialtes noch einiges geändert, so
der Übergang der Kontrolle der Beamten vom Areopag auf das Volk (Martin, a. a. O. [oben Anm. 12], S. 33 [in dem vorl. Band, S. 199 f.]) und wahrscheinlich die Einteilung des Rates der Fünfhundert in die zehn Prytanien,
die eine effektivere Arbeit der demokratischen Organe gewährleisteten (P.
J. Rhodes, The Athenian Boule, 1972, S. 17–19; Fritz Gschnitzer, Prytanis,
in: Pauly's Realencyclopädie der classischen Altertumswissenschaft, Sup-
plementband 13 [1973], Sp. 730–816 [Sp. 756–758]).

kriege und des Attischen Seebundes gewesen, die die Entwicklung zur Demokratie erst wirklich zum Ziel gelangen ließen.[21]

III

Dieser einschneidenden Relativierung eines so problemlos und natürlich scheinenden Vorgangs wie dem der Entstehung der Demokratie müssen wir eine weitere hinzufügen: Alles bisher Gesagte hat sich ja nur in Athen abgespielt, und wir haben zu fragen, wie es mit der Demokratie in den anderen griechischen Städten gestanden hat. Damit sind wir beim eigentlichen Thema.

Eine nicht unbeträchtliche Zahl mutterländischer Städte hat angeblich schon sehr früh die Demokratie gekannt: Achaia bereits nach der Vertreibung der Könige,[22] Megara vorübergehend nach dem Sturz des Tyrannen Theagenes in der Mitte des 6. Jh.,[23] Mantineia zur selben Zeit,[24] spätestens aber im Zusammenhang mit einem Synoikismos im 5. Jh.[25] Elis sei etwa gleichzeitig und auf die-

[21] Hierin unterscheide ich mich (zusammen mit Christian Meier in seinem Hamburger Vortrag) von Detlef Lotzes Position (oben Anm. 10): Ich sehe zwar wie er auch vieles schon seit Kleisthenes angelegt, ja sogar institutionell vorhanden, meine aber, daß die volle Praktizierung alles dessen erst jetzt durch die zwei äußeren Ereignisse der Perserkriege und des Seebundes bewirkt worden ist, abgesehen davon, daß auch institutionell Neues hinzugekommen ist. Wie Lotze kann ich allerdings auch keine Einschränkung der Demokratie darin erblicken, daß es informelle Leitungsstrukturen gab; ich gebe ihm völlig recht mit seiner Beobachtung, daß die historische attische Demokratie auf einen Punkt zusammenschmelzen würde und damit aus der Geschichte zu streichen wäre, wenn sie vor ihrer angeblichen Entartung noch keine und mit dieser keine mehr gewesen wäre.

[22] Polybios 2,38,6; 2,41,5; Strabon 8,7,1 (p. 384).

[23] Aristoteles, Politik 1302 b. 1304 b; Plutarch, Quaestiones Graecae 18 (p. 295) und 59 (p. 304).

[24] Aus der Entsendung des Mantineiers Demonax nach Kyrene um 550 geschlossen, wo er die Macht „dem Volk" gegeben haben soll: Herodot 4,161,2f.; Diodor 8,30,2.

[25] Xenophon, Hellenika 5,2,7; Diodor 15,5,3f.; Pausanias 8,8,9.

selbe Weise demokratisch geworden[26] und Argos sogar irgendwie kurz nach dem Beginn des Jahrhunderts.[27] Das beruht auf vagen, fragmentarischen, terminologisch undeutlichen literarischen Angaben späterer Zeiten, aber für die Insel Chios haben wir eine in das zweite Viertel des 6. Jh. zu datierende Inschrift, in der von einem δῆμος und von einer βολὴ δημοσίη die Rede ist, also vom Volk als Beteiligtem an der Macht und von einem Rat des Volkes, offensichtlich abgehoben von einem anderen, gentilizischen.[28] Nimmt man dann noch hinzu, daß Chios als erste griechische Stadt die Kaufsklaverei gekannt hat,[29] von manchen wie die Demokratie als progressives Element angesehen, dann hätten wir hier inschriftlich nachgewiesen die erste Demokratie, hundert Jahre vor der athenischen. Nun ist aber das Entscheidende ganz unklar, nämlich der Umfang dessen, was Demos genannt wird.[30] Eine mit Athen vergleichbare Demokratie würde nämlich nur dann vorliegen, wenn darunter auch und gerade die Nichtbesitzenden zu verstehen wären. Nehmen wir hinzu, daß Chios im 5. Jh. nicht demokratisch organisiert gewesen ist,[31] dann ist der Schluß unabweisbar, daß der Demos, von dem in der frühen Inschrift die Rede ist, noch am ehesten eine nach einer Art Hoplitenzensus zusammengesetzte Gruppe war. Auf dieser Basis sollten dann auch die literarischen Nachrichten verstanden werden: Eine frühe Demokratie gab es nicht.[32]

[26] Diodor 11,54,1; Strabon 8,3,2 (p. 336); Pausanias 5,9,5.

[27] Herodot 6,83,1; Aristoteles, Politik 1303 a, 6–8.

[28] Russell Meiggs and David Lewis, A Selection of Greek Historical Inscriptions, 1969, Nr. 8.

[29] Theopomp (F. Jacoby [Hrsg.], Die Fragmente der griechischen Historiker 115) Fragment 122 = Athenaios 6, p. 265 b.

[30] Meiggs/Lewis, a. a. O. (oben Anm. 28), S. 16.

[31] T. J. Quinn, Political Groups at Chios: 412 B. C., in: Historia 18 (1969), S. 22–30. – Beide Gesichtspunkte gelten auch für den Demos auf Lesbos, mit dem sich der von Alkaios Tyrann genannte Pittakos verbunden hatte (Fragment G 1, 20 Lobel/Page = 129 Voigt).

[32] Ähnlich Édouard Will, Le monde grec et l'Orient, tome I, 1972, S. 433–464, und vor allem – trotz des Titels – Hans-Dieter Zimmermann, Frühe Ansätze der Demokratie in den griechischen Poleis, in: Klio 57

Aber auch später finden wir sie bei näherem Hinsehen nur sehr
sporadisch. Von Sparta muß ohnehin abgesehen werden, Athen bekommt sie erst nach den besprochenen äußeren Anstößen, und weiter waren von den bedeutenden Städten im 5. Jh., zum Teil nach
dem Passieren der Tyrannis, nicht demokratisch organisiert, oder,
wie man jetzt allmählich zu sagen pflegte, oligarchisch[33]: Sikyon[34],
Samos[35], Chios[36], Mytilene auf Lesbos, Theben mit Böotien,
Korinth.[37] Über Böotiens Verfassung nach 447 wissen wir durch eine

(1975), S. 293–299, der allerdings mit seiner Meinung, die gegen den Adelsstaat gerichteten Kräfte hätten einer Händler- und Handwerkerschicht angehört, in einer von mir für überholt gehaltenen Weise aktualisiert: Die Hoplitenpoliteia war eine bäuerliche Gesellschaft. Schlicht „Demokratie"
nennt freilich auch Christian Meier in seinem Hamburger Vortrag die Isonomie der Hoplitenpoliteia, meint aber inhaltlich dasselbe wie ich. – Insbesondere zu Achaia vgl. Reinhard Koerner, Die staatliche Entwicklung in
Alt-Achaia, in: Klio 56 (1974), S. 457–495 (460.474f.); zu Megara Stewart
Irvin Oost, The Megara of Theagenes and Theognis, in: Classical Philology 68 (1973), S. 186–196, sowie Luigi Piccirilli, Μεγαρικά Testimonianze
e frammenti, 1975, S. 142–163; zu Demonax François Chamoux, Cyrène
sous la monarchie des Battiades, 1953, S. 141 f.; zu Mantineia A. Andrewes,
in: A. W. Gomme, A Historical Commentary on Thucydides, vol. IV,
1970, S. 59; zu Elis ebd., S. 60 (und hier S. 308f.; zu Argos Detlef Lotze:
Zur Verfassung von Argos nach der Schlacht bei Sepeia, in: Chiron 1 (1971),
S. 95–109.

[33] Auf Diskussionen mit Gerd Haltkotten stützt sich manches folgende.
[34] Thukydides 5,81,2.
[35] In der ›Herrschaft der Athener‹ (oben Anm. 18), S. 86, hatte ich noch
geglaubt, Samos hätte zwischenzeitlich die „Demokratie" gekannt; ich
habe mich jedoch durch Gerd Holtkotten (oben Anm. 33) und durch
Édouard Wills neuerliche Bemerkungen (in seiner Besprechung meines
Buches in: Revue de Philologie 51 [1977], S. 292) davon überzeugen lassen,
daß eine entsprechende Deutung von John Penrose Barron, The Silver
Coins of Samos, 1966, S. 80–93, einer samischen Münzserie zwar faszinierend, aber nicht zwingend ist, so daß das Schweigen der Quellen über eine
samische Demokratie den Ausschlag gibt; vgl. auch Ronald Legon (unten
Anm. 43), S. 147f.
[36] Siehe oben Anm. 31.
[37] Thukydides 3,27,3; 39,6; 47,2f.

ausführliche Beschreibung in den Hellenika von Oxyrhynchos, dem Fragment des Geschichtswerks eines unbekannten Historikers,[38] ungewöhnlich gut Bescheid; danach war das Recht auf politische Betätigung an einen Vermögenszensus geknüpft.[39] Umgekehrt kennt man von Korinths Verfassung so gut wie nichts Konkretes,[40] sie war nur hochberühmt wegen ihrer Ausgewogenheit, ihrer Eunomia, derentwegen sie von Pindar in seiner 13. olympischen Ode gepriesen worden ist, und wenn für Verfassungen dasselbe gilt, was früher einmal für Ehefrauen gegolten haben soll, daß sie nämlich am vorzüglichsten seien, je weniger man von ihnen spreche, dann muß Korinth eine ganz vorzügliche, freilich nicht demokratische Verfassung gehabt haben.[41]

Der absolut vorherrschende Verfassungstyp war also der, bei dem die politische Berechtigung bei sonstiger Rechtsgleichheit an bestimmte Voraussetzungen geknüpft war, das heißt vor allem wohl an das Vorhandensein von Vermögen. Es war somit der einer Hoplitenpoliteia, Timokratie, Isonomie oder ähnlich, also zwar keine Adelsgesellschaft mehr, aber auch keine Demokratie. Ob wir aller-

---

[38] Vgl. zuletzt die Aufsätze von Gustav Adolf Lehmann in: Zeitschrift für Papyrologie und Epigraphik 23 (1976), S. 265–288; 26 (1977), S. 181–191; 28 (1978), S. 109–126; 30 (1978), S. 73–93.

[39] Kap. 16, 2–4 (Bartoletti); vgl. I. A. F. Bruce, An Historical Commentary on the „Hellenica Oxyrhynchia", 1967, S. 157–164.

[40] Édouard Will, Korinthiaka, S. 609–624.

[41] Die Situation auf Sizilien und in Unteritalien ist wegen des Zwangs der Griechen zur Auseinandersetzung mit den Einheimischen und wegen dessen Folgen auf das Verfassungsleben mit der Situation im Mutterland nicht vergleichbar; immerhin gab es hier festgefügte Oligarchien mit einem regelmäßig vierstelligen Kreis der politisch Berechtigten, denen der Pythagoräismus eine Art ideologischer Rechtfertigung lieferte, und ihre Ersetzung durch Demokratien begründete nicht deren dauerhafte Etablierung, sondern konnte wieder zur Errichtung von Oligarchien führen; zu Syrakus vgl. etwa Édouard Will, a. a. O. (oben Anm. 32), S. 463 f.; zu Unteritalien Franco Sartori, Verfassungen und soziale Klassen in den Griechenstädten Unteritaliens seit der Vorherrschaft Krotons bis zur Mitte des 4. Jahrhunderts v. u. Z., in: E. Ch. Welskopf (Hrsg.), Hellenische Poleis, Bd. 2, 1974, S. 700–773.

dings sagen können: „noch" keine Demokratie, ob wir also annehmen wollen, die gesellschaftliche Entwicklung habe aus sich heraus
dorthin gezielt, das soll nun gefragt werden.

IV

Wir müßten das sagen, wenn wir feststellen könnten, es hätten
die Demokraten die Oligarchen zahlenmäßig übertroffen, und sie
hätten auf die Einrichtung einer Demokratie gedrängt. Während
man nun beim Bisherigen darauf angewiesen war, sich die Situation
in den Städten aus fragmentarischen Nachrichten allgemeiner Art
zu erschließen, können wir bei dieser Frage für die zweite Hälfte
des 5. Jh. einen längeren Blick ins Innere einiger Städte tun. Samos
war seit der Befreiung von den Persern loyales Mitglied des Attischen Seebundes gewesen, und zwar jahrzehntelang unter einer oli-
garischen Regierung, ohne daß wir etwas von gegenteiligen, also demokratischen Bestrebungen hörten.[42] 440 geriet Samos in Streit mit
dem durch Athen demokratisierten Milet um die Stadt Priene, und
als Milet sich in Athen beschwerte, kamen nun auch demokratisch
gesonnene Samier mit.[43] Athen schlichtete den Streit gewaltsam dadurch, daß es mit 40 Kriegsschiffen vor Samos erschien, die Demokratie einrichtete und sich von den Samiern 100 Geiseln aus oligarchischen Familien stellen ließ. Während nun die oligarchische Herrschaft – also dem Wortsinne nach eine Herrschaft nur der wenigen –
stabil gewesen war, wurde mit der Einrichtung der Demokratie die
innenpolitische Situation auf Samos immer turbulenter, statt daß
sie nun mit der Erringung der Macht durch das Volk, also dem
vordergründigen Wortsinn nach doch wohl durch die überwiegende
Mehrheit, erst recht stabil gewesen wäre. Obwohl 100 Geiseln gestellt waren, hatten nicht nur δυνατώτατοι, also Allermächtigste

---

[42] Vgl. oben Anm. 35.
[43] Die Quellen für die samischen Ereignisse sind: Thukydides, 1,115,
2–117; 3,32,2; 4,75,1; 8,21.63,4; 73,2.6; Diodor 12,27f.; vgl. im übrigen
Ronald P. Legon, Samos in the Delian League, in: Historia 21 (1972),
S. 145–158.

in der Stadt zurückbleiben können, sondern ein weiterer Teil der Oligarchen war aufs kleinasiatische Festland geflüchtet, kam mit 700 Bewaffneten zurück und nahm die Stadt ohne Widerstand und unter Mithilfe der Bürger wieder ein. Nun brach endgültig Krieg aus zwischen Samos und Athen, der neun Monate dauerte, wechselvoll war und von den oligarchischen Samiern sogar teilweise offensiv geführt werden konnte – nichts verlautet davon, daß die ὀλίγοι, die Wenigen, Mühe gehabt hätten, außer mit Athen noch mit einem aufbegehrenden Demos fertigzuwerden, der sich zu Recht von Athen die Demokratie hätte versprechen können.

Nach dem Sieg Athens unter dem Kommando des Perikles und der Wiedererrichtung der Demokratie 439 blieben die Verhältnisse unstabil. Ein Teil der Oligarchen ging ins Exil, von wo aus sie während des später ausgebrochenen Peloponnesischen Krieges Athen und seinen Bundesgenossen lästig fallen konnten. Immerhin waren noch so viel potentielle Oligarchen auf Samos verblieben, daß der Demos 412, als Athen nach der sizilischen Katastrophe vor dem Zusammenbruch zu stehen schien und die Oligarchen Morgenluft wittern konnten, daß also der Demos da unter Mithilfe Athens eine Art prophylaktischen Aufstandes gegen die Mächtigen, die δυνατοί machte: 2000 δυνατώτατοι wurden getötet und 400 wurden vertrieben und enteignet.[44] Man sollte meinen, damit seien die Oligarchen hinreichend dezimiert gewesen. Dem war aber nicht so, im

---

[44] All dieses mit Legon, a. a. O., S. 154–156, gegen Édouard Will, Notes sur les régimes politiques de Samos au Ve siécle, in: Revue des Études Anciennes 71 (1969), S. 305–319 (312–319) (und teilweise auch gegen mich selbst: Herrschaft der Athener [oben Anm. 18], S. 87 Anm. 44). Eine Demokratie nach 439 nehme ich deshalb an, weil Thukydides die neuerliche Errichtung wegen ihrer vorherigen Einrichtung nicht noch einmal erwähnen mußte; weil sich die finanziellen Sonderregelungen und die Stellung von Geiseln auch mit einer ja nicht automatisch für zuverlässig gehaltenen Demokratie (vgl. Mytilene!) vertragen und weil ich die Oligarchenverfolgung von 412 sozial und nicht politisch auffasse. Näher dazu in einem späteren Aufsatz (Die Einführung der Demokratie auf Samos im 5. Jahrhundert v. Chr., Klio 63 [1981], S. 281–288).

Gegenteil: Den Geomoren, also dem grundbesitzenden Adel, wurde die Teilnahme an den Staatsgeschäften verboten, und es wurde ein Heiratsverbot zwischen ihnen und den übrigen Samiern erlassen: Die Geomoren waren also noch im Lande. Diese schon nicht eindeutige Situation wurde schließlich noch dadurch endgültig kompliziert, daß nach der Errichtung der Oligarchie in Athen 300 Angehörige des samischen Demos, die just ihre Oligarchenhatz veranstaltet hatten, selber eine Oligarchie von eigenen Gnaden errichteten, die allerdings nicht lange dauerte.

Als nächstes, in chronologischer Reihenfolge, der durch die Schilderung des Thukydides berühmteste, schaurig-berühmte, Parteienstreit, der von Korkyra 427 im Peloponnesischen Krieg.[45] Hier ist nun von Thukydides – aber auch nur hier! – deutlich gesagt, daß die Demokraten in der Mehrzahl waren oder besser gesagt der Demos, der hinter seinen Anführern, den προστάται, um die Macht im Staate und für den Anschluß an Athen kämpfte. Immerhin zählten die aktiven Oligarchen 400, hinzu kam die oligarchisch gesinnte Besatzung von fünf Kriegsschiffen (das können nicht alles reiche Pfeffersäcke gewesen sein) und eine ungenannte Anzahl weiterer Feinde, ἐχθροί, des politisierten Demos. Alle diese wurden in blutigen, hinterlistigen Kämpfen abgeschlachtet, ein weiterer Rest noch 425,[46] so daß für diesen Teil des Krieges die politische Auseinandersetzung durch Liquidierung des Gegners beendet war. Für diesen Teil; denn 415 gab es eine Neuauflage der inneren Kämpfe, bei der die oligarchische Seite tausend Anhänger gehabt haben soll. Dieses Mal ging es eher glimpflich aus.[47]

Im selben Jahr 427 fiel das oligarchische Mytilene, das wie Samos dem Attischen Seebund seit seiner Gründung angehört hatte, in der

---

[45] Thukydides, 3,70–83; vgl. dazu zuletzt Alfred Heuß, Das Revolutionsproblem im Spiegel der antiken Geschichte, in: Historische Zeitschrift 216 (1973), S. 1–72 (24–34); Lowell Edmunds, Thucydides' Ethics as Reflected in the Description of Stasis (3.82–83), in: Harvard Studies in Classical Philology 79 (1975), S. 73–92.

[46] Thukydides 4,46–48.

[47] Diodor 13,48. Zum Problem vgl. A. W. Gomme, A Historical Commentary on Thucydides, Volume III, 1956 (Neudruck 1966), S. 497 f.

Hoffnung von Athen ab, Spartas Beistand zu finden.[48] Das gelang nur unvollkommen, und durch die belagernden Athener in militärische Bedrängnis geraten, bewaffneten die regierenden Oligarchen den Demos in der sicheren Erwartung, dieser werde ihnen in ihrem Unabhängigkeitskampf gegen Athen beistehen. Nach Erhalt der Waffen stellte der Demos jedoch die Bedingung – nicht etwa an der Regierung beteiligt zu werden, sondern, daß das knapp gewordene Brotgetreide gleichmäßig verteilt werde. Als dann Oligarchen und Vertreter des Demos die Stadt den Athenern übergeben hatten, ließen diese 1000 oligarchische Hauptschuldige hinrichten, auch eine nicht gerade geringe Zahl, die zudem noch Raum läßt für die Annahme weiterer Oligarchen.

Ein paar Jahre später, 424, spielten sich schließlich in Megara verwirrende und offenbar auch verwirrte Dinge ab.[49] Megara gehörte dem Peloponnesischen Bund an und war gleichwohl offenbar ein paar Jahre vor 424 demokratisch geworden mit der Folge, daß es sowohl von Athen als auch von seinen exilierten Oligarchen militärisch bedrängt wurde, die aber wie Megara selbst auf peloponnesischer Seite standen. Auch hier waren keineswegs alle Oligarchen in der Verbannung, sondern auch innerhalb Megaras waren genug ihrer politischen Freunde zurückgeblieben, die für ihre Rückkehr Stimmung machen konnten. In dieser Situation wollten die Führer des Volkes, die προστάται τοῦ δήμου, die Stadt an Athen ausliefern, was eine klare Sache gewesen wäre und für die Erhaltung der Demokratie gesorgt hätte. Aber in einer Abstimmung wurden die Führer des Demos vom Demos überstimmt, die Exilierten konnten zurückkehren und errichteten tatsächlich wieder eine Oligarchie in Megara, und zwar eine solche strengerer Observanz, ὀλιγαρχία τὰ μάλιστα.

All diese Beispiele stammen nun aus Zusammenhängen, bei denen außenpolitische Allianz-Fragen hineinspielten: Bei Samos und Mytilene handelte es sich um die Frage des Verbleibens im Attischen Seebund, bei Korkyra und Megara um einfache Bündnisse mit

---

[48] Thukydides 3,2–6. 8–15. 18. 27f. 35–50; vgl. Ronald P. Legon, Megara and Mytilene, in: Phoenix 22 (1968), S. 200–225 (200–211).

[49] Thukydides 4,66–74; vgl. Legon, a.a.O., S. 221–223.

Athen. Verfälschen tut diese Herkunft der konkreten Divergenzen den Sachverhalt aber nicht. Die Trennungslinie verlief zu dieser Zeit anscheinend tatsächlich zwischen athenfreundlichen Demokraten und spartafreundlichen Oligarchen, und eventuelle Abweichungen kamen auf beiden Seiten vor und verändern im Ergebnis das Bild nicht. Demokraten und Oligarchen standen sich etwa gleichstark gegenüber, und von einem stürmischen Verlangen des Demos, aus eigenem Antrieb und kraft seines Schwergewichts die Verfassung zu stürzen, ist nichts zu spüren.[50]

V

Trotzdem: Je weiter wir im 5. Jh. weitergehen, um so mehr nimmt die Anzahl der Demokratien zu, und unsere Frage muß lauten, ob das eine Entwicklung gewesen ist, die aus sich heraus, das heißt konkret aus den einzelnen Städten heraus entstanden ist. Nun scheint es vereinzelt solche Entwicklungen gegeben zu haben, und zwar in Argos schon in der Mitte des Jahrhunderts,[51] in Elis und Mantineia später[52] sowie in Megara im Archidamischen Krieg[53] – besonders eindrücklich deshalb, weil alle diese Staaten nicht in Athens Herrschaftsbereich lagen. In der Mehrzahl der Fälle aber ist die Demokratie von außen, das heißt von Athen künstlich einge-führt worden[54] und war in sich so instabil, daß ihre Aufrechterhal-tung immer der Unterstützung Athens bedurfte, das auf diese Weise eine ständige Eingriffsmöglichkeit im Interesse seiner Herrschaft hatte. Mutatis mutandis gilt dasselbe übrigens auch für die Oligar-

---

[50] Ähnlich jetzt Eberhard Ruschenbusch, Untersuchungen zu Staat und Politik in Griechenland vom 7.–4. Jh. v. Chr., 1978, S. 24–95; Reserven habe ich freilich gegenüber seiner These, alle Verfassungskämpfe hätten sich innerhalb „der Oberschicht" abgespielt.

[51] Michael Wörrle, Untersuchungen zur Verfassungsgeschichte von Ar-gos im 5. Jahrhundert vor Christus, Diss. Erlangen-Nürnberg 1964, S. 122–127.

[52] A. Andrewes, a. a. O. (oben Anm. 32).

[53] Legon, a. a. O. (oben Anm. 48), S. 215.

[54] Verf., Herrschaft der Athener (oben Anm. 18), S. 82–98.

chien und Sparta, wobei die mutanda hier nicht behandelt werden können. Athen jedenfalls führte von außen die Demokratie außer in den schon besprochenen Fällen von Samos, Korkyra, Mytilene, Megara weiter ein in Böotien in der Zeit von 457 bis 447, Erythrai, Chalkis und Eretria auf Euböa, Kolophon und Milet.[55] Gegen Ende der athenischen Herrschaft gab es keine bekannte nichtdemokratische Stadt mehr, und den Athenern war auch bewußt, daß dieser Verfassungsumsturz, die μεταβολὴ πολιτειῶν, eines ihrer Herrschaftsmittel war.[56]

Haben wir somit vorerst eher äußerlich festgestellt, daß die Ausbreitung der Demokratie vorwiegend nicht durch innere Entwicklungen, sondern durch äußeren Druck erfolgt ist, so müssen wir doch noch etwas genauer hinsehen, und zwar hineinsehen. Zunächst ist die Frage wichtig, wieso eigentlich die Demokratisierung ein so probates Mittel gewesen ist, die demokratisierte Stadt an Athen zu binden. Die von Athen einmal eingesetzten Demokraten hätten sich ja nach erfolgter Demokratisierung, auf die überwältigende Mehrheit des Volkes gestützt, sofort von Athen lossagen können. Der Witz war nun aber ja der, daß sie sich eben nicht auf eine solche Mehrheit stützen konnten. Diese Mehrheit für die demokratische Staatsform war in solchen Städten labil und konnte nur durch Unterstützung von außen gehalten werden.

Wir fragen in Parenthese natürlich, wie es zu erklären ist, daß die Demokratie vom Demos selbst nur so bedingt unterstützt wurde.[57] Zunächst einmal ist nun doch deutlich – aber man sieht eben manchmal den Wald vor Bäumen nicht –, daß die Alternative zur Demokratie nicht in der Oligarchie in einem ganz engen Sinn, also tatsächlich im Sinne von ὀλίγοι war. Die Alternative war die Hoplitenpoliteia, eine sonstige Timokratie mit einem doch beachtlichen, häufig, wie etwa in Italien, vierstelligen Kreis von politisch Berech-

---

[55] Siehe die vorige Anm.

[56] Thukydides 6,20,2; Verf., a. a. O., S. 84.

[57] Das ist die Frage, die Ronald Legon in den zitierten Aufsätzen verwundert stellt; vgl. noch Phliasian Politics and Policy in the Early Fourth Century B. C., in: Historia 16 (1967), S. 324–337, für einen besonders spektakulären Fall mangelnden Klassenbewußtseins des Demos.

tigten. Das ergibt schon einmal eine stattliche potentielle Anhängerschaft einer nichtdemokratischen Verfassung. Wohlgemerkt: eine
nur potentielle, denn es wäre ein Fehler – oder ist sogar einer, denn
er wird oft und gewiß nicht nur in der Alten Geschichte gemacht –,
die Zugehörigkeit zu einer sozialen Schicht mit politischen An- und
Absichten zu identifizieren, die diese Schicht nach dem Willen der
Betrachter haben müßte.[58] Es ist ja weiterhin eine an sich durch die
Erfahrung täglich widerlegte Hypothese, daß die Menschen von
Natur aus kein dringenderer Wunsch als der nach voller praktizier-
ter Mitbestimmung beseele. Warum muß ein Angehöriger des De-
mos einer kleinen griechischen Stadt eine Demokratie athenischen
Musters gewollt haben?[59]

Weiter wird bisweilen in Analogie zu römischen Verhältnissen
nach einer Art Clientelbeziehung zwischen Oligarchen und Volk
gesucht. Das wird meistens zu Recht verneint[60] und nur manchmal
in Ansätzen gesehen wie im Fall Kimons, der in den siebziger und
sechziger Jahren in Athen sich leutselig und freigiebig gezeigt
hatte.[61] Dieser Fall liege wie er will, nachgewiesen oder auch nur
wahrscheinlich gemacht sind Clientelverhältnisse römischer Art
nicht und können es auch nicht sein. Diejenigen, die die ὀλίγοι bildeten, waren im Verhältnis zur römischen Senatsaristokratie jeweils
zu viele und stellten keine in Jahrhunderten entstandene und ihre
Clientelen pflegende Schicht dar. Mag das frühere und ja auch nur
hypothetisch zu erfassende Stadium der römischen Clientel seine

---

[58] Ich weise hier auf die Untersuchungen über das Wahlverhalten bei den
Reichstagswahlen im Deutschen Reich vor dem Ersten Weltkrieg hin, die
Otto Büsch in Berlin durchführt und die einem ähnlichen Phänomen gel-
ten.

[59] Für die Stabilität nichtdemokratischer Regierungsformen mag auch
die meistens ja sehr geringe Größe der griechischen Städte gesorgt haben
(Thukydides, 6,39,2; vgl. Will, a.a.O. [oben Anm. 32], S. 463; Ruschen-
bach, a.a.O. [oben Anm. 50], S. 3–16), doch ist hier Vorsicht bei Verallgemeinerungen und Wahrscheinlichkeitsschlüssen am Platze.

[60] Hermann Strasburger, Zum antiken Gesellschaftsideal, 1976, S. 111–
116.

[61] Aristoteles, Staat der Athener 27,3 f.; dazu Moses I. Finley, Die antike
Wirtschaft, 1977, S. 129.

Entsprechung in griechischen Pelatai (πελάται) und Theten finden – die mit der römischen Expansion über ganz Italien untrennbar verbundene zweite Phase der sogenannten politischen Clientel kann es mangels dieser Voraussetzung nicht gegeben haben. Vielleicht haben über bloße Anhängerschaft hinausgehende kultische Bindungen an Adelsgeschlechter etwa über Phratrienverbände eine Rolle gespielt; ich glaube das aber auch nicht, weil Phratrien in der uns beschäftigenden Zeit nur noch rational zusammengesetzte funktionale Körperschaften für die Erledigung von Personenstandsfragen waren.

Warum Oligarchien so verhältnismäßig gut zusammenhielten, läßt sich also konkret und handfest schlecht erklären. Freilich ist die Frage so auch falsch gestellt: Erklärt muß ja werden, wie und warum das neue, das demokratische Organisationsprinzip sich durchgesetzt hat gegenüber dem normalen und fraglosen der Hoplitenpoliteia oder Timokratie. Diese letztere entsprach offenbar weitgehend dem Verständnis vom Ablauf der politischen Dinge auch des nicht dazugehörigen Bürgers, der, wenn seine Existenz in der Polis gesichert war, normalerweise nicht das brennende Bedürfnis hatte, über alles mitzuentscheiden. Dieser Bürger hat nun aber umgekehrt auch nicht durchgängig und leidenschaftlich nein gesagt, wenn ihm von Athen die Demokratie serviert wurde, und er hat auch nicht nein dazu gesagt, wenn dann im Zuge einer solchen Einführung der Demokratie durch Athen den Besitzenden das Vermögen konfisziert und sie selbst vertrieben oder sogar getötet wurden. Das geschah regelmäßig, und daß er dazu nicht nein gesagt hatte, war sein entscheidender politischer Fehler, der die Demokratie labil machte und die Stadt dann an Athen band; denn bei der nun ipso facto eintretenden Reaktion der Geschädigten war kein Pardon mehr zu erwarten, und der demokratische Demos war mehr denn je auf Athens Schutz angewiesen.[62]

---

[62] Vgl. Verf., Herrschaft der Athener (oben Anm. 18), S. 96–98.

VI

Wenn dem so war, dann erhebt sich trotzdem die Frage, woher die bei aller Skepsis gegenüber der Existenz einer naturgesetzlich existierenden demokratischen Massenbewegung denn doch festzustellenden kräftigen Bestrebungen nach Demokratie rührten, die zwar für eine eigenständige Durchsetzung nicht kräftig genug waren, die aber für Athen doch immerhin so viel Substanz zu haben schienen, es mit der Errichtung von wenn auch labilen Demokratien zu versuchen. Nun habe ich ja nicht geleugnet, daß es Bestrebungen der Nichtbesitzenden nach Teilnahme an der Herrschaft gegeben hat. Im Gegenteil ist die Annahme solcher Bestrebungen deshalb schon fast banal, weil das Beispiel Athens auf viele sehr anziehend gewirkt hat,[63] die dabei freilich übersahen, daß nicht jede Stadt sich einen eigenen Attischen Seebund zulegen konnte, der ja konstitutiv für die athenische vollausgebildete Demokratie war. Allerdings möchte ich zur Stützung dieser Annahme der Beispielhaftigkeit Athens nur ungern die perikleischen Worte in seinem Epitaphios heranziehen, in denen er die athenische Demokratie als Vorbild, als παράδειγμα und als eine von anderen gern nachgeahmte Staatsform bezeichnete.[64] Immerhin sagte das der Perikles, der selber dafür sorgte, daß die Nachahmung der attischen Demokratie nicht ohne die geschilderte kräftige aktive Mithilfe Athens zwecks Stabilisierung seiner Herrschaft vonstatten ging. Aber sicherlich hat die athenische Demokratie Faszinationskraft gehabt, die ihrer Durchsetzung außerhalb von Athen und auch von Athens Herrschaftsbereich zugute kam. Die Frage ist, auf wen sie so anziehend wirkte. Auf einen Teil des Demos natürlich sicherlich, aber möglicherweise auch auf andere. Daß sie nämlich der Gegenstand intensiver Reflexion gewesen ist, davon zeugt im negativen Sinne die antidemokratische, aber dem Demos widerwillig von dessen Standpunkt aus recht gebende Streitschrift des sogenannten Pseudo-

---

[63] Insoweit zutreffend Gustav Adolf Lehmann, in: Historische Zeitschrift 226 (1978), S. 668.
[64] Thukydides, 2,37,1.

Xenophon,[65] im positiven aber die Verfassungsdebatte bei Herodot[66] und der ganze perikleische Epitaphios bei Thukydides. So wie für Athen die Wichtigkeit des politischen Denkens betont worden ist, so werden wir ähnliches auch außerhalb Athens anzunehmen haben, und daß es nicht alles in der Weise des Stesimbrotos von Thasos[67] oder des Ion von Chios[68] vor sich gegangen ist, davon zeugt eben Herodot aus Halikarnaß.

An dieser Stelle ist nun auf die Volksführer, die προστάται τοῦ δήμου zurückzukommen. Wir hatten ja mehrfach sehen müssen, daß zwischen ihnen und dem Demos, dessen Herrschaft sie doch herbeiführen wollten, deutliche Unterschiede in der praktischen Politik bestanden; Thukydides unterscheidet demzufolge in seinen verallgemeinernden Reflexionen über die Bürgerkriege nicht zwischen ὀλίγοι und δῆμος, sondern zwischen ὀλίγοι und eben προστάται τοῦ δήμου.[69] Es ist nun wohl doch keine bloße Hypothese, sondern ein richtiger Schluß, daß diese Volksführer bewußte Demokraten waren, was der Demos selbst in seiner Gänze eben nicht war. Mit großer Wahrscheinlichkeit – denn Konkretes weiß man nicht – wird man auf dem Wege der Analogie zu Athen (und, was die revolutionären Führer betrifft, zu allen andern Epochen der Geschichte) sagen können, daß die προστάται τοῦ δήμου keineswegs immer dem Demos entstammen mußten. Eine bloße Hypothese dann – aber eine, die mir sehr gut gefällt – ist es zu vermuten, daß unter diesen Leuten neben einfach Ehrgeizigen[70] sich auch

---

[65] G. W. Bowersock, Pseudo-Xenophon, in: Harvard Studies in Classical Philology 71 (1967), S. 33–55; Max Treu, Pseudo-Xenophon, Πολιτεία Ἀθηναίων, in: Pauly's Realencyclopädie der classischen Altertumswissenschaft 9 A (1967), Sp. 1928–1982.

[66] 3,80–82.

[67] Vgl. zuletzt Klaus Meister, Stesimbrotos' Schrift über die athenischen Staatsmänner und ihre historische Bedeutung, in: Historia 27 (1978), S. 274–294.

[68] Vgl. zuletzt Harold B. Mattingly, Poets and Politicians in Fifth-Century Greece, in: FS Schachermeyr (oben Anm. 12), S. 231–245 (236–239).

[69] 3,82,1.

[70] Solche Unglücksmenschen waren wohl die 300 auf Samos, die „als Volk" (ὄντες δῆμος", Thukydides 8,73,2) die Oligarchen verfolgt hatten

solche befanden, die die Demokratie um der Demokratie willen an-
strebten, die also aus aus Anschauung und Nachdenken gewonne-
ner Einsicht oder Ideologie handelten. Diese Einsicht oder Ideologie – ich will das offen lassen – bewirkte nun wohl auch, daß die bewußten Demokraten im Unterschied zum Demos selbst die Demokratie höher stellten als die Unabhängigkeit der Stadt, und an dieser
Frage der außenpolitischen Zugehörigkeit haben sich dann die
Verfassungskämpfe entzündet.[71]

VII

Zum Schluß noch ein paar Worte über die weitere Entwicklung.
Im 4. Jh. nahmen die Verfassungskämpfe in Griechenland an Intensität und Grausamkeit zu und erfaßten etwa auch das bisher von
ihnen verschont gebliebene Korinth. Hier vollendete sich, was sich
im Peloponnesischen Krieg und durch Athens Politik im Seebund
angekündigt hatte: Die Frage der Verfassung wurde zunehmend instrumentalisiert durch die der politischen Zugehörigkeit der jeweiligen Stadt, und sie trat hinter der der sozialen Befriedigung immer
mehr zurück. Konkret heißt das, daß in den unendlichen Kriegen
dieses Jahrhunderts die Frage der inneren Verfassung mit der der außenpolitischen Zugehörigkeit bei Prävalenz dieser letzteren identisch wurde, also noch mehr an Eigengewicht verlor, und daß diese
Verfassungskämpfe zunehmend soziale Kämpfe zwischen den verschiedenen Bevölkerungsschichten wurden, wobei die Frage der
Verfassung nur die Einkleidung für die Absicht darstellte, den sozialen Gegner zu erledigen. Bei all dem setzte sich nun im Ergebnis
für die Folgezeit die Demokratie als Organisationsform durch; insbesondere wurde sie seit Alexander dem Großen durch die meisten
hellenistischen Herrscher in ihren Auseinandersetzungen untereinander gefördert. Das lag auch an der Demokratie selbst. Einmal in
großem Maßstab eingeführt, hatte sie dann möglicherweise doch so

und nun selber sich zur Oligarchie überreden ließen, damit allerdings
schmählich Schiffbruch erlitten.
[71] Vgl. Ruschenbusch, a. a. O. (oben Anm. 50).

viel an innerer, wenn auch mittlerweile vielleicht banaler Evidenz für sich,[72] daß Reoligarchisierungen wohl immer schwieriger wurden. Anscheinend aber auch immer überflüssiger. Denn das, was sich schon für das 5. Jh. gezeigt hatte, konnte sich nun nach dem unwiderruflichen Sieg der Demokratie, der nun nichts mehr sie und vor allem die Demokraten Aufreizendes mehr entgegengestellt wurde, in aller Ruhe auswirken: Der Demos nahm zwar pflichtgemäßen Anteil an den Geschäften, ließ aber in der Substanz die freilich inzwischen außenpolitisch oftmals substanzlos gewordene Politik von den Wohlhabenden und Interessierten betreiben, von den ὀλίγοι. Anders war die Sachlage bei der römischen Durchdringung und Eroberung Griechenlands – doch das ist eine andere Geschichte.[73]

Für unser Thema bleibt als Ergebnis, daß die griechische Demokratie nicht das Resultat eines zielgerichteten, selbstverständlichen Prozesses war, nicht von unten erkämpft worden ist, sondern daß die Entwicklung nur deshalb die volle Demokratie zum Ergebnis hatte, weil äußere Anstöße hinzukamen. So war auch sie ein doppelter Glücksfall, und Vergleiche mit unserer heutigen Demokratie sollten auch das im Auge haben und nachdenklich stimmen.

[72] Die „Überzeugung, daß die Republik die vernünftigste Staatsform sei", ist nach Otto von Bismarck eine Obertertaneridee – der zweite Satz von ›Erinnerung und Gedanke‹ hatte in einer früheren Fassung gelautet: „Diese Auffassung mag etwa von Obertertia her über mich gekommen sein" (Werke in Auswahl, Bd. 8 A, 1975, S. 1).

[73] Jürgen Deininger, Der politische Widerstand gegen Rom 217–86 v. Chr., 1971, S. 17 (mit G. W. Bowersock, in: Gnomon 45 [1973], S. 578); Thomas Schwertfeger, Der Achaiische Bund von 146 bis 27 v. Chr., 1974, S. 65.

Mogens Herman Hansen, The Athenian Ecclesia. A Collection of Articles 1976–1983. (=
Opuscula Graecolatina [Supplementa ›Musei Tusculani‹], Vol. 26.) Copenhagen: Museum
Tusculanum Press 1983, pp. 207–226.

THE ATHENIAN *ECCLESIA*
AND THE SWISS *LANDSGEMEINDE*

By MOGENS HERMAN HANSEN

Historians writing about the Athenian democracy always state
that the *ecclesia* was the sovereign body of government in classical
Athens, and it is often emphasized that the peculiar form of direct
democracy practised in many Greek city-states is closely connected
with the people's assembly and the wide powers given to this institution. Considering the amount of scholarship dealing with
Greek political institutions in general and Athenian democracy in
particular, one would expect to find a substantial number of publications describing and discussing the Athenian *ecclesia*. But when I,
some ten years ago, began to study the Athenian democratic institutions I noticed to my surprise that the most recent monograph on
the Athenian *ecclesia* was G. F. Schömann, ›De Comitiis Athenien-
sium‹ (Greifswald 1819). In the second half of the nineteenth century two German dissertations had been devoted to two different
aspects of the *ecclesia*,[1] and from this century I could find no more
than a few scattered articles on various aspects.[2] Even the important
excavations of the Athenian assembly place on the Pnyx 1930–1937
resulted in only one, excellent, study apart from the excavators' re-

---

[1] C. Würz, Merces ecclesiastica Athenis, Berlin 1878; A. Reusch, De
diebus contionum ordinarium apud Athenienses, Straßburg 1879.

[2] K. J. Dover, Anapsephisis in Fifth-Century Athens, in: Journal of Hellenic Studies 75 (1955), pp. 7–20; G. T. Griffith, Isegoria in the Assembly
at Athens, in: Ancient Society and Institutions, Oxford 1966, 115–138;
E. S. Staveley, Voting Procedure at the Election of Strategoi, ibidem,
pp. 275–288; and recently E. Kluwe, Die soziale Zusammensetzung der
athenischen Ekklesia und ihr Einfluß auf politische Entscheidungen, in:
Klio 58 (1976), pp. 295–333, and 59 (1977), pp. 45–81.

port.[3] The major contributions to scholarship on the Athenian *ecclesia* were the articles in the lexica[4] and some chapters in the handbooks on Greek political institutions.[5] The council of five hundred, on the other hand, and the board of generals attracted much more interest, and the only two aspects of the Athenian *ecclesia* which have been thoroughly studied in this century are a) the relation between the *ecclesia* and the *boule,* i.e. the *probouleusis* and b) the election of *strategoi.*[6]

[3] The excavators' reports are: K. Kourouniotes and H. A. Thompson, The Pnyx in Athens, in: Hesperia 1 (1932), pp. 90–217; H. A. Thompson, Pnyx and Thesmophorion, in: Hesperia 5 (1936), pp. 151–200; H. A. Thompson and R. L. Scranton, Stoas and City Walls on the Pnyx, in: Hesperia 12 (1943), pp. 269–383. Cf. H. A. Thompson and R. E. Wycherley, The Athenian Agora XIV: The Agora of Athens, Princeton 1972, pp. 48–52. H. A. Thompson, The Pnyx in Models, in: Hesperia Suppl. 19 (1982), pp. 134–147. Apart from these articles the basic study is still: W. A. McDonald, The Political Meeting Places of the Greeks, Baltimore 1943, pp. 44–61 and 67–80.

[4] The two most important are: C. G. Brandis, Ekklesia, in: Paulys Realencyclopädie der classischen Altertumswissenschaft V (1905), pp. 2163–2200, and G. Glotz, Ekklesia, in: DarSag II (1892), pp. 516–527.

[5] The most important are: G. Gilbert, Handbuch der griechischen Staatsalterthümer I, 2nd ed. Berlin 1893, pp. 318–347; G. Busolt & H. Swoboda, Griechische Staatskunde, München 1920–26, I, pp. 442–462; II, pp. 986–1019; G. Glotz, La cité grecque, Paris 1928, pp. 179–212 (English edition 1929); A. H. M. Jones, How Did the Athenian Democracy Work?, in: Athenian Democracy, Oxford 1957, pp. 99–133; E. S. Staveley, Greek and Roman Voting and Elections, London 1972, pp. 78–93; R. A. de Laix, Probouleusis at Athens, Berkeley 1973, pp. 173–194.

[6] P. J. Rhodes, The Athenian Boule, Oxford 1972, pp. 52–81. The earlier extensive literature by Gilbert, Hartel, Miller, Swoboda and others is reviewed and discussed by Rhodes. Cf. also de Laix (supra n. 5). On the election of strategoi cf. Staveley (supra n. 2) who lists earlier reconstructions, pp. 285–286, note 1. Recent studies are: Ch. Fornara, The Athenian Board of Generals from 501 to 404. Historia Einzelschriften 16 (1971); P. J. Bicknell, Studies in Athenian Politics and Genealogy. Historia Einzelschriften 19 (1972), pp. 101–112; Staveley (supra n. 5), pp. 40–47; M. Piérart, A propos de l'élection des stratèges athéniens, Bulletin de Correspondance

Why have ancient historians concentrated on the *boule* and the *strategoi* to the neglect of the *ecclesia* itself? Probably because the election of generals resembles the election of political leaders in modern societies, and the council of five hundred is an institution resembling a parliament in a modern representative democracy. The size is the same, the council is often described as a representative body of government,[7] and we can imagine how the debates were conducted and the vote taken. There is even some evidence that the council tended to split up into political groups.[8] Conversely, political mass meetings attended by several thousand citizens who all have the right to speak and to vote are unknown to the modern historian. Accordingly, he is puzzled by many passages in the sources which take it for granted that the reader knows how such mass meetings are organized.

Faced with this problem I wondered whether it would be possible in other periods and in other parts of the world to find parallels which might illuminate the difficulties in the sources describing meetings of the Athenian *ecclesia*. The Roman *comitiae* are very different from the Greek *ecclesia* and cannot be adduced as a proper parallel.[9] The Icelandic *Althing* was a representative meeting from its very beginning ca. 930 A.D.[10] The sources for the early medieval German and Scandinavian *thing* are few, late and obscure.[11] The

---

Hellénique 98 (1974), pp. 125–146; E. Ruschenbusch, Die Wahl der Strategen im 5. und 4. Jh. v. Chr. in Athen; in: Historia 24 (1975), pp. 112–114; P. J. Bicknell, Plato Laws 755D and the Athenian Strategia, in: Historia 28 (1979), pp. 111–112; P. J. Rhodes, Notes on Voting in Athens, in: Greek, Roman and Byzantine Studies 22 (1981), pp. 129–132. Cf. also M. H. Hansen, The Athenian Ecclesia, Copenhagen 1983, pp. 119–121.

[7] J. A. O. Larsen, Representative Government in Greek and Roman History, Berkeley and Los Angeles 1966, pp. 5 ff.

[8] Philochorus FGrHist 328 F 140: from 410/409 seats in the *bouleuterion* were assigned to the *bouleutai* by lot, undoubtedly in order to prevent the councillors from forming political groups during the meetings.

[9] Cf. L. Ross Taylor, Roman Voting Assemblies, Ann Arbor 1966.

[10] Cf. Olafur Lárusson, Lov og Ting, Oslo 1960.

[11] Cf. Brunner, Deutsche Rechtsgeschichte I² (1906), pp. 175–180; P. J. Jørgensen, Dansk Retshistorie, København 1947, pp. 243–251.

Italian city-states in the Renaissance were either oligarchies or monarchies.[12] The American town-meetings are usually attended by only a few hundred citizens.[13] But the Swiss *Landsgemeinde*, introduced in the 13th century and still existing, offers in many respects a striking parallel to the Athenian *ecclesia*, and I believe that my studies of this institution have helped me to get a better understanding of the proceedings in a political mass meeting. In this article I will present a short account of the institution as it still exists, followed by a discussion of some topics where I believe that the analogy with the Swiss *Landsgemeinde* is valid and may help us to understand how the Athenian *ecclesia* worked.[14]

Switzerland is a federal state composed of 23 cantons, or rather of 20 cantons and 6 half-cantons. The confederation governs foreign policy, defence, railways, postal services and coinage. So the cantons have wide powers in the administration of justice, police, roads, social services, education etc. Every canton has its own constitution and its own law code. The cantons are constituent states. Most of them are governed by a popularly elected parliament, but some of the small cantons have preserved a peculiar form of direct democracy. All statutes and all other major decisions are made by the people's assembly, the *Landsgemeinde*, in which every adult citizen has the right to speak and to vote. The *Landsgemeinde* is also entrusted with the election of the cantonal government, the judges, and other officials, and in most cases the *Landsgemeinde* elects representatives to the *Ständerat*, the Swiss senate, in which

[12] D. Waley, The Italian City-Republics, 2nd ed. London 1978.

[13] J. F. Sly, Town Government in Massachusetts 1620–1930, Cambridge Mass. 1930.

[14] H. Ryffel, Die Schweizerischen Landsgemeinden, Zürich 1903; W. Stauffacher, Die Versammlungsdemokratie im Kanton Glarus, Zürich 1962; M. Kellenberger, Die Landsgemeinden der schweizerischen Kantone, Wintherthur 1965; L. Carlen, Die Landsgemeinde in der Schweiz, Sigmaringen 1976. Furthermore, my study of the Swiss Landsgemeinde is based on information obtained from Dr. W. Stauffacher, Glarus, Dr. E. Wettstein, Glarus and Landschreiber Urs Wallimann, Sarnen, and on my own observations. I have attended the Landsgemeinde in Obwalden (1977 and 1981) and in Glarus (1977).

each canton has two seats and each half-canton one seat. In the *Landsgemeinde* cantons there is also a popularly elected parliament, but it is only empowered to prepare all the proposals to be debated and voted on by the people in the assembly. Its competence to make final decisions is, with a few exceptions, restricted to matters of minor importance.

The *Landsgemeinde* is a medieval institution to be found only in the German-speaking part of Switzerland. It can be traced back to the 13th century and the first attested meeting of a *Landsgemeinde* was held in the canton Schwyz in 1294, three years after the institution of the confederacy of Uri, Schwyz and Unterwalden. Of the eight medieval *Landsgemeinden* five are still preserved. The *Landsgemeinde* was abolished in Schwyz (1848), Zug (1848) and Uri (1928) but still exists in one canton, Glarus, and in four half-cantons, Appenzell-Ausserrhoden, Obwalden, Appenzell-Innerrhoden and Nidwalden. The five *Landsgemeinde* cantons are small societies, both geographically and demographically. Glarus is the largest canton with an area of ca. 700 km^2 and a population of ca. 40,000. The smallest is Appenzell-Innerrhoden with an area of ca. 175 km^2 and a population of ca. 13,000. All the *Landsgemeinde* cantons are rural communities with small urban centres. The biggest towns are Glarus and Sarnen (in Obwalden) each with ca. 6,000 inhabitants. The *Landsgemeinde* cantons are also agricultural communities, and industry is prevalent only in Glarus.

The *Landsgemeinde* was originally a meeting of all adult male citizens liable for military service, and until recently the citizens attended the meetings armed with a sword or a bayonet. This tradition is still upheld in Appenzell-Ausserrhoden where the sword serves as a kind of entrance card and unarmed citizens are refused admission. Women have obtained political rights only after 1971, and in Appenzell-Ausserrhoden they are still excluded from the *Landsgemeinde*.

The *Landsgemeinde* is summoned once in a year to an ordinary meeting. Extraordinary meetings are extremely rare. The last were held in Obwalden in 1957 and in 1982. The annual meeting takes place on the last Sunday of April, in Glarus on the first Sunday of May. All citizens are under an obligation to attend the *Lands-*

gemeinde, but the obligation is only enforced in Appenzell-Ausserrhoden where shirkers are found out and fined in the amount of 10 francs. Consequently, almost all adult male citizens, ca. 10–12,000, attend the *Landsgemeinde* in this canton, whereas the attendance in the other cantons is 1/5 to 1/3 of the citizens. In Glarus 5–8,000 citizens show up, and in Obwalden the attendance is 2,500–4,000, according to the importance of the matters to be debated and the weather. For the *Landsgemeinde* is an open air meeting. In Glarus the people meet in the market place in the centre of the town where a wooden amphitheatrical platform is set up every year for this specific purpose. In Obwalden the people meet on the slope of the mountain just outside the town Sarnen. Between two 18th-century buildings, which formerly belonged to the rifle club, an area of some 1,000 m^2 is fenced off and serves as the *Landsgemeindeplatz*.

The *Landsgemeinde* is summoned by the *(Kantons)rat,* which also prepares the agenda. The secretary of the parliament keeps the minutes of the meeting. The session is presided over by the *Landammann*, the president of the canton. In addition to elections, the agenda comprise 15–20 items *(Sachgeschäfte),* and a proposal is never put to the vote before the debate is over, i.e. when no citizen wishes to address the assembly. The vote is taken by a show of hands. The *Landsgemeinde* is adjourned by the *Landammann* when all items on the agenda have been debated and voted on, and the session runs for 2–6 hours according to the number of controversial issues and, again, the weather.

Both the elections and many of the bills are issues of major importance, and the reason for the people's speedy deliberation and decision is that other bodies of government have prepared the proposals in advance. First comes the *Landammann* (the president), then the *Regierungsrat* (the government) and finally the *Land-* or *Kantonsrat* (the parliament). The *Landammann* and the members of the *Regierungsrat* are elected by the *Landsgemeinde*. The members of the parliament are elected in the municipalities, the *Gemeinden,* and the number of seats is distributed, among the *Gemeinden* in accordance with their relative size. Obwalden, for example, is organized in 7 *Gemeinden* and Glarus in 29. The *Kantonsrat* in Obwalden has now 52 members, the *Landrat* in Glarus 77.

No law or decree can be moved directly in the *Landsgemeinde*. All proposals must be sent to the parliament several months in advance. Most of the bills are drawn up by the government or the cantonal administration, but not infrequently a private citizen or a group of citizens takes an initiative and hands in a bill to the parliament. Some bills originate in the parliament itself. The parliament examines whether the proposals are constitutional and expedient. The proposals are debated, drawn up in detail and often changed in consequence of the debate. Then the parliament takes a vote on the proposals. The parliament is only empowered to reject an unconstitutional proposal. All other proposals must be referred to the *Landsgemeinde* whether they have been accepted or voted down by the parliament. A bill, however, which the parliament has rejected as inexpedient in the preliminary investigation is most unlikely to be passed by the people in the *Landsgemeinde*. But this does not mean that the people only rubberstamp the proposals drawn up by the parliament. In Glarus and Nidwalden every citizen can propose amendments during the *Landsgemeinde*, and the people can take a vote on the amendment right away. Moreover, proposals made by the officials and sometimes even supported by all the political parties may nevertheless be voted down by the people. Some are rejected outright, others are sent back to the parliament to be revised and submitted again the following year. In elections, the people normally choose between candidates nominated in advance by the political parties, but new candidates can be named directly in the *Landsgemeinde*, and sometimes the people prefer a candidate who has no party affiliation.

In the cantonal constitutions the *Landsgemeinde* is called the sovereign body of government, and this seems still to be a fair description of the institution. All major issues are debated and voted on. A detailed memorandum is sent out to all citizens one month before the *Landsgemeinde* takes place, so that any citizen can make himself aquainted with the bills and perhaps prepare a speech. It is well known that the debate may turn the scales, and so the result of the vote can never be predicted. Only in Appenzell-Ausserrhoden the debate has been abolished, probably because a debate is impracticable in an assembly attended by 10–12,000 men.

Here the powers of the people are reduced to the right to vote on the proposals.

A meeting of the *Landsgemeinde* can only be conducted successfully because of the way the debate and the voting is organized. First, only a negligible minority of the citizens make use of their right to address the people. The speakers are mostly officials or politicians, but not always. Regularly a fifth or so of the speakers are ordinary citizens. Second, the debate is conducted with an astonishing discipline. The speeches are short (3–7 minutes) and mostly to the point. An inadequate or unpopular speaker may be shouted down, but regularly the people's heckling is restrained and does not interrupt the debate seriously. Filibustering would immediately paralyse the *Landsgemeinde*, but has not yet been attempted. Third, the debate tends to concentrate on the controversial issues. Most items on the agenda attract no debate whatsoever and the vote can be taken immediately (Obwalden) or the bill is declared accepted without any show of hands (Glarus). On the other hand, a controversial issue may attract 10–15 speakers and be debated for 1–2 hours out of a meeting which often runs for only 3–4 hours. Finally, the outcome of the vote is assessed quickly by the officials on a rough estimate, and the hands are never counted.

The powers of the *Landsgemeinde* are divided into election of officials and the passing of all major acts. The *Landsgemeinde* is always opened with the elections. The people elect the *Landammann*, the members of the *Regierungsrat,* the *Landschreiber,* the judges, the public prosecutor and various others cantonal officials in addition to the representative(s) in the federal *Ständerat*. In order to control the powers of the officials they are regularly elected for a short term and reelection is either prohibited or restricted. The prohibition, however, lapses after one term, so that in Obwalden, for example, one citizen is regularly elected *Landammann* in all the even years and another in all the odd years. Most of the candidates are members of a political party and are nominated by the party. The elections are followed by the *Sachgeschäfte*, i.e. debate and decision on proposed laws and decrees. Each canton has its own law code. The cantonal laws must follow the lines laid down by the federation, but the cantons still have a considerable freedom of action and can pass its own laws on trades and industries, education, social services, health services etc. In four cantons the laws are still passed by the people in the *Landsgemeinde*. In Obwalden, however, the *Landsgemeinde* was deprived of its legislative powers in 1922 and all laws are now prepared by the parliament and passed by the people, voting by ballot (compulsory referendum). In addition to the passing of laws *(Gesetze)*, the *Landsgemeinde* in all five cantons is competent to debate and vote on all major individual bills *(Verwaltungsakte)* and only minor issues are left to be decided by the parliament. The distinction between major and minor issues is defined in terms of money. In Obwalden, for example, all decisions involving a once and for all expenditure of more than 100,000 francs or an annual expenditure of more than 20,000 francs must be sent to the *Landsgemeinde*. Furthermore, an immigrant can only become a citizen of the canton by an act of the *Landsgemeinde*.

The *Landsgemeinde* is held with all due ceremony. The session is opened and closed with a procession. In Obwalden a brass band leads the procession followed by three buglers in renaissance costumes, the standard bearer carrying the canton's banner, and eight *Weibel* dressed in red and white robes, carrying the orb and the sword of state. Then come the officials dressed in black and after them all the citizens, some of them dressed in folk costumes. In Glarus, the *Landammann* presides over the meeting leaned on the huge sword of state symbolizing the original judicial powers of the *Landsgemeinde*, of which nothing has survived to the present day.

I hope that this brief outline of the Swiss *Landsgemeinde* has aroused the reader's curiosity; and I have no doubt that the student of Athenian political institutions has already noted a number of striking parallels, although, of course, there is no direct connection whatsoever between the Athenian *ecclesia* and the Swiss *Landsgemeinde*. The point of comparison is that, in both cases, we meet a direct democracy in which several thousand citizens hold a meeting running for a few hours to debate and vote on all major issues. All proposals are prepared by a council, but all citizens have the right to speak and to vote, by a show of hands. In the following sections I will discuss some of the similarities and use the well known modern institution to illuminate some of the enigmatic passages in

the ancient texts. Let me point out in advance that there are important differences: since 1848 the cantons have been constituent states,
and foreign policy and defence are topics never discussed any
longer in a *Landsgemeinde*. Furthermore the *Landsgemeinde* is a
survival in a modern state with fully developed political parties. But
this important difference will be further discussed below.

1) The first problem I will discuss concerns the space required by
a crowd attending a major political meeting. Since the excavations
of the assembly place on the Pnyx 1930–1937, it has been possible
to calculate the maximum number of citizens which the Pnyx could
accommodate. The excavators found that the auditorium of Pnyx I
and II covered an area of resp. 2,400 and 2,600 m². The first figure
is very probable, the second is debatable.[15] Now, believing that a
seated person requires ca. 0,5 m² archaeologists and historians in-
ferred that Pnyx I could accommodate ca. 5,000 citizens and Pnyx
II only a few more. Since some decisions made by the Athenian assembly required a quorum of 6,000, a further inference has been
that meetings involving decisions made by a quorum of 6,000 were
held in the Agora and that the sessions on the Pnyx were attended
by fewer than 5,000 citizens, perhaps as few as 2–3,000.[16] The crux
of the matter is the pessimistic view that a human being when seated
in an assembly fills 0,5 m². Admittedly, modern regulations often
prescribe a maximum of two persons per square metre, but this
figure applies to indoor meetings, theatres etc. and is fixed with a
view to the fire hazard.[17]

A study of the Swiss *Landsgemeinden* shows that people attending a large open air meeting can easily be more closely packed, even

[15] Cf. Hansen (supra n. 6), pp. 16–17 and 28.

[16] The capacity of Pnyx I is 5,000: Kourouniotes and Thompson (supra
n. 3), p. 104; McDonald (supra n. 3), p. 44; H. A. Thompson and R. E.
Wycherley, The Agora of Athens, Princeton 1972, p. 48. In The Pnyx in
Models (supra n. 3), p. 135 Thompson accepts my figure 0.4 square metre
per person but cautiously suggests a maximum attendance of 5–6,000. I
still prefer the figure 6,000. Ordinary meetings attended by only 2–3,000:
Glotz (supra n. 5), p. 153; Staveley (supra n. 5), p. 78. A more optimistic
view is taken by Jones (supra n. 5), p. 109.

[17] Cf. supra page 17, note 67.

334 Mogens Herman Hansen

though the meeting runs for several hours. So in Obwalden, the *Landsgemeindeplatz* covers 1,000 m² and the *Landsgemeinde* is usually attended by 2,500–4,000 citizens. Most of them are standing, but two sets of narrow benches are constructed for those who want to be seated. Each set of benches covers an area of 80 m² and accommodates 200 citizens. The space required for a human being attending a large meeting is 0,25 m² or slightly more if the participants are standing, and 0,4 m² if they are seated. When the attendance is ca. 4,000 the *Landsgemeindeplatz* is densely packed. When the attendance is as low as ca. 2,500 big open spots of grass can be seen.[18]

The figure 0,4 m² for a seated person is corroborated by an examination of the preserved Greek theatres. In the theatre of Dionysos in Athens the width of a row of seats is 75 cm, in Epidaurus the figure is 75–76 cm, and in Corinth 77–81 cm. In Athens the front of each row of seats is marked with vertical lines ca. 41 cm apart, and Schlutz suggested convincingly, with reference to the practise in London theatres, that these lines mark the limits of individual seats. In Corinth similar marks are found 36 cm apart.[19] So a spectator in a Greek theatre required no more than 0,29–0,33 m². But we must allow for vertical stairways between the blocks *(kerkides)* and semicircular passages dividing the blocks horizontally *(diazomata)*. For the auditorium as a whole, 0,4 m² per person seems, once more, to be the correct figure, and two persons per square metre is certainly a much too pessimistic estimate.

In the Athenian *ecclesia* the citizens were seated, in the fifth century on cushions (or on the rock), in the fourth century perhaps on narrow wooden benches. Some citizens may have been standing in the upper part of the auditorium farthest from the speaker's platform; we don't know. Allowing 0,4 m² per citizen, Pnyx I accom-

[18] My own count, based on photos taken in 1977 and 1981.

[19] A. W. Pickard-Cambridge, The Theatre of Dionysos in Athens, Oxford 1946, pp. 140–141; A. von Gerkan and W. Müller-Wiener, Das Theater von Epidauros, Stuttgart 1961, pp. 10, 20; R. Stillwell, Corinth II. The Theatre, Princeton 1952, pp. 26, 31–32; R. W. Schultz in Excavations at Megalopolis 1890–1891, ed. E. A. Gardner, London 1892, pp. 41–42.

modated exactly 6,000 citizens and Pnyx II (on the excavators' reconstruction) 6,500 or rather 6,000 slightly more comfortably seated.[20]

Now the plenary assemblies held in the Agora disappear into thin air since they are based on no other evidence than the *a priori* assumption that the Pnyx could not accommodate the required quorum. We can trust the literary sources which indicate that all assemblies were held on the Pnyx,[21] and the close connection between the quorum of 6,000 and the size of the auditorium of Pnyx I and II is, in my opinion, inescapable.

2) The Athenian *ecclesia* voted by a show of hands. There has been much speculation how the hands were counted in cases of doubt. The answer seems to be that they were never counted. The majority was assessed on a rough estimate. This is what our only explicit source says: the nine *proedroi* (who preside over the *ecclesia*) *judge* the votes taken by a show of hands (Arist. Ath. Pol. 44.3), and this piece of information is strongly supported by a study of the voting procedure in the Swiss *Landsgemeinden*. In all five cantons the citizens vote by a show of hands. The *Landammann* asks first the supporters and ca. 15 seconds later the opponents of a proposal to raise their hands. The hands are never counted. It is simply impossible, and if it had been possible it would have been too time consuming. The presiding officials assess the majority on a rough estimate only. The voting procedure is basically the same in all five *Landsgemeinde* cantons, but there are variations and I will describe in more detail the methods practised in Obwalden and in Glarus.

In Obwalden the majority is assessed by a board of eight *Weibel* who stand on a platform raised ca. 1 metre above the ground. When both phases in a show of hands is over, each *Weibel* makes his decision about the majority and reports to the *Landammann*. If six or

[20] Cf. Hansen (supra n. 6), pp. 17, 28 and 29, n. 17.

[21] Ecclesiai were always held on the Pnyx (Hansen [supra n. 6], p. 4, n. 22) apart from the annual *ecclesia* held in the theatre of Dionysus and *ecclesiai* on naval matters which were sometimes held in the Piraeus (Hansen [supra n. 6], pp. 3–4, 6, 21). On 'plenary assemblies' cf. op. cit., pp. 3, 6–8, 13, 15.

more *Weibel* agree on the outcome of the vote, the matter is defini-
tively settled, and the *Landammann* proclaims the result. The
whole procedure is over in about one minute. If less than six *Weibel*
agree, the show of hands is repeated. If the second show of hands is
equally ineffective, the *Landammann* orders a division: all citizens
must leave the *Landsgemeindeplatz* through two entrances, one for
the ayes and one for the nays, and an exact count is made, absten-
tions excepted. But this happens, on average, only once in a decade,
most recently in 1973 and in 1982.[22]

In Glarus the *Landsgemeinde* is regularly attended by 5–8,000
citizens and a division is impracticable. During six hundred years
the votes have never been counted. Furthermore, the assessment of
the show of hands is entrusted to the *Landammann* alone. He
stands in the centre of the assembly on a small wooden platform.
The citizens are standing around him on an amphitheatrical
wooden platform. During both phases of the show of hands he
looks all the way round and then he makes his decision on the outcome of the vote. If he is in doubt the show of hands is repeated. If
he is still in doubt after the second show of hands, four senior members of the *Regierungsrat,* the government, are called to the central
platform. In a third show of hands each *Regierungsrat* overlooks a
quarter of the assembly and reports to the *Landammann*. But the
decision rests with the *Landammann* alone, who for a third time
has surveyed the entire assembly. There is no appeal against his ver-
dict and, as far as I have been told, his decision has never been ques-
tioned. On average, the four senior members are called to the platform only once every second or third year.[23]

In elections the people, in all five cantons, sometimes have to
make a choice not between alternatives but between, say, four
named candidates. The procedure is the following: In a first round
the people are invited to vote on one of the four candidates. After
this fourfold show of hands, the candidate who obtains the fewest

---

[22] *Landsgemeindeverordnung* (of 13 Nov. 1975) sections 42–48, supple-
mented with my own observations and a letter from Landschreiber Urs
Wallimann.

[23] Cf. Stauffacher (supra n. 14), pp. 306–313.

votes is excluded and a threefold show of hands follows. Again the least successful candidate is eliminated, and after a final show of hands, the candidate who wins the majority is declared elected. The whole procedure takes only five minutes or so. With some variations a similarly speedy procedure in elections can be assumed for the Athenian *ecclesia*.[24]

3) Another characteristic of the Swiss *Landsgemeinde* is the unanimous decision. In modern parliaments, which are dominated by political parties, decisions are often made by an overwhelming majority, but virtually unanimous decisions are not common and mostly restricted to routine business. In this respect direct democracy seems to be different from representative democracy. In the *Landsgemeinde* each item on the agenda is first briefly expounded by the *Landammann* or a *Regierungsrat*, who then invites any participant to state his opinion. When no more citizens wish to address the people, the vote is taken. Regularly, however, only a third or so of the proposals are actually debated. In all other cases, when the *Landammann* proclaims that everybody is free to speak, there is no response. In Glarus, the proposal is then declared passed without voting. In Obwalden, the show of hands is obligatory; but uncontroversial proposals which attract no debate are regularly passed unanimously: 2–3,000 hands are raised in support of the bill and not a single hand is raised against it. This striking consensus of the people is very common in routine matters, e.g. in the passing of citizenship decrees, but even major issues may be regarded as uncontroversial and passed unanimously without debate. Again I believe that the *Landsgemeinde* offers a suggestive parallel to the procedures in the Athenian *ecclesia*. Both in literary and in epigraphical sources we have some evidence that decrees might be passed unanimously by the Athenian people.[25] These sources have not attracted much attention, but they are important for our understanding of the *procheirotonia*. The only preserved explanation of the *procheirotonia* is a note by Harpocration who states that the

[24] Obwalden: *Landsgemeindeverordnung* (of 13 Nov. 1975) section 39. Glarus: Stauffacher (supra n. 14), p. 300.

[25] Cf. Hansen (supra n. 6), p. 128.

procheirotonia was a vote taken by the people whether to ratify or
to debate a *probouleuma* submitted by the *boule*. Most scholars
have rejected Harpocration's explanation on *a priori* grounds: im-
mediate ratification would cut off the possibility of having a debate,
and it is unbelievable that the Athenians would have accepted a procedure by which a citizen was prevented from stating his opinion on
a bill.[26] The procedure described by Harpocration could be tolerated
only rarely in the case of very trivial issues and sheer routine business. But we know that the *procheirotonia* applied to most *probouleumata*, and so Harpocration's interpretation makes no sense
and must be rejected.[27] This line of argument is based on a wrong *a
priori* assumption about how decisions can be made in a direct
democracy. Historians seem to believe that unanimous decisions are
even more unlikely to be made by a huge assembly than by a small
parliament. But the *Landsgemeinde* shows the opposite: unanimous decisions are indeed very common, and even proposals of some
importance may be uncontroversial and passed without a single
hand being raised against the bill. The few sources we have for ancient Athens point to the same conclusion. So Harpocration's explanation of the *procheirotonia* can be accepted if we assume that ratification was conditioned by an unanimous vote for the *probouleuma*.
In the *procheirotonia*, the *probouleuma* was declared ratified if all
voted for and nobody against. But if only one single hand was
raised in the second phase of the show of hands, there would have
to be a debate later in the same *ecclesia*, followed by a second, final,
show of hands. By this procedure no citizen would ever be prevented from debating a proposal but, at the same time, many
routine and/or uncontroversial proposals would probably be
ratified immediately so that the people, when the *procheirotonia* on
all the *probouleumata* was over, would have an idea of how many
proposals were left for debate. Harpocration may of course be
wrong, we do not know. But the *a priori* argument adduced against
him is certainly wrong, and so there is a case for accepting his expla-

[26] Quoted op. cit., p. 123.
[27] Wilamowitz, p. 255; Lipsius, p. 407, Rhodes (1981), p. 530, follows
Wilamowitz (opp. citt., op. cit., p. 129, n. 1).

nation of the *procheirotonia*, which is the only one we have, and moreover, it is compatible with the other sources referring to the *procheirotonia*.

4) Modern historians sometimes imply that a meeting of the *ecclesia* lasted one whole day. The view is not stated explicitly, but it is apparent from the following line of argument: the *ecclesia* was dominated by citizens living near the Pnyx. The subvention for attending a meeting was, in the later fourth century, 1–1.5 drs., whereas a day's wages amounted to 1.5–2.5 drs. So the subvention was only a partial compensation for the working hours lost.[28] This inference rests on the assumption that a session of the *ecclesia* lasted a whole day. Historians do not envisage the possibility that the *ecclesia* was over in a few hours so that the participants could get home at noon or earlier and have the entire afternoon free to work or to do as they pleased. The evidence we have does in fact support the assumption that meetings of the *ecclesia* filled only a fraction of a day, and that meetings running from sunrise to sunset were very exceptional.[29] Most important are the sources which indicate that a meeting of the *ecclesia* was regularly followed by a meeting of the *boule*. Since the *ecclesia* was opened at dawn, the most likely reconstruction is that the *ecclesia* was over before noon and that the participants could go home apart from the councillors, who went from the Pnyx to the *bouleuterion*. But how was it possible for the people in a few hours to finish the elaborate and obligatory agenda described by Aristotle in Ath. Pol. 43.3–6? Several observations on the working of the *ecclesia* may help us to understand how meetings could be short.

a. Many proposals were probably passed without debate and unanimously. If I am right in my interpretation of the *procheirotonia*, all these decrees were ratified at the opening of the *ecclesia* and in rapid succession.

---

[28] A further inference is that the poor citizens, in spite of the subvention, could not always afford to attend the meetings of the *ecclesia*. For references cf. supra, p. 137, note 6, to which I can add E. Kluwe (supra n. 2) I. p. 312, pp. 329–330; II, p. 80.

[29] Cf. Hansen (supra n. 6), pp. 131–138.

b. Controversial issues undoubtedly attracted many speakers and the *klepsydra* seems never to have been used in the *ecclesia*. Furthermore, the same speaker might address the people more than once during the debate of an item on the agenda. But the fact that symbouleutic speeches were hardly ever written by logographers and hardly ever published suggests that speeches delivered in the *ecclesia* were regularly short and probably often improvised by contrast with the forensic speeches. One exception is Demosthenes who, unlike other *rhetores,* did publish some of his symbouleutic speeches, but even in their published form his symbouleutic speeches are much shorter than his forensic speeches, and I suspect that the published speeches are elaborated versions of what he actually told the people in the *ecclesia.*[30]

c. All proposals had been drawn up in advance. In most cases the *boule* submitted a detailed *probouleuma* which was either ratified (sometimes after a debate and with minor amendments added) or replaced by a proposal from the floor drawn up in writing and submitted by the proposer to the nine presiding *proedroi.*[31] If the *boule,* by an open *probouleuma,* invited to a debate without submitting a proposal, the debate did not have to result in a vote on a bill, but again, a citizen might hand over a fully prepared proposal to the *proedroi.*

d. The show of hands followed by a rapid assessment of the majority was much less time consuming than the elaborate roll call practised e.g. in the House of Representatives in the United States. An American expert on Congress has calculated that electric voting equipment would save one month each session.[32]

These procedural details help us to understand how the Athenians could pass numerous bills in a session of the *ecclesia* which was adjourned in time for a meeting of the *boule* in the course of the afternoon. But there is still room for an *a priori* objection to my re-

[30] Cf. M. H. Hansen, Were Demosthenes' Symbouleutic Speeches Delivered in Support of Proposals?, in: Classica et Mediaevalia 35 (1984).

[31] On the probouleumatic procedure cf. Rhodes (supra n. 6). On proposals made from the floor cf. Aeschin. 2.64–68.

[32] Cf. K. C. Wheare, Legislatures, 2nd ed. London 1968, p. 21.

construction: Is it possible for ca. 6,000 citizens, all of whom have the right to speak, to discuss and vote on a dozen decrees within a few hours? The Swiss *Landsgemeinde* shows that it *is* possible. The preparation of the bills is similar to the Athenian procedure and so is the number of items on the agenda, the form of debate and the voting procedure. Nevertheless a *Landsgemeinde* is regularly adjourned after a few hours. Some very long meetings are recorded by historians: In Glarus, for example, the longest *Landsgemeinde*, in 1532, filled three entire days, and in 1777 a very long meeting took nine hours. But in most cases the meeting is over after two to four hours. In this century the shortest *Landsgemeinde* held in Glarus filled one and a half hours, the longest four and a half hours.[33] Accordingly, I have no difficulty in trusting the sources which indicate that meetings of the Athenian *ecclesia* were comparatively short and that the subvention paid out to the citizens was a full compensation for the hours spent in attending a session of the people's assembly.

5) Shortly after the restoration of the democracy in 403/402, and probably in connection with the revision of the law code, the Athenians introduced a distinction both in form and substance between *nomoi* and *psephismata*. In future any general permanent rule had to be passed by the *nomothetai* as a *nomos,* whereas the powers of the *ecclesia* were restricted to foreign policy and, in domestic policy, to the passing of individual rules and/or rules with a limited period of validity. The extensive source material of the period 403/402–322/ 321 shows that the distinction was, by and large, respected by the Athenians. We have no examples of the *ecclesia* having passed a *nomos,* or of the *nomothetai* having enacted a *psephisma,* and, with a few exceptions, all preserved *nomoi* are general, whereas the preserved *psephismata* are individual rules.[34] But our sources are fragmentary and the distinction raises a series of questions: is the distinction easy to apply? How often were the Athenians in doubt whether a bill was general and permanent (and so within the powers

---

[33] Cf. Stauffacher (supra n. 14), pp. 284–285.
[34] Cf. Hansen (supra n. 6), Nomos and Psephisma in Fourth-Century Athens (pp. 161–177) and Did the Athenian *Ecclesia* Legislate after 403/2? (pp. 179–206).

of the *nomothetai*) or individual (and so to be passed by the *ecclesia*)? In cases of doubt, who made the decision whether a bill had to take the form of a *nomos* or a *psephisma*? Did the distinction lead to political controversies? The principle that no decision could be made by the people without a *probouleuma* passed by the *boule* gave rise to some discussion and resulted in several *graphai paranomon*. Is it not likely that a rigid distinction between *nomoi* and *psephismata* must have caused confusion and resulted in numerous public actions whether a decision made by the *ecclesia* ought to have been submitted to the *nomothetai* or vice versa.

We have no sources bearing on these problems but a study of the *Landsgemeinde* in Obwalden is, in my opinion, illuminating. By contrast with the other four *Landsgemeinden*, the people's assembly in Obwalden has no longer any legislative powers in the true sense of the word. In 1922 the cantonal constitution was changed so that, in future, all laws *(Gesetze)* had to be submitted to a referendum *(Urnenabstimmung)*, and the powers of the *Landsgemeinde* were restricted to the passing of all (major) individual rules *(Verwaltungsakte)*.[35] Apart from constitutional law (for which the canton has a separate procedure) and treaties (which are outside the powers of the canton) the distinction between *Gesetze* and *Verwaltungsakte* is similar to the distinction between *nomoi* and *psephismata*. It is interesting to note that, in Obwalden, it has caused no problem to distinguish between general and individual rules and that the distinction has caused no political controversy. This observation, of course, proves nothing about the Athenian fourth-century practise; but it answers a general question: It *is* possible and apparently unproblematical to apply a distinction between general and individual rules so that the passing of general rules is entrusted to one institution and the passing of individual rules to another. Admittedly, the distinction between *Gesetz* and *Verwaltungsakt* had been much discussed and was well known by all Swiss lawyers in 1922, whereas, in 403/402, the distinction between *nomoi* and *psephismata* was an innovation to be applied in a society which had no trained jurists. But the distinction between general and individual rules seems in

[35] Cf. Kellenberger (supra n. 14), pp. 32, 58–59, 90, 99.

most cases to be fairly simple and it does not take a jurist to understand and apply the principle. When our sources for fourth-century
Athens show no sign of serious difficulties arising from this distinction, the reason may be lack of sources. But the reason may also be
that the Athenian had no difficulties and that the separation of legislation from the passing of individual acts led to no confusion or
political controversy.

6) Any historian studying the Athenian democracy has to face the
question to what degree the *ecclesia* was dominated by political
groups. In the late nineteenth and early twentieth centuries historians tended, unreflecting, to assume the existence of political parties in Athens and, according to a historian's predominating interest
in constitutional or in political history, the parties were labelled: the
oligarchic or democratic party, the radical or moderate party, the
peace or war party, the anti- or pro-Macedonian party etc.[36] Nowadays most historian believe that there were no political parties in ancient Athens and that the analogy with modern party organizations
is misleading. Nevertheless many historians still believe that politics
in Athens were dominated by 'political groups'.[37] Moreover, in

[36] For the older view that politics in Athens were dominated by 'parties'
cf. e.g. J. Beloch, Die attische Politik seit Perikles, Leipzig 1883, with an in-
troductory chapter called ›Die Parteien und die Regierung‹; L. Whibley,
Political Parties in Athens during the Peloponnesian War, Cambridge 1889;
W. W. Tarn, in: Cambridge Ancient History VI, Cambridge 1927, p. 440;
G. Glotz, Histoire grecque III, Paris 1936, pp. 241–245 (Eubulus appears
as the leader of the peace-party); C. Hignett, A History of the Athenian
Constitution, Oxford 1952, p. 253 ('Pericles . . . was the most influential
statesman of the radical party'); Cl. Mossé, La fin de la démocratie
athénienne, Paris 1962, pp. 287 ff. (a section called «la lutte des partis» in
which a distinction is made between «le parti oligarchique» and «le parti
démocratique»; D. Kagan, The Outbreak of the Peloponnesian War, Ithaca
1969, pp. 133–153; G. L. Cawkwell, Philip of Macedon, London 1978,
pp. 118–119 ('The Athenian war-party').

[37] Historians who emphasize the differences between modern parties
and ancient 'political groups' are: G. M. Calhoun, Athenian Clubs in Politics and Litigation, Austin 1913; R. Sealey, Callistratos of Aphidna and his
Contemporaries, in: Historia 5 (1956), pp. 178–203; W. R. Connor, The
New Politicians of Fifth-Century Athens, Princeton 1971; O. Aurenche,

spite of the modified terminology and the much more cautious use of modern analogies, there are striking similarities between the modern concept of political parties and the 'political groups' described in recent accounts of Athenian democracy. Like a political party, a political group consisted of leaders and followers. The small groups of leaders competed for political influence, each supported by a larger group of less active and loosely organized followers.[38] The institutional framework is nowadays elections to parliaments and other decision-making assemblies. The leaders are candidates at elections and the followers vote. In ancient Athens the institutional framework was decisions made by the *ecclesia*, the *boule* and the *dicasteria*. The leaders initiated policy in the *ecclesia* and the *boule*, or addressed the *dicasteria* for the prosecution or for the defence. The followers voted on the proposals made by the leaders. The main difference is that ancient political groups were not organized as modern political parties are, and that the ties binding together the groups were not party programmes or conflicting ideologies, but rather kinship, friendship and regional influence.

What sources can be adduced in support of this reconstruction of political groups in Athens? We have evidence of collaboration between political leaders and we hear that the leaders formed small groups and that the groups were sometimes combined to form larger groups, but still groups of leaders.[39] So these sources bring us only half the way. They all concern leaders, but the crucial question is whether a small group of leaders controlled a larger group of voters in the political assemblies and could rely on their support

Les groupes d'Alcibiade, de Léogoras et de Teucros, Paris 1974. Historians who altogether reject the concept 'political groups' in their description of ancient Athens are O. Reverdin, Remarques sur la vie politique d'Athènes au Vᵉ siècle, in: Museum Helveticum 2 (1945), pp. 210–212; M. I. Finley, Athenian Demagogues, in: Past and Present 21 (1962), p. 15.

[38] Cf. e.g. Calhoun (supra n. 37), pp. 111 ff.; Connor (supra n. 37), pp. 134–136. A good recent account of political parties in the modern world is G. Sartori, Parties and Party Systems I, Cambridge 1976. The organization of political parties in smaller groups of leaders and larger groups of followers is emphasized in M. Duverger, Les partis politiques, Paris 1951.

[39] For fourth-century Athens the best case study is Sealey (supra n. 37).

when the vote was taken. It is much harder to find evidence for political groups among followers. When broader political groups are described in our sources the reference is regularly to factions fighting each other in a revolution or in a civil war. Typical examples are the three *staseis* in sixth century Athens, the *hetaireiai* in 411, and the group of citizens instructed to vote for the introduction of the oligarchy in 404.[40] But what we are looking for is not revolutionary factions, but broader political groups of followers who attended a regular political assembly and exercised their influence constitutionally. In most accounts of political groups in Athens the evidence adduced for the organization of followers is some passages in Plutarch, of which the two most important are the following: a) Thucydides, the son of Melesias, gathered his supporters around himself in the *ecclesia* so that his group, when concentrated in one place, would carry more weight. b) Hyperbolus arranged an ostracism in the hope that either Nicias or Alcibiades would be exiled. But Nicias and Alcibiades formed an alliance and by combining their groups of supporters they brought about the ostracism of Hyperbolus.[41] I find it disquieting that the principal evidence for broader political groups is two passages in a very late source. With Gomme and others I doubt that Plutarch, who had the political temper of the age to Trajan, could understand the political conditions of the Greek city states of the classical period.[42] Both sources may very well be anachronistic and I prefer to concentrate on the contemporary evidence.

Many passages in forensic and symbouleutic speeches refer to political rivalry in fourth-century Athens. The duel between Ae-

[40] On the three staseis in sixth-century Athens cf. Arist. Ath. Pol. 13.4 with the note by Rhodes (1981), pp. 184–187. On the hetaireiai in the late fifth century cf. Aurenche (supra n. 37), pp. 15–32. On the packing of the *ecclesia* in 404 cf. Lys. 12.71–76.

[41] Plut. Per. 11.2 (on Thucydides); Nicias 11.5 (on the ostracism of Hyperbolus). These two pieces of information are adduced as evidence of larger political groups by e.g. Whibley, p. 37; Hignett, pp. 256, 267; Kagan, p. 136; Connor, pp. 24, 79–84 (opp. citt. supra n. 37).

[42] A. W. Gomme, A Historical Commentary on Thucydides I, Oxford 1945, p. 59.

schines and Demosthenes, for example, is the central theme in four
forensic speeches amounting to more than 300 pages. Here we learn
about narrow groups of political leaders, involving a total of 20–30
Athenian citizens. But there is no indication that Aeschines or Demosthenes belonged to or controlled a larger political group. And
this observation is valid generally: in our sources a political leader
often has to admit and explain a defeat he has suffered in the *ecclesia*
or before a *dicasterion*. What arguments are used? He may say that
his opponent is a demagogue and won a majority of the votes by his
persuasive rhetoric.[43] Or he may claim that his own patriotic proposal was defeated by an opponent who held out extravagant prom-
ises to the people.[44] Or he may allege that his opponent bribed the
presidency to come up with a wrong assessment of the majority;[45]
or that he bribed a large number of citizens to vote for him.[46] Or
that his opponent moved his proposal late in the *ecclesia* when many
citizens had already left.[47] But one argument is never adduced to explain away a defeat: my opponent packed the assembly with his
supporters. If the audience had been a fair cross section of the
people, I would never have been defeated. The speeches we have
preserved are eminently suited for bringing information about the
organization of political groups in the *ecclesia* or in the *dicasteria*. I
tend to believe that the orators exaggerate the importance of factions of political leaders in order to blacken their opponents, and so
it is remarkable that only one single passage can be found which
supports the assumption that not only leaders but also followers
were sometimes organized, i.e. Dem. 2.29: "You conduct politics,
Athenians, as you used to conduct tax-paying, by *symmoriai*. Each
symmoria has a *rhetor* for chairman and a *strategos* under him, and
three hundred to do the shouting. *The rest of you are attached some
to one group and some to another.*"[48] This passage has not attracted

[43] Aeschin. 3.97–102.
[44] Dem. 19.23.
[45] Aeschin. 3.3.
[46] Aeschin. 1.86; Lys. 29.12.
[47] Aeschin. 3.126; Dem. 21.193.
[48] Dem. 2.29 = 13.20. Jones (supra n. 5) quotes the first part of the passage, but does not bring the last, crucial, line (italicized in my translation).

the attention it deserves and it may well be rejected as an exaggeration, but it may also preserve a core of truth. In any case, a historian who wishes to argue that political groups in Athens extended to voters must, in my opinion, base his view on this passage which is much more significant than the frequently quoted passages from Plutarch. I believe that the silence in thousands of pages of rhetoric often discussing political rivalry is more important than this single line. Accordingly, I hold that there was no significant political organization of voters in the *ecclesia*, but only (rudimentary) political groups among the leaders.

My argument from silence, however, may be countered with an *a priori* objection. In nineteenth century Europe, groups among the elected politicians in the parliaments regularly developed before the corresponding groups among the voters, but the organization of leaders invariably led to the organization of followers. Now, in classical Athens the sources testify to some organization of those who initiated policy in the *ecclesia*, the *boule* and the *dicasteria*. Is it possible that the organization of leaders did not entail any organization of followers in the course of the two centuries of democracy from 507 to 322? Or more precisely: when the sources indicate that the *ecclesia* was influenced by rival groups of political leaders, does it not follow that there must have been some rudimentary organization of the several thousand citizens who voted on the motions? Not necessarily, and again I will refer to the Swiss *Landsgemeinden*.[49]

Like other contemporary western societies Switzerland has a developed party system. There are five major and several minor political parties. The elections to the *Nationalrat*, the federal parliament, are completely dominated by the parties and the parties play a similar role in elections to the cantonal parliaments. But in the *Landsgemeinde* the political parties tend to break up, although the leaders often try to apply the whip. Every spring, before the *Landsgemeinde* is held, the political parties in the *Landsgemeinde* cantons arrange preliminary meetings and instruct their supporters, both here and in the newspapers, how to vote on the crucial issues. Furthermore, many of the speakers addressing the people during

[49] Cf. Kellenberger (supra n. 14), pp. 84–85.

the *Landsgemeinde* are members of a political party, and tend to voice their party's opinion. Nevertheless, party affiliation is weakened, or rather dissolved in the *Landsgemeinde*. In the *Landsgemeindeplatz*, the voters are never grouped according to parties.[50] Relatives, friends and neighbours often stand together but no faction or party group can be detected. Often the debate does not follow party lines, and an influential speaker, one is tempted to call him a demagogue, may well turn the scales during a debate. So the outcome of the vote on a controversial issue is often unpredictable even a few minutes before the show of hands takes place. I will adduce two examples: in Glarus in 1977, the crucial question was the financing of a new block of offices for the cantonal administration. The proposal had been postponed twice by the people and this year the final vote was expected. Immediately before the *Landsgemeinde* the leading opponent of the scheme had been defeated in his own party on the issue. So all parties now recommended the proposal. Nevertheless it was voted down by the people. It was almost a tie, and the four senior members of the government had to be called to the platform to assist the *Landammann* in assessing the majority. But the result was a defeat for the government and for the parties. Second, in Obwalden in 1981, the people had to elect a new member of the government. For some years the liberal party had had only one seat in the government instead of the usual two seats. Now an agreement had been made between the smaller liberal party and the larger Christian Democratic party that the liberals could have their second seat back, and so both parties supported the liberal candidate. Nevertheless a candidate outside the parties was named and, after a lively debate of more than half an hour, he won the election by a clear majority.

In conclusion: when a fully developed party system tends to break up in major political assemblies where several thousand citizens vote directly on all motions, I infer, *a fortiori*, that the Athe-

---

[50] Similarly, Thuc. 6.13.1 shows that the Athenians in the *ecclesia* were seated as they pleased and not according to political groups. Cf. Gomme/Andrewes/Dover, A Historical Commentary on Thucydides IV, Oxford 1970, p. 238.

nian *ecclesia* may well have been influenced by small groups of political leaders, but that the silence of our sources indicates that no corresponding groups of followers were formed. The leaders who initiated policy were probably supported by constantly changing groups of voters, and in the *ecclesia* the outcome of the vote was probably as unpredictable as it is today in the Swiss *Landsgemeinde*.

My general conclusion is that the use of analogies and *a priori* assumptions is unavoidable in the study of ancient societies. The problem is to find the proper analogy. Many historians have been hampered by *a priori* assumptions derived from the contemporary representative democracies and parliamentary procedures. In this article I have discussed some of them: In a show of hands the votes must have been counted. It is impossible to find room on the Pnyx (I and II) for as many as 6,000 participants. Unanimous decisions are improbable when the vote is taken among several thousand voters. When all participants have the right to address the assembly, a session cannot be over in a few hours. The distinction between general and individual rules is theoretical and not likely to be respected in practice. In the course of two centuries some kind of rudimentary political groups must have developed among the voters.–A study of the Swiss *Landsgemeinde* shows that, in all the cases discussed, the opposite assumption is more likely to be true and forms a better basis for the interpretation of the sources we have for ancient Athens.[51]

[51] I should like to thank Landschreiber Urs Wallimann for reading and, with a few corrections, approving of my description of the Swiss Landsgemeinde.

MEINUNGSBILDUNG IN DER ATHENISCHEN POLIS UND IHREN GLIEDERUNGSEINHEITEN

Von Ernst Kluwe

Aristoteles erwähnt in seiner ›Athenaion Politeia‹ ein Gesetz, das er mit Solon in Verbindung bringt, wonach jeder Bürger in kritischen Zeiten und Situationen zur Parteinahme verpflichtet war: „Da er aber die Erfahrung gemacht hatte, daß während der häufigen Parteikämpfe im Gemeinwesen manche der Bürger aus Gleichgültigkeit die Sache gehen ließen, wie sie wollten, schuf er für sie noch ein besonderes Gesetz, daß wer während der Bürgerfehde zu keiner der beiden Seiten halte (ὅς ἂν στασιαζούσης τῆς πόλεως μὴ θῆται τὰ ὅπλα μηδὲ μεθ᾽ ἑτέρων), bürgerlich rechtlos sein und aus dem Gemeinwesen ausgeschlossen sein sollte (τῆς πόλεως μή μετέχειν)."[1] Plutarch, der in der *Vita* des Solon ebenfalls auf dieses Gesetz hinweist,[2] weiß nicht so recht, ob er diese Überlieferung für glaubwürdig halten soll. Auch in der modernen Forschung sind die Meinungen geteilt, eine Mehrheit hält dieses Gesetz für unecht,[3] einzelne für authentisch.[4]

Im Kern zielt dieses Gesetz auf den Begriff des *bios politikos* hin, auf jenen Begriff, der einst durch Aristoteles geprägt worden ist und der heute allgemein „als das wahre Modell des griechischen Bürgers gilt".[5] Wenn wir die Bezeichnung *bios politikos* im Zusam-

---

[1] Aristot., Ath. Pol. 8,5 (ed. Oppermann); vgl. dazu auch J. A. Goldstein, Solon's Law for an Activist Citizenry, in: Historia 21 (1972), S. 538 ff.

[2] Plut., Sol. 20.

[3] E. Ruschenbusch, Σόλωνος νόμοι (Historia Einzelschriften 9), Wiesbaden 1960, S. 82 f.

[4] Goldstein, Solon's Law for an Activist Citizenry, S. 545.

[5] V. Ehrenberg, Aristophanes und Athen. Eine Soziologie der altattischen Komödie, Zürich–Stuttgart 1968, S. 322.

menhang mit dem Terminus Demokratie verwenden, so ist damit
gewöhnlich eine positive Wertung dieser Herrschaftsform als Volksherrschaft verbunden, die sich orientiert am verfassungsgeschicht-
lichen Ergebnis des Demokratisierungsprozesses in Athen.

Nun ist in der Tat die stetige Verbreiterung der Basis bei der Ausübung der politischen Macht durch die abgestufte Einbeziehung
der mittleren und kleineren Eigentümer sowie der eigentumslosen
Politen ein hervortretendes Charakteristikum des Demokratisierungsprozesses in Athen. Das Prinzip der Isonomie und die formal
gegebenen bzw. geschaffenen Möglichkeiten, seine Bürgerrechte
und -pflichten wahrnehmen zu können, bewirkten trotz der weiter-
bestehenden sozialen Ungleichheit ein gewandeltes Gemeinschafts-
verhalten, auf das Gemeinwesen bezogene Verhaltensweisen, gesellschaftliche Leitbilder und Normvorstellungen, die die aktive
Teilnahme aller Politen am politischen und kulturellen Leben der
Polis als Ideal proklamierten.

Zu diesem Bild von der aktiven Wahrnehmung der Bürgerschaft
steht in auffallendem Kontrast, was die literarische Tradition über
die Mitgestaltung des politischen und kulturellen Lebens durch die
πολλοί berichtet. Die gesamte literarische Überlieferung stimmt
nämlich in der Charakterisierung darin überein, daß der Demos bei
der politischen Entscheidungsfindung eine fast ausschließlich passive Rolle spielte. Überhaupt wird der Demos als leicht lenk- und
ausnutzbar charakterisiert. Die Phye-Anekdote (die Ausstaffierung
einer Frau als Athena, die Peisistratos zur Akropolis – als dem Herr-
schersitz – führt)[6] oder die Aristagoras-Episode (Überredung der
Athener)[7] sind beispielsweise in diese Richtung weisende Darstellungen. Nicht zuletzt wird mit diesen Charakterisierungen, die bis
hin zum Einfältigen reichen,[8] die Frage des Bildungsniveaus angesprochen.

Nun ist bekannt, daß der athenische Staat nur wenig unternahm,
um für alle Politen gleiche Voraussetzungen in Erziehung und Bildung zu schaffen. Er überließ vielmehr den Erziehungsgang der pri-

[6] Hdt., I, 58 ff.
[7] Hdt., V, 97.
[8] Hdt., I, 60.

vaten Initiative, sprich dem Geldbeutel des einzelnen. Den sozialen
und politisch-rechtlichen Abstufungen entsprachen so zwangsläufig bildungsmäßige.

Unsere heutige Zeit, die entscheidend durch die Kommunika-
tionsmittel Presse, Funk, Film, Fernsehen u. a. m. geprägt wird,
legt zunächst den Gedanken an die Wirksamkeit literarischer Formen nahe, an die Ausstrahlungskraft der antiken „Gewährsmän-
ner" – Herodot, Thukydides, Aristoteles usw. –, denen wir unser
Wissen verdanken. Doch Herodots Werk wurde erst in den frühen
20er Jahren des 5. Jh. v. Chr. publiziert, und Thukydides schrieb
sein Werk während seines 20jährigen Exils (ab 424 v. Chr.) im fer-
nen Thrakien.[9]

Das späte 5. Jh. v. Chr. und das frühe 4. Jh. v. Chr. gelten allgemein als Periode gesteigerter politischer Propaganda.[10] Wie verbreitet waren aber tatsächlich die Werke des Herodot, des Hellanikos
oder des Thukydides? Wen sollten die politischen Pamphlete beeinflussen?

Ausschließen können wir zunächst die Analphabeten, doch wissen wir nicht, wie viele athenische Bürger im 5. und 4. Jh. weder lesen noch schreiben konnten und wie viele nur eine bloße Elemen-
tarausbildung besaßen. Uns hilft es nicht weiter, wenn in der Statistik von 1963 für Griechenland 17 % der Bevölkerung als Analphabeten angegeben werden.[11]

Tatsache bleibt, daß die gesamte literarische Überlieferung über
die athenische Demokratie von Vertretern der herrschenden Klasse
oder sich an ihre Lebensweise und Ideologie anpassenden Persönlichkeiten geschaffen oder doch entscheidend geprägt worden ist.
Das Bild, das gezeichnet wird, ist das Bild der herrschenden Klasse
von sich selbst, das ihre Lebensweise und -ideale als die einzig
menschlichen reflektierte. Zur aristokratischen Lebensführung gehörte traditionell eine standesgemäße Erziehung, die nicht auf die

[9] J. Cobet, Wann wurde Herodots Darstellung der Perserkriege publiziert? in: Hermes 105 (1977), S. 2–27, bes. 25 f.

[10] F. D. Harvey, Literacy in the Athenian Democracy, in: Revue des Études Grecques 79 (1966), S. 585 f.

[11] Ebd., S. 586.

Bedürfnisse der Produktion und des Austausches, sondern auf den Genuß der Muße ausgerichtet war und in der neben der gymnastischen Ausbildung in der Palästra eine literarische und musische Bildung stand.

Das elitäre Menschenbild der herrschenden Klasse geht so nicht zufällig von der Spaltung auch der Politengesellschaft in zwei Teile unterschiedlicher Wertigkeit aus. Bei Herodot und Thukydides erscheint alles in der Reduzierung auf Dualismen[12] Bürger – Nichtbürger, Adel – gewöhnliches Bürgertum usw. Wie über das Wirken der Volksmassen kaum direkte Aussagen gemacht werden, so ist auch für Dinge wie Analphabetentum nur Platz in Form der Anekdote. Die bekannteste ist die bei Plutarch (Arist. 7,7–8), wo ein des Schreibens unkundiger Bauer den Aristeides bittet, seinen (Aristeides') Namen auf das Ostrakon zu schreiben.

Wir haben in der Überlieferung keine Anhaltspunkte, um den Umfang des Analphabetentums[13] erschließen zu können. Wir vermögen nur Trends aufzuzeigen.

Die ältesten Gymnasien[14] – das Akademie-, Kynosarges- und Lykeiongymnasion – werden von der literarischen Überlieferung noch mit dem Athen der Tyrannenzeit verbunden. Die Gründung dieser Gymnasien bleibt jedoch unsicher. Joseph Vogt[15] nimmt an, daß die „Bedeutsame Funktion" der griechischen Schrift bereits in der Epoche der Gesetzesaufzeichnung, d. h. im 7. Jh. v. Chr. begann, also in dieser Zeit bereits die privaten Schulen – in der Nutzung vorerst noch begrenzt auf den Adel – entstanden.

Gesicherte Kenntnis besitzen wir jedoch erst seit dem frühen

---

[12] H. J. Diesner, Der athenische Bürger bei Herodot und Thukydides, in: Wiss. Zeitschr. d. Martin-Luther-Univ. Halle–Wittenberg, Gesellsch.- u. Sprachwiss. Reihe 6 (1956/57), S. 899.

[13] Der Begriff Analphabet geht auf Nikochares zurück, einem Vertreter der mittleren attischen Komödie. Diese Bezeichnung hat sich jedoch in der Antike nicht durchgesetzt, vgl. J. Vogt, Alphabet für Freie und Sklaven. Zum sozialen Aspekt des antiken Elementarunterrichts, in: Rheinisches Museum 116 (1973), S. 132.

[14] W. Judeich, Topographie von Athen, München ²1931, S. 66, 80, 413, 422 f.

[15] Vogt, Alphabet, S. 129.

5. Jh. v. Chr., und zwar sowohl literarische[16] als auch archäologische Zeugnisse, von denen die Duris-Schale[17] das bekannteste ist. Die Enkyklios Paideia entwickelte sich im 5. Jh. v. Chr. parallel zur staatlichen Profilierung. Während des Demokratisierungsprozesses, der den sozialen und klassenmäßigen Differenzierungsprozeß in der Polis nicht aufhalten konnte, erreichte die griechische Bildung ihre klassische Form, entwickelte sich auch in breiteren Kreisen der Politen das Bedürfnis nach Bildung.

Fragt man danach, wo es besonders Analphabetentum im klassischen Athen gegeben haben könnte, so stößt man auf das Kulturgefälle zwischen Stadt und Land. Für den Städter hatte mit der Ausweitung der Warenproduktion, des Güteraustausches, der Geldwirtschaft und der Etablierung Athens als politischen und kulturellen Zentrums die Fähigkeit, lesen, schreiben und rechnen zu können, eine größere Bedeutung als für den ἄγροικος. Nicht zufällig handelt es sich bei den in der antiken Literatur erwähnten Analphabeten (und „Unkultivierten") um Barbaren, Hirten oder Bauern.[18]

Nun darf man bei allem Philosophieren über die Schreib- und Lesekundigkeit bzw. -unkundigkeit der Athener jedoch eine lange wirkende Besonderheit antiker Literatur nicht übersehen: die Ausrichtung auf ein Hörerpublikum. Beim alten Epos war die Niederschrift vor allem das Textbuch für den frei vortragenden Rhapsoden, und bei den Tragödien und Komödien bildeten die Manuskripte zunächst die Unterlagen für die Bewerbung um Zulassung zum Agon, dann wurden sie zu Textbüchern der Schauspieler und Choreuten und wanderten danach wahrscheinlich als Belegexemplare ins Archiv.[19] Wenn wir heute Passagen etwa aus den Tragödien des Aischylos, des Sophokles oder des Euripides analysieren oder interpretieren, tritt für uns die Tatsache in den Hintergrund, daß die Mehrheit der Zuhörerschaft die Feinheiten, die vielschichtigen Anspielungen in der Kopplung von Vergangenem und Gegenwärti-

---

[16] Harvey, Literacy, S. 630 ff.

[17] Berlin 2285 aus Cerveteri; Beazley, ARV² 431, Nr. 48.

[18] Vogt, Alphabet, S. 132 f.; Harvey, Literacy, S. 619 ff.

[19] R. Muth, Randbemerkungen zur griechischen Literaturgeschichte: Zur Bedeutung von Mündlichkeit und Schriftlichkeit der Wortkunst, in: Wiener Studien 79 (1966), S. 252.

gem beim ersten – und einmaligen – Hören kaum voll erfaßt haben kann. Sich vorzustellen, daß von Anfang an eine große Zahl von Kopien umlief, die ja nichts anderes waren als handschriftliche Abschriften, ist irrig. Tragödie und Komödie waren in ihrer Schöpfungsphase in erster Linie für ein Hörer-, nicht für ein Leserpublikum bestimmt.[20]

Größere Bedeutung kam lange dem philosophischen Schrifttum zu, und es spricht vieles dafür, daß ihre Werke zunächst als „die" Bücher kursierten. Erst in der zweiten Hälfte des 5. Jh. v. Chr. entstand so etwas wie ein Buchhandel. Aber, auch wenn von nun an das Buch keine Seltenheit mehr war, muß man sich davor hüten, die Grenzen allzuweit zu stecken. Zwar läßt Aristophanes (Aves 1208) seine Zeitgenossen vom Frühstück weg zu den Buchhändlern eilen, billigt er in den ›Fröschen‹ jedem seiner Zuhörer im Theater den Besitz eines Buches zu,[21] wird berichtet,[22] daß das Werk des Anaxagoras in Athen käuflich erwerbbar gewesen sei, doch bezeugt all dies nur die Zunahme eines Leserpublikums. Bedeutsamer in seiner Wertigkeit war und blieb noch das gesprochene Wort, der lebendige Vortrag und die lebendige Diskussion, sei es im engeren Schüleroder in einem großen Hörerkreis. So ist es durchaus möglich, daß Herodots Werk zunächst auf diese Weise „publiziert" wurde.[23] Die schwere und gedrängte thukydideische Ausdrucksweise läßt eine Ausrichtung auf ein Hörerpublikum weniger erwarten, spricht vielmehr für eine bewußte Hinwendung zu einem Leserpublikum, was auch durch das Lebensschicksal des Thukydides, sein Exil in Thra-

---

[20] Zur Bedeutung von Tragödie und Komödie im Meinungsbildungsprozeß vgl. z. B. E. Rechenberg, Beobachtungen über das Verhältnis der Alten attischen Komödie zu ihrem Publikum, Berlin 1966 (Diss. Berolinenses 2), bes. S. 59ff.; J. Dalfen, Polis und Poiesis, München 1974, bes. S. 156; J. Stark, Soziale Relationen und komischästhetische Kommunikationen in der ersten Krisenphase Athens, in: Ethnographisch-archäologische Zeitschrift 16 (1975), S. 315–322.

[21] L. Woodbury, Aristophanes' Frogs and Athenian Literacy: Ran. 52–53, 1114, in: Transactions of the American Philological Association 106 (1976), S. 349–357.

[22] Platon, Apol. 26d, S. 10f.

[23] Muth, Randbemerkungen, S. 253.

kien, nahegelegt wird. Thukydides steht so am Anfang einer Entwicklung, in der sich der bewußte Übergang von der Mündlichkeit zur Schriftlichkeit in der Literatur der Griechen vollzog,[24] eine Problematik, die uns im 4. Jh. v. Chr. – etwa bei Platon und Aristoteles – verstärkt begegnet.

Wir gehen heute – und dies wohl zu Recht – davon aus, daß die öffentliche Bekanntmachung von Gesetzen und Verordnungen über Aushänge und Stelen erfolgte und die zahllosen öffentlichen und privaten Inschriften an Denkmälern aller Art u. ä. m. dafür sprechen, daß die Mehrzahl der Athener lesen und schreiben konnte, also wenigstens die Elementarstufe schulischer Bildung absolvierte. Prüft man jedoch die Möglichkeiten im einzelnen, wo ein Athener, der nicht auf ein Amt aus war, im politisch-gesellschaftlichen Leben das Lesen und Schreiben echt benötigte, so findet man nur wenige Bereiche: Vor allem zu nennen sind der Ostrakismos und seit 378/ 377 das Gerichtswesen (weil Einführung der schriftlichen Klage).[25] Dinge, wie die Veröffentlichung von Gesetzen, Einberufungslisten, Tagesordnungen der Volksversammlung usw., sprachen sich herum. Im Gerichtswesen gab es schon bald gegen Entgelt arbeitende Helfer, und beim Ostrakismos konnte man sich an Freunde, Bekannte oder vertrauenswürdige Nachbarn wenden oder von nicht ganz uneigennützigen Helfern profitieren, wie der Ostrakafund vom Nordabhang der Akropolis – 190 unbenutzte, mit dem Namen des Themistokles versehene Ostraka[26] – deutlich macht.

Zieht man das Fazit aus dem bislang Gesagten, so ergibt sich, daß das Literarische – oder besser gesagt das Lesen von Literatur – bei der öffentlichen Meinungsbildung nicht die wesentliche Rolle spielte. Weit höher lag offensichtlich die Bedeutung des gesprochenen Wortes. Jacob Burckhardt hat vor fast einhundert Jahren in einem Vortrag ›Über das wissenschaftliche Verdienst der Griechen‹ die Entwicklung der Redekunst in der Demokratie als eine der herausragenden Leistungen der Griechen hervorgehoben und darauf

[24] Ebd., S. 254.
[25] Harvey, Literacy, S. 393 ff.
[26] O. Broneer, Excavations on the North Slope of the Acropolis, in: Hesperia 7 (1938), S. 228–243.

hingewiesen, daß sie sie „als System bis zu einem solchen Grade verfeinert und vervollkommnet (haben), daß die heutige Praxis kaum ein Hundertstel von den Vorschriften und Ratschlägen der griechischen und griechisch-römischen Rhetorik mit Bewußtsein anwendet".[27]

Das gilt auch für das klassische Athen. Die öffentliche Rede war und blieb das bedeutendste Mittel der Meinungsbildung und politischen Propaganda. Ihre Wirksamkeit wird jedoch nur dann verständlich, wenn man sich daran erinnert, daß das Leben des einzelnen Politen unlösbar mit der ganzen Bürgerschaft verbunden war und erst von dieser Verknüpfung her seinen Inhalt und seine Einheit gewann. Das Leben des Durchschnittsatheners vollzog sich vor allem in den gesellschaftlichen Struktureinheiten, in die er unmittelbar integriert war. Voran standen die Familie und der Demos, etwas ferner die Trittyes und die Phyle. In diesen Kategorien dachte und lebte er vornehmlich. Die politische Terminologie arbeitete dementsprechend auch weniger mit irrationalen Werten, sondern mehr mit Teilbegriffen von sinnfälliger Konkretheit wie *polis, demos, patris, nomos* usw.[28]

Unsere Quellen berichten uns im wesentlichen vom Meinungsbildungsprozeß in der Ekklesia. Gegenüber den Versammlungen auf den unteren Gliederungsebenen der Polis – etwa der Deme, wo wir es mit kleineren Gruppen zu tun haben, wo jeder jeden kannte – traten hier die Besonderheiten einer Massenzusammenkunft hinzu, eine Hörerschaft von mehreren tausend Leuten unter freiem Himmel auf dem Pnyx-Hügel. Dementsprechend erhielten Faktoren wie Massenbeeinflussung, Massenpsychologie, Redetechnik usw. eine gesteigerte Bedeutung.

Der Meinungsbildungsprozeß in der athenischen Ekklesia wird gewöhnlich an drei Debatten charakterisiert, über die Thukydides und Xenophon ausführlicher berichten: anhand der Siziliendebatte, der Entscheidung über das Schicksal der Mytilener und des Arginusenprozesses. Allen gemeinsam ist die Grundstruktur, die Aufglie-

---

[27] J. Burckhardt, Vorträge 1844–1887, hrsg. v. E. Dürr, Basel 1918, S. 177.

[28] Strasburger, Der Einzelne und die Gemeinschaft im Denken der Griechen, in: Historische Zeitschrift 177 (1954), S. 241 f.

derung der herrschenden Klasse in rivalisierende Gruppen, die versuchten, eine Mehrheit in der sich passiv verhaltenen Masse für ihre jeweiligen Zielsetzungen zu gewinnen. Die Meinungsbildung – und damit die positive oder negative Entscheidung für oder gegen eine Sache – erfolgte bei vielen erst während der Debatte, wobei oft weniger die Stichhaltigkeit der Argumente, sondern mehr die Person, die Art des Vortragens und die äußeren Umstände das Entscheidende waren.

Die Mytilene-Debatte[29] ist insofern besonders interessant, weil sie zeigt, daß üblicherweise ein Verfahren – Antrag, Diskussion, Entscheidung für oder gegen – im Verlaufe einer Sitzung abgeschlossen wurde. So war es auch bei der Entscheidung, was mit den Bewohnern der Stadt Mytilene geschehen sollte, nachdem ihre Erhebung gegen die Athener niedergeschlagen worden war. Das Besondere besteht allein darin, daß man über dieselbe Sache zweimal verhandelte.

Thukydides (III, 36) beginnt seinen Bericht über die Mytilene-Debatte mit dem Beschluß der ersten Verhandlung: In ihrer Erbitterung entschieden die Athener, nicht nur die nach Athen gebrachten Rädelsführer des Aufstandes, sondern alle erwachsenen Mytilener zu töten, die Frauen und Kinder aber in die Sklaverei zu verkaufen.

Erst später (III, 41), als Diodotos, der Gegenspieler des Kleon, auftritt, erfahren wir, daß es von Anfang an zwei Auffassungen gegeben hat und sich die Auffassung, nur die Schuldigen zu bestrafen, zunächst nicht durchsetzen konnte. Diese, in der ersten Abstimmung Unterlegenen waren es, die eine neue Sitzung zum gleichen Verhandlungsgegenstand und damit einen neuen Beschluß forderten und durchsetzten. Thukydides läßt keinen Zweifel an der Couleur der Leute, die den Meinungsumschwung herbeiführten. Es waren τῶν Μυτιληναίων οἱ παρόντες πρέσβεις καὶ οἱ αὐτοῖς τῶν Ἀθηναίων ξυμπράσσοντες („die anwesenden Gesandten und deren Freunde in Athen").[30]

Auf der zweiten Versammlung der Ekklesia ging es nach dem aus-

---

[29] Thuk., III, 36 ff. (ed. Classen [dies gilt auch für die folgenden Thukydideszitate]).

[30] Thuk., III, 36, 5.

führlichen Bericht des Thukydides wieder um die Grundsatzentscheidung: Sollte man an den abgefallenen Mytilenern ein Exempel statuieren, um anderen Bündnern mit derartigen Neigungen die möglichen Folgen vor Augen zu führen, also am ursprünglichen Beschluß festhalten, wofür Kleon eintrat, oder sollte man sich für eine differenziertere Bestrafung entscheiden, d. h. nur die der Schuldigen, der Anstifter, wofür Diodotos warb?

Die zweite Abstimmung endete mit einem Erfolg der letztgenannten Richtung, hob damit den Beschluß der ersten Beratung zum Schicksal der Mytilener auf. Bei Thukydides heißt es: ἐν τῇ χειροτονίᾳ ἀγχώμαλοι, ἐκράτησε δὲ ἡ τοῦ Διοδότου („Bei der Abstimmung war die Zahl der Stimmen auf beiden Seiten nahezu gleich; doch war die Mehrheit für Diodotos").[31]

Drei Momente sind an dieser Debatte für unsere Fragestellung besonders interessant:

1. Das Verhalten und die Rolle des Demos.
2. Die Rolle der Redner, der ῥήτορες bei diesem Meinungsbildungsprozeß.
3. Das Verfahren der Stimmenauszählung.

Bei Thukydides klingt allenthalben an,[32] daß er der Auffassung ist, der Menge fehle die politische Einsicht, das Wissen und damit auch die Beständigkeit. Andererseits wird bei ihm ebenso deutlich, daß ihm bewußt war, daß dem Demos im Kräftespiel der rivalisierenden Gruppen der herrschenden Oberschicht nicht geringe Bedeutung zukam.

Thukydides charakterisiert das Verhalten des Demos in der Ekklesia des öfteren in der Mytilene-Debatte in der Rede des Kleon. Es wird deutlich, daß der Besuch der Volksversammlung für die meisten eine Art Unterhaltung war, bei der man wie im Theater lauschte, sich an den Rededuellen erfreute, sein Urteil jedoch nicht aufgrund sachlicher Kriterien bildete, sondern nach äußerlichen Gesichtspunkten, wie denen der glanzvollen Rhetorik, der Art des Auftretens, dem Umfang des Beifalls usw. Kleon will dem Demos

[31] Thuk., III, 49, 1 (Übersetzung Braun).
[32] H. Erbse, Die politische Lehre des Thukydides, in: Gymnasium 76 (1969), S. 393 ff.

dieses Vergnügen nicht nehmen, möchte aber in ernsthaften Fällen, wie der Entscheidung über das Schicksal der Mytilener, weniger Theaterdonner und mehr grundsätzliche Debatte. Thukydides läßt ihn sagen: οἵ τε τέρποντες λόγῳ ῥήτορες ἕξουσι καὶ ἐν ἄλλοις ἐλλάσσοσιν ἀγῶνα, καὶ μὴ ἐν ᾧ ἡ μέν πόλις βραχέα ἡσθεῖσα μεγάλα ζημιώσεται, αὐτοὶ δὲ ἐκ τοῦ εὖ εἰπεῖν τὸ παθεῖν εὖ ἀντιλήψονται („Die Redner, die euch einen Ohrenschmaus bereiten möchten, werden schon ein andermal Gelegenheit finden, ihre Künste zu zeigen, auch bei minder wichtigen Dingen als heute, wo die Stadt für das kurze Vergnügen wird büßen müssen, jene Herren selbst freilich für ihre schönen Reden auch schön bezahlt werden")[33].

Der Vorwurf, den Kleon an den Demos richtet, ist hart: ἁπλῶς τε ἀκοῆς ἡδονῇ ἡσσώμενοι καὶ σοφιστῶν θεαταῖς ἐοικότες καθημένοις μᾶλλον ἢ περὶ πόλεως βουλευομένοις („Kurz gesagt, ihr seid Sklaven eines Ohrenschmauses und gleicht mehr dem Publikum, das eine Vorstellung der Sophisten besucht, als einem Volke, das über den Staat berät")[34].

Daß der Demos in der Ekklesia auf die Informationen der Politiker und Redner angewiesen war, macht Thukydides in seiner Einleitung zur Sizilischen Expedition deutlich. Er stellt seinem Bericht die bezeichnende Bemerkung voran, daß die wenigsten Besucher der Volksversammlung eine klare Vorstellung von der Größe der Insel und ihrer griechischen und nichtgriechischen Bevölkerung hatten.[35]

Die Meinungsbildung vollzog sich im wesentlichen im Rahmen der Varianten, deren Inhalt und Zielrichtung von der Führungsschicht bestimmt wurden. Die einzelnen, miteinander rivalisierenden Gruppen der Führungsschicht versuchten bisweilen, über die demagogische Rhetorik hinaus, die Entscheidung durch zusätzliche Aktivitäten zu beeinflussen. Neben „organisiertem"[36] Beifall, Zwi-

---

[33] Thuk., III, 40, 3 (Übersetzung Braun).

[34] Thuk., III, 38, 7 (Übersetzung Ehrenberg).

[35] Thuk., IV, 1.

[36] Aristoph., Acharner 37ff.; Ritter 651, 666; Ekklesiazusen 213, 399ff., 431ff.

schenrufen u. ä. m. gab es auch Versuche, emotionale Momente wirksam werden zu lassen. So sorgten Theramenes und seine oligarchischen Freunde beispielsweise dafür, daß in der entscheidenden Sitzung der Ekklesia möglichst viele „unechte" Trauernde, schwarz gekleidet und mit geschorenem Kopf, erschienen, sich so als Angehörige und Mitleidende der in der Seeschlacht bei den Arginusen ums Leben gekommenen Athener ausgaben,[37] und damit die Teilnehmer an dieser Versammlung auch optisch und gefühlsmäßig angesprochen wurden.

Für unser Anliegen ist es sekundär, ob man die Auseinandersetzungen mit Claude Mossé als „Hungeraufruhr" oder mit Andrewes als verhängnisvolles Mißverständnis, als folgenreiche Uneinigkeit zweier rivalisierender Gruppen der herrschenden Klasse werten muß.[38] Wesentlicher ist für unseren Zusammenhang vor allem die sich stufenweise eskalierende Härte in der Auseinandersetzung und die Ausweitung und Verfeinerung der Mittel, mit denen gearbeitet wurde.

Die Zahl der Wirkungsebenen, auf denen in der Öffentlichkeit Bürger angesprochen und in ihrer Meinungsbildung beeinflußt werden konnten, war naturgemäß groß. Breitere Bürgerkreise wurden zunächst besonders über das Gerichtswesen und über größere Staatsakte, wie z. B. den *epitaphios logos,* erreicht. Kaum in ihrer Breite einzugrenzen sind die Möglichkeiten, die Kult und Religion boten. Die Propagierung von Orakelauslegungen in der öffentlichen Propaganda ist hinreichend belegt.[39] Erinnert sei hier nur an das Orakel von der „hölzernen Mauer",[40] das vor der Schlacht von Salamis in der Volksversammlung heiß diskutiert und verschieden interpretiert worden ist, oder an die verschiedenen Um- oder Neubildungen von Mythen, die, wie z. B. der Theseusmythos in kimo-

[37] Xen., Hell. I, 7, 8.

[38] Cl. Mossé, Die politischen Prozesse und die Krise der athenischen Demokratie, in: Hellenische Poleis I, hrsg. von E. Ch. Welskopf, Berlin 1974, S. 169; A. Andrewes, The Arginousai Trial, in: Phoenix 28 (1974), S. 112 ff., bes. 122.

[39] M. P. Nilsson, Cults, Myths, Oracles and Politics in Ancient Greece, Lund 1951, S. 49 ff.

[40] Hdt., VII, 140 ff.

nischer Zeit, nicht zuletzt der direkten und indirekten Rechtfertigung der Außen- und Annexionspolitik dienten.

Neben dieser auf die Gesamtheit der Politen ausgerichteten öffentlichen Propaganda stand die in den Teilgliederungen der Polis.
Ihr kam zweifellos nicht geringere Bedeutung zu, wenn man etwa
an das Wahlverfahren der Strategen[41] denkt oder an den Antrag des
Kallixenos im Arginusenprozeß,[42] nach Phylen abzustimmen. Auf
dieser Ebene begannen nicht nur die Flüsterpropaganda und der
Klatsch in der Meinungsbildung wirksam zu werden, sondern auch
alle jene Faktoren, die W. R. Connor in seinem Buch ›The New Po-
liticans of Fifth-Century Athens‹ (Princeton 1971) sehr anschaulich
herausgearbeitet hat: Reichtum, Ansehen, Popularität, Traditionen
innerhalb der Familie, Unterstützung sowohl durch die engere und
weitere Verwandtschaft als auch durch das genos, die Ausdehnung
und Konsolidierung der Familienbeziehungen durch politisch moti-
vierte Eheschließungen, Protektion, Freundschaften, Loyalitäten
und Mitgliedschaft in Hetairien, Parteibindungen u. ä. m. Aktionen zur Beeinflussung der Öffentlichkeit wie großzügige Gesten,
Stiftungen usw., die bekannte Politik der „Freigebigkeit", traten
hinzu. Als Meister dieser Technik par excellence schildern Aristoteles und Plutarch Kimon.[43]

Diese „Politik der Freigebigkeit" fand ihre Ergänzung in einer
wirkungsvollen Persönlichkeitswerbung und -propagierung. Sie
reichte von der großen Geste bis hin zur optimalen Ausnutzung
eines Amtes zur Steigerung der eigenen Popularität, Dinge, die insbesondere von Themistokles und Kimon hinreichend bekannt sind.

Meinungsbildung, dies dürfte deutlich geworden sein, vollzog
sich bereits im klassischen Athen in einem komplexen, komplizier-
ten Prozeß. An der Herausbildung der öffentlichen Meinung hatten
seit der zweiten Hälfte des 5. Jh. v. Chr. die Redner großen Anteil.

---

[41] E. Ruschenbusch, Die Wahl der Strategen im 5. und 4. Jh. v. Chr. in
Athen, in: Historia 24 (1975), S. 112 ff.

[42] Xen., Hell. I, 7, 9.

[43] Aristot., Ath. Pol. 27, 3; Plut. Kim. 10. Ein Meister dieser Technik
muß auch Nikias gewesen sein, vgl. Plut., Nik. 4 f.

In vorperikleischer Zeit bezeichnete ῥήτωρ jeden, der spricht.[44] Es ist bekannt, daß die führenden Staatsmänner der klassichen Zeit nie ῥήτορες genannt werden, obwohl sie gute Redner gewesen sein müssen. Thukydides z. B. schildert Perikles als einen meisterhaften Redner und Psychologen ὁπότε γοῦν αἴσϑοιτό τι αὐτοὺς παρὰ καιρὸν ὕβρει ϑαρσοῦντας, λέγων κατέπλησσεν ἐπὶ τὸ φοβεῖσϑαι, καὶ δεδιότας αὖ ἀλόγως ἀντικαϑίστη πάλιν ἐπὶ τὸ ϑαρσεῖν („Wenn er merkte, daß sie zur Unzeit zu hoch hinauswollten, wußte er sie durch seine Reden bis zur Zaghaftigkeit zu ducken, und wiederum, wenn sie ohne Not verzagten, ihnen wieder Mut zu machen").[45] Thukydides fügt dieser Charakteristik dann jenen bekannten Satz an, der die Stellung des Perikles charakterisieren sollte: ἐγίγνετό τε λόγῳ μέν δημοκρατία, ἔργῳ δὲ ὑπό τοῦ πρώτου ἀνδρός ἀρχή („Dem Namen nach regierte das Volk, tatsächlich aber war er der erste Mann, der die Stadt regierte").

Es ist erwähnenswert, daß die Bezeichnung ῥήτωρ in amtlichen Urkunden erstmals in perikleischer Zeit auftaucht, und zwar in dem Volksbeschluß über die Entsendung einer Bürgerkolonie nach Brea.[46] Plutarch (Per. 7,5) weiß von Perikles zu berichten, daß dieser nur bei wichtigen Angelegenheiten selbst das Wort nahm, ansonsten sich Helfer bediente, eben der Rhetores.

Finley hat zu Recht die Bemerkung des Aristoteles, Kleon sei der erste gewesen, der in der Volksversammlung „schrie und tobte",[47] als eine Widerspiegelung von Klassenvorurteilen im sozialen Differenzierungs- und Umwandlungsprozeß der politischen Führungsschicht Athens charakterisiert.[48] Auch die Vorgänger des Kleon hatten bei ihrem Auftreten vor der Volksversammlung die Besonderheiten einer Massenversammlung unter freiem Himmel zu beachten, und so konnte weder ein Themistokles noch ein Perikles, wenn sie vor die Ekklesia traten, flüstern.

[44] W. Pilz, Der Rhetor im attischen Staat, Diss. Leipzig 1934 (Druck Weida 1934), S. 7 ff.

[45] Thuk., II, 65, 9 (Übersetzung Braun).

[46] IG I², 45, 2. 21; Pilz, Rhetor, S. 11.

[47] Aristot., Ath. Pol. 28, 3.

[48] M. I. Finley, Athenische Demagogen, in: Das Altertum 11 (1965), S. 74.

Wenn seit der zweiten Hälfte des 5. Jh. v. Chr. Helfer der politischen Repräsentanten in den Vordergrund traten, deren Hauptaufgabe es war, den Demos zu überzeugen und seine Zustimmung zu Gesetzesvorschlägen zu erhalten, so deutet dies auf eine Aufwertung der Rolle der Ekklesia hin, die wahrscheinlich im Zusammenhang steht mit der stärkeren Institutionalisierung der athenischen Polis nach den Reformen des Ephialtes.[49] Diese stärkere Einbeziehung des Demos enthielt eine Eigendynamik, schuf gleichzeitig aber auch die Basis für das Wirken der Redner, die zu einer Art Berufsgruppe wurden.

Im Machtkampf der führenden Politiker untereinander in der Volksversammlung konnten die Redner zu einer scharfen Waffe werden. Ob wir Kleon in der Mytilene-Debatte oder Nikias bzw. Alkibiades in der Sizilien-Debatte nehmen, sie hatten alle offensichtlich Mühe, sich der Attacken der Redner zu erwehren. In dem Maße, wie das geschulte Sprechen an Boden gewann, gewannen die Redner bei der Meinungsbildung an Bedeutung, obwohl ihr gesellschaftliches Ansehen, Thukydides und der Komödie nach zu urteilen, nicht sehr groß war.

Bei der gesteigerten Werbung der verschiedenen Gruppen der Führungsschicht um die Zustimmung des Demos zu ihren jeweiligen Zielsetzungen erwächst zwangsläufig die Frage nach dem Modus der Abstimmung, zumal da wir die athenische Demokratie als direkte Demokratie feiern.

Da der athenische Bürger – unabhängig von seinem Sozialstatus – durch Handzeichen entschied, galt formal gesehen die in offener Abstimmung von der Mehrheit vertretene Auffassung. Es ist dabei müßig darüber zu diskutieren, wie sich die offene Abstimmung auf die Entscheidung des einzelnen auswirkte.

Wenn wir uns an den zweiten Beschluß der Mytilene-Diskussion erinnern, wo nach Thukydides fast Stimmengleichheit herrschte, müssen wir annehmen, daß es für die Stimmenauszählung ein eingespieltes Gremium gab. Unsere Quellen enthalten jedoch für das 5. Jh. v. Chr. keine Hinweise, wie groß die Zahl und wie die offizielle Bezeichnung der Stimmenauszähler war.

[49] W. Schuller, Die Herrschaft der Athener im ersten Attischen Seebund, Berlin 1974, S. 178 ff.

Nach Aristoteles[50] wurden im 4. Jh. v. Chr. neun πρόεδροι in der Ekklesia erlost, zu deren Verantwortungsbereichen auch die Stimmenauszählung gehörte. Diese neun wären jedoch zweifellos nicht in der Lage, die Stimmen in einer gut besuchten Sitzung auszuzählen. Analog dem, was Aristoteles[51] zu den ebenfalls erlosten Stimmenzählern in der Boule sagt – fünf, die sich in der Leitung der Abstimmung täglich ablösten –, käme man auf etwa 400 Stimmenzähler[52] für die Ekklesia. Verantwortlich waren diese Stimmenzähler für einen fest umrissenen Bezirk, blieb es bei diesem Zählverfahren gleich, ob jeder Besucher zwanglos dort sich setzte, wo es ihm gefiel, oder feste Regeln einzuhalten hatte.

Im Gegensatz zur Abstimmungsprozedur in der Ekklesia entwikkelte sich im Gerichtswesen die Entscheidung hin zur geheimen. Im 5. Jh. v. Chr. war das Verfahren noch einfach und offen. Es wurden zwei Urnen aufgestellt: in die eine kamen die Stimmen für den Ankläger, in die andere die für den Angeklagten. Der Geschworene entschied sich, indem er seinen Kieselstein in eine der beiden Urnen warf. In dieser Weise erfolgte noch die Entscheidung im Arginusenprozeß. Bei Xenophon heißt es: „Für jede Phyle sollen zwei Urnen aufgestellt werden, und bei jeder Phyle soll der Herold ausrufen, wer der Meinung sei, daß die Strategen strafbar seien ... der solle seinen Stimmstein in die vorderste Urne werfen, wer aber anderer Meinung sei, in die zweite."[53]

Es bedarf keines Kommentars, daß eine solche Abstimmung noch auf der Ebene des Handhebens liegt. Die Athener versuchten, dieses Problem zunächst durch den sog. κημός zu beheben, d. h. dadurch, daß sie beide Urnen zusammenstellten und mit einem Flechtwerkaufbau versahen, der die Einlaßschlitze den Augen Neugieriger verbergen sollte.[54]

[50] Aristot., Ath. Pol. 44.

[51] Aristot., Ath. Pol. 30, 5.

[52] A. L. Boegehold, Toward a Study of Athenian Voting Procedure, in: Hesperia 32 (1963), S. 373.

[53] Xen., Hell. 1. 7. 9 (Übersetzung Wernicke).

[54] Boegehold, Voting Procedure, S. 367 f.; zum Problem vgl. ferner J. W. Jones, The Law and Legal Theory of the Greeks, Oxford 1956, S. 130; A. R. W. Harrison, The Law of Athens, II, Procedure, Oxford 1971, S. 164–166.

Aristoteles berichtet bereits von einem verbesserten Stimmabgabeverfahren.[55] Jeder Geschworene erhielt zwei Stimmarken aus Bronze, von gleicher Form und mit der Inschrift ΨΗΦΟΣ ΔΗΜΟΣΙΑ, die sich jedoch im Gewicht voneinander unterschieden. Bei der einen war der Fuß ausgegossen, bei der anderen hohl. Bei der Abstimmung gab es wieder zwei Urnen, die eine aus Bronze für die gewerteten Stimmen, die andere aus Holz. Da eine einfache Mehrheit entschied, war es ein effektives Verfahren, das um die Mitte des 4. Jh. v. Chr. praktiziert wurde.

Eine Diskussion der meinungsbildenden Faktoren wäre unvollkommen, fehlte der Hinweis auf die Kunst. Es ist bekannt, daß ein spezifisches Merkmal griechischer Kunst ihr Öffentlichkeitscharakter war und damit ihre auf einen Betrachter ausgerichtete Wirkungssphäre. Dieses Phänomen wurde bereits früh erkannt und genutzt. Bildwerke wie die Tyrannenmördergruppe auf der Agora oder die Promachos auf der Akropolis, Bauten wie die Stoa Poikile mit ihren Gemälden oder der Parthenon mit seinem plastischen Schmuck haben wesentlich und für lange Zeit das Geschichtsbewußtsein und Elitedenken der Athener mitgeprägt.

Der Anteil der Kunst am Meinungsbildungsprozeß war in den einzelnen Perioden zwangsläufig unterschiedlich, blieb abhängig vom jeweiligen Stand der Produktivkräfte. Im Prozeß der Herausbildung des Polisstaates wandelte sich nicht nur die konkret historische Funktion der griechischen Kunst, sondern sie weitete sich auch aus.

In der frühgriechischen, homerischen Gesellschaft wurde zwischen Materialwert und „Kunst"-Wert noch nicht unterschieden. Es dominierte die soziale Bedeutung des Besitzes. Auch der herausragende „Kunst"-Gegenstand erhielt vor allem aus dieser Sicht seine Wertigkeit, hob das Ansehen des Besitzers. Die Wirkungssphäre des Kunstwerkes war noch begrenzt. Es diente „in erster Linie der politisch und religiös motivierten Repräsentation der miteinander konkurrierenden Adelsfamilien und ihrer Gefolgschaften".[56]

Mit der Entwicklung der Polis und ihrer Gliederungseinheiten

---

[55] Aristot., Ath. Pol. 69–69.

[56] N. Himmelmann, Über bildende Kunst in der homerischen Gesell

wurden die Beziehungen zwischen Kunst und Gesellschaft vielfältiger. Neben den Adligen traten nun auch als Auftraggeber der Staat, seine Institutionen und Gliederungen sowie reiche Gewerbetreibende in Erscheinung. Sie alle verbanden mit ihren Aufträgen spezifische Anliegen, seien es religiös-kultische, allgemein gesellschaftliche, politische, private oder solche, die aus der gesellschaftlichen Stellung der Auftraggeber resultierten. Da die griechische Kunst der archaischen und klassischen Periode im wesentlichen eine der Öffentlichkeit zugängliche Kunst war – bis in die spätarchaische Zeit beschränkt auf den sakralen und sepulkralen Bereich, dann trat (besonders mit dem fortgeschrittenen 5. Jh. v. Chr.) zunehmend der profane hinzu: Agora, Straßen, Privathäuser, Gymnasien, Bibliotheken u. a. m. –, wirkte die griechische Kunst zwangsläufig auch im Meinungsbildungsprozeß, konnte sie im großen wie im kleinen Bewußtseinsbildungsprozeß fördern oder hemmen. Nicht zufällig sind daher alle herausragenden Kunstwerke der spätarchaischen und klassischen Zeit irgendwie mit den jeweilig führenden Politikern direkt oder indirekt verknüpft. Bisweilen, so z. B. bei der Stoa Poikile, fällt es uns sogar schwer, zweifelsfrei zu entscheiden, ob diese Denkmäler – und das gilt ganz besonders für die historische Kunst – in privatem oder staatlichem Auftrag entstanden. Alle führenden Politiker hatten als Angehörige des Adels und Repräsentanten bestimmter Interessengruppierungen genügend Autorität und Unterstützung, um initiativ werden oder zielgerichtet auf die formale oder inhaltliche Gestaltung eines öffentlichen Denkmals einwirken zu können.

Die Kunst spielte im gesellschaftlichen Leben der Griechen eine wichtige Rolle. Sie war daher in besonderem Maße geeignet, an der Verbreitung von Normen und gesellschaftlichen Leitbildern mitzuwirken.[57]

---

schaft (Abhandlungen der Akademie der Wissenschaften und der Literatur Mainz, Geistes- und sozialwiss. Klasse 1969, 7), S. 36.

[57] Vgl. z. B. V. Zinserling, Zum Menschenbild im klassischen attischen Grabrelief, in: Klio 56 (1974), S. 369–376; dies., Zum Bedeutungsgehalt des archaischen Kuros, in: Eirene 13 (1975), S. 19–33; dies., Leitbildvorstellungen in der bildenden Kunst der Frühklassik, in: Der Mensch als Maß der

Schließen wir ab. Über Meinungsbildung im klassischen Athen sprechen, heißt, die Komplexität dieses Prozesses deutlich zu machen. Seien wir uns als Historiker dessen immer bewußt, auch wenn Quellenlage und Quellenqualität zu einer „einfacheren" Interpretation mit direkten Kausalitätsbeziehungen verleiten möchten.

Nachtrag

In ihrem Bestreben, einerseits die Komplexität und andererseits die bestimmenden Komponenten des Demokratisierungsprozesses in Athen (und in Griechenland überhaupt) transparent zu machen, ist die altertumswissenschaftliche Forschung des letzten Jahrzehnts deutlich vorangekommen. Äußerlich erkennbar wird dies allenthalben bereits am Vermittlungsbild der erreichten Forschungsergebnisse. Dominierend rückten an die Stelle der auf bloße Ereignisgeschichte, auf „Haupt- und Staatsaktionen" oder auf einzelne Führungspersönlichkeiten zugeschnittene Darstellungen solche, die die Aktivitäten der herausragenden Politiker und Militärs sowie die erkennbarer sozialer und politisch-aktiver Gruppen in ein feinmaschig gezeichnetes ökonomisch-soziales und gesellschaftlich-politisches Rahmenwerk einzuordnen suchen.

Es mag überraschen, aber die beachtlichen Fortschritte bei der Erforschung des Phänomens „antike Demokratie" werden hauptsächlich der komplexen, interdisziplinären Aufarbeitung bekannten Wissens verdankt. Die fehlende Vorlaufforschung hat nur auf wenigen Gebieten darüber hinausgehende neue Erkenntnisse zugelassen. Hemmend wirken sich für die Detail- und periodenspezifische Forschung unsere Wissensdefizite insbesondere zur Sozial- und Wirtschaftsgeschichte des demokratischen Athen aus. So fällt es nicht zufällig nach wie vor schwer, obwohl die Quellen „für sozialgeschichtliche Fragen, trotz des verbreiteten Glaubens an das Gegenteil, kaum spärlicher als für andere zentrale historische Pro-

Dinge, hrsg. v. R. Müller, Berlin 1976, S. 65–91; W. Schindler, Zur Bedeutung des griechischen Kuros, in: Humanismus und Menschenbild im Orient und in der Antike, Halle 1977, S. 331–340.

bleme"[58] fließen, klare Trennungslinien im sozialen Schichtengefüge der attischen Bürgerschaft zu ziehen. Thesen wie die von der annähernden Besitzgleichheit der Mehrheit der Politen im Athen des 5. Jh. v. Chr., deren Charakterisierung als „Kleinbürger" u. a. m. resultieren aus dieser Forschungssituation. Bei anderen uns interessierenden Fragestellungen, so beispielsweise zum allgemeinen Bildungsniveau der Athener, reicht das durch die sozialen Oberschichten gewonnene Wissen für tragfähige Verallgemeinerungen nicht aus. Idealisierende Auffassungen, die von einem hohen Bildungsniveau, von einem „geschulten" attischen Theaterpublikum[59] u. ä. m. ausgehen, erweisen sich mehr als „historisches Erbgut".

Reicher ist unser Wissen zur politisch-strukturellen Organisation der Polis Athen – Phratrie, Demos, Trittys, Phyle – und ihrer Institutionen geworden. Traditionelle Ausrichtungen leben dabei fort. Neben Darstellungen, die pointiert die verfassungsrechtlichen Aspekte als Ausgangsposition wählen,[60] stehen diejenigen, die vom politisch-historischen und sozialökonomischen Prozeß als solchem ausgehen.[61] Von den zahlreichen Studien zur zentralen politischen Institution der demokratischen Polis Athen, der Volksversammlung, sind insbesondere die Untersuchungen von Hansen[62] herauszuheben. In all diesen Darstellungen spielt der Prozeß der „Willensbildung" (so der derzeit geläufige Begriff) eine wichtige Rolle.

Die Ausdehnung der Mitbestimmung auf die wenig besitzenden

[58] I. Weiler, Zur Geschichte sozialer Randgruppen in der alten Welt, in: Römische Geschichte, Altertumskunde und Epigraphik. Festschrift für Artur Betz, Wien 1985, S. 662 f.

[59] Zum Problem: K. Treu, Griechische Tragödie und Theaterpraxis, in: H. Kuch (Hrsg.), Die griechische Tragödie in ihrer gesellschaftlichen Funktion, Berlin 1983, S. 153.

[60] Etwa J. Bleicken, Die athenische Demokratie, Paderborn 1986, ²1988.

[61] K.-W. Welwei, Die griechische Polis, Stuttgart 1983.

[62] Zur Volksversammlung direkt vgl. u. a. M. H. Hansen, How many Athenians attended the Ecclesia, in: GRBS 17 (1976), S. 115–134; ders., How did the Athenian Ecclesia vote?, in: ebd. 18 (1977), S. 123–137; ders., Demos, Ecclesia and Dicasterion in Classical Athens, in: ebd. 19 (1978), S. 127–146.

und besitzlosen Bürger in der Demokratie ist immer wieder als logische Konsequenz eines gesellschaftlichen Entwicklungsprozesses gesehen worden, der dem Gemeinwesen die tiefgehenden, oft antagonistischen Widersprüche innerhalb seiner Bevölkerung nicht nehmen, diese jedoch zeitweise verschleiern und verdecken konnte. Die offizielle Ideologie zielte daher bewußt darauf ab, die athenische Bürgerschaft als in sich geschlossene Einheit hinzustellen, die „ihre innere Ordnung als Mittel zur Erreichung gemeinsamer Ziele und zur Durchführung gemeinsamer Aufgaben der Bürgerschaft"[63] gestaltete. Die Funktionsfähigkeit des Systems sowie dessen Bewahrung und Verteidigung in den Auseinandersetzungen mit (macht-) politisch anders strukturierten griechischen Poleis hingen entscheidend vom aktiven Grundverhalten der Politen selbst ab. Die Forschung der letzten Jahre war deshalb bemüht, den komplexen Prozeß der Meinungsbildung und seine Umsetzung in Entscheidungen realitätsbezogen zu erfassen und darzustellen. Die Volksversammlung als Massenversammlung mit Tausenden von Teilnehmern, deren Willensbildung gelenkt werden mußte, diente dabei immer wieder als Ausgangspunkt für Überlegungen. Übereinstimmung stellte sich vornehmlich in der Auffassung ein, daß ein aktives Engagement und eine beständige, an den gesellschaftlichen Leitbildern orientierte Willensausrichtung nur möglich war, wenn in der Ekklesia die Wünsche und Interessen breiterer Schichten der Bürgerschaft angemessen artikuliert wurden. Damit verlor das Bild von der Volksversammlung, in der die Mehrheit der nichtadligen, wenig besitzenden oder besitzlosen Politen als bloße und willfährige Bestätiger und Willensvollstrecker der herausragenden Politiker und Militärs fungierten, seine Basis. Es wurde die „Gegenorientierung" produktiv, die Felder der Teilhabe der Politen – in der Differenziertheit ihrer sozialen Potenzen – an der gesellschaftlich-politischen Macht über das Mitwirken im Rahmen der politischen Organisationsformen der Polis Athen abzustecken. Das gilt auch für die Teilhabe am kulturellen Geschehen, etwa durch die Mitwirkung in den Dithyrambenchören.

In jüngster Zeit ist mit den Diskussionen zum griechischen

---

[63] Welwei, Die griechische Polis, S. 10.

Reihen- und Typenhaus ein neues, belebendes Element hinzugekommen. Besteht die These von Hoepfner und Schwandner[64] zu
Recht, daß die Einführung des typisierten Wohnens auf gleichgro-
ßen Grundstücken die „Folge der Verbreitung des neuen politischen
Systems",[65] d. h. praktizierte Demokratie war, so wird man
schwerlich umhin kommen, traditionelle Vorstellungen zu überprü-
fen. Die athenische Demokratie erscheint in diesem Licht in ihrer
frühen Phase sehr viel dynamischer und konsequenter im Durchsetzen ihres Gleichheitsstrebens, als bislang allgemein angenommen
worden ist.

---

[64] W. Hoepfner, E.-L. Schwandner, Haus und Stadt im klassischen Griechenland, München 1986.
[65] Ebd., S. XIII.

Kultur und Fortschritt in der Blütezeit der griechischen Polis. Hrsg. von Ernst Kluwe.
(= Schriften zur Geschichte und Kultur der Antike, 24.) Berlin: Akademie-Verlag 1985,
S. 52–76.

DIE TEILHABE DES BÜRGERS
AN REGIERUNG UND RECHTSPRECHUNG
IN DEN ORGANEN DER DIREKTEN DEMOKRATIE
DES KLASSISCHEN ATHEN

Von DETLEF LOTZE

Viel ist in letzter Zeit geschrieben worden über die Entstehung
der athenischen Demokratie, über die spezifische geschichtliche
Konstellation, durch die sie möglich wurde, über die treibenden gesellschaftlichen Kräfte und die Zielsetzungen der maßgebenden Politiker, über die Anwendbarkeit oder Nichtanwendbarkeit der Bezeichnung ‚Demokratie‘ auf die politische Ordnung Athens zwischen dem Ende des 6. Jh. und dem letzten Drittel des 5. (vor dem
das Wort nicht zweifelsfrei belegt ist).[1] Das Nachdenken über die

[1] Hier eine notwendigerweise begrenzte Auswahl: V. Ehrenberg, Origins of Democracy, in: Historia 1 (1950), S. 515–548, wieder abgedruckt in:
ders., Polis und Imperium, Zürich 1965, S. 264–297; G. Vlastos, ΙΣΟΝΟ-
ΜΙΑ ΠΟΛΙΤΙΚΗ, in: Isonomia. Studien zur Gleichheitsvorstellung im
griechischen Denken, hrsg. von J. Mau u. E. G. Schmidt, Berlin 1964, S. 1–
35; Chr. Meier, Drei Bemerkungen zur Vor- und Frühgeschichte des Begriffs Demokratie, in: Discordia concors. Festschrift für Edgar Bonjour,
Bd. 1, Basel 1968, S. 3–29 [in dem vorliegenden Band, S. 125–159]; ders.,
Entstehung des Begriffs Demokratie, Frankfurt a. M. 1970, S. 7–69; ders.,
Clisthène et le problème politique de la polis grecque, in: Revue Internationale des Droits de l'Antiquité, 3ᵉ Série, 20 (1973), S. 115–159; ders., Der
Wandel der politisch-sozialen Begriffswelt im 5. Jh. v. Chr., in: Archiv für
Begriffsgeschichte 21 (1977), S. 7–41; ders., Entstehung und Besonderheit
der griechischen Demokratie, in: Zeitschrift für Politik 25 (1978), S. 1–31
[in dem vorliegenden Band, S. 248–301]; die letzten drei Beiträge überarbeitet
in: ders., Die Entstehung des Politischen bei den Griechen, Frankfurt a. M.
1980; J. Martin, Von Kleisthenes zu Ephialtes, in: Chiron 4 (1974), S. 5–42
[in dem vorliegenden Band, S. 160–212]; K. H. Kinzl, Athens: Between Tyranny and Democracy, in: Greece and the Eastern Mediterranean in Ancient

Anfänge hat immer einen besonderen Reiz, gerade dann, wenn die Dürftigkeit der Quellen einen weiten Spielraum für historische Konstruktionen und Deutungen läßt.

Als eine Hauptschwierigkeit der jüngsten Diskussionen hat sich erwiesen, daß die Forscher der Gegenwart – wie schon ihre Vorgänger in der Antike selbst – recht unterschiedliche Kriterien für die Bestimmung des Wesens der Demokratie verwenden. Der konkrete Inhalt der Demokratie und ihr Verständnis durch die jeweiligen Zeitgenossen haben sich zudem innerhalb der rund zweihundertjährigen Zeitspanne, die für einschlägige Erörterungen in Frage kommt, gewandelt. Das festzustellen, ist eigentlich eine Banalität, aber trotzdem nicht ganz überflüssig, denn der Streit um die Anwendbarkeit der Bezeichnung ‚Demokratie‘ resultiert wenigstens teilweise aus verschiedenen Auffassungen über die Weite des Rahmens, in dem die Entwicklung der antiken Demokratie gesehen werden muß.[2]

Sprechen wir von Entwicklung, so sind wir der Frage nach dem Wesen nicht enthoben. „Denn den Zustand, welchen jedes Einzelne erreicht, wenn seine Entwicklung zum Abschluß gelangt ist, nennen wir die Natur jedes Einzelnen, wie etwa des Menschen, des Pferdes, des Hauses", sagt Aristoteles (Politik 1252 b 32–34). Und Teilhard de Chardin bemerkt zur Anthropogenese: „... das Problem der Ursprünge ist gewiß faszinierend; doch wäre es auch im einzelnen gelöst, es würde doch das Problem des Menschen nicht lösen ... Die Wesen enthüllen sich nicht in ihren Keimen, sondern in ihrer Reife. An der Quelle sind auch die größten Flüsse nur schmale Bächlein."[3] Entsprechendes gilt für das Phänomen der De-

---

History and Prehistory. Studies Presented to Fritz Schachermeyr on the Occasion of his Eightieth Birthday, Berlin, 1977, S. 198–223 [in dem vorliegenden Band deutsche Übersetzung, S. 213–247]; ders., ΔΗΜΟΚΡΑΤΙΑ. Studie zur Frühgeschichte des Begriffs, in: Gymnasium 85 (1978), S. 117–127 und 312–326; D. Lotze, Zum Begriff der Demokratie in Aischylos' „Hiketiden", in: Aischylos und Pindar, hrsg. von E. G. Schmidt, Berlin 1981, S. 207–216.

[2] D. Lotze, Entwicklungslinien der Demokratie im 5. Jh. v. Chr., in: Oikumene 4 (1983), S. 9–24.

[3] P. Teilhard de Chardin, Der Mensch im Kosmos, Berlin 1959, S. 234.

mokratie. Es bedurfte einiger Zeit, ehe all das, was schon in ihren
Anfängen angelegt war, zur vollen Entfaltung kam.

Fragen wir nun weiter, was das denn war, so sehen wir uns erneut
mit dem Problem der unterschiedlichen Bewertungen konfrontiert.
Ein verbreitetes Urteil unserer Zeit läßt sich allerdings ohne Um-
schweife erledigen, nämlich dasjenige, das der antiken Demokratie
im Grunde schon das Recht auf ihren eigenen Namen streitig
machen möchte, weil sie nur für die freien Bürger männlichen Geschlechts galt, also für eine Minderheit gegenüber den Frauen (die
immerhin noch passive Nutznießer des Bürgerrechts waren), den
ansässigen Fremden (Metöken) und den Sklaven. Die Bezeichnung
,Demokratie' ist nun einmal von Griechen des 5. Jh. v. Chr. geprägt
worden, die unter ,Demos' nur die Bürgerschaft verstanden, womöglich nur einen Teil von ihr, keinesfalls aber die Gesamtbevölkerung des jeweiligen Staatsgebiets. So bedarf eigentlich nicht diese
Demokratie eines spezifizierenden Zusatzes, wie ,Sklavenhalter'-
oder ,Polis'-Demokratie, sondern nur die neuzeitliche, sei es bürgerliche oder sozialistische.

Eine andere Sache ist es, daß schon unsere antiken Gewährsmän-
ner, von denen letztlich auch die heutigen Bewertungen mehr oder
weniger abhängen, die Akzente bei der Charakterisierung der Demokratie verschieden gesetzt haben. Dabei überwiegen außerdem
die negativen Einstellungen. Wird ein Modell von Demokratie positiv gezeichnet, so wird es gern in der sogenannten guten alten Zeit
angesiedelt, als die unerfreulichen Züge nach Meinung der Autoren
noch nicht oder nur latent vorhanden waren. Das geschieht z. B. im
›Areopagitikos‹ des Rhetors und Publizisten Isokrates, der nicht
allzu deutlich die Demokratie seiner eigenen Zeit angreifen wollte
(der ›Areopagitikos‹ ist etwa 354 geschrieben).[4] Theoretiker wie
Platon und Aristoteles brauchten sich keine derartigen Hemmun-
gen aufzuerlegen. Als volle Entfaltung der Demokratie erscheint
für Platon in einem auch heute gar nicht so antiquiert wirkenden
Abschnitt seines Hauptwerkes ›Der Staat‹ (557 A–562 A) die unge-
zügelte, verantwortungslose Freiheit des Individuums, das nur sei-

---

[4] Vgl. K. Bringmann, Studien zu den politischen Ideen des Isokrates,
Göttingen 1965, S. 75–95.

nen Neigungen leben will. Zugrunde liegt der so verstandenen Demokratie aber der Sieg der Armen, die allen Bürgern (soweit sie sie
nicht als ihre Widersacher getötet oder vertrieben haben) gleichen
Anteil an den politischen Rechten geben, einschließlich der Ausübung der Regierungsfunktionen, wobei diese in der Regel durch
das Los besetzt werden (557 A). Herrschaft der Armen – darin besteht auch für Aristoteles die letzte (nicht ‚höchste‘, sondern ‚tiefste‘) Entwicklungsstufe der Demokratie. Er schreibt (Politik 1292 b
41–1293 a 10): „Die vierte Form der Demokratie ist diejenige, die
sich zeitlich als letzte in den Staaten durchgesetzt hat. Denn da die
Staaten bedeutend größer geworden sind als am Anfang und eine
Menge von Einkünften zur Verfügung steht, so haben alle an der
Regierung teil wegen der überwiegenden Masse des Volkes und
können sich auch politisch betätigen, da sie die Muße haben und die
Armen dafür entlohnt werden. Und gerade eine solche Menge hat
am meisten Muße. Denn sie sind ja nicht durch die Fürsorge für
ihren persönlichen Besitz gehemmt, sondern dies hindert vielmehr
die Reichen, so daß oftmals diese weder zur Volksversammlung
kommen noch Richter sein können. So wird die Masse der Armen
maßgebend im Staat."[5]
Wir wollen etwaige Anwandlungen von Mitleid mit den Reichen
und von Neid auf die Armen getrost unterdrücken (wir täten sonst
in Wirklichkeit beiden Unrecht) und nur noch notieren, daß Aristoteles mit seinem Verständnis der ‚letzten‘ Demokratie als Herrschaft der Armen bis zu erstaunlichen Konsequenzen fortschreitet.
„Man darf aber die Demokratie nicht, wie jetzt einige tun, einfach
danach bestimmen, daß die Menge entscheidet (denn auch in der
Oligarchie und überall sonst regiert der überwiegende Teil), und
auch nicht als Oligarchie den Fall bestimmen, wo wenige die Verfassung beherrschen" (1290 a 30–33). Denn niemand würde von Demokratie sprechen, wenn eine aus Reichen bestehende Mehrheit
über eine aus Armen bestehende Minderheit regiere. Letzten Endes
„besteht eine Demokratie nur dort, wo die Freien und Unbemittel-

---

[5] Übersetzungen von Aristoteles’ ›Politik‹ werden hier überall mit ge-
ringfügigen Modifikationen nach der deutschen Ausgabe von O. Gigon,
2. Aufl., Zürich/Stuttgart 1971, gegeben.

ten in der Mehrheit sind und regieren, eine Oligarchie dort, wo es die Minderheit der Reichen und Vornehmen tut" (1290 b 17–20). Das Zahlenverhältnis ist dabei nur akzidentiell und drückt nicht das Wesentliche aus: „Der Punkt, in dem sich Demokratie und Oligarchie voneinander unterscheiden, ist Armut und Reichtum. Wo die Regierung auf dem Reichtum beruht, da handelt es sich notwendigerweise um eine Oligarchie, mögen der Regierenden viele oder wenige sein, wo aber die Armen regieren, da ist es eine Demokratie, und es ist, wie wir sagten, eine Nebensache, daß die einen zahlreich und die anderen wenige sind. Denn am Reichtum haben nur wenige einen Teil, aber an der Freiheit alle" (1279 b 39–1280 a 5).

Diese Kennzeichnung von Demokratie wird heute, zumal in sozialistischen Ländern, weithin positiver aufgenommen werden, als Aristoteles sie gemeint hatte,[6] aber auch die Frage nach ihrem Verhältnis zur Realität provozieren. Die Vorstellung von einer Herrschaft der Armen ist natürlich mehr ein polemisch überzeichnetes Gedankenbild als ein getreues Abbild der politischen Wirklichkeit des 4. Jh. Daß jedoch so etwas überhaupt denkbar war, lag an Grundbedingungen des Polislebens, die sich sehr von den modernen unterscheiden. Im überschaubaren Rahmen des antiken Gemeindestaates realisierten sich die gesellschaftlich-politischen Beziehungen mit einer Direktheit, wie sie sich in der Gegenwart kaum noch irgendwo findet. Die Polisbürger hatten in den Organen der direkten Demokratie, Volksversammlung und Volksgericht, die Möglichkeit, Mehrheitsverhältnisse ungefiltert zur Wirkung zu bringen. Vertreter einer besitzenden Minderheit hatten es daher vielfach schwerer als ihre modernen Gesinnungsgenossen, eine sichere Mehrheit für ihre politischen und sozialen Vorstellungen zu erzielen. Nicht selten griffen sie daher zur Gewalt, um die ihnen feindliche Mehrheit ganz auszuschalten, sie der politischen Rechte zu berauben. Das Denken von Staatstheoretikern kreiste ganz zen-

---

[6] Dazu D. Lotze, Aktuelle Aspekte der antiken Demokratie (speziell im Hinblick auf den Geschichtsunterricht in der sozialistischen Schule), in: Die Antike in der sozialistischen Kultur, Jena 1974 (Wissenschaftliche Beiträge der Friedrich-Schiller-Universität), S. 60–75.

tral um die Frage, wer denn überhaupt zur Bürgerschaft zuzulassen sei.[7]

Wiederum sagt Aristoteles sehr schön klar, was für unser Thema wesentlich ist (1275 a–b 20):

Der Staatsbürger schlechthin läßt sich nun durch nichts anderes genauer bestimmen als dadurch, daß er am Gericht und an der Regierung teilhat. Von den Regierungsämtern sind einige zeitlich unterschieden, so daß die einen überhaupt nicht zweimal von demselben bekleidet werden dürfen, andere nur nach bestimmten festgelegten Fristen. Anderswo wieder, wie beim Richter oder Mitglied der Volksversammlung, ist die Dauer unbestimmt. Man kann nun vielleicht sagen, daß solche auch gar keine Regierungsbeamten seien, und daß man in dieser Funktion noch keineswegs an der Regierung teilhabe.[8] Doch wäre es lächerlich, jenen die Regierungsfunktion abzustreiten, die die bedeutendsten Angelegenheiten entscheiden ...[9] Man mag es um der Distinktion willen eine unbestimmte Regierungsfunktion nennen. Wir nennen also Staatsbürger die, die daran teilhaben ... So existiert der Bürger, wie wir ihn bestimmt haben, vor allem in der Demokratie, in den anderen Verfassungen kann er existieren, muß es aber nicht. In einzelnen Verfassungen gibt es kein Volk, und man redet von keiner Volksversammlung, sondern nur von Ratsversammlungen, und die Rechtspflege vollzieht sich durch verschiedene Behörden ... In den anderen Verfassun-

---

[7] Vgl. Chr. Meier, Drei Bemerkungen, S. 28 [= 157f.]; Der Wandel, S. 24, 26 (= Entstehung des Politischen, S. 301, 304).

[8] Aristoles selbst scheint an anderen Stellen so zu urteilen, siehe Pol. 1274 a 15–19: „Solon hingegen scheint dem Volk nur die notwendigste Macht gegeben zu haben, die Beamten zu wählen und sie zur Verantwortung zu ziehen (wenn nämlich das Volk nicht einmal darüber Gewalt hätte, wäre es ein Sklave und ein Feind des Staates), die Beamten holte er aber alle aus den Angesehenen und Reichen ...“ 1281 b 32–34: „So übertragen ihnen Solon und einige andere Gesetzgeber die Wahl der Beamten und deren Rechenschaftsabnahme, aber selbständig regieren lassen sie sie nicht.“

[9] Aristoteles muß sich freilich darüber gewissermaßen trösten, Pol. 1281 b 34–38: „Denn wenn sie alle zusammenkommen, haben sie genügend Verstand, und wenn sie mit Besseren zusammen sind, so nützen sie dem Staate ... Für sich allein ist aber der Einzelne unfähig zu entscheiden.“ 1282 a 34–36: „Nicht der einzelne Richter, der Ratsherr oder das Mitglied der Volksversammlung ist die Behörde, sondern das Gericht, der Rat und das Volk, und davon ist jeder der Genannten bloß ein Teil.“

gen ist nicht der in unbestimmtem Sinne Regierende Mitglied der beraten-
den Versammlung und Richter, sondern ein dazu bestimmter Beamter ...
Es ergibt sich daraus, wer der Staatsbürger sei: Wer das Recht hat, an der be-
ratenden oder richtenden Behörde teilzunehmen, den nennen wir also Bürger des betreffenden Staates ...

Bemerkenswert ist, wie Aristoteles hier nicht einzelne hochran-
gige Ämter herausstellt, auf die der moderne Betrachter nach seinen
Erfahrungen oft zuerst den Blick richtet, sondern die unbestimmte
Regierungsfunktion, die doch die grundlegenden Entscheidungsbe-
fugnisse in sich schließt, sowohl die politischen als auch die richter-
lichen. Nicht nur von Aristoteles und nicht nur von Staatstheoretikern ist die gleiche Teilhabe aller Bürger an diesen Entscheidungsbefugnissen als wesentlichstes Kennzeichen der Demokratie angesehen worden. Rund hundert Jahre vorher (um 422) betont Euripides
in seiner Tragödie ›Die Schutzflehenden‹, daß im demokratischen
Athen jeder Bürger, selbst wenn es nur ein armer Bauer ist, gleiches
Recht in den Beratungen und Abstimmungen der Volksversammlung und in den Gerichten genießt (V. 352–355, 403–408, 429–441).
Hier liegt der Ton ganz stark auf dem Begriff des Gleichen, des
ἴσον. Daß allen Bürgern gleicher Anteil an den politischen Rechten
gegeben werde, was wir an der oben zitierten Platon-Stelle ebenfalls
mit Betonung des ἴσον als Inhalt der Demokratie formuliert fanden, wurde anscheinend in älterer Zeit bevorzugt mit Wörtern ausgedrückt, die mit jenem Adjektiv gebildet waren: ἰσονομία, ἰσο-
κρατία, ἰσηγορία.[10] So wird eine durchgehende Linie eines Demo-

---

[10] Alle drei in ionischer Form bei Herodot: ἰσονομίη 3,80,6; 83,1;
142,3; 5,37,2; ἰσηγορίη 5,78; ἰσοκρατίη 5,92 a 1. Das Adjektiv ἰσόνομος
zuerst in einem Skolion des frühen 5. Jh.: Scol. anon. Fr. 10 u. 13 Diehl;
vgl. dazu V. Ehrenberg, Das Harmodioslied, in: Wiener Studien 69 (1956),
S. 57–69, wieder abgedruckt in: ders., Polis und Imperium, Zürich/Stutt-
gart 1965, S. 253–264. Herodot liefert nach verbreiteter Auffassung auch die
frühesten Belege für δημοκρατίη (6,43,3; 131,1) und δημοκρατέεσθαι
(4,137,2; 6,43,3). Noch älter sind aber wahrscheinlich die Belege bei Ps.-
Xenophon, Athenaion Politeia 1,4–5.8; 2,20; 3,1.8–9.12 sowie bei Aristophanes, Acharner 462 (aus dem Jahr 425), denn manches spricht dafür, daß
Herodots Werk erst nach 421 erschienen ist; dazu zuletzt C. W. Fornara,
Herodotus' Knowledge of the Archidamian War, in: Hermes 109 (1981),

kratie-Verständnisses erkennbar, das ganz elementar auf gleiche Teilhabe an der Selbstregierung der Bürgerschaft orientiert ist.[11] Das andere, ‚kratistische‘[12] Verständnis von Demokratie als Herrschaft nur des niederen Volkes, der Armen über die Reichen, erscheint demgegenüber als sekundär, abgeleitet. Die Wortprägung δημοκρατία mag vielleicht später sein als ἰσονομία und die verwandten Ausdrücke. Auch dann scheint mir allerdings keineswegs sicher, daß sie von vornherein auf die Herrschaft nur eines Teiles der Bevölkerung zielte. Δῆμος hat wie das deutsche Wort ‚Volk‘ mehrere Bedeutungen, darunter eine alle Bürger umfassende, und κράτος ist nicht immer treffend mit ‚Herrschaft‘ zu übersetzen, sondern zuweilen eher mit ‚Verfügungsmacht‘.[13] Ἰσοκρατία kann ja nicht gut ‚gleiche Herrschaft‘ bedeuten – über wen sollte sie denn ausgeübt werden? (an Herrschaft über die Sklaven hat in dem Zusammenhang schwerlich jemand gedacht) –, sondern nur ‚gleiche Verfügungs- oder Entscheidungsgewalt im Staat für alle Bürger‘. Doch diese wort- und begriffsgeschichtlichen Fragen können hier auf sich beruhen.

Wenn es die durchgehende Linie des Demokratie-Verständnisses gab, das sich auf die gleiche Teilhabe aller Bürger an Regierung und Rechtsprechung orientierte, dann ist eher die Frage von Interesse, wie solche Teilhabe denn in der Realität möglich war. Ich sage übrigens absichtlich ‚Teilhabe‘ und meine damit das Vorhandensein entsprechender Rechte, nicht unbedingt auch ihre tatsächliche Wahrnehmung, wie sie in ‚Teilnahme‘ impliziert sein könnte. Damit soll

S. 149–156; vgl. auch D. Lotze, Zum Begriff der Demokratie, S. 207 Anm. 2–3. Zu allen diesen mehr begriffsgeschichtlichen Fragen vgl. die oben, Anm. 1, genannte Literatur; besonders Meier, Der Wandel, S. 20 (= Entstehung des Politischen, S. 294–296).

[11] Selbst noch in der Umdeutung auf Gleichgewichtigkeit der verschiedenen Teile der Bürgerschaft bei verschiedenen Aufgaben bei Thuk. 6, 39, 1.

[12] Siehe Meier, Drei Bemerkungen, S. 15 [= 141], Entstehung des Begriffs, S. 47–49. Herrschaft der Armen ist dabei letzte Zuspitzung.

[13] Vgl. Kinzl, ΔΗΜΟΚΡΑΤΙΑ, S. 316–318, 324–326. Eine gewisse Analogie bietet der Gebrauch des Begriffes ‚Volksmacht‘ in der Sowjetunion, nachdem Adel und Bourgeoisie als mögliche Objekte von Unterdrückung verschwunden sind.

die Frage nach der tatsächlichen Wahrnehmung verfassungsmäßiger Möglichkeiten ebensowenig prinzipiell beiseite geschoben werden wie die andere nach der Qualität der Wahrnehmung. Die letztere Frage ist seit der Antike besonders oft gestellt worden, unter Hinweis auf eine ganze Reihe wenig qualifizierter Entscheidungen durch Volksversammlungen und Volksgerichte. Dabei wurde leicht übersehen, daß Monarchien und Oligarchien durchaus nicht gegen vergleichbare Fehler geschützt sind, ganz zu schweigen davon, daß Fehlentscheidungen demokratischer kollektiver Gremien ja ebenfalls erst einmal von einigen wenigen Wortführern angeregt werden mußten – hätten diese etwa besser entschieden, wenn sie nicht erst noch eine Mehrheit für sich hätten gewinnen müssen?

Sicherlich haben nicht alle Bürger von ihren Rechten Gebrauch gemacht, sowohl aus objektiven Gründen (Zeitmangel, zu weite Entfernungen) wie aus subjektiven (Desinteresse). Das wird in gewissem Maße auch im weiteren Verlauf dieser Darlegungen deutlich werden. Aber einerseits versagt die Dürftigkeit der Quellen uns in der Regel die gewünschte Information, andererseits ist es sinnvoll, erst einmal den Rahmen des jeweils objektiv Möglichen abzustecken, um dann gegebenenfalls einen vernünftigen Maßstab für jene anderen Bewertungen zu haben.[14]

Wir konzentrieren uns daher auf die politischen Institutionen, in denen sich die Teilhabe vollzog und überhaupt nur vollziehen konnte. Institutionen sind etwas objektiv Gegebenes, oft ganz selbständig gegenüber ihren Schöpfern, auch nur teilweise abhängig vom Bewußtsein ihrer Nutzer. Daher sind wir bei ihrer Betrachtung nicht auf Mutmaßungen über die Motive einzelner Politiker angewiesen, über die in der Forschung ohne überzeugendes Ergebnis sehr kontrovers diskutiert worden ist, vor allem über die Motive des Kleisthenes und des Ephialtes. Auch der Bewußtseinsstand der breiten Masse, die an den demokratischen Rechten teilhatte, ist bei unserem Verfahren nicht entscheidend; nur bei einer primär auf das

<hr/>

[14] Aus diesem Verfahren folgen andere Akzentsetzungen als in den einschlägigen Darlegungen von E. Kluwe, Die soziale Zusammensetzung der athenischen Ekklesia und ihr Einfluß auf politische Entscheidungen, in: Klio 58 (1976), S. 295–333; 59 (1977), S. 45–81.

Bewußtsein orientierten Sicht kann man sagen, daß „eine Volksherrschaft dies erst sein kann, wenn sie als solche auch begriffen wird",[15] woraus dann leicht eine Herabdatierung sogar der Anfänge folgt.

Die Institutionen und ihre Funktionsweise sind allerdings im einzelnen sowieso erst zu einer Zeit faßbar, zu der die Demokratie längst schon eine Selbstverständlichkeit für die Masse der Athener geworden war. Es ist die (nach zwei oligarchischen Zwischenspielen, 411 und 404/403) wiederhergestellte Demokratie des 4. Jh.[16] Dank einer ganzen Reihe von Inschriften, politischen und Gerichtsreden sowie nicht zuletzt der systematischen Darstellung im zweiten Teil der aristotelischen Schrift ›Der Staat der Athener‹ (Athenaion Politeia = Ath. Pol.) läßt sich von ihr ein sehr viel deutlicheres Bild gewinnen als von der des 5. Jh. und gerade der perikleischen Zeit, in die gewöhnlich alle Idealvorstellungen hineinprojiziert werden, während die des 4. Jh. gern als Verfallsperiode charakterisiert wird. Diese Urteile beziehen sich überwiegend auf das politische Verhalten der Athener und ihr scheinbar nachlassendes Verantwortungsbewußtsein gegenüber den Gesamtinteressen der Bürgergemeinde, gelegentlich aber auch auf die Ausgestaltung der staatlichen

---

[15] Meier, Der Wandel, S. 32 (= Entstehung des Politischen, S. 312).

[16] Eine vorzügliche Zusammenfassung bietet P. J. Rhodes, Athenian Democracy after 403 B. C., in: Classical Journal 75 (1979/1980), S. 305–323. Sehr wichtige Untersuchungen zum Funktionieren der Demokratie hat in den letzten Jahren Mogens Herman Hansen vorgelegt. Im folgenden werden zitiert: The Sovereignty of the People's Court in Athens in the Fourth Century B. C. and The Public Action against Unconstitutional Proposals, Odense 1974 (Odense University Classical Studies 4); How Many Athenians Attended the Ecclesia?, in: Greek, Roman and Byzantine Studies 17 (1976), S. 115–134; How Often Did the Ecclesia Meet?, in: GRBS 18 (1977), S. 43–70; Demos, Ecclesia and Dicasterion in Classical Athens, in: GRBS 19 (1978), S. 127–146; Nomos and Psephisma in Fourth-Century Athens, in: GRBS 19 (1978), S. 315–330; Did the Athenian Ecclesia Legislate after 403/2 B. C.?, in: GRBS 20 (1979), S. 27–53; The Duration of a Meeting of the Athenian Ecclesia, in: Classical Philology 74 (1979), S. 43–49; How Often Did the Athenian Dicasteria Meet?, in: GRBS 20 (1979), S. 243–246.

Ordnung. [17] Man sollte sich jedoch zumindest einen grundlegenden Sachverhalt stets gegenwärtig halten – daß nämlich die demokratische Verfassung seit 403 achtzig Jahre lang unangefochten Bestand hatte und die Opposition gegen sie nur in Kreisen von Intellektuellen gepflegt wurde, ohne in der praktischen Politik so wirksam werden zu können wie zeitweilig im 5. Jh. [18] Selbst ein Mann wie Isokrates, der schwerlich als demokratischer Ideologe angesprochen werden kann, forderte keine Einschränkung im Zugang zu Volksversammlung und Volksgericht.

Daß immer nur ein Teil der Bürger diese ‚unbestimmten Regierungsfunktionen‘, wie Aristoteles sie nennt, wahrnahm, ist von weitaus geringerem Gewicht als die schlichte und doch unter weltgeschichtlichem Aspekt so einzigartige und gerade dadurch Maßstäbe setzende Tatsache, daß im klassischen Athen keine soziale Gruppe als solche von den politischen und gerichtlichen Entscheidungsbefugnissen ausgeschlossen war, daß vielmehr auch die Bauernschaft und sogar die besitzlose Bevölkerungsschicht rechtlich vollen Anteil daran hatte. Zwar wurden die einzelnen höheren Ämter wohl durchweg nur von wohlhabenden Männern ausgeübt. Aber das ist nicht ganz so wesentlich, wie es dem modernen Betrachter erscheint. [19] Denn einerseits sind in jedem Staatswesen

---

[17] Siehe etwa R. Koerner, Die Entwicklung der attischen Demokratie nach dem Peloponnesischen Kriege in Verfassung, Verwaltung und Recht, in: Hellenische Poleis, hrsg. v. E. Ch. Welskopf, 1, Berlin 1974, S. 132–146; S. Lauffer, Die Liturgien in der Krisenperiode Athens, in: ebd., S. 147–159, bes. 155–156.

[18] Vgl. C. Mossé, Die politischen Prozesse und die Krise der athenischen Demokratie, in: ebd., S. 160 bis 187, bes. 172; dies., Der Zerfall der athenischen Demokratie (404–86 v. Chr.), Zürich/München 1979, S. 9, 36–37. Die Problematik der gängigen Gegenüberstellung des 5. und 4. Jh. ist hervorragend charakterisiert worden von H. J. Wolff, ‚Normenkontrolle‘ und Gesetzesbegriff in der attischen Demokratie, Heidelberg 1970 (Sitzungsberichte der Heidelberger Akademie der Wissenschaften, Philos.-hist. Kl., Jg. 1970, 2. Abh.), S. 25 Anm. 56.

[19] Zum Beispiel E. Kluwe (siehe Anm. 14). In meinem Sinne dagegen W. Schuller, Zur Entstehung der griechischen Demokratie außerhalb Athens, in: Auf den Weg gebracht, hrsg. von H. Sund und M. Timmer-

leitende Stellen viel zu wenig zahlreich, als daß sich besonders in ihrer Erreichbarkeit die politische Gleichheit manifestieren könnte. Andererseits kam in Athen jenen ‚unbestimmten Regierungsfunktionen‘, die jeder ausüben durfte, mehr Entscheidungsgewalt zu als irgendeiner modernen Volksvertretung oder gar als einer bloßen Wählerschaft, die bestenfalls alle paar Jahre über die Zusammensetzung ihrer Vertretung abstimmen kann. Etwas den athenischen Volksgerichten Vergleichbares gibt es in unserer Welt überhaupt nicht. Es erscheint demnach angebracht, die Charakteristika der athenischen Demokratie vor allem in Volksversammlung und Volksgericht zu suchen. Doch unterhalb dieser gesamtstaatlichen Organe existierten ja noch die lokalen Selbstverwaltungseinheiten, die Demen (etwa = Gemeinden). Es lohnt sich, den Blick zuallererst auf sie zu richten.

Es ist wenig wahrscheinlich, daß die Bezeichnung ‚Demokratie‘ ursprünglich die von Kleisthenes in den Jahren ab 508 eingeführte Verwaltung nach Demen meinte, wie K. H. Kinzl neuerdings zu erwägen gegeben hat.[20] Mit Recht hat er aber die Wichtigkeit dieser kleinsten Selbstverwaltungseinheiten unterstrichen. Sie haben in den Untersuchungen und Diskussionen über die athenische Demokratie unverdient wenig Berücksichtigung gefunden. Unverdient – denn sie bildeten die Basis der demokratischen Staatsorganisation. In ihnen war die Teilhabe der Bürger infolge der relativen Kleinheit und Überschaubarkeit der Verhältnisse am ehesten zu realisieren. So mancher, der wegen der zeitraubenden Wege nach Athen nicht in den Behörden des Gesamtstaates mitarbeiten und auch nur selten an den Volksversammlungen teilnehmen konnte oder der sich wegen geringer Bildung vor der Mitwirkung an Entscheidungen scheute, die über seinen Horizont gingen, wird in seiner engeren Gemeinde die Versammlungen besucht und gegebenenfalls auch Ämter bekleidet haben. Andere, die für eine politische Tätigkeit

mann, Konstanz 1980, S. 434 m. Anm. 9/10 [= 304 mit Fußn. 9 und 10]. Zu den Grundfragen der Bewertung der athenischen Demokratie sei hier ein für allemal verwiesen auf M. I. Finley, Antike und moderne Demokratie, Stuttgart 1980, dem ich weitgehend folge.

[20] Siehe Anm. 13.

durch Besitz und Bildung prädestiniert erschienen, werden auf dieser Stufe ebenfalls oder zuerst tätig gewesen sein.

In vieler Hinsicht lehrreich ist die Rede gegen Eubulides, die 57. in der Sammlung, die unter dem Namen des Demosthenes auf uns gekommen ist. Ihr Sprecher, Euxitheos, kämpft vor Gericht darum, daß seine durch Eubulides veranlaßte Streichung aus der Bürgerliste der Gemeinde Halimus rückgängig gemacht wird. Es gehörte zu den Aufgaben der jeweiligen Gemeinde, über das Bürgerrecht der einzelnen Athener zu entscheiden. Im Normalfall[21] geschah das im 18. Lebensjahr oder nach dessen Vollendung, wenn die politischen Rechte des jungen Mannes erwachen sollten (die Frauen betraf das nicht, deswegen fand über sie keine derartige Beratung statt). Die Versammlung der Demoten hatte zu entscheiden, ob der Kandidat das gesetzmäßige Alter erreicht hatte und ob seine Abkunft den geltenden Kriterien entsprach, d. h. zumindest, daß beide Eltern athenische Bürger waren, wahrscheinlich auch, daß sie ihn in rechtmäßiger Ehe erzeugt hatten.[22] Das Alter wurde auch noch vom gesamtstaatlichen Rat der Fünfhundert überprüft, falls die bürgerliche Abkunft bestätigt worden war. Wem diese Bestätigung von der Gemeinde versagt worden war, konnte an das Volksgericht appellieren. Die Befassung auch des Rats bzw. des Gerichts mit dem Bürgerrecht entwertete nicht die Verantwortung der Gemeinde. In ihr konnte sich jeder an der Kontrolle dieses sorgfältig gehüteten Privilegs beteiligen.

Das von Euxitheos angestrengte Verfahren war freilich ·nicht durch die routinemäßige Vorstellung und Prüfung der 18jährigen ausgelöst (δοκιμασία), sondern durch eine Sonderprüfung (διαψήφισις), die im Jahre 346/345 für alle Bürger angeordnet wurde.[23] Die Hintergründe sind nicht klar, brauchen in unserem

[21] Beschrieben von Aristoteles, Ath. Pol. 42, 1–2.

[22] Zu diesem kontroversen Punkt siehe M. D. MacDowell, Bastards as Athenian Citizens, in: Classical Quarterly 26 (1976), S. 88–91; P. J. Rhodes, Bastards as Athenian Citizens, in: ebd. 28 (1978), S. 89–92; D. Lotze, Zwischen Politen und Metöken. Passivbürger im klassischen Athen?, in: Klio 63 (1981), S. 159–178.

[23] Das Datum bei Harpokration unter diesem Stichwort, nach Androtion und Philochoros (FGrHist 324 F 52 bzw. 328 F 52).

Zusammenhang aber auch nicht zu interessieren. Eine Besonderheit der Sonderprüfung gegenüber der normalen Dokimasie kann gewesen sein, daß die Beteiligung an der (übrigens geheimen) Abstimmung höher als üblich lag, weil es diesmal um das Bürgerrecht eines jeden ging. Eine Besonderheit des Demos Halimus war es wohl, daß die Versammlung in der Stadt Athen abgehalten wurde, nicht in dem 35 Stadien (mehr als 6 km) entfernten Demos selbst (§ 10). Das führte gegen Abend zu einem Abbröckeln der Teilnehmerzahl – nach Meinung des Klägers vom Versammlungsleiter, Eubulides, beabsichtigt, um desto leichter seine Intrige gegen Euxitheos durchführen zu können. Anfangs waren 73 Demoten vereidigt worden (§ 9). Über Euxitheos wurde etwa an 60. Stelle abgestimmt, als letzten an dem Tage (§ 10); über 20 andere wurde erst am folgenden Tag entschieden (§ 15). Die Gesamtzahl der im Demos Halimus registrierten Bürger hat also bei 80 oder wenig mehr gelegen.

Diese Zahl erscheint wahrlich sehr niedrig. Doch der Demos Myrrhinus, der doppelt so viele Ratsherren stellte, nämlich 6 gegenüber 3 von Halimus, begnügte sich für die Beschlußfähigkeit mit 30 Mitgliedern (IG II/III² 1183, Z. 21 f.). Gewiß sind die 30 nicht als absolute Mehrheit zu verstehen, sie verdeutlichen aber indirekt die Größenordnungen, mit denen wir zu rechnen haben. Nach der Vertretung im Rat zu urteilen, sind Halimus und Myrrhinus durchaus repräsentativ. Acharnai mit 22 Ratsherren fällt völlig aus dem Rahmen, ganz zu schweigen von der umstrittenen Angabe bei Thukydides (2,20,4), wonach allein in diesem größten Demos 3000 Hopliten zu Hause gewesen wären[24] (für das 4. Jh. gilt das bestimmt nicht). Auf der anderen Seite gab es Demen mit nur einem Vertreter

---

[24] Siehe A. W. Gomme, A Historical Commentary on Thucydides, Vol. II (Books II–III), Oxford 1956, S. 73/74. Ein Versuch zur Rettung der unwahrscheinlich hohen Zahl: W. E. Thompson, Three Thousand Acharnian Hoplites, in: Historia 13 (1964), S. 400–416. Sollte statt ὁπλῖται nicht zu lesen sein πολῖται? Das wäre im Kontext ebenso sinnvoll, die Verschreibung sehr leicht zu erklären. Auch dann wäre Acharnai im Rat unterrepräsentiert gewesen, was jedoch angesichts der offenbar recht starren Sitzverteilung nicht zu verwundern braucht. Halimus war im 4. Jh. eindeutig überrepräsentiert, siehe Anm. 33.

im Rat (und womöglich auch das nicht regelmäßig); nach jetzigem Kenntnisstand waren es 34 bis 38 von insgesamt 139.[25] Die Durchschnittszahl wäre 500 : 139 = 3,6. Die Zahl drei kommt zwar in Traills Liste nur 19- bis 20mal vor, aber die dargelegten Verhältnisse erlauben es, den Demos Halimus einmal zur Veranschaulichung des Funktionierens der Demokratie an der Basis zu benutzen.

In einem so kleinen Demos konnte es wohl eher als in einem großen vorkommen, daß die Oberschicht, aus der die meisten führenden Politiker hervorgingen, zu schwach vertreten war, um ständig bestimmend sein zu können, oder überhaupt fehlte. Bezeugt ist für die Mitte des 4. Jh. in Halimus nur eine Familie der ‚liturgischen Klasse‘.[26] Natürlich mag das bloßer Zufall sein, aber es würde zu der geringen Demotenzahl passen. Ziemlich sicher gab es Leute von leidlichem Wohlstand. Zu ihnen dürfte Eubulides gehört haben, denn die Rede des Euxitheos läßt eine soziale Kluft zwischen beiden durchscheinen. Daß Eubulides zur Zeit der Prüfung der Bürgerliste anscheinend Demarch war, ‚Bürgermeister‘ (wie schon sein Vater Antiphilos, §§ 26 und 60), und jedenfalls Mitglied des Rates der Fünfhundert, ja sogar in dieser Eigenschaft einen Antrag vor die Volksversammlung brachte (§ 8, IG II/III² 218, Z. 6/7), muß noch nicht zwingend für einen gewissen Wohlstand sprechen. Auch Euxitheos ist Demarch gewesen (§ 63) und hat vielleicht noch andere Funktionen im Demos ausgeübt (wie sein Vater, § 25); ausdrücklich erwähnt er freilich nur, daß er durch Vorwahl Kandidat für ein Priesteramt war, in dem er zum Kollegen seines jetzigen Gegners geworden wäre, wenn nicht das Los endgültig für einen anderen Kandidaten entschieden hätte (§§ 46 bis 48). Auch Phratriarch ist er gewesen (§ 23).

Aus diesen und anderen Indizien ist gefolgert worden, Euxitheos

[25] Nach J. S. Traill, The Political Organization of Attica. A Study of the Demes, Trittyes, and Phylai, and their Representation in the Athenian Council, Princeton 1975 (Hesperia Suppl. 14), S. 67–70 mit der Korrektur in Hesperia 47 (1978), S. 106.

[26] J. K. Davies, Athenian Propertied Families 600–300 B. C., Oxford 1971, S. 604 mit S. 412 (unter Nikon Hal.). Im 5. Jh. ist der Historiker Thukydides zu nennen, ebd., S. 233–236.

habe ebenso wie Eubulides zur Oberschicht gehört.[27] In der Tat kann es zu denken geben, daß Euxitheos einen Redenschreiber bezahlen konnte (auch wenn es nicht Demosthenes war).[28] Aber es ging ja hier nicht um einen beliebigen Rechtshandel, um Geld (wie die Sozialunterstützung des Invaliden, für den Lysias seine bekannte 24. Rede verfaßte), um Rechthaberei oder Prestige, sondern um die bürgerliche Existenz schlechthin, wofür der so Gefährdete alle seine Mittel und notfalls auch die seiner Freunde und Verwandten, die im Prozeß für ihn aussagten, eingesetzt haben dürfte. Ein anderes Indiz für möglichen Wohlstand findet sich in dem Vorwurf der Prozeßgegner (§ 52), er habe sich wegen seiner Wohlhabenheit Zeugen kaufen können. Derartige Unterstellungen gehörten zur Praxis athenischer Prozesse und sind schon deshalb mit einer gewissen Vorsicht aufzunehmen. Euxitheos hat in diesem Punkt wohl mit Recht auf den Widerspruch zur sonstigen Argumentationsweise seiner Gegner hingewiesen, mit der sie seine bürgerliche Abkunft in Zweifel zogen und die es m. E. so gut wie sicher macht, daß er von Eubulides durch eine soziale Kluft getrennt war.

Würde Euxitheos nur behaupten, daß er arm sei – was er wiederholt tut –, so wäre das allerdings nicht weiter aussagekräftig, denn die Begriffe πένης und auf der anderen Seite εὔπορος sind bis zu einem gewissen Grade nur relativ, jedenfalls heißt πένης nicht ‚bettelarm‘, sondern nur etwa ‚unbemittelt‘, ‚nicht wohlhabend‘. Glücklicherweise liefert die Rede im vorliegenden Fall Anhaltspunkte zur Präzisierung. Der Kern der Sache ist, daß Euxitheos und seine Mutter (offenbar gemeinsam, der Vater lebt nicht mehr) von eigener Arbeit leben müssen, und zwar nicht einmal als ‚werktätige Einzelbauern‘, sondern durch Verkauf von Bändern auf dem Markt (§§ 30

---

[27] J. Sundwall, Epigraphische Beiträge zur sozial-politischen Geschichte Athens im Zeitalter des Demosthenes, Leipzig 1906 (Klio Beih. 4), S. 56. Das „kleine Haus auf dem Lande" (§ 65 οἰκίδιον ἐν ἀγρῷ), auf das sich Sundwall u. a. beruft, wird keine Sommervilla gewesen sein, sondern eine ziemlich dürftige Hütte, wie sie auch der Ärmste haben konnte.

[28] Vermerkt auch von Davies, S. 95, der im übrigen nicht die dürftigen Lebensumstände des Euxitheos und seiner nächsten Verwandten bezweifelt; seine Erwähnung im Register der wohlhabenden Familien verdankt er nur anderen Verwandten.

bis 35). Das scheint nicht nur Nebenerwerb zu sein. Hätte Euxitheos nämlich ererbtes Grundeigentum besessen, so hätte sein Bürgerrecht wohl nicht so leicht angezweifelt werden können, war doch Grundeigentum das Privileg der Bürger. Unter den Kleinhändlern dagegen gab es viele Metöken und sogar Sklaven. Noch verdächtiger war anscheinend, daß die Mutter, während der Vater Kriegsdienst leisten mußte und somit als Ernährer ausfiel, sich zeitweilig als Amme verdingt hatte (§§ 35, 42 und 45).

Es ist also nicht bloße Rhetorik, wenn wir lesen: „Fürwahr, wenn wir reiche Leute wären, wir würden weder mit Bändern handeln noch kümmerlich unser Leben fristen. Allein, was hat das mit unserer Herkunft zu tun? Ich sollte meinen, nichts. Verachtet nicht die Armen, Männer des Gerichts, die ohnehin an ihrer Armut schwer genug zu tragen haben, zumal, wenn sie mit ihrer Hände Arbeit auf ehrliche Weise sich durchzuschlagen suchen" (§ 35, übers. v. A. Westermann).

Mag Euxitheos auch seine Armut übertrieben haben – nach der Art und Weise der Gewinnung seines Lebensunterhalts gehörte er in dem damals üblichen zweiteiligen Schema von εὔποροι einerseits, ἄποροι, πένητες, δῆμος andererseits auf diese letztere Seite, und er bleibt auch dann dort, wenn man das dreiteilige Schema mit Zwischenschaltung eines Mittelstandes (meist Bauern) anwendet. Als Herrschaft eines solchen δῆμος der ἄποροι beschreibt Aristoteles die Demokratie, zweifellos einseitig, aber doch auch wieder bezeichnenderweise (vgl. bes. Pol. 1289 b–1290 b). Tatsächlich ist es ein Wesensmerkmal einer jeden Demokratie, die diesen Namen verdient, daß in ihr und durch sie auch die unbemittelten Bürger an der Verwaltung des Gemeinwesens mitwirken.

Dabei sollten wir die Demokratie an der Basis, in der Gemeinde, nicht geringschätzen. Im Rahmen ihrer Selbstverwaltung hatten die Bürger über manches zu entscheiden, was sie unmittelbar betraf. Außer der schon behandelten Kontrolle über das Bürgerrecht sind etwa zu nennen[29]: die Ausrichtung der traditionellen Feste (die im Leben der Athener eine wichtige Rolle spielten), die Verwaltung des

[29] Siehe G. Busolt/H. Swoboda, Griechische Staatskunde, Bd. 2, München 1926, S. 966–972.

zuweilen nicht unerheblichen Gemeindevermögens[30] (u. a. Verpachtung ihres Grundbesitzes[31]), Ehrungen und nicht zuletzt die Wahl der Gemeindebeamten – in erster Linie des Demarchen, sodann eines oder mehrerer Schatzmeister, von Rechenschaftsbeamten und von Priestern für die Gemeindekulte.

Der Demarch war für die meisten laufenden Aufgaben zuständig. Dazu gehörte die Führung des Bürgerregisters (ληξιαρχικὸν γραμματεῖον). Weil es angeblich verlorengegangen war, hatte Eubulides' Vater Antiphilos als Demarch schon einmal eine Sonderprüfung veranstaltet und dabei versucht, zehn Demoten um das Bürgerrecht zu bringen, aber nur bei einem mit Erfolg (§ 60). Von anderen Amtsgeschäften nennt Euxitheos aus seiner eigenen Demarchie das Eintreiben von Schulden, speziell von rückständigem Pachtzins (§ 63). Ein umfassenderes Bild ergibt sich natürlich, wenn wir weitere Quellen heranziehen.[32] Auch beim Vorhandensein von Priestern für die Kulte der Gemeinde war es anscheinend in erster Linie die Pflicht des Demarchen als ihres eigentlichen Repräsentanten, die Opfer darzubringen und für die Instandhaltung der Heiligtümer zu sorgen. Aus der Führung des Bürgerregisters folgte, daß der Demarch bei den Aushebungen für den Militärdienst mitzuwirken hatte. Auch mit den Vermögensverhältnissen der Demoten hatte er zu tun. Bei Vermögenseinziehungen war er für die notwendigen Aufstellungen verantwortlich. Er mußte über das verpachtete Gemeindeland Bescheid wissen und über den in seinem Demos gelegenen, steuerpflichtigen Grundbesitz von Bürgern aus anderen Demen und privilegierten Metöken. Vermögen und Einkünfte des Demos unterlagen der Kontrolle durch Finanzbeauftragte und

[30] Der kleine Demos Plotheia (mit einem Vertreter im Rat) weist in IG II/III² 1172 ein Vermögen von mehr als 22000 Drachmen auf; vgl. M. I. Finley, Studies in Land and Credit in Ancient Athens 500–200 B. C., New Brunswick o. J. (1952), S. 284 f. (auch zu SEG X 210 bezüglich des Vermögens des Demos Rhamnus).

[31] Die einschlägigen Urkunden jetzt Nr. 21–32 bei D. Behrend, Attische Pachturkunden, München 1970 (Vestigia 12).

[32] Nachweise: v. Schoeffer, Art. Demarchoi, in: Pauly's Realencyclopädie der classischen Altertumswissenschaft IV 2, 1901, Sp. 2706–2712.

durch die Versammlung der Demoten selbst (die Agora), aber ihre
Verwaltung war vor allem Sache des Demarchen. In Gerichtsverfah-
ren, in denen der Demos Prozeßpartei war, fungierte als ihr Vertreter der Demarch, sofern nicht besondere Sprecher gewählt wurden.
Bei alledem ist zu beachten, daß die Demarchen – wie fast alle Beamten der Polis – jährlich wechselten. Ob ein Bürger in seinem Leben mehrfach dieses Amt innehaben konnte, ist nicht bekannt. In
Demen von der Kleinheit unseres Musterbeispiels Halimus war es
schwerlich zu umgehen. Unter solchen Umständen stellt sich auch
die Frage, welcher Personenkreis überhaupt für die Ausübung der
Funktion des Demarchen geeignet war. Die Demokratie stellte
minimale Anforderungen an spezielle fachliche Qualifikationen
(außer auf militärischem und z. T. auf finanziellem Gebiet), aber
man möchte denken, daß Analphabeten zumindest im Normalfall
nicht gewählt bzw. erlost wurden oder schon von sich aus gar nicht
erst kandidierten. Selbst wer eine sehr hohe Meinung von dem allgemeinen Bildungsstand in Athen hat, wird schwerlich behaupten
wollen, daß es keine Analphabeten gegeben hätte. Übrigens sei An-
alphabetismus hier nur als ein möglicher Fall mangelnder Eignung
genannt; man kann sich verschiedene andere Hemmnisse ausmalen.
Auf der anderen Seite ist ebenso unwahrscheinlich, daß sich die
Demarchen nur aus der Oberschicht rekrutiert hätten, außer vielleicht in der nicht zu großen Anzahl bevölkerungsstarker Demen. In
den kleinen wie Halimus müssen öfters Leute der Art des Euxitheos
amtiert haben.[33]

[33] Analoges gilt dann erst recht für die Vertretung solcher Demen im Rat
der Fünfhundert, wie man leicht aus den oben erwähnten Zahlen von nicht
viel mehr als 80 Demoten und 3 Buleuten errechnen kann. Wollte man dieses Verhältnis zur Basis einer Berechnung der Bürgerzahl Athens machen,
so käme man auf höchstens 15000; in Wirklichkeit waren es eher doppelt
soviel (siehe dazu das Folgende). Halimus war also im Rat überrepräsentiert, stellt aber schwerlich eine absolute Ausnahme dar. An einem solchen
etwas außerhalb der Norm stehenden konkreten Einzelfall wird die notwendige Einbeziehung auch ärmerer Bürger noch deutlicher als anhand von
Berechnungen, die auf die Gesamtheit der Bürger bezogen sind (siehe
Anm. 35 die Kontroverse zwischen Ruschenbusch und Rhodes in der Zeitschrift für Papyrologie und Epigraphik). Wie sich die Teilhabe der Athener

Auf die anderen kommunalen Funktionen, die sich mit anscheinend erheblichen örtlichen Schwankungen noch feststellen lassen, soll wegen der schmalen Quellenbasis und mit Rücksicht auf den begrenzten Rahmen dieses Beitrags nicht eingegangen werden. Es würde sich außerdem nur der schon aus dem Wirken der Agora und des Demarchen gewonnene Eindruck bestätigen, daß die Teilhabe der Bürger an der Selbstverwaltung der Demen sehr umfassend war und wahrscheinlich kaum einer Steigerung fähig, es sei denn, was die subjektive Teilnahme, die Wahrnehmung der objektiv gegebenen Möglichkeiten betrifft. Auf der Ebene der Gemeinden gab es dafür weniger Hindernisse als auf der Ebene der Polis.

Wollen wir die Möglichkeiten der Teilhabe der Bürger auf gesamtstaatlicher Ebene beurteilen, so müssen wir eine Vorstellung von der Anzahl der Bürger haben, die Anspruch auf Mitwirkung erheben konnten. Leider geben die Quellen dafür sehr wenig her, aber wohl doch genug, um einen ungefähren Bezugsrahmen für die weiteren Überlegungen zu gewinnen.

Diejenige Angabe, die am ehesten einen amtlichen Eindruck macht, stammt zufällig aus der Zeit, als die Demokratie in Athen gerade beseitigt war. Zwischen 317 und 307 regierte in Athen als Vertrauensmann der Makedonen Demetrios von Phaleron. In diesen Jahren veranstaltete er eine Volkszählung, als deren Ergebnis überliefert ist: 21 000 Bürger, 10 000 Metöken, 400 000 Sklaven (Athenaios 272 C).[34] Die Zahl für die Sklaven ist absurd, die für die

an der Regierung mittels des Rates realisierte, wäre ein Thema für sich, das den Rahmen dieses Beitrags sprengen würde, auf das aber wenigstens hingewiesen werden muß. Das Standardwerk ist P. J. Rhodes, The Athenian Boule, Oxford 1972.

[34] Gewährsmann ist Ktesikles (oder Stesikleides), FGrHist 245 F 1. Die Olympiadenzahl ist wegen einer Textlücke nicht erhalten und wird verschieden ergänzt: Ol. 116 = 318–313 oder Ol. 117 = 312–309. Annähernd gleichzeitige Zählungen in Megalopolis und Rhodos (Diod. 18,70,1; 20,84,2-3) legen übrigens die Vermutung nahe, ebenso wie dort seien in Athen nur die Wehrfähigen erfaßt worden, also die Jahrgänge von 18 bis 59; vgl. K. J. Beloch, Griechische Geschichte III 2, 2. Aufl. Berlin/Leipzig 1923, S. 405 (mit Plädoyer für das Jahr 313).

Metöken auffallend rund. Wären für die Bürger 20 000 angegeben, würde vielleicht jeder skeptisch sein. Die nicht abgerundete (bzw. nur auf volle Tausender abgerundete) Zahl 21 000 läßt es aber als möglich erscheinen, daß sie glaubhaft ist, vor allem aber, weil zu ihr ein paar Nachrichten aus derselben Zeit stimmen.

Als die Athener sich 322 nach der vergeblichen Auflehnung im Lamischen Krieg dem makedonischen ‚Strategen von Europa', Antipatros, unterwerfen mußten, verlangte dieser eine Beschränkung des (vollen) Bürgerrechts auf diejenigen, die ein Mindestvermögen von 2000 Drachmen hatten. Nach Diodor (18, 18, 4–5) behielten daraufhin nur 9000 das Bürgerrecht, 22 000 wurden ausgeschlossen. Plutarch (Phokion 28, 7) weiß nur von 12 000 Ausgeschlossenen, die Anzahl der im Bürgerrecht Verbliebenen nennt er nicht. Daher ist immer noch umstritten, ob eine vorherige Gesamtzahl von 31 000 oder 21 000 Bürgern anzunehmen ist.[35] Jedenfalls aber muß die Zahl von 9000 Vollbürgern als eine relativ kleine Minderheit verstanden werden,[36] zumal wenn man berücksichtigt, daß schon

---

[35] Für Diodor: Beloch, a. a. O., S. 404–406; A. W. Gomme, The Population of Athens in the Fifth and Fourth Centuries B. C., Oxford 1933, S. 17–18, 26–27; ders., The Population of Athens Again, in: Journal of Hellenic Studies 69 (1959), S. 61–68, bes. 67 f. Für Plutarch: A. H. M. Jones, Athenian Democracy, Oxford 1957, S. 9, 76; H. J. Gehrke, Phokion, München 1976 (Zetemata 64), S. 93 Anm. 26; E. Ruschenbusch, Athenische Innenpolitik im 5. Jahrhundert v. Chr., Bamberg 1979, S. 133–135. Die beiden Varianten sind jüngst unter einem speziellen Aspekt durchgespielt worden: E. Ruschenbusch, Die soziale Herkunft der Ephebem um 330, in: Zeitschrift für Papyrologie und Epigraphik 35 (1979), S. 173–176; Die soziale Zusammensetzung des Rates der 500 in Athen im 4. Jh., ebd. S. 177–180; P. J. Rhodes, Ephebi, Bouleutae and the Population of Athens, in: ZPE 38 (1980), S. 191–201; Ruschenbusch, Epheben, Buleuten und die Bürgerzahl von Athen um 330 v. Chr., in: ZPE 41 (1981), S. 103–105, mit einem angefügten Schreiben von Rhodes, dessen Schlußsatz die Lage kennzeichnet: "Each of us has emphasized points which he finds significant without convincing the other; we must hope that further evidence or further arguments will be found."

[36] Fast durchweg wird angenommen, daß die 2000 Drachmen den sogenannten Hoplitenzensus darstellten, d. h. das Mindestvermögen derjenigen, die zum Militärdienst als Schwerbewaffnete verpflichtet waren. Diese

wenige Jahre später Antipatros' Sohn Kassandros, dem Demetrios von Phaleron seine Einsetzung verdankte, sich veranlaßt sah, die Vermögensgrenze auf 1000 Drachmen herabzusetzen (Diod. 18, 74, 3), doch wohl deswegen, um die Verfassung nicht zu schroff oligarchisch erscheinen zu lassen; leider ist nicht überliefert, wie viele Athener dadurch wieder in den Genuß der vollen politischen Rechte kamen.[37] Geht man davon aus, daß das Vermögen der Vollbürger wenigstens bei der ersten Abgrenzung über dem Durchschnitt lag, so dürfte auch unabhängig von den differierenden Angaben Diodors und Plutarchs hinsichtlich der Minderberechtigten eine Gesamtbürgerschaft von mindestens 20000 und höchstens nicht viel über 30000 vorauszusetzen sein.

In diesem Rahmen bewegen sich denn auch die sonstigen aus dem 4. Jh. überlieferten Zahlenangaben.[38] Von 20000 Bürgern spricht die 25. Rede des Corpus Demosthenicum (§ 51). Die Rede gilt weithin als spätere Fälschung, und die Zahl 20000 ist gewiß konventio-

---

Annahme, aus der häufig Folgerungen für die Bevölkerungsstruktur gezogen werden, scheint mir einer gründlichen Überprüfung zu bedürfen; vgl. immerhin schon die Bedenken von Gomme, Population, S. 18.

[37] Unter den 21000 Athenern bei der Zählung des Demetrios wird man nicht nur die Vollbürger verstehen dürfen, denn es wäre schwer verständlich, daß dann zwar Metöken und Sklaven erfaßt wären, nicht aber die ‚Passivbürger‘, die man doch wohl nicht einfach unter den Metöken suchen darf. Eher besteht der Verdacht, daß die bei Plutarch erscheinende Zahl von 12000 politisch Entrechteten nur durch Subtraktion der 9000 Vollbürger eben von diesen 21000 gewonnen sei. So schon K. J. Beloch, Die Bevölkerung der griechisch-römischen Welt, Leipzig 1886, S. 57; W. S. Ferguson, Hellenistic Athens, London 1911, S. 22 Anm. 2; auch Gomme, Population, S. 18; F. Jacoby, Die Fragmente der griechischen Historiker, Bd. III b Suppl. II, Leiden 1954, S. 337 zu Philochoros 328 F 119 ("nobody doubts").

[38] Von zu vielen Unsicherheitsfaktoren belastet ist die Nachricht bei [Plut.] X Or. 843 D, das konfiszierte Vermögen des (um 330) zum Tode verurteilten Bergwerksunternehmers Diphilos in Höhe von 160 Tal. sei unter die Bürger verteilt worden, pro Kopf 50 oder 100 Drachmen. Waren es 50, so gab es 19200 angenommene Empfänger, doch der Kreis kann auch dann durch eine nicht genannte Bestimmung eingeschränkt gewesen sein.

nell, aber das spricht nicht dagegen, daß sie die Realität gegen Ende des 4. Jh. wenigstens im groben zutreffend widerspiegelt.

Zu Anfang des 4. Jh. (im Jahre 393/392) beziffert Aristophanes in der ›Weibervolksversammlung‹ (V. 1132) die Bürgerzahl Athens auf mehr als 30 000. Natürlich ist auch das eine konventionelle Zahl, aber doch wohl ebenfalls nicht ohne jeden Rückhalt in der Realität. Weshalb sollte Aristophanes ohne ersichtlichen Grund eine Zahl erfinden, die dem Publikum unsinnig erschienen wäre?[39]

So erscheint es gerechtfertigt, für das 4. Jh. mit 20 000 bis 30 000 erwachsenen männlichen Bürgern zu rechnen. Da vermutlich nur die Wehrfähigen zwischen 18 und 60 Jahren in der einen oder anderen Form zentral erfaßt waren, so daß von dorther Zahlenangaben ins allgemeine Bewußtsein dringen konnten,[40] darf man vielleicht einen entsprechenden Spielraum nach oben ausnutzen.

Im 5. Jh., vor den schweren Verlusten des Peloponnesischen Krieges, hat es offenbar erheblich mehr Bürger gegeben. Unser einziger fester Anhaltspunkt sind freilich nur die Zahlen, die Thukydides für die Landtruppen zu Beginn des Krieges gibt: 29 000 Hopliten, 1200 Reiter (2, 13, 6–7).[41] Die Hoplitenzahl enthält nicht nur Bürger, sondern auch Metöken, deren Anteil aber unsicher ist.[42]

---

[39] Dieselbe Zahl bezieht sich bei Plat., Symp. 175 E, auf Theaterbesucher, unter denen auch Fremde sein konnten. Daß aber eine konventionelle Bürgerzahl dahintersteckt, folgt wohl daraus, daß das Dionysos-Theater nur etwa die Hälfte dieser Zahl faßte, siehe Gomme, Population, S. 3 Anm. 1.

[40] Verzeichnisse der 42 Jahrgänge, beginnend mit den Epheben, hingen öffentlich aus: Ath. Pol., 53, 4. Waren das nur Hoplitendienstpflichtige (siehe die Kontroverse Ruschenbusch – Rhodes, Anm. 35), so muß es für die Theten andere Listen gegeben haben, denn sie waren nicht minder wichtig für den Flottendienst.

[41] Ich sehe hier ab von der Anzweiflung der Zahlen durch Beloch, Griechische Geschichte III 2, S. 386–392 (neuerdings wieder, aber nur andeutungsweise, durch J. D. Smart, Catalogues in Thucydides and Ephorus, in: GRBS 18 [1977], S. 42).

[42] Ich möchte ihn mit Jones, Democracy, S. 164 f., höher ansetzen als Ruschenbusch, Innenpolitik, S. 139 f., unter einer sehr schematischen Voraussetzung (Verhältnis generell wie bei der Feldarmee, Thuk. a. a. O.) zu

Immerhin darf man die Bürgerhopliten auf 20 000 bis 25 000 schätzen. Nimmt man für die Theten ungefähr dieselbe Zahl an, so kommt man auf insgesamt 40 000 bis 50 000 Bürger, ungefähr 50 bis 100 Prozent mehr als im 4. Jh. Die Bandbreite ist also groß, jedoch ausreichend für unsere Zwecke.

Der Bezugsrahmen der vermutlichen Bürgerzahl ist wichtig, insbesondere für die Einschätzung der Rolle, die die Volksversammlung (Ekklesia) bei der Teilhabe der Bürger an politischen und administrativen Entscheidungen spielte. Zweifellos war die Volksversammlung keine Vollversammlung der Bürger. Die konventionelle deutsche Übersetzung kann hier irreführen, sofern sie die Annahme nahelegt, das ganze Volk habe sich versammelt. In kleinen Städten war das möglich, nicht aber in einem Staat mit so großem Territorium wie Athen (etwa dem Großherzogtum Luxemburg entsprechend). Anscheinend hat man nicht einmal die sozusagen theoretische Möglichkeit ins Auge gefaßt, jedenfalls nicht im 5. Jh., höchstens im 4. Jh. und auch da nur annähernd.

Denn nach dem archäologischen Befund konnte der seit etwa der Zeit des Kleisthenes gebräuchliche Versammlungsplatz auf der Pnyx nur eine relativ sehr begrenzte Anzahl von Teilnehmern fassen. Auf diesen Sachverhalt hat neuerdings M. H. Hansen nachdrücklich die Aufmerksamkeit gelenkt.[43] Drei Ausbauperioden des Platzes sind von den Archäologen unterschieden worden: ca. 500 bis 400, ca. 400 bis 330, ab ca. 330.[44] In der I. Periode standen für die Teilnehmer etwa 2400 m² zur Verfügung, in der II. 2600 m², in der III. 5500 m². Andere Forscher möchten schon für die II. Periode auf 3200 m² heraufgehen.[45] Da die Versammlungsteilnehmer nicht standen, sondern saßen, berechnet Hansen das Fassungsver-

tun geneigt ist. – Erst nach Ms.-Abschluß erschienen R. P. Duncan-Jones, Metic Numbers in Periclean Athens, in: Chiron 10 (1980), S. 101–109; M. H. Hansen, The Number of Athenian Hoplites in 431 B. C., in: Symbolae Osloenses 56 (1981), S. 19–32.

[43] Hansen, in: GRBS (1976), S. 130f.

[44] K. Kourouniotes – H. A. Thompson, The Pnyx in Athens, in: Hesperia 1 (1932), S. 90–217.

[45] W. Dinsmoor, Rez. Hesperia 1, in: American Journal of Archaeology

mögen von Pnyx I auf 6000, von Pnyx II auf 6500 bzw. 8000, von Pnyx III auf 13 400 Personen. Das sind Maximalzahlen,[46] aber gerade sie zu kennen ist wesentlich, weil sie den Rahmen des objektiv Möglichen bestimmen.

Die Feststellung ist einigermaßen verblüffend angesichts der verbreiteten Meinung, daß die Athener im 5. Jh. sehr bewußte und aktive Bürger gewesen seien, aber im 4. Jh. immer mehr das Interesse an der Wahrnehmung ihrer politischen Rechte und Pflichten verloren hätten. Als Ausweg aus dem Widerspruch ließe sich vielleicht denken, die Athener hätten tatsächlich im 5. Jh. zunehmend unter Platznot gelitten und daher eine Erweiterung beschlossen, dann aber, als diese vollendet war, wegen geänderter historisch-gesellschaftlicher Bedingungen wenig Gebrauch davon gemacht. Die nochmalige Erweiterung um das Jahr 330 müßte dann wohl mit einem erneuten Aufleben des politischen Sinnes nach der Mitte des Jahrhunderts erklärt werden, falls es nicht womöglich noch ganz andere Motive gab. Geben unsere Quellen überhaupt Anhaltspunkte für den Besuch der Volksversammlung?

Aus dem 5. Jh. ist uns – zufällig? – mangelnder Eifer der Bürger bezeugt. Aristophanes läßt in der Eingangsszene seiner im Frühjahr 425 aufgeführten Komödie ›Die Acharner‹ das Bild einer jedenfalls nur sehr zögernd besuchten Volksversammlung entstehen, sogar einer Haupt-Volksversammlung (κυρία ἐκκλησία, V. 19), die an Rang und Bedeutung über den anderen Versammlungen stehen sollte.[47] Der ‚Held‘ des Stückes, Dikaiopolis, sieht sich zunächst sogar allein, weil er gar zu pünktlich ist. Er gehört zur Landbevölkerung, die seit sechs Jahren wegen der spartanischen Einfälle im Schutz der Langen Mauern lebt. Vor dem Krieg, so vermerkt Thukydides ausdrücklich (2, 16), wohnte die Mehrzahl der Bürger auf

37 (1933), S. 181; W. A. McDonald, The Political Meeting Places of the Greeks, Baltimore 1943, S. 71–76 (mir unzugänglich, zitiert bei Hansen).

[46] Im 3. Jh. ging man ins Dionysos-Theater, das wohl noch mehr Personen faßte, aber diese Zeit liegt außerhalb unserer Untersuchung, und es mag spezifische Gründe für die Verlegung gegeben haben.

[47] Siehe Ath. Pol. 43,4–6; 62,2, wo allerdings Regelungen des 4. Jh. beschrieben werden.

dem Land. Dann war es nicht verwunderlich, wenn nur ein kleiner Teil von ihnen am politischen Leben in der Stadt teilnahm – 6000 Plätze auf der Pnyx mochten also in der perikleischen Zeit, die doch als Blütezeit der Demokratie gilt, genügen. Aber sollte man nicht bei der kriegsbedingten Massierung der Bevölkerung in der Doppelfestung Athen-Piräus anderes erwarten? Der Komödien-dichter, zugleich politischer Moralist, hat sicher die Lässigkeit sei-ner Mitbürger übertrieben, doch ohne ausreichenden Anhalt in der Wirklichkeit hätte er wohl nicht so schreiben können.

Ebenfalls aus dem Peloponnesischen Krieg und einer ähnlichen äußeren Situation stammt ein weiterer und zudem viel eindeutigerer Quellenbeleg. Im Jahre 411 kam es in Athen zu einem oligarchi-schen Umsturz, zu dessen Programm die Beschränkung des vollen Bürgerrechts auf 5000 hoplitendienstfähige Männer gehörte. Zur Rechtfertigung der niedrigen Anzahl wurde laut Thukydides (8, 72) auch angeführt, daß selbst unter der Demokratie niemals auch nur 5000 an der Ekklesia teilgenommen hätten. Wir können davon aus-gehen, daß das Argument wahrscheinlich tendenziös gefärbt, spe-ziell auf die Zahl 5000 zugeschnitten ist und außerdem eine Ver-schleierung des sozialen Inhalts der Maßnahme bezweckt. Denn ei-nerseits wissen wir durch die Ausgrabungen, daß gar nicht sehr viel mehr auf der Pnyx Platz fanden, andererseits ist sogar ein Grund für die relativ geringe Beteiligung angegeben: die Feldzüge und an-deren Tätigkeiten außer Landes. In dieser Situation befanden sich eben die Flottenmannschaften auf Samos, vor denen sich Verfechter der Oligarchie solcherart ausließen. Es war nicht selten, daß sich gleichzeitig hundert oder mehr Kriegsschiffe außerhalb Athens be-fanden. Geht man davon aus, daß vielleicht annähernd die Hälfte der jeweils 200 Mann starken Schiffsbesatzungen aus athenischen Bürgern bestand (die andere Hälfte aus Metöken und von auswärts Angeworbenen),[48] so waren unter solchen Umständen rund 10000

---

[48] Geringer sind die Schätzungen von Ruschenbusch, Innenpolitik, S. 142f., und: ders., Zur Besatzung athenischer Trieren, in: Historia 28 (1979), S. 106–110, aber die Ausgangsbasis für seine präzise erscheinenden Berechnungen ist zu schmal. Es würde unsere Überlegungen nur unwesent-lich modifizieren, wenn wir hier nur 8000 statt 10000 ansetzen würden.

potentielle Teilnehmer der Volksversammlung nicht anwesend. Von anderen Gründen der Abwesenheit, auf die die zitierte Argumentation der Oligarchen anspielt, reden wir hier nicht, weil sich kaum eine zahlenmäßige Vorstellung gewinnen läßt. 10 000 waren jedenfalls auch in der Zeit des Peloponnesischen Krieges ein erheblicher Teil der Bürgerschaft. Die aus den Angaben des Thukydides für Kriegsbeginn erschlossene Gesamtzahl von 40 000 bis 50 000 war inzwischen erheblich zurückgegangen, vor allem schon durch die in den ersten Kriegsjahren wütende Seuche, der auch bei vorsichtiger Schätzung mindestens 20 Prozent zum Opfer fielen.[49]

Die eben angestellten Erwägungen mögen uns vor übertriebenen Erwartungen hinsichtlich der potentiellen Teilnehmerzahl an den Volksversammlungen bewahren. Alle Abstriche in Rechnung gestellt, muß doch auffallen, daß die direkte Demokratie Athens, wie wir sie in betontem Unterschied zu den modernen Repräsentativverfassungen zu nennen pflegen, selbst in ihrer ‚radikalen' Phase sich damit begnügte, daß schon aus objektiven Gründen nur eine Minderheit der Bürger an den Volksversammlungen teilnehmen konnte und sie diese Möglichkeit auch aus subjektiven Gründen nicht einmal jederzeit voll wahrnahm.

„Nicht jederzeit" heißt nicht „niemals". Das haben nur die Oligarchen behauptet (oder nur Thukydides selbst?), als sie die Begrenzung der politischen Rechte auf nur 5000 Bürger plausibel machen wollten. Wäre nicht wenigstens bei wichtigen Anlässen die Pnyx überfüllt gewesen, hätte man wohl keine Erweiterung vorzunehmen brauchen.

Doch dann scheint der Besuch nicht den Erwartungen entsprochen zu haben. Darin sehen Aristoteles (Ath. Pol. 41, 3) und schon (obwohl vielleicht weniger eindeutig) Aristophanes den Grund für die Einführung des sog. Ekklesiastensoldes, eines Tagegeldes für die Teilnahme an der Volksversammlung, das zunächst einen, dann zwei und bald drei Obolen betrug. Diese letzte Summe ist schon in der 392 aufgeführten ›Weibervolksversammlung‹ des Aristophanes

---

[49] Gegenüber dem höheren Ansatz von Ruschenbusch, Innenpolitik, S. 140 f. (34 Prozent), bleiben m. E. die Überlegungen von Jones, Democracy, S. 165 f., gültig.

vorausgesetzt, unter Anspielung auch auf den ersten Betrag
(V. 289–310), und da derselbe Mann, Agyrrhios, den ersten wie
auch den dritten Antrag stellte (Ath. Pol. 41, 3, vgl. Aristophanes
V. 96 und 184), sind die Maßnahmen wohl am Anfang des 4. Jh.
dicht aufeinander gefolgt. Aristophanes tadelt die Haltung der
Athener, die sich für etwas, was selbstverständliche Bürgerpflicht
sein sollte, bezahlen lassen; in der guten alten Zeit brachte man
seine kärgliche Verpflegung mit und benahm sich nicht wie Tagelöh-
ner (303–310). Aristophanes scheint in den unmittelbar vorangehenden Versen zu unterstellen, daß die Bürger sich durch einen Obolos
noch nicht anlocken ließen (300 ff., ähnlich 183–188). Doch was ist
hier moralisierende Deutung im Stil der Komödie, was ist Tatsache?
Die sog. gute alte Zeit ist symbolisiert durch den Namen eines Mannes, der in der Mitte des 5. Jh. mehrfach Stratege war (Myronides),
also lange vor den kritisierten Maßnahmen des Agyrrhios. Man
wird die Datierung durch den Namen nicht zu genau nehmen dürfen, aber die Sache auch nicht. Genaue Informationen über die
Volksversammlung während der Wirksamkeit des Myronides hatte
Aristophanes vermutlich nicht, und für die Zeit danach konnte er
sich eigentlich des Bildes erinnern, das er in den ›Acharnern‹ gezeichnet hatte, 33 Jahre vor der ›Weibervolksversammlung‹.

Sowohl von der Gattung der Komödie als auch von seiner eigenen sozialen und politischen Position her[50] lag es Aristophanes
fern, nach mehr sachlichen Gründen für die Zahlung des Ekklesiastensoldes zu fragen. Seit der Zeit der Perserkriege hatten die Bera-
tungsgegenstände der Volksversammlung offenbar erheblich zugenommen. Ein Hauptgrund dafür dürfte in der Fülle der Aufgaben
gelegen haben, die die Verwaltung des nun entstandenen ‚Attischen
Reiches‘ stellte.[51] Aber auch nach dem Zusammenbruch der See-

[50] Dazu allgemein G. E. M. de Ste. Croix, The Origins of the Peloponnesian War, London 1972, S. 355–376 (Appendix XXIX: The political outlook of Aristophanes).

[51] Die große Bedeutung, die der Reichsverwaltung für die Ausbildung
der athenischen Demokratie zukommt, ist neuerdings besonders unterstrichen worden von W. Schuller, Die Stadt als Tyrann – Athens Herrschaft
über seine Bundesgenossen, Konstanz 1978 (Konstanzer Universitätsreden
101), S. 24–26; ders., Zur Entstehung (s. Anm. 19), S. 434f. [= 304f.].

bundsherrschaft 404 kehrte man nicht etwa zu den selteneren und
kürzeren Volksversammlungen zurück, die für die 1. Hälfte des
5. Jh. zu vermuten sind. Dazu war diese Form der Ausübung demokratischer Rechte inzwischen zu selbstverständlich geworden, und
an Stoff für die Beratungen fehlte es anscheinend nicht. Zur Zeit der
Abfassung der Ath. Pol. fanden in jeder Prytanie vier Versammlungen statt, eine Hauptversammlung und drei andere (43, 3–4). Wie
bereits erwähnt, ist die Hauptvolksversammlung schon 425 in Aristophanes' ›Acharnern‹ bezeugt (V. 19). Aus der grundsätzlichen
Überweisung der Eisangelie-Prozesse an die Gerichte nach 362
schließt man, daß vor diesem Zeitpunkt die Zahl der Volksversammlungen noch größer als zur Zeit der Ath. Pol. gewesen sein
müßte.[52]

Wie dem auch sein mag – ich denke, daß es bereits im 5. Jh. für
viele Bürger aus objektiven Gründen schwierig war, an den zahlreichen Volksversammlungen teilzunehmen, selbst wenn ihr politisches Bewußtsein noch so groß war. Die Geographie Attikas hat
sich jedenfalls in der Geschichte der athenischen Demokratie nicht
geändert. Wer in Marathon oder gar Rhamnus wohnte, konnte nur
ausnahmsweise nach Athen kommen, denn ohne Übernachtung
war das nicht möglich. Da half es auch wenig, wenn ein Teil der
Volksversammlungen, vielleicht sogar der größere, nur wenige
Stunden dauerte.[53] Der Normalbürger hatte ja nicht einmal ein
Pferd, höchstens ein Maultier, und Ochsenkarren waren keine
Postkutsche. Die meisten Bürger vom Lande – in Aristophanes'
›Weibervolksversammlung‹ als typische Teilnehmer der Ekklesia
apostrophiert, obwohl anscheinend in der Minderheit gegenüber
den städtischen Handwerkern (279–81, 432–34) – machten sich zu
Fuß auf den Weg. Dadurch war der mögliche Radius im Grunde
schon abgesteckt. Wer am selben Tag noch heimkehren konnte,
hatte oft danach keine Zeit mehr, einem Erwerb nachzugehen.
Diese Möglichkeit, die durchaus in Betracht zu ziehen ist, be-

---

[52] J. H. Lipsius, Das Attische Recht und Rechtsverfahren, 1, Leipzig
1905, S. 188–192; Hansen, in: GRBS (1977), S. 68; P. J. Rhodes, Εἰσαγγε-
λία in Athens, in: Journal of Hellenic Studies 99 (1979), S. 108.
[53] Hansen, in: Classical Philology (1979), S. 43–49.

schränkte sich also im wesentlichen auf die Einwohner der Stadt Athen und der Hafenstadt Piräus.

Der Ekklesiastensold konnte also eine echte Hilfe für denjenigen sein, dem ein sonst möglicher Verdienst entging oder der zusätzliche Aufwendungen für die Reise machen mußte. Der Bauer oder Handwerker, der ein oder zwei Sklaven hatte, war gewiß leichter abkömmlich als ein anderer, der seine Arbeit allein tun mußte, aber schließlich kostete ja der Unterhalt eines Sklaven ebenfalls etwas, so daß ein Zuschuß willkommen war, der indirekt die Teilnahme am politischen Leben erleichterte.

Angesichts dessen sollte man nicht nur fragen, weshalb das Tagegeld am Anfang des 4. Jh. eingeführt wurde, sondern weshalb das nicht schon eher geschah. Natürlich nicht vor Perikles, denn vorher lag der Gedanke daran dem allgemeinen Bewußtsein noch zu fern. Erst nachdem Perikles einen Anfang mit der Zahlung von Richterdiäten gemacht hatte, konnte man auch auf den Gedanken kommen, daß die Teilnahme an der Volksversammlung einen ähnlichen Zeitaufwand mit vergleichbaren Folgen darstellte wie die Tätigkeit als Richter.[54] Schließlich kam der Peloponnesische Krieg mit seinen Sonderbedingungen, unter denen weite Anmarschwege nicht mehr eine so große Rolle spielten wie im Frieden. So mußte der Krieg erst vorbei sein, ehe die Zahlung für die Teilnahme an der Volksversammlung endgültig zu einem aktuellen Thema wurde.

Die Bemerkungen des Aristophanes deuten darauf, daß wenigstens die Anhebung des Tagegeldes auf drei Obolen den gewünschten Erfolg gehabt hat. Freilich wird man auch das Interesse des Dichters an einem möglichst kontrastreichen Bild in Rechnung stellen müssen. Später genügten drei Obolen nicht mehr, teils schon wegen einer spürbaren Geldentwertung. Zwei Generationen später erhielten die Teilnehmer der Volksversammlung sechs Obolen, für die Hauptversammlung sogar neun (Ath. Pol. 62,2).

In dieser Zeit war für bestimmte Arten von Volksbeschlüssen eine

---

[54] Hier lag der Vergleich vielleicht besonders nahe, weil die Gesamtzahl von 6000 vereidigten Richtern (die freilich nicht alle gleichzeitig tagten, siehe unten S. 405, etwa der der Plätze auf der Pnyx des 5. Jh. entsprach (siehe oben S. 395 f.).

402   Detlef Lotze

Mindestzahl von 6000 Abstimmenden vorgeschrieben; dabei wurde
die Kontrolle der Zahl durch geheime Abstimmung mit Stimmstei-
nen gesichert.[55] Die Vorschrift galt für Beschlüsse, die die Beratung
über die Wiederzuerkennung verwirkter bürgerlicher Ehrenrechte
oder über Nachlaß von Schulden gegenüber dem Staat freigaben
(Demosth. 24, 45), für Beschlüsse über einzelne Personen (Andok. 1, 87)[56] und für die Ratifizierung von Beschlüssen zur Verleihung des athenischen Bürgerrechts (Demosth. 59, 89–90) – also
lauter Angelegenheiten, für die eine möglichst breite Basis zur Beschlußfassung wünschenswert erschien, weil sie teils eine Abwei-
chung von sonst üblichen Normen bedeuteten, teils ein Privileg
betrafen, denn die genannten sind nur durch den Zufall der Erwähnung in wenigen Reden bekannt. Deren Häufigkeit war sicher verschieden. Immerhin kamen Bürgerrechtsverleihungen ziemlich oft
vor. In dem Zeitabschnitt, als die betreffende Vorschrift mit Sicherheit bestand, zwischen 368 und 322, sind mehr als sechzig bezeugt,
weitere sind angesichts der Lückenhaftigkeit der Quellen (Inschriften und Reden) anzunehmen.
  Die Bürgerrechtsverleihung erforderte zwei Volksversammlungen; eine, in der der eigentliche Beschluß gefaßt wurde, und eine
zweite, in der die Ratifizierung erfolgte und für die die erwähnte
Mindestzahl von Abstimmungen vorgeschrieben war. Das waren
keineswegs nur Hauptversammlungen, bei denen man ohnehin mit
einer höheren Teilnehmerzahl als sonst rechnen konnte (wegen der
gewichtigeren Themen und des höheren Tageldes). Allerdings
war die Tagesordnung mit ihren besonderen Erfordernissen ja vorher bekannt und konnte eine wenigstens so weit überdurchschnitt-
liche Teilnahme veranlassen, daß die vorgeschriebene Zahl von 6000
erreicht wurde. Wenn sie nahezu selbstverständlich gewesen wäre,
hätte man wahrscheinlich keine Vorschriften für die Verhandlungs-
gegenstände erlassen müssen, bei denen eine zahlreiche Teilnahme
unbedingt nötig schien. Man braucht jedoch nicht anzunehmen,
daß derartige Volksversammlungen von den normalen sogar begriff-

[55] Zum Folgenden siehe Hansen, in: GRBS (1976), S. 124–130.
[56] Hierzu die weiteren Ausführungen von Hansen, in: GRBS (1979),
S. 41–43.

lich als ‚Plenarversammlungen' (δῆμος πληθύων) abgehoben wurden.[57]

Die Teilnehmerzahl von 6000 scheint in Athen als repräsentativ für die Gesamtheit der Bürgerschaft gegolten zu haben, denn wir finden sie auch in anderen Bereichen. Sie war als Minimalzahl gefordert bei der Abstimmung im „Scherbengericht" (Ostrakismos). Es wäre ja absurd gewesen, wenn eine völlig unrepräsentative Versammlung über die Ausweisung eines Politikers auf zehn Jahre hätte entscheiden können, zumal da schon die relative Mehrheit der Abstimmenden den Ausschlag gab.[58] Leider ist nicht bekannt, ob die Zahl 6000 schon seit der Einführung des Ostrakismos bzw. seiner ersten wirklichen Praktizierung (488/487) galt oder erst von einem späteren Zeitpunkt an, womöglich gar auch erst im 4. Jh., als es zwar niemals mehr zu einem solchen Verfahren kam (das letzte hatte um 417 stattgefunden), die Frage danach aber formal noch in der Hauptversammlung der sechsten Prytanie gestellt wurde (Ath. Pol. 43, 5). Die Durchführung des Ostrakismos hat eine merkwürdige Zwischenstellung zwischen einer Volksversammlung und einer Gerichtsversammlung. Auch die Gesamtzahl der durch das Los bestimmten Richter in den Volksgerichten, von denen noch zu berichten sein wird, ist für das 5. Jh. mit 6000 überliefert, zuerst im Jahre 422 (Aristophanes, Wespen 661; Ath. Pol. 24, 3).

Aus alledem möchte ich folgern, daß die Zahl 6000 nicht nur in der Ideologie beheimatet war, sondern einen Bezug zur Wirklichkeit hatte. Mit mindestens so vielen Bürgern konnte man im klassischen Athen rechnen, wenn es auf die tatsächlichen Wahrnehmung der bürgerlichen Rechte ankam. Bedenkt man dabei die Hemm-

[57] Vgl. Hansen, in: GRBS (1976), S. 121 f., der freilich dazu neigt, eine Teilnahme von mindestens 6000 für ganz normal zu halten.

[58] Jedenfalls nach der Darstellung von Plutarch, Aristeides 7, 5/6, wonach erst die Gesamtheit der abgegebenen Ostraka ermittelt wurde und danach die relative Mehrheit. Dagegen kennt Philochoros 328 F 30 nur eine Zählung, bei der 6000 auf einen ‚Kandidaten' entfallen mußten; vgl. dazu Jacoby III b Suppl. I, S. 316 f., der vermutet, daß die Aussage des Philochoros nur verkürzt überliefert ist. Siehe aber jetzt G. A. Lehmann, Der Ostrakismus-Entscheid in Athen, in: Zeitschrift für Papyrologie und Epigraphik 41 (1981), S. 85–99, bes. 95.

nisse, die allein schon die räumlichen Entfernungen einem Teil der Athener bereiteten, so wird man dieses Maß politischer Teilnahme nicht geringschätzen dürfen. Erinnert man sich ferner der grundlegenden Tatsache, daß kein Bürger rechtlich an der Teilnahme gehindert war (von dem Fall der Atimie, des Entzugs politischer Rechte durch Gerichtsurteil, ist hier nicht zu reden), sondern jeder freien Zugang zur Volksversammlung hatte, so wird verständlich, warum schon der Teil der Bürgerschaft, der sich jeweils effektiv versammelte, in der politischen Begriffswelt der Athener als ‚das Volk‘ (ὁ δῆμος) gelten konnte.[59]

Die dargelegten Zahlenverhältnisse sind auch geeignet, das für uns recht fremdartige Verhältnis zwischen Volksversammlung und Gerichten verstehen zu helfen. Unter Gerichten sind in diesem Zusammenhang die sogenannten Geschworenen- oder Volksgerichte (Heliaia, Dikasterien) zu verstehen, die, nur aus Laien bestehend und in zahlenmäßig sehr starker Besetzung (200 bis 6000), mit der Hauptmasse der wichtigeren Rechtsstreitigkeiten befaßt waren; außer Betracht bleiben können hier Bagatellsachen, die zum Teil von Schiedsmännern (einer ebenfalls demokratischen Institution) geklärt wurden, und jene wenigen Kategorien von Mord, die wegen der damit verbundenen religiösen Befleckung traditionell dem Areopag vorbehalten blieben.[60]

Von modern-bürgerlichen Verfassungstheorien geprägte Vorstellungen, in denen das Parlament als eigentlicher Souverän und das Oberste Gericht bzw. Verfassungsgericht womöglich als dessen Beeinträchtigung figuriert, verführen leicht dazu, die athenischen Institutionen nach solchem Modell zu beurteilen. Das alte Athen, zumal das des 4. Jh., hatte offenbar andere Maßstäbe, wenn es die Gerichte in vieler Beziehung der Volksversammlung nicht nur gleichstellte, sondern – selbst in (nach unseren Begriffen) rein politischen Angelegenheiten – sogar überordnete und dennoch gerade in ihnen das Bollwerk der Demokratie sah. Neuerdings hat deshalb

---

[59] Belege bei Hansen, in: GRBS (1978), S. 129–131.

[60] Das Gerichtswesen ist umfassend dargestellt bei Lipsius (wenn auch in manchen Punkten überholt), knapp bei D. M. MacDowell, The Law in Classical Athens, London 1978, S. 27–40.

Hansen für das 4. Jh. das Gericht als letzten Souverän beschrieben und in dessen starker Position, ähnlich wie schon andere vor ihm, ein Abgehen von der ‚radikalen' Demokratie des 5. Jh. in Richtung auf eine ‚gemäßigte' gesehen: "The radical democracy of the fifth century was presumably based on the sovereignty of the Assembly. At the the restoration of the democracy in 403/2 and throughout the fourth century, the Athenians sought to create a moderate democracy with the court as the controlling body and ultimate sovereign."[61]

Nehmen wir die Möglichkeiten der Teilhabe der Bürger als Leitfaden der Betrachtung, so lassen sich die beiden Organe der Demokratie nicht gut gegeneinander ausspielen. Die Zahl 6000 mag wieder als ein Mittel der Veranschaulichung dienen. Wenn alle Richter gleichzeitig tagten, erreichten sie die Stärke einer gut besuchten Volksversammlung, sonst vielleicht noch oft die einer schlecht besuchten. Eine Plenarsitzung von 6000 ist in der Überlieferung nur einmal erwähnt, für einen politischen Prozeß des Jahres 415 (Andok. 1, 17). Normalerweise tagten kleinere Gerichtshöfe, aber mehrere gleichzeitig. Die Besetzung bemaß sich nach dem Gewicht des Prozeßgegenstandes. Im 4. Jh. urteilten in Privatprozessen mit geringem Streitwert 200 (bzw. 201 zur Vermeidung von Stimmengleichheit) Richter, in solchen mit höherem Streitwert jedoch 400.[62] In öffentlichen Prozessen waren anscheinend 500 Richter die Regel, so im Prozeß gegen Sokrates im Jahr 399.[63] In politisch gewichtigen Rechtsfällen sind aber auch 1000 bis 2500 bezeugt.[64] So waren sehr oft Tausende von Athenern an einem Tage richterlich tätig. Solche Tage waren anscheinend sehr viel häufiger als die Sitzungstage der Volksversammlung, jedenfalls als diese auf 40 pro Jahr fixiert waren. Wenn die Volksversammlung tagte, traten die Gerichte wegen

[61] Hansen, The Sovereignty, S. 61.

[62] Ath. Pol. 53,3; die Zahl 200 als niedrigste bei Demosth. 21, 223.

[63] Platon, Apologie 36 A; Diogenes Laertios 2, 41 – übrigens das einzige Beispiel neben Isaios 5, 20; vgl. den allerdings sehr fragmentarischen Text von Ath. Pol. 68, 1.

[64] 1001: Demosth. 24, 9 (ausdrücklich als Kombination zweier Dikasterien); 1500: Deinarch 1, 107, Plutarch, Perikles 32, 4; 2000: Lysias 13, 35; 2500: Deinarch 1, 52.

der weitgehenden Identität der (potentiellen) Teilnehmer nicht zusammen, desgleichen nicht an den in Athen sehr zahlreichen Festtagen, sonst aber beinahe täglich.[65] Schon im letzten Viertel des 5. Jh. sah Artistophanes in der Leidenschaft seiner Mitbürger, richterlich tätig zu sein, gewissermaßen ein nationales Charakteristikum.[66] Im 4. Jh. scheint die Bedeutung der Gerichte noch gewachsen zu sein, obwohl sie nicht mehr über Angelegenheiten von Untertanenstädten zu verhandeln hatten. Die ausgiebige Tätigkeit der Gerichte und die große Anzahl der beteiligten Laienrichter stellten das Auftreten des Bürgers in dieser Eigenschaft praktisch auf dieselbe Stufe wie seine Teilnahme an der Volksversammlung.[67]

Gegen die Annahme, Dikasterien und Ekklesia seien als Organe des einen Demos mehr oder weniger identisch, hat Hansen deren deutliche Unterscheidung im athenischen Sprachgebrauch geltend gemacht.[68] Doch wie tief greift diese Unterscheidung? Wenn nur die Ekklesia oft als Demos bezeichnet wurde, nicht aber die Gesamtheit der Richter oder gar ein einzelner Gerichtshof, so erklärt sich das doch wohl schon daraus, daß die Richter in viel eindeutigerer Weise als die jeweiligen Teilnehmer der Volksversammlung nur einen Teil des Demos darstellten. Während für die Volksversammlung 6000 Teilnehmer in manchen Fällen das vorgeschriebene Minimum waren, bedeutete dieselbe Anzahl für die Richter zumindest im 5. Jh., als sich die politische Terminologie ausbildete, wahrschein-

[65] Hansen, in: GRBS (1979), S. 243–246, kommt auf 150 Tage als Minimum und 200 Tage als Maximum.

[66] Aristoph., Wolken, S. 206–209, Vögel, S. 108–109, besonders aber in der ganzen Komödie ›Die Wespen‹.

[67] Symbolhaft sichtbar wird das daran, daß als Grabbeigaben Bronzetäfelchen gefunden wurden, die den Richtern zur Legitimation und zur Auslosung dienten. J. H. Kroll, Athenian Bronze Allotment Plates, Cambridge (Mass.) 1972, S. 9: "Even today it is hard to think of a more appropriate symbol of an Athenian's nearly professional involvement in democratic government. In heroic times the Greek aristocrat was buried with his bronze sword and armor; in the quieter, democratic fourth century an Athenian might be buried with his bronze allotment plate."

[68] Siehe Anm. 59.

lich aber auch im 4. Jh.[69] ein Maximum, nämlich die Gesamtheit der für ein Jahr erlosten Richter. Hier hatte also schon aus Prinzip und nicht nur aus praktischen, im Einzelfall zufälligen Gründen der Teil das Ganze zu repräsentieren und konnte niemals, auch nicht in einem Idealfall, mit ihm identisch sein. Außerdem trat die an sich große Masse von Richtern so gut wie ausschließlich in einer Mehrzahl von Gerichtshöfen in Erscheinung, so daß es für die Redner – unsere Hauptquelle – nicht gerade nahelag, mit dem jeweiligen (auch bei 500 relativ kleinen) Ausschnitt aus der Bürgerschaft die Idee der Gesamtheit des Volkes zu assoziieren. Immerhin gab es aber, wenn man die Summe der jeweils tagenden Richter zusammenfaßt, die eben erwähnte Überschneidung mit der Stärke der Ekklesia, so daß die deutliche Unterscheidung von Volksgericht und Volksversammlung nicht allein mit Zahlen erklärt werden sollte.

Vielleicht ist noch mehr die Qualifikation zu berücksichtigen, die die Richter gegenüber anderen Bürgern aufzuweisen hatten. Sie mußten nämlich 30 Jahre alt sein. Bezeugt ist das zwar erst für die Jahre um 330 (Ath. Pol. 63), aber da in früherer Zeit das Alter eher noch höher geschätzt wurde, darf man diese Mindestaltersgrenze schon für die Ordnung Solons annehmen, der nach der Tradition das Volksgericht oder seine Urform begründet hat. Ist diese Annahme zutreffend, so bestand auch damals keine Identität schlechthin von Ekklesia und Heliaia, auch nicht wenn (nach der herrschenden und von Hansen bestrittenen Ansicht)[70] die Heliaia noch nicht in einzelne Dikasterien aufgeteilt, sondern im Prinzip das versam-

[69] Weil Ath. Pol. 63,3 bei den Bemerkungen zur Richterqualifikation keine zahlenmäßige Beschränkung der Gesamtzahl nennt, ist oft angenommen worden, sie sei im 4. Jh. weggefallen. Doch weist einerseits die Schrift auch sonst notorische Lücken in der Darstellung der Institutionen auf, andererseits kann in diesem Fall sogar die frühere Erwähnung der Zahl in 24,3 stillschweigend vorausgesetzt sein. Vor allem aber hat neuerdings die Untersuchung der etwa zwischen 378 und 350 gebräuchlichen bronzenen Richtertäfelchen einen häufigen Besitzerwechsel ergeben, der sich am besten erklären läßt, wenn die Richter jedes Jahr neu erlost wurden: Kroll, Allotment Plates, S. 78–86.

[70] Hansen, in: GRBS (1978), S. 141–143; andererseits Rhodes, Boule, S. 168f., in: JHS (1979), S. 104.

melte Volk in richterlicher Funktion war. Außerdem waren die
Richter von den Ekklesiasten abgehoben durch den Heliasteneid,
den sie zu leisten hatten. Er ist zwar erst aus dem 4. Jh. mehr oder
weniger bekannt, aber wahrscheinlich im Kern wesentlich älter.[71]
Der Vereidigung kam im damaligen Bewußtsein ja ein viel größeres
Gewicht zu als im heutigen. Die dadurch dokumentierte höhere
Verantwortlichkeit und die durch das vorgeschriebene Alter gegebene längere Lebenserfahrung begründen meines Erachtens einleuchtend jenen Vorrang des Volksgerichts über die Volksversammlung, der sich darin äußerte, daß Beschlüsse der Ekklesia durch
Gerichte aufgehoben werden konnten, Gerichtsentscheidungen jedoch unanfechtbar waren. Man mag sagen, daß insofern die Souveränität der Ekklesia eingeschränkt worden sei. Ich würde aber nicht
von einer Beschränkung der Souveränität des Volkes sprechen wollen.[72] Denn obwohl die Dikasterien normalerweise einen noch kleineren Teil der Bürgerschaft bildeten, als es de facto schon die Ekklesia war, so bedeutete das nach athenischer Auffassung keine geringere Fähigkeit, das Ganze zu repräsentieren. Die spezifische
Qualifikation durch Alter und Vereidigung kann schwerlich als Einschränkung empfunden worden sein. Weshalb sollten wir sie so
empfinden? Möglicherweise erweckt die zahlenmäßige Normal-
stärke athenischer Gerichte des 4. Jh. bei uns unwillkürlich Asso-
ziationen, die es mit modernen Parlamenten (wenn schon nicht Gerichten) zu tun haben. Doch im Vergleich zu ihnen sind die 500
oder 1000, die über Fälle von öffentlichem Interesse zu urteilen hatten, eine relativ beträchtliche Anzahl, wenn man sie auf eine Bürgerschaft von durchschnittlich 30000 bezieht. Vor allem aber wurden die Gerichte in einer Weise zusammengesetzt, die sie der Volksversammlung viel eher vergleichbar macht als irgendeiner modernen Vertretungskörperschaft. Ähnlich wie jeder Bürger an der
Volksversammlung teilnehmen konnte (falls er nicht aus Gründen,
die außerhalb der Verfassung lagen, verhindert war), konnte er es

[71] Demosth. 24, 149–151, dazu Lipsius, S. 151–153; MacDowell, Law,
S. 44.
[72] So jedoch explizit Hansen, Sovereignty, S. 50, der dort übrigens den
Vorrang der Gerichte ebenso zu erklären sucht wie ich.

prinzipiell auch an den Gerichten, wenn er das 30. Lebensjahr erreicht hatte. Nur war hier um der notwendigen Begrenzung willen das Los zwischengeschaltet[73] – das Los, nicht etwa irgendein Auswahlverfahren, das die eine oder andere Gruppe oder Person hätte ausschalten können, wie es bei einer Wahl immerhin möglich gewesen wäre.

Hier stoßen wir wieder auf den Grundgedanken der Demokratie, daß jedem Bürger ohne Unterschied die Teilnahme zu ermöglichen sei, auch dem armen oder sonstwie unbedeutenden, der etwa bei einer Wahl wenig Chancen hätte, also dem Angehörigen des Demos im engeren Sinne. Von diesem Demos wird Ath. Pol. 41,2 behauptet, daß er die souveräne Herrschaft mittels Volksbeschlüssen und Gerichten ausübe, in denen er die Macht habe. Gerade die Allmacht der aus allen Bürgern durch das Los besetzten Gerichte erschien im 4. Jh. als das eigentliche Charakteristikum der Demokratie (Arist., Pol. 1273 b 40ff.).

Hierbei ist zu bedenken, daß die Befugnisse der Gerichte noch über die eigentliche Rechtsprechung hinausgingen. Sie hatten – modern ausgedrückt – über die Verfassungsmäßigkeit von Volksbeschlüssen und schließlich auch von Gesetzen zu entscheiden, denn deren Anfechtung geschah in Form einer Klage gegen den Antragsteller (wegen Gesetzwidrigkeit bzw. wegen Beantragung eines unzweckmäßigen Gesetzes).[74] Das letztgenannte Verfahren kam auf, nachdem am Ende des 5. Jh. die geltenden Gesetze neu kodifiziert, von den gewöhnlichen Volksbeschlüssen begrifflich abgehoben sowie ihre Novellierung oder die Schaffung neuer Gesetze von der

---

[73] Auch der Rat der Fünfhundert wurde jährlich erlost. Aber bei den Richtern war die Begrenzung mit einer Zahl von 6000 so weit gefaßt, daß hier der Vergleich mit der Volksversammlung sehr viel eher angebracht ist als beim Rat. Ihm konnte der Bürger auch nur zweimal im Leben angehören, dem Volksgericht unbegrenzt, außer in den Jahren, wo ihn das Los ausschloß. Während ferner im Rat die Wohlhabenden relativ überrepräsentiert waren (siehe zuletzt Rhodes, in: ZPE 38, 195f.), war das in den Gerichten sehr viel weniger der Fall (vgl. auch Kroll, Allotment Plates, S. 261–264).

[74] Wolff, Normenkontrolle; Hansen, Sovereignty; MacDowell, Law, S. 50–52.

Ekklesia auf ein besonderes Gremium übertragen worden waren, das der Nomotheten.[75] Es ähnelte in wesentlichen Zügen einem Dikasterion. Die Anzahl der Nomotheten bestimmte man analog zu der der Richter in öffentlichen Prozessen. Mindestens in den ersten Jahrzehnten wurden sie nur aus den Reihen der für das jeweilige Jahr vereidigten Richter genommen, vermutlich ebenfalls auf dem Wege durch das Los.[76] Das Verfahren scheint einem Gerichtsprozeß entsprochen zu haben, aber die Abstimmung erfolgte nicht wie dort geheim, sondern wie in der Volksversammlung durch Handzeichen.

Viele moderne Beurteiler sehen im Übergang der Gesetzgebung von der Ekklesia auf die Nomotheten eine Beschränkung der Demokratie. Sie teilen offenbar die Meinung jener erregten Menge, die im Jahre 405 rechtliche Einwände gegen ein illegales Schnellverfahren beim sogenannten Feldherrnprozeß niederschrie: Es sei unerhört, wenn jemand die Volksversammlung nicht tun lasse, was ihr beliebe (Xen., Hell. 1, 7, 12). Anscheinend haben aber auch überzeugte Demokraten eingesehen, daß Massenversammlungen gewisse Nachteile hatten, denen man gerade um des Funktionierens der Demokratie willen entgegenwirken mußte. Zu diesen Nachteilen gehörte nicht nur der starke Einfluß momentaner Stimmungen, in Extremfällen gar einer Massenpsychose. Unter alltäglichen Bedingungen ging es eher darum, daß es für eine Menge von Laien beim besten Willen unmöglich war, Konflikte mit bestehenden Ge-

[75] U. Kahrstedt, Untersuchungen zu athenischen Behörden II. Die Nomotheten und die Legislative in Athen, in: Klio 31 (1938), S. 1–32; F. Wotke, Art. Νομοθέται, in: RE Suppl. 7 (1940), S. 578 f.; MacDowell, Law, S. 43–49; Hansen, in: GRBS (1978), S. 315–330, und GRBS (1979), S. 27–53; Rhodes, in: Classical Journal (1979/80), S. 305 f.

[76] MacDowell, Law-Making at Athens in the Fourth Century B. C., in: Journal of Hellenic Studies 95 (1975), S. 62–74, hat die Rekonstruktion eines Entwicklungsganges vorgelegt, wonach (neben anderen Veränderungen) ab ungefähr 370 die Richterqualifikation nicht mehr gefordert worden sei (siehe bes. S. 64–65, 73). Es handelt sich dabei um ein argumentum e silentio, das nicht unbedingt zwingend ist. In unserem Zusammenhang kann die Frage offenbleiben, denn ein Fortfall dieser Qualifikation hätte den Kreis potentieller Nomotheten noch erweitert.

setzen immer sofort zu erkennen. Man verfiel auf den Ausweg, ein in Stufen aufgebautes Verfahren einzuführen und die Anzahl der an der letzten Entscheidung Beteiligten (über die Einleitung des Verfahrens entschied immerhin die Ekklesia) auf ein praktikables Maß zu reduzieren. Die Athener wurden aber deswegen noch lange nicht durch ein vom Volk getrenntes Staatsorgan entmündigt, sondern sie hatten sich eine Selbstkontrolle auferlegt.[77] Über deren Wirksamkeit läßt sich streiten. Grundsätzlich gilt für die Nomotheten dasselbe wie für die Dikasterien. Sie waren ein Organ der direkten Demokratie, das wegen seiner Zugänglichkeit für jeden Bürger geeignet erschien, die Gesamtheit zu repräsentieren.

Die Selbstbestimmung der Bürgergemeinde durch gleiche Teilhabe aller Bürger an Regierung und Verwaltung, Gesetzgebung und Rechtsprechung ist in der hier vertretenen Sicht das (mehr oder weniger bewußte) Ziel aller demokratisch zu nennenden Bestrebungen im klassischen Athen.

Im begrenzten Rahmen dieses Beitrags konnte nur auf diejenigen Institutionen eingegangen werden, in denen sich die direkte Demokratie (Versammlungsdemokratie) im eigentlichen Sinne realisierte, weil jeder Bürger zu ihnen Zugang hatte.[78] Angesichts ihrer umfassenden Vollmachten ist es wohl auch gerechtfertigt, einmal von den übrigen Organen der demokratischen Polis abzusehen, denn diese hatten nicht in dem Maße obrigkeitlichen Charakter wie eine moderne Regierung. Nicht zuletzt in dieser Hinsicht erweist sich die Unnachahmlichkeit der athenischen Demokratie. Sie kann auch aus manchen anderen Gründen nicht Vorbild sein, wohl aber bleibt die möglichst weitgehende Teilhabe der Bürger ein Grundanliegen auch der sozialistischen Demokratie.

[77] In diesem Sinne bemerkt [Demosth.] 59, 88, das Volk von Athen habe in der Verleihung des Bürgerrechts eine so bedeutende Gabe gesehen, daß es, obwohl im Besitz absoluter Gewalt, sich selbst Gesetze gegeben habe, nach denen es dabei verfahren müsse.

[78] Eine nachdenkenswerte Ergänzung (bei vielfacher Übereinstimmung in grundsätzlichen Bewertungen) bietet der mir erst nach Abschluß des Manuskripts bekannt gewordene Aufsatz von Kurt Raaflaub, Des freien Bürgers Recht der freien Rede. Ein Beitrag zur Begriffs- und Sozialgeschichte, in: Festschrift Friedrich Vittinghoff, Köln/Wien 1980, S. 7–57.

Informationen für den Geschichts- und Gemeinschaftskundelehrer, hrsg. von den Landes-
verbänden Baden-Württemberg, Berlin, Rheinland-Pfalz, Saarland des Verbandes der Geschichtslehrer Deutschlands 31 (1986), S. 46–54. Vom Autor überarb. Fassung.

VON DER FREMDARTIGKEIT
GRIECHISCHER DEMOKRATIE*

Von Fritz Gschnitzer

Wenn das antike Griechenland im kanonisierten und reduzierten
Geschichtsbild des heutigen bundesdeutschen Gymnasiums noch
einen Platz hat, verdankt es ihn der allgemeinen Überzeugung, daß
es die Wiege unserer Demokratie war.

Wie die meisten historischen Glaubenssätze dieser Art steckt
auch dieser voller Irrtümer und halber Wahrheiten. Eine ganz wesentliche Einschränkung versteht sich eigentlich von selbst, ist uns
aber nicht immer bewußt: Die griechische Demokratie war eine
kurzlebige Schöpfung; sie ist um 500 v. Chr. entstanden und schon
in hellenistischer Zeit, etwa im 2. Jh. v. Chr., wieder abgestorben;
auf die Nachwelt hat sie nur auf literarischem Wege gewirkt, als
Idee und Vorbild, nicht durch das Weiterleben politischer oder gesellschaftlicher Institutionen. Es fehlt also die echte historische
Kontinuität; nur das geschriebene Wort, das die Zeiten überspringt,
vermittelt einen Zusammenhang zwischen der griechischen und unserer heutigen Demokratie. – Damit ist die Frage nach dem historischen Zusammenhang, nach der genetischen Verwandtschaft zwischen antiker und moderner Demokratie weitgehend negativ beantwortet; wie steht es mit der typologischen Verwandtschaft, wieweit
sind sich antike und moderne Demokratie in ihren Erscheinungs-
formen und in den zugrundeliegenden Strukturen ähnlich? Ich
meine, daß im allgemeinen auch in dieser Hinsicht mehr „Verwandtschaft" gesehen wird, als der historischen Wahrheit ent-

* Vortrag auf der Tagung des Landesverbandes Baden-Württemberg des
Verbandes der Geschichtslehrer Deutschlands am 17. Oktober 1985 in
Karlsruhe; gegenüber der ersten Druckfassung in einigen Einzelheiten kor-
rigiert und um die Anmerkungen erweitert.

spricht: Die alte griechische Demokratie war doch etwas ganz anderes als die Staats- und Gesellschaftsform, in der wir heute leben.
Diesen großen Abstand möchte ich Ihnen heute vor Augen führen.
Dies zu tun, gehört zu den legitimen Aufgaben des Historikers;
ebenso legitim wäre natürlich die Unterstreichung der Übereinstimmungen. Denn ich will gar nicht leugnen, daß es in vielen Dingen
auch eine bemerkenswerte Nähe der antiken zur modernen Demokratie gibt; doch würde ich offene Türen einrennen oder Eulen
nach Athen tragen, wenn ich diese Nähe Ihnen anschaulich machen
wollte. Daher spiele ich lieber den Advocatus diaboli. Eine ausge-
wogene Darstellung der griechischen Demokratie ist natürlich im
Rahmen eines Vortrages gar nicht möglich. Für heute will ich also
(einseitig) die Fremdartigkeit, den Abstand betonen.

Zunächst muß ich unseren Gegenstand nach Ort und Zeit um-
grenzen. Wir sprechen von den griechischen Stadt- und Stamm-
staaten des Mutterlandes und der Kolonien, soweit sie demokratisch geordnet waren, von etwa 500 v. Chr. bis weit in die hellenisti-
sche Zeit hinein; zu einem Absterben der Demokratie kam es, wie
gesagt, etwa im 2. Jh., im Zusammenhang mit der Festigung der
römischen Herrschaft in Griechenland. – Demokratische Ordnungen gab es auch in hellenisierten Staaten Kleinasiens, etwa in Karien
und Lykien; ob auch in Italien, können wir leider mangels ausrei-
chender Quellen nicht beurteilen. Daß die Verfassungen der itali-
schen Städte und Völkerschaften seit dem 5. Jh. v. Chr. stark griechisch beeinflußt, geradezu griechisch geprägt waren, steht fest und
ist am Beispiel Roms auch im einzelnen gut zu studieren; aber eben
das Beispiel Roms zeigt, daß wohl einzelne demokratische Institutionen und Grundsätze entlehnt wurden, sich daraus aber keineswegs mit Nowendigkeit eine insgesamt demokratische Ordnung
ergeben mußte.

Die Griechen selbst sahen ihre Demokratie, ihr Verfassungsleben
überhaupt, im allgemeinen als etwas typisch Griechisches an
(mochte man auch gelegentlich in Verfassungen nichtgriechischer
Städte wie Roms und Karthagos „demokratische" neben monarchischen und oligarchischen Zügen entdecken).[1] Sie dachten nicht

---

[1] Seit Platon und Isokrates wurde die karthagische Verfassung neben den

daran, in der Demokratie die einzige, die wahre politische Lebens-
form für alle Menschen zu sehen, ein Gedanke, der angesichts des
mächtigen, reichen und umworbenen Großkönigs und seiner Satrapen, später angesichts der unwiderstehlichen Weltmacht Rom auch
geradezu lächerlich gewesen wäre. Nicht einmal für Griechenland
selbst sah man die Demokratie als *die* Verfassung schlechthin an,
die, einmal entdeckt, für immer bestehen müsse und bestehen
würde; man wußte, es gab auch Oligarchien und Monarchien, und
diskutierte über die Vorzüge und Schwächen der einen oder der anderen Verfassungsform und über die *metabolè* politeiôn, den Um-
schlag einer Verfassung in eine andere, und den Zyklus der Verfassungen.[2] Es ist bekannt genug, daß Verfechter unserer heutigen
Demokratie in diesen Punkten grundsätzlich anders denken: Unsere westeuropäische Demokratie ist ihnen (uns, müßte ich sagen,
ginge ich nicht als Historiker bewußt auf Distanz) das Endziel aller
politischen Entwicklung, das Maß aller Dinge für die ganze
Menschheit, und wir sind nur allzu leicht geneigt, Afrikaner, Asia-
ten und Lateinamerikaner wegen ihrer Schwierigkeiten im Umgang
mit dieser alleinseligmachenden Verfassungsform geringzuschätzen
und mit erhobenem Zeigefinger zurechtzuweisen. Das kommt
natürlich daher, daß sich die abendländische Christenheit seit dem
Mittelalter daran gewöhnt hat, sich selbst als die „zivilisierte" Welt
allen anderen Menschen als geborenen „Wilden" oder Ausbeu-
tungsobjekten oder auch Schülern Europas gegenüberzustellen.
Den alten Griechen waren zwar derartige Gedanken auch nicht
ganz fremd (denken wir nur an den Topos von den „Barbaren" als
den geborenen Sklaven[3]), sie haben aber die politische Theorie und

Verfassungen Spartas und Kretas als Musterbeispiel einer „gemischten" und
daher besonders leistungsfähigen Verfassung genannt; die einschlägigen
Stellen sind FGrHist 744 F 2ff. zusammengestellt. Spätestens seit Erato-
sthenes (bei Strab. I 4, 9, p. 66 = FGrHist 744 F 8) hat man in diesem Zusammenhang auch an Rom gedacht.
    [2] H. Ryffel, Μεταβολὴ πολιτειῶν. Der Wandel der Staatsverfassungen,
Bern 1949 (zugl. Diss. Bern).
    [3] Am schärfsten formuliert von Aristoteles, Pol. I 1252 b 9: „...weil
Barbar und Sklave ihrer Natur nach dasselbe sind." Dazu etwa J. Jüthner,

Praxis niemals in demselben Maße bestimmt wie unser abendländischer Fortschrittsglaube und Zivilisationsdünkel die unsere. Daher fehlt der griechischen Demokratie die für unsere heutige Demokratie so charakteristische Überzeugung von der eigenen Vorbildlichkeit und Endgültigkeit (und die damit verbundene Intoleranz): ein erster wichtiger Unterschied zwischen antiker und moderner Demokratie.

Ein zweiter bedeutender Unterschied ist bekannt genug, er liegt in der Größe der Staaten. Vergleicht man sie miteinander, dann sind unsere heutigen demokratischen Staaten Riesen, die demokratischen Staaten der alten griechischen Welt Zwerge. Das heutige Griechenland ist gewiß kein Großstaat, sondern ein Mittel- oder eher ein Kleinstaat: auf seinem Boden aber dürfte es in der klassischen Zeit, im 5. und 4. Jh. v. Chr., um die 250 selbständige griechische Staaten (Poleis und Ethne) gegeben haben (und dazu noch einige barbarische – thrakische – Völkerschaften). Unter diesen vielen Staaten gab es einige wenige von – nach griechischen Maßen – beträchtlicher Größe: Athen, Sparta, Argos, Boiotien, Thessalien, Makedonien und ein paar mehr: Um so kleiner waren im Durchschnitt alle übrigen, für die nur wenig Platz blieb; sie entsprachen in der Größe etwa unseren Gemeinden seit der letzten Gebietsreform und zählten wenige hundert bis wenige tausend erwachsene männliche Bürger (als Einwohnerzahl wäre je nach der Zahl der Ausländer und Sklaven im Land etwa das Vier- bis Siebenfache anzusetzen). *Das* ist der durchschnittliche griechische Staat.[4] Aber

Hellenen und Barbaren, Leipzig 1923, S. 25 ff. mit weiterem Material; O. Gigon, Die Sklaverei bei Aristoteles, in: Entretiens sur l'Antiquité classique XI (1965), S. 247 ff.

[4] E. Ruschenbusch, Die Zahl der griechischen Staaten und Arealgröße und Bürgerzahl der „Normalpolis", in: Zeitschrift für Papyrologie und Epigraphik 59 (1985), S. 253 ff., von dem ich allerdings in einem wichtigen Punkt abweichen muß: Ruschenbusch zählt Stadtgemeinden (Poleis), gleich ob politisch selbständig oder unselbständig (Glieder eines Ethnos oder Untertanen einer anderen Stadt, wie z. B. die Städte des unteren Alpheiosgebietes und des südlich anschließenden Triphylien lange Zeit unter Elis standen). Ich zähle nur die *selbständigen* Poleis und (auf gleicher Ebene) die Ethne.

selbst „Riesen" wie Sparta (das übrigens nie demokratisch war) und
Athen wären nach heutigen Begriffen nur ganz bescheidene Klein-
staaten: Athen oder Boiotien waren der Fläche nach etwa so groß
wie das heutige Luxemburg (2600 km²), der von Sparta aus regierte
Staat (Lakonien und Messenien) entsprach mit 8400 km² noch nicht
einem Viertel des heutigen Bundeslandes Baden-Württemberg. Für
Athen können wir auch die Zahl der erwachsenen Bürger männlichen Geschlechts angeben: Es waren etwa 30000 im 5. Jh., etwa
20000 im 4. Jh.; das entspricht einer *bürgerlichen* Gesamtbevölkerung von ca. 120000 bzw. 80000 Köpfen, mit den ansässigen Ausländern (Metoiken) und den Sklaven zusammen kommen wir hier,
in einer ausgesprochenen Handels- und Gewerbestadt, leicht auf
das Doppelte der Zahl der bürgerlichen Bevölkerung (das wären
also 240000 bzw. 160000 Einwohner).[5] Sie sehen, auch die Riesen
unter den griechischen Staaten wären für uns Heutige nicht mehr
als Zwerge. (Die sog. Diadochenreiche waren nicht eigentlich griechische Staaten und in jedem Fall keine Demokratien, müssen also
aus unserer heutigen Betrachtung ausscheiden.)

Was bedeutet diese – für uns fast unvorstellbare – Kleinheit der
griechischen Staaten für unser heutiges Thema, die Fremdartigkeit
griechischer Demokratie? Zunächst einmal, daß alle Verhältnisse
klein, bescheiden und überschaubar waren; den griechischen Staaten fehlt z. B. die Bürokratie. Dann, daß alle Bürger gesellschaft-
lich, vielfach geradezu persönlich aufs engste miteinander verbunden waren; mit einiger Übertreibung kann man sagen, daß in einem
griechischen Staat jeder jeden kannte, wie bei uns im Dorf oder in
der Kleinstadt. Daraus ergibt sich ein in unseren heutigen Demokratien undenkbares Maß an Solidarität aller Bürger (im günstigen
Fall), aber auch an ganz persönlicher Zerstrittenheit und Verfilzung
(im weniger günstigen Fall); das Phänomen der fast ständigen *staseis*

---

[5] Zur Bürgerzahl Athens in klassischer Zeit siehe zuletzt E. Ruschenbusch, Athenische Innenpolitik im 5. Jh. v. Chr., Bamberg 1979, S. 133 ff.;
M. H. Hansen, Demography and Democracy. The number of Athenian citizens in the fourth century B. C., Herning 1985; Ruschenbusch, Demography and Democracy. Doch noch einmal die Bürgerzahl Athens im 4. Jh.
v. Chr., in: ZPE 72 (1988), S. 139 f.

(inneren Unruhen) gerade in den kleineren griechischen Staaten ist von hier aus zu verstehen.[6] Die Kleinheit der griechischen Staaten bedeutet schließlich auch, daß es Politik in unserem Sinn eigentlich nicht gibt. Für uns Heutige ist Politik etwas ziemlich Abstraktes und Lebensfernes, wofür wir uns zwar gelegentlich ereifern und begeistern können – meistens stehen wir eher gleichgültig oder wie neugierige, aber innerlich unbeteiligte Zuschauer beiseite –, das aber unser tägliches Leben direkt kaum berührt (der schwerwiegenden indirekten Wirkungen sind wir uns nur selten bewußt). Ganz anders sieht Politik aus, wo sie sich im Rahmen einer einzigen (im Durchschnitt kleinen) Stadt oder weniger Nachbarstädte abspielt: Politik und tägliches Leben sind hier nicht mehr leicht zu trennen; die Politik wird Teil des täglichen Lebens, sie greift tief ins Privatleben ein und wird ihrerseits von privaten Verhältnissen, z. B. Freund- und Feindschaften zwischen verschiedenen Familien, stark beeinflußt. Wir täuschen uns gründlich, wenn wir unsere Begriffe von Politik und Privatleben in die Welt der alten Griechen hineintragen, wo Politik nur eine der Formen war, in denen sich Menschen, die einander persönlich kannten und zueinander in den vielfältigsten Beziehungen standen, miteinander auseinandersetzten, um ihre persönliche Stellung zu bestimmen und möglichst zu verbessern. So etwas gibt es heute am ehesten noch in der Kommunalpolitik, vor allem in altertümlichen dörflichen Verhältnissen.

Dieser Vergleich darf uns aber nicht in die Irre führen. Unsere heutige Kommunalpolitik ist eine Summe von vornherein begrenzter Auseinandersetzungen, begrenzt durch die darüberstehende Staatsgewalt. Man kämpft um wichtige, oft existentielle Fragen, z. B. die Trassierung einer neuen Straße oder die Ansiedlung von Industriebetrieben; die ganze Zukunft des Dorfes, erst recht die Zukunft einzelner Dorfbewohner mag davon abhängen. Aber man kämpft mit entschärften Waffen, in einem streng geregelten Spiel, unter der Aufsicht eines strengen und übermächtigen Schiedsrichters, des Staates mit seinen Macht- und Geldmitteln, mit seiner Ge-

[6] H.-J. Gehrke, Stasis. Untersuchungen zu den inneren Kriegen in den griechischen Staaten des 5. und 4. Jh. v. Chr., München 1985 (zugl. Habil.-Schr. Göttingen).

setzgebungs- und Verordnungsgewalt und vor allem auch mit seinen
Gerichten. Ganz anders die griechischen Poleis und Ethne, mochten sie in vieler Hinsicht noch so sehr unseren Kommunen gleichen.
Sie sind eben doch selbständige Staaten – oft genug allerdings Satel-
liten eines stärkeren Staates, aber das kennen wir heute ja auch; sie
müssen ihre inneren Konflikte innerhalb der eigenen Grenzen austragen und zur Entscheidung bringen, durch Volksbeschlüsse und
Gesetze, durch ihre eigenen Gerichte, oft genug in tumultuarischen
Vorgängen oder geradezu durch die Waffen. Aber sie müssen natürlich ihre Stadt und ihr Gebiet im Notfall auch mit den Waffen vertei-
digen, und dieser Notfall tritt oft genug ein, in nachbarschaftlichen
Konflikten wie in den vielen Kriegen, in die die größeren griechischen Staaten ihre kleineren Nachbarn, Bundesgenossen und Satel-
liten hineinziehen. Seltener, aber immer noch oft genug, müssen die
Bürger griechischer Städte und Völkerschaften gegen andere Städte
und Völkerschaften ins Feld ziehen; seltener deshalb, weil die ganz
kleinen wegen der Winzigkeit ihrer Aufgebote zu Wasser und zu
Lande von den größeren selten mobilisiert werden und aus eigenem
Antrieb erst recht nicht über ihre eigenen Grenzen hinauszuziehen
pflegen. Aber das ändert nichts daran, daß der Kriegsfall (vor allem,
aber nicht allein, der Verteidigungsfall) für alle griechischen Staaten
eine stets nahe, oft gegenwärtige Realität ist; und hier gilt nun die
Regel: Je kleiner ein Staat ist, um so intensiver müssen sich alle Bürger im Kriegsfall einsetzen, um so direkter sind sie alle von den Gefahren, Nöten und Lasten des Krieges betroffen.

Damit sind wir auf den dritten Hauptpunkt dieses Vortrages zu
sprechen gekommen, auf den dritten großen Unterschied zwischen
antiker und moderner Demokratie. Die moderne Demokratie entfaltet sich vor allem im Frieden; Krieg wird auch heute, was die Be-
fehls- und Führungsstrukturen betrifft, nicht viel anders geführt als
in den Zeiten der absoluten Monarchie, und auch die zivile Regierungsgewalt wird im Krieg gestrafft und konzentriert, sie nimmt
mehr oder weniger autoritäre Formen an. Und der einzelne Bürger
hört, wenn er die Uniform anlegt, weitgehend auf, ein freier Bürger
zu sein, er wird zum willenlosen Befehlsempfänger (nicht erst im
Krieg!). Im Gegensatz dazu ist altgriechische Demokratie die Lebensordnung einer Kriegergesellschaft. Die grundsätzliche wie die

praktische Bedeutung dieses kriegerischen Grundcharakters kann nicht leicht überschätzt werden.

In welchen Fällen braucht man die Waffen? Vom Kriegs-, insbesondere Verteidigungsfall haben wir schon gesprochen. Wichtig ist der Schutz gegen Seeräuber, vor allem in den Küstengebieten und auf den Inseln. Übrigens ist in diesem Zusammenhang auch die andere Seite nicht zu vergessen: Viele Griechen, auch demokratische Griechen, leben vom Seeraub; dieser ist für die Städte Kretas z. B. neben Landwirtschaft, Fischfang und Söldnerdienst eine der grundlegenden Erwerbsquellen.[7] Neben dem eigentlichen – in klassischer Zeit im allgemeinen wohl als illegal angesehenen – Seeraub steht das legale *sulân:* Zur Durchsetzung von Rechtsansprüchen gegen Bürger eines anderen Staates nimmt man sich Personen oder Sachen als eine Art Faustpfand *(sûlon),* man greift auf Hab und Gut der Schuldner oder ihrer Mitbürger, auf ihre Sklaven, auch auf die Mitbürger selbst.[8] Eine große Rolle spielt im alten Griechenland der Söldnerdienst in der Fremde, bei anderen griechischen Staaten, vor allem aber beim Perserkönig und später in den Heeren der Diadochenreiche. Für die jüngeren Bürger ganzer Landschaften Griechenlands ist dies eine der wichtigsten Erwerbsquellen; hier sind vor allem Kreta, Arkadien, Achaia, das westliche Mittelgriechenland, Thessalien und Epeiros zu nennen. Da spielt sich alles ganz wie bei den Schweizern der frühen Neuzeit ab, auch insofern, als die einstigen Söldner später geachtete und schon wegen ihrer großen Auslands- und Kriegserfahrung besonders einflußreiche, oft auch wohlhabende Bürger ihrer Heimatstaaten werden; von besonderer Bedeu-

---

[7] H. A. Ormerod, Piracy in the Ancient World, Liverpool 1924; E. Ziebarth, Beiträge zur Geschichte des Seeraubs und Seehandels im alten Griechenland, Hamburg 1929; P. Brulé, La piraterie crétoise hellénistique, Paris 1978.

[8] Ph. Gauthier, Symbola. Les étrangers et la justice dans les cités grecques, Nancy 1972; W. Ziegler, Symbolai und Asylia, Diss. Bonn 1975; B. Bravo, Sulân. Représailles et justice privée contre des étrangers dans les cités grecques, in: Annali della Scuola Normale Superiore di Pisa. Cl. di Lettere, Storia e Filosofia III 10, 3 (1980), S. 675–987; S. Cataldi, Symbolai e relazioni tra le città greche nel V secolo a. C., Pisa 1983; A. Maffi, Studi di epigrafia giuridica greca, Milano 1983, S. 171 ff.

tung sind die Söldner*führer*, sowohl im fremden Dienst wie in der Heimat, wo sie durchweg zu den führenden Politikern gehören (auch dies ganz wie in der frühneuzeitlichen Schweiz).[9] – Das Gegenstück im Seekrieg sind die gemieteten Ruderer auf den Kriegsschiffen. Entgegen den landläufigen Vorstellungen wurden die Kriegsschiffe in der Regel nicht von Sklaven und auch nicht nur von ärmeren, für den Hoplitendienst daher nicht qualifizierten Bürgern des betreffenden Staates gerudert, sondern vor allem auch von angeworbenen, gut bezahlten Ausländern; so holte sich z. B. Athen im Peloponnesischen Krieg die vielen tausend Ruderer, die es zur Bemannung seiner großen Flotte benötigte, vor allem von den Kykladen, für deren arme Bewohner der Ruderdienst eine willkommene Erwerbsmöglichkeit war; als dann Sparta mit persischem Gold höhere Löhne zahlen konnte, liefen diese gemieteten Ruderer massenweise zu den Peloponnesiern über.[10] – Diese Ruderer leisteten nun allerdings ihren Dienst in der Hauptsache nicht mit der Waffe, sondern eben mit dem Ruder; aber oft genug ließ man sie auch am Kampf zu Lande teilnehmen, natürlich nicht als Hopliten, aber als Leichtbewaffnete, und dann brachten sie eben außer dem Rudergeld auch noch Beute nach Hause.[11]

[9] H. W. Parke, Greek Mercenary Soldiers from the Earliest Times to the Battle of Ipsus, Oxford 1933; G. T. Griffith, The Mercenaries of the Hellenistic World, Cambridge 1935; A. Aymard, Mercenariat et histoire grecque (1959), in: Ders., Études d'histoire ancienne, Paris 1967, S. 487 ff.; P. Ducrey, Remarques sur les causes du mercenariat dans la Grèce ancienne et la Suisse moderne, in: Buch der Freunde (Fs. J. R. v. Salis), Zürich 1972, S. 115 ff.; H. F. Miller, The practical and economic background to the Greek mercenary explosion, in: Greece and Rome 31 (1984), S. 153 ff.; M. Launey, Recherches sur les armées hellénistiques, 2 Bde. Paris 1987.

[10] M. Amit, Athens and the Sea, Bruxelles-Berchem 1965, S. 30 ff.; R. Meiggs, The Athenian Empire, Oxford 1972, S. 439 ff.; K.-W. Welwei, Unfreie im antiken Kriegsdienst I, Wiesbaden 1974, S. 65 ff.; II, Wiesbaden 1977, S. 113 ff.; B. Jordan, The Athenian Navy in the Classical Period, Berkeley 1975, S. 210 ff.; E. Ruschenbusch, Zur Besatzung athenischer Trieren, in: Historia 28 (1979), S. 106 ff.

[11] Siehe z. B. Thuk. IV 9, 1; VII 1, 3.5; VIII 17, 1; Xen. Hell. I 1, 24; 2, 1; V 1, 11 f.

Schließlich braucht man die Waffen, wie vorhin schon hervorgehoben, oft genug auch in inneren Auseinandersetzungen. Der Bürger einer griechischen Demokratie war vor allem durch seine Waffen frei und stark.

Zuletzt noch eins: Die Griechen hatten viele Sklaven, darunter viele starke Männer, wie man sie für schwere Arbeiten benötigte, oft Thraker oder Skythen und Angehörige anderer kriegstüchtiger Nordvölker. Das Verhältnis zwischen Herren und Sklaven war manchmal sehr gut, häufiger aber schlecht. Platon bemerkt einmal (›Staat‹ IX 578 d – 579 a), viele reiche Sklavenbesitzer lebten im vollen Gefühl ihrer Sicherheit, weil sie wüßten, daß ihre Mitbürger ihnen im Notfall zur Hilfe kommen würden. Letzten Endes waren es also die Waffen, womit die Bürger auch ihre Sklaven niederhielten. (Noch viel deutlicher ist das dort, wo es viele unfreie Bauern gibt, wie in Thessalien, Sparta und Kreta; aber das sind nun, vielleicht mit Ausnahme mancher kretischer Staaten, gerade keine demokratischen Ordnungen.)

Soviel über die Anwendung der Waffen, über die Notwendigkeit und Häufigkeit des Waffengebrauchs im alten Griechenland. Dabei ist es wichtig, sich klarzumachen, daß sich Krieg und Friede im griechischen Altertum in ganz anderer Weise durchdringen als heute bei uns. Man zieht fast Jahr für Jahr in den Krieg (oder man hat wenigstens die eigene Stadtmauer zu besetzen); aber man tut es jeweils nur für ein paar Tage, höchstens ein paar Wochen; dann ist man wieder zu Hause, bei seiner „normalen" friedlichen Arbeit. Die Sache hat auch ihre Kehrseite: Wenn die Volksversammlung über ein Bündnisgesuch berät, dann bedeutet das unter Umständen, daß dieselben Bürger, die soeben in der Volksversammlung diskutiert und abgestimmt haben, gleich darauf ins Feld rücken müssen, um dem nunmehrigen Bundesgenossen auf seinem Territorium zu helfen. Ein drastisches Beispiel steht bei Plutarch im ›Leben des Phokion‹ c. 15: Aus Megara kam um das Jahr 343 v. Chr. ein heimliches Hilfegesuch nach Athen, weil eine mächtige Partei in der Stadt mit Hilfe Philipps II. von Makedonien und von diesem entsandter Söldner sich der Herrschaft zu bemächtigen suchte. Dieses Hilfegesuch ging an den athenischen Strategen Phokion; der ließ am frühen Morgen eine Volksversammlung zusammentreten, die Hilfeleistung für

Megara beschließen, „gab ein Trompetensignal und führte sie sogleich aus der Volksversammlung ins Feld, nachdem sie die Waffen
ergriffen hatten". Man stelle sich das einmal vor: Der Stratege führt
in einer schnell improvisierten Volksversammlung den erforder-
lichen Beschluß herbei und läßt dann die versammelten Bürger sogleich ausrücken; jeder darf nur schnell nach Hause, um seine Waffen zu holen, und dann ist man noch am selben Tag auf dem Marsch
nach Megara. – Eine andere hübsche Geschichte steht bei Polybios
(II 2–4): Im Jahre 231 v. Chr. belagern die Ätoler die akarnanische
Stadt Medion, und zwar mit ihrem gesamten Aufgebot. Der Fall der
Stadt wird Tag für Tag erwartet, auf der anderen Seite aber stehen
die jährlichen Neuwahlen unmittelbar bevor; so stellt der amtie-
rende Stratege den Antrag, nach dem Fall der Stadt möge die Verteilung der Beute und das Recht, bei der Weihung der erbeuteten Waffen seinen Namen zu nennen, ihm als dem eigentlichen Eroberer
der Stadt zufallen, nicht seinem inzwischen vielleicht schon ins
Amt getretenen Nachfolger. Dagegen erhebt sich Widerspruch vor
allem von seiten derer, die sich auf die Nachfolge Hoffnung
machen, und so beschließen am Ende die Ätoler, wenn der neue
Stratege die Stadt einnehme, solle er sich in die Verfügung über die
Beute und in die Ehre der Namensnennung mit seinem Vorgänger
teilen. Wie wir sehen, findet die Volksversammlung im Feldlager
statt. Es kommt noch besser: Die Belagerung dauert noch an, gleich
am nächsten Tag aber sollen die Ämterwahlen und die Übernahme
des Kommandos durch den neugewählten Strategen stattfinden.
Wo? Natürlich nicht wie sonst in der Hauptstadt Thermos – wer
hätte sich dort versammeln sollen, wenn alle wehrfähigen Männer
im Felde standen? –, sondern im Feldlager selbst; nur unter dieser
Voraussetzung war ja der Wechsel im Kommando noch am selben
Tag möglich. Also selbst die wichtigste aller Volksversammlungen,
die regelmäßige jährliche Wahlversammlung, kann im Feldlager
stattfinden. Nicht allzu verwunderlich übrigens bei einem Volk, das
ein Krieger- und Räubervolk war wie kein zweites. Derselbe Polybios bemerkt (IV 3,1) zum Jahr 220 v. Chr.: „Die Ätoler ertrugen
schon seit längerer Zeit den Frieden nur schwer; Friede, das hieß
für sie, ihre Ausgaben aus ihrem eigenen Vermögen zu bestreiten,
sie aber sind gewohnt, auf Kosten der Nachbarn zu leben. Dabei

haben sie wegen ihrer angeborenen Großmannssucht stets reichliche Mittel nötig und führen in ihrer Habsucht ein Leben wie die Raubtiere." Auch das ist griechische Demokratie.

Glauben sie übrigens nicht, die Athener wären in ihrer großen Zeit, im 5. Jh., wesentlich friedlicher gewesen als die Ätoler des 3. Jh.; nicht Sparta, das eher ungern Krieg führte und schon wegen seiner vielbeklagten *oliganthrōpía* (Menschenarmut) mit dem Leben seiner Bürger sehr sparsam umging, sondern Athen mischte sich überall ein, schrak vor keinem kriegerischen Abenteuer zurück und trieb eine rücksichtslose Politik der Eroberung, Unterwerfung und Ausbeutung, ohne dabei zwischen Griechen und Barbaren einen Unterschied zu machen. Folgende Gebiete hat Athen in den Jahrzehnten seiner größten Machtentfaltung *unmittelbar* seinem Gebiet einverleibt und das Land an athenische Siedler aufgeteilt (die bisherigen Bewohner mußten, soweit man sie nicht tötete oder in die Sklaverei verkaufte, entweder das Land verlassen oder, in bestimmten Fällen, den athenischen Eigentümern Pachtzins zahlen; enteignet wurden sie in jedem dieser Fälle): Lemnos, Imbros, Skyros, den Großteil von Euboia, ausgedehnte Gebiete im Bereich der Chalkidike und des unteren Strymon, die thrakische Chersones, Lesbos, Samos, Delos, Aigina und Melos (die Liste ist wohl nicht vollständig).[12] Weit ausgedehnter noch waren die Gebiete der zu einem Staatenbund unter der Führung Athens zusammengeschlossenen „Bundesgenossen", namentlich auf den Inseln der Ägäis und

---

[12] U. Kahrstedt, Der Umfang des athenischen Kolonialreiches, Nachr. v. d. Ges. d. W. zu Göttingen 1931, S. 159 ff.; F. Hampl, Poleis ohne Territorium, in: Klio 32 (1939), S. 1 ff. (= Zur griechischen Staatskunde, hrsg. v. F. Gschnitzer, Wege d. Forsch. 96, 1969, S. 403 ff.); F. Gschnitzer, Abhängige Orte im griechischen Altertum, München 1958, S. 89 ff., 98 ff. (vgl. auch Ders., Ἐπὶ τοῖσδε ἔδωκαν Πραίσιοι Σταλίταις τὰν χώραν ... Zu einem Geschäftstyp des griechischen Völkerrechts, in: Symposion 1971, Vorträge zur griechischen und hellenistischen Rechtsgeschichte, Köln und Wien 1975, S. 79 ff.); P. A. Brunt, Athenian Settlements Abroad in the Fifth Century B. C., in: Ancient Society and Institutions, Studies pres. to V. Ehrenberg, Oxford 1966, S. 71 ff.; A. J. Graham, Colony and Mother City in Ancient Greece, Chicago ²1983, S. 166 ff.

in den Küstengebieten Makedoniens, Thrakiens und Westkleinasiens:
Aus ihren Tributen wurden nicht nur – bestimmungsgemäß – die
große Kriegsflotte Athens, sondern auch die großartigen Bauten auf
der Akropolis bezahlt.[13]

Welch große Rolle im klassischen und hellenistischen Griechenland die Kriegsbeute gespielt hat, brauche ich nur anzudeuten; ihr
stehen die oft recht erheblichen Kriegsschäden gegenüber, die vor
allem die bäuerliche Bevölkerung schwer zu treffen pflegten: Die
Feinde ernten die Felder ab oder zertrampeln sie, schlagen die
Baumpflanzungen um (es braucht Jahre, bis sie erneuert sind und
wieder Ertrag bringen), brennen oder reißen die vielen Hütten nieder, die der Bewirtschaftung des Bodens in entlegenen Teilen der
Flur dienen, zerstören die Wohnhäuser der Bauern, die nicht in der
ummauerten Stadt wohnen, sie schleppen weg, was nicht niet- und
nagelfest ist, und sie treiben vor allem natürlich auch das Vieh weg,
wenn man es nicht rechtzeitig in Sicherheit gebracht hat (hinter die
Stadtmauer, in unzugängliche Gebirge oder in ein neutrales Nach-
barland). Die Menschen, deren sie habhaft werden, verkaufen sie in
die Sklaverei, falls sie nicht ausgetauscht oder freigekauft werden.
Das alles ist eine schreckliche, aber fast alltägliche Wirklichkeit, ge-
mildert allenfalls dadurch, daß in der Regel nicht der eine plündert
und der andere sich ausplündern läßt, sondern beide Teile im Fein-
desland plündern, also sich für ihre Verluste auch wieder schadlos
halten können.[14]

Bei weitem das schlimmste aber ist, daß auch die Städte hinter

[13] Plut. Per. 12–14.

[14] Die feste Wendung für die Verheerung des Feindeslandes ist *ágein kaì
phérein*, „wegtreiben und wegschleppen"; sie zeigt, welche Rolle die tieri-
sche und menschliche neben der unbelebten Beute spielt. Über das Beute-
machen im allgemeinen siehe etwa W. K. Pritchett, The Greek State at War
I, Berkeley 1971, S. 53 ff.; P. Ducrey, Le traitement des prisonniers de guerre
dans la Grèce antique, Paris 1968; V. D. Hanson, Warfare and Agriculture
in Classical Greece, Pisa 1983; W. Nowag, Raub und Beute in der archaischen Zeit der Griechen, Frankfurt a. M. 1983 (zugl. Diss. München); über
die Bergung von Menschen, Vieh und beweglicher Habe in neutralen Nach-
bargebieten ausführlich H. Müller, φυγῆς ἕνεκεν, in: Chiron 5 (1975)
S. 129 ff.

ihren Mauerringen nicht ein für allemal sicher sind. Wird eine Stadt
im Sturmangriff oder durch Überrumpelung – oft ist Verrat im Spiel
– oder auch durch Aushungerung erobert, dann kann der Eroberer,
wenn er will, von der vollen Strenge des Kriegsrechts Gebrauch machen. Das bedeutet dann Hinrichtung aller Männer, Versklavung
der Frauen und Kinder. Kapituliert die bedrängte Stadt rechtzeitig,
dann dürfen die Bewohner meistens abziehen, die Frauen mit zwei,
die Männer mit einem Kleid am Leib, vielleicht mit etwas Wegzeh-
rung oder Reisegeld, sonst ohne alle Habe. Viele Stadtstaaten haben
auf diese Weise ein Ende gefunden, doch winkte den Vertriebenen öfters die gastliche Aufnahme bei ihren Bundesgenossen; nicht selten
wies man ihnen auch wieder Land zu, in durch Krieg oder Bürgerkrieg entvölkerten Gebieten oder in einer neu angelegten Kolonie
jenseits des Meeres. Auch kam es natürlich vor, daß das Rad der
Fortuna sich weiterdrehte: Die Eroberer, die sich in den Häusern
und auf den Feldern der Vertriebenen breitgemacht hatten, wurden
ein paar Jahre oder Jahrzehnte später wieder vertrieben, und dann
rief man in der Regel wieder die früheren Eigentümer bzw. deren
Nachkommen herbei, und der schon erloschene Staat feierte eine
Wiederauferstehung.

Ich glaube, das genügt, um Ihnen einen Begriff davon zu geben,
in welchem Grade der Krieg die ganze Existenz aller Griechen in
der klassischen und hellenistischen Zeit bestimmte und natürlich
auch ihre Demokratie prägte. Außenpolitik und Verteidigung blieben immer die größte Sorge der Bürgerschaft.

Nun erst kommen wir auf Fragen der eigentlichen Verfassung zu
sprechen. Auch hier gibt es einige ganz erhebliche Unterschiede
zwischen der griechischen Demokratie und der unseren. Man
pflegt die antike Demokratie als „unmittelbare" Demokratie der
heutigen „repräsentativen" Demokratie gegenüberzustellen und
meint damit, daß in jener die Bürgerschaft (als Volksversammlung)
tatsächlich regiert, in dieser das Volk nur alle paar Jahre einmal das
Parlament oder auch etwa den Präsidenten wählt und dadurch indirekt die großen Linien der Politik (nicht deren Einzelheiten) bestimmt. Ganz so groß ist der Unterschied in Wahrheit wohl nicht.
Man kann nämlich die Dinge auch so sehen, daß der antiken Dreiheit Magistrate – Rat – Volksversammlung die moderne Dreiheit

Regierung – Parlament – Wählervolk entspricht. Insoweit besteht
also doch eine grundsätzliche Übereinstimmung; die Gewichte sind
allerdings nicht gleich verteilt, und insbesondere hat das moderne
Wählervolk eben doch viel weniger zu sagen als die antike Volksversammlung. Es kommt dazu, daß heute im allgemeinen nur alle vier
bis fünf Jahre gewählt wird, im Altertum wechseln die Magistrate
alle Jahre, vielfach amtieren sie sogar nur ein halbes Jahr oder ein
Vierteljahr. – Für uns sehr merkwürdig, wirklich fremdartig, ist die
große Bedeutung des Loses bei der Besetzung der Ämter und anderer öffentlicher Funktionen; dadurch wird zwar der Wählerwille
ausgeschaltet, zugleich aber erhöhen sich die Chancen des kleinen
Mannes, zu Amt und Würden zu kommen, beträchtlich, und es
wird ferner zum Ausdruck gebracht, daß der Inhaber des Losamtes
nur ein beliebiges, zufälliges, gewissermaßen unpersönliches Aus-
führungs- und Repräsentationsorgan der Bürgerschaft ist (bzw. des
Rates, wenn um Funktionen im Rat unter dessen Mitgliedern gelost
wird). Im ganzen darf man wohl sagen, daß im antiken System der
Schwerpunkt der Willensbildung weiter unten liegt als bei uns: Die
Bürgerschaft ist viel stärker, der Rat etwa ebenso stark wie unser
Parlament, aber viel schwächer gegenüber der Bürgerschaft und
dafür viel stärker gegenüber den Amtsträgern (der Regierung); die
antiken Magistrate sind viel schwächer als die moderne Regierung.

   Es gibt noch einen anderen grundsätzlichen Unterschied zwischen antiker und moderner Demokratie, von dem zum mindesten
in der Literatur viel Aufhebens gemacht wird: Die antike Freiheit
sei etwas ganz anderes gewesen als das, was wir heute unter Freiheit
verstehen.[15] Man bezieht sich dabei auf einen Vortrag von Benjamin
Constant aus dem Jahre 1819 (De la liberté des anciens comparée à
celle des modernes)[16]: «Le but des anciens était le partage du pouvoir social entre tous les citoyens d'une même patrie: c'était là ce

---

[15] Siehe dazu etwa G. Jellinek, Allgemeine Staatslehre, Berlin ³1922,
S. 294 ff.; J. Bleicken, Die athenische Demokratie, Paderborn u. a. ²1994,
S. 302 ff., 310 ff.; K. Raaflaub, Die Entdeckung der Freiheit, München
1985, bes. S. 1 ff.
[16] Ich zitiere nach J. Bleicken, Staatliche Ordnung und Freiheit in der
römischen Republik, Kallmünz 1972, S. 9 Anm. 5.

qu'ils nommaient la liberté. Le but des modernes est la sécurité dans les jouissances privées; et ils nomment liberté les garanties accordées par les institutions à ces jouissances. Ainsi s'opposaient les concepts de liberté politique et de liberté individuelle.» („Das Ziel der Alten war die Aufteilung der Staatsgewalt unter alle Bürger eines Gemeinwesens: das war es, was sie ‚Freiheit‘ nannten. Das Ziel der Neueren ist der ungestörte, sichere Genuß des Privatlebens; ‚Freiheit‘ nennen sie die institutionellen Garantien, die ihnen diesen Genuß gewährleisten. So traten der Begriff der politischen Freiheit und der der individuellen Freiheit einander gegenüber.") An dieser Gegenüberstellung ist so viel richtig, daß wir Heutige, wenn wir von bürgerlicher Freiheit sprechen, in der Tat vor allem die Freiheit *vom* Staat, die freie Entfaltung des Privatlebens meinen; ohne diese können wir uns Freiheit gar nicht vorstellen; umgekehrt ist für die alten Griechen Freiheit zunächst einmal dort (und nur dort) gegeben, wo der Bürger in einem nach außen freien, also keinem Herrn unterworfenen Gemeinwesen an der Regierung (grundsätzlich) seinen Anteil hat wie jeder andere Bürger auch – gleichgültig, wieviel Freiheit der betreffende Staat seinen Bürgern in der Gestaltung ihres Privatlebens läßt. In diesem Sinn ist also der Spartiat (der Vollbürger Spartas) ebenso „frei" wie der Athener. Aber die Verfechter der griechischen Demokratie haben doch sehr bald erkannt, daß es eine zweite Art von Freiheit gibt, die nun eben als charakteristisch für die Demokratie gilt: die Freiheit, sein eigenes Leben nach Gutdünken zu gestalten (natürlich im Rahmen einer – möglichst toleranten – gesetzlichen Ordnung).

Ich zitiere zunächst Aristoteles, Pol. VI 1317 a 40ff. (ich übersetze in Anlehnung an Eugen Rolfes): „Voraussetzung der demokratischen Verfassung ist die Freiheit ... Freiheit, das bedeutet erstens einmal abwechselnd zu herrschen und beherrscht zu werden ... Dies ist also das eine Zeichen der Freiheit, das alle Demokraten als eine Definition der guten Verfassung aufstellen; ein zweites Zeichen aber ist, daß jeder lebt, wie er will ... Von daher kommt, daß sie sich womöglich von niemandem regieren lassen, wenn es aber sein muß, dann nur so, daß jeder abwechselnd an die Regierung kommt." – Aber eine ganz ähnliche, noch schärfere Formulierung findet sich schon bei Platon, ›Politeia‹ VIII 557 c, in der Definition

428   Fritz Gschnitzer

der Demokratie: „Nicht wahr, zunächst einmal sind sie frei, die Stadt wird voll von Freiheit und Ungebundenheit, und jeder darf in ihr tun, was er tun will?" – „So sagt man." – „Wo aber jeder tun darf, was er tun will, da richtet sich wohl ein jeder sein Leben ein, wie es ihm behagt." – „Versteht sich." – „Die Menschen, die unter dieser Verfassung leben, werden also wohl Menschen von sehr verschiedener Art." – „Wie sollte es anders sein?" (Wir würden heute von Pluralismus sprechen.) – Ich glaube, diese Beispiele genügen, um zu zeigen, daß Freiheit in der alten griechischen Demokratie doch etwas ganz Ähnliches war wie Freiheit bei uns heute; in dieser Hinsicht ist uns die antike Demokratie also nicht fremd.

Wie das Prinzip der Freiheit, so ist auch das der Gleichheit der antiken und der modernen Demokratie gemeinsam. Es muß allerdings hinzugefügt werden, daß die antike Demokratie die Gleichheit der Bürger meint, die moderne Demokratie mehr und mehr auf die Gleichheit der Menschen abzielt. In diesem Zusammenhang ist natürlich darauf hinzuweisen, daß in der antiken Demokratie weder die Frauen noch die Sklaven mitzureden hatten.

Nachdem wir so einige Übereinstimmungen festzustellen hatten, soll am Schluß doch wieder unser Thema zu seinem Recht kommen, indem wir noch einmal einen Punkt berühren, in dem die antike Demokratie uns bei näherem Zusehen recht fremd ist: Ich meine die Herkunft und Lebensstellung der führenden Politiker.[17]

Zunächst ihre Herkunft. Sie stammen fast ausnahmslos aus wohlhabenden, oft alten (also vornehmen) Familien; Emporkömmlinge sind viel seltener als bei uns (meist sind es bewährte Krieger, die sich als Offiziere, vor allem als Söldnerführer, ausgezeichnet haben). Ich zähle nur die prominenten Athener auf, die aus wohlhabenden oder geradezu vornehmen Familien stammen: Miltiades, Themistokles, Aristeides, Kimon, Perikles, Nikias, Kleon, Alkibiades, Theramenes, Kritias, Thrasybulos von Steiria, Konon, Chabrias, Kallistratos, Timotheos, Demosthenes, Aischines, Phokion; sicher bescheidener Herkunft sind nur Iphikrates und Charidemos

---

[17] Näheres in meiner ›Griechischen Sozialgeschichte‹, Wiesbaden 1981, S. 149ff.; zu den Condottieri des 4. Jh. vor allem auch W. K. Pritchett, The Greek State at War II, Berkeley 1974, S. 59ff.

(beide Condottieri). – Erst recht versteht sich, daß die führenden Politiker selbst in jedem Fall über ein stattliches Vermögen und Einkommen verfügen; erstaunlich häufig ist der Fall, daß führende athenische Politiker und Feldherrn auswärts, in Thrakien oder in Kleinasien (am Rande oder außerhalb der griechischen Welt), große Besitzungen, meist geradezu Dynastenherrschaften innehaben, Besitzungen, die sie teils von ihren Vorfahren geerbt, teils ihren eigenen Verdiensten zu verdanken haben. Ich zitiere wieder die hierher gehörigen prominenten Namen aus der athenischen Geschichte: Miltiades, Themistokles (erst nach seiner Vertreibung aus Athen), Kimon, Alkibiades, der Historiker Thukydides, Iphikrates, Chares, Charidemos; dem Söldnerführer und Historiker Xenophon wurde eine solche Herrschaft in Thrakien vom dortigen König wohl versprochen, aber dann doch nicht verliehen; dem Phokion bot Alexander d. Gr. eine Herrschaft in Kleinasien an, aber er schlug das Angebot aus. – Daneben stehen die Männer, die in verschiedenen Abschnitten ihres Lebens, manchmal in buntem Wechsel, Feldherrn, Minister und Berater des Großkönigs und seiner Satrapen, später der hellenistischen Könige einerseits, führende Politiker in ihrer Heimat andererseits waren.

Aus all dem folgt, daß die Häupter der Demokratie in der Regel nicht einfache, auf demokratischem Weg an die Spitze gelangte Bürger waren (Geschöpfe des demokratischen Systems gewissermaßen), sondern Männer, die ihre überragende Stellung in der Demokratie ganz oder zum Teil der Tatsache verdankten, daß ihnen v e-sentliche Qualifikationen (Vermögen, ein großer Name, Beziehungen, besondere Erfahrungen und Fähigkeiten) entweder schon von der Wiege her mitgegeben bzw. in Aussicht gestellt waren oder daß sie sie doch im Laufe ihres Lebens auf die eine oder andere Weise auch außerhalb ihres demokratischen Gemeinwesens erworben hatten. Diese Männer standen gewissermaßen nur mit einem Bein in der Demokratie, mit dem anderen in einer andersartigen, teils höfisch-feudalen, teils aristokratisch-oligarchischen Welt, die die Demokratien umgab und eben auch durchdrang und durchsetzte. – Man glaube ja nicht, das seien Erscheinungen einer Übergangszeit von der älteren aristokratischen zur jüngeren demokratischen Ordnung; im Gegenteil, im Laufe der spätklassischen und der hellenistischen Zeit ist es überall in Griechenland immer mehr zur Selbstverständlichkeit geworden, daß einige wenige führende (vornehme und wohlhabende) Familien in den einzelnen Poleis und Ethne die Geschäfte in der Hand hatten; auf den Inschriften begegnen wir immer wieder durch Generationen denselben Namen (nicht Familiennamen, aber charakteristischen Verbindungen von Namen und Vatersnamen, die die Familienzugehörigkeit ohne weiteres erkennen lassen).

Ganz knapp sei ergänzend hinzugefügt, was ich in meiner ›Griechischen Sozialgeschichte‹[18] ausführlich dargetan habe: Das politische und soziale Verhalten nicht nur der politischen Führungsschicht, sondern aller Bürger war auch in der klassischen Demokratie weitgehend von den Normen einer alten Adelsethik bestimmt, die zur allgemeinen Bürgerethik geworden war. Hierher gehört etwa die Hochschätzung des Krieges und der scharfen, auch gewaltsamen Auseinandersetzung, der Freundschaft und Feindschaft, der Freundeshilfe und der Rache, der Ehren und Auszeichnungen in allen Dingen, nicht zuletzt im Sport, und die Geringschätzung der Erwerbsarbeit. Arbeit im Dienste anderer, nach den Weisungen anderer wird geradezu verabscheut, als Knechtschaft angesehen.

Zum Schluß darf ich noch einmal die fünf Hauptpunkte in Erinnerung rufen, in denen ich die Fremdartigkeit der griechischen Demokratie zu fassen versucht habe:

1. Die Demokratie war für die Griechen, anders als für uns Heutige, nicht die einzige wahre, allgemein gültige Staatsform oder wenigstens das Ziel aller Entwicklung; sie war eine von mehreren Staatsformen mit bestimmten Schwächen und Vorzügen im Rahmen eines Zyklus.
2. Die demokratischen Staaten Altgriechenlands waren Klein- und Zwergstaaten.
3. Die altgriechische Demokratie war im größten Ausmaß vom Krieg geprägt und diente dem Krieg.
4. Es gab bedeutsame Unterschiede in der Verfassung; der Schwerpunkt der Willensbildung lag deutlich weiter unten (bei uns dominiert die Regierung, in der alten griechischen Demokratie dominierte die Volksversammlung).

[18] S. 126 ff.

5. Die führenden Politiker waren in der Regel nicht einfache Bürger, sie waren Reiche oder Adelige, ja Dynasten oder Große an einem Königshof.

Ich hoffe, daß bei Ihnen am Ende nicht der Eindruck zurückbleibt, wir hätten wieder einmal ein historisches Ideal und zugleich einen Anknüpfungspunkt in der Geschichte für unsere gegenwärtige Wirklichkeit verloren. Es ist, meine ich, das Kennzeichen wahrer Geschichte, daß das Schöne in ihr immer auch seine Schattenseiten und das (scheinbar) Vertraute und Nahe in ihr immer auch seine überraschende Fremdartigkeit hat. Nur wer auch das zur Kenntnis nimmt, was er zunächst nicht zu sehen erwartete, hat sein Geschichtsbild, hat sein Weltbild erweitert. Auch der Geschichtsunterricht in der Schule hat am Ende nicht die Aufgabe, unser heutiges Weltbild aus der Geschichte zu bestätigen, er muß es vielmehr aus den Erfahrungen der Geschichte korrigieren.

Demokratie und Architektur: Der hippodamische Städtebau und die Entstehung der Demokratie; Konstanzer Symposion vom 17. bis 19. Juli 1987, hrsg. v. Wolfgang Schuller,
München 1989 S. 43–48.

ZUR VERFASSUNGSGESCHICHTE GRIECHENLANDS

Von Eberhard Ruschenbusch

Als Herodot – vielleicht um 450 v. Chr. – Geschichte zu schreiben begann, stand ihm nur mündliche Überlieferung zur Verfügung. Diese reicht rund 100 Jahre zurück, und somit begann für
Herodot die athenische Geschichte mit Peisistratos.

Im Verlauf der Erzählung heißt es nun, Kleisthenes habe in Athen
die Demokratie eingerichtet (6, 131). Und damit beginnen für uns
die Schwierigkeiten. Denn nicht nur wir, sondern auch schon die
Menschen des 5. und 4. Jh. v. Ch. konnten sich nicht erklären,
wieso eigentlich Kleisthenes der Schöpfer der athenischen Demokratie gewesen sein sollte.

In der Folgezeit wurde dann auch der Zeitraum vor Peisistratos
für die Geschichte hinzugewonnen, und so entdeckte man um 357
Solon als Verfassungsgeber.

Wenn es jetzt hieß, Solon habe die Demokratie begründet und
Kleisthenes habe sie nach der Beseitigung der Tyrannis wiederbe-
gründet (Isokr. 7, 16), so war man zwar die Schwierigkeiten mit
Kleisthenes los, aber dafür stellte sich jetzt die gleiche Frage für
Solon. Hatte er doch in seinen Gedichten expressis verbis gesagt,
daß er dem Demos keine neuen Rechte eingeräumt habe (frg. 5
West). Kein Wunder, daß schon 15 Jahre später Theseus als Schöpfer
der athenischen Demokratie erschien.

Fazit: Schon im 5. und 4. Jh. wußte kein Mensch so recht, wer
denn eigentlich die Demokratie geschaffen hatte.*

---

* Zur fortlaufenden Neuinterpretation der athenischen Verfassungsgeschichte siehe Verf., Πάτριος Πολιτεία, in: Historia 7 (1958), S. 398 ff. [in
dem vorliegenden Band, S. 87 ff.], und Verf., Die Quellen zur älteren griechischen Geschichte. 1. Symposium 1971, Vorträge zur griechischen und
hellenistischen Rechtsgeschichte, Köln u. Wien 1975, S. 67 ff.

Von Aristoteles (Pol. 1297 b 16 ff.) bis zur Neuzeit lautet das Entwicklungsschema der griechischen Verfassungsgeschichte: von der Monarchie über die Oligarchie zur Demokratie. Prüfen wir es auf seine Berechtigung. Doch zuvor eine Feststellung: Demokratie ist – genau so wie Monarchie und Oligarchie – eine Frage der Definition. Im folgenden wird davon ausgegangen, daß eine Demokratie stets dann gegeben ist, wenn die politische Entscheidungsgewalt bei der Volksversammlung liegt und diese *alle* Bürger umfaßt und nicht nur einen Teil.

Die Volksversammlung bei Homer

Daß eine Volksversammlung etwas ganz Normales im Erscheinungsbild der homerischen Stadt ist, ergibt sich schon daraus, daß es eine Agora gibt, die bisweilen sogar steinerne Sitze hat.

Gegenstand einer Volksversammlung konnten sein: Forderungen anderer Gemeinden, Friedensvorschläge, Angebote auf Auslösung von Kriegsgefangenen, Hilfe für Fremde, Abwehrmaßnahmen gegen eine Seuche und Ankündigungen eines feindlichen Überfalls.

Eine Abstimmung durch Stimmenzählung gab es noch nicht. Wie später noch in der spartanischen und germanischen Volksversammlung gab die Gemeinde ihren Willen durch Zuruf, durch Beifall auf die Ausführungen der einzelnen Redner zu erkennen.

Welche Bedeutung kommt nun dem Votum der Volksversammlung und damit der Volksversammlung selbst zu? Betrachten wir ein Beispiel: Ein Priester kommt in das Lager der Griechen vor Troja und bittet die Achäer, besonders aber Agamemnon und Menelaos, seine Tochter freizugeben. Die Volksversammlung stimmt seiner Bitte durch Beifall zu. Doch Agamemnon, der die Tochter als Kriegsbeute hat, lehnt ab, und damit ist der Fall erledigt.

Ist also der König souverän, wie es bei Busolt-Swoboda ist, ist er im Recht, wie es bei Finley heißt? Dagegen spricht allein schon, daß es eine Volksversammlung gibt und daß diese Volksversammlung nicht nur zuhört, sondern ihren Willen ohne Rücksicht auf den König, ja in manchen Fällen sogar gegen den Willen des Königs kundgibt. Dagegen spricht auch der Kreis der Fragen, die Gegenstand einer

Volksversammlung sind. Denn wenn Forderungen anderer Gemeinden, wenn Friedensvorschläge, wenn ein Angebot auf Auslösung von Kriegsgefangenen, also alles Fragen, die ein souveräner König – gegebenfalls unter der Mitwirkung von ein paar Beratern – allein entscheiden könnte, vor die Volksversammlung kommen, so beweist das, daß es für den König unerläßlich war, die Willensentscheidung des Volkes in diesen Fragen einzuholen. Bestätigt wird diese Überlegung durch die Tatsache, daß die Zuweisung eines Temenos an hervorragende Männer durch die Entscheidung des Volkes erfolgt und nicht durch die des Königs.

Wenn dem so ist, wie ist dann die Haltung Agamemnons zu verstehen? Formalrechtlich müßte Agamemnon im Unrecht sein, aber es scheint, daß man der Haltung Agamemnons formalrechtlich überhaupt nicht beikommen kann. Ein Blick auf die Terminologie bestätigt das. Das Verb „anassein", das die Bedeutung „herrschen", „Herr sein" hat, wird für Zeus, den König und das Familienoberhaupt gebraucht. Doch an fünf Stellen wird das Herrschen des Königs durch das Adverb „iphi" („mit Kraft, mit Macht") näher bestimmt. Herrschaft mit Macht impliziert aber, daß ein schwacher König in der Realität gar kein König war. Was ist aber die Macht, aufgrund der der König herrscht? Machtmittel gab es nicht. Es bleibt alleine die Autorität, die dem Herrscher vom Volk zugebilligt wird, und die Selbstverständlichkeit, mit der der Herrscher sich dieser Autorität bedient. Kraft seiner Autorität kann der König den Willen der Menge übersehen, einmal, zweimal vielleicht. Doch dann geht er das Risiko ein, das Einverständnis des Volkes mit seiner Herrschaft zu verlieren. Im Grunde genommen ist also der König an den Willen der Volksversammlung gebunden. Hielt er sich aber fortlaufend nicht daran und verlor er an Autorität, so war bestimmt ein anderer da, um ihn zu ersetzen. Die ganze Gefährdung der Stellung eines Königs beleuchtet die Frage Achills, als Odysseus ihn in der Unterwelt besucht: „Erzähl' mir von Peleus ... Ehrt man ihn noch, oder kümmert man sich nicht mehr um ihn?" – An der Tatsache, daß schon in homerischer Zeit die Entscheidungsgewalt bei der Volksversammlung lag, wird man nicht vorbeikommen.[1] Es fragt sich

---

[1] Zur Volksversammlung und zum König bei Homer siehe die Belege bei

nur, ob zur Volksversammlung *alle* Bürger Zugang hatten und demzufolge der homerische Staat trotz einer monarchischen Spitze eine
Demokratie war. Machen wir die Probe aufs Exempel mit Ithaka.[2]
Diese Insel bietet mit ihren 96 km² einen Lebensraum für maximal
4000 Menschen, d. h. für 1000 Männer.[3] Damit aber gehörte sie in
klassischer Zeit schon zu den Staaten, die mit 1000 Bürgern relativ
groß waren.

Ithaka hat eine Volksversammlung,[4] und es ist undenkbar, daß
ein Teil der maximal 1000 Bürger aufgrund irgendwelcher Kriterien
von der Teilnahme an der Volksversammlung ausgeschlossen war,
undenkbar deshalb, weil ein solcher Ausschluß bereits eine gesetzlich fixierte Gliederung der Bürgerschaft in bestimmte Gruppen
mit besonderen Pflichten und Rechten, wie sie z. B. in den solonischen Schatzungsklassen gegeben ist, voraussetzt, zu dieser Zeit
aber noch jegliche Kriterien fehlen, aus denen sich eine solche Gliederung hätte ergeben können. Grundbesitz war – wenn auch verschiedenen Umfangs – bei allen 1000 Bürgern vorhanden. Schließlich war er die einzige Existenzgrundlage. Die Hoplitenphalanx ist
erst später entstanden, und Hippeis hat es auf Ithaka nie gegeben:
Erstens war die Oberschicht mit vielleicht 30 Mann (siehe unten)
viel zu klein, um eine militärisch sinnvolle Reiterei bilden zu können, zweitens gab es auf der Insel für eine Reiterei keine Verwen-
dungsmöglichkeit,[5] und drittens fehlte auf dem wenig fruchtbaren[6]
Ithaka das nötige Land, um überhaupt Pferde halten zu können.
So r scheidet für diese Insel eine Verfassung aus, die nur cen

---

G. E l Swoboda, Griech. Staatskunde I, München ³1920, S. 334 ff.,
319 ff.; M. I. Finley, Die Welt des Odysseus, Darmstadt 1968, S. 79–82; zur
Abstimmung wichtig J. A. O. Larsen, The Origin of the Counting of
Votes, in: CP 44 (1949), S. 164 ff.

[2] Zu Ithaka gleich dem heutigen Ithaka siehe Bérard, Ithaque et la Grèce
des Achéens, Paris ²1935, S. 205 ff.

[3] Siehe E. Y. Kolodny, La population des îles de la Grèce, Aix en Pro-
vence 1974, S. 774, 791, 50; A. Philippson, Die griechischen Landschaften II
2, Frankfurt a. M. 1958, S. 501 f., die Zahlen siehe unten im Anhang.

[4] Hom. Od. 1,90 1,272, 1,372, 2,7 2,25–46, 2,239–242 16,374–377.

[5] Hom. Od. 13,242.

[6] Siehe Philippson, a. a. O., S. 496, Kolodny, a. a. O., S. 50.

Grundeigentümern oder den Hopliten oder den Hippeis das Recht zur Teilnahme an der Volksversammlung einräumte. Da zudem noch der „Verwaltungsapparat" denkbar primitiv war, bestand auch von daher nicht das Bedürfnis, die Bürgerschaft in bestimmte Gruppen mit besonderen Pflichten und Rechten zu gliedern. Aus all dem folgt, daß auf Ithaka auch die Masse der unbemittelten Bürger an der Volksversammlung teilgenommen haben muß und somit dort eine Demokratie im Sinne der anfangs gegebenen Definition bestanden hat. Dieses Ergebnis läßt sich erhärten, wenn wir jetzt die sogenannte Hoplitenpoliteia betrachten, eine Verfassung, die mit der Beschränkung des aktiven Bürgerrechts auf die Hopliten als ein notwendiges Übergangsstadium in der Entwicklung „von der Monarchie über die Oligarchie zur Demokratie" gilt.

Die Hoplitenpoliteia

Amorgos[7]

Die Insel ist 124 km² groß. Sie hatte in der Zeit von 1843–1940 mehr oder weniger konstant 3200 Einwohner mit 800 „Bürgern". Im 5. Jh. v. Chr. gab es dort ebenfalls 800 Bürger, doch in hellenistischer Zeit nur 600.[8] Landwirtschaftlich genutzt wurden 1961, aber auch schon in der Antike, rund 1200 ha. Damit kommen auf 800 Bürger *durchschnittlich* 1,5 ha und auf 600 Bürger 2,0 ha.

In Griechenland herrscht von der Antike bis heute die Realteilung. Der landwirtschaftliche Betrieb wird also beim Tode des Eigentümers zu gleichen Teilen unter die Söhne aufgeteilt. Überall, wo Realteilung herrscht, ist Klein- und Kleinstbauerntum die Regel und Großgrundbesitz die Ausnahme. Eine griechische Statistik

---

[7] Das Kapitel über Amorgos ist ein leicht überarbeiteter Ausschnitt aus meinem Beitrag ›Modell Amorgos‹ für die Festschrift für H. van Effenterre: Aux Origines de l'hellénisme, Paris 1984.

[8] Siehe Verf. in: ZPE 53 (1983), S. 125 f. und 132; die Zahlen siehe unten im Anhang.

aus dem Jahre 1929, die geradezu typisch für Gebiete mit Realteilung ist,[9] mag das verdeutlichen.

42 % der Betriebe haben	0 – 1 ha
13 % der Betriebe haben	1,1 – 2 ha
14 % der Betriebe haben	2,1 – 3 ha
10 % der Betriebe haben	3,1 – 4 ha
7 % der Betriebe haben	4,1 – 5 ha
7 % der Betriebe haben	5,1 – 8 ha
3 % der Betriebe haben	8,1 – 10 ha
3 % der Betriebe haben	10,1 – 20 ha
1 % der Betriebe haben	über – 20 ha

Hervorzuheben ist, daß die Hälfte der Betriebe am Rande oder sogar weit unter dem lagen, was für das Existenzminimum erforderlich
ist. Aus der Sicht des Jahres 1984 wirkt dieses Bild trostlos, doch für
Amorgos mit seinen 1200 ha Anbaufläche ist es noch viel zu optimi-
stisch, wie folgende Modellrechnung und folgender Vergleich zeigt.

Betriebsgrößenstruktur in der Landwirtschaft:

	Griechenland		Modellrechnung für Amorgos	
	1961	1929	1961	1928
			bei 600 Betrieben	bei 800 Betrieben
0–1 ha	23,0 %	42 %	(312) 52 % – 0,5 ha – 64 %	(512)
1–3 ha	57,8 %	27 %	(156) 26 % – 2,0 ha – 23 %	(184)
3–5 ha		17 %	(72) 12 % – 4,0 ha – 7 %	(56)
5–10 ha	15,1 %	10 %	(42) 7 % – 6,0 ha – 4 %	(32)
+ 10 ha	4,1 %	4 %	(18) 3 % – 11/10 ha – 2 %	(16)

52 % oder sogar 64 % der Bauern sind auf Amorgos mit durchschnittlich 0,5 ha absolute Habenichtse. 26 % erreichen mit 2 ha gerade das Existenzminimum. 16 oder 18 Bauern bilden mit 10 bis
11 ha die Oberschicht der Insel, eine sehr klägliche Oberschicht.

In der Antike gab es auf Amorgos drei Poleis, von denen

	Arkesine	Minoa	Aigiale	
im 5 Jh. v. Chr.	280	220	300	
um 2/1 Jh. v. Chr.	175	137	300	Bürger gezählt

haben dürften.

---

[9] Siehe Verf. in: Annali della Scuola Normale superiore di Pisa XIII 1
(1983), S. 173 f.

Nun zum Kriegswesen in seiner Verbindung mit der Verfassung. Aus folgenden Gründen erscheint es unmöglich, daß es in den drei Poleis auf Amorgos eine besondere Hoplitenklasse gegeben habe, die *allein* kriegsdienstpflichtig gewesen sei und aufgrund dessen noch besondere Rechte gehabt habe:

1) Die Bürgerschaft war sozial viel zu wenig differenziert. Neben einer vielleicht 3 % starken Oberschicht gab es nur Kleinbauern. Es fehlt völlig an einer Schicht, die Hopliten hätte stellen und dann noch Sonderrechte beanspruchen können. Dieser Befund wird durch Aristoteles bestätigt. Einmal bemerkt er, daß der Hoplitendienst eher Sache der Begüterten sei als der Unbemittelten (Pol. 1321 a 13 f.), zum anderen stellt er fest, daß es in den kleinen Poleis im Unterschied zu den großen keine Mittelschicht gebe (Pol. 1296 a 10 ff.), also die Schicht, die die Hopliten stellt.

2) Bei dem geringen Kräftepotential von 280/175 Mann in Arkesine, 220/137 in Minoa und 300 Mann in Aigiale war jeder Mann zur Verteidigung nötig, d. h. eine *allgemeine* Kriegsdienstpflicht erforderlich.

3) Amorgos liegt isoliert im Meere. In aller Regel ist also ein äußerer Feind nicht zu erwarten. Die einzige Bedrohung bilden die Seeräuber, und hier war, wie schon gesagt, jeder zur Abwehr aufgerufen. Und da die Seeräuber nicht in geschlossener Phalanx angerückt kamen, sondern ausgerüstet mit Speer und Bogen, so bedurften auch die Poleis auf Amorgos nicht einer Phalanx, sondern eines Aufgebots, das mit Fernwaffen kämpfte. Einen guten Beleg dafür liefert Koresia auf der Insel Keos, das im 4. Jh. genau 154 Bürger zählte.[10]

Dreimal im Monat werden die Jüngeren (und nicht etwa nur ein Teil der Jüngeren) zu Übungen im Speerwurf, Bogenschießen und Katapultschießen herangezogen. Die Bewaffnung war relativ billig. Es kostete in Koresia:

(Leder) Helm	6–6⅓ dr	Bogen	7 dr
Schild	20 dr	Köcher (m. Pfeilen)	8 dr
3 Lanzen	1⅔ dr	Wurfspieß	2 dr

[10] Siehe Verf. in: ZPE 48 (1982), S. 175 ff.

Das Schwert, also die eigentliche Nahkampfwaffe, wird nicht erwähnt. Je nach Waffengattung (Bogenschützen, Speerwerfer, Katapultschützen) kostete die Bewaffnung mit Schild und Helm 28 – 41 dr,[11] wobei noch die Waffen vom Vater auf den Sohn vererbt werden konnten. Diese Art der Bewaffnung war im Unterschied zur Hoplitenausrüstung erschwinglich. Sie entsprach nicht nur den militärischen Erfordernissen, sondern auch der Sozialstruktur einer kleinen Polis.

4) Der Hoplit kämpft in der Phalanx. Die Phalanx hat in aller Regel eine Tiefe von acht Mann. Im Athen des 4. Jh. machen die Hopliten 40 % der Bürgerschaft aus. Wenn wir nun diesen Prozentsatz unbekümmert um die ganz andere Sozialstruktur und unbekümmert um die ganz anderen militärischen Bedürfnisse auf Amorgos übertragen, so ergibt sich, daß in

	Arkesine	Minoa	Aigiale	
bei	280/175	220/137	300	Bürgern und
bei	112/70	88/55	120	Hopliten
	14/9	11/7	15	Mann im ersten Glied der

Phalanx gestanden hätten, eine absurde Vorstellung.

Fazit: Amorgos katte keine Hopliten, aber nicht nur Amorgos, sondern alle Poleis mit einer Zahl bis zu 400 Bürgern, und das sind immerhin 57,4 % aller Poleis. Hinzu kommen die Lokrer, Aetoler, Akarnanen und Kreter.[12] Bedingt durch das geringe Menschenpotential, bedingt durch die Sozialstruktur und schließlich bedingt durch den Charakter der griechischen Landschaft, der dem Kampf der Hoplitenphalanx in keiner Weise entspricht, gab es in all diesen Staaten keine oder kaum Hopliten. Wo es aber kein Hoplitenaufgebot gibt, kann es auch keine Hoplitenpoliteia als Übergangsstadium auf dem Wege zur Demokratie gegeben haben.

---

[11] Siehe IG XII 5 647 = SIG³ 958.
[12] Busolt-Swoboda, a. a. O., S. 567, für Kreta siehe H. van Effenterre, La Crète et le monde Grec de Platon à Polybe, Paris 1948, S. 175ff.

Das solonische Athen

Während im 5. Jh. noch Kleisthenes als Schöpfer der athenischen Demokratie galt, muß er ab 357 seinen Platz an Solon abtreten,[13] wobei es außer den Gedichten und Gesetzen Solons keinerlei mündliche oder schriftliche Überlieferungen über sein Wirken gab.[14]

Wenn es nun bei Aristoteles in der AP 7,3 heißt: τοῖς δὲ τὸ θητικὸν τελοῦσιν ἐκκλησίας καὶ δικαστηρίων μετέδωκε, so kann es sich nach Lage der Dinge nur um einen Rückschluß handeln,[15] und zwar aus der Tatsache, daß die solonischen Gesetze die Heliaia erwähnten,[16] also die Institution, die im 4. Jh. als Bollwerk der Demokratie galt.[17]

Da es also kein zuverlässiges Zeugnis über die Zusammensetzung der Volksversammlung in solonischer Zeit gibt, müssen wir einen Umweg einschlagen, um festzustellen, ob seinerzeit *alle* Bürger Zugang zur Volksversammlung hatten.

Im Jahre 431 hat Athen mindestens 40000 und höchstens 50000 Bürger.[18] Von dieser Zahl aus ist es leicht, auf die Verhältnisse der solonischen Zeit zurückzuschließen. Sollte die Bevölkerung Athens in den 170 Jahren von 600 bis 431 – wie in der präindustriellen Zeit üblich – kaum zugenommen haben, so kämen wir für die Zeit um 600 auf etwa 40000 Bürger. Sollte sie sich dagegen – und die Faktoren dafür sind gegeben – in diesem Zeitraum verdoppelt haben, so ergäbe das 25000 Bürger.[19]

[13] Siehe Verf. in: Historia 7 (1958), S. 398ff. [im vorl. Band, S. 87ff.].
[14] Siehe Verf. in: Symposion 1971, Vorträge zur griechischen und hellenistischen Rechtsgeschichte, Köln u. Wien 1975, S. 67ff.
[15] Zur Beurteilung der Stelle siehe P. J. Rhodes, A Commentary on the Aristotelian Athenaion Politeia, Oxford 1981, S. 140f.
[16] F 23 d.
[17] Siehe Verf. in: Historia 6 (1957), S. 257ff.
[18] Siehe Verf. zuletzt in: ZPE 49 (1982), S. 278ff.
[19] Es sei daran erinnert, daß bei 64800 ha landwirtschaftlich nutzbarer Fläche und bei rein bäuerlicher Lebensweise mit 25000 Bürgern und insgesamt 100000 Einwohnern der Lebensraum Attikas erschöpft war und daß erst der Bergbau im Laureion und die glänzende Entwicklung Athens dank

Attika hat eine landwirtschaftlich nutzbare Fläche von rund 64 800 ha. Verteilen wir diese auf 40 000 Bürger, so kommen im Durchschnitt auf jeden einzelnen 1,62 ha, also erheblich weniger als die 2,2 ha, die zur Sicherung des Existenzminimums nötig sind. Verteilen wir sie dagegen auf 25 000 Bürger, so fallen auf jeden 2,59 ha, ausreichend, um die Bevölkerung zu ernähren.[20]

Kritisch wird es jedoch, wenn wir diese 64 800 ha anhand der Statistik von 1929 (siehe oben) auf die 25 000 Bürger verteilen. Es ergibt sich dann folgendes Bild:

40 % = 10 000 Bürger bis zu	1,0 ha mit durchschnittlich nur	0,5 ha =	5 000 ha
29 % = 7 250 Bürger bis zu	3,0 ha mit durchschnittlich nur	1,8 ha =	13 050 ha
17 % = 4 250 Bürger bis zu	5,0 ha mit durchschnittlich nur	3,3 ha =	14 025 ha
7 % = 1 750 Bürger bis zu	8,0 ha mit durchschnittlich nur	5,5 ha =	9 625 ha
3 % = 750 Bürger bis zu	10,0 ha mit durchschnittlich nur	8,2 ha =	6 150 ha
3 % = 750 Bürger bis zu	20,0 ha mit durchschnittlich nur	14,0 ha =	10 500 ha
1 % = 250 Bürger mit über	20,0 ha mit durchschnittlich nur	25,8 ha =	6 450 ha

Natürlich läßt sich an diesem Bild diese oder jene Zahl verschieben. Doch der Spielraum ist äußerst gering. Eine gegebene Menge Land läßt sich eben nur einmal verteilen, und wenn man dem einen etwas mehr geben will, muß man es dem anderen wegnehmen. Es ergibt sich hier, daß nur 7 % der Bürger mit 8 ha und mehr ganze 35,6 %, aber ganze 69 % der Bürger mit bis zu 3 ha nur 27,8 % der landwirtschaftlich nutzbaren Fläche Attikas innehatten. Bestimmt 55 % aller Bürger haben so wenig Land, daß das Existenzminimum nur dann gesichert ist, wenn andere Einkünfte, so z. B. aus Tagelohn oder Fischerei oder Handwerk, hinzutreten.

In solonischer Zeit war die Bürgerschaft in vier Klassen eingeteilt, die Pentakosiomedimnoi, d. h. Leute, die einen Ertrag von 500 Scheffeln hatten, die Hippeis mit einem Ertrag von 300 bis

---

des Seebundes eine erhebliche Verbesserung der Nahrungsbilanz durch die Einfuhr von Getreide bewirkte und somit eine Verdoppelung und Verdreifachung der Bevölkerungszahl ermöglichte. Ein Musterbeispiel für eine stagnierende Bevölkerung infolge völliger Ausschöpfung des Lebensraums bieten die Kykladen in der Zeit von 1879 bis 1940. Zu den Zahlen siehe Verf. in: ZPE 53 (1983), S. 126, und Kolodny, a. a. O., S. 794.

[20] Siehe den Aufsatz in Anm. 9.

499 Scheffeln, die Zeugiten mit einem Ertrag von 200 bis 299 Scheffeln und eine vierte Klasse, die zwar im 5. Jh., aber nie und nimmer zur Zeit Solons, die Thetenklasse benannt wurde.

Auffällig ist, daß der Mindestzensus eines Zeugiten im Vergleich zu dem eines Hippeus relativ hoch war. Somit gehört der Zeugit der solonischen Zeit nicht – wie es im 5. Jh. der Fall war – zu den Kleinbauern, sondern stand in Eigentums- und Lebensverhältnissen dem Hippeus, der gerade den Mindestzensus erreichte, ziemlich nahe. Für athenische Begriffe war er ein Großbauer.[21]

Versucht man nun, von der Höhe des Ertrages auf die Größe des Grundbesitzes zu schließen, so ist zu berücksichtigen, daß der Ertrag sowohl von der Bodenqualität als auch von der Möglichkeit, einen Teil des Ackerlandes brachliegen zu lassen, und schließlich von der Nährstoffzufuhr für den Boden durch Düngung abhängt. Dung liefern dem Zeugiten die Rinder und dem Pentakosiomedimnos und Hippeus darüber hinaus noch die Pferde. Man darf deshalb ohne weiteres den Ertrag eines Zeugiten – statt auf das normale Vierfache[22] – auf das Fünffache und den eines Pentakosiomedimnos und Hippeus auf das Sechsfache veranschlagen. Gesetzt, daß nur ein Viertel des Landes brach liegenbleibt, so ist der Grundbesitz eines Zeugiten auf rund 10 ha, eines Hippeus auf rund 13 ha und eines Pentakosiomedimnos auf rund 22 ha zu veranschlagen.[23]

Ein Blick auf die obige Tabelle der Grundbesitzverteilung zeigt

[21] So schon Ed. Meyer, Geschichte des Altertums III, Stuttgart [2]1937, S. 605, K. J. Beloch, Griechische Geschichte I, Straßburg [2]1912, S. 303, und K. H. Waters, in: JHS 80 (1960), S. 183 f.

[22] Siehe den Aufsatz in Anm. 9.

[23] Der Mindestgrundbesitz eines Zeugiten beträgt nach B. Büchsenschütz (Besitz und Erwerb im griechischen Altertum, Halle 1869, S. 54 ff.) 11–13 ha, nach Beloch (a. a. O., S. 303) 13 ha, nach Meyer (a. a. O., S. 605) 17 ha und nach Waters (a. a. O., S. 183 f.) 20 ha, wobei rein vom Getreideanbau ausgegangen wird und davon, daß die Hälfte des Bodens brachliegt. G. De Sanctis ('Ατθίς, Turin [2]1912, S. 235 f.) kommt auf 17,4 ha bei Getreide, 26 ha bei Öl und 2,5 ha bei Wein. Zu beachten ist, daß die Landwirtschaft primär der Eigenversorgung dient und auf Autarkie ausgerichtet ist und somit Getreide, Ölbäume, Wein und Gemüse angebaut werden. Weiterhin ist Mischanbau in Rechnung zu stellen, z. B. derart, daß zwischen

deutlich, daß nicht mehr als 5 % aller Bürger mehr als 10 ha Land hatten und daß bei einer Bürgerzahl von 25000 bzw. 40000 nur 1250 bzw. 2000 Bürger zu den drei oberen Schatzungsklassen gehörten.

Wenn wir jetzt einmal annehmen, Athen habe z. Zt. Solons eine Hoplitenpoliteia gehabt, also eine Verfassung, in der nur die drei oberen Klassen Zugang zur Volksversammlung hatten, so ergäbe sich das Kuriosum, daß 95 % aller Bürger von der Volksversammlung ausgeschlossen gewesen wären, und zwar nicht nur die 55 % der Habenichtse (das wäre ja normal), sondern auch die 26 % Kleinbauern mit 2 bis 5 ha und die 14 % mittleren Bauern mit ihren immerhin beachtlichen 5 bis 10 ha. Eine Hoplitenpoliteia möchte man sich anders vorstellen. Verschärft wird aber das Problem noch durch folgende Tatsache: Athen ist kein „Stadtstaat", bestehend aus der Siedlung und dem darumliegenden Ackerland, sondern ein Flächenstaat mit mindestens 140 Siedlungen, von denen manche mehr als 50 km von Athen entfernt liegen. Noch in kleisthenischer Zeit lebten nur 25 % aller Bürger im eigentlichen Bereich der Stadt Athen.[24] Übertragen wir jetzt diese Zahl auf die solonische Zeit, so ergäbe das, daß von den 1250 Bürgern bzw. 2000 Bürgern, die im Rahmen einer Hoplitenpoliteia Zugang zur Volksversammlung gehabt hätten, nur 300 bzw. 500 dieses Recht hätten wahrnehmen können, zu absurd, um wahr zu sein.

Ein Blick auf die Gedichte Solons lehrt, daß die Habenichtse und Kleinstbauern durchaus die „Gesprächspartner" Solons waren und somit Zugang zur Volksversammlung gehabt haben müssen. Und wenn Solon 594 zum Archon gewählt wurde, dann nicht von den 5 % Bürgern der drei oberen Schatzungsklassen, denn schließlich waren sie es, die bei einer Seisachthie die Rechnung zu bezahlen hatten, sondern nur von den 70 % der Bürger, die unter oder am

den Ölbäumen Getreide angebaut wird. Unter Berücksichtigung dieser Faktoren kommt A. French (in: Historia 10 [1961], S. 510ff.) auf etwa 8 ha.

[24] In kleisthenischer Zeit wohnten – laut Demotikon – im Stadtbereich 130 (= 26,6 %) der 500 Buleuten und 182 (= 23,3 %) der 779 Personen, die in J. K. Davies, Athenian Propertied Families 600–300 B.C., Oxford 1971, verzeichnet sind.

Rande des Existenzminimums lebten. Das Athen Solons war eine Demokratie, auch wenn es ein völlig anderes Gesicht hatte als das des 4. Jh.

Am Beispiel von Homer, Amorgos und Athen war gezeigt worden, daß in Griechenland die Regelverfassung die Demokratie war. Wenn es dann doch hier und dort Oligarchien in der Form einer Hoplitenpoliteia oder einer Verfassung der zum Reiterdienst Tauglichen gegeben hat, dann waren diese Oligarchien nicht ein Übergangsstadium auf dem Wege von der Monarchie zur Demokratie, sondern Sonderentwicklungen, bedingt dadurch, daß man den Habenichtsen und Kleinstbauern das volle Bürgerrecht genommen hatte, vielleicht deshalb, weil sie sich als die beste Hilfstruppe eines ehrgeizigen Adligen beim Griff nach der Tyrannis erwiesen hatten.

Anhang

Statistisches zu Ithaka und Amorgos:

Ithaka 96 km^2

Einwohner:

1870	1879	1889	1896	1907	1928	1940	1951	1961	1971
8539*	10639*	8821	11409	9716	7381	6770	5845	5240	4156

* überbevölkert

a) Zahlenverhältnis Männer–Frauen im Jahre 1907 4586:5130
   im Jahre 1928 3741:5096
b) Zu den 9716 Einwohnern kommen 1907 noch mind. 2004, die außerhalb von Ithaka leben. Das sind 19,4% der Gesamtbevölkerung, also jeder Fünfte, doch 1928 schon jeder Dritte.
c) Auf dem Primärsektor arbeiten (1907):

Eparchie Ithaka	Argos	Laked.	Lebadeia	Lokris	Megalepolis
42,2%	54,5%	57,7%	64,6%	64,9%	75,7%

d) Lebensgrundlage: Seefahrt, Überweisungen aus dem Ausland, Oliven.
e) LN (1961): 1820 ha (= 18,9%), dazu 7202 ha Weide.
   Bei 4 Personen pro Familie und 2,2 ha (Existenzminimum!) bietet Ithaka Raum für 830 Familien mit insges. 3300 Einwohnern.

„Zwei Drittel der Fläche von Ithaka (sind) unkultiviertes Land.
Der Rest ist zumeist nur mit großer Mühe und Arbeit nutzbar
zu machen" (Philippson).

Amorgos

Einwohner:

1848	1853	1856	1861	1870	1879	1889	1896	1907	1928	1940	1951	1961	1971
3557	3554	3699	3185	3594	3257	3394	3561	3314	3164	3039	2505	2096	1822

AUSGEWÄHLTE BIBLIOGRAPHIE
WICHTIGER UND NEUER MONOGRAPHIEN

Aspects of Athenian democracy. Beitr. v. W. R. Connor, M. H. Hansen, K. A. Raaflaub, B. S. Strauss. Vorwort v. J. R. Fears. (Classica et mediaevalia. Dissertationes. 11.) København 1990.

Bleicken, J.: Die athenische Demokratie. Paderborn 1985.

Bourriot, F.: Recherches sur la nature du génos. (Diss. Paris I 1974.) 2 Bde. Lille/Paris 1976.

Busolt, G./Swoboda, H.: Griechische Staatskunde, 2. Hälfte. (Handbuch der Altertumswissenschaft. 4, 1, 1, 2.) München 1926 [S. 758–1239: Der Staat der Athener].

Cloché, P.: La démocratie athénienne. Paris 1951.

Davies, J. K.: Athenian propertied families 600–300 B.C. Oxford 1971.

de Laix, R. A.: Probouleusis at Athens. A study of political decision-making. (University of California publications in history. 83.) Berkeley etc. 1973.

de Romilly, J.: Problèmes de la démocratie grecque. Paris 1975.

de Sanctis, G.: ΑΤΘΙΣ. Storia della repubblica ateniese. Roma 1898.

–: Atthís. Storia etc. Nuova edizione con le aggiunte dell'autore; premessa di S. Accame con documenti inediti. (Il pensiero storico. 66.) Firenze 1975.

Develin, R.: Athenian officials, 684–321 B.C. Cambridge etc. 1989.

Ehrenberg, V.: The Greek state. London [2]1969.

Eliot, C. W. J.: The coastal demes of Attica. A study of the policy of Kleisthenes. (Phoenix. Supplementary volume. 5.) Toronto 1962.

Farrar, C.: The origins of democratic thinking. The invention of politcs in classical Athens. Cambridge etc. 1988.

Finley, M. I.: Democracy ancient and modern. (Mason Welch Gross lectures.) New Brunswick, NJ, 1973.

Fornara, C. W.: The Athenian board of generals from 501 to 404. (Historia. Einzelschriften. 16.) Wiesbaden 1971.

Forrest, W. G.: The emergence of Greek democracy. The character of Greek politcs, 800–400 B.C. London 1966 [deutsch: Wege zur hellenistischen Demokratie. München 1966].

Gabrielsen, V.: Remuneration of state officials in fourth-century B.C. Athens. (Odense University classical studies. 11.) Odense 1981.

448 Ausgewählte Bibliographie

Gawantka, W.: Die sogenannte Polis. Stuttgart 1985.

Gschnitzer, F. (Hrsg.): Zur griechischen Staatskunde. (Wege der Forschung. 96.) Darmstadt 1969.

Hansen, M. H.: The sovereignty of the people's court in Athens in the fourth century B.C. and the public action against unconstitutional proposals. (Odense University classical studies. 4.) Odense 1974.

–: Eisangelia. (Odense University classical studies. 6.) Odense 1975.

–: The Athenian ecclesia. København 1983.

–: The Athenian assembly in the age of Demosthenes. Oxford 1987.

–: The Athenian democracy in the age of Demosthenes. Structure, principles and ideology. (The ancient world.) Oxford/Cambridge, MA, 1991.

Harrison, A. R. W.: The law of Athens. 2 Bde. Oxford 1968–1971.

Hignett, C.: A history of the Athenian constitution to the end of the fifth century B.C. Oxford 1952.

Jones, A. H. M.: Athenian democracy. Oxford 1957.

Jones, N. F.: Public organization in ancient Greece: A documentary study. Philadelphia 1987.

Kahrstedt, U.: Studien zum öffentlichen Recht Athens. 2 Bde. Stuttgart 1934–1936 (Nachdr. Aalen 1969).

Lambert, S. D.: The phratries of Attica. (Michigan monographs in classical antiquity.) Ann Arbor 1993.

Larsen, Ö.: Ethik und Demokratie. Die Entstehung des ethischen Denkens im demokratischen Stadtstaat Athen. (Edition Philosophie und Sozialwissenschaften. 17.) Berlin/Hamburg 1990.

Lévêque, P./Vidal-Naquet, P.: Clisthène l'Athénien. Paris 1964.

MacDowell, D. M.: The law in classical Athens. London 1978.

Meier, C.: Die Entstehung des Begriffs ‚Demokratie‘. Vier Prolegomena zu einer historischen Theorie. (Edition Suhrkamp. 387.) Frankfurt a. M. 1970.

–: Die Entstehung des Politischen bei den Griechen. Frankfurt a. M. 1980.

–/ Veyne, P.: Kannten die Griechen die Demokratie? Zwei Studien (Kleine kulturwissenschaftliche Bibliothek. 2.) Berlin 1988.

Nardi, M.: Demos e Kratos. La fondazione della democrazia ateniese. Pisa 1971.

Ober, J.: Mass and elite in democratic Athens. Rhetoric, ideology, and the power of the people. Princeton 1989.

O'Neil, J. L.: The origins and development of ancient Greek democracy. Lanham MD 1993.

Osborne, R.: Demos: The discovery of classical Attika. (Cambridge classical studies.) Cambridge etc. 1985.

Patterson, C.: Pericles' citizenship law of 451–450 B. C. (Monographs in classical studies.) New York 1981.

Pélékidis, C.: Histoire de l'éphébie attique, des origines à 31 av. J.-C. Paris 1962.

Quaß, F.: Nomos und Psephisma. Untersuchung zum griechischen Staatsrecht. (Zetemata. 55.) München 1971.

Raaflaub, K. A.: Die Entdeckung der Freiheit. Zur historischen Semantik und Gesellschaftsgeschichte eines politischen Grundbegriffes der Griechen. (Vestigia. 37.) München 1985.

Rhodes, P. J.: A commentary on the Aristotelian Athenaion Politeia. Oxford 1981.

–: The Athenian boule. Oxford 1985.

Roberts, J.: Accountability in Athenian government. Madison, WI, 1982.

Rosenberg, A.: Demokratie und Klassenkampf. Ausgewählte Studien. Hrsg. v. H.-U. Wehler. Frankfurt a. M. 1974.

Ruschenbusch, E.: Athenische Innenpolitik im 5. Jh. v. Chr. Ideologie oder Pragmatismus? Bamberg 1979.

Sealey, R.: The Athenian republic. University Park, PA, 1987.

Siewert, P.: Die Trittyen Attikas und die Heeresform des Kleisthenes. (Vestigia. 33.) München 1982.

Sinclair, R. K.: Democracy and participation in Athens. Cambridge etc. 1988.

Starr, C. G.: The birth of Athenian democracy: The assembly in the fifth century B.C. New York/Oxford 1990.

Staveley, E. S.: Greek and Roman voting and elections. (Aspects of Greek and Roman life.) London/Ithaca, NY, 1972.

Stockton, D.: The classical Athenian democracy. Oxford/New York 1990.

Stolz, P.: Politische Entscheidungen in der Versammlungsdemokratie. (Diss. Basel 1967.) Bern 1968.

Tarkiainen, T.: Die athenische Demokratie. Zürich/Stuttgart 1966.

Thomsen, R.: The origin of ostracism. A synthesis. (Humanitas. 4.) København 1972.

Touloumakos, J.: Die theoretische Begründung der Demokratie in der klassischen Zeit Griechenlands. Athenai 1985.

Traill, J. S.: The political organization of Attica. A study of the demes, trittyes, and phylai, and their representation in the Athenian council. (Hesperia. Supplement. 14.) Princeton 1975.

–: Demos and trittys. Epigraphical and topographical studies in the organization of Attica. Toronto 1986.

Wallace, R. A.: The Areopagos council, to 307 B.C. Baltimore/London 1989.

Whitehead, D.: The demes of Attica 508/507 – ca. 250 B.C. A political and social study. Princeton 1986.

Wolff, H. J.: Normenkontrolle und Gesetzesbegriff in der attischen Demokratie. Untersuchungen zur γραφὴ παρανόμων. (SHAW. 1970, 2.) Heidelberg 1970.

NACHTRÄGE (Oktober 1994)
zu
Kurt A. Raaflaub: Einleitung und Bilanz
(S. 1–54)

Zu Anm. 8: J. Ziolkowski (Hrsg.), On Philology, London 1990; W. Nippel (Hrsg.), Über das Studium der Alten Geschichte, München 1993. – Anm. 14: J. Dunn (Hrsg.), Democracy: the Unfinished Journey, 508 BC to AD 1993, Oxford 1992, sowie künftig I. Morris/K. A. Raaflaub (Hrsg.), Democracy 2500: Questions and Challenges, und J. A. Koumoulides (Hrsg.), The Good Idea: Democracy and Ancient Greece. – Anm. 16: Siehe etwa E. Sagan, The Honey and the Hemlock: Democracy and Paranoia in Ancient Athens and Modern America, New York 1991, und Chr. Meier, Athen, ein Neubeginn der Weltgeschichte, Berlin 1993. – Anm. 17: J. Bleikken, Die Einheit der athenischen Demokratie in klassischer Zeit, Hermes 115 (1987), S. 257–283. – Anm. 18: S. ferner C. Castoriadis, La polis grecque et la création de la démocratie, Le Débat 38 (1986), S. 126–144; K.-E. Petzold, Zur Entstehungsphase der athenischen Demokratie, RFIC 118 (1990), S. 145–178; P. Vidal-Naquet, Une invention: la démocratie, QS 18 (1992), S. 5–28. – Anm. 28: L. G. H. Hall, Ephialtes, the Areopagus and the Thirty, CQ 40 (1990), S. 319–328. – Anm. 40: R. Maurer, Platons Staat und die Demokratie, Berlin 1970. – Anm. 51: F. Ruzé, Le *plethos* et les débuts de la majorité politique, in: Aux origines de l'Hellénisme: la Crète et la Grèce. Hommages à H. van Effenterre, Paris 1984, S. 247–263. – Anm. 52: Manville, Origins (Anm. 57), S. 185–209. – Anm. 56: S. D. Lambert, The Phratries of Attica, Ann Arbor (Michigan) 1993. – Anm. 57: U. Walter, An der Polis teilhaben: Bürgerstaat und Zugehörigkeit im Archaischen Griechenland, Stuttgart 1993; A. L. Boegehold/A. C. Scafuro (Hrsg.), Athenian Identity and Civic Ideology, Baltimore 1994. – Anm. 74: Zum Areopag s. Wallace, Areopagos[+], S. 72–77. – Anm. 80: J. L. O'Neil, The Origins and Development of Ancient Greek Democracy, Lanham (Maryland) 1994, und künftig E. Robinson, Early Greek Democracies Outside of Athens. – Anm. 81: F. Ruzé, Les tribus et la décision politique dans les cités grecques archaïques et classiques, Ktema 8 (1983 [1986]), S. 299–306. – Anm. 84: Wichtig jetzt, auch als Korrektiv zu traditionellen Auffassungen, J. F. McGlew, Tyranny and Political Culture in Ancient Greece, Ithaca (New York)

1993. – Anm. 87: Manville (Anm. 57), S. 124–156, sowie demnächst Raaflaub, La nuova Atene e l'emergere della politica (Atene fra Solone e i Peisistratidi), in: S. Setis et al. (Hrsg.), I Greci, Bd. II. 1, Turin. – Anm. 96: Hall (wie Anm. 28); E. F. Bloedow, Pericles and Ephialtes in the Reforms of 462 BC, Scholia: Natal Studies in Classical Antiquity 1 (1992), S. 85–101. Vgl. auch S. Saïd, Le mythe de l'Aréopage avant la Constitution d'Athènes, in: M. Piérart (Hrsg.), Aristote et Athènes, Paris 1993, S. 155–181. – Anm. 109: A. L. Boegehold, Perikles' Citizenship Law of 451/0 B.C., in: id./ Scafuro (Hrsg.), Athenian Identity (Anm. 57), S. 57–66. – Anm. 115: Raaflaub, Equality and Inequalities in Athenian Democracy, demnächst in dem von Hedrick/Ober hrsg. Sammelband (Anm. 14). – Anm. 117: P. J. Rhodes, Political Activity in Classical Athens, JHS 106 (1986), S. 132–144; Ph. Gauthier, Quorum et participation civique dans les démocraties grecques, in: C. Nicolet (Hrsg.), Du pouvoir dans l'antiquité et réalités, Genf 1990, S. 73–99. – Anm. 119: Anders natürlich McNeil und Robinson (Anm. 80) und die, die bereits Kleisthenes' Ordnung für eine Demokratie halten (Anm. 79). Zur Auseinandersetzung mit der These einer „primitiven Demokratie" im frühen Mesopotamien (etwa T. Jacobsen, Toward the Image of Tammuz, Cambridge 1970, S. 132–156 und 157–170) s. künftig Robinson (Anm. 80), Kap. 1. – Anm. 147: S. künftig D. Boedeker/K. A. Raaflaub (Hrsg.), Democracy, Empire and the Arts in Fifth-Century Athens.